투자자의 적

투자자의 적

주닝朱宁 지음
임보영 옮김

The Inverstor's Enemy

행동경제학자가 말하는 금융투자와 의사결정

이콘

투자자의 '적'을 포착하는 것은 쉽지 않은 일이며, 심지어 소홀히 다뤄지는 경우가 많다. 이 때문에 많은 투자자들이 어려움에 직면하고 곤란함을 겪는다. 투자자 스스로도 투자자의 '적'을 가려내야 하지만, 옆에서 식별을 도와줄 친구도 필요하다. 주닝 교수가 바로 그런 친구다. 그의 신작 『투자자의 적』은 심층적인 분석과 생동감 넘치는 서술을 통해 투자자의 적은 사실 투자자 본인으로부터 비롯된다는 것을 보여준다. 올바른 투자이념을 세우고, 과학적으로 금융지식을 파악하며, 합리적인 투자수단을 운용해야 한다. 진정으로 스스로를 이해하고, 금융을 이해하고, 위험을 이해할 때에야 비로소 투자자는 자신의 적을 물리칠 수 있다.

때문에 투자자의 친구로서 나는 투자자들에게 이 책을 추천하고 싶다. 동시에 상하이자오퉁대학 고급금융학원SAIF 이사장으로서 우리 학교에 주닝 교수와 같은 투자자의 현명한 친구가 계셔서 매우 기쁘고 안심이 된다.

_상하이자오퉁대학 고급금융학원SAIF, 이사장 투광샤오屠光紹

주닝 교수의 『투자자의 적』은 평이하고 읽기 쉽게 쓰인 책이다. 중국 뿐 아니라 세계 금융시장의 전형적인 실제 사례들과 생동감 있는 이야기를 풍부하게 사용하였으며, 설득력 있는 데이터를 통해 많은 사람들이 어려워하는 금융 현상들을 알기 쉽게 설명한다. 또한 금융학의 일반적 원리뿐만 아니라 많은 전문 투자자들과 개인투자자들이 실전 투자에서 반드시 진지하게 고려해야 할 문제들을 제시한다.

_춘화자본집단 설립자 겸 회장, 전 골드만삭스 중국 법인 회장, 후주류胡祖六

주닝 교수는 로버트 실러 교수의 제자이자 행동금융학 연구의 선구자다. 이 책에서 그는 깊은 내공과 선도적인 이론, 풍부한 내용과 다채로운 사례들을 거침없는 필치로 서술하고 있다. 『투자자의 적』은 앞으로 행동금융학 연구자들뿐 아니라 투자자들과 행동금융학에 관심 있는 사람들의 많은 사랑을 받을 것이다.

_중국국제금융유한회사 최고투자책임자CIO, 황하이저우黃海洲

재미있는 데다 실용적이기까지 한 책! 저자는 인간 본성을 통해 투자자의 사고편향을 설명하고, 행동금융학의 분석방법을 사용하여 시장 분위기가 투자자를 얼마나 잘못된 길로 이끄는지를 독자들이 느끼게끔 하며, 실제 데이터를 통해 놀라운 결과를 보여준다. 이 책을 다 읽고 나면, 투자자의 가장 큰 적은 바로 자기 자신이라는 결론에 설득당할 수밖에 없다.

_중국투자공사 사장, 가오시칭高西慶

주닝 교수는 뛰어난 교육배경과 넓은 연구시야를 갖춘 학자로, 이 책에서 그는 행동금융학의 관점에서 투자자의 위험과 실패를 연구하는 방법을 시도한다. 또 회사 재무, 투자학, 관리학, 정부의 관리감독과 사회심리학 등 많은 영역에 정통한 모습을 보여준다. 우리는 정보 비대칭이 존재하는 상황에서 주가가 오를 때 주식을 사고, 주가가 떨어질 때 주식을 파는 것이 투자를 할 때 최대 금기사항이라는 것을 알고 있지만, 현실에서는 이러한 행태가 시장에서 거의 매일같이 반복된다. 수많은 투자자들이 큰 손실을 입었음에도, 이들의 뒤를 따라 투자에 뛰어드는 사람은 셀 수 없이 많다. 이 책은 '투자자가 직면한 가장 큰 적은 자기 자신, 그리고 위험에 대한 제한적인 이해'라고 언급하고, 위험과 불확정성 간 차이를 설명해 준다. 한 마디로 핵심을 명확하게 지적해주는 책이라 할 수 있다. 이 책은 참신한 구조와 막힘없는 서술, 생동감 있는 사례를 통해 무미건조한 투자이론을 감칠맛 나게 풀어내기 때문에 책을 덮은 후 깊이 생각할 수 있게 도와준다. 읽어 볼 가치가 있는 책이다.

_중국 은행감독관리위원회 부회장, 옌칭민閻慶民

이 책은 문장이 깔끔하고 유머러스하면서도 논리정연하고 체계적으로 지식을 전달하고 있다. 또 넓은 시야로 중국의 상황 뿐 아니라 서양의 사정도 꿰뚫고 있으며 결론 역시 간단명료하다. 각 시기의 역사 연구 성과물뿐만 아니라 오늘날 투자계의 새로운 이론까지 반영하고 있어 이제 막 투자계에 발을 내디딘 초보 투자자, 그리고 이미 여러 투자모델과 이론에 익숙한 투자자 모두에게 큰 도움이 될 것이다. 나 역시 이 책을 읽으면서 이미 알고 있는 지식을 체계적으로 정리할 수 있었다.

나는 주닝 교수의 이 책을 꼼꼼하게 두 번 읽었다. 첫인상은 일반 투자자들을 대상으로 한 보급서였지만, 한 번 다 읽고 보니 발췌해서 필기한 내용이 거의 1만 자 이상에 달했다. 저자가 정성껏 쓴 정확한 인식과 투철한 견해와 알기 쉽게 쓴 전문적인 투자교재인 만큼, 흔쾌히 다시 한 번 더 읽게 되었다.

나는 좋은 학자란 자기 자신이 제대로 이해한 내용을 가장 간단명료한 언어로 분명하게 전달해 낼 수 있어야 한다고 생각하는데, 감히 이 책의 저자가 그것을 해냈다고 생각한다.

이 책의 독서 효율을 높이고 지식습득 속도를 높이려면 먼저 목차에 나온 각 장의 핵심 내용을 대강 훑어보기를 권한다. 목차의 주요 내용이 이미 여러 층으로 이루어진 저자의 논리구조의 윤곽을 보여주기 때문에, 그 중 본인에게 가장 필요한 내용 또는 특히 보고 싶은 부분을 먼저 보는 것이 좋다. 투자 경험, 특히 뼈아픈 투자 실패를 경험한 투자자 역시 목차를 훑어보면서 본인이 품고 있는 의문을 떠올려보고, 책을 읽으면서 그에 대한 답을 찾는 것이 좋다.

이 책은 실제로 매우 흥미로우면서도 곰곰이 생각해볼만한 사실을 제시한다. 시장 전체는 크게 봤을 때 두 부류의 투자자, 즉 스스로를 총명하다고 여기는 적극적인 투자자들과, 평균 수익을 좇아가는 소극적 투자자로 구성되어 있다. 소극적 투자자가 평균 수준의 수익을 얻기 때문에 적극적인 투자자 역시 평균 수준의 수익밖에 얻지 못한다. 적극적인 투자자가 높은 수익을 받는다는 환상은 실제로는 그들 사이의 도박에 불과하여 대부분의 적극적인 투자자들은 어쩔 수 없이 평균적인 수익밖에 얻지 못하고, 극히 소수의 사람만이 평균 이상의 수익을 얻게 된다. 따라서 투자자 개개인의 입장에서 이상적인 선택은 성실하게 평균적인 수익을 좇는 장기적인 소극적 투자자가 되거나, 정말로 평균 이상의 수익을 올리는 소수의 펀드매니저를 찾아내는 것이다.

_푸싱그룹 공동설립자, 부회장, CEO, 량신쥔梁信軍

투자는 항상 말보다 실전이 어렵다! 어쩌면 당신은 예전에 이같은 사실을 몰랐을 수 있다. 이것이 바로 우리가 행동편향을 보이고, 기분과 미신에 따라 매매결정을 내리게 되는 것이다! 주닝 교수는 우리의 이같은 잘못된 인식을 정리해주고, 우리의 투자 실적을 향상시켜 준다.

_예일대학교 금융학 교수, 천즈우陳志武

금융은 사람을 위한 것이다. 이러한 목적을 달성하기 위해서는 사람의 행동에 대한 확실한 이해가 필요하다. 그러나 고전적인 금융이론과 응용, 기술만으로는 부족한 부분이 있다. 최근에 대두된 행동금융학이 바로 이러한 부족함을 보완할 방법을 모색하는 학문이다. 주닝 교수는 이 분야의 개척자로, 이 분야의 발전에 큰 공헌을 세운 덕분에 명망을 얻었다. 그가 쓴 이 책은 어려운 내용을 알기 쉽게 표현했을 뿐만 아니라 생동감이 풍부하고, 행동금융학의 최신내용과 핵심적인 분석, 발견, 그리고 이론을 독자들에게 소개하며, 우리가 일상적으로 특히 관심을 갖는 투자와 경제적 결정 간 문제를 긴밀하게 녹여냈다. 특히 대단한 것은 바로 주닝 교수가 오늘날 중국의 투자환경과 선택, 투자의 어려움을 충분히 결합했다는 점이다. 이 책은 읽는 사람으로 하여금 자신이 책 속의 상황에 처해있다고 느끼게 하면서도, 읽는 사람이 처한 상황과 연결지어 생각할 수 있게 해 준다. 친절하면서도 깊은 깨달음을 주는 것, 이것이 바로 행동금융학의 진정한 경지라고 할 수 있다. 투자와 경제적 의사결정에 관심있는 사람이라면 이 책에서 많은 깨달음과 지혜, 시장과 스스로에 대해 더욱 깊은 이해를 얻을 수 있을 뿐 아니라, 지적으로, 정신적으로도 즐거움을 누릴 수 있다.

_MIT 금융학 교수, 왕장王江

사람의 행동은 이성과 감정의 지배를 받는다. 우리는 탐욕스러우면서도 무지하다. 이것이 바로 인류가 잘못된 판단을 내리는 근본적인 원인이다. 실수를 줄이기 위한 유일한 방법은 끊임없이 공부하고, 자기 자신의 경험으로부터 배우고 또 다른 사람의 경험으로부터 배우는 길밖에 없다. 행동금융학에 대한 주닝 교수의 이 읽기 쉬운 책은 당신이 더욱 이성적인 투자자가 되는 데 도움이 될 것이다.

_유명 경제학자, 장웨이잉張維迎

금융은 결국 사람의 행동이다. 사람의 성격, 태도, 행위와 입장 모두 알게 모르게 금융의 운명을 제약하거나 결정하기도 한다. 그럼에도 불구하고 무턱대고 환경적 요인만 찾아다니는 우리를 정말 이성적이라고 할 수 있을까?

_중국금융박물관 이사장, 왕웨이王巍

『투자자의 적』은 하나의 거울과도 같다. 자기 자신을 똑똑히 알고, 마음 속 악마를 이겨낼 수 있게 도와준다.

_힐하우스 캐피탈 설립자·사장, 장레이張磊

주식시장은 전쟁터와 같아서, 투자자는 반드시 적을 알고 나를 알아야 한다. 그러나 적을 아는 것은 쉽지 않고, 자신을 아는 것은 더욱 어렵다. 주닝 교수는 행동금융학의 관점에서 생동감과 설득력을 갖춘 사례를 풍부하게 들면서 시장 및 각 유형의 참여주체가 저지르는 비이성적인 행위의 원인과 그 결과에 대해 알기 쉽게 풀어서 설명하고 있다. 이 책을 읽으면 투자자가 인지적 오류를 탈피하고, 행동편향을 교정하며 투자 전략을 수립할 때 이성적으로 생각하는 등, 유리함은 취하되 불리함을 피하는 데 도움이 된다.

_중국 유명 펀드매니저, 왕야웨이王亞偉

행동금융학 분야의 전문가로서, 주닝 교수의 『투자자의 적』은 우리가 중국 투자자들과 중국의 금융체계를 이해하는 데 도움을 주는 책이다. 전세계 투자자들과 금융당국에 큰 도움이 될 것이다.

_프린스턴대학교 경제금융학 교수, 해리슨 홍Harrison Hong

주닝 교수는 행동금융학 분야에 큰 영향을 미친 선구적인 연구를 통해 사람들이 경제적 의사결정을 할 때 보편적으로 보이는 행동 편향을 지적했다. 그의 이 책 『투자자의 적』은 행동금융학의 주요 영역을 망라하고 있어 투자자뿐 아니라 규제당국, 기업 임원들이 금융학, 특히 행동금융학에 익숙해지는 데 큰 도움이 될 것이다.

_캘리포니아대학교 데이비스캠퍼스 금융학 교수, 브래드 바버Brad Barber

최근 주류 금융학 연구는 개인투자자뿐 아니라 기관투자자, 기업 임원 모두 특정한 행동 편향을 피하기 어렵다는 사실을 밝혀냈다. 이러한 비이성적인 결정은 금융시장을 사람들이 예전에 상상했던 것보다 훨씬 복잡하게 만든다. 시류에 휩쓸리는 것, 과도한 자신감, 그리고 정서적 흥분은 거품의 형성과 붕괴를 초래한다. 특히 중국과 같이 (투자) 경험이 부족한 금융시장이 있는 곳에서는 거품 경제가 형성되기 쉽다. 나의 연구 파트너이자 행동금융학 영역의 전문가인 주닝 교수의 이 신간은 중국 자본시장의 발전에 관한 것으로, 중국 투자자들의 필독서라 할 것이다.

_캘리포니아대학교 버클리캠퍼스 금융학 교수, 테렌스 오딘Terrance Odean

목차

투자는 일종의 과학이자 게임이다. 투자가 게임에 참가하는 것과 비슷한 이유는 바로 투자를 잘하고 싶다면 자신의 충동을 파악해야 할 뿐만 아니라 다른 사람의 충동을 꿰뚫어볼 수 있어야 하기 때문이다. 투자와 관련된 심리학에 대한 깊은 이해가 없는 사람은 좋은 투자자가 될 수 없다.

대부분의 사람들은 본능과 직관에 의지해서 투자를 진행하고, 조언을 구하는 사람은 매우 드물다. 대부분의 사람들이 일생을 살아가면서 새로운 것을 접촉할 때 역시 이러한 태도를 보이는데, 그 이유는 대부분의 사람들이 받는 교육이 수박 겉핥기식인데다, 어떻게 살아야 하는가에 대한 체계적인 지도도 받지 못하기 때문이다. 나의 첫째아이가 태어났을 때 아내와 함께 육아 관련 지도를 받기 위해 아이를 데리고 병원을 찾았던 기억이 난다. 이렇게 생각해 보자, 아이가 태어나는 일과 물건을 구매하는 것을 놓고 비교해 볼 때, 예를 들어 여러분이 텔레비전을 샀을 때 항상 설명서나 사용방법 같은 것이 같이 딸려오지 않는가? 그러나 앞으로 우리 일생의 중요한 세월을 할애해야 할 이 기적과도 같은 연약한 작은 생명을 어떻게 다뤄야 하는지에 대해 의사가 우리에게 알려주는 정보는 형편없이 적다.

투자를 잘하는 것은 아이를 잘 키우는 것과 마찬가지로 복잡한 일이며, 심리학이 매우 중요하다. 이는 인생 전체에 걸쳐 지속되는 중요한 활동이며, 투자는 또 게임과 경쟁의 요소를 갖고 있다. 투자라는 게임은 매우 미묘하기 때문에 텔레비전을 살 때처럼 투자에 관한 설명서가 존재하기 어렵다. 또 사람들이 투자의 기본지식에 대해 반드시 깊고 넓게 이해해야 하기 때문에 필요한 일을 몇 마디 말로 간추리는 것도 불가능하다.

나는 여러 해 동안 주닝 교수를 알아왔다. 그는 예일대학을 우수한 성적으로 졸업했다. 10년 전 그가 예일대학에서 공부할 당시 그는 나와 함께 행동금융학이 크게 발전하는 시기를 경험하며 연구자로서 적극적으로 참여했다. 그때부터 캘리포니아대학 데이비스캠퍼스와 상하이자오퉁대학 고급금융학원에서 일하게 되기까지, 그는 이 영역에서 출중한 능력을 보였다. 나는 그가 금융학 분야의 이번 혁명에 대해 저술할 자격이 충분히 있다고 믿는다.

행동금융학은 금융학자와 심리학자의 연구 성과를 종합한 것으로, 사람들이 어떻게 하면 투자를 더 잘할 수 있는지 도와주기 위해 노력하는 분야다. 실제로 행동금융학은 매우 실용적이고 모든 사람들이 알아야 할 지식을 포괄한다. 또한 주닝 교수가 이 책에서 잘 보여준 것처럼 행동금융학 그 자체도 매우 흥미로운 분야다. 행동금융학은 경제활동을 포함하여 인류의 행위 전반에 걸쳐 깊이 있는 시각을 제공함으로써 인류가 선천적으로 사기를 치기도 하지만, 또 선천적으로 사회를 위해 위대한 것을 만들기 위해 노력하기도 한다는 점을 우리에게 보여준다.

다른 나라의 투자자들과 마찬가지로, 행동금융학은 중국의 투자자들과도 긴밀한 관계를 맺고 있다. 왜냐하면 인류의 천성은 세계 어디나 같기 때문이다. 사실 나는 행동금융학이 중국과 같은 신흥국가에 있어 더욱 중요하다고 본다. 중국에서 현재 벌어지고 있는 경제적 변혁의 근원이든, 아니면 경제적 변혁의 미래에 대한 기대든, 모두 심리에서 시작되기 때문에다. 1978년에 개최된 중국공산당 제11기 중앙위원회 제3회 전체회의에서 확립된 개혁개방정책에서 시작된 이 지극히 중요한 혁명은 그 이후 불붙는 듯 번져나간 희망의 심리와 실천행위가 없었더라면 실현될 방법이 없었을 것이다. 이러한 정신은 최종적으로 금융시장에 반영되었고, 이로 인해 확립된 금융구조도 이 정신을 뒷받침했다. 가장 좋은 기업가 정신은 경제적 활동을 촉진할 수 있으며, 이러한 정신을 육성하는 것이 필요하다. 그러나 기업가 정신도 그 심리적 기반에 대한 정확한 이해가 없이는 쉽게 무너지는 유약한 것이다.

주닝 교수의 책은 행동금융학의 여러 의제들을 폭넓게 다루고 있으며, 넓은 시야를 가진 금융이론 입문서라 할 수 있다. 독자는 금융이론의 진정한 가치를 이해하는 시각을 통해 금융과 관련된 여러 지침을 얻을 수 있으며, 인류 역사상 몇 차례의 대규모 거품 사건과 주식시장 붕괴 및 인간의 심리가 그 속에서 어떤 역할을 했는지를 배울 수 있다. 또 비즈니스 생태 및 금융이 우리의 행동을 어떤 식으로 유도하는지, 정부의 정책결정자가 자신의 행동을 어떤 식으로 바라보아야 하는지, 어떻게 하면 더욱 합리적인 법률과 규칙을 제정할 수 있는지를 알려준다. 그러나 가장 중요한 것은 바로 우리가 이 책을 통해 경제계에 대한 시야를 정리하고, 투자를 더 잘하게 됨으로써 우리 모두가 더욱 아름다운 미래를 만들어갈 수 있게 도와준다는 점이다.

_노벨경제학상 수상자, 예일대학 경제학 교수

로버트 J. 실러Robert J. Shiller

현대 금융시장은 매우 특수한 기술체계로 전 세계 사람들이 미래의 부를 축적하는 방식이자, 생활 중의 불확실성을 회피하기 위한 수단이며, 상품과 서비스를 제공하는 크고 작은 기업에 사람들이 투자할 수 있게 해준다. 금융이 이렇듯 중요함에도 불구하고, 대다수 사람들에게 있어 금융은 여전히 이해하기 어려운 것으로 남아있다. 금융 분석은 추상적인 개념과 같으며, 전통적인 사고방식과도 괴리가 있는 것이다. 어쩌면 금융적 사고방식은 인류 지혜의 새로운 차원인지도 모른다.

금융은 우리로 하여금 스스로를 현재를 살아가는 존재이자 미래를 살아가는 존재로 상정할 것을 요구한다. 그러나 금융계산과 계획은 일종의 정량적 능력으로, 자연스럽게 생기는 것이 아니다. 미래의 불확실성을 간단한 수단으로 이해하거나 계량화하고 분석하기 매우 어렵다. 인류 역사상 인류는 경제적 의사결정을 할 때 항상 가족과 단체로부터 받은 지침과 영향에 의존하거나, 어떤 리더의 의견을 따라 왔다. 이성적인 경제적 의사결정은 이중 어떤 것에도 의존해서는 안 된다. 그럼에도 불구하고 우리는 문화적으로도, 뇌신경에 의해서도 모두 선천적으로 전통적인 방식으로 의사결정을 한다.

금융 분석과 전통적인 사고방식 간 충돌과 모순 때문에 우리는 실수를 저지르게 된다. 이러한 실수는 개인 투자자들에게만 발생하는 일이 아니고, 기업 임원, 심지어 규제당국과 정책결정자들도 피하기 어렵다. 결국 당신이나 나나 모두 평범한 사람인 것이다. 주닝 교수의 이 책은 경제적 의사결정의 이러한 기본적인 모순을 탐구한다. 나는 과거 주닝 교수와 여러 차례 유쾌하게 연구 프로젝트를 공동으로 진행한 적이 있는데, 그의 연구(이 책의 주제이기도 한 행동금융학)는 금융학과 심리학을 심도 있게 결합시킴으로써 끊임없이 성과를 내기에 나도 매우 탄복해 마지않는다.

지난 30년간 행동금융학은 우리에게 인류의 사고방식이 의사결정을 할 때 보이는 이성과 천성 간의 모순을 보여주고, 사람들에게 도움이 되는 실용적인 지침을 제공해주는 기름진 들판과도 같은 역할을 해왔다. 이 책의 주요 내용 역시 개인과 조직이 천성(즉 좋지 않은 행위)의 한계를 이해하고 극복할 수 있는 방법을 서술하고 있다.

이 책은 저자가 서로 다른 여러 가지 서술 관점을 취했다는 점에서 출중하다. 이 책은 개인투자자의 많은 의사결정 실패 사례를 지적할 뿐만 아니라, 행동금융학의 내용을 기업과 규제기관, 그리고 정부로까지 확장한다. 주닝 교수는 위와 같은 여러 가지 장면을 통해 의사결정이 어떻게 가장 흔한 심리적 편향의 영향을 받게 되는지, 그리고 그것이 인간의 기본적인 천성과 어떻게 긴밀한 관계를 맺고 있는지를 보여준다. 이 책은 행동금융학이 왜 중요한지 입증할 뿐만 아니라, 우리가 의식하기만 하면 개인의 인지능력의 한계도 극복할 수 있다는 점을 증명한다.

_예일대학교 금융학 교수, 예일대학교 국제금융센터 주임

윌리엄 N. 고에츠만William N. Goetzmann

서문 3

중국은 개혁개방 이래 금융시장이 매우 빠른 속도로 발전하고, 금융시스템의 규모 역시 신속하게 확대되면서 경제와 사회에 있어 금융의 작용과 영향력이 현저히 상승했다. 중국의 기업, 금융기관과 정부는 금융시장에 참여함으로써 신용, 주식 또는 채권융자를 얻어 대차대조표를 개선하거나 위험관리를 한다. 1인당 평균소득이 증가하고 개인 재산이 늘어나면서 중국의 일반인들은 은행예금과 신용카드, 주택담보 대출과 같은 전통적인 방식으로만 금융시스템에 참여하는 것이 아니라 갈수록 자신의 저축을 거래할 수 있는 주식, 채권, 보험, 펀드, 외환, 금, 상품선물과 유동성이 비교적 낮은 부동산과 사모펀드와 같은 유형의 자산에 투자하는 비중이 높아지고 있다. 이에 따라 이율, 환율, 금값의 변화, 특히 주식시장의 변동이 자연스럽게 수많은 일반 투자자들의 마음에 영향을 미치고 있다. 대중들은 경제 전문 매체, 특히 인터넷의 24시간 채널의 보도를 통해 금융시장에 촉각을 곤두세우고, 많은 양의 정보를 파악하고, 금융에 대한 이해도를 높인다. 그러나 이와 동시에 금융시장의 복잡성과 다변성 때문에 일반 투자자들은 금융이 신비롭고 알 수 없는 것이라고 여기고, 적지 않은 인지적 편향과 투자행위상의 실수를 초래한다. 심지어 일부 투자자들은 한때 성행하는 "음모론"을 믿게 된다.

주닝 교수의 『투자자의 적』은 평이하고 읽기 쉽게 쓰인 책이다. 중국 뿐 아니라 전세계 금융시장의 전형적인 실제 사례들과 생동감있는 이야기를 풍부하게 사용하였으며, 설득력 있는 데이터를 통해 많은 사람들이 어려워하는 금융 현상들을 알기 쉽게 설명한다. 또한 금융학의 일반원리 뿐만 아니라 많은 전문 투자자들과 개인투자자들이 실전투자에서 반드시 진지하게 고려해야 할 문제들을 제시한다. 주닝 교수는 내가 매우 좋아하고 존경하는 금융학자다. 그의 학문 연구 태도는 엄숙하고 신중하며, 총명하지만 착실하고, 인품도 훌륭하다. 나는 운좋게도 그와 항상 금융 문제를 논하면서 많은 배움을 얻었다. 그의 새 책이 세상에 나오게 되어 매우 기쁘다. 나는 금융에 관심있는 친구들에게 이 책을 적극 추천한다.

주닝 교수는 예일대학에서 대학원생일 때 (2013년 노벨 경제학상 수상자인) 로버트 실러 교수에게 사사했고, 그 후 줄곧 행동금융학을 자신의 주요 연구 분야로 삼았다. 행동금융학은 최근 들어 경제학과 금융학에서 가장 활약하고 있는 연구 분야 중 하나다. 전통 금융이론의 기본 가정은 효율적인 시장과 이성적인 투자자, 그리고 기대효용의 최대화를 전제로 한다. 비록 자산가격결정모형이 신고전의 틀에서는 논리정연하고 수학적으로도 간단명료하지만, 실증적으로 많은 문제를 갖고 있다. 가장 심각한 문제는 전통금융이론이 일반적으로 금융 거품과 금융위기를 설명하지 못한다는 점이다. 실제 생활에서 거시경제와 기업경영의 펀더멘털 요소 외에도 금융시장은 종종 투자자의 감정과 심리적인 영향, 즉 탐욕, 공포, 과도한 낙관 또는 과도한 비관, 양떼효과 등과 같은 것의 영향으로 자산가격의 펀더멘탈 이탈을 초래함으로써 시장의 과도한 변동, 심지어는 투기거품을 형성한다. 행동금융학은 이와 반대로 효율적인 시장과 이성적 투자자라는 엄격한 가설을 벗어나, 인지심리학과 불완전한 금리재정을 출발점으로 삼아 사람들을 곤혹스럽게 하는 금융현상, 또는 소위 '아노말리'라고 하는 변칙적인 현상을 분석한다. 이 책은 행동금융학에 대한 저자의 깊은 이해를 녹여냈고, 평이한 언어와 실제 사례를 통해 오늘날 행동금융학의 연혁, 그리고 (저자 본인의 연구를 포함하여) 가장 흥미로운 학문적 발견과 결론을 소개하고 있다.

대단한 점은 바로 저자가 중국의 금융발전의 실제 상황까지 덧붙여 자신의 깊이 있는 관찰과 정곡을 찌르는 분석을 독자와 공유하고 있다는 것이다. 예를 들어, 그는 정보 불균형을 통해 중국의 신주발행제도의 폐단을 정곡으로 찌르면서 현행 행정승인 제도를 공개등기제도로 바꿀 것을 주장한다. 이는 내가 줄곧 지켜온 입장과 완전히 부합한다. 중국공산당 제18기 중앙위원회 제3회 전체회의에서 '전면적 개혁의 심화'의 강력한 추진은 결국 IPO 발행제도는 개혁 기회를 얻게 되면서 주닝 교수와 나와 같이 오랫동안 자본시장 개혁을 지켜봐 온 금융종사자들에게 큰 기쁨과 위안을 주었다.

이 책의 제8장은 역사 속의 금융거품 사례 및 금융위기의 교훈을 서술하는데, 매우 날카롭고 훌륭하다. 그러한 사례 속에서 정부가 한 역할을 논평할 때 저자는 "모든 거품경제의 배경은 정부의 작용을 빼놓고 설명할 수 없다. 거품의 배경에 유동성의 범람이 있었던 경우에도, 아니면 정부가 거품의 형성에 직간접적으로 참여하거나 그것의 형성을 촉진한 경우, 또는 정부가 시장의 투기행위에 잠재적 담보를 제공한 경우를 막론하고, 모든 경우에 있어 정부는 거품 형성에 책임이 있었다"고 날카롭게 지적한다. 세계 금융위기 이후, 미국, 유럽과 같은 위기의 진원지에서는 일련의 금융규제 개혁을 단행했다. 물론 규제개혁이 필요했을 수 있지만, 최종적인 효과가 어떤지 알기 위해서는 검증할 시간이 더 필요하다. 그런데 중국의 많은 관찰자들은 오히려 위기의 원인을 자유시장 경제제도 자체의 잘못으로 돌리면서, 정부의 금융규제를 더욱 강화해야 한다고 주장한다. 사실상 하이에크가 말한 것처럼, 사람들을 노예로 이끄는 길은 그들이 유토피아라고 여기는 길이다. 정부 규제만으로는 금융위기를 피할 수 없을 뿐만 아니라, 오히려 정부 규제가 금융위기를 초래할 수 있다. 비록 어떤 의미에서 불완전하기는 하지만, 자본분배에 있어 현대금융시장보다 나은 체제는 존재하지 않는다.

중국의 금융시스템이 체계적인 개혁을 심화시키고, 규제를 줄이고, 법제를 정비하고, 독과점을 막고, 경쟁을 강화시키고, 투명성을 높이고 투자자에 대한 교육을 강화해야 한다는 점이 명백하다. 만약 중국이 투명하고 경쟁이 가능하며 깊이와 유동성이 있는 금융시장을 만드는 데 성공한다면, 시장은 자원분배에 있어서의 결정적 작용을 충분히 발휘할 수 있을 것이라고 믿는다. 우리 모두 함께 노력해서 금융개혁의 목표가 하루빨리 이루어질 수 있도록 하자.

_춘화자본집단 설립자 겸 회장, 전 골드만삭스 중국 법인 회장

후주류胡祖六

제1장

뜻대로 안 되는 실적

손실을 위해 투자한다?

2008년 1월 24일, 프랑스에서 두 번째로 큰 상장은행 소시에테제네랄Société Générale은 자사 직원 한 명의 사기거래로 49억 유로(미화 71억 6,000만 달러)의 손실을 입었다고 발표했다. 이 소식이 전해지자 여론은 곧바로 들끓었고, 회사의 주가는 폭락했으며, 소시에테제네랄에서 발행한 채권의 신용등급 역시 신용평가사들에 의해 평가절하되었다. 도대체 어떤 거래 때문에 이 유구한 역사를 가진 유명 금융기관이 하룻밤 사이에 이토록 큰 손실을 입은 것일까? 사태가 발전함에 따라 사람들은 점차 이 사건의 자세한 내막을 알게 되었다. 제롬 케르비엘Jérôme Kerviel이라는 '악덕 트레이더'는 선물거래팀 소속으로 경험이 일천한 딜러였다. 유럽 주가지수 선물거래 계약을 맺을 당시 그는 백오피스back office(지원부서)에서의 업무경험을 이용하여 대규모 거래를 위조하는 방식으로 회사 내 위험관리팀의 통제를 피해갔다. 제롬의 거래액이 733억 달러(이는 소시에테제네랄 은행의 당시 시가총액인 526억 달러를 훨씬 뛰어넘는 액수다)에 이르렀고, 큰 폭으로 하락한 증시 탓에 발생한 거액의 거래손실을 입은 후에야 회사는 비로소 그의 거래가 위조된 것임을 알아차렸다.

거래손실액이 수억 달러에 이른다는 것은 충격적으로 들리겠지만 사실 세계 투자계의 역사에서 보자면 결코 특수한 사례라 할 수 없다. 국제기구의 통계에 따르면, 과거 20년간 전 세계 금융기관에서 발생한 전체 손실 중 규모 1억 달러 이상의 거래는 수십 건이 있었다. 특히 세계 금융위기 중 최대 규모였던 2008년 모건스탠리Morgan Stanley의 신용부도스와프Credit Default Swap, CDS 거래는 회사에 86억 달러의 손실을 안겨주었다. 2006년, 미국의 유명 헤지펀드인 아마란스 어드바이저Amaranth Advisor는 천연가스 선물시장에서의 거래 실패로 65억 달러라는 막대한 손실을 입었다. 그보다 10여 년 전인 1998년에 발생했던 롱텀캐피털매니지먼트Long Term Capital Management라는 미국 헤지펀드의 파산위기는 투자자들에게 58억 달러에 달하는 손실을 끼쳤을 뿐만 아니라 하마터면 세계 금융시스템도 무너뜨릴 뻔했다. 1996년, 일본의 스미모토 상사Sumitomo Corporation는 구리 선물상품을 거래하다가 34억 달러의 손실을 봤다. 중국 기업 또한 이런 과정으로부터 홀로 자유로울 수는 없었다. 2008년 시틱퍼시픽Citic Pacific은 오스트레일리아 달러와 관련된 복합누적옵션계약(주식연계파생상품, Accumulator)으로 18억 달러의 손실을 입고 한때 파산위기에 몰렸고, 어쩔 수 없이 모회사인 중신中信그룹에 도움을 요청했다. 2004년에는 중국항유中国航油 싱가포르 법인 역시 석유 관련 파생상품 거래로 5억 5,000만 달러의 손실을 입었다.

이 금융기관들이 본 거래손실액은 개인투자자들을 깜짝 놀라게 할 만한 거액이다. 그러나 일상적인 투자와 거래를 하면서 자신 역시 알게 모르게 이런 천문학적인 거래 손실에 참여하고 있음을 깨닫지 못하는 개인투자자들은 많다. 나는 캘리포니아 대학, 베이징 대학, 대만 정치대학의 동료들과의 공동연구를 통해 대만 주식시장 개인투자자의 투자실적이 실은 금융시장 및 금융기관의 투자실적에 비해 많이 뒤떨어진다는 사실을 발견했다.

대만 주식시장에서 5년간 이루어진 거래기록 전체를 연구한 결과, 이름 없는 개인투자자들이 이 기간 동안 잃은 금액은 앞서 언급한 기관투자자들의 손실액에 전혀 뒤지지 않았다. 좀 더 구체적으로 살펴보자. 대만의 개인투자자들은 매년 약 3.8%의 손실을 입었다. 이를 자국 주식시장의 규모, 그중 개인투자자의 자금이 차지하는 비율 및 투자실적에 비추어 계산해보면 이들이 5년간 입은 손실은 약 9,400억 대만 달러, 즉 미화 340억 달러에 해당한다. 이는 곧 대만 개인투자자들이 매년 입는 거래손실액이 무려 68억 달러에 이름을 뜻한다. 바꿔 말하자면, 이들이 매년 평균적으로 주식투자에서 잃은 금액은 투자역사상 규모가 가장 컸던 몇 차례의 거래손실로 기관투자자들이 잃은 금액과 맞먹는 것이다. 그러나 기관투자자의 투자수익이 큰 기복을 보인 것과 달리 개인투자자의 거래손실은 5년에 달하는 기간 동안 지속적으로 나타난 손실의 평균 수준으로, 1997~1998년의 아시아 금융위기 때 특히 심각했다. 대만 개인투자자들의 손실을 대만 전체의 경제와 비교해보면 그 규모가 얼마나 큰지를 직관적으로 알 수 있다. 대략 연간 GDP(국내총생산)의 2.2%, 연간 교통운송 및 매체 방면 개인 소비액의 약 33%, 대만 국민의 의류 소비액 중 약 85%, 또는 에너지 및 연료 소비액의 170%에 달하니 말이다.

연간 3.8%에 달하는 대만 개인투자자들의 손실을 초래한 것은 무엇일까? 연구자들은 그중 27%는 잘못된 주식의 선택과 거래에서 초래된 것이고 32%는 증권사가 받는 중개수수료, 34%는 정부가 징수하는 거래와 관련된 각종 세금 및 비용, 그리고 나머지 7%는 개인투자자가 투자시기를 정확하게 선택하지 못한 탓에 발생했다는 사실을 발견했다.

정부에 납부하는 세금과 증권사의 중개업무 수수료를 제외한 개인투자자의 거래손실 중 34%는 거래상 자산의 이동, 즉 투자손실을 입는 측으로부터 투자이익을 얻는 측으로 자산이 이동하여 발생한다. 구체적으로 말하자면 개인투자자의 손실은 기관투자자, 즉 개인투자자의 거래상대에게 매년 약 1.5%의 투자수익을 안겨주고 있다. 다시 말해 자산은 개인투자자의 주머니에서 그들의 거래상대 역할을 맡은 기업, 기관 및 국제투자자들의 손으로 주식거래를 통해 흘러들어가는 것이다. 이렇게 보면 개인투자자의 거래와 투자는 사실상 자선사업에 불과하다. 자신의 본업을 통해 부지런히 번 돈을 자기보다 수입과 투자능력이 월등히 뛰어난 전문 기관투자자의 손에 아낌없이 쥐어주는 것과 다름없기 때문이다.

간단하지만 반드시 과학적이라 할 수는 없는 유추를 한다면, 시장의 규모와 변동률로 볼 때 중국 대륙의 A주 시장에서 개인투자자가 입는 손실액은 대만 개인투자자 손실금액의 열 배에 이를 수 있다.

개인투자자의 실적

개인투자자의 투자실적에 대해 말하자면, 사실 수많은 개인투자자들은 자신이 내리는 투자결정을 결코 충분히 이해하지 못한다. 최근에 산 주식으로 돈을 벌었는지 아니면 잃었는지의 여부를 또렷이 기억한다 해도, 많은 개인투자자들은 자신의 투자 포트폴리오 실적에 대한 질문을 받을 경우 확실하게 대답하지 못하는 데다 심지어 그 포트폴리오에 어떤 주식이 있고 매수가가 얼마였는지조차 기억해내지 못한다.

이렇듯 자신의 투자실적을 제대로 알지 못하기 때문에 개인투자자들은 투자 시 다소 과격하고 모험심 강한 모습을 보이고, 그 결과 흔히 큰 손실을 입는다. 이 결론은 대만에만 적용되는 것이 아니다. 나를 포함한 각국 학자들이 전 세계 각 시장 및 서로 다른 유형의 자산에 대해 수행한 연구에서도 이와 유사한 결과가 나타났다. 이들 연구는 많은 개인투자자가 평균적으로 적자를 보거나 실적 면에서 시장수익률을 하회한다는 사실을 공통적으로 밝혔다. 개인투자자의 손실 중 상당 부분은 세금 납부와 수수료 지불 명목으로 정부와 금융기관에 내는 것이고 나머지 부분은 거래상대, 즉 투자 수준이 높은 금융기관으로 손쉽게 흘러들어간다. 대다수 개인투자자는 투자전략이 명확하지 않기 때문에 투자과정에서 부를 창출하지 못할 뿐 아니라 오히려 자신도 모르게 자기 자산에 거대한 손실을 입히는 것이다.

우리는 이에 대한 논의를 두 가지 측면에서 논증하려 한다. 첫 번째 방법은 모든 개인투자자의 투자 포트폴리오 전체를 하나의 커다란 포트폴리오로 가정하고, 그들 모두가 마치 하나의 대형 펀드사처럼 함께 투자한다고 상상해보는 것이다. 만약 우리가 그런 대형 펀드사를 차린다면 펀드는 완전히 개인투자자의 투자전략을 따를 것이다. 어느 개인투자자가 주식시장에서 주식을 매수하면 우리의 펀드사도 동시에 같은 주식을 같은 양만큼 매수하고, 어느 개인투자자가 주식을 매도하면 펀드사 역시 같은 주식을 같은 양만큼 매도하는 것이다. 통계수치에 따르면, 이렇게 개인투자자의 결정을 따르는 가상의 펀드사는 그것이 1990~2000년 10년간의 미국 투자역사나 최근 8년간의 중국 투자역사, 또는 북유럽 증시에서든 모두 확연히 시장수익률을 하회하는 실망스러운 결과를 보이는 것으로 나타났다.

개인투자자의 수익을 가늠하는 두 번째 방법은 개인투자자가 매수·매도하는 주식의 실적을 비교하는 것이다. 가령 투자자가 어떤 주식을 매도하는 동시에 다른 주식을 매수한다면 그는 자기가 매도한 주식의 향후 실적이 상대적으로 좋지 않을 것이고, 매수한 주식의 향후 실적은 좋을 것이라고 여긴 것이 분명하다. 이렇듯 투자자가 자신의 주식 포지션을 바꾸는 까닭은 그렇게 하면 더 많은 투자수익을 거둘 것으로 생각하기 때문이다. 그러나 중-미 양국 자본시장의 통계수치를 장기간 연구한 결과, 실제 투자결과와 개인투자자의 기대치는 정반대라는 사실이 밝혀졌다. 포지션을 바꾼 후 반년, 또 1년에서 2년까지의 기간 동안 개인투자자가 매수한 주식의 실적은 매도한 주식의 실적보다 떨어졌다. 다시 말해 투자자는 어떤 주식을 매수하거나 포지션을 바꾸면 이익일 것이라 예상했지만 일이 뜻대로 되지 않아 이익은 커녕 오히려 손해를 보거나, 포지션을 바꾸기 전보다 수익이 줄어들었던 것이다.

이와 관련된 행동금융학의 연구에 따르면, 많은 국가의 자본시장에서 비교적 장기간에 걸쳐 시장수익률을 상회하는 뛰어난 실적을 지속적으로 올리는 개인투자자는 약 5~10%에 불과하고, 절대다수의 개인투자자들이 거두는 실적은 결코 시장수익률 수준에 이르지 못한다. 또한 그 절대다수 중 절반가량의 실적은 시장수익률과 명확하게 구분되지 않고, 전체의 3분의 1 정도를 차지하는 개인투자자의 실력은 장기적으로 시장수익률을 하회한다.

지금까지 개인투자자가 거래비용(증권거래세, 수수료 및 시장충격비용 포함) 공제 전에 올릴 수 있는 투자총수익에 대해 논의했다. 거래비용 공제 후 개인투자자가 얻는 투자순익은 이보다 훨씬 낮을 것이다.

많은 투자자들은 자기가 더욱 적극적으로 투자한다면 시간이 지날수록 자신의 투자과정을 충분히 지배할 수 있을 테니 수익을 올릴 가능성도 덩달아 높아질 것이라고 생각한다. 즉, 거래빈도가 높으면 자신들이 얻는 수익이 커지고, 거래빈도가 낮으면 수익도 적어질 것이라 예상하는 것이다. 그러나 연구자들이 의아하게 여기는 것은, 개인투자자의 거래빈도와 그들의 거래수익을 결부시켜보면 사실은 비교적 약한 음의 상관관계가 존재한다는 점, 다시 말해 거래빈도가 높은 개인투자자일수록 투자수익률은 오히려 낮아진다는 점이다. 이렇듯 낮은 수익은 투자자가 정확한 정보도 없이 거래를 진행함으로써 발생하는 거래상 착오와 투자손실을 반영하는 한편 거래비용이 투자자의 수익을 잠식한다는 것도 보여준다.

이 책의 일부에서는 개인투자자가 주식투자를 하는 과정에서의 실적은 결코 마음대로 되지 않는다는 점을 국내외 연구성과를 통해 증명할 것이다. 요컨대 개인투자자의 투자수준은 시장의 평균을 밑도는 데 이는 실적에서도 나타난다. 개인투자자의 투자실적은 시장 평균 수준보다 현저히 낮다.

여기까지 읽은 독자들은 이런 이야기를 납득하기 어려울 수도 있다. 많은 경우 투자자들은 일전에 자신이 투자한 주식으로 돈을 벌었다고 느끼기 때문이다. 또한 주식투자자들 중에는 '수동적으로 펀드를 구입하면 시장이 하락세인 상황에서는 어떻게 손을 써볼 도리가 전혀 없다'고 여기는 이들도 있는데, 이들은 자신이 손해 입는 것을 앉아서 바라보고만 있느니 차라리 직접 주식을 사는 편이 낫다고 생각한다. 최소한 언제 포지션을 바꾸고 어느 주식을 사야 할지 스스로 결정할 수 있기 때문이다. 나쁜 생각은 아니지만 이는 어디까지나 개인투자자 자신의 결정이 전문가보다 낫다는 가정에 근거한 것이므로, 만약 이 기본 가정이 성립하지 않으면 개인투자자는 거래를 통해 손실만 떠안을 가능성이 높다.

이외에도 이 책 뒷부분에서는 학자들이 장기간 대규모 표본을 통해 얻은 수치의 통계분석으로 도출한 결과와 투자자들의 주관적 느낌 사이에는 매우 큰 간극이 존재한다는 것을 다루려 한다. 이런 차이는 무엇 때문에 생길까? 나는 투자자의 심리적 측면뿐 아니라 투자에 대한 개인투자자의 이해 부족에 그 원인이 있다고 본다.

투자자가 투자를 할 때는 선택적 기억이 매우 강하게 작용한다. 우선, 투자자는 흔히 자신이 수익을 거둔 거래는 잘 기억한다. 친구와 이야기를 나눌 때면 항상 자신의 투자실적을 뽐내며 최근에 어떤 우량주를 샀는지, 또는 그 주식이 자신에게 얼마의 수익을 안겨주었는지 과시하는 식으로 말이다. 하지만 자신이 그다지 성공을 거두지 못한 거래에 대해서는 종종 선택적으로 망각해버린다. 자신이 투자한 주식에서 수익을 얻지 못한 사람은 그 주식을 팔지 않을 가능성이 크다. 소위 '손해를 보며 파는' 행동을 자발적으로 하기란 매우 어렵기 때문에 오랫동안 그 주식을 보유하면서 언젠가는 '다시 살아나길' 기대하는 것이다. 결과적으로 많은 사람들은 실제로 발생한 손해가 없기 때문에 자신은 결코 돈을 잃은 것이 아니라고 느끼며 투자 포트폴리오에 그런 주식들을 계속 남겨둔다. 이런 사고 및 투자의 방식은 대체로 그 사람이 투자하는 과정에서 입은 손실을 감출 뿐 아니라 가끔은 자신의 실적과 능력도 과대평가하게 만든다.

또한 투자자들이 서로 의사소통할 때는 항상 선택적 편차가 존재한다. 자기 투자의 실적과 성과를 자랑하는 친구와 이야기할 때 개인투자자들은 흔히 그 사람이 비교적 좋은 주식을 사서 대단히 큰 수익을 얻었다는 부분만 듣게 된다. 그러나 이렇게 자화자찬하는 사람의 투자 포트폴리오가 얻은 전체적인 실적을 검증해보면 그의 투자실적이 실은 별 볼 일 없으며 심지어 자기도 모르게 손해를 입은 경우도 있음을 발견할 수 있다. 하지만 이들은 다른 사람들과 대화 시 한두 차례 특별히 성공적이었던 투자실적만을 골라서 얘기하는 경우가 많다. 만일 주식시장의 개인투자자 대다수가 이와 유사한 선택적 기억과 편향을 갖고 있다면 투자자는 시장에서 아마도 "투자는 아주 쉬워." "돈 버는 거야 매우 쉽지." 그저 주식만 사면 돈을 벌 수 있어."라는 식의 말들만 듣게 될 것이다. 그러나 사실 대부분의 개인투자자들에게 있어 주식거래를 통해 시장수익률을 상회하는 투자성과를 올린다는 것은 불가능하다.

하지만 바로 이 선택적 정보제공 때문에 많은 개인투자자는 자기도 모르게 자신의 투자능력을 믿게 된다. 그리고 그런 자신감이 커질수록 점차 거래빈도를 높이는 경향을 보이는데, 이 빈도가 잦은 투자자일수록 실적이 낮아진다는 점은 관련 연구에서도 입증된 바 있다.

이외에도 개인투자자는 투자실적을 악화시키는 몇 가지 원인을 인지해야 한다.

첫째, 개인투자자는 자신의 수익을 고려할 때 반드시 자신이 시장에서 유동성을 제공하는 역할로 작용한다는 점을 알아야 한다. 즉, 개인투자자들은 기관투자자가 주식을 팔려고 준비할 때 그 주식을 적극적으로 매수하고, 기관투자자가 주식을 사려고 할 때는 적극적으로 그것을 매도한다. 개인투자자의 투자는 어느 정도 기관투자자 또는 기타 전문 투자자에게 추가적인 유동성 서비스도 제공하는 것이라고 볼 수 있다. 때문에 개인투자자는 응당 그에 대한 보상과 격려를 시장으로부터 얻어야 한다. 이런 전제하에서 보면 개인투자자의 성과는 당연히 평균 시장수익률뿐 아니라 기타 투자자들의 수익보다 더욱 높아야 하지만, 나와 연구자들이 전 세계 자본시장에서 발견한 연구결과에 따르면 실제로는 전혀 그렇지 않다. 사실상 개인투자자의 실적은 시장수익률을 현저히 밑돌기 때문이다.

둘째, 개인투자자 입장에선 거래비용과 기회비용이 높다. 개인투자자의 거래금액은 비교적 적고 거래비용은 비교적 크기 때문에, 개인투자자가 진정으로 얻었다고 볼 수 있는 최종 순수익은 서류상의 주식수익과 큰 차이를 보일 수 있다. 우리가 미국에서 연구한 수치에 따르면, 1990년대의 거래비용은 투자자가 올린 총수익의 0.7~0.8%를 차지했다. 중국 A주 시장의 거래비용은 이보다 상대적으로 낮아 일반적으로 개인투자자 거래비용의 0.2~0.3% 사이(여기에는 수수료, 세수와 충격비용이 포함된다)였다. 그러나 바로 이 상대적으로 저렴한 수수료 때문에 중국 투자자의 거래회전율은 국제투자자의 거래회전율을 크게 웃돈다. 중국 개인투자자의 거래회전율은 기본적으로 500~900%으로 들쭉날쭉한 반면 미국 개인투자자의 경우엔 80~100% 선에 그친다. 투자실적을 높일 수 없다는 전제하에서 보면 비교적 높은 거래회전율 역시 개인투자자의 투자비용을 증가시키고, 각종 비용 혹은 세금을 제외한 투자자의 투자순수익을 감소시킨다.

셋째, 적지 않은 개인투자자가 투자 시 수익만 염두에 두고 위험은 고려하지 않는다. 자신이 돈을 벌 수 있는가의 여부만 고려할 뿐, 그것을 위해 자신이 어느 정도의 비용을 들이는지 혹은 얼마만큼의 위험을 부담하는지는 생각하지 않는 것이다. 또한 투자의 기본이념을 제대로 이해하지 못하고 있는 투자자도 많다. 투자수익의 원천을 충분히 이해할 수 없기 때문에 주식시장에서 얻는 수익이 자신의 투자능력에서 비롯된 것인지, 아니면 단지 시장의 흐름 덕에 운이 좋았던 것인지 구분하지 못하는 것이다.

예를 들어 일부 투자자는 비교적 위험이 높고 기복이 심한 주식에 자금을 투자하는데, 주식시장이 상승하면 자신이 매수한 주식으로도 돈을 벌게 된다. 그러나 투자수익의 원천을 분명히 파악하지 못하기 때문에 개인투자자는 자기가 좋은 주식을 골랐다고 착각하고, 자신의 돈을 불려주는 그 주식을 팔고 싶어 하지 않는다. 불행히도 그 이후의 시장변화에 따라 자신이 매수한 모든 주식이 대폭 하락하면서 이전의 수익을 고스란히 시장에 돌려줄 수도 있는데 말이다.

대개의 투자자는 자신의 투자실적을 고려할 때 해당 주식으로 돈을 벌었는지의 여부를 평가기준으로 삼으면서도, 주식시장의 성적이 해당 주식의 등락에 큰 영향을 준다는 사실을 간과하는 경우가 많다.

설령 돈을 벌게 되더라도 그와 동시에 매우 큰 위험을 무릅쓰는 경우 또한 있다. 그들이 돈을 버는 이유는 주식시장이 상승하는 단계에 있기 때문일 수 있고, 어떤 경우에는 그렇게 번 돈이 주식시장에 직접 투자해서 버는 것만 못할 수 있다. 투자자들은 흔히 돈을 벌기만 하면 자신에게 투자능력이 있다고 여긴다. 하지만 간단히 인덱스펀드 또는 주가지수선물을 매수하면 더욱 많은 수익을 올릴 수도 있다는 사실은 미처 생각하지 못하는 경우가 많다.

이런 것들은 개인투자자가 투자수익의 원천에 대해 확실히 이해하지 못하고 있음을 보여준다. 사실상 개인투자자가 어쩌다 얻은 이익은 대개 주식시장의 변동에 따른 것이다. 따라서 투자자가 정말 해야 할 일은 바로 자신의 투자실적을 평가할 때 자신의 수익이 시장의 성적을 뛰어넘기에 충분한 것인지, 그것이 자신의 시간을 할애할 만큼 충분한 가치를 지닌 선택인지, 그리고 자신의 거래비용과 시간비용을 보상해줄 수 있는지에 대해 더 많이 생각하는 것이다. 만약 이 질문들에 대한 답변이 부정적이라면 개인투자자는 주가지수 또는 펀드에 대한 투자를 늘려 더욱 안정적이고 지속적인 투자수익을 얻어야 한다. 그러나 만약 투자자가 투자, 위험, 실적 및 자신의 능력 모두를 제대로 인식하지 못하고 있는 상태라면 합리적인 투자와 실적 제고에 대해서는 어디서부터 이야기해야 할까?

펀드 투자의 손실

앞서 기관투자자들이나 개인투자자가 (자신도 모르게) 입은 거액의 손실에 대한 이야기를 잠시 했는데, 아주 유명한 투자기관 혹은 투자의 귀재 역시 투자과정에서 매우 큰 실수를 범하곤 한다. 1998년 롱텀캐피털매니지먼트는 위기를 겪었던 당시 노벨경제학상 수상자 두 명을 비롯해 유명 대학의 교수 여러 명이 회사의 파트너로 참여하고 있었지만, 1998년 동남아 금융위기가 닥친 뒤 불과 한 달 만에 58억 달러의 손실을 입고 하마터면 세계 금융시스템을 무너뜨릴 뻔했다.

투자계의 큰손인 조지 소로스George Soros 역시 1987년의 세계 주가폭락 사건 당시 세계 주가지수선물에 투자하는 바람에 '단번에' 15억 달러를 잃었고, 이로 인해 이 세계적인 '금융저격수'의 부와 명예는 아주 오랫동안 심한 타격을 입었다. 최근의 사례로는 2008년 세계 금융위기 때 대량의 공매도 및 부동산과 관련된 부채담보부증권Collateralized Debt Obligation, CDO과 CDS 상품으로 많은 이익을 봤던 미국 헤지펀드 매니저인 존 폴슨John Paulson을 들 수 있다. 2008년에 그는 자신이 관리하는 펀드로 총 200억 달러에 달하는 수익을 단번에 거뒀고, 동시에 자신도 약 70억 달러의 수입을 벌어들이면서 헤지펀드 역사상 최고의 연수입을 올린 펀드매니저 자리에 등극했다. 그러나 2013년 금값이 떨어지면서 그가 관리했던 펀드 역시 불과 그해 4월 한 달 만에 10억 달러의 손실을 입었다.

펀드매니저가 2차 시장에서 입는 손실 외에도 최근 중국에서 과대평가받는 사모펀드 투자의 경우 그 역사를 살펴보면 결코 투자자들에게 항상 자랑할 만한 수익을 안겨주진 않았다. 2007년, 세계적으로 유명한 사모펀드인 콜버그크래비스로버츠그룹Kohlberg Kravis Roberts, KKR과 텍사스퍼시픽그룹Texas Pacific Group, TPG이 손을 잡고 에너지회사인 미국 텍사스유틸리티스Texas Utilities를 인수했다. 이는 거래총액이 438억 달러에 달하는, 역대 최대 규모의 사모펀드 인수 사례였다. 그러나 KKR과 TPG가 거시경제와 에너지 가격의 동향을 잘못 판단한 탓에 인수자 측은 과도한 자신감으로 225억 달러라는 천문학적인 부채를 끌어와 인수를 마무리했다. 결국 채무 압력과 느린 업무향상 속도 때문에 이 인수거래는 인수자 측에 수십억 달러의 손실을 안겨주었다. 마찬가지로 2007년 KKR은 277억 달러를 들여 전자결제회사인 퍼스트데이터First Data를 인수했다. 이때도 역시 인수자 측이 엄청난 규모의 부채(230억 달러)를 끌어온 탓에 퍼스트데이터는 인수 후 몇 년간 해마다 수십억 달러에 달하는 손실을 입었고, KKR의 투자손실 역시 '가뿐히' 10억 달러를 넘었다.

적극적으로 투자하는 헤지펀드와 사모펀드 외에도 우리는 캘리포니아주 공무원퇴직연금펀드CalPERS을 비롯한 미국의 많은 공무원퇴직연금펀드가 더 높은 수익을 얻기 위해 2008년 금융위기 전에 포트폴리오의 일부를 리스크가 큰 지분상품 및 사모펀드와 헤지펀드 등 특수 유형의 상품에 투자한 사례를 볼 수 있다. 본래 안정적인 투자를 추구해야 함에도 리스크가 큰 상품에 투자하는 바람에 이 은퇴펀드들은 금융위기가 닥치자 거액의 손실을 입었을 뿐 아니라 장기적으로는 보증금 지불능력에도 큰 타격을 받았다.

기업인수로 인한 손실

세계의 여러 기업 또한 끊임없이 인수, 합병, 구조조정 등을 통해 대규모 투자활동을 벌이는데, 이런 일련의 투자활동 과정에서 잘못된 판단으로 거액의 손실을 입은 기업도 많다.

10여 년 전 인터넷 버블 시기에도 중대한 인수합병 실패 사례가 여러 건 발생했다. 2000년 미국 아메리카온라인America OnLine, AOL과 타임워너Time Warner 간 합병 사례는 미국 역사상 회사 합병으로 인한 최대 규모의 손실을 초래했다. 신흥 온라인 서비스 제공 기업이었던 AOL과 타임워너의 합병은 타임워너가 인터넷 시대에 진입하는 데 전혀 도움이 되지 않았고, 합병에 따른 대규모 자금낭비와 인력유실 및 합병 과정에서 생긴 어려움은 두 기업의 순조로운 발전에 걸림돌로 작용했다. 결국 10년 후 타임워너는 합병 시 인수했던 AOL의 업무를 분리시킬 수밖에 없었다.

미국 야후Yahoo가 인터넷 기업인 브로드캐스트닷컴Broadcast.com을 인수했던 것도 인터넷 버블 시기에 발생했던 또 다른 인수 실패의 예에 해당한다. 브로드캐스트닷컴의 설립자인 마크 큐번Mark Cuban은 현재 미 NBA 댈러스매버릭스Dallas Mavericks의 구단주이기도 하다. 야후는 인터넷 버블이 한창일 때 자사 주식을 교환하는 방식으로 브로드캐스트닷컴을 인수했다. 당시 거래총액은 약 50억 달러였지만 이 거래는 이후 외부 평가에 따르면 겨우 1~2억 달러 정도의 가치에 불과한 것이었다. 인수가 이루어진 후, 좋은 가격에 성공적으로 회사를 매각한 큐번은 야후의 주식이 과대평가되었다는 사실을 알고선 자신이 얻은 야후 주식 모두를 즉각 처분하여 수익을 확정했다. 그러나 큐번을 따라 브로드캐스트닷컴을 설립했던 다른 많은 직원들은 인터넷 버블의 영향을 지나치게 많이 받은 나머지 야후 주식 처분을 주저했고, 그 결과 애초에 얻을 수 있었던 큰 수익마저 놓치고 말았다.

인터넷 버블 시기에 있었던 인수 실패 사례 중 유명하고 전형적인 예는 바로 미국의 인터넷 업체 테라네트웍스Terra Networks가 미국의 라이코스Lycos를 인수한 것이다. 라이코스는 인터넷 버블 시기에 설립된 검색엔진 업체였는데, 테라네트웍스는 2000년에 125억 달러를 들여 인수했던 라이코스를 4년 후 겨우 9,500만 달러에 매각했다. 인수 가치였던 125억 달러의 1%도 되지 않는 가격으로 처분한 이 사례는 회사 인수 역사상 벌어진 거액 손실 사건 중 하나로 꼽힌다.

최근에 발생한 비교적 유명한 예로는 미국 휴렛팩커드Hewlett-Packard, HP가 88억 달러를 들여 영국의 데이터분석 업체 오토노미Autonomy를 인수한 것을 들 수 있다. HP는 인수 당시 오토노미가 가치가 높은 데이터분석 업무를 많이 수행했다고 여겼고, 이를 통해 HP의 업무 다원화 및 서비스업 분야에서의 발전을 이끌 수 있을 것이라 생각했다. 그러나 유감스럽게도 인수 후 HP는 오토노미가 거두었다는 이윤의 상당 부분이 날조되는 등 재정 쪽의 조작이 많았을 뿐 아니라 심지어 업무 중 많은 부분은 실제로 전혀 존재한 적도 없었음을 깨달았다. 인수거래가 완료된 후 1년도 지나지 않아 HP는 결국 88억 달러의 자금을 상각처리할 수밖에 없었는데, 그중 50억 달러의 손실은 모두 오토노미의 분식회계 등 위법행위로 초래된 것이었다.

HP의 손실이 발생한 또 다른 중요한 원인은 바로 인수 과정에서 오토노미의 영업권을 지나치게 높게 산정한 데 있다. 구체적인 업무지원이 없었기 때문에 오토노미의 영업권은 사실 HP가 당초 생각했던 것만큼 그 가치가 높진 않았던 것이다. 이런 관점에서 봤을 때 HP의 오토노미 인수는 처참히 실패한 거래였다. 또한 이를 통해 우리는 합병 과정에서 회사 고위층 경영진이나 투자은행 및 회계사무소 등 인수합병에 참여한 모두가 책임 있는 조사를 수행하지 못했음을 알 수 있다. 그에 따른 결과가 인수합병 실패의 역사에 믿기 어려운 사례 하나로 추가되었음은 당연하고 말이다.

대형 IT기업들의 '어리석은' 인수 사례도 적지 않다. 1991년, 당시 미국의 최대 통신사였던 AT&T는 컴퓨터 영역에 발을 들이기 위해 70억 달러를 들여 미국의 NCR National Cash Register Co.를 인수했지만 이후 이 인수 건은 실패로 끝나고 말았다. 몇 년 뒤 AT&T는 당초 인수했던 자산을 40억 달러에 처분했고 몇 년간 AT&T의 주주들은 30억 달러에 이르는 손실을 보았다. 또 명성이 자자한 미국의 마이크로소프트 Microsoft, MS도 인터넷 버블 시기에 이와 유사한 실수를 저질렀다. MS는 인터넷 버블 시기에 60억 달러를 들여 어퀀티브 aQuantive를 인수했지만 이후 이 회사가 보유한 기술은 MS의 업무에 별 도움이 되지 않을 것이란 사실이 밝혀졌다. 인수 2년 뒤 MS는 결국 어퀀티브의 모든 사업부문을 포기하고 헛되이 60억 달러를 날리고 말았다.

이상의 사례에서 볼 수 있듯, 정부 및 투자기관과 기업의 전문 투자부서조차도 투자과정에서 다양한 원인 때문에 오류를 범하고 그로 인해 막대한 손실을 입는다. 이런 사례들을 통해 내가 투자자들에게 일깨워주고 싶은 것이 있다. 설령 개인투자자가 대규모 손실을 입는다 해도, 투자손실은 사실 개인투자자뿐 아니라 수준 높은 기관투자자나 기업들의 투자과정에서도 발생할 수 있다는 것이다. 투자는 위험을 수반하는 행위이므로 투자를 고려하는 투자자는 반드시 그에 따른 위험까지도 인식하고 있어야 한다.

음모론과 전쟁론

앞서 언급한 수많은 투자자들의 투자실적이 이렇듯 마음대로 되지 않는 이유는 무엇일까? 이 문제에 대한 사회의 일반적 인식과 학계의 의견은 매우 다르다. 중국에서는 최근 '음모론과 전쟁론'이라는 말이 유행했다. 국제투자자든 해외 정부든 모두 중국 정부와 기업 및 중국 투자자에 대해 극단적인 적대적 태도를 취한다고 본다는 점에서 음모론과 전쟁론은 기본적으로 같다. (음모론에 따르면) 이들 해외 음모가들은 투자에서부터 중국의 투자자들과 맞선다. 중국 정부와 기업, 투자자들을 가상의 적으로 여기는 그들은 여러 혁신적인 제품을 디자인하고 세계 금융체계를 조종하며 금융상품을 판매하는 방식으로 중국의 경제발전을 억제하고, 중국 기업의 글로벌화를 방해하며, 중국 국민들이 부를 축적하는 것을 가로막아 자신들의 이익만을 도모하려는 뻔뻔한 목적을 가지고 있다는 것이다.

그러나 조금만 자세히 생각해보면 이 음모론과 전쟁론이 꼭 타당하다고 할 수는 없음을 깨달을 것이다. 더욱 긴 역사적 맥락에서 보면 각 국가와 기업들 및 서로 다른 성격의 투자자들 모두 역사적으로 투자과정 중에 막대한 손실을 입었다는 사실을 발견할 수 있다. 개인투자자, 기업, 정부를 막론한 모두가 오류를 범하고 손실을 본 적이 있고, 또 손실은 중국에만 나타나는 현상도, 자본시장이 중국에게만 싸움을 걸기 위해 만든 것도 아니다. 지난 10년은 중국에 있어 급속한 경제발전과 부의 축적이 이루어진 시기였다. 이 시기에 중국 투자자들의 투자수요가 갈수록 왕성해지고 투자활동도 나날이 빈번해지면서 우리는 중국 내 투자자와 기업, 정부가 투자과정에서 입는 손실에 더더욱 주목하게 되었다. 이 때문에 일부 사람들이 민족주의적 관점으로 이 문제를 대하게 되었다는 것은 의심할 여지가 없다.

하지만 인류의 금융사와 광활한 국제 금융체제 및 자본시장을 종합해보면 실은 중국 외의 수많은 국가의 정부, 기업, 국제금융기구와 개인투자자 또한 단기적 혹은 장기적으로 막대한 손실을 입었음을 알게 된다. 겨우 몇 년 전인 2007~2008년 세계 금융위기 당시에도 미국의 많은 투자은행, 상업은행, 보험회사 등의 금융기관이 치명적인 타격을 입었다. 일부 기업의 고위경영자는 쫓겨났고 어떤 기업은 다른 기업에 인수되었으며, 어떤 기업은 정부에 의해 국유화되었고 또 어떤 기업은 어쩔 수 없이 파산보호 신청을 해야 했다. 이런 것들을 보면 화폐전쟁과 금융음모에서 참패한 것은 오히려 그러한 전쟁과 음모를 주도한 자들임을 알 수 있다. 이는 전쟁론이나 음모론의 논거와 상당히 동떨어져 보인다. 따라서 최소한 우리는 다음과 같이 말할 수 있다. 만약 정말로 음모와 전쟁을 도모하는 자들이 있다면 그들은 결코 소수 국가의 소수의 투자자만이 아닐 것이고, 그들의 공격 표적 역시 중국 정부와 기업, 투자자에만 국한되진 않을 것이다.

미국 애플Apple사의 주식이 한 주당 400달러에서 700달러로 올랐다가 이후 또다시 400달러로 하락하는 과정에서 수많은 미국의 기관투자자와 연금펀드, 헤지펀드와 개인투자자는 모두 큰 손실을 입었다. 금값 역시 1온스당 300달러에서 1,900달러까지 치솟았다가 이후 다시 1,300달러로 내려앉는 변동을 겪었는데, 이런 과정에서 세계 최대 금 보유국인 미국의 금 보유가치 역시 오르내리다 하락했다.

이런 사실을 바탕으로 우리는 중국 기업이 해외에서 인수합병 및 금융상품 구매로 입은 손실, 또 중국의 외화관리기관과 국부펀드 및 금융기관들이 해외에 투자하는 과정에서 본 손해가 이런 종류의 경제활동에 투자할 때 입을 수 있는 통상적인 손실의 한도를 결코 초과하지 않는다는 사실을 반드시 직시해야 한다. 또한 중국의 기업, 기관 및 개인투자자의 손실을 모두 적대세력과 음모가들의 불순한 의도 탓으로 돌릴 수도 없고 말이다.

국제적으로 비교해보면 중국 투자자들이 직면한 투자상 손실과 착오는 어떤 음모나 전쟁의 결과가 아니라는 사실을 알 수 있다. 그렇다면 세계 금융시스템 내에 도사린 위험과 금융시스템의 변화로 중국 투자자들이 직면한 위험을 정확히 이해하는 데는 어떤 것들이 필요할까? 사실 투자자에게 가장 필요한 것은 경제, 금융, 투자와 관련된 기본적인 사실과 지식을 습득하는 일이다. 그런데 '사실'이란 도대체 어떤 것일까?

투자수익은 얼마나 올릴 수 있을까? 투자에 따른 위험에는 어떤 것들이 있을까? 이런 것들이 바로 투자자가 반드시 고려해야 할 뿐만 아니라 대답할 수도 있어야 하는 가장 기본적인 문제들이다. 투자자, 특히 중국 투자자에게 있어 손실을 어떻게 직면할 것인지, 자신의 투자손실을 어떤 식으로 책임져야 하는지, 필수적인 공부와 연습은 어떻게 해야 하는지 등은 반드시 거쳐야 하는 지루하고도 힘겨운 성장 과정이다. 중국 기업과 투자자들이 투자과정에서 커다란 손실을 입는 것은 굉장히 가슴 아픈 일이다. 그러나 우리는 그와 동시에 투자자가 손실의 아픔을 겪어본 뒤 투자과정에 필연적으로 뒤따르는 위험을 더욱 분명히 인식하고, 투자를 더욱 정확하게 파악하고 관리함으로써 향후에는 그와 비슷한 실수를 또다시 저지르지 않기를 바라기도 한다. 위험을 다루는 법, 위험을 피하는 법, 자신의 위기관리 능력을 높이는 법은 모든 투자자가 반드시 공부해야 할 과목이다.

전쟁론 또는 음모론의 큰 문제 중 하나는 투자자로 하여금 적대적인 심리 상태를 갖게 만든다는 점, 즉 투자와 금융, 다른 투자자들 그리고 국제 자본시장과 국제 금융시스템에 대한 적대감을 심어준다는 것이다. 사전에 적대감을 갖게 되면서 중국 기업은 해외 기업과, 또 중국 정부는 해외 정부와 소통하는 과정에서 일종의 선입견을 갖고 폐쇄적이며 고립적인 태도를 취할 수 있는데 이는 중국 투자자와 중국 기업이 국제 투자자와 국제 투자업계, 해외 정부와 갖는 교류에 영향을 미칠 수 있다. 투자자들이 윈-윈하고, 각국 정부가 새로운 세계 금융질서를 모색하며, 세계 각국 사람들이 더 많은 이익을 보는 동시에 세계 금융시스템의 위험을 모면하는 것은 더욱 솔직하고 확실한 교류를 통해서만 가능하다. 소통을 늘려야만 국가 간 무역 또는 자본투자와 관련된 마찰을 줄일 수 있고, 자본유동에 관한 규제를 완화할 수 있으며, 비교적 성숙하고 선진적인 투자이념과 투자수단을 도입할 수 있다. 이는 중국의 자본시장을 개방하고 중국 자본의 유동을 촉진하며, 세계 금융시스템 내에서 위안화의 지위를 향상시킬 뿐 아니라 세계 금융시스템 재건과 세계 금융질서 재편 모두에 도움이 되는 일이다. 개방적인 마음가짐과 소통하려는 자세는 중국 금융의 전반적인 발전에 있어 대단히 중요하다. 그러므로 만약 우리가 음모론 혹은 전쟁론에 따른 태도를 취한다면 무의식적으로 소통의 통로와 협력방식을 폐쇄함과 동시에 중국 경제와 금융이 세계 경제와 금융시스템에 융합되는 과정을 저해하게 될 것이다.

전쟁론과 음모론에는 큰 문제가 하나 더 있다. 우리가 자신의 모든 투자손실 혹은 자기가 직면한 투자위험을 적대세력의 음모 또는 전쟁도발 탓으로 돌린다면 이는 투자에 따르는 위험에 대한 중국 투자자와 기업, 정부기관들의 방어의식뿐 아니라 투자에 대한 관심까지도 떨어뜨릴 것이다. 또한 자신이 무엇을 하든 그 결과가 타인에 의해 결정되거나 타인이 설계한 음모에 좌우된다고 여긴다면 개인이나 기업 혹은 정부 투자자들 모두가 자신의 투자 또는 투자손실을 책임질 필요가 없다고 생각할 것이다. 투자과정에서 어떤 위험이나 손실이 발생하든 그것은 모두 해외 적대세력의 악의적인 중상모략 또는 음모 탓일 테니 말이다. 만약 정말로 상황이 이렇다면 모든 중국 투자자들은 금융의 본질, 투자의 원리, 위험의 원천, 그리고 수익과 위험 간 균형이나 환전을 주의 깊게 살펴볼 리 없고, 이런 전제하에 투자자는 오히려 자신의 투자결정을 책임지려 하지 않을 것이다. 자기 자금으로 투자하면서 자신의 행위를 책임지지 않고, 위험에 대해 제대로 조사하지도 않으며, 손실 혹은 위험 요소를 충분히 이해하거나 회피하지 못한다면 당연히 그 투자는 좋은 실적을 내지도 못할 뿐 아니라 심지어 중대한 손실까지도 초래할 수 있다.

이런 의미에서 보면 많은 투자자들이 음모론이나 전쟁론을 좋아하는 이유는 바로 그런 것들 덕분에 자신이 손실을 초래한 실수와 책임을 회피할 수 있다는 데 있다. 음모론이나 전쟁론을 신봉하여 자신이 내린 투자결정에 대한 책임을 지지 않거나 과도한 자신감을 가진 사람이라면 자기가 저지른 모든 실수와 그로 인해 발생한 모든 문제를 국제 적대세력의 탓으로 돌리게 될 것이다. 이런 행위는 자산을 늘리고 투자 포트폴리오의 수익을 높이는 데 전혀 도움이 되지 않는다.

바로 이 점이 내가 이 책을 통해 독자들에게 일깨워주고 싶은 문제다. 음모를 꾀하고 전쟁을 도모하는 것이 누구든 상관없이, 자기 스스로 방어할 준비가 충분히 되어 있다면 우리는 자신의 투자결과에 대해 진정으로 책임지고 최소한 원금손실은 입지 않게끔 할 수 있으며 다른 국제투자자 또는 다양한 투자자들과 협력하여 함께 수익을 거둘 수 있다. 나는 이 책을 통해 금융과 투자를 신비화, 추악화, 전쟁화하는 (중국 내 만연한) 사고방식을 바로잡아 개인과 기업, 정부 투자자들 모두가 현대 금융의 개념을 더 잘 이해하고 투자와 위험을 인식하게 도움으로써 금융과 관련된 의사결정력 및 투자수익의 향상이라는 목적을 달성하길 기대한다.

행동금융학과 투자자의 적

투자자가 손실을 입는 이유는 궁극적으로 시장의 변동성 때문이다. 그러나 존 메이너드 케인즈John Maynard Keynes가 말한 것처럼, 주식시장에 관해 우리가 아는 유일한 절대적인 법칙은 바로 그것이 오르내린다는 것뿐이다. 증시는 변동할 뿐만 아니라 그 폭은 펀더멘털

fundamental(경제성장률, 물가상승률 등 거시 경제지표를 포괄한 기초경제여건_옮긴이)의 변동폭으로 설명할 수 있는 것보다 훨씬 크다. 예일 대학 로버트 실러Robert Shiller 교수의 연구에 따르면 주가변동률은 펀더멘털의 변동률에 비해 매우 큰 것으로 나타났다. 1970년대 미국 경제에 스태그플레이션과 주가폭락이 발생하기 전의 전체 증시 평가는 펀더멘털 평가과 비교했을 때 거의 100% 정도 높았다. 또한 1929년 주가 대폭락과 1930년대 대공황 당시 미국의 증시 평가는 펀더멘털 평가에 비해 30% 정도 낮았다. 자산 가치의 큰 기복은 그 자체가 1970년 미국 증시의 하락장세 및 2009년 9~10월 사이 미국 증시가 불과 3개월 만에 30%나 하락했던 이유를 일정 부분 설명해준다.

그러나 우리의 일상생활을 다시 돌아보면 사회 전체가 여전히 많은 음식을 소비하고, 많은 주택을 필요로 하며, 자가용도 이렇게 많이 사는데 증시는 왜 이토록 요동치는 것인지 이해하기 어려울 수 있다. 그 원인은 세계 거품경제의 확장 및 경제위기와 아주 긴밀한 관계가 있다. 거품경제 혹은 자본시장 거품은 자본시장의 출현이 타고난 특성이자 보편적인 현상이다. 그렇다면 거품은 왜 형성되는 걸까? 이에 대해 경제학자들은 오늘에 이르기까지 완벽하게 정확한 설명을 내놓지 못하고 있다.

경제학자들이 경제의 주기와 거품 현상을 완벽하고 정확하게 설명하지 못하고 있기 때문에 거품경제와 경제위기의 발생 빈도는 최근 20~30년간 줄어들기는커녕 오히려 증가하는 추세에 있다. 1980년대부터 살펴보면 1987년의 주가 폭락, 1990년대의 미국 저축대부조합 사태Savings & Loan Crisis뿐만 아니라 소규모의 부동산위기도 발생했다. 1997~1998년에는 남미 및 아시아 금융위기가, 뒤이어 1998~2000년에는 인터넷 버블위기가 발생했고 그 후 2008년에는 미국의 부동산 거품 붕괴로 촉발된 세계 금융위기가 있었으며 2009년에 발생한 유로존 재정위기는 현재까지 여전히 끝나지 않은 상태에 있다. 오늘날 세계 경제에서는 4~5년마다 한 번씩 위기가 발생하는 셈인데 어째서 이렇게 많은 거품이 발생하는 것일까? 이는 바로 투자자의 탐욕과 두려움, 즉 투자자의 야만성이 계속 거품을 만들어냈기 때문이다.

전통적으로 개인, 제조업자, 그리고 투자자가 완전히 이성적인 존재라는 가정에 기반을 두는 신고전파 경제학 이론은 이런 경제 및 금융위기의 중대한 문제점을 제대로 설명하지 못했다. 때문에 최근 20~30년 동안에는 행동경제학과 행동금융학이 폭발적으로 발전했다.

1970년대부터 대니얼 카너먼Daniel Kahneman, 아모스 트버스키Amos Tversky, 버논 스미스Vernon Smith, 리처드 탈러Richard Thaler, 로버트 실러 등 몇몇 학자가 각자 자신의 연구 영역에서 '의사결정자의 경제행위는 이성적'이라는 가설에 의문을 제기했다. 이런 의문은 경제학과 금융학의 발전에 대한 사회과학의 커다란 공헌을 직접적으로 반영한 것인 동시에 경제학과 금융학이 다른 과학 분야 연구의 진전을 본보기로 삼아야 한다는 강렬한 열망의 표출이었다. 행동경제학과 행동금융학이 거둔 성공은 상당 부분 경제금융이론과 심리학의 긴밀한 결합 덕분이었다.

행동경제학과 행동금융학에 대한 심리학의 공헌은 바로 사람이 경제적 결정을 내리는 과정에서 시스템적인 오류가 나타날 수 있다는 점을 깨우쳐줬다는 데 있다. 이런 오류는 경제시스템의 모든 참여자 및 자본시장의 모든 투자자에게 영향을 준다. 거시적으로 이런 시장참여자의 비이성성은 시장의 주기적 변동과 위기를 가져오고, 미시적으로 투자자와 금융기관의 비이성성은 투자 영역에서의 거품 및 폭락을 초래한다.

애덤 스미스Adam Smith가 중시했던 경제학의 핵심문제인 인간의 행위는 행동경제학 및 행동금융학의 발전에 따라 또다시 경제와 금융 연구에 있어 중요한 문제로 대두했다.

행동경제학이 어느 정도 발전한 뒤엔 행동금융학도 자본시장의 의사결정자가 의사결정 과정에서 완전히 이성적이라 할 수 없는 행위를 보이는 점에 주목하기 시작했다. 이로써 지난 20년간 폭발적으로 발전한 행동금융학은 자본시장으로부터 얻은 풍부한 데이터와 사례를 바탕으로 경제학, 사회학, 심리학 및 법철학의 발전에도 크게 공헌했다.

행동금융학에 따르면 개인투자자나 기관투자자, 상장기업, 민영기업, 정부기관 및 감독기구 모두 서로 다른 행동오류의 영향을 받고, 금융과 투자결정을 내리는 과정에서 여러 한계와 오류를 드러낸다. 이에 따라 자신이 범한 오류를 바로잡고 자신의 금융전략을 개선하며, 자신의 의사결정력과 투자수익을 높이기 위해 개인과 기관의 행위오류에 어떻게 대처할 것인가의 문제에 대한 답을 찾는 것이 바로 행동금융학 연구가 수많은 투자자와 기업관리자, 시장규제기관 및 정부기관에 이바지하는 부분이 되었다.

나 역시 행동금융학을 연구하는 한 사람으로 이 책을 통해 여러 투자자들이 자신을 더욱 잘 파악하고, 금융과 투자를 더욱 잘 이해하게 되길 희망한다. 자기 자신에 대해 잘 이해하고, 행위와 의사결정의 과정에서 자기가 범하는 오류를 이해하며, 투자실적과 투자과정에서 맞닥뜨릴 여러 위험 및 어려움을 잘 이해하는 투자자만이 비로소 자신의 투자전략을 더욱 효과적으로 개선하고 실적도 높일 수 있다.

투자의 세계에서 전해지는 말 중엔 "투자자의 가장 큰 적은 탐욕과 두려움이다."라는 것이 있다. 나는 이 말이 투자자의 심리뿐 아니라 자신과 투자에 대한 투자자의 이해가 부족한 현실을 여실히 반영한다고 생각한다. 나는 《투자자의 적》이라는 이 책을 통해 행동금융학의 연구성과를 독자 여러분과 공유하고자 한다. 또한 이런 세계적 연구성과를 중국이 당면한 현실과 연결시켜 투자자들이 자신의 투자이념을 더욱 잘 이해하고, 투자전략을 조정하여 훨씬 큰 수익을 거두게끔 돕기 위한 몇 가지 제안을 하고자 한다.

제2장

참을성 없는 개인투자자

실적을 잠식하는 거래

개인투자자의 실적은 왜 마음대로 되지 않을까? 이 책의 뒷부분에서는 개인투자자가 수익을 거두지 못하는 원인을 점진적으로 논의할 것이다. 많은 개인투자자들이 생각하는 것과 달리 개인투자자의 투자 손실은 바로 투자자 자신이 만든 것이다. 그렇지만 투자자, 특히 개인투자자의 입장에서 완전하고 정확한 정보를 얻기란 매우 어려운 것이 사실이다.

지금부터는 국내외 자본시장의 실증적 연구결과를 통해 투자자가 어떻게 잘못된 결정을 내리는지 살펴보자. 나는 캘리포니아 대학의 동료 두 명과 함께 대표적인 일련의 연구를 수행한 뒤, 같은 실험을 국내 연구자와 함께 다시 진행하여 동일한 결과를 얻었다. 매우 간단한 실험이긴 했지만 사실 실험결과가 도출되기 전까지는 줄곧 투자자가 어떤 종류의 투자능력을 갖고 있는지, 또 투자자의 거래빈도가 과연 합리적인지 등 두 가지 문제에 대한 논쟁이 그치지 않는 상태였다. 하지만 지금 보니 우리의 연구성과는 이 두 가지 문제에 매우 분명한 답을 제시하고 있다.

나와 공동연구를 진행한 테런스 오딘Terrance Odean 교수는 42세에 대학을 졸업하고 46세에 박사학위를 취득한 전설적인 인물이다. 당시 그가 하버드 대학에서 자신의 연구에 대해 설명하기로 했던 날(미국 박사과정의 학생들은 졸업하려면 반드시 수많은 교수들 앞에서 자신의 연구에 대해 설명해야 한다), 교수들은 그가 새파란 젊은이일 것이라고 생각했지만 막상 교실에 들어온 사람은 얼굴에 주름이 가득한 늙은이었다.

오딘은 매우 재미있는 사람이다. 뉴욕에서 2년간 택시를 운전했고 독일에서 여러 해 독일어를 공부하다가 샌프란시스코의 금융거래소에서 몇 년 일한 뒤 갑자기 공부하고 싶다는 생각이 들어 박사 과정까지 밟게 되었다고 한다. 금융거래소에서의 경험 덕에 그는 '개인투자자는 과연 돈을 벌 수 있는가?'라는 지극히 단순한 문제를 이해하고 싶어졌다. 미국에서 박사 과정을 밟는 많은 사람들은 매우 명확한 연구문제를 가지고 공부를 시작한다. 이 문제에 대한 답을 찾기 위해 그는 캘리포니아 대학 버클리캠퍼스를 선택했다. 행동경제학 분야의 정상급 전문가들이 그곳에 교수진으로 포진하고 있기 때문이었다.

1996년 박사학위를 받고 졸업했을 당시 그의 나이는 46세였다. 1996년부터 2007년까지의 11년간 그는 교수로서 평생 얻을 수 있는 모든 성취를 이루었다. 조교수에서 종신교수로 승진하고 이후 석좌교수가 되었으며, 최종적으로 미국 금융협회 부회장이자 저명한 금융잡지의 편집장을 맡게 되었다. 그를 통해 우리는 교육의 이념, 교육을 받는 사람이 궁극적으로 추구하고자 하는 것, 그리고 그 사람의 만족감 등 모든 방면에 있어 미국과 중국의 교육은 확실히 큰 차이를 보인다는 것을 알 수 있었다.

그렇다면 그는 어떻게 투자자의 행동을 연구했을까? 먼저 투자자의 행위에 대한 데이터가 있어야 하는데, 그건 곧바로 증권거래소에 가서 얻으면 그만이지 않은가? 중국인의 입장에서 보기에 이 문제는 너무 간단하기 때문에 언급할 가치조차 없는 것 같지만, 미국처럼 개인의 프라이버시 보호를 중시하는 국가에서는 투자자 개인에 대한 데이터를 얻는다는 것이 매우 어려운 일이다. 그가 성공할 수 있었던 것은 바로 오랜 시간 꾸준한 노력을 통해 증권사 두 곳에서 10년간 약 10만 명의 투자자의 거래 데이터를 확보했기 때문이다. 이는 금융연구 역사상 누구도 손에 넣은 적이 없었던 방대한 분량의 자료였다. 그는 이 데이터를 어떻게 확보한 것일까? 물론 개인적인 매력도 있고 친구도 많지만, 그가 내게 말해준 바에 따르면 가장 중요한 것은 바로 끈기다. 예전에 감명 깊게 본 영화 〈쇼생크 탈출The Shawshank Redemption〉에는 누명을 쓰고 억울하게 수감된 젊은이가 '감옥으로 책을 보내달라'는 내용의 편지를 꾸준히 매년 쓰다가 결국 출옥이 가까워진 시점에 많은 책을 받는 장면이 있었는데, 오딘이 보여준 끈기 역시 만만치 않았다. 그는 한두 달에 한 번은 꼭 미국에서 가장 큰 규모의 증권사 몇 군데에 편지를 보내서 자신이 개인투자자의 행동에 대한 연구를 하고 싶으니 이와 관련된 데이터를 제공해달라고 부탁했다. 그러던 어느 날 갑자기 그의 소원이 이루어졌다. 데이터를 얻게 된 것이다. 경제 분야에서 투자자의 행동에 대한 대규모 표본을 확보한 것은 그가 처음이었고, 덕분에 그는 이후 자신이 해나갈 금융연구의 기초를 다질 수 있었다.

실제 투자자들의 거래자료를 분석한 결과, 연구자들은 국제 자본시장이나 중국 A주 시장 모두에서 개인투자자의 거래가 매우 빈번하게 나타나는 보편적 현상을 발견했다. 여기에서 내가 특별히 강조하고 싶은 것은 바로 국제 평균 수준과 비교할 때 중국 개인투자자의 거래가 특히 더욱 잦다는 점이다. 연구결과에 따르면 미국 개인투자자들의 20년 전 거래회전율은 70~100%였는데, 현재 중국 개인투자자들이 펀드에 투자할 때의 거래회전율 또한 70~80%에 이른다. 다시 말해 오늘날 중국 투자자들의 펀드투자 빈도는 20년 전 미국 투자자들의 주식거래 빈도를 따라잡은 것이다. 사실상 미국 개인투자자들의 거래빈도는 지난 20년간 지속적으로 크게 하락했다. 그와 동시에 중국 개인투자자들의 주식투자 거래회전율은 매년 500~600%에 이르렀고 2007년 주식시장이 상승세를 보이던 시점에는 연간 800~900%에 달했다. 중국 기관투자자, 즉 우리가 통상 공모펀드라고 부르는 기관투자자의 평균 거래회전율 역시 매년 400~500%에 이른다. 다시 말해 매 분기마다 이 펀드가 보유한 모든 주식이 최소 한 번씩은 완전히 포지션을 바꾼다는 이야기다.

개인투자자의 거래회전율이 이토록 높은 수치를 보이는 이유는 바로 투자 포트폴리오가 다원화되어 있지 못하기 때문이다. 1990년대 초 미국 개인투자자는 투자 포트폴리오에 평균 네 가지 이상의 주식을 보유하고 있었던 데 반해 2010년 무렵 중국의 개인투자자는 평균 세 가지에 그쳤다. 모든 개인투자자를 각자 보유한 주식의 종수로 분류할 경우 가장 높은 비중을 차지하는 것은 바로 두 가지 주식을 보유하는 투자자 그룹이다. 그리고 거의 30%에 달하는 개인투자자들이 어느 한 시점에 평균적으로 보유하는 주식은 겨우 한 종목이었다. 이 한두 가지의 주식을 반복적으로 거래하다 보니 개인투자자의 거래회전율이 높아진 것이다.

나를 포함한 많은 연구자들은 개인투자자의 거래빈도와 투자실적 간에 음의 상관관계가 있음을 발견했다. 다시 말해 빈번하게 거래를 하는 투자자일수록 투자실적이 낮아진다는 뜻이다. 이와 관련한 현상으로는 크게 다음과 같은 두 가지가 있다.

첫째, 빈번하게 거래하는 이들 투자자들의 경우, 거래비용을 공제하기 전의 실적은 기타 투자자들의 실적과 비교했을 때 어떤 면에서도 우위에 있다고 할 수 없다.

미국 증권사의 데이터를 바탕으로 우리는 모든 투자자를 거래회전율의 높고 낮음에 따라 다섯 부류로 나누었고, 그 결과 거래회전율이 높은 투자자의 평균 수익은 거래회전율이 낮은 투자자의 수익보다 적다는 사실을 발견했다. 그러나 이 차이는 상대적으로 볼 때 비교적 작았으며 통계상으로 볼 때에도 특별히 두드러지지 않았다. 이 연구결과는 거래빈도가 높은 투자자라 해서 반드시 정보를 얻는 데 더 유리하거나, 더 나아가 더욱 좋은 실적을 올린다고는 할 수 없다는 사실을 보여준다.

과거 미국에서는 아주 흥미로운 연구가 진행된 적이 있다. 예전에 MCI라는 대형 통신회사가 있었는데 이 회사의 주식코드는 MCIC였다. 또한 미국 자본시장에는 매스뮤추얼Massmutual Corporate Investors Fund, MCIF이라는 이름의 부채형 펀드도 있었고, 이 회사의 주식코드는 MCI였다. 연구자들은 MCI 통신사에 대한 좋은 뉴스가 있을 때마다 펀드사인 MCIF의 주가도 상승하고, MCI와 관련된 나쁜 뉴스가 나오면 MCIF의 주가 역시 덩달아 하락한다는 사실을 발견했다. MCIF 펀드의 투자자는 대부분 개인이었기 때문에 부채형 펀드인 MCIF의 주가등락은 사실 MCI와 관련된 뉴스들과 어떠한 연관성도 없어야 했다. 이에 따라 연구자들은 많은 개인투자자들이 MCIF의 주식을 매수할 때, 자신이 매수한 주식이 MCI의 주식이라고 착각하는 경우가 많다는 결론을 내렸다. 이렇게 유사한 이름을 가진 주식에 관심을 가진 나머지 잘못된 선택을 하는 이유는 개인투자자가 거래에 필요한 지식과 이해수준을 갖추지 못했기 때문이다. 이는 또한 거래 시 개인투자자는 중요한 펀더멘털 관련 정보를 완전히 무시한다는 유력한 증거이기도 하다.

중국에서는 이런 현상이 훨씬 두드러지고 그 결과 역시 대단히 선명하게 나타난다. 빈번히 거래하는 투자자일수록 거래비용 공제 전의 수익 수준은 상대적으로 떨어지며, 투자실적 또한 갈수록 낮아진다. 이 때문에 투자자의 거래회전율을 기준으로 하든 주식의 평균 보유기간을 기준으로 삼든 상관없이 우리는 아주 두드러진 경향을 발견할 수 있다. 즉, 거래회전율이 매우 높거나 주식 보유기간이 매우 짧은 투자자의 투자실적은 상대적으로 떨어진다는 것이다. 특히 평균 보유기간이 3개월 이하인 투자자의 실적은 시장의 평균 수준보다 훨씬 낮은 데 반해 평균 보유기간이 1~2년인 투자자 중에서 우리는 일부 예외적인 경우를 발견했다. 그중 일부 투자자의 실적은 매우 뛰어났던 것이다.

이에 대한 해석으로는 우선 '2007년에는 많은 투자자가 증권계좌를 개설했는데 그해에 주식시장에 참여해서 곧바로 수익을 거두고 떠난 투자자들의 수익은 상대적으로 높았기 때문'이라는 것이 있다. 또한 '주식 보유기간이 짧은 투자자는 비교적 자신감이 있기 때문에 자신이 어떤 정보를 이해한 후에야 투자를 하지만, 매수 뒤의 상황이 뜻대로 되지 않고 결국 얼마 지나지 않아 매수가보다 싼 가격에 주식을 처분해버리기 때문'이라는 해석도 있다.

그러나 투자자의 거래회전율과 거래빈도를 종합적으로 설명하자면, 거래빈도가 높을수록 투자자의 실적에는 부정적 영향이 발생한다. 이것이 바로 '만약 투자자가 좀 더 참을성을 갖고 침착해질 수 있다면 곧 더욱 좋은 실적을 거둘 수 있다'고 우리가 말하는 이유기도 하다.

재미있는 것은 주식 보유기간이 길면 길수록 더 좋은 것도 아니라는 것이다. 평균 보유기간이 2년을 넘는 투자자의 경우엔 수익이 매우 낮은 것으로 나타난다. 금융학자에게 있어 이는 결코 뜻밖의 결론이라고 할 수 없다. 금융학에서의 연구결과에 따르면 겨우 10%의 투자자만이 주식 장기보유를 통해 비교적 좋은 실적을 낼 뿐, 그 외의 투자자들은 보유기간의 길이와 관계없이 모두 실적이 좋지 않았다. 상대적으로 보유기간이 긴 투자자는 우리가 뒤에서 언급할 '처분효과' 혹은 '타조효과'의 영향을 받는 경우가 많다. 즉, 많은 투자자가 자신이 손실을 입었다는 사실을 직시하고 싶어 하지 않기 때문에 자신에게 손실을 안겨준 주식을 팔지 않고 보유함에 따라 결과적으로는 수익을 내지 못하는 많은 주식을 장기간 보유하게 되는 것이다. 이것이 바로 우리가 관찰을 통해 밝혀낸, 주식 장기보유 투자자의 실적이 비교적 낮은 원인이다.

둘째, 거래빈도가 높은 투자자의 순수익(거래비용 공제 후의 수익)은 거래빈도가 낮은 투자자의 수익보다 현저히 적은 것으로 나타났다.

1990년대 미국 주식시장에서의 거래비용은 비교적 높았다. 미국 증권사의 단방향 거래수수료는 2%, 양방향 거래수수료는 4% 정도였다.

물론 주식업계의 발전과 경쟁과열로 인해 미국 주식시장의 거래비용은 과거 20년간 이미 큰 폭으로 하락했다. 우리가 이미 알고 있듯이 중국에서의 수수료는 그에 비해 높지 않기 때문에 이 문제가 그렇게까지 두드러져 보이지는 않지만 관념적으로 보면 똑같다. 투자자가 마지막에 얻는 것은 결국 거래비용을 뺀 순수익이기 때문에, 어떤 거래든 최소한 수수료 정도는 벌어야 손해를 보지 않는다. 1990년대 미국 주식시장에서의 수수료는 약 4%였으므로 투자자는 매 거래당 반드시 4% 이상의 수익을 내야만 순수익도 보장될 수 있었는데, 이는 달성하기가 상당히 쉽지 않은 수준이다. 우리의 연구결과가 증명하듯, 거래가 빈번한 개인투자자의 수익에서 수수료를 공제하고 난 순수익은 확실히 낮다. 우리는 거래빈도가 잦은 투자자의 경우 믿을 만한 정보의 부족으로 인해 손실을 입을 뿐 아니라 거래비용이 그들의 수익을 잠식하는 것도 볼 수 있었다.

이상과 같은 전제하에 우리는 다음의 몇 가지 문제를 심도 있게 논의할 것이다. 첫째, 개인투자자들이 빈번하게 거래하는 이유는 무엇일까? 둘째, 그 빈번한 거래들의 이면에는 대체 그런 거래를 뒷받침해줄 만큼 튼튼한 펀더멘털이 있기는 한 것일까? 셋째, 거래빈도에 있어 개인투자자와 기관투자자 사이에는 어떤 차이점이 존재할까? 미국에는 잦은 거래빈도를 전략으로 삼는 몇몇 펀드사가 있는데, 그중 비교적 잘 알려진 곳이 르네상스펀드Renaissance Technologies LLC다. 아주 잦은 빈도의 거래를 전략으로 택한 그들의 1일 거래회전율은 100%에 달했는데, 과거 일정 기간 동안 그들은 매우 높은 투자수익을 거두었다. 여기에서 우리는 개인투자자와 기관투자자의 거래동기와 전체 거래빈도가 그들의 투자수익에 어떤 차이를 가져오는지 비교해보고자 한다.

이를 바탕으로, 우리는 미국의 장기 데이터를 통해 개인투자자 중 확실히 사람들 사이에서 '투자영웅'이라 불리는 사람들을 발견했다. 전체 투자자의 5~10% 정도를 차지하는 이들은 상당히 긴 기간 동안 비교적 지속적으로 성공적인 투자성과를 거두었다. 이들을 제외한 나머지 중 절반 이상의 투자자는 시장수익률과 대체로 같은 성과를, 3분의 1 정도의 투자자들은 지속적으로 시장수익률보다 낮은 성과를 보였다. 이것이 개인투자자 전체의 거래실적에 대한 결론으로, 거래가 잦을수록 투자수익이 뜻대로 되지 않음을 알 수 있다.

포지션을 바꾼 대가

투자자는 왜 충동적인 결정을 내리게 될까? 뒤에서 살펴보겠지만 인간은 과도하게 자신감을 갖는 경향이 있다. 이는 세계 모든 곳에 보편적으로 존재하는 현상인데, 상대적으로 겸손하고 신중한 동양인에 비해 서양인은 과도하게 자신감을 갖는 경향이 훨씬 강하다. 사람들은 모두 자신의 능력에 매우 강한 자신감을 갖는다. 대체 이 자신감은 어디에서 비롯되는 것일까? 투자자들은 각자 자신의 투자경력 혹은 성장경력에 대해 잘 알고 있기 때문에 상대적으로 자신감이 있다. 여기에서 내가 강조하고 싶은 것은, 자신이 보기에 믿을 만하다고 생각하는 정보를 얻으면 투자자는 그것이 중개회사나 자문회사, 위탁업체나 고객 대신 재테크 투자를 해주는 회사 등 어디에서 제공되었는가와는 상관없이 갈수록 자신감이 생기고 갈수록 거래를 하는 쪽으로 기운다는 것이다.

개인투자자든 기관투자자든 증권사든 모든 투자자는 반드시 거래를 부추기는 원인에 대해 알아야 한다. 이런 원인을 이해했다면 자신이 거래를 진행하고자 하는 이유가 앞서 말한 원인에 해당하는지의 여부를 실제 진행 전에 잘 생각해봐야 한다.

거래를 진행하는 가장 중요한 이유는 바로 정보, 또는 정보의 우위여야 한다. 시장의 주가변동은 대체로 정보가 촉진시킨다. 어떤 회사의 주가는 그 회사의 호재와 관련된 정보가 있으면 상승하고, 반대로 악재가 있으면 하락한다. 투자자인 우리는 매일 많은 정보를 접한다. 그런데 거래를 진행할지의 여부를 결정하는 데 직접적으로 영향을 미치는 것은 과연 그런 정보가 투자에 도움이 되는지, 또는 우리가 다른 투자자보다 더 빠르고 더 정확한 정보를 파악할 수 있는지의 여부다.

나와 동료들이 투자자들의 실적과 관련하여 미국 캘리포니아 대학의 연구팀과 수행한 또 다른 연구는 행동금융학 영역에 매우 큰 영향을 미쳤고, 투자자 행동 연구의 학술적 지위를 확립했다. 좋은 연구들이 종종 그러하듯이 이 연구는 매우 간단하지만 아주 가치 있고 설득력 있는 정보를 비교적 명확히 전달했다. 물론 오늘날에 보면 매우 단순한 임무에 해당하지만 당시에는 그래도 꽤 난이도가 높았다. 1995년에 486컴퓨터를 사용하여 300여 조 건에 달하는 데이터를 처리한다는 것이 얼마나 힘든 일이었는지는 아마 상상하기 어려울 것이다. 지금은 이보다 간단한 일이 없을 것 같지만, 그때는 당시의 컴퓨터가 최고 성능을 발휘해야만 완수할 수 있는 일이었다.

앞서 언급한 바와 같이 내 동료들은 아주 간단한 질문을 던졌다. 투자자, 특히 개인투자자는 과연 돈을 벌 수 있을까, 아니면 벌 수 없을까? 또는 이렇게 바꿔 물을 수 있다. 투자자는 거래를 하기 전에 투자에 도움이 되는 정확한 정보를 얻을 수 있을까? 이 질문에 답하려면 경제학의 기본 가설과 원리로 돌아갈 필요가 있다. 바로 인간은 이윤 및 이윤 극대화를 추구하기 때문에 투자자가 주식거래를 하는 취지는 바로 돈을 벌기 위해서라는 기본 가설 말이다. 이 가설을 바탕으로 경제학의 기본 원리인 인간의 '욕망의 무한성' 원리를 끌어와보자. '욕망의 무한성'은 좋은 물건(가령 돈)에 대한 인간의 욕망은 끝이 없음을 뜻한다. 따라서 투자자는 주식 한 주를 보유하더라도 항상 더 많은 돈을 벌 수 있는 주식을 찾으려 한다.

한 투자자가 원래 보유하고 있던 주식을 여러 가지 이유로 갑자기 포지션을 바꾸게 되면서 원래 보유했던 주식을 다른 것으로 바꾸고 싶어 한다고 치자. 그렇다면 그는 언제 포지션을 바꿔야 하고, 또 어떤 주식으로 바꿔야 할까? 만약 어떤 투자자가 확실히 일정 정도의 투자능력을 갖췄음을 전제로 한다면, 이 투자자가 A주식을 B주식으로 바꾸기로 결정했을 때 우리는 어떤 현상을 관찰하게 될까? 포지션을 바꾼 후 일정 기간 동안 어떤 주식의 실적이 더 높을까? 우리는 당연히 B주식의 실적이 더 높을 것이라고 예측한다. 그가 선택한 새로운 주식은 원래 보유하고 있던 주식보다 더 인기가 많았을 것이기 때문이다.

이것이 바로 논문 전체의 핵심이다. 우리는 투자자가 포지션을 바꾼 후 새로 매수한 주식과 원래 보유했던 주식의 실적 차이를 비교했다. 투자자가 포지션을 바꾼 후 3개월, 6개월, 또는 1년 내에 그들이 매수한 주식의 실적은 과연 원래 보유했던 주식의 실적보다 높을까? 만약 투자자가 얻은 정보가 정확하고 투자시기를 제대로 포착했다면 그 결과는 당연히 긍정적일 것이었다.

그러나 딱하게도, 3개월, 6개월, 1년 또는 2년의 기간 동안 우리는 투자자가 새로 매수한 주식의 실적이 원래 보유했던 주식의 실적보다 현저히 낮다는 사실을 발견했다. 1년 후 전자의 수익이 후자의 수익보다 3.5% 낮은 것으로 나타났던 것이다. 이를 통해 우리는 많은 개인투자자가 투자거래를 하기 전에 정보 면에서 특별히 두드러진 우위를 점하지 못한다고 추정했다.

스탠퍼드 대학의 학자 한 분은 일전에 대단히 흥미로운 연구를 진행한 적이 있다. 정보라는 것이 투자자의 거래행위에 과연 어느 정도의 영향을 미치는지 설명하고자 했던 그는 독특하게도 18세기 네덜란드 주식시장에 상장되었던 영국 회사의 주식에 대한 거래행위를 연구했다. 당시 영국과 네덜란드 사이에는 철로, 고속도로, 전보, 전화 등의 통신수단이 없었기 때문에 양국 간 정보 전달은 반드시 정기선을 통해 이루어졌다. 이 때문에 네덜란드의 투자자가 네덜란드 주식시장에 상장된 영국 회사의 영국 내 서비스에 대한 정보를 얻으려면 정기선을 통해 새로운 우편물이 전달될 때까지 기다릴 수밖에 없었다. 이 학자는 새로운 정보가 투자자의 거래행위에 어느 정도의 영향을 미치는지, 그리고 얼마나 많은 거래와 주가변동이 이런 정기선이 막 도착했을 때 발생하는지를 알아보았다. 더불어 새로운 정보가 도착하기 전에 얼마나 많은 거래와 주가변동이 발생하는지 살펴보며 그 둘을 서로 비교했다.

모두가 예상한 바와 같이, 이들 주식의 가격은 정기선이 도착하면 새로운 정보가 퍼지면서 큰 폭으로 변동하는 모습을 보였다. 네덜란드 주식시장에 상장된 영국 회사의 주요 영업활동은 모두 영국에서 이루어졌기 때문에, 네덜란드의 투자자들은 영국 선장과 선원을 통해 그 회사와 관련된 모든 펀더멘털 정보를 얻었다. 새로운 소식들은 정기선이 해안에 들어오고 나서야 전해졌기 때문에, 이 회사의 주가변동은 많은 경우 정기선이 막 도착했을 때 집중적으로 발생했다.

그러나 동시에 이 연구는 새로운 정보의 도달이 주식시장 거래와 주가변동의 원인의 겨우 일부분만을 설명한다는 점을 밝혔다. 주가변동의 대략 3분의 1에서 절반 정도만 정기선 도착 후 하루이틀 사이에, 나머지 대부분은 실제 정보전달이 없을 때 발생했다. 연구는 또 일부 거래행위는 완전히 투자자의 기대와 정서변동에서 초래된 것임을 밝혔다. 가령 날씨나 기계고장 등으로 정기선 도착이 지연되거나 취소되는 상황이 발생하면 새로운 소식이 도착하지 않았음에도 주식시장은 평상시 정기선이 도착했어야 할 시간에 맞춰 비교적 큰 변동을 보였다.

이것을 바탕으로 생각해보면, 투자자가 경솔한 결정을 내리는 현상은 결코 오늘날처럼 고도로 정보화된 시대에 이르러서야 발생한 게 아님을 알 수 있다. 즉, 투자와 관계없는 수많은 정보의 홍수에 휩쓸려서가 아니라는 뜻이다. 상대적으로 정보가 폐쇄적으로 유통됐던 과거의 자본시장 및 투자자의 거래행위에서 볼 수 있듯이, 유통됐던 정보가 전적으로 투자에 유용했던 것은 아니다.

거래의 원인

거래가 발생하는 원인 중 첫 번째는 바로 유동성이다. 가령 미국 유학 중인 자녀를 둔 가장은 수중에 현금이 떨어지면 주식 일부를 처분할 필요가 생긴다. 유동성을 원인으로 한 거래발생의 예에 해당하는 이런 거래의 목적은 바로 금융자산과 실생활에서의 지불 간에 균형을 얻는 것이다. 사람들이 금융자산을 보유하는 이유는 수익을 내기 위해서인데, 동시에 이들은 일정 정도의 현금흐름으로 일상생활과 중요 소비활동을 유지해야 한다. 이는 매우 합리적인 원인이다. 이 원인까지 감안하면 투자자가 주식을 사고 파는 것은 투자행위일 뿐만 아니라 투자에 소비까지 더한 행위라 할 수 있다. 따라서 돈을 조금밖에 벌지 못했거나 손해를 보더라도 평상심을 유지해야 한다. 왜냐하면 자녀를 미국에 유학 보낸 가장의 경우처럼 급히 현금을 사용할 필요가 있기 때문이다. 이것은 또한 투자자가 자신의 재산을 다원화해야 하는 이유가 되기도 한다. 일단 재산을 다원화하면 투자자는 직면한 유동성 필요에 의해 마음 아파하며 자신의 귀한 자산을 저가에 처분할 필요가 없기 때문이다.

두 번째 원인은 세금납부다. 아직 중국에서는 이 원인이 그다지 중요하게 고려되고 있지 않지만, 다른 국가에서는 자본소득과 투자배당금에 따른 세금을 납부해야 하는 데 반해 투자자본의 손실은 면세 대상이다. 예를 들어 한 가정의 연간 과세소득이 10만 달러인데 올해 투자손실이 1만 달러라고 한다면, 이 가정은 손실분 1만 달러를 소득분 10만 달러에서 공제하고 나머지 9만 달러에 해당하는 세금만 납부하면 된다. 그러나 이는 투자자의 손실이 반드시 당해년도에 발생한 것이어야 한다는 전제하에서의 일이다. 다시 말해 이 가정은 손해 본 주식을 당해년도의 12월 31일 이전에 처분해야 하는 것이다. 그래서 일부 투자자와 가정은 당해년도의 투자손실을 이유로 세금납부를 회피하기 위해 종종 연말 전에 미실현손실이 발생한 주식을 처분하기도 한다. 이런 방식으로 과세소득의 일부분에 해당하는 세금을 절약하는 셈인데, 이것이 바로 절세계획이 거래에 미치는 영향이다.

세 번째 원인은 바로 포트폴리오 리밸런싱rebalancing이다. 리밸런싱이란 무엇일까? 예를 들어 내가 주식 두 주를 보유하고 있고 원가는 주당 10위안인데, 하나가 주당 100위안으로 가격이 오른 반면 다른 하나는 주당 5위안으로 하락했다고 가정해보자. 나는 처음에 두 기업 모두의 전망이 좋다고 생각했는데, 나중에 보니 A기업의 주가가 급격히 오른 반면 B기업의 주가는 빠르게 하락했다. 만약 이 두 기업의 전망에 대해 갖고 있던 생각이 바뀌지 않는다면 나는 이미 돈을 벌어준 주식을 팔아버리고, 그 자금의 일부로 그다지 수익이 나지 않거나 손해를 보는 주식을 샀을 것이다. 이렇게 하는 목적은 바로 투자 포트폴리오 전체를 리밸런싱함으로써 본인의 신념과 일치하는 방식으로 돌아가기 위함이다. 시장이 변동하고 주가도 달라지지만 투자자는 기존에 가졌던 신념에 변화가 없기 때문에 자신의 투자 포트폴리오를 조정하려는 것이다.

넷째, 변화에 대한 위험은 항상 도사리고 있는데, 이는 많은 선진국에 있어 깊은 의의를 갖는다. 투자자는 인생의 각 단계마다 위험에 대한 선호도에서 매우 큰 차이를 보인다. 대학을 갓 졸업한 젊은이는 주식을 매수하는 경향을 띤다. 채권에 비해 주식의 수익이 높고 변동성이 크기 때문인데, 젊은 시절에는 이처럼 위험이 비교적 높은 자산에 투자한다. 주가가 상승하든 하락하든 간에 한 종류의 자산을 보유한다면 장기적으로 봤을 때 향후 20~30년의 기간 동안 주식으로 거두는 투자수익률이 채권보다 반드시 높을 것이기 때문이다. 과거 70~80년의 역사를 살펴보면 미국 주식시장의 평균 연간 투자수익률은 11~12%에 달하는 반면 채권의 경우는 5.5~6%에 그쳤다. 다시 말해, 장기적으로 봤을 때 주식시장은 시장수익률을 상회할 수 있는 고정수익이 발생하는 시장인 셈이다. 이와 같은 규칙은 중국의 A주 시장을 포함한 전 세계 다른 나라에도 마찬가지로 적용된다. 따라서 젊을 때는 주식 또는 주식형 펀드 같은 자산에 투자해야 한다.

그러나 나이가 들면서 사람은 더 많은 책임을 짊어짐과 동시에 여러 제약이 늘어나기 때문에 자신과 가족의 건강 및 안전에 더욱 신경 쓰며 보험에 가입하게 된다. 보험에는 비교적 보수적인 고정수익 상품이 많다. 퇴직한 이후에는 더 이상 돈을 벌지 않고 사회보험이나 연금 등의 수입에 기대어 살아가는데, 이 시기에 투자자는 고위험자산의 비율을 점진적으로 낮추면서 고정수익이 있는 상품에 대한 투자를 늘려가야 한다. 이런 상품들은 매우 안전하기 때문이다. 또한 투자자는 이전보다 지출을 줄이고, 자신의 투자수익이 여생을 살아가는 데 부족함이 없기를 바라기 때문에 나이가 들수록 투자위험에 대한 선호도도 달라진다. 그리고 이런 변화는 투자방향의 조정으로 연결된다.

지금까지 이야기한 유동성, 세금납부, 그리고 기타 비투기성 거래원인을 제외하고 남은 비이성적인 투자에서는 투자자가 주식매매를 빈번히 하면 할수록 실패할 확률도 높아진다.

성별과 투자실적

다시 미국 개인투자자와 중국 개인투자자에 관한 데이터를 바탕으로 남녀 투자자의 투자실적을 비교해보자. 많은 사람들이 직감적으로 남성은 여성보다 자신감과 지배욕이 강하다고 생각하고, 심리학자들도 실험을 통해 같은 결론을 얻었다. 그렇다면 이런 차이가 남성과 여성의 투자실적에도 영향을 미칠까? 투자자들의 개인정보를 이용하여 분석한 결과 우리는 여성투자자가 거래의 적극성에 있어 확실히 남성투자자보다 뒤처진다는 사실을 발견했다. 이는 여성투자자의 거래회전율이 남성보다 낮다는 사실을 구체적으로 보여준다. 미혼 남녀를 비교했을 때 양자 간의 차이는 훨씬 커졌다(이는 기혼남녀의 경우 배우자의 영향을 받아 미묘하게 성향이 조율되기 때문이다).

전체 투자자에 대한 연구결과와 마찬가지로, 우리는 거래빈도가 높은 남성투자자의 실적이 여성의 경우보다 현저히 낮다는 사실을 알아냈다. 그 후 앞의 실험을 되풀이하면서 모든 사람이 원래 보유하고 있던 주식과 새로 매수한 주식이 1년 후 내는 실적을 비교해봤더니 역시 같은 결과가 도출됐다. 여성투자자는 포지션을 바꾸는 빈도가 비교적 낮기 때문에 포지션 변경에 따른 손실도 상대적으로 적었던 반면 남성투자자의 포지션 변경 빈도는 상대적으로 높았고, 이 때문에 그에 따른 손실 또한 상대적으로 컸다. 이를 통해 우리는 투자자가 그저 요행만을 바라며 어떤 소식을 듣고 곧장 투자할 경우엔 주식 포지션을 자주 바꿀 것임을 알 수 있다. 그러나 이런 경솔한 투자자는 투자에 실패할 확률이 높다.

온라인 거래와 투자실적

거래빈도와 실적의 차이는 성별 간의 차이뿐 아니라 서로 다른 거래방식의 차이도 반영한다. 1990년대 초 미국의 인터넷 혁명은 사회 전체의 통신방식은 물론 투자자의 거래방식에도 변화를 가져왔다.

인터넷이 등장하기 전, 사람들은 전화로 주식을 거래했다. 인터넷이 확산되면서 증권사들은 '투자자들이 인터넷을 통해 거래하도록 장려하는 것은 어떨까?' 하는 생각을 하기 시작했다. 그리하여 미국 최대의 중개회사 중 하나인 피델리티Fidelity는 〈뉴욕 타임스The New York Times〉에 아래 그림과 같은 재미있는 광고를 실었다. "거래는 서부영화의 결투와 같다. 늦게 총을 빼든 사람이 먼저 죽는다." 즉, 투자자들에게 전화 거래는 그만하고 인터넷 거래로 갈아타라는 권고였다. 그렇다

면 투자방식의 이런 변화는 투자자의 성과에 어떤 영향을 미쳤을까?

우리는 개인투자자 정보에서 원래는 전화로 거래하다가 이에 인터넷 거래로 갈아탄 약 1,000여 명의 투자자를 찾아냈다. 이런 사람들이 바로 금융연구에서 말하는 '실험용 쥐'에 해당한다. 우리는 또 데이터베이스에서 이들 '실험용 쥐'와 포트폴리오, 실적, 그리고 개인적 특징 측면에서 유사한 투자자들을 찾아내 비교대상으로 삼았다. 비교대상 집단은 인터넷 거래로 갈아타지 않았다는 차이가 있었다. 즉, 의학실험에서 사용하는 '진정제를 복용한 대조군' 같은 역할을 하는 셈이다. 우리는 이 두 집단에 속한 투자자들이 거래빈도와 투자실적 면에서 어떤 차이가 있는지 비교했다.

그 결과 투자실적이 비교적 좋은 사람들이 거래방식을 바꾸는 경향이 있다는 사실을 발견했다. 이들은 다른 사람들에 비해 자신감이 있기 때문에, 다시 말해 '이미 나는 전화 거래로도 이 정도 실적을 내고 있으니 인터넷을 사용한다면 오히려 더 나은 실적을 낼 수 있지 않을까?' 하는 생각을 하게 된 것이다. 이런 투자자들은 인터넷 거래로 거래방식을 바꾼 뒤 거래빈도가 대폭 증가했고 거래스타일 역시 이전보다 훨씬 투기적인 성격을 강하게 띠었지만 투자실적은 오히려 훨씬 저조해졌다.

우리는 투자자가 거래방식을 변경하기로 결정한 첫날 혹은 그달로부터 그 투자자의 투자상 거래회전율과 수익률을 비교해보았다. 그 결과, 거래방식을 바꾸기 전 24개월 동안 투자자의 연간 거래회전율은 60% 정도였고, 대조군의 투자자들이 보인 거래회전율은 약 50%였다. 이들은 분명 자신이 거래를 빈번하게 하기 때문에 전화로 주문하는 방식이 자신의 실적에 영향을 미치고, 그래서 반드시 인터넷 거래로

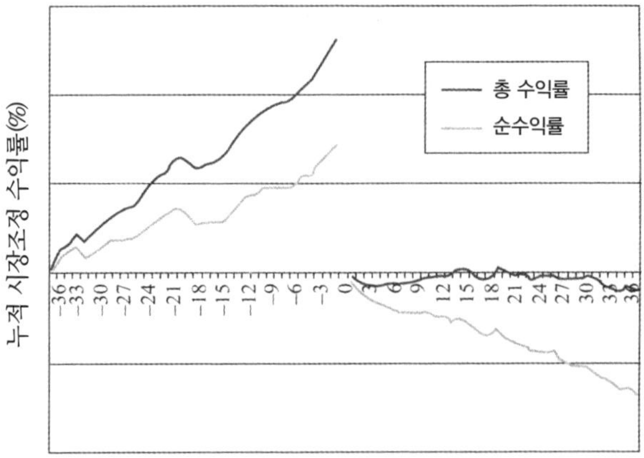

바꿔야겠다고 생각했을 것이다. 거래방식을 바꾼 뒤 이들의 거래회전율은 무려 100%나 증가했다. 이는 투자자가 매 3~5분마다 전화를 해야 하는 기존의 전화 거래 방식이 불편하다고 느꼈기 때문이다. 즉, 인터넷에 접속해서 거래하는 방식이 무척 편리하기 때문에 이들의 거래회전율도 대폭 상승한 것이다. 그러나 거래회전율은 짧은 기간 동안만 일시적으로 상승한 뒤 급격히 떨어졌다. 왜 그럴까? 이는 그들의 실적을 보면 금세 알 수 있다. 거래방식을 바꾸기 전 2년간 그들의 실적은 시장의 평균수익률에 비해 훨씬 높았지만, 이후 새로운 투자전술이 투자조합의 수익률을 급격히 하락시키면서 실적 면에서의 차이가 거의 사라진 것이다. 원래 투자능력이 괜찮았던 투자자도 거래가 빈번해지면 예전엔 신중하게 고려한 뒤 결정하던 스타일이 경솔한 스타일로 바뀌고, 결과적으로 투자실적 역시 저조해진다. 또한 투자방식 변경 후엔 투자빈도가 높아지면서 자신이 지불하는 거래비용도 대폭 상승하기 때문에 순수익은 더욱 낮아질 수밖에 없다.

우리는 중국 내에서 전화, 인터넷, 그리고 단축키를 사용하여 주식을 거래하는 중국 개인투자자에 대해서도 유사연구를 진행한 결과, 거래방식이 간편해질수록 투자자의 투자성과는 오히려 낮아진다는 비슷한 결과를 얻었다. 그래서 나는 여러분에게 '증권사와 펀드사가 편리한 거래를 할 수 있게끔 제공하는 많은 서비스는 결국 자신들의 업무를 고려한 것에서 비롯되었을 가능성이 있다'는 점을 이야기해주고 싶다. 대부분의 개인투자자들에게 있어 편리한 거래방식은 결코 좋은 소식이 아니다. 많은 경우, 편리한 선택은 위험한 선택 혹은 심지어 잘못된 선택이기 때문이다.

통제의 환상

다음의 주제는 심리학에서 자주 사용되는 개념인 '통제의 환상'과 관련된다. 우선 '통제의 환상'을 다룬 아주 유명한 심리학 실험 하나부터 살펴보자. 룰렛 게임에 참여한 당신은 홈에 공을 하나 넣고 그 공이 빨간색 칸에 걸릴지 아니면 검은색 칸에 걸릴지, 또 홀수칸에 걸릴지 짝수칸에 걸릴지를 놓고 베팅 여부를 선택할 수 있다. 만약 선택이 가능하다면, 사람들은 자신의 공을 다른 사람이 던지게 할지 아니면 자기가 직접 던질지(이 실험은 동전을 던지든 주사위를 던지든 카드를 뽑든 간에 똑같이 적용된다)를 고민하게 되는데, 절대다수의 사람들은 자기가 자기 공을 던지고 싶어 한다. 사실 타짜가 아닌 이상 누가 공을 던지든 결과에는 아무런 영향이 없을 뿐 아니라 돈을 따거나 잃을 가능성의 여부 또한 변하지 않음을 사람들은 알고 있다. 그럼에도 실험 참가자 대부분은 모두 자신이 공을 던지고 싶어 했는데, 이것이 바로 우리가 말하는 '통제의 환상'이라는 것이다. 즉, 사람들은 순진하게도 도박의 과정을 통제할 수 있다면 그 결과 역시 통제가 가능할 것이라고 생각한다.

그래서 한 심리학자는 카지노에서 조금 다른 룰렛 게임 실험을 했다. 여기에서는 자신이 공을 직접 던질 수 있지만 그렇게 하려면 돈을 지불해야 한다. 당신이라면 얼마의 돈을 내고 공을 던질 권리를 살 것 같은지 한번 생각해보자. 또 만약 이 룰렛 게임으로 100위안(약 1만 7,000원_옮긴이)을 벌 수 있을 것으로 예상된다면 당신은 얼마를 지불해서 이 권리를 사고 싶은가?

실험 결과 대부분의 사람들은 약 15~20위안(2,250~3,400원_옮긴이) 정도를 선택하는데, 이는 예상 수익의 15~20%에 이른다. 이는 과정을 통제하는 자신의 권력을 우리가 얼마나 중요하게 여기는지를 반영하는데, 사실 주식거래에도 이와 비슷한 상황이 존재한다. 국내 투자자 중에는 이직 또는 퇴직 뒤 하루 종일 증권사의 시세전광판 앞에 앉아 시세를 들여다보거나 인터넷으로 실시간 거래정보를 보고 싶어 하는, 속칭 '주식시세 중독자'들이 많다. 심지어 일부는 요추나 경추에 무리가 가서 병을 얻는 등 건강을 해칠 정도다. 그런데 많은 투자자들은 이런 통제 과정에서 자신이 대체 어떤 새로운 정보를 얻었는지조차도 모른다. 대개의 사람들은 자신이 직접 보고 이해하며 과정을 통제하면 투자실적이 더욱 나아질 수밖에 없다고 여기는데, 이것은 개인투자자뿐 아니라 일부 전문 트레이너들의 경우도 해당한다. 왜냐하면 이런 '통제의 환상' 때문에 트레이더와 투자자들은 투자방침을 결정하는 데 '참여'하는 것을 매우 선호하기 때문이다. 그러나 불행히도 주식시세를 많이 보면 볼수록 맹목적인 자신감 역시 더욱 쉽게 형성되고, 그에 따라 자신이 원하던 것과 정반대의 결과를 낳는 경우가 종종 있다. 전문 바둑기사들 사이에서 전해지는 말을 빌리자면 '장고長考 끝에 악수惡手를 두는' 셈이다. 영화 〈쿵푸 팬더Kung Fu Panda〉에서도 "사람은 자신의 숙명을 피하려고 선택한 길에서 숙명을 만난다."라는 대사가 나오는데, 이 두 가지가 전하고자 하는 바는 같다.

가장 편한 선택이 결코 가장 좋은 선택은 아닌 경우가 있다. 투자전략을 결정하는 과정은 통제할 수 있어도 투자전략으로 인한 결과까지 통제할 수는 없다. 그러나 과정을 통제하면 할수록 오히려 성공에 대한 잘못된 환상이 생기기 쉽다. 독자 여러분과 흥미로운 현상 하나를 나누고자 한다. 미국의 경우 많은 가정에서 신용카드를 사용하지 않는다. 미국 사회 전체의 금융발달 정도를 고려하면 이는 항상 조롱받거나 심지어 비판받는 현상이다. 중국의 경우를 보자면 현재 많은 젊은이들이 일단 취직만 하면 곧바로 은행에 달려가 신용카드를 신청하고, 매달 월급을 다 써버린 뒤 신용카드 한도까지 초과해버린다. 한 달 후에야 비로소 돈을 갚는 젊은이들의 소비생활은 '월광족月光族'(한 달치 월급을 모두 소비해버리는 중국의 새로운 소비계층을 지칭_옮긴이)의 표준 생활방식이 되었다.

미국의 가정들은 왜 신용카드를 사용하지 않을까? 이는 신용카드로 소비하는 방식이 지나칠 정도로 간편하기 때문이다. 많은 미국 가정들은 신용카드를 사용하면 꼭 필요하지도 않은 물건을 많이 사게 된다는 사실을 깨달은 뒤 소비조절을 위해, 혹은 아예 소비의 원천을 막기 위해 신용카드를 사용하지 않기 시작했다. 한 연구결과에 따르면 신용카드를 긁는 것은 수표를 쓰는 것보다 상대적으로 간편하지만, 수표 사용 시 소비자는 물건을 조금 더 신중히 구입하게 된다. 라스베이거스 카지노의 슬롯머신에서 돈을 땄을 때 동전이 쏟아져 나오는 소리는 매우 듣기 좋다. 많은 사람들이 도박을 하고 싶어 하는 것도 이 소리 때문이다. 그런데 현재 라스베이거스의 모든 카지노들은 도박에 대한 방문객들의 욕망을 줄이기 위해 동전 대신 전자카드를 사용한다. 게임으로 돈을 따면 전자카드에 쌓이고, 돈을 잃으면 전자카드에서 깎이는 것이다. 이렇게 하면 도박을 하는 사람이 동전 쏟아지는 소리에서 얻는 쾌감이 줄어들면서 도박활동도 현저히 줄어든다. 이런 점을 보면 사람이 소비와 위험을 싫어하는 정도에는 배경과 환경이 큰 영향을 미친다는 것을 알 수 있다. 우리 모두 알고 있듯이 투자는 위험을 감당하는 일이다. 투자자가 여러 오류를 저지르는 이유는 어느 정도까지는 결정을 내리는 당시의 환경에 영향을 받아 경솔한 결정을 내리게 되기 때문이다.

또 한 가지 흥미로운 현상이 있다. 미국은 도로와 소형 공항 모두가 발달했기 때문에 200~400마일 떨어져 있는 곳에 가려면 비행기를 타거나 직접 자동차를 운전한다. 대부분의 사람들은 전자보다 후자를 선호하는데, 그 이유 중 하나는 비행기를 타는 것은 자기가 직접 자동차를 운전하는 것보다 덜 안전하다고 여기기 때문이다. 그러나 미국 교통부의 데이터에 따르면 고속도로에서의 교통사고 사망률은 비행기 탑승 사망률의 8~9배에 이른다. 혹시 가장 최근에 미국에서 민간항공기 추락사고가 발생한 것이 언제였는지 기억하는가?(정답은 2013년 7월 6일 한국의 아시아나 항공 여객기가 샌프란시스코 공항에 착륙하다 발생한 사고다.) 그러나 고속도로에서의 교통사고는 매일같이 발생하는 일임에도 많은 사람들은 자기가 직접 차를 운전할 때는 자신의 운명을 통제할 수 있기 때문에 더욱 안전하다고 생각한다. 사실 당신의 운명은 당신 차량에 돌진하는 사람의 손에 달린 일인데 말이다. 만일 다른 운전자의 차량이 당신에게 부딪혀온다면 어떻게 할 것인가?

투자도 이와 마찬가지라서 우선은 위험요소가 어디에 있는지, 어떻게 하면 위험을 통제할 수 있을지 이해해야 한다. 그러나 개인투자자에게 있어 투자과정을 통제하는 것은 쉽지 않은 일이다. 오늘날의 자본시장은 갈수록 고빈도 알고리즘과 컴퓨터 모델의 투자전략에 기반을 두는 방향으로 변하고 있다. 심지어 투자과정 중에 사람의 참여를 필요로 하지 않는 펀드도 여럿 있다. 이렇게 보면 '주식시세 중독자'와 빈번한 조작은 투자로 이익을 거두기 위한 필요조건에 해당되지 않을 뿐 아니라, 심한 경우엔 수익을 낮추고 돈을 잃는 지름길이 되기도 한다.

워런 버핏Warren Buffett이 바로 이 방면의 대표적인 인물이다. 명확한 투자목표와 투자이념을 견지함으로써 환경의 영향을 받지 않았던 그는 모두가 인터넷 주식과 복잡한 CDO 및 CDS 상품을 좇을 때 시류에 휩쓸리지 않고 공익 자선활동에 투신했다. 버블 붕괴 뒤 대다수 투자자가 시장에서 돈을 잃었을 때, 버핏은 그제야 구세주의 신분으로 파티에 참석해 떼돈을 벌었다. 2009~2010년 골드만삭스Goldman Sachs의 주식을 저가에 사들인 것도 그의 한결같이 '빈둥거리는' 투자 스타일이 반영된 것이었다.

방금 이야기한 예들 모두는 '성공한 투자자일수록 더욱 자신감이 커지지만, 일단 자신감이 생기면 경솔한 투자결정을 내릴 수도 있다'

는 점을 독자 여러분에게 상기시키기 위해 든 것이다. 무책임한 거래는 당신의 투자실적을 끌어내릴 수 있다. 우리가 앞서 이야기한 '과도한 자신감'은 투자행위의 편차에 있어 가장 중요한 현상인데, 이에 대해서는 뒤에서도 계속 논의할 것이다. 개인투자자뿐만 아니라 회사의 고위관리자도 마찬가지로 자신감이 지나칠 때가 있다. 뒷부분에서 살펴볼 인수합병 사례에서 우리는 기업 고위관리자가 가지는 과도한 자신감의 정도가 보통 사람보다 한 술 더 뜬다는 것을 보게 될 것이다.

투자성향 효과

개인투자자라 해서 언제나 과도한 거래만 하는 것은 아니고, 자발적으로 거래를 피할 때도 있다. 두드러지게 나타나는 현상 중 하나는 바로 투자자가 미실현손실 주식의 처분을 꺼리던 것이 결국 실제 손실로 이어지는 것이다.

간단한 예를 하나 들면, 중국 내 개인투자자들은 손해 본 주식을 처분하는 행위를 가리켜 '살을 도려낸다'고 표현한다. 만약 투자 포트폴리오 내 특정 주식의 미실현손실이 이미 30%라면 투자자는 이 주식의 처분을 원하지 않을 것이다. 이 주식을 팔지 않고 갖고만 있으면 손실이 발생하지 않고 주가도 언젠간 다시 오를 것 같지만, 일단 처분해버리면 그로 인해 발생한 손실을 다시는 회복할 수 없을 것이라 여겨지기 때문이다. 이렇게 보면 투자자에게 있어 '손실을 어떻게 처리하는가'는 '얼마의 돈을 벌어들이는가'와 더불어 성숙한 투자자와 초보 투자자를 구분하는 매우 중요한 기준이 된다.

행동금융학에서 '투자성향효과Disposition Effect'라고 부르는 것에는 미실현이익과 미실현손실을 가진 주식의 처리에 대해 투자자가 보이는 서로 다른 태도가 반영된다. 이는 여러분이 자신의 투자 포트폴리오를 보기만 해도 쉽게 이해할 수 있을 것이다. 개인투자자의 투자 포트폴리오에서 3분의 2 이상의 주식은 손해를 본 주식이다. 이는 대체로 개인투자자의 경우 항상 처음에 주식을 매수한 가격을 기준으로 해당 주식이 돈을 벌 수 있을지의 여부를 평가하기 때문이다. 개인투자자는 종종 자신이 매수한 주식의 주가가 떨어지면 그것을 매도하지 못한 채 다시 주가가 오를 때 팔겠다며 기다린다. 그런데 이 과정에서 그들은 자신의 사고방식을 보이지 않는 굴레 속에 가두어버린다. 즉, 자신의 투자결정과 어떤 주식의 실적을 연계해서 생각하는 셈인데, 사실 이는 그럴 필요가 전혀 없는 일임에도 투자자는 이로 인해 종종 시간비용과 기회비용을 등한시하게 된다. 미실현손실을 갖고 있는 주식의 가격이 오를 때까지는 1~2년, 심지어는 3~5년 정도를 기다려야 한다(상하이 주가종합지수 6000선에서 주식을 매수한 투자자라면 아주 오래 기다려야 할지도 모른다). 이 과정에서 미실현손실을 안고 있는 주식의 가격이 상승하기를 기다렸다가 그때가 오면 처분하느니 차라리 자기 '살을 도려내고', 다시 상황을 객관적으로 파악한 후 새롭고 더욱 정확한 투자결정을 내려 실적이 더 좋은 주식을 사는 편이 낫다.

우리는 실증적 연구방법을 사용하여 다음과 같은 사실을 발견했다. 미실현이익과 미실현손실을 안고 있는 주식을 투자자가 임의로 처분할 경우, 그 주식들 중 수익이 나는 회사와 그렇지 않은 회사의 비율은 대체로 거의 비슷하게 나타난다. 이는 곧 과거에 거둔 어떤 주식의 실적이나 수익창출의 여부가 투자자의 결정에 전혀 영향을 미치지 않는다는 점을 보여준다.

예를 들어보자. 어떤 투자자가 자신의 투자 포트폴리오 안에 있는 시가 100위안 상당의 주식 중 25위안 가량의 주식은 처분하고 나머지 75위안의 주식은 남겨두기로 결정했다. 만약 이 시가 100위안의 투자 포트폴리오 안에 80위안 가량의 주식이 수익을 내고 20위안 가량의 주식으로는 손해를 입으며(즉, 수익을 내는 주식의 비율이 80%인 것이다) 이 투자자는 주식처분 시 해당 주식의 과거 실적을 고려하지 않는다고 가정하면, 우리는 이 투자자가 5위안 가량의 손해주식과 20위안 가량의 수익주식을 처분하기로 결정한다는 사실을 발견했다. 즉, 주식이 수익을 기록했든 손해를 기록하든 관계없이 투자자는 항상 보유 주식의 4분의 1을 처분한다는 것이다. 그러나 현실의 투자에서 보면 수익을 내는 회사의 주식을 투자자가 처분할 가능성은 7분의 1, 손해를 보는 회사의 주식을 처분할 가능성은 겨우 10분의 1에 불과했다. 즉, 수익주식을 처분할 가능성이 손해주식을 처분할 가능성보다 50%나 높은 것이다.

사실 주식시장은 매우 유동적인 곳이다. 그런데 투자자는 왜 이렇게 미실현손실이 실제 손실로 바뀔 때까지 방치해두는 것일까? 어느 정도는 정서적으로 손실을 매우 강하게 회피하기 때문이다. 손실에 대한 회피는 무엇인가? 인간은 전통적인 경제학 이론의 전제처럼 자신이 돈을 얼마나 버는가에만 관심이 쏠리지 않는다. 사실 투자자는 수익과 손실에 대해 매우 다른 반응을 보인다. 수익에 대해서는 매우 긍정적인 반응을 보이는 반면 손실에 대해서는 매우 부정적인 반응을 보이기 때문이다. 이와 마찬가지로 손실과 수익이라는 두 가지 방면에서 금액이 사람에게 미치는 정서적 영향 또한 완전히 다르다. MRI로 인간의 대뇌를 찍어 투자자가 손실을 회피하는 현상을 연구한 심리학자들은 손실을 입기 전과 후에 투자자의 대뇌피질에서 흥분을 보이는 영역이 전혀 다르다는 사실을 확인했다. 이것은 많은 투자자가 손실을 입은 후 사고방식과 투자전략이 완전히 달라지는 이유를 설명해준다.

나는 많은 증권 딜러들과 이야기를 나눠본 결과, 그들도 이와 비슷한 행위를 하려는 경향 때문에 곤란을 겪을 때가 있다는 사실을 발견했다. 실제로 딜러들의 성공이 판가름되는 부분 중 하나는 얼마나 좋은 투자전략을 만들어냈느냐가 아니라 '손실과 위험을 얼마나 잘 통제했는가'다. 성공적인 헤지펀드가 투자전략에서 보이는 성공률은 얼마나 될까? 소위 성공한 투자전략이란 신호지표를 예측하여 주식을 산 후 곧바로 주가가 오르고, 주식을 처분한 후 곧바로 주가가 떨어지는 것을 말한다. 그렇다면 여러분은 "신호는 100% 정확한 것 아닌가요?" "매번 돈을 벌 수 있는 것 아닌가요?"라고 물을 수 있다. 하지만 그렇지 않다. 그렇게 운이 좋은 건 현금자동인출기다. 물론 정확도는 결코 50%보다 낮을 수 없다. 그렇지 않다면 주식 매수가 많을수록 배상할 돈도 많아질 것이다. 대부분의 사람들은 신호의 정확도가 80~90%쯤 되어야 돈을 벌 수 있다고 생각하지만 사실은 그렇지 않다. 많은 펀드회사가 채택한 투자전략은 신호 정확도를 60% 정도로 예측하는 것이다. 심지어 일부 고빈도 거래의 경우에는 정확도가 55~60%에 불과하다. 일부 개인투자자들은 펀드의 투자정확도가 겨우 55~60%밖에 안 되는데 어떻게 많은 수익을 낼 수 있느냐고 물을 수 있다. 이것이 가능한 이유는 이들이 모두 위험관리와 손실관리에 의존하기 때문이다. 수익을 내는 거래가 거래당 2%, 3%, 또는 5%를 번다고 하지만, 펀드의 경우엔 손실제한stop loss을 1%로 설정해놓고 손해가 1%에 이르면 곧바로 포지션을 바꾸어 다시 새로운 거래를 시작한다.

나는 많은 거래부문 관리자들과 연구를 할 때마다 이와 비슷한 조언을 종종 듣는다. 여러분도 잘 알다시피 거래부문 관리자들은 기본적으로 본인이 거래하는 게 아니라 주로 증권딜러들을 관리하는 업무를 담당한다. 이들이 관리하는 것은 리스크다. 즉, 각 딜러가 다루는 서로 다른 상품의 위험은 얼마나 되는지, 그리고 이들의 위험노출정도가 서로 영향을 줄 가능성은 없는지를 고려하는 것이다. 이들 거래부문 관리자들은 각 딜러에게 규정된 액수를 주고, 손실제한지점에 이르면 반드시 손실을 제한하게 한다. 그러나 젊은 딜러들 중에는 손실을 본 후 달려와 자신은 억지로 손실제한지점의 포지션으로 조정하고 싶지 않다고 간청하는 이들이 여전히 많다. 이때 딜러들은 관리자에게 늘어놓을 여러 변명을 생각해낸다. 이 거래는 어떤 점에서 매력적인지, 왜 이 거래에서 반드시 큰 수익을 내야 하는지, 왜 이 거래를 하루 더 연장하면 손실을 이익으로 전환할 수 있는지 등이 그 예다.

이럴 경우 책임자들은 일반적으로 다음과 같은 조치를 취한다. 딜러에게 오늘은 반드시 포지션을 바꾸도록 강제하는 동시에 오늘 입은 손실을 내일 회복하도록 허락하는 것이다. 그런데 딜러들이 이튿날 그 손실을 회복하려 드는 경우는 거의 드물다. 이는 곧 사람들이 감정적인 충격을 받았을 때는 이성적이지 않고 최선의 전략도 아닌 선택을 할 가능성이 높다는 것을 보여준다. 따라서 우리 모두는 손실을 입었을 때 반드시 감정을 절제할 수 있어야 한다. 이는 또한 개인의 주관보다는 투자전략위원회와 알고리즘 트레이딩에 따라 결정하는 것이 필요한 이유이기도 하다. 3% 또는 5%의 손실제한지점에 이르면 포지션을 바꾸는 것이 아무리 괴로워도 반드시 그 지점에서 멈춰야 한다. 물론 모든 손실제한 결정이 매번 반드시 옳다고 할 수는 없지만, 전반적으로 보면 우리의 주관적 정서로는 손해를 본 거래에 이성적으로 대응할 수 없는 것이 현실이다.

미실현손실 주식을 처분하지 않는 것이 잘못인 이유는 무엇일까? 한 가지 분명한 이유는 우리가 앞에서 논한 세금 요소 때문이다. 만약 미실현손실 주식을 조금이라도 빨리 처분한다면 투자자는 결손금을 이유로 세금을 공제받아 수입소득세를 절감할 수 있다. 이보다 더 중요한 이유를 들자면, 미실현손실 주식을 계속 보유하는 행위는 바로 기관투자자가 일종의 관행처럼 널리 사용하는 전략과 서로 충돌하기 때문이다. 소위 관행적 전략이란 과거 3개월간 수익을 낸 주식은 향후 3개월간에도 계속 그럴 가능성이 높고, 과거 1년간 수익을 낸 주식은 향후 1년간 계속 수익을 내며, 과거 1년간 손해를 본 주식은 향후 1년간 계속 손해를 기록할 가능성이 높다는 것이다. 투자자가 설령 감정적으로는 마지못해 '살을 도려낸다' 해도, 그렇게 하지 않으면 그다음 해에는 더욱 큰 손실을 입을 뿐 아니라 수익을 낼 수 있는 많은 주식을 살 기회 역시 놓치고 만다.

마지막으로 다시 정리해보자. 앞에서 우리는 투자자가 거래를 하는 몇 가지 주요 원인, 즉 정보의 우위, 유동성, 세금, 투자 포트폴리오 리밸런싱, 그리고 위험노출을 조정하는 것에 관한 내용을 다루었다. 투자자는 풍문으로 알게 된 정보나 유명 방송인이 추천하는 주식이라는 선전, 그리고 일부 주식회사가 고속도로 옆에 세운 광고판을 이유로 거래를 진행해서는 안 된다.

제3장

분산시키지 않은 포트폴리오

투자학의 기본원리 중 하나는 '모든 달걀을 한 바구니에 담지 말라'는 것, 다시 말해 투자의 다원화로 위험을 분산시키라는 것이다. 그러나 개인투자자들의 투자결정은 종종 교과서 이론과 동떨어진 경우가 많다.

미국 모 대형 증권사의 개인투자자들을 대상으로 진행한 연구에 따르면 개인투자자의 투자 포트폴리오는 상당히 분산되어 있지 않은 것으로 나타났다. 30% 정도의 투자자는 보유주식 종수가 단 하나였고 20%는 두 개, 10%의 사람들은 세 개로 나타난 것이다. 즉, 절반 이상의 개인투자자들은 투자 포트폴리오에 겨우 세 종목 이하의 주식만 있는 셈이었는데, 미국 연방준비제도이사회(미국 중앙은행)가 3년마다 한 번 시행하는 소비금융조사 역시 이 연구결과를 일부 증명했다.

나 또한 대만에서 수행한 연구에서 이와 비슷한 결과를 얻었다. 대만 투자자의 30% 안팎은 한 종목의 주식만을 보유하고 있었다. 더욱 안타까운 것은 주식회사에서 일하는 투자자의 경우엔 포트폴리오에서 해당 주식회사의 주식이 차지하는 비율이 거의 48~49%에 이른다는 점이었다.

연구자들은 스웨덴 등 북유럽 국가 및 기타 몇몇 선진국의 투자자들을 대상으로 하는 설문조사를 통해 투자자들이 어떻게 위험을 분산시키고 투자를 하는지 조사했다. 그 결과 개인투자자의 자금 중 절반 이상은 하나의 주식에 투자되어 있고, 절반이 채 안 되는 나머지 자금만이 공모펀드 상품에 투자된 것으로 나타났다. 통상적으로 공모펀드는 개인투자자들이 투자를 다원화하는 중요한 통로라는 측면에서 볼 때, 이들의 투자는 상대적으로 다원화되지 못했다고 할 수 있다.

또 연구자들은 모든 투자자들 중 절반 정도가 한 종목의 주식만을, 전체의 20% 정도는 두 종목의 주식만을 보유한다는 사실을 발견했다. 따라서 주식수익률 간의 여러 상관관계를 무시하고 단순히 보유주식의 종수만 고려해봐도 우리는 개인투자자의 투자 포트폴리오가 매우 집중되어 있다는 사실을 확인할 수 있다.

개인투자자들은 왜 이토록 집중적인 투자를 하는 것일까? 이제부터 그 이유를 자세히 알아보자.

의식 결여가 초래한 집중화

투자자는 우선 투자의 다원화가 얼마나 중요한지 의식하지 못하기 때문에 투자를 다원화시키고 싶지 않다고 말한다. 이것은 우리가 앞서 언급한 '과도한 자신감'과 상당 부분 관련이 있다. 어떤 주식의 매수를 결정할 때면 투자자는 항상 자신이 이미 그 주식에 대해 철저히 조사했고(예를 들어 친구를 통해 그 회사와 관련된 소문을 많이 들었다거나 그 회사의 고위직 혹은 직원과 밥을 먹으면서 호재성 공시를 접했다는 등) 그 회사를 이미 잘 알고 있다고 착각하면서 자기가 산 주식이 반드시 수익을 낼 것이라고 굳게 믿는다. 아무튼 투자자들은 자신이 얻은 정보의 정확성과 자신의 투자능력을 확신하고 추호도 의심하지 않는다. 그러나 이렇게 매번 투자를 하기 전에 자신이 수익을 올릴 것이라고 굳게 믿기 때문에 투자자들은 오히려 투자를 다원화함으로써 주가가 하락할 위험을 방지할 수 있다는 점을 간과한다.

더욱 안타까운 것은 투자자가 이전에 갖고 있던 신념과 자신감은 거래 과정에서 곧잘 현실과 부딪치며 깨져버린다는 점이다. 주식을 매수한 후 주가가 오르는 것은 비교적 좋은 상황인데, 이때부터 투자자는 고민에 빠진다. 혹시 주가가 상한을 친 것은 아닐까? 이 주식은 언제 팔아야 할까? 개인투자자의 투자실적을 연구한 결과, 대부분의 사람들은 미실현이익을 안고 있는 주식을 지나치게 빨리 처분하는 바람에 해당 주식의 가격이 충분히 오른 후 얻을 수 있는 수익을 충분히 얻지 못하는 것으로 나타났다.

이보다 훨씬 어려운 상황은 주식을 산 후 주가가 떨어지는 것이다.

이때 개인투자자는 종종 우리가 앞서 '처분효과'라고 언급했던 현상을 보인다. 비록 손해를 보긴 했지만 처분하는 것은 선뜻 내키지 않으니 차라리 그 주식을 무시하는 편을 택하는 것이다. 다시 말해 투자 포트폴리오 내의 미실현손실이 언젠가는 반드시 이윤으로 돌아설 것이라고 맹목적으로 믿는 셈인데, 바로 이런 심리 때문에 그들이 선택적으로 잊어버린 미실현손실 주식은 포트폴리오 내에 쌓이게 된다. 이후의 투자부터 투자자는 두 번 다시 그 주식과 새로 매수한 주식을 같은 투자 포트폴리오상에서 고려하지 않고, 그로써 포트폴리오의 위험분산 작용을 점점 약화시킨다.

익숙함이 초래한 집중화

투자자가 투자를 집중하게 되는 또 다른 원인은 바로 특정 주식 또는 특정 업종에 익숙하기 때문이다. 인간은 손실을 피하고 싶어 하는 만큼 낯선 환경과 명확하지 않은 정보 역시 피하길 원하고, 이 때문에 투자자는 최대한 자신이 상대적으로 익숙한 투자지표와 투자기회를 찾으려 한다. 설령 이것이 자신의 투자공간을 제한하고(이는 투자다원화 원칙에 위배된다) 더욱 좋은 실적을 보장하지 못한다 해도(이 부분은 전 세계적인 데이터가 뒷받침하고 있다) 대다수 투자자들은 여전히 자신이 익숙한 시장이나 분야 및 기업에 투자하는 것이 더 믿을 만한 투자법이라고 굳게 믿고 있다.

투자계의 명언인 "당신이 잘 아는 것에 투자하라."라는 말은 다들 익히 들어봤을 것이다. 주식투자의 신인 워런 버핏은 이 명언을 "당신이 이해하는 것에만 투자하라."로 승화시켰다. 그는 인터넷 버블 시기에 어떤 인터넷 기업의 주식에도 투자하지 않았는데, 몇 년 뒤 그의 선택은 매우 현명한 것이었음이 밝혀졌다.

투자자는 자신에게 익숙한 것에 투자하는 경향이 있다. 중국의 증권투자협회 또는 펀드관리협회와 유사한 미국의 자산운용협회 Investment Company Institute, ICI는 펀드업계가 자발적으로 조직한 자율적인 협회로, 업계에 대한 조사 및 연구와 발전 상황을 분석하는 역할을 수행함과 동시에 투자자에 대한 이해를 높이고 전체 업계의 발전을 추구한다.

ICI는 매년 미국의 모든 투자자를 대상으로 설문조사를 실시하는데, 연구자들은 그 과정에서 매우 흥미로운 현상을 발견했다. 이들은 투자자로 하여금 익숙함의 정도에 따라 서로 다른 유형의 자산에 대해 순위를 매기도록 했다. 그 결과 투자자들이 가장 익숙하다고 응답한 것은 자사주였고, 그다음은 기본적으로 어떤 위험도 없지만 수익률이 비교적 낮은 금융시장 펀드였다. 그다음은 정부채권, 기타채권, 안정적 가치를 지닌 주식, 국제 또는 글로벌 주식 순이었으며 마지막은 밸런스형 뮤추얼펀드balanced mutual fund였다. 자신이 익숙한 정도에 따라 각각의 투자상품에 대해 1에서 5까지 점수를 매길 때 투자자는 가장 익숙한 유형(예를 들어 자사주)에는 약 3.5점을 주고, 상대적으로 낯선 유형(예를 들어 밸런스형 뮤추얼펀드)에는 2점을 주는 것으로 나타났다. 이는 각 유형의 금융상품에 대해 투자자가 익숙해하는 정도에 큰 차이가 있다는 점을 반영한다.

이외에도 ICI는 투자자로 하여금 각 유형의 자산에 대해 위험수준의 순서를 매기게 한 후 그 결과를 분석했다. 그 결과 투자자가 위험수준이 가장 높을 것이라고 생각하는 것은 국제 또는 글로벌 주식이었고 그다음은 미국 주식시장, 자사주, 밸런스형 뮤추얼펀드, 금융시장, 채권, 안정적인 가치를 지닌 펀드 순이었으며 가장 위험이 낮다고 본 것은 미국이 발행한 국채였다.

하지만 조금만 더 생각해보면 투자자의 이런 판단은 가장 기본적인 금융학 원리에 위배된다는 사실을 알 수 있다. 투자의 가장 중요한 원칙은 위험분산, 속담으로 표현하자면 "모든 달걀을 한 바구니에 담지 말라."라는 것이다. 이런 측면에서 보면 어느 나라의 주식시장이든 글로벌 주식시장보다는 위험하다고 할 수 있다. 어떤 주식이든 여러 종류의 주식으로 구성된 주식 풀pool보다 위험성이 크다. 포함 관계로 보자면 미국 주식시장은 글로벌 주식시장 내에 포함되고, 투자자가 다니는 회사의 주식은 미국 주식시장 내에 포함된다. 그러므로 이 이론에 따르면 가장 안전한 것은 글로벌 주식시장이고 그다음은 미국 주식시장, 그리고 가장 큰 위험을 안고 있는 것은 자사주다. 하지만 투자자들의 답변이 이와 완전히 상반된다는 것은 곧 그들의 주관적인 판단이 객관적 위험과 완전히 반대쪽에 있음을 보여준다.

투자자가 이렇게 잘못된 판단을 하는 이유는 무엇일까? 이 주로 우리가 앞서 논의한 익숙함의 정도와 관련이 있다. 투자자가 어떤 상품, 주식, 증권의 위험도를 판단할 때는 수익률이나 변동률 및 그것들 간의 상관계수만 보는 것이 아니라 자신이 그 (주식의) 이름을 들어봤는지의 여부까지도 고려한다. 만약 들어봤다면 해당 상품이 상대적으로 안전하다고 믿는 것이다. 나는 이제까지 '위험성에 주목해야 한다'고

강조했지만, 그와 더불어 특정 투자상품에 대한 당신의 익숙함 정도가 위험에 대한 판단에 영향을 미칠 수 있다는 점도 지적하고 싶다.

이론적으로 자사주는 미국 주식시장보다, 그리고 미국 주식시장은 글로벌 주식시장보다 위험성이 크다. 하지만 대부분의 투자자는 자신이 미국 주식시장보다는 자사주에 대해 더 잘 알고 있다고 생각하는데, 이런 직관적인 느낌은 위험성 평가에서의 객관성을 좌우할 가능성이 있다. 자신이 익숙하다고 느끼는 것들이 자연스럽게 긍정적인 판단으로 이어지고, 그 익숙함에 따라 발생한 친밀감 때문에 특정 금융상품이 가진 위험성을 객관적으로 판단하는 것이 불가능해진다는 뜻이다. 내가 중국과 미국 양 국가의 주식시장을 대상으로 했던 연구에 따르면 익숙한 기업에 투자하는 것은 실제로 투자자에게 더 높은 수익을 안겨준다는 것이 확인되었다. 그러나 그와 동시에 이들 투자자의 투자실적은 결코 주가지수보다 높지 않았다.

전 세계 여러 자본시장을 대상으로 진행한 연구를 통해, 학자들은 투자자들이 자신이 근무한 회사의 주식에 충실한 모습을 보이는 현상이 보편적으로 존재한다는 사실을 발견했다. 그러나 금융학자가 보기에 이는 상식적으로 이해하기 힘든 일이다. 나는 예전에 대만 상장사들의 데이터를 통해 회사 직원들이 자사주에 투자함으로써 얻은 이익을 연구한 적이 있다. 당시 나는 대만의 재정세무당국을 통해 각 투자자들의 근무처 및 그들 가족의 투자상황을 확인했다. 이를 통해 각 가정의 투자 포트폴리오 안에 자사주가 얼마나 있고, 자사주와 관련된 업종의 주식과 기타 업종의 주식은 각각 어느 정도인지를 정확히 측정할 수 있었다.

그 결과 나는 대만 투자자들의 투자 포트폴리오는 투자다원화가 심각하게 결여된 상태임을 발견했다. 주식시장에 상장된 기업에서 일하는 투자자 중 절반 이상이 손으로 꼽을 수 있을 정도로 적은 세 종목의 주식만 보유하는 것으로 나타났는데, 그중 자사주만을 보유한 투자자의 비율이 30%로 가장 높았다. 평균적으로 볼 때 자사주는 직원들의 투자 포트폴리오에서 거의 50%의 비율을 점하고 있었다.

이런 현상이 나타나는 원인을 해석하는 방식 중 하나는 바로 '직원들은 자신의 회사와 관련된 정보를 훨씬 잘 이해하기 때문에 자사주를 보유하고 싶어 한다'는 것이다. 그러나 이런 설명이 성립되려면 회사의 고위직 직원일수록 자사주를 보유할 가능성이 더 높아야 한다. 고위직들이야말로 자기 회사의 상황을 더욱 잘 알고 있기 때문이다. 그러나 이는 우리가 대만 시장에서 얻은 결론과 완전히 상반된다. 우리가 확인한 바에 따르면 고위직일수록 개인 투자 포트폴리오에서 자사주가 점하는 비율이 상대적으로 낮았던 것이다. 반면 회사 내에서의 직위가 낮을수록, 그리고 회사의 고위직 상황과 회사 업무를 결코 잘 이해한다고 할 수 없는 직원일수록 자사주에 투자한 비율이 높게 나타났다. 따라서 '투자자가 자사주에 투자하는 이유는 자기 회사에 대해 잘 이해하고 있기 때문'이라고 단정하긴 어렵다.

상장사의 직원들이 자사주에 투자함으로써 더 좋은 투자실적을 낼 수 있는지 확인하기 위해 우리는 자사주에 많은 투자를 한 직원들, 그리고 자사주에 집중하기보다는 투자를 다원화시킨 직원들의 투자 포트폴리오 실적을 비교했다. 그 결과 전자(자사주에 많은 투자를 한 직원들)의 총수익과 순수익은 결코 후자(투자를 다원화시킨 직원들)보다 높지 않았을 뿐 아니라, 투자가 비교적 집중된 탓에 투자 포트폴리오의 위험만 높아진 것으로 나타났다. 이 두 그룹의 투자 포트폴리오가 노출된 위험 정도를 같은 정도로 조정하면 전자의 실적은 후자보다 약 20~30% 낮은 것으로 나타났다. 다시 말해 자사주에 대한 충성도가 높은 직원일수록 익숙한 주식에 투자함으로써 더 높은 수익을 얻기는 커녕 도리어 더 큰 위험만 부담하게 된다는 것이다. 이런 득실이 뜻하는 바는 크다.

이런 현상은 미국에서도 매우 보편적으로 나타나지만, 방식에 있어서는 약간의 차이가 있다. 미국에서 기업들은 자사 직원들의 퇴직금을 관리하기 위해 종종 퇴직금 투자관리 펀드를 설립하는데, 미국 학자들의 연구에 따르면 그중 많은 펀드의 자산은 대부분 자사주에 집중적으로 투자된다. GE General Electric, 엑슨 Exxon, SBC Southwestern Bell Company, P&G Procter & Gamble, 화이자 Pfizer 등 미국 대형 우량주 회사들의 연금은 절반 이상이 자사주에 투자된 것으로 나타난다. 그중 명성이 자자한 P&G의 연금관리펀드는 자산의 93%가 자사주에 투자된 것으로 확인됐다.

퇴직금을 과도하게 자사주에 투자하는 것 또한 자신이 일하는 회사의 주식에 대한 직원들의 충성도가 높다는 것을 반영한다. 이런 충성심은 어디에서 비롯되는 것일까? 그 원인은 아래와 같이 여러 측면에서 기인한다.

먼저 기업에 대한 직원의 충성심을 들 수 있다. 많은 직원들이 회사에서 다년간 일하며 사장 및 동료 직원들과 쌓은 깊은 우정이 이 충성심의 근원이다. 그러나 그와 동시에 이런 충성심은 과도한 자신감의 원인이 되기도 한다. 직원은 자신이 회사에 대해 충분히 알고 있다고 착각함으로써 회사가 제공하는 정보를 추호도 의심하지 않고 쉽게 신뢰함은 물론, 심지어 고위 관리직원을 도와 잘못된 정보와 가짜 보고서를 퍼뜨리기도 한다. 20세기 말의 미국 엔론Enron 사태 등 널리 알려진 일련의 금융사기 사건은 그 배후에서 '충성스러운' 직원이 선전함에 따라 사태가 커진 면이 있다.

또한 상장된 회사는 통상 자사주를 보유한 직원들에게 투자를 독려한다. 가령 직원들의 연금 투자를 위해 투자자금에 상응하는 지원을 해주는 것이다. 상장된 회사는 왜 직원들이 연금으로 자사주를 매수해주길 바라는 것일까? 답은 간단하다. 바로 자사주 가격을 지탱하고 안정적으로 관리하기 위해서다. 1980년대 미국에서 인수합병이 성행할 당시에는 외부 투자자가 악의적으로 다른 회사를 인수하는 방식을 통해 회사 경영권 장악을 시도했던 사례가 많이 발생했다.• 많은 회사의 고위 관리자들은 외부 인수세력을 막아내는 과정에서 자사의 연금이 사실 굉장히 든든한 투자자가 될 수 있다는 사실을 발견했다. 안정적인 직원구조와 직원들의 충성심에 기댄다면 연금은 회사가 악의적인 인수를 막아내는 효과적인 방어선이 될 수 있었던 것이다. 과거의 성공경험을 기초로 하여 직원들에게 자사주 투자를 독려하는 한편 그들의 연금을 외부의 악의적인 인수세력을 막는 도구로 활용한 회사들은 많다.

부정적으로 말하자면, 이렇게 다원화되지 않은 투자전략은 모든 달걀을 한 바구니에 넣는 것과 다를 바 없다. 이 방면에서 가장 고전적인 사례는 바로 예전에 미국에서 이름을 날렸을 뿐 아니라 미국 전체에서 '가장 혁신력이 뛰어난 회사'라고 극찬받았던 엔론이다. 한때 미국에서 세 번째로 시가가 높은 회사였던 엔론은 자사 연금의 62%

• 유명한 《문 앞의 야만인들Barbarians at the Gate》이란 책에 나오는, RJR 내비스코RJR Nabisco라는 회사의 임원과 사모펀드 KKR이 RJR 내비스코를 경쟁 입찰한 사례가 이 과정을 유감없이 보여준다.

를 자사주에 투자했지만, 엔론이 파산할 무렵 주가는 100달러에서 2~3달러로 폭락했다. 휴스턴에 본부를 두었던 엔론은 그곳의 가장 큰 고용주이기도 했다. 그런 엔론의 파산은 많은 사람들의 실직으로 이어졌고, 그로 인해 당시 휴스턴 지역경제도 매우 심각하게 하락했다. 실직자 중 다수가 새로운 직업을 찾기 위해 휴스턴을 떠나 다른 지역으로 떠났기 때문에 부동산가격 역시 최고 10~20% 정도 떨어졌다.

그 직전의 2년간 엔론은 너무나 좋은 성장세를 보였고, 과거 몇 년 간의 고속발전에 도취된 나머지 엔론 직원의 대다수는 자신이 회사에 대해 '충분히' 이해하고 있다는 자신감을 근거로 점차 자기가 가진 모든 자산을 자사주에 투자했다. 그러나 엔론의 경우와 마찬가지로 미국의 월드컴WorldCom, 월드링크커뮤니케이션즈World-Link Communications, 케이마트Kmart 같은 기업들 역시 일단 기업의 회계부정 행위가 폭로되어 주가가 폭락하거나 심지어 파산에 이르자 회사 직원들은 일자리, 주식투자 포트폴리오, 퇴직금 및 주거지 일대의 부동산 가격 하락 등 여러 방면에서 연쇄적인 타격을 입었다. 이렇게 큰 영향력을 가진 부정적인 소식은 투자를 효과적으로 다원화하지 못한 가정에 짧은 시간 동안 큰 손실을 안겨줄 수 있다. 이는 또한 금융학에서 투자자에게 '수익을 추구하는 동시에 반드시 투자의 다원화를 꾀하라'고 강조하는 이유기도 하다.

익숙한 주식과 이웃의 주식

나는 후속 연구를 하던 중 몇몇 흥미로운 현상을 발견했는데 그중 하나는 핀란드의 사례였다. 널리 알려진 바와 같이 북유럽 국가들은 사회 전체에 대해 전면적이고 수준 높은 사회보장제도를 갖췄고, 이 때문에 사회 구성원들의 개인정보도 비교적 잘 정리되어 있다. 이런 정보를 통해 우리는 각 투자자의 투자 포트폴리오, 거주지역과 직업 및 소속 업종을 살펴볼 수 있었다.

연구 결과, 첨단기술 산업에 종사하는 핀란드 투자자일수록 첨단기술 분야에 속한 회사의 주식을 살 확률이 높았고 에너지 분야에 근무하는 투자자는 에너지 기업의 주식을 사는 경향이 높게 나타났다. 상장사에서 근무하는 투자자의 경우엔 포트폴리오에서 자사의 주식과 더불어 자사와 동종업계에 있는 회사 주식들의 비중이 훨씬 높게 나타났다. 동시에 핀란드 투자자들은 자신의 거주지역과 비교적 가까운 데 있는 상장사에 투자하는 경향을 보였다. 핀란드 남부에 거주하는 투자자는 본사가 남부에 위치한 회사에, 북부에 거주하는 투자자는 북부에 본사를 둔 회사에 투자하는 경향이 나타났던 것이다. 익숙함이란 이렇듯 투자자의 투자선택을 좌우하는 중요한 원인 중 하나임을 다시 한 번 확인할 수 있었다.

그러나 핀란드 학자들은 이렇게 직업이나 지역에 근거한 투자전략이 투자자들에게 실제로 더 높은 수익을 가져다주지는 못한다는 사실을 발견했다. 우리가 대만 투자자와 관련된 연구에서 발견한 것과 마찬가지로, 비교적 익숙한 회사에 투자하는 이런 전략은 투자자에게 더 높은 수익을 보장해주지도 못할 뿐더러 다른 투자자들이 본받을 만한 가치 또한 없다는 것이 밝혀진 것이다.

미국에서도 이와 비슷한 상황을 발견할 수 있다. 미국에는 원래 전화사업을 독점한 AT&T라는 회사가 있었다. 1990년대의 반독점소송으로 인해 AT&T는 여러 개의 지역별 통신기업, 즉 동부지역의 대서양 연안을 관장하는 대서양 벨Bell Atlantic과 서남부의 남부 벨Bell South, 서태평양 연안을 관장하는 태평양 벨Pacific Bell의 지역별 기업으로 분할되었다. 회사들의 주식을 보유한 주주들의 정보를 통해 연구자들은 이들 주주 대부분의 거주자가 각 지역별 기업이 소재한 지역이라는 사실을 발견했다. 다시 말해 투자자들은 자신이 거주하는 지역에서 운영되는 기업에 투자하는 것을 특히 선호한다는 것이다.

우리는 미국 투자자들을 대상으로 한 연구를 통해 이들은 자신이 투자할 주식을 선택함에 있어 아주 강한 지역적 편향을 보인다는 점을 확인했다. 투자자들은 기업의 본사 또는 주요 업무가 자신과 비교적 가까운 곳에서 이루어지는 기업에 투자하는 경향을 보였는데, 개인투자자뿐 아니라 공모펀드 관리자들에게서도 이와 유사한 경향이 나타난다는 점은 특히 눈여겨볼 만하다.

흥미로운 것은 이렇게 자신과 비교적 가까운 기업에 투자하는 공모펀드 등의 기관투자자는 개인투자자와 비교했을 때 종종 훨씬 높은 수익을 거둔다는 점이다. 여기에는 두 가지 이유가 있을 수 있다. 첫 번째는 펀드회사와 가까운 거리에 있는 기업 본사에는 펀드사 경영자가 방문하여 조사하기가 훨씬 편하고, 이를 통해 이들 상장된 기업과 충분하고 철저한 소통이 이루어지기 때문이다.

두 번째는 펀드사와 상장사 본사 간의 거리가 가까울수록 펀드사

경영자는 학연이나 지연 등의 사교활동을 통해 해당 기업의 고위 관계자와 관계를 형성함과 더불어 서로에 대한 이해도와 신뢰도가 높아지고, 이에 따라 해당 기업에 대해 훨씬 정확한 정보를 얻기 때문이다.

반대로 개인투자자의 경우를 살펴보자. 연구에 따르면 이들은 이런 종류의 표면적인 '익숙함' 덕분에 훨신 높은 수익을 거두지도 못한다. 이것이 바로 내가 여러분과 공유하고 여러분에게 주의를 주고 싶었던 점이다. 설령 자신이 어떤 기업이나 자산에 대해 잘 알고 있다고 생각하는 투자자라 해도, 그로 인해 그 사람이 더욱 높은 투자수익을 거둘 것이라는 보장은 전혀 없다는 점 말이다.

마지막으로, 나는 중국 내에서 발생한 매우 흥미로운 현상 하나를 소개하려 한다. 중국의 개인투자자들은 자신의 거주지에서 가까운 곳에 위치한 기업을 선호할 뿐 아니라 자신과 가까운 곳에 있는 증권거래소와 그곳에 상장된 기업을 두드러지게 편애하는 경향을 보인다. 우리는 상하이上海 투자자들 중 17%는 선전深圳 증권거래소에 상장된 주식에 투자한 적이 단 한 번도 없고, 선전 투자자의 19% 역시 상하이 증권거래소에 상장된 주식에 투자한 적이 단 한 번도 없다는 점을 확인했다. 이 현상은 이 두 도시에 거주하는 투자자들이 각자 자기 도시의 증권거래소를 인정하기 때문에 다른 거래소에는 굳이 계정을 개설할 생각을 하지 않는 데 어느 정도 이유가 있을 것이다. 실제로 그 17%와 19%의 투자자 중 절반 정도는 다른 도시의 증권거래소에 계정을 개설한 경험이 한 번도 없는 것으로 나타났다.

모두 잘 알고 있듯이, 증권거래소에서 계정을 개설하는 비용은 10위안(약 1,700원_옮긴이)이 넘지 않을 뿐더러(당연히 추가적으로 제출해야 할 양식도 없다) 이것은 투자자의 거주지와 무관하다. 동시에 두 곳의 증권거래소에 계정을 개설하면 투자자는 두 시장의 서로 다른 분야, 다른 스타일, 다른 경향성을 지닌 포트폴리오에 투자할 수 있는 기회를 갖게 된다. 그런데 왜 이토록 많은 투자자들이 겨우 10위안에 불과한 비용을 지불하기보다는 오히려 투자를 다원화시킬 기회를 포기하는 것일까? 아마도 자신이 생활하는 도시에 위치한 증권거래소가 훨씬 익숙하고 정보 수집에 있어서도 유리하다고 착각한 나머지, 다른 도시의 증권거래소에 상장된 주식에 또 투자할 필요는 없다고 느끼기 때문이 아닐까 하는 것이 우리의 추측이다.

그렇다면 투자자가 두 곳의 증권거래소에서 거둔 투자실적 사이에는 정말로 그들이 믿는 것처럼 현저한 차이가 있을까? 유감스러운 것은 해외시장에 대한 연구의 결론과 마찬가지로 설령 자신이 더욱 익숙하다고 여기는 시장에 투자한 실적이 상대적으로 더 좋다 해도 투자자는 결코 시장수익률을 상회하거나 다른 증권거래소의 지수보다 높은 실적을 거두지 못한다는 점이다.

앞의 몇 가지 예시를 통해 우리는 투자자가 자신이 익숙하다고 여기고 내막의 정보를 잘 이해한다고 착각하는 기업의 주식에 투자하는 경향이 높은 현상에 대해 깊이 논의했다. 그러나 여러 국가에서 수행한 연구에 따르면, 이런 종류의 투자전략에 따른 실적은 결코 다원화된 투자 포트폴리오 또는 기타 투자 포트폴리오의 실적보다 좋을 수 없다.

시간자본이 초래하는 부족한 다원화

왜 어떤 투자자들은 자신이 직접 주식투자를 진행하는 데 반해 또 다른 투자자들은 펀드에 투자를 하는 것일까? 이는 위험에 대한 투자자의 인식과 투자능력의 차이에서 비롯되기도 하고, 또 투자에 사용할 수 있는 투자자의 시간자본에 차이가 있어서이기도 하다. 일부 투자자의 경우 생활의 리듬이 비교적 빠르고 처리할 일이 많기 때문에 자기 자산을 돌볼 충분한 시간이 없다. 그렇다면 이런 이들에게 있어 비교적 합리적인 방식은 바로 재테크를 위탁하는 것, 즉 자신의 자금을 전문 투자자에게 맡겨 처리하게 하는 것이다. 이와 반대로 여가시간이 비교적 많은 이들은 자신이 직접 투자를 한다.

미국 소비금융조사 수치에 대한 분석을 통해 나는 결혼해서 자녀를 두거나 수입이 비교적 높거나 혹은 전문직에 종사하는 등 비교적 시간비용이 높은 투자자일수록 공모펀드를 통해 투자한다는 사실을 발견했다. 반면 이외의 유형에 속하는 사람들은 자신이 직접 자본시장에서 투자를 하는 경향을 보였다. 이런 점으로 볼 때, 투자방식의 선택은 투자자의 능력뿐 아니라 그 사람이 가진 시간자본의 제약에도 영향을 받는다고 할 수 있다. 가령 일부 투자자는 투자능력이 뛰어나지만 시간에 따른 기회비용이 높을 수 있는데, 이런 투자자의 경우엔 전문 투자기관에 자본금을 맡겨 다원화된 투자를 하는 것이 훨씬 합당한 방식의 투자일 수 있다.

투자 습관

개인투자자가 투자를 할 때는 보유주식의 수량이 한정적인 탓에 단일주식의 실적에 집중하는 경우가 많은 반면 자신이 보유한 주식 간의 관련성 정도를 소홀히 하는 경향이 있다.

미국과 중국의 주식시장을 대상으로 한 연구결과에 따르면, 만약 투자자가 비교적 짧은 시간(예를 들어 1주일 혹은 1개월) 내에 주식을 매수할 경우 이 주식들을 통해 거두는 수익은 낮을 때가 많다. 이는 투자자가 이 몇몇 주식을 하나의 투자 포트폴리오로 여기고 전체적으로 고려하여, 높은 위험을 가진 성장주를 매수할 때 위험이 낮은 가치주를 같이 구입함으로써 위험의 균형을 맞추려 하기 때문이다.

그러나 한 달에 주식을 한 주만 매수하는 등 거래가 띄엄띄엄 이루어질 경우, 투자자의 거래들 사이에서는 긴밀한 관계가 형성되지 않는다. 개인투자자의 거래행위를 관찰한 결과를 기반으로, 우리는 계정 개설 직후의 짧은 시간을 제외하면 대부분의 개인투자자들이 일시적으로 짧은 시간 내에 집중적인 투자를 하는 경우가 거의 없다는 사실을 발견했다. 이 때문에 투자자는 매 투자 시 단일주식의 성적을 더 고려하게 되고, 해당 주식이 자신의 투자 포트폴리오의 위험에 어떤 영향을 미치는지에 대해서는 소홀해질 수밖에 없다.

우리의 관찰결과를 근거로 보면 투자자의 투자들 간의 시간 차가 클 경우, 예를 들자면 1월에 첫 번째 주식, 3월에 두 번째 주식, 그리고 6월에 세 번째 주식을 매입하는 식의 경우 이 세 개 주식은 같은 분야에 집중되거나 서로 비슷한 주식일 가능성이 크다. 추정컨대 이런 상황에서는 투자자가 투자 포트폴리오의 전체적인 관점에서 투자할 주식을 선택한 것이 아닐 가능성이 높다. 따라서 투자자의 거래습관은 일정 정도 자산배분과 위험분산 효과에 영향을 미친다. 이것이 바로 앞서 언급한, 무계획적인 투자행위가 다원화되지 못한 투자결과를 초래하는 현상이다.

어떻게 다원화시킬 것인가

개인투자자들은 투자를 어떻게 다원화해야 하는지 모르는 경우가 종종 있다. 이들의 착각 중 하나는 바로 '투자다원화라는 건 자금이 풍족한 투자자나 하는 것이고, 나는 내가 보유 중인 한두 주식조차 관리를 못하는데 하물며 다원화된 투자 포트폴리오는 당연히 불가능하다'고 생각하는 것이다.

사실 개인투자자들은 다원화라는 개념을 잘못 이해하고 있다. 일단 투자자는 포트폴리오상의 위험 분산을 고려할 때 그 안에 있는 각 주식의 수익 간 관련성보다는 주식의 종수에 더 신경을 쓰는 경향이 있다. 그러나 앞의 증거가 보여주듯, 투자 포트폴리오가 충분히 다원화되었는가의 여부는 포트폴리오에 있는 주식의 종수가 아니라 각 주식 간 관련성과 연관된다.

잘 알고 있다시피, 금융시장에서의 위험이라는 개념은 주식의 종수 개념보다 훨씬 복잡하다. 간단히 말해 서로 다른 자산의 수익률 간의 관련성을 고려해야 하는 것이다. 포트폴리오 내의 주식들이 서로 상반된 수익률을 보이는(한 주식의 가격이 상승할 때 다른 주식의 가격이 하락하는 등) 투자 포트폴리오는 수익률 변동이 비슷한 대여섯 종류의 주식으로 이루어진 포트폴리오보다 훨씬 덜 위험할 가능성이 높다.

가령 당신이 10종의 주식을 보유하고 있는데 만일 그것 모두가 증권사 또는 부동산 관련 주식이라면, 증권업 전반에 영향을 미칠 정책이나 부동산 조정을 위한 정책이 시행될 경우엔 모두 타격을 입게 된다. 따라서 투자 포트폴리오의 다원화 정도는 각 주식 간 상호 관련성에 달린 것이지 단순히 주식의 종수에 따라 달라지는 것이 아니다.

우리는 중국과 미국의 개인투자자의 투자행위를 분석한 뒤 다음과 같은 사실을 알아냈다. 설령 포트톨리오에 보유한 주식이 15종이 넘는 개인투자자라 해도 단순히 그 사실만으로 위험을 충분히 분산시켰다고 말할 수는 없다. 개인투자자들은 종종 자신이 보유한 주식의 종수가 많으면 포트폴리오의 위험분산이 보장된다고 생각해버리고 각 주식의 수익률 간 상관관계를 등한시하는 경우가 많다.

우리의 연구는 여기에서 더 나아가, 비교적 많은 종수의 주식으로 구성된 포트폴리오가 겨우 두세 종류의 주식으로 구성된 포트폴리오보다 결코 더 안전하다고 말할 수 없다는 사실을 증명한다. 투자 포트폴리오상의 주식 종수가 3종에서 6종으로 늘어날 때(100% 증가), 그리고 9종으로 늘어날 때(200% 증가)마다 포트폴리오 전체의 위험은 겨우 10~15% 정도 감소하는 것으로 나타났다. 그 원인은 바로 투자자가 매수한 주식이 6종이 됐든 9종이 됐든 이 주식 성적들 간의 관련성이 너무 높아서, 결과적으로는 서로 다른 9종을 산 것이 아니라 비슷한 수익률을 가진 주식 2~3종씩을 세 묶음으로 구입한 것에 가까워졌기 때문이다. 그래서 나는 '절대 주식의 종수에 현혹되지 말아야 한다'고 다시 한 번 강조하고 싶다. 대개의 경우 투자 포트폴리오의 위험에 정말 영향을 미치는 것은 여러 자산과 주식수익률 간의 상관관계기 때문이다. 물론 만일 투자자가 각기 다른 분야와 유형 중에서 무작위로 주식을 골라 자신의 투자 포트폴리오에 넣는다면 오히려 어느 정도는 이런 문제점을 극복할 수 있을 것이다.

과거의 한 연구에 따르면, 투자자가 충분히 많은 주식을 무작위로 골라 매수할 경우 그의 투자 포트폴리오는 주식시장 전체의 위험을 막아낼 수 있다. 예를 들어 미국 주식시장에서는 예전에 이른바 '12법칙 포트폴리오'가 유행했는데, 이것은 투자자가 12종의 주식을 무작위로 골라 자신의 투자 포트폴리오를 구성할 경우 해당 포트폴리오의 위험도는 미국 주식시장 전체의 위험도와 비슷해진다는 것이다. 그러나 이 방법도 실제 운용에 있어서는 여전히 여러 현실적 문제에 부딪치게 된다.

먼저, 대부분의 개인투자자 경우 12종의 주식을 보유한다는 것은 근본적으로 불가능하다는 것을 이야기해보자. 실제로 투자 포트폴리오 안에 주식을 10종 이상 보유한 투자자의 비율은 10%를 넘지 못한다. 첫 번째 이유는 이들이 보유한 10종 이상의 주식은 거래비용으로 보나 관리능력의 측면에서 보나 모두 이들이 감당할 수 있는 범위를 넘어서기 때문이고, 두 번째 이유는 투자자가 고른 주식은 무작위성이 보장되기 어렵기 때문이다. 우리는 투자자의 행위 및 투자 포트폴리오의 구성에 대해 연구한 결과 다음과 같은 두 가지 경향성을 발견할 수 있었다. 하나는 투자자 대부분의 포트폴리오는 겨우 몇 종의 주식으로만 구성되어 있었다는 것, 또 다른 하나는 설령 일부 투자자가 포트폴리오에 여러 종의 주식을 보유하고 있다 해도 많은 경우에는 몇 가지 분야에만 집중되어 있었다는 것이다. 이런 투자 방식은 전적으로 이해할 수 있다. 왜냐하면 투자자는 자신이 어떤 분야(가령 첨단기술, 부동산, 일반소비재 등)를 특별히 잘 이해한다고 믿거나, 과거에 특정 분야의 주식으로 수익을 거둔 경험이 있어 그 분야에 대해 호감이 생기기 때문이다. 그러나 결과적으로 투자 포트폴리오의 위험은 효과적으로 분산되지 못한다.

다음으로 미국 자본시장에 대한 일부 연구결과에 따르면, 오늘날의 글로벌 금융체계와 금융시장에서는 무작위로 선별된 겨우 12종의 주식만으로 충분한 다원화를 이루는 것은 이미 불가능해졌다. 경제의 글로벌화와 글로벌 금융체계의 통합이 날로 심화됨에 따라 세계 각 자본시장 간의 상관관계, 그리고 같은 시장 내에서의 각 주식 간 상관관계는 갈수록 높아지고 있다. 이로 인해 주식시장의 위험에 대비한 다원화된 투자를 위해 투자자는 훨씬 많은 종수의 주식을 보유해야 한다. 그렇다면 도대체 얼마나 다양한 주식을 보유해야 시장지수에 근접한 투자 포트폴리오를 구성할 수 있을까? 정답은 25~30종이다.

마지막으로, 시장의 공모펀드는 1종의 주식만 보유하는 것에 비해 투자자에게 더욱 저렴하고 편리하며 효과적으로 자산을 다원화하는 것에 도움을 줄 수 있다. 투자자가 어떻게 공모펀드를 이용하여 다원화 목표를 실현할 수 있는지에 대해서는 뒤에서 더 논의할 것이다.

N분의 1의 간단한 다원화

앞부분에서는 개인투자자의 자산 포트폴리오가 다원화를 결여한 점에 대해 비교적 많이 논의했다. 그러나 이 문제는 그들의 주식 계정에만 존재하는 것이 아니라는 점을 언급할 필요가 있다. 연구자들은 해외 투자자들에 대한 많은 연구를 통해 투자자의 일부 면세저축계좌 혹은 과세이연저축계좌—주로 연금저축—에도 이와 유사한 문제가 있다는 사실을 발견했다.

미국의 데이터에 대한 연구를 통해 연구자들은 투자자가 위험분산을 위한 다원화를 충분히 하지 못했다는 점을 발견했다. 그중 많은 사람들은 다원화의 장점을 이미 알고 있고 다원화를 시도했음에도 우리가 방금 논의한 문제를 겪고 있었다. 이것은 미국 투자자들이 위험분산을 할 때 자산의 개수에만 신경을 쓸 뿐 각 자산 간의 상관관계는 고려하지 않았기 때문이다. 서로 다른 회사의 연금저축에 있어 투자자들은 확연히 다른 자산배분 경향성을 보이는 것이 대표적인 사례다. 이는 그들의 투자결정이 상당 부분 회사의 연금계획에 영향을 받는다는 것을 의미한다.

만약 한 회사의 연금투자계획이 투자자에게 채권형 펀드를 선택지로 더 많이 제안한다면 투자자들은 그것을 선택할 가능성이 높아진다. 마찬가지로 다른 회사가 주식형 펀드를 놓고 선택하게 하면 투자자들은 그것을 매수할 가능성이 훨씬 높아진다. 이것은 투자자가 단순히 펀드의 개수만 고려할 뿐 두 가지 자산의 유형 혹은 서로 다른 펀드 간 상관관계는 무시한다는 것을 의미한다. 따라서 투자자가 보유한 펀드상품과 주식의 개수가 보기에는 적지 않은 듯해도 다원화의 효과는 비교적 떨어진다.

미국 연구자들은 투자자가 연금에 투자하는 과정에서 '1 나누기 N' 또는 'N분의 1의 간단한 다원화' 법칙을 따른다는 사실을 발견했다.

투자목표 선택 시 투자자는 종종 여러 가지 자산의 수익과 위험을 정확히 이해하지 못한 탓에 서로 다른 자산을 놓고 투자 포트폴리오에 있어 최적인 선택을 하지 못한다. 예를 들어 투자자들에게 1만 위안을 주고 주식과 채권에 자산을 배분하라고 한 뒤 그 둘에 각각 얼마의 돈을 쓸지 결정하게 하면 대개의 경우엔 선택을 어려워한다. 왜냐하면 대부분의 투자자들, 특히 연금저축 투자자들은 평소 앞으로의 거시경제 형세, 금리동향 및 인플레이션 수준 등은 물론 주식과 채권의 위험과 수익을 예측하는 데 관심을 가질 시간이 없었기 때문이다.

그렇다면 그들은 어떻게 결정을 내릴까? 미국의 연구자들은 매우 흥미로우면서도 비교적 극단적인 현상을 발견했다. 이들은 투자자의 결정이 대개의 경우 연금투자회사가 제공하는 후보 상품의 영향을 받는다는 사실을 알아냈다. 이는 투자자가 자산배분에 대해 거의 아무런 확실한 생각이 없다는 사실을 간접적으로 보여준다.

예를 들어보자. 미국 캘리포니아 대학의 연금투자계획은 직원들에게 다섯 개의 서로 다른 펀드를 선택지로 제시했다. 그중 네 개는 고정수익(채권형) 펀드였고 한 개만 주식형 펀드였는데, 연구자들은 캘리포니아 대학의 직원들이 평균적으로 자산의 34%를 주식형 펀드에, 나머지 66%는 비교적 안전한 채권형 펀드에 투자했다는 사실을 발견했다. 또한 연구자들은 다른 회사의 연금계획은 자사 직원들에게 다른 종류의 펀드를 선택하게 했다는 사실도 알아냈다. 일례로 미국 트랜

스월드 항공•의 연금계획 선택지는 여섯 개의 펀드로 이루어져 있었는데, 그중 다섯 개는 고위험 고수익의 주식형 펀드였고 한 개만 채권형 펀드였다. 이런 상황에서 투자자는 어떤 선택을 했을까? 결과적으로, 트랜스월드 항공사 직원들의 선택은 캘리포니아 대학 직원들의 선택과 완전히 상반되는 것이었다. 이들은 자산의 75%를 주식형 펀드에 투자한 반면 채권형 펀드에 대한 투자는 겨우 25%에 그쳤다. 물론 같은 상황에 있는 투자자들의 자산배분 결정 간에는 서로 다른 부분이 있을 수 있지만 이 두 투자자 집단의 선택이 이토록 다르다는 사실은 아마 임의적인 요소로 설명하기 어려울 것이다.

학자들은 서로 다른 회사의 투자자들이 자산배분 결정에서 차이점을 보이는 이유는 각 연금투자계획이 투자자에게 제시하는 선택지가 다른 것에서 기인한다는 것에 전적으로 동의한다. 첫째, 투자자는 펀드상품의 과거 수익률과 수익변동률, 향후 전망 또는 각 자산의 변동률 간 상관관계를 근거로 투자를 하는 것이 분명 아니다. 이런 판단을 내리는 이유는, '투자자는 이런 중요 요소에 관심을 기울인다'는 전제하에서는 투자 선택지로 제시되는 펀드의 유형 및 개수가 그들의 자산배분 결정에 영향을 미치면 안 되기 때문이다.

둘째, 투자를 다원화할 때 투자자는 확실히 '순진하게' 자산의 수량을 고려할 뿐 자산의 수익 간 상관관계의 각도에서 문제를 고려하지는 않는다. 연금투자계획에 특정 유형의 자산이 많을수록 투자자는 투자 포트폴리오에 해당 유형의 자산을 더 많이 넣을 것이다. 여기가

• Trans World Airlines, 1925년 설립된 항공사로 과거 미국에서 가장 지명도 높은 항공사 중 하나였고, 2001년 미국의 아메리칸 항공에 합병되었음_편집자 주)

바로 우리가 방금 언급한 N분의 1 법칙으로 돌아가는 지점이다. 자산의 비율을 어떻게 잡아야 할지 모를 때 투자자는 모든 유형의 자산을 조금씩 사들인다.

이렇듯 투자자는 단순히 자산의 수익률 간 상관관계가 아닌 수량만을 투자다원화의 표준으로 삼는다. 그 때문에 자산배분에 대한 투자자의 결정은 연금투자계획이 제시하는 선택지에 강한 영향을 받고, 이로 인해 투자자의 선택은 최적의 자산배분에서 멀어진다.

이상에서 논의한 연구에 따르면, 낯선 환경에서 투자결정을 내려야 할 때 투자자들에게 영향을 주는 것은 거시경제에 대한 분석이나 증권수익에 대한 분석, 또는 주식과 채권(혹은 기타 자산)의 위험 및 위험 간 상관관계에 대한 분석이 아니다. 오히려 그들은 직관적인 프레임과 이해하기 쉬운 선택지에 의존한다.

우리 모두는 과거 자신의 투자이력을 돌아보며 이렇게 자산 간 위험의 상관관계에 대한 통제보다는 자산의 수량을 증가시킴으로써 위험분산을 도모하지는 않았는지 반성해볼 필요가 있다. 이 책의 다른 장에서도 논의한 것처럼, 투자자가 처한 환경과 맥락은 그의 의사결정 과정과 결과에 매우 큰 영향을 미친다. 사실 많은 경우 우리가 내리는 모든 결정에는 알게 모르게 환경에 의한 편차가 생긴다. 소위 "털끝만한 차이가 천 리나 벌어진다."라는 말처럼, 투자자는 항상 투자결정을 내리는 과정에서 가장 중요한 원칙이 무엇이고 가장 잘 알아야 할 사실이 무엇인지를 반드시 제대로 인식하고 있어야 한다.

국제시장의 다원화

지금까지 우리는 '위험분산'을 한 국가의 범위 내에 국한시켜 살펴봤다. 하지만 글로벌 투자의 관점에서 볼 때 더욱 중요한 것은 '서로 다른 여러 국제시장 사이에서 어떻게 투자를 다원화시킬 수 있는가'다.

중국 투자자들 입장에서 이 문제는 별로 피부에 와 닿지 않을 수 있겠지만, 유럽 여러 작은 나라의 투자자들에게 있어서는 살을 도려내는 듯한 고통을 주는 어려운 문제다. 이들이 살고 있는 국가는 면적이 협소하고 산업도 집중되어 있기 때문에(일례로 핀란드의 헬싱키에서 노키아Nokia라는 한 종목의 주식 시가는 증권거래소 총시가의 60%를 점한다) 이들 국가의 투자자들은 지역, 산업, 거시경제 동향의 위험을 분산시키기 위해 지속적으로 국제 자본시장에서 다원화된 투자기회를 찾아야 한다.

중국처럼 큰 나라의 경우에도 글로벌 투자와 위험분산은 투자자가 반드시 알아야 할 부분이다. 많은 중국 투자자들은 여전히 2007년 중국의 A주 시장이 시세와 수익의 폭발적 성장에 힘입어 전 세계 20대 주식시장의 선두에 올라선 영광스러운 역사를 또렷이 기억할 것이다. 그러나 2008년 이후 중국 주식시장의 실적은 중국의 경제성장률이 전 세계 기타 주요 경제주체의 성장률보다 훨씬 높았음에도 오히려 뒤에서 첫 번째를 할 정도로 낮아졌고, 특히 2012~2013년의 실적은 심지어 재정절벽의 위기에 처한 미국 주식시장이나 여러 차례 재정위기를 겪고 있는 유럽 주식시장, 그리고 심각한 고령화 문제와 재정문제에 직면한 일본 주식시장보다도 훨씬 낮았다. 이를 계기로 점점 더 많은 중국 투자자들이 국제적인 투자다원화에 더욱 많은 관심을 갖게 되었다.

그렇다면 글로벌 투자자로서 투자 포트폴리오의 위험을 분산시키려면 어떤 선택을 해야 할까? 미국 기업의 주식을 사야 할까, 중국 기업의 주식을 사야 할까? 아니면 유럽의 채권이나 라틴아메리카의 채권을 사야 할까?

글로벌 투자의 영역에서 각 국가의 서로 다른 인덱스를 보면 글로벌 자본시장의 추세를 알 수 있다. 그중 가장 유명한 두 가지 인덱스는 미국의 모건 스탠리가 만든 MSCI 글로벌종합지수, 그리고 영국의 〈파이낸셜 타임스Financial Times〉가 만든 FTSE 지수다. 전 세계 자본시장의 가장 대표적인 주식으로 구성되어 있고 이들 주식의 시가가 전 세계에 유통되는 주식의 85~90%를 점하기 때문에 이 두 지수는 기본적으로 글로벌 자본시장의 동향을 반영한다고 볼 수 있다. 전 세계의 수많은 펀드회사들이 모두 이들 인덱스와 연계된 인덱스 펀드 또는 거래형 개방식 상장지수 펀드ETF 상품을 내놓아 투자자가 세계적인 범위에서 투자를 다원화할 수 있게 하고 있다. 금융기술의 발전에 따라 어떤 펀드회사는 이미 이들 지수형 혹은 ETF형 펀드의 관리비용을 1,000분의 1 수준으로 줄여 개인투자자가 낮은 비용으로 손쉽게 자산배분을 다원화하게끔 하고 있다.

아직까지 중국 내에서는 이 문제가 해결되지 않았지만, 이미 몇몇 펀드기업이 해외시장을 표적으로 하는 지수형 및 ETF형 펀드상품(예를 들면 캐세이퍼시픽Cathay Pacific의 '나스닥 100 펀드, 남방펀드南方基金의 S&P 500지수 상장형 개방식 펀드') 을 출시하고 있다. 국제 자산배분에 대한 관심이 높고 비교적 높은 거래비용을 감당할 뜻이 있는 투자자라면 국제 자본시장의 주요 지수(미국의 S&P 500, 일본의 닛케이 225, 유럽의 FTSE 100지수)형 펀드를 보유함으로써 국제적 범위에서 자산배분을 다원화할 수 있다.

그러나 홍콩의 항생지수$_{\mathrm{HSI}}$를 사용하는 것은 추천하지 않는다. HSI 지수편입주식 중 많은 것은 중국 대륙의 기업 또는 대륙 경제와 관련성이 높은 기업의 것이라 위험분산 효과가 크지 않기 때문이다.

글로벌 투자는 각 국가가 보유한 투자 포트폴리오의 구성이 유사할 것임을 의미한다. 구체적으로 말하자면 포트폴리오에 들어 있는 한 국가의 주식이 점한 비율은 해당 국가 주식시장의 총시가가 전 세계 시장의 총시가에서 차지하는 비율과 일치할 것이다. 예를 들어 아르헨티나 주식시장의 총시가는 전 세계 주식시장 총시가의 0.1%를 차지하기 때문에, 아르헨티나 투자자가 보유한 주식의 포트폴리오 안에서 아르헨티나 주식이 차지하는 비율 역시 0.1%일 것이다. 그러나 실제로 아르헨티나 투자자의 투자 포트폴리오를 살펴보면 자국 기업의 주식이 투자총액의 82%를 차지한다.

대부분의 국가에서 이 비율은 기본적으로 모두 80~90% 정도에 이른다. 인도네시아의 경우엔 99%, 인도에서는 100%를 보이고 선진국에서도 상당히 높게 나타나는데 미국의 경우에는 82%를 나타낸다. 이렇게 높은 비율은 바로 투자자가 응당 세계 각지에 분산해야 할 자산을 오히려 자기 나라의 자본시장에 집중시키고 있음을 의미한다. 자국 주식의 보유비율이 상대적으로 낮게 나타나는 국가는 대부분 유럽 국가들, 특히 유럽 선진국들이다. 예를 들어 영국은 65%고 오스트리아, 벨기에, 덴마크, 독일, 이탈리아 등은 모두 50~60% 정도인데, 이는 이들 국가의 투자자들이 절반 정도의 자산을 본국 이외의 시장에 투자하고 있다는 것을 보여준다.

일본의 자국 주식 보유비율 역시 비교적 낮은 59%로 나타난다. 이 비율은 과거 15~20년 사에이 중대한 변화를 겪었다. 일본은 오랫동안 개방된 경제체제였음에도 1980년대 일본 투자자들은 자산의 90% 이상을 자국 시장에 투자했다. 이것은 한편으론 일본 투자자들이 자국시장에 충성하고 해외시장을 낯설어한다는 사실을 반영하고, 또 한편으로는 실제와 부합하지 않게 자국 시장 전망을 낙관하며 자신한다는 사실을 보여준다. 일본 주식시장과 부동산에서의 버블이 꺼지면서, 일본 주식시장의 실적은 같은 기간 국제 자본시장 평균 수준보다 훨씬 낮아졌다. 이에 따라 일본 투자자들도 과거 15~20년간 투자이념의 변화를 겪었고 자기 자산의 3분의 1을 글로벌 자본시장에 투자하게 되었다. 그러나 해외투자로 '돈을 버는' 전시효과 덕분에 해외시장에 투자하는 일본 투자자들은 더욱 많아졌고, 이로 인해 일본 자본금이 분산되면서 일본 경제와 주식시장은 1990년부터 침체 단계에 접어들었다. 이것이 바로 '잃어버린 20년'의 시작이었다.

투자자는 왜 자국 또는 자기 지역의 자본시장에 더 많은 자산을 투자할까? 그 이유로는 '익숙함' 외에도 자본통제 요소, 즉 국제시장으로의 자국 자본 진입을 국가가 금지하는 것을 들 수 있다. 인도네시아가 그 전형적인 예다. 그러나 대만의 경우엔 자본통제가 없음에도 자국시장에 투자하는 투자자의 비율이 매우 높다. 홍콩 역시 자본통제가 없지만 홍콩 투자자들이 자국시장에 투자하는 자금의 비율은 최대 80%에 이른다. 그 이유 중 하나는 바로 높은 거래비용이다. 대만과 홍콩의 시장에는 선진적이고 저렴한 ETF형 또는 지수형 펀드가 없기 때문에 국제 자본에 투자하려는 현지 투자자들의 열정이 그다지 높지 않은 것이다.

최근 항간에는 "브릭스 4개국의 '가치'는 앞으로 점점 떨어질 것인가?"와 같이 신흥시장과 관련된 이야기가 많다. 투자자들은 미국처럼 비교적 안전한 곳에 투자하기 위해 자금을 회수함과 동시에 다른 한편으로는 인도네시아, 말레이시아, 파키스탄, 베트남, 터키 등 브릭스 4개국에 비해 발전 잠재력이 높은 신흥국가로 점차 눈을 돌리기 시작했다. 많은 국가에서는 자본통제, 익숙함의 정도 및 거래비용의 제한으로 인해 투자의 다원화가 이루어지지 못하고 있다. 따라서 글로벌화의 각도에서 말하자면, 국제시장에 대한 투자는 투자자가 경제의 글로벌화, 그리고 글로벌 금융체계 통합의 성과를 누릴 수 있는 가장 좋은 방법이라 할 수 있다.

제4장

냉정하지 못한 타이밍, 현명하지 못한 주식선택

냉정하지 못한 타이밍

투자결정 시 투자자는 자산배분의 다원화를 위해 대형주뿐 아니라 소형주도 사야 하고, 첨단기술 산업과 관련된 주식과 더불어 전통적인 소비품 산업과 관련된 주식도 사야 한다. 많은 투자자들이 투자다원화는 서로 다른 지역, 서로 다른 분야의 자산에 투자를 분산시키는 전략으로 이해하고 있다. 하지만 투자시기의 선택에 있어서도 다원화가 필요하다. 어떤 개인투자자들은 자신에겐 주식시장을 파악하는 능력이 있다는 자신감 때문에 모든 자금을 같은 시기에 시장에 투입하는 반면, 일부 투자자들은 분기별로 자금을 조금씩 나누어 투자한다. 그리고 내가 진행했던 연구에 따르면 후자가 전자보다 투자실적이 높게 나타난다.

중국 내 한 대규모 펀드의 수치를 분석한 결과 우리는 펀드투자자들이 크게 두 종류로 나뉜다는 사실을 발견했다. 첫 번째 유형은 정기투자자, 즉 매달 일정 금액을 주식시장에 투자하는 사람들이었고 두 번째 유형은 펀드 상품에 일회성 투자를 하는 사람들이었다. 투자시기를 잘 파악한다고 자신하는 투자자일수록 모든 자산을 어떤 펀드 상품 또는 주식에 투자할 가능성이 높았는데, 연구 결과 과거 5년간 정기투자자의 실적은 일회성 투자자의 실적보다 훨씬 높게 나타났다. 이를 통해 우리는 투자할 때 투자의 분야 및 지역뿐 아니라 투자시기의 선택도 다원화해야 한다는 사실을 추정할 수 있다. 왜 그럴까?

이는 주식에 투자하는 과정에서 정확한 거래시기를 선택하는 것은 어려운 데다, 연구결과에 따르면 투자자가 일단 최고의 시장 진입 시기를 놓치면 수익이 엉망이 돼버리기 때문이다.

미국의 펀드연구기관인 모닝스타Morning Star의 보고서에 따르면, 과거 25년간 만약 투자자가 줄곧 미국 S&P 500지수 상장사의 주식을 보유하고 있었다면 매년 평균 5.85%의 수익률을 냈을 것이라고 한다(이익배당 요소를 고려하지 않을 때의 얘기다). 만약 매년 시장가격이 가장 하락했을 때 시장에 진입했을 경우(최고의 타이밍 능력) 평균 연수익은 6.89%, 매년 시장가격이 가장 높을 때 시장에 진입하면(최악의 타이밍 능력) 평균 연수익은 5.02%일 것으로 나타났다. 이들 간 차이는 약 2% 정도다(최고의 타이밍과 최악의 타이밍 간 차이는 40% 정도였다).

이 보고서는 또 만약 투자자가 20년간 중장기적인 투자를 한다면 투자자의 평균 연수익은 7.81%에 이를 것으로 추산했다. 그러나 만약 주식시장 성적이 가장 좋은 열흘일을 놓칠 경우의 장기수익률은 평균 매년 4.14%로, 20일을 놓칠 경우에는 평균 매년 1.70%로 하락할 것이라 내다봤다. 이를 통해 투자 타이밍의 선택이 매우 중요하다는 것을 알 수 있다.

미국 통계수치에 따르면 투자자 입장에서 가장 위험한 시기는 매년

9월과 10월이다. 그 예로는 1989년의 주가 폭락, 1998년 9~10월 사이 발생한 동남아 금융위기, 2001년 9월의 9.11 테러, 2009년 10월의 글로벌 금융위기 등이 있다. 그 외에도 미국 주식시장의 성적은 12월에 가장 나쁘고 1월에 가장 좋은데, 이런 차이는 특히나 소형주에서 가장 극명히 나타난다. 그 원인을 살펴보면 첫째가 세금 징수, 둘째는 연말 보너스를 받은 개인투자자가 주식시장에 투자할 수 있는 돈이 더 많아지기 때문인 것으로 드러났다. 또한 미국 주식시장에는 핼러윈Halloween 효과라는 것이 있다. 역사적 수치를 살펴보면, 투자자는 자신이 보유한 주식을 10월 30일 또는 11월 1일에 처분하고 이듬해 5월에서야 다시 주식 등 금융상품을 사들이기 시작하기 때문에 미국 주식시장의 성적은 여름에 비교적 좋게 나타난다. 이와 유사하게, 중국 A주 시장은 매년 2월 춘제(구정) 기간 동안 상승세를 보이고, 부동산 시장과 주식시장 모두에 추가 자금이 유입된다.

이런 결론은 근거 없는 풍문이 아니라 모두 정확하고 과학적인 방법으로 도출한 것들이다. 많은 금융기관에서 개발한 '계량화 전략' 또한 바로 이런 정보를 이용하여 거래를 진행하는 것이다. 그러나 이들 현상을 어떻게 이해할 것인지에 대해서는 현재 모든 금융 영역에서 아직까지는 마땅한 설명을 내놓지 않고 있다. 이 지점에서 나는 사람의 행위와 정서는 확실히 투자실적에 영향을 미친다는 점을 독자 여러분에게 강조하고 싶다. 그러나 많은 개인투자자들은 이 문제를 인식하지 못하기 때문에 좋지 않은 타이밍에 거래를 진행하는 것을 피하지 못한다.

이런 측면에서 봤을 때, 시기적으로 투자를 다원화하려면 투자자는 당연히 충분한 자금을 준비해야 한다. 그런데 왜 대부분의 개인투자자들은 거래에 적합한 시기를 포착하지 못하는 것일까? 그 이유 중 하나는 인간에겐 과거에 발생한 일을 토대로 미래를 예측하려는 경향이 있기 때문이다. 만약 어떤 회사가 작년에 성적이 좋았다면 우리는 종종 그 회사가 올해에도 괜찮은 성적을 거둘 거라고 생각하고, 어떤 주식의 작년 성적이 좋지 않았다면 우리는 올해 성적도 변변치 않을 것이라고 생각해서 그 주식에 투자하고 싶어 하지 않을 것이다. 이런 사유 모델의 영향으로 투자자는 매번 '오를 때 사서 떨어질 때 파는' 오류를 범하는 것이다.

2002~2012년 사이의 금값 변동추세를 생각해보자. 금값이 온스당 300달러에서 1,900달러로 올랐을 때 모든 사람은 그 오름세가 3,000달러까지 이어질 것이라 예상했지만 불과 몇 개월 사이에 금값은 30%나 떨어졌다. 미국 애플사의 주가는 마치 롤러코스터처럼 2012년 초 주당 400달러에서 주당 700달러까지 치솟았다가, 다시 주당 400달러로 급격히 떨어졌다. 중국 부동산가격 역시 이와 유사한 변동을 보인 바 있다. 사람들은 집값이 부동산가격인하 조치 같은 것만 없으면 계속 오를 것이라고 생각하는데, 이런 사고방식에는 어떠한 과학적 근거도 없다. 자산의 가격은 수요가 높을수록 급격히 오르지만, 주식시장 또는 부동산시장의 경우 가격이 과도하게 오르면 대개 대규모 하락 현상이 나타난다. 거시경제가 뒷받침해주지 않는 투자는 반드시 예상치 못한 위험에 직면하게 된다. 단지 하락의 시점과 폭의 크기만 다를 뿐이다.

또한 투자자는 종종 방금 발생한 일에 더욱 관심을 가지며 장기적인 역사의 법칙을 쉽게 무시해버린다. 그러나 사실상 주식시장과 투자는 자체적인 법칙에 따라 돌아간다.

1920년 이후의 70~80년 동안, 미국 주식시장의 연간 투자수익률은 11~12%, 연간 변동률은 17~18%였다. 이는 곧 투자수익률이 어떤 해에는 12% 이상이었고 어떤 해에는 12%보다 낮았음을 뜻한다. 만약 몇 년간 연속해서 12%보다 높은 투자수익률이 발생하면 사람들은 향후 몇 년 동안은 미국 주식시장이 계속 좋은 성적을 유지할 수 없을 거란 사실을 예측할 수 있다. 미국 주식시장의 황금시기였던 1990년대의 10년간 다우존스 지수는 1,000점에서 10,000점으로 상승했다. 당시 경력 있는 투자자들은 이후 10년 간 주식시장 성적이 그다지 좋지 못할 것이라고 예측했다.

그러나 많은 투자자들은 그러한 예측을 무시한 채, 과거 10년간 주식시장이 특출한 성적을 내긴 했지만 인터넷 기술의 발전과 글로벌 금융통합과 금융혁신이 그에 더해진다면 앞으로의 주식시장 성적은 분명히 더 좋을 것이라는 착각에 빠졌다. 많은 펀드가 더욱 많은 자금을 사모펀드 등 고위험 상품에 투자했던 것도 이 때문이다.

실제로 10년 후인 2010년, 다우존스 지수는 여전히 10,000점 선에 머물러 있을 뿐만 아니라 2008년 금융쓰나미 기간 동안에는 8,000점까지 떨어졌다. 이는 곧 설령 과거 몇 년간 주식시장 성적이 양호했다 해도 이후 몇 년간 그런 성적이 지속될 수 없음은 물론 심지어 더욱 나빠질 수도 있다는 것을 보여준다. 2000~2010년 사이의 10년간 미국 주식시장이 보여준 실망스러운 성적은 어느 정도 1990~2000년이었던 미국 주식시장의 황금기 10년의 반작용으로 나타난 현상이었다.

투자자의 타이밍 선택과 관련된 것으로 진출시장의 집중도와 공모펀드 청약 및 상환의 집중도를 들 수 있다. 우리는 청약과 환매의 집중도에 관한 데이터 분석을 통해 개인투자자의 타이밍 능력이 매우 떨어진다는 사실을 발견했다. 개인투자자들은 대개의 경우 주식시장이 상한가를 칠 때 집중적으로 시장에 진입하여 펀드를 구입하고, 하한가로 떨어졌을 때 집중적으로 시장에서 철수한다. 또 주식시장이 약세로 돌아설 때 펀드 청약을 하고, 주식시장이 강세로 돌아설 때 펀드를 환매해버린다.

미국 학자들의 연구에 따르면 세계 주식시장에 유입, 유출되는 자금량은 시간적으로 고르게 분포하지 않는다. 예를 들어 미국 투자자들은 인터넷 버블 시기엔 주식을 대량 구입한 반면, 2001~2012년의 인터넷 버블이 꺼질 무렵엔 주식시장에서 대거 철수했다. 중국 투자자 역시 2008년 상반기엔 대거 주식을 사들였지만 상하이 종합주가지수가 6,000점에서 1,600점으로 떨어졌던 2008~2009년에는 주식시장에서 썰물처럼 빠져나갔다.

만약 투자자가 집중적으로 주식을 매수 및 매도하는 시간을 확정할 수 있고, 여기에 거래량의 가중평균을 사용하면 대략적으로 그들의 수익이 얼마인지 추산할 수 있다. 연구 결과 투자자들은 종종 주식시장이 상한가를 칠 때, 즉 상장회사에 대한 평가가 가장 높을 때 많은 자금으로 주식을 사들이고 그와 반대로 주식시장이 하한가를 칠 때, 즉 상장회사에 대한 평가가 가장 낮을 때 자금을 회수한다. 이 때문에 투자자들은 주가상승이 가져다주는 수익을 충분히 누릴 수 없는 것이다. 거래량의 가중평균을 내보면 투자자가 주식시장에서 진짜로 얻은 수익은 주가지수 수익보다 훨씬 낮다는 사실을 확인할 수 있다. 이렇게 보면 주식시장은 투자자가 아닌 상장회사에 수익을 안겨다주는 셈이다. 이것이 바로 개인투자자가 투자시기를 결정함에 있어 반드시 주목하고 피해야 할 오류다.

개인투자자는 특정 경로를 통해 정보를 얻을 수 있지만, 그 정보는 1주일 혹은 심지어 한 달 정도 뒤처진 것일 수 있어서 실효성은 매우 낮은 편이다. 막 공표된 직후의 정보는 큰 가치를 갖지만 1~2주 정도 지나면 투자자에게 전혀 도움이 안 될 뿐 아니라 오히려 해를 끼치기도 한다는 사실을 우리는 알고 있다. 왜냐하면 이때 주식의 주가는 이미 상승 과정을 거쳐 높아졌을 것이기 때문이다. 즉, 만약 오래된 정보를 근거로 이 주식을 사들인 투자자는 이 주식의 하락에 단단히 걸려들 가능성이 높다. 이 때문에 시장 진입 혹은 철수에 적합한 시기를 선택하지 못하는 것은 개인투자자가 높은 수익을 내지 못하는 중요 원인 중 하나다. 상하이 종합주가지수가 6,000점까지 올랐던 2007년은 중국 주식시장 역사상 거래계정 개설 빈도와 강도가 가장 높았을 때였다. 반면 2012년에는 중국 A주 시장에서 거래계정을 휴면으로 전환하거나 아예 계정을 삭제하는 투자자가 집중적으로 많아졌다. 중국의 경우, 개인투자자의 계정 개설 또는 삭제 행위를 통해 주식의 향후 추세를 효과적으로 예측할 수 있다. 다만 방향만 정반대로 해석하면 된다. 다시 말해 이들 개인투자자와 정반대로 행동한다면 중장기적으로 수익을 거둘 수 있는 것이다.

나는 과거 개인투자자의 투자행위를 기초로 한 투자전략 연구를 상당히 많이 진행했고, 이를 기반으로 행동금융학 연구에서 새로운 방향을 개척했다. 그 핵심은 바로 개인투자자의 거래정보를 활용하여 자신이 더 높은 투자수익을 거두는 데 도움을 받는 것이다. 기관투자자들은 쉽게 매수 포지션을 드러내지 않지만 개인투자자들의 행위는 비교적 쉽게 예측할 수 있다. 이들은 호재성 공시를 접한 후에 해당 주식을 앞다퉈 사들이고, 이 때문에 주가가 오른다. 그러나 중장기적으로 보면 이로 인해 주가가 과도하게 오르고, 그에 따른 실적은 상대적으로 안 좋을 수밖에 없다. 반대로 악재와 관련된 정보를 접하면 사람들은 해당 주식을 처분하고 싶어 하기 때문에 주가도 인위적으로 낮아진다. 이런 경우엔 많은 개인투자자들이 주식을 매수가보다 낮은 가격에 처분하고 주식시장을 떠나버리지만, 바로 이 때문에 주가가 과하게 낮아져 중장기적인 실적은 오히려 상대적으로 좋아진다. 따라서 투자시기에 대한 개인투자자들의 결정은 때로 기타 다른 투자자들에게 큰 가치가 있는 투자정보가 되기도 한다.

지체효과와 양떼효과

우리가 방금 논의한 것은 투자자의 행위가 시장의 정보에 미치는 반응에 관한 것이다. 그런데 도대체 '정보'란 뭘까?

개인투자자는 오늘의 정보, 어제의 정보, 심지어는 한두 달 전의 정보를 좋은 정보라 여기고 이를 근거로 투자를 진행할 수 있다. 그러나 사실상 시장에 영향을 미치는 것은 새로운 정보뿐이고, 그 영향력 또한 시간이 흐름에 따라 점차 줄어든다.

간단한 예를 하나 들어보자. 어떤 기업이 3월에 발표한 연간보고서에서 '작년에 경영악화로 손실을 입었다'는 사실을 밝혔다. 이 정보가 공개된 후 주가는 종종 하락세를 보인다. 그러나 6월이 되어서도 어떤 분석가가 이를 근거로 '이 기업은 투자가치가 없다'고 판단한다면 그 사람은 모든 이들로부터 비판을 받을 것이다. 즉, 시간적으로 오래된 정보는 주가의 변동을 일으키지 못하는데, 이런 측면에서 보면 우리는 시장의 상황을 매우 효과적으로 반영한 새로운 정보가 무엇인지 이해할 필요가 있다.

그러나 확인된 바에 따르면 개인투자자가 정보를 접하는 경로는 비교적 한정되어 있다. 개인투자자는 전문적인 투자업무를 전담하지 않기 때문에 이들이 접하는 정보는 신문이나 TV, 혹은 친구들과의 대화에서 얻는 것인 경우가 많다. 물론 이들도 정확한 정보를 얻을 수는 있지만 그런 정보의 실효성은 크게 떨어진다. 예를 들어 한 기업이 1주일 전에 발표한 호재성 공시를 개인투자자는 한두 주 후에야 접하고 이를 근거로 투자전략을 세우기 때문이다.

나는 미국 개인투자자들의 거래기록 연구를 통해 매우 두드러지는 결과를 발견했다. 만약 모 기업이 호재성 공시를 발표한 후 1주일 내에 투자자가 해당 기업의 주식을 대량 매수한다면 '주식시장은 해당 주식의 향후 성적에 대해 낙관적인 전망과 기대를 가지고 있다'고 설명할 수 있다. 그러나 연구결과에 따르면 기관투자자와 개인투자자의 행위 사이에는 약 1주일 정도의 명확한 격차가 존재한다. 기관투자자는 호재성 정보가 발표된 후 1주일 내에 해당 기업의 주식을 대량 매수하지만, 1주일 이상 지나면 매수와 매도 간의 비율은 기본적으로 평형상태로 돌아간다. 이는 정보의 실효성이 떨어질수록 기관투자자가 그 정보에 반응하는 정도가 약해진다는 것을 보여준다. 이와 정반대로 개인투자자는 호재성 공시가 발표된 뒤 1주일이나 2주일, 한 달, 심지어는 5개월 동안 계속해서 해당 기업의 주식을 매수한다. 달리 말하면 개인투자자의 투자전략은 상당 부분 오래된 정보에 영향을 받는다고 할 수 있다.

기관투자자는 기업의 투자설명회 및 기업임원들과의 소통을 통해 고급 정보를 얻을 수 있지만, 개인투자자가 신문이나 TV 및 친구들로부터 얻는 정보는 대개 오래된 것일 뿐 아니라 정확성과 실효성 또한 전달 과정에서 손실되는 경우가 많다. 이런 전제하에서 우리는 두 가지 중요한 경향을 발견할 수 있다. 첫째는 개인투자자의 정보원천은 비교적 집중되어 있다는 것, 그리고 둘째는 이들이 같은 종류의 정보에 같은 방식으로 반응한다는 것이다. 이 같은 이유로 일부 개인투자자의 투자전략과 행위를 관찰하면 그 외 다른 개인투자자들의 투자방식도 어느 정도 이해할 수 있다. 또 이 두 가지 경향성은 우리가 뒤에서 살펴볼 '양떼효과'가 발생하는 원인이기도 하다.

따라서 비록 모든 개인투자자가 높은 수익을 거두기 위해 나름대로 연구하고 투자전략도 세우고는 있지만, 개인투자자 전체를 놓고 본다면 이들의 행동편향성은 꽤 일치한다. 가령 일부 개인투자자가 특정 주식을 매수 혹은 매도할 때는 수많은 다른 개인투자자들 역시 같은 행동을 하고 있는 것을 발견할 수 있다. 그러므로 모든 개인투자자를 하나의 집단으로 묶어서 보면, 이들은 결코 동일 집단 내에서 제로섬 게임을 하는 것이 아니라 오히려 대형 기관투자자와 마찬가지로 다른 기관투자자와 거래하고 있다는 것을 알 수 있다. 여기에서 바로 소위 '양떼효과'라는 것이 등장한다.

생물학에서 말하는 양떼효과란 양떼가 우두머리 양의 행동을 곧장 따라 하는 것을 말한다. 이런 동질화 행위는 두 가지 장점을 갖는다. 하나는 잠재적 천적을 매우 빨리 발견할 수 있다는 것이고, 다른 하나는 비교적 약하고 작은 동료들을 무리 내에서 보호할 수 있다는 것이다. 과학자들은 살치를 대상으로 한 실험에서도 양떼효과가 존재한다는 사실을 발견했다. 예를 들어, 물고기 떼 역시 몇 마리의 우두머리 물고기를 따라 같이 헤엄친다. 실험을 한 과학자들은 또 우두머리 물고기 중 몇 마리가 죽은 상태에서 물에 흔들릴 때에도 물고기 떼가 이들을 따라 헤엄치는 것을 발견했다. 개인투자자 역시 투자결정을 할 때 이와 유사한 경향성을 보이며 다른 개인투자자들과 같은 방향의 선택을 하기 때문에 이들이 투자전략을 결정하는 과정은 비교적 간단하다. 실제로 조사연구를 하거나 기업의 펀더멘털에 관한 정보를 긁어모을 필요도 없이 오로지 친척이나 친구들, 그리고 매체에서 추천하는 것을 따르면 되기 때문이다. 이것이 바로 투자 영역에서 말하는 양떼효과라는 것이다.

이런 종류의 전략이 수익을 거두는 데 도움이 되는지의 여부는 시장 진입과 철수 시기의 파악에 달렸다. 만약 개인투자자가 정보를 얻은 후 비교적 일찍 시장에 진입하여 주식을 사고, 그 후로 매수주문이 쏟아지면서 주가가 지속적으로 오른다면 미실현 이익이 형성된다. 그리고 적합한 시기에 주식을 매도할 수 있다면 꽤 괜찮은 실적을 거두게 된다.

그러나 실제 데이터에 따르면 대개의 개인투자자에겐 이런 정확한 시기파악 능력이 없다. 우선 이들이 얻은 정보는 실효성이 떨어지는데다 다른 사람, 특히 기관투자자는 이 시기에 이미 주가가 오를 주식을 매수한 상태에 있다. 가령 어떤 기업의 주가가 주당 10위안 이하일 때, 정보를 비교적 일찍 접한 일부 기관 및 개인 투자자들은 분석을 통해 이 기업 주가의 진정한 가치가 주당 12위안이라는 결론을 내린 후 이 주식의 매수를 위해 시장에 진입한다. 이후 시장에 진입하는 자금이 많아지면서 주가는 계속 올라 주당 15위안이 되었다고 가정하자. 이때 이미 시장에 진입해 있던 투자자들은 이 기업의 펀더멘털 실적이 주당 15위안의 주가를 지탱하기엔 부족하다고 판단하여 주식을 매각하고, 이로 인해 주가는 하락한다. 반면 오래된 정보를 근거로 주당 15위안에 주식을 매수해서 시장에 진입한 개인투자자들은 그야말로 발목이 잡히는 상황에 처한다.

그러나 만약 투자자의 능력이 충분하면 단기간 내에 주가가 주당 17위안 또는 18위안까지 오를 수도 있다. 설령 해당 기업의 펀더멘털이 주당 12위안밖에 지탱하지 못한다 해도 주당 15, 16, 17위안일 때 주식을 사들인 개인투자자들은 여전히 주가가 주당 20위안, 심지어는 25위안까지 치솟을 것이라는 환상을 가지고 있다. 바로 이런 종류의 비현실적인 환상 때문에 수많은 개인투자자들이 주가가 상한선을 쳤을 때 원래 가치보다 높게 평가된 주식을 사들이는 것이다. 2009년 차스닥Chasdaq(나스닥이나 코스닥처럼 중국의 중소기업 및 벤처기업들이 사업자금을 원활히 조달할 수 있도록 하는 주식시장_옮긴이)이 막 개장했을 당시 수많은 기업의 주가수익률은 모두 80배 이상이었다. 그러나 상장 이후 많은 기업의 실적은 오히려 대폭 하락했고, 심지어 손실이 발생하는 기업도 있었다. 이 때문에 미래에 주가가 상승할 것이라는 환상을 갖고 군중심리와 양떼효과의 영향을 받아 시장에 진입하는 개인투자자들은 이미 최고의 투자기회를 놓친 상황인 데다 수준 높은 투자자나 증권사 및 악의적으로 상장한 기업에 이용당할 위험도 있기 때문에 회수한 자금을 더 이상 잃지 않기 위해 엄호에 나선다. 그리고 이로 인해 주가는 한층 더 상승할 가능성이 사라지는 것이다.

현명하지 못한 주식 선택 방법

주가와 거래량에 근거한 선택

연구결과에 따르면 개인투자자들은 다음과 같은 종류의 주식을 매수하는 것을 좋아한다. 첫 번째 유형은 '주가가 사상 최고치 또는 최저치에 이른 주식'이다. 이에 대한 첫 번째 이유는, 주가에 관한 정보는 모든 사람들이 일상생활을 하면서 신문이나 TV 혹은 인터넷을 통해 가장 빈번히 접하는 유형의 정보이기 때문이다. 이들 매체는 주가의 최고, 최저치 및 어떤 주식의 성장세나 하락세가 가장 두드러지는지에 대해 보도하고, 어떤 주식의 가격이 연내 최고치 혹은 최저치를 경신했는지도 언급한다. 두 번째 이유는, 어떤 주식이 주가 최고치 또는 최저치를 보였다는 사실은 해당 주식의 향후 성장여부에 대한 시장 투자자들의 예측을 정확하게 반영하는 것인 동시에 많은 개인투자자들의 이목을 끄는 정보이기도 하기 때문이다.

두 번째 유형은 '최근 거래량이 특별히 많은 주식'이다. 각 주식들은 저마다 발행수량과 일일거래량이 다르기 때문에 기관 및 개인 투자자들의 관심도에서도 차이가 발생한다. 연구 데이터에 따르면 평소 거래량이 많은 주식은 개인투자자들의 관심을 끌기 쉬운데 이런 경향은 개인투자자가 주식매수 시에 보이는 적극성에서 주로 나타난다. 그러나 여기에서도 '닭이 먼저냐 달걀이 먼저냐'는 역설이 발생한다. 투자자의 과도한 관심 때문에 주식거래량이 많아져서 주가가 최고치 또는 최저치를 경신한 것인가? 아니면 주가가 최고치 또는 최저치를 경신했고 그에 따라 거래량이 많아져서 투자자들의 관심을 끈 것인가? 학자들은 통계학 기법을 적용하여 이 현상을 연구했다. 그 결과, 개인투자자들은 주식거래량이 증가할 때 그다지 적극적인 반응을 보이지 않다가 주가가 최고치 또는 최저치를 찍었을 때에야 비로소 해당 주식들을 대량으로 거래하기 시작했다.

여기에서 한 가지를 더 논의해보자. 투자자들은 주식거래 시 '매수'와 '매도'라는 두 가지 선택지를 앞에 두게 된다. 그러나 그들의 결정에 영향을 미치는 요소는 각기 다르다. 주식매도라는 투자자의 결정은 비교적 간단히 이루어진다. 왜냐하면 평균적으로 볼 때 투자 포트폴리오에는 두 종목, 많아야 겨우 여섯 종목이 있을 뿐이라 선택할 수 있는 범위도 좁기 때문이다. 중국 내에 공매도 서비스가 없어 공매도를 할 수 없었을 때, 투자자들은 대부분 수익을 가장 많이 내는 주식을 매도하는 쪽을 고려했다.

주식을 매수하겠다는 투자자의 결정에 영향을 미치는 요소는 많고 복잡하다. 중국 내에만 2,000주가 넘는 주식이 중국 A주 거래소, 중소기업 주식거래소와 차스닥에 상장되어 있고, 미국의 주거래시장에도 7,000 종의 주식이 올라 있다. 여기에 미국 내 해외기업들의 ADR American Depositary Receipt(미국주식예탁증서_옮긴이)에 상장된 것까지 합하면 미국 시장에 상장되어 거래되는 주식은 1만 4,000주가 넘는다. 이렇게 많은 주식 중 투자하기에 적합한 대상을 고른다는 것은 개인투자자에게 무척 어려운 일이다. 투자자는 투자에 앞서 자신의 위험감수 능력과 투자스타일 및 사고방식을 이해해야 하지만 실제로 많은 개인투자자들은 전혀 이런 일을 하지 않는다. 이들이 고려하는 것은 대부분의 경우 전에 이름을 들어본 적이 있는 '익숙한' 주식인가의 여부뿐이다.

알려진 바에 따르면, 일부 펀드매니저는 매일 16시간을 들여 투자에 대한 연구를 한다. 그러나 직장에서 일을 해야 하는 개인투자자의 경우엔 매일 투자전략을 세우는 데 할애할 수 있는 시간이 2시간 미만에 불과하다. 이런 시간적 제약 때문에 이들이 신문, TV, 인터넷 등을 통해 얻을 수 있는 정보의 양은 충분치 않다. 그러나 정보는 투자자, 특히 개인투자자에게 있어서 투자결정뿐 아니라 주식의 매수와 투자시기를 선택하는 데 가장 큰 영향을 주는 요소다.

언론보도에 근거한 거래

언론보도는 투자자가 투자정보를 얻는 중요한 통로다. 중국에서는 CCTV의 경제채널과 CBN第一财经(상하이미디어그룹의 경제채널_옮긴이) 이외에도 전국 각지의 위성TV 방송들이 앞다퉈 경제 관련 프로그램을 내보내면서 매일 거래시간에 집중적으로 여러 주식을 다룬다. 잠재적인 발전 가능성이 있는 주식을 발굴해서 이야기해주거나 또는 어떤 주식을 특별히 상세하게 소개하는 것이다.

우리는 이들 매체로부터 특별한 주목을 받은 주식 또는 기업들이 개인투자자들로부터도 두드러진 관심과 투자를 받는 경향이 있음을 발견했다. 이는 언론매체가 개인투자자의 투자결정에 상당히 큰 영향을 미친다는 점을 반영한다. TV, 신문 등을 통해 특정 기업에 대한 정보를 접하고 나면 개인투자자들은 당연히 그 기업의 주식이 투자가치가 있다고 생각한다. 그러나 기관투자자는 그렇게 쉽게 언론보도의 영향을 받지 않는다. 기관투자자는 일상 업무 중 전화회의, 현장조사, 기업의 투자설명회에 참가하는 등 여러 경로를 통해 정보를 얻을 수 있는 반면 개인투자자는 정보를 얻는 경로는 단일적이고, 언론보도를 그대로 믿는 편이다.

이를 통해 우리는 개인투자자의 투자결정은 상당 부분 기관투자자나 상장기업 및 언론의 영향을 받는다는 것을 알 수 있다. 이 때문에 펀더멘털이 아주 좋은 기업임에도 홍보역량이 부족해서 투자자들의 주목을 받지 못하기도 하고, 반대로 재무 측면에 문제가 생긴 기업이라 해도 언론과의 관계만 잘 맺어놓으면 기업의 악재 관련 정보는 어느 정도 숨길 수 있기 때문에 투자자의 투자결정에 영향을 미칠 수 있는 것이다.

개인투자자는 특히 주가 및 거래량과 관련된 정보에 많은 관심을 보이지만 이들 정보를 대부분 신문이나 잡지, 그리고 언론보도에서 얻는다. 지금부터는 투자 관련 잡지와 언론매체가 개인투자자에게 어떤 영향을 미치는지 알아보자.

미국의 많은 잡지들은 주식상품을 독자들에게 전문적으로 추천하고, 추천의 이유도 상세히 분석해준다. 우리는 한 유명 잡지가 분기별로 추천하는 주식을 기록하면서 이것이 투자자의 거래행위와 어떤 관계가 있는지를 연구했다. 그 결과 개인투자자의 투자전략은 상당 부분 이 잡지의 영향을 받았지만 기관투자자는 거의 영향을 받지 않은 것으로 나타났다. 즉, 잡지가 어떤 주식을 추천했는지는 기관투자자의 투자선택과 그다지 큰 관계가 없었다는 뜻이다.

이외에도 이 연구는 개인투자자의 투자행위가 언론보도의 시간차에 따라 영향을 받는 정도 역시 달라진다는 것을 보여준다. 많은 지역의 신문들은 〈월스트리트 저널Wall Street Journal〉을 인용하는데, 이는 다시 말해 〈월스트리트 저널〉에 어떤 정보가 실려도 지역신문이 이를 전재하지 않으면 그 지역 투자자들은 해당 정보의 직접적인 영향을 받지 않게 된다는 것을 의미한다. 가령 뉴욕에 위치한 A기업이 월요일에 호재성 공시를 했더라도 뉴욕 이외의 지역에 거주하는 투자자는 이 소식에 바로 반응하기 어렵다. 그리고 화요일이나 수요일에 지역신문이 이 소식을 보도하기 시작하면 투자자는 그제야 비로소 그에 상응하는 투자전략을 세울 수 있다. 이 내용을 정리하면, 투자자의 투자선택은 〈월스트리트 저널〉의 영향만 받는 것이 아니라 해당 지역 언론매체의 영향도 받게 되고, 이때 후자의 영향이 더욱 크다는 것을 알 수 있다.

뒤에서 나는 미국의 한 상장기업인 바이오 제약회사의 예를 들려 한다. 이 사례는 투자자가 투자결정을 할 때 심사숙고하지 않는다는 점, 그리고 언론의 영향을 받아 그날 본 추천 주식을 당일 곧장 매수한다는 점을 잘 보여준다. 더불어 이것은 투자자가 결정 과정에서 완전히 이성적으로 행동하지 않고 투자와 관련된 완전한 정보도 얻지 못하기 때문에 전체 주식시장의 향후 추세를 정확히 판단하기 어렵다는 것도 보여준다.

새로운 정보, 오래된 정보

엔트레메드EntreMed는 미국의 제약회사다. 미국의 많은 제약회사들은 평균적으로 한두 가지 약품에 대한 특허만 보유하고 있다. 특허약품은 동물실험과 임상실험이라는 두 가지 약물실험을 거쳐야 하는데, 그 과정이 대단히 길고 지루하긴 하지만 실험결과는 회사 주가에 큰 영향을 미친다. 어느 날 이 기업은 주가가 갑자기 50% 급등했고, 거래량도 이전 몇 개월 평균 거래량에 비해 여덟 배가 늘었다. 이후 사람들은 〈뉴욕타임스〉 주말판에서 이 회사의 신약을 중점적으로 보도했다는 사실을 발견했다. 이상한 것은 같은 정보가 이미 2개월 전에 미국 각 대학의 과학저널에 실렸고 〈월스트리트 저널〉 역시 이에 대한 보도를 했음에도 당시 시장에서는 아무 반응이 없었다는 것이다. 왜 유독 〈뉴욕타임스〉 주말판 보도가 나오고 나서야 시장이 반응을 보였을까? 어쩌면 사람들은 평소엔 너무 바쁜 나머지 이 정보를 소홀히 하다가, 주말 여가시간이 되어서야 이 '오래된 정보'에 반응을 보인 것이 아닐까 하는 게 우리의 추측이다.

이 사례는 사람들이 정보를 처리할 때 얼마나 체계적이지 못한지를 보여준다. 정보가 발표된 시각과 전달된 경로 모두는 시장에 영향을 미치는데, 이것은 투자자가 가지는 정보처리 능력의 한계를 어느 정도 증명한다. 이렇게 많은 정보가 시장에 전해지고 서로 다른 경로를 통해 투자자의 주목을 받게 되는 것은 주가에도 반영되어 서로 다른 변동 경향을 발생시킨다.

당신이 어떤 기업의 CEO라고 가정해보자. 당신 기업은 상반기 실적이 아주 좋지 않았다. 만일 화요일에 여섯 개 기업이, 수요일엔 두 개 기업이 분기보고서를 발표한다는 사실을 알고 있다면 당신은 무슨 요일에 당신 회사의 실적을 발표할 것인가? 많은 사람들은 화요일이라고 답한다. 왜냐하면 화요일에는 수요일보다 많은 기업들이 분기보고서를 발표할 것이고, 그러니 그 사이에 끼어서 자기 기업의 좋지 않은 실적을 좋은 것처럼 꾸밀 수 있기 때문이다. 반대로 만약 기업의 분기실적이 매우 좋다면 당신은 분명 기업 분기보고서를 단독으로 발표하는 쪽을 선택할 것이다. 투자자의 관심을 최대한으로 끌 수 있을 테니 말이다.

따라서 만약 실적이 좋지 않으면 당신은 투자자의 시선을 피하려 할 것이고, 실적이 좋다면 모든 사람들의 관심을 끌고 싶어 할 것이다. 연구 결과, 투자자들은 어떤 때는 확실히 기업임원들이 원하는 만큼 순신하게 행동한다. 그래서 다른 기업들이 분기실적을 발표하는 날에 그들 사이에 묻혀 비교적 좋지 않은 실적을 발표하는 기업들의 주가 하락폭은 확실히 작다.

익숙함에 근거한 선택

투자자의 행위를 관찰하면 '모호함에 대한 회피'라고 불리는 법칙을 발견할 수 있다. 투자자는 기본적으로 많은 정보를 처리할 시간이나 힘 및 능력이 없다. 하지만 중국 시장에만도 2,000여 종의 주식이, 미국 시장에는 세 개 주요 증권거래소에 총 1만 4,000여 종의 주식이 있다. 이렇게 많은 선택에 직면했을 때 개인투자자는 자신이 매수할 주식을 어떻게 결정해야 할까? 일반적으로 개인투자자는 주가가 최고치를 경신한 주식이나 언론보도에서 특별히 상세하게 보도한 주식, 그리고 최근 거래량이 특히 많은 주식의 매수를 선호한다. 이것은 사실 비난할 만한 일이 아니다. 만약 관심도에만 근거해서 투자한 것이라면 그렇게 큰 문제가 없기 때문이다. 하지만 여기에서 내가 독자 여러분에게 말하고 싶은 것은, 투자자가 관심을 갖는 정보는 종종 투자에 있어 정말로 가치 있는 정보가 아니라는 것이다.

비록 투자 그 자체는 매우 느리고 모호한 과정이지만 투자자는 '사야 할까, 아니면 팔아야 할까?' '사려면 오늘 사야 할까, 아니면 내일 사야 할까?' 등의 질문에 대한 명확한 답을 얻고 싶어 하고, 그런 결정을 내리기 위해 일상생활에서 최대한 많은 정보를 얻고자 한다. 이렇게 얻은 정보 중에는 투자자가 이미 잘 알고 있는 것도 있지만 그런 정보는 투자자가 기업을 이해하고 투자목표를 실현하는 데 결코 도움이 되지 않는다. 그 이유를 다음과 같은 세 가지 측면에서 살펴보자.

첫 번째 종류의 익숙함은 지역적 측면에서 비롯된다. 우리가 살고 있는 도시에는 직장동료, 친척, 친구 및 각양각색의 친목단체들이 있고 우리는 자연히 이들을 통해 여러 기업들에 대한 정보를 접하게 된다. 해당 기업의 사무실 혹은 해당 기업이 운영하고 있는 공장에 가보거나, 또는 길가에서 그 기업의 광고판을 본다거나 그 기업에서 일하고 있는 친구를 통해 기업의 상황을 알게 되는 것이다. 요컨대 투자자 입장에선 이런 방식으로 어떤 기업에 대해 알게 되면서 그 기업의 주식에 투자할 가능성이 높아진다.

두 번째 종류의 익숙함은 상장된 기업에서 일하는 투자자 본인이 일상적 업무를 통해 기업의 배경, 업무 및 일부 임원에 대해 알게 되는 것에서 비롯된다. 이런 상황에서 개인투자자는 자연스럽게 자신이 그 회사에 대해 비교적 잘 알고 있다고 여기게 되고, 따라서 이들 중 일부는 고용관계에서 비롯된 익숙함을 근거로 투자를 결정하기에 이른다.

세 번째 종류의 익숙함은 업종과 관련된 것이다. 만약 첨단기술 산업에 종사하는 투자자라면 자신이 첨단기술 분야에 대해 어느 정도 알고 있다고 생각하고, 화학 분야에 종사하는 경우라면 자신이 화학 업계에 대해 잘 알고 있다고 생각한다. 이렇듯 투자자가 자신의 교육경험이나 경력개발 과정에서 특정 업종에 대해 잘 알고 있다고 생각하게 되면 해당 업종의 주식에 투자할 가능성도 높아진다.

그러나 유감스러운 것은 이런 직관적인 느낌, 그리고 투자목표에 대한 감상적 접근은 투자자의 실적에 결코 도움이 되지 않는다는 점이다. 안타깝게도 이런 착각 때문에 많은 투자자들은 자신의 투자에 근거 없는 자신감을 갖게 되고, 자신에게 익숙한 주식을 빈번하게 거래하는 등 현명하지 못한 결정을 내린다.

기업의 명칭

이외에도 우리는 기업의 명칭, 주식코드와 이름의 복잡성 정도가 주식매수에서 나타나는 투자자의 적극성에 영향을 미친다는 사실을 발견했다. 과거 미국 시장을 대상으로 한 연구에서는 일부 기업의 명칭을 당시 투자자들이 가장 선호하는 명칭으로 바꿨는데, 그랬더니 기업 자체의 펀더멘털과 영업상황에 아무 변화가 없었음에도 많은 투자자들은 투자에 열의를 보였다. 가령 많은 기업들은 인터넷 버블 시기 당시 자사 명칭에 '닷컴.com'을 넣었고, 진공관이 유행했던 1950년대에는 'tronics(전자)'라는 어미를 붙였다. 이와 마찬가지로 미국의 수많은 펀드사 역시 이런 방법으로 투자자의 관심과 투자를 끌어냈는데, 인터넷 버블 시기에는 '성장형 펀드'로, 가치투자가 유행할 때에는 '가치형 펀드'로 명칭을 바꾼 것이 그 예다. 명칭 변경을 통해 펀드회사들은 세 가지 목적을 달성했다. 첫째, 투자자의 관심을 끄는 데 성공했고 둘째, 투자자들이 비교적 인정하는 개념으로 명칭을 변경하여 그들로부터 인정받았다. 또한 셋째, 개인투자자들의 열의를 이끌어냈는데, 실제로 해당 주식 또는 펀드를 매수하려는 투자자들의 움직임이 이전에 비해 확실히 강해졌다.

아시아 주식시장에서도 매우 흥미로운 현상을 발견했다. 투자자들은 주식코드에 매우 큰 관심을 보인다는 것이다. 예를 들어, 중국 투자자들은 주식코드가 8과 6으로 끝나는 주식의 매수를 선호하기 때문에 실제로 주식시장에는 이런 종류의 주식이 상대적으로 많은 편이다. 이에 따라 많은 상장기업들이 상장 전에 좋은 주식코드를 얻기 위해 전문적으로 로비를 한다. 이와 유사하게 홍콩 시장에서는 상장된 기업들 중 주식코드가 4로 끝나는 기업이 매우 적다는 것을 볼 수 있다. 중국어에서 4는 '죽을 사死'와 발음이 같으므로 사람들은 주식코드가 4로 끝나는 주식의 매수를 꺼리기 때문이다. 그 결과, 개인투자자가 매수한 주식 중에는 주식코드가 6과 8로 끝나는 것이 특히 많은 반면 4로 끝나는 주식은 매우 적다. 이처럼 주식코드는 기업의 펀더멘털 상황이나 투자가치와 거의 아무 관계가 없음에도 중국 내 투자자들의 투자결정에 확실히 직접적인 영향을 미친다.

나는 연구를 통해 기업 명칭의 복잡성 정도 역시 이런 영향을 미친다는 사실을 발견했다. 중국 주식시장에서는 세 글자 또는 네 글자짜리 이름을 가진 주식이 개인투자자들에게 인기가 높다. 또한 글자 수가 같은 주식들 중에서도 개인투자자는 상대적으로 명칭이 간단한 기업을 선호한다. 이것은 이들이 정보를 처리하거나 해당 기업에 대해 알아가는 과정에서 이해하기 쉬운 것을 선호하기 때문이다. 낯설고 읽기 어려운 글자로 이루어진 주식 명칭을 보면 개인투자자들 입장에선 그 주식을 사고자 하는 마음이 줄어든다. 이것은 매우 흥미로운 현상이다. 왜냐하면 모두들 알고 있듯이 어떤 주식에 투자할 때에는 해당 기업의 펀더멘털과 발전 잠재력, 수익 수준 등에 주의를 기울여야 하는데, 이것은 주식코드나 기업 명칭 및 명칭의 복잡성 정도와 무관하기 때문이다. 이 역시 개인투자자가 주식을 선택할 때 결코 이성적 판단을 하지 않는다는 사실을 보여준다.

주식교환 거래의 실적

투자자의 투자시기 포착력 및 주식선택 능력은 우리가 앞서 언급한 주식교환 투자의 실적과 밀접한 관련이 있다. 우리 모두 한번 추측해 보자. 투자자가 포지션을 바꾼 후엔 평균적으로 투자실적이 높아질까, 낮아질까, 아니면 그대로일까? 연구 결과 미국 투자자들은 포지션을 바꾼 후 1년 내에 수익률이 3% 정도 떨어진다. 여기에서 합리적인 근거로 진행한 거래를 제외하면 실적 하락폭은 4~4.5%가 된다.

왜 이런 현상이 나타날까? 거래비용을 제외하고 투자자 자신의 투자능력은 포지션을 바꾼 후에도 전혀 바뀌지 않는다. 때문에 포지션을 바꾸게 된 원인에서부터 분석을 시작해야 한다. 개인투자자들은 두 가지 극단적인 상황에서 포지션을 바꾼다. 하나는 주식매수 후 주가가 많이 오를 경우고 다른 하나는 그 반대의 경우다. 이와 관련된 두 가지 투자전략이 있다. 첫째, 과거 1년간 큰 수익을 거둔 주식은 이후 1년 동안에도 비교적 좋은 실적을 거둘 것이기 때문에 투자자가 이 주식을 처분해버린다면 실적도 떨어질 것이다. 둘째, 이전의 일정 기간 동안 실적이 좋지 않았던 주식의 경우 종종 오랫동안 투자자들의 관심을 받지 못하다가 갑자기 주가가 폭발적으로 성장할 때가 있다. 소위 '고생 끝에 낙이 오는' 것이다. 그러나 투자자는 일반적으로 과거 일정 시기 동안의 실적을 기준으로 주식처분 여부를 결정하고, 그 주식이 보일 향후 추세에 대한 판단은 소홀히 하는 경향이 있다.

마지막으로, 나는 독자 여러분에게 다음의 두 가지를 강조함으로써 개인투자자들이 이와 유사한 오류를 범하지 않기를 바란다. 첫째, 기관투자자의 입장에서 볼 때, 개인투자자의 투자행위는 시장정서를 반영해서 보여주기 때문에 기관투자자의 입장에선 시장에 관한 가치 있는 정보가 될 수 있다. 이런 정보는 앞으로 주식시장이 어떤 방향으로 발전할지 판단함에 있어 도움이 된다. 둘째, 모든 개인투자자들은 다음과 같은 놀라운 수치를 꼭 기억하기를 바란다. 투자자들은 포지션을 바꾼 후 일반적으로 수익이 3% 정도 감소하고, 중국의 경우에는 이 수치가 3.5%에 이른다. 따라서 개인투자자들은 쉽게 주식을 사거나 팔아서는 안 되며, 쉽게 포지션을 바꾸는 것은 더더욱 안 된다. 왜냐하면 개인투자자들은 자신의 경험에서보다는 투자시기 포착과 주식 선택의 측면에서 얻을 교훈이 훨씬 많기 때문이다.

제5장

신통치 않은 펀드

장기간 손실을 입은 많은 투자자들은 자신이 주식시장에서 오랫동안 투자할 능력을 확실히 갖추지 못하고 있음을 깨닫게 된다. 이 때문에 투자자들은 펀드회사의 상품을 구입함으로써 투자전문가에게 투자를 위탁한다.

그러나 펀드투자 시에도 개인투자자들은 주식시장에서와 마찬가지로 펀드의 종류 및 시장진입 시기를 선택해야 한다. 이런 선택과 마주했을 때 개인투자자들은 여전히 한계와 불리함을 안고 있다. 이는 중국 투자자들이 펀드를 주식 다루듯 대하는 데서 상당 부분 기인하는데, 이는 외국투자자들이 펀드를 통해 다원화된 장기투자를 하는 것과 완전히 다르다.

과도한 펀드거래

높은 거래회전율은 중국내 펀드투자자들이 보이는 보편적인 현상이다. 중국 내 펀드투자자들의 행위를 장기간 분석한 결과, 우리는 중국 내 펀드의 거래회전율이 해외보다 훨씬 높다는 사실을 발견했다.

펀드사는 투자자로부터 관리비 및 기타 관련 비용을 받기 때문에 펀드상품에 대한 단기투자에서 발생하는 거래비용은 주식 거래비용보다 훨씬 높다. 또한 펀드사는 투자자에게 펀드를 장기간 보유하라고 권하기 때문에(개인투자자의 빈번한 매수 및 매도 행위는 펀드의 자금규모에 영향을 주어 펀드투자계획을 방해하기 때문이다) 단기간 내 회수행위에 대해 특히 높은 징벌성 비용을 매긴다. 투자자의 입장에서 볼 때 반드시 주목해야 할 것은 펀드사의 관리, 매수신청, 회수, 위탁관리 등 기타 마케팅 관련 명목의 비용을 공제하고 난 후의 펀드 순수익률이다. 거래비용이 투자순이익에 미치는 영향을 고려하지 않는 개인투자자는 설령 적합한 펀드를 선택했다 해도 높은 관리비용을 지불하고 나면 실제 투자수익이 남지 않을 수도 있다.

그렇다면 펀드투자에 따른 비용에는 어떤 것들이 있으며, 각각의 비용은 대략 얼마 정도일까?

펀드비용은 일반적으로 크게 두 가지로 나뉜다. 하나는 펀드판매 과정에서 발생하는 것으로 펀드투자자 자신이 부담해야 하는 비용이다. 이에 포함되는 대표적인 것으로는 청약수수료, 판매수수료, 환매수수료, 그리고 펀드전환수수료가 있는데, 이들 비용은 일반적으로 투자자가 펀드 청약, 판매, 환매 또는 전환을 할 때 곧바로 부과된다.

이 중 판매수수료에는 투자자가 펀드매수 시 부과하는 선취판매수수료, 펀드처분 시 수취하는 후취판매수수료의 두 종류가 있고 요금률은 일반적으로 보유기한에 따라 점차 감소한다. 환매수수료는 투자자가 펀드를 환매할 시 발생하며 요금률은 역시 보유기간이 길수록 감소한다. 펀드전환수수료는 투자자가 동일 펀드사의 다른 펀드상품으로 전환을 할 때 발생한다.

펀드비용의 두 번째 종류는 펀드관리 과정에서 발생하는 비용이다. 대표적인 것으로 펀드관리비, 펀드위탁관리비, 정보공개비 등이 있고 이들 비용은 펀드자산이 부담한다. 판매수수료나 환매수수료를 부과하지 않는 MMF나 부분채권펀드에 대해서도 2.5% 미만의 비율로 펀드자산에서 일정 비용을 계상하여 펀드판매 및 펀드보유자에 대한 서비스가 필요한 곳에 사용할 수 있다. 펀드자산에서 계상한다고 해도, 따지고 보면 이는 펀드순가치에서 깎이는 것이기 때문에 결국은 펀드투자자의 수익을 떨어지게 만든다.

중국 내 펀드사와 해외 펀드사의 비용수준을 비교해보면, 우리는 중국 펀드투자자들이 지불하는 비용이 상대적으로 높다는 사실을 알 수 있다.

윈드 인포메이션Wind Information이 분석한 중국 펀드업계 데이터에 따르면 2011년 중국 전역의 모든 펀드(지수형 펀드 포함)의 관리비용은 평균 매년 1.23%였는데, 특히 주식형펀드의 경우에는 매년 1.46%였다.

이외에 위탁관리비 요율은 평균 매년 0.21% 일회성 판매와 환매수수료는 각각 1.44%와 0.51%였다. 중국 내 주식형 펀드의 관리비용은 기본적으로 1.5%, 채권형 펀드의 관리비요율은 기본적으로 0.8~0.9%, 지수형 및 증권거래소의 거래형펀드ETF 관리비용은 대략

0.5~1%이다.

이에 비해 해외 주식형 펀드의 연간 관리비용은 대부분 0.8~1.2%, 채권형 펀드의 관리비용은 0.3~0.5% 정도에 불과하다. 그리고 많은 선진적인 지수형 펀드는 이미 관리비용을 0.1~0.2%로 낮췄고, 심지어 0.08~0.1%인 상품도 있다.

추산해보면, 중국 개인투자자가 펀드에 투자하면서 부담해야 하는 비용은 연평균 3.5~4%•인데, 이는 국제적 수준인 1.9~2%보다 70~80%나 높고 같은 기간 미국이 보인 수준보다는 거의 100%가 높다. 심지어 이는 펀드 순가치가 떨어지며 발생하는 시장비용을 포함하지 않은 수치로, 이런 측면에서 볼 때 중국 투자자들이 지불해야 하는 거래비용은 매우 높다.

그중에서 액티브 펀드의 관리비요율은 국제적 수준보다 훨씬 높고, 지수형 펀드도 비교적 높은 비용을 수취한다. 지수형 펀드나 ETF형 펀드 모두 가장 중요한 목표는 지수를 따라가는 것이다. 펀드투자자들은 펀드매니저가 시장에서 이기는 것을 바라지 않기 때문에, 왜 중국의 지수형펀드와 ETF형 펀드의 비용이 같은 유형의 해외 기관보다 훨씬 높은지 설명하기 어렵다.

물론 여기에는 확실히 중국 특유의 상황이 작용한 측면도 있다. 국가 간의 비교연구 결과, 은행업계 규모가 한 국가의 전체 경제총량에서 차지하는 비율이 클수록 해당 국가 펀드관리업계의 발전규모는 작고 비용수준도 올라가는 것으로 나타났다. 국제적 경험 역시 간접적

• 1.5%의 관리비용에 0.21%의 위탁관리비용, 그리고 판매, 환매수수료 2.3%(1.44%+0.51%)를 더한 값에 1.2배의 거래회전율을 가진 판매, 환매수수료를 곱한 값=4.07%

으로 중국 은행업계의 과도하게 큰 영향력이 펀드업계의 발전을 억제했고 이것이 펀드업계의 이윤에 영향을 미쳤다는 사실을 증명한다. 대부분의 개인투자자들은 펀드관리비용이 자신의 펀드투자 순수익에 부정적 영향을 미칠 수 있다는 사실을 확실히 알고 있어야 한다.

중국 펀드투자자들의 투자행위에 대한 연구에 따르면, 투자자들이 펀드거래를 빈번하게 하는 행위는 그들의 순수익에 영향을 미치는 중요한 요소로 나타났다. 중국 펀드투자자들이 펀드를 보유하고 있는 기간은 일반적으로 9~10개월이고, 매년 거래회전율은 100%를 넘어 약 150% 안팎이다. 펀드관리비용 중 대부분이 판매나 환매 거래 시 발생하기 때문에 거래빈도가 높을수록 투자자는 더욱 높은 비용을 지불하게 되고, 이 때문에 거래비용이 크게 증가하는 것이다.

투자자의 빈번한 거래를 방지하기 위해 펀드회사들은 종종 상대적으로 높은 판매, 환매수수료를 부과한다. 이 때문에 투자자의 높은 거래회전율은 높은 거래비용을 발생시키면서 순수익을 줄이는 결과로 이어진다.

따라서 투자자에게 있어 좀 더 현명한 방법은 장기간 펀드를 보유함으로써 거래비용을 낮추는 것이다. 안타까운 것은 중국 내 펀드투자자들은 비싼 판매 및 환매 수수료를 거의 무시한 채 여전히 빈번하게 펀드를 거래함으로써 순수익이 수수료를 공제하기 전의 총 수익보다 훨씬 낮아지게 만들고 있다는 점이다.

펀드 선택의 오류

빈번한 거래 외에도, 세계의 모든 펀드투자자들은 펀드를 선택할 때 주식투자의 경우와 유사한 오류를 많이 범한다.

주식투자자들이 주가가 오를 때 주식을 매입하고 주가가 하락할 때 주식을 처분하는 행위와 비슷하게, 펀드투자자들은 펀드상품의 과거 실적을 특히 눈여겨본다. 이들은 이전 해에 좋은 실적을 낸 펀드를 선호하고, 실적이 좋지 않았던 펀드를 회피한다.

이 행위의 배경원리는 매우 간단하다. 개인투자자가 펀드에 대해 잘 알지 못하는 상황에서 펀드의 과거 실적은 자연히 투자자가 가장 신뢰하는 중요한 정보가 된다. 물론 개인투자자가 이런 결정을 내릴 때 나타내는 강렬한 신념이 있는데, 바로 과거에 좋은 실적을 보인 펀드는 향후에도 반드시 그러할 것이라는 믿음이 그것이다.

과거 미국의 사행성 산업에 대해 많은 연구가 이루어졌는데, 심리학자들도 이런 연구를 통해 '도박사의 오류'라는 일종의 행위방식을 도출해냈다.

미국의 카지노에서는 카지노 안을 돌아다니기를 좋아하는 사람들이 눈에 띈다. 이들은 어느 슬롯머신의 승률이 높은지 관찰하고 다닌다. 이들은 두 종류로 나뉘는데, 하나는 일단 누군가 방금 막 돈을 딴 슬롯머신을 발견하면 바로 거기 앉아 도박을 하는 유형의 사람으로 이들은 해당 기기에서 돈을 딸 가능성이 비교적 높다고 생각한다. 또 다른 유형은 수준이 상당히 '높은' 노름꾼들과 정반대로 방금 다른 사람이 돈을 잃은 기기를 선택한다. 돈을 잃는 게 계속되지는 않을 것이라고 생각하기 때문이다.

이런 종류의 심리와 유사한 것은 체육에서 말하는 '손맛효과'다. 미국 NBA의 지역결승 또는 최종결승 경기에서는 3점 슛을 위한 패스가 많이 이루어지는데, 만약 한 선수가 그날 경기에서 발휘하는 실력이 좋고 손맛이 좋다면 결정적인 패스는 모두 그 선수를 향해 이루어진다. 이것이 방금 말한 슬롯머신의 예와 매우 비슷하다.

다음의 예는 더욱 극단적이다. 동그라미와 가위를 사용하여 동전던지기 결과를 기록했는데 다음과 같은 기록이 나왔다고 가정하자.

O X O X X O O O X X O X

O O O O O O O O O O O O O

첫 번째 경우에는 앞면과 뒷면이 번갈아 나타난 반면, 두 번째 경우에서는 앞면만 나왔다. 이런 두 가지 상황 중 어느 상황이 발생할 확률이 더 높을까? 동전이 완벽히 균일하다고 가정하면 확률계산을 통해 첫 번째 앞면이 나올 확률은 2분의 1이고 두 번째 앞면이 나올 확률도 2분의 1이며, 세 번째에 뒷면이 나올 확률 역시 2분의 1이다. 따라서 이론적으로 위의 두 가지 상황이 나타날 확률은 같다.

그런데 사람들은 심리적으로 이 두 가지 상황 중 어떤 것이 발생할 확률이 더 높다고 생각할까? 심리학자들이 세계 각지에서 실험한 결과에 따르면, 사람들은 보편적으로 첫 번째 유형의 상황이 나타날 가능성이 더욱 높다고 생각한다.

나는 이 극단적인 예시를 통해 독자 여러분에게 다음 두 가지를 강조하고자 한다.

첫째, 사람들은 직관적이고 처리하기 쉬운 이미지 정보에 과도한 관심을 갖는다. 둘째, 사람들은 종종 확률이론의 대수의 법칙을 무시한다. 확률은 분명 일종의 규칙이지만 이는 크기가 큰 표본을 기초로 한 것이다. 그럼에도 사람들은 종종 발생확률이 높은 사건이 임의의 시도 중에 바로 나타나기를 기대하는데 이는 매우 비현실적인 바람이다. 게다가 하나의 사건이 발생할 확률은 앞에 어떤 상황이 발생했는지와 관계없이 변하지 않음에도, 향후 어떤 사건의 발생확률을 예상할 때면 사람들은 그것이 방금 전에 어떤 사건이 발생했는지에 따라 바뀔 수 있다고 생각한다.

이상의 예시들은 많은 투자자들이 확률을 한쪽으로 치우쳐서 이해하고 있음을 보여준다. 확률은 충분히 많은 횟수에 걸쳐 실험을 반복한 상황에서 독립사건이 발생할 비율을 보여줄 뿐이지, 결코 어떤 사건이 매번 발생할 것이라는 장담이 아니다. 어떤 경우의 독립적 관찰에 대해서도 발생확률은 기본적으로 똑같다. 심리학적으로 볼 때, 오늘 밤 어떤 농구선수가 줄곧 좋은 플레이를 펼쳤다 해서 그의 마지막 슛이 꼭 들어갈 것이라고 보장할 만한 충분한 증거는 없는 것이다.

이런 맥락에서 볼 때, 투자자가 과거의 실적을 근거로 자신이 투자할 펀드를 선택한다 해서 그 펀드가 반드시 미래에도 탁월한 실적을 거둘 거라는 보장은 전혀 없을 것임을 추측할 수 있다. 그리고 우리의 연구결과 역시 이런 추측을 뒷받침한다.

미국 투자업계에서 매우 유명한 공모펀드매니저 윌리엄 밀러William Miller는 아주 오랫동안 미국 투자업계에서 워런 버핏만큼 유명한 사람으로 손꼽혀왔고, 심지어 어떤 분야에서는 버핏보다 탁월하다는 평가를 받는 투자계의 큰손이다. 그가 근무한 레그메이슨Legg Mason은 미국에서 가장 큰 자산관리회사 중 하나다. 1899년에 설립된 이 회사는 현재 세계 15대 자산관리회사에 속하고, 관리규모는 6,000억 달러를 넘어서는데 이는 3만 6,000억 위안에 해당함과 동시에 중국 내 모든 공모펀드 관리규모의 총합과 맞먹는 규모다. 큰 규모, 유구한 역사 및 시장에 대한 영향력을 바탕으로 이 펀드관리회사의 주식은 S&P 500지수 편입종목이기도 하다.

밀러의 투자실적은 놀라울 정도로 좋다. 그는 1991년부터 2005년까지의 15년간 자신이 관리한 펀드의 매년 순수익이 모두 S&P 500지수를 넘었다는 전설적인 기록을 갖고 있다. 통계적으로 볼 때 이럴 가능성은 얼마나 될까? 50%가 아니라 50%의 15제곱, 즉 3만 2,768분의 1이라는 이 확률은 통계적으로 거의 불가능한 것이다. 6년 연속 시장지수보다 좋은 실적을 거두었던 한 펀드는 있었지만 그 외에는 어떤 펀드도 8년, 10년 또는 13년 연속 이토록 뛰어난 실적을 보인 적이 없다.

미국에서는 20년 전 대략 2,000~3,000개의 펀드가 있었고 현재는 4,000~5,000개 정도 존재한다. 여기에는 주식형과 채권형 펀드도 포함되는데, 이렇게 많은 펀드 중 단 하나만 15년간 시장수익률을 상회했다. 중국 펀드업계에서는 1997년부터 현재까지 어떤 펀드도 15년간 매년 시장수익률을 상회하지 못했다. 그 유명한 왕야웨이王亞偉(중국 펀드계의 대부로 이름난 투자자_옮긴이)라 하더라도 이렇게 못했을 것이다. 밀러는 1990년대를 통틀어 가장 위대한 투자자라는 평가를 받을 뿐 아니라 적지 않은 투자자들이 그야말로 역사상 가장 위대한 펀드매니저라고 생각하는 인물이다. 레그메이슨 역시 파격적으로 밀러를 그가 관리하는 모든 펀드의 이사장 및 CEO로 앉혔을 뿐 아니라 실적수당도 지급함으로써 그의 탁월한 투자실적이 그의 수입으로 직결될 수 있도록 보장해주었다. 이에 따라 밀러의 수입은 업계 내 기타 공모펀드 CEO들의 수입보다 훨씬 높아졌다.

그러나 2005년 이후 밀러의 신화는 깨져버렸다. 시장수익률을 상회하긴 했지만 수익률은 계속 떨어졌다. 2007~2008년 금융위기 시기부터 밀러는 불안해하기 시작했다. 2008년 그는 자신의 장기적인 가치투자 이념에 따라 금융투자와 부동산 관련 주식이 금융위기 시기에 대폭 저평가될 것이라는 판단을 내린 뒤 관련 주식을 대규모로 사들였지만 이후의 실적은 매우 좋지 않았다. 2008년 S&P 지수가 37%나 하락하면서 밀러가 관리하는 펀드는 55%의 손실을 냈고 이는 지수보다 훨씬 낮은 수준이었다. 가치투자에 뛰어났던 밀러가 투자한 금융권, 소비서비스 분야의 주식은 과거 5년간 평균 매년 9.6%의 손실을 입었고, 2009년부터 현재까지 줄곧 시장수익률을 하회해왔다. 시장변화와 투자자들의 회수로 인해 그가 관리하는 펀드규모는 28억 달러로 축소되었다. 가장 컸던 2007년의 210억 달러에 비해 엄청나게 줄어든 이 수치는 많은 투자자들을 놀라게 했다. 2005년 이래의 실망스러운 투자실적 및 펀드관리규모의 축소에 따라 밀러는 2011년 말에 은퇴를 결정했다.

15년 연속 지수보다 높은 실적을 거둔 성공적인 펀드매니저가 갑자기 계속 시장수익률보다 낮은 실적을 거둔 이유는 무엇일까? 이토록 전설적인 펀드매니저가 왜 갑자기 자신의 능력을 상실한 것일까? 이 사례를 통해 독자들은 펀드의 실적 구성을 이해할 수 있다. 이 부분은 다음 절에서 논의하기로 하자.

밀러가 아주 잘한 것 중 하나는 바로 자신의 성취를 매우 분명히 인식했다는 점이다. 사실 이것은 쉽지 않은 일이고, 중국 내 많은 투자자들과 펀드매니저들도 이를 완전히 인식하지 못하거나 인정하고 싶어 하지 않는다. 밀러는 이렇게 말했다. "내가 계속 시장수익률보다 높은 수익을 얻은 것은 주로 캘린더 효과, 즉 매년 연말이 12월에 끝나기 때문이다. 만약 12월이 아닌 11월 말에 연말이 끝난다면 나는 일찌감치 그렇게 좋은 성적을 낼 수 없었을 것이다. 결국은 운이 좋았던 것이다. 100%까지는 아니지만 95%는 운이 좋았던 덕분이었다."

위험, 스타일, 기법 그리고 행운

지금부터는 두 가지 문제, 즉 펀드수익이 어디에서 오는지, 그리고 대부분의 펀드투자자들이 펀드수익을 정확히 어떻게 다뤄야 하는지에 대해 논의할 것이다. 그래야만 투자자가 같은 실수를 반복하지 않고 과거 성공적인 경험을 재현함으로써 좋은 실적을 유지할 것이기 때문이다.

결론적으로 말하자면 수익은 주로 위험, 스타일, 기법, 그리고 행운에서 비롯된다.

위험

다시 사례를 들어보자. 나의 장모님은 2007년 중국우체국 핵심선별 펀드를 매수했고, 2010년에도 화상성세성장華商盛世成長에서 펀드를 사들였다. 그리고 이 둘 모두는 마침 해당 연도의 실적이 우수한 공모 펀드들이었다. 이 두 펀드를 심도 있게 조사한 뒤 나는 중국우체국이 2007년 실적이 가장 좋은 펀드 중 하나긴 했지만 2008년에는 오히려 끝에서 10위 안에 들 정도로 떨어졌다는 사실을 발견했다. 화상성세 또한 2010년에는 매우 좋은 실적을 보였지만 과거 2년 동안의 실적은 아주 좋지 않아 끝에서 25%에 들 정도였다. 이런 상황은 왜 나타난 것일까?

언론보도와 펀드 포지션 발표에 따르면 중국우체국 핵심선별 펀드는 고성장, 고수익, 그리고 테마주에 자산을 분배하는 경향이 있다. 공교롭게도 2007년 주식시장은 강세를 보였는데, 고위험과 고수익의 대응관계(이것은 '자본자산가격결정모형'인데, 이것을 발표한 두 경제학자는 1990년 노벨경제학상을 공동 수상했다)로 인해 한 주식의 시스템적인 위험이 클수록 수익도 높아졌다. 이 법칙은 펀드와 투자 포트폴리오에도 적용할 수 있다. 위험이 큰 펀드상품일지라도 경기가 좋은 해에는 시장지수가 10% 오르면 펀드수익은 20%가, 시장지수가 100% 오르면 펀드수익은 200%가 오른다. 그러나 경기가 좋지 않은 해에는 시장지수가 5% 떨어지면 펀드수익이 10% 떨어지고, 시장지수가 20% 떨어지면 펀드수익이 40% 떨어지는 것도 불가능하지 않다.

이것은 결코 어떤 투자기법이 아니라 바로 '위험'이다. 바꿔 말하면 레버리지, 특히 시장 위험에 대한 일종의 하이 레버리지라 할 수 있다.

실적이 좋을 때 펀드매니저들은 높은 상여금을 받을 수 있고 펀드는 투자자들의 인정과 구매신청을 얻지만, 실적이 좋지 않을 때는 모두들 이를 은폐하고 투자자들이 이 흑역사를 잊어버릴 때까지 조용히 기다린다.

펀드매니저의 실적이 좋은 해에 펀드사는 그의 실적을 대대적으로 선전할 것이다. 그러나 실적이 좋지 않을 때에는 펀드사가 이를 굳이 알리지 않기 때문에, 많은 사람들은 중국우체국 핵심선별 펀드도 실적이 좋지 않았던 시절이 있었다는 사실을 모를 수 있다. 우리가 앞서 논의한 것처럼, 인간은 선택적 망각과 정보처리에 있어서 선택적 편향을 보인다. 과거 실적을 맹목적으로 믿는 투자자가 만약 서로 다른 펀드 간의 위험상 차이를 정확히 다룰 수 없다면 그는 높은 수익을 거두지 못할 뿐만 아니라 주식시장의 조정으로 인해 많은 투자손실을 감수해야 할 것이다.

만일 어떤 펀드가 더 큰 위험을 감수하는 덕에 고수익을 내고 있다면 이런 수익은 지속가능할 수 없다. 펀드매니저는 위험은 통제할 수 있어도 시장의 변동추세까지 통제하지는 못하기 때문이다.

또한 어떤 투자자나 펀드매니저도 위험을 감수함으로써 높은 수익을 거두었다는 이유로 격려받아서는 안 된다. 지난 세계금융위기 당시 등장한 '대마불사론大馬不死論'의 배경에 있었던 것도 바로 이런 위험과 수익 간 불균형이었다.

기업의 임원, 투자은행, 딜러, 헤지펀드, 보험회사와 공모펀드 매니저들은 모두 이 원리를 깨우친 후 경기가 좋을 때는 많은 상여금과 지분 이익을 얻고, 경기가 좋지 않은 금융위기 때는 위험과 비용을 주주와 납세자에게 떠넘긴다. 이 현상은 투자은행의 자영부문에서 특히 두

드러지게 나타난다. 딜러는 고위험 거래를 할 때 전체 거래이윤의 10%를 자신의 상여금으로 삼고, 손실을 입은 경우에는 오히려 정부가 나서서 해결한다. 이는 매우 무서운 일이다. 중국뿐 아니라 전 세계적으로 봐도 우리는 현재 인류 역사상 매우 특수한 시기에 살고 있다. 과거 30년간 전체 금융시스템 내에서 발생한 유동성의 빠른 증가는 역사상 유례가 없다. 과거 나타났던 버블경제, 스태그플레이션, 그리고 대규모 금융위기를 사람들이 점차 잊어버릴 때, 우리는 반드시 워런 버핏의 이 말을 기억해야 한다. "파도가 지나간 다음에야 누가 벌거벗고 수영했는지 알 수 있을 것이다." 위험으로는 금융시장의 많은 현상을 설명할 수 있다.

스타일

앞에서 우리는 펀드수익의 제1요소인 위험에 대해 살펴봤는데, 그 다음으로 논의해볼 것은 투자스타일이다. 예를 들어 왕야웨이는 소형주, 구조조정주 매수를 선호하고, '주식의 신'으로 불리는 미국 펀드회사 피델리티Fidelity의 스타 펀드매니저 피터 린치Peter Lynch는 고성장 지분을 선호한다. 워런 버핏은 소비품이나 가치형 주식의 매수를 선호하는 동시에 이사회에 대한 통제력을 통해 기업 지배구조를 끌어올려 기업의 돈 한 푼에서까지 이윤을 짜내는 것도 좋아했다. 버핏은 코카콜라Coca-Cola와 수많은 보험회사 및 〈워싱턴포스트The Washington Post〉의 주식을 보유하고 있는데, 이 모두는 해당 기업들이 상당히 좋은 실적을 내고 있을 때 매수한 것이다. 그러나 그는 이 실적을 주주들에게 배당해주기보다는 대주주로서 온갖 노력을 기울여 기업의 지배구조를 끌어올리는 방식으로 주가와 주주배당금을 높인다. 결론적으로 말하자면 모든 투자자에게는 각자의 투자스타일이 있다.

사람들은 공모펀드의 명칭을 통해 각 펀드의 스타일을 대충 알 수 있다. 여기에는 대형, 소형, 가치, 성장, 각 분야, 소비, 농업, 에너지, 지속가능, 의약 등이 포함된다. 그렇다면 이런 스타일은 어떤 의미를 갖고 있을까?

서로 다른 스타일과 분야의 주식은 서로 다른 변화추세를 보인다. 만약 환경보호 이슈가 큰 인기를 끌고 있다면 환경보호 관련 펀드의 실적도 보편적으로 좋을 것이다. 몇 년 전 중국 전통주 '마오타이茅台'와 '우량예五糧液'가 선풍적인 인기를 끌었는데, 당시 소비주를 사들이던 모든 펀드 또는 소비 분야 위주의 펀드는 실적이 매우 좋았다. 따라서 중국 내 펀드투자에서는 실적이 양호한 업종을 찾아야 한다. 그러나 일부 투자자들은 '수주대토守株待兎' 스타일로, 어떤 분야의 주식을 매수한 뒤엔 그것을 계속 보유하면서 언젠가 그 분야가 대박이 나길 기다린다. 모든 투자자에겐 자신만의 스타일이 있고, 모든 펀드매니저 역시 자신만의 스타일을 갖고 있다.

많은 분석가들 역시 마찬가지다. 내 친구들 중에는 수많은 외국 투자은행 은행가들과 중국의 수석 경제학자들이 있는데, 그중에는 20년간 매일같이 중국 경제를 우려해온 사람들도 있다. 이들은 줄곧 중국 경제에 희망이 없고, 중국 부동산시장은 거품이며, 중국 정책은 잘못된 것이라고 생각해왔다.

물론 이보다 많은 경제학자들과 주식시장 전문가들이 상하이 종합주가지수가 6,000이든 1,000이든 상관없이 중국 경제와 주식시장은 앞으로 더욱 발전할 것이라고 굳게 믿고 있다. 경제와 주식시장이 변동할 때, 등락에 대한 예측에 있어 모든 사람들은 50%의 정확성을 보인다. 따라서 이런 관점에서 보면 투자자의 스타일은 그의 선택과 투자실적을 결정할 수 있는 요소다. 그러나 스타일이 곧 그 사람이 하는 예측의 정확성을 결정하는 것은 아니며, 내년에 어떤 상황이 발생할 것인지 그가 정말로 알고 있다는 뜻도 아니다.

따라서 투자스타일은 상당 부분 펀드관리자의 주관적 결정으로 정해진다. 그러나 만약 고정불변의 특정 스타일을 가진 펀드관리자가 어떤 소비유형 펀드를 담당하고 있다면 그의 실적은 소비업계에 큰 영향을 받고, 심지어 실적에도 큰 변동이 발생할 것이다. 그렇다면 그는 실적이 변동할 경우 이에 따른 높은 급여를 받아야 할까?

중국에서 '대반정선大盘精选'이라는 이름을 가진 펀드들은 모두 소형 개념주에 투자하고, '가치형'이라는 이름을 가진 펀드는 성장형 주식에 많이 투자한다. 이는 중국 내 펀드의 명칭과 해당 펀드의 투자지표 간에 아무런 관계가 없을 뿐 아니라 심지어 정반대인 경우도 있음을 뜻한다. 어떤 펀드는 명칭만 바꾸고 펀드매니저를 바꾸지 않는 등 내용은 그대로인데 형식만 바꿔 '낡은 병에 새 술을 넣는다'는 의심을 받고 있다.

미국에서는 이런 방식이 통하지 않기 때문에 성장형 펀드라면 반드시 일정 정도는 성장형 주식에 투자해야 한다. 만약 펀드의 명칭 및 스타일이 실제 펀드매니저의 투자스타일을 정확히 반영할 수 있다면, 서로 다른 유형과 스타일의 펀드는 같은 시기에 서로 다른 방향으로 이동할 거라는 점을 투자자들이 알 수 있을 것이다. 이런 공통된 추세가 반영하는 것은 바로 그 펀드의 스타일이다.

많은 금융서비스 회사들은 투자자의 요구에 따라 서로 다른 스타일의 지수형 펀드 또는 ETF형 펀드상품을 개발한다. 만일 투자자가 성장형 주식을 사고 싶어 하면 회사는 그에 맞춰 성장형 주식펀드 상품을 내놓는다. 이 펀드는 기본적으로 모든 성장형 펀드를 따라간다. 만약 이윤이나 손실이 단지 어떤 스타일에서 비롯되는 것이라면 펀드매니저는 그렇게 큰 책임을 질 이유가 없다. 더군다나 지수형 펀드를 담당하는 펀드매니저의 책임은 시장지수보다 높은 수익을 내는 것이 아니라 그들이 따라가는 지수의 동향을 최대한 충실히 반영하는 것이다.

펀드매니저가 투자스타일을 형성하고 나면 그 스타일을 바꾸고 싶어도 바꾸기 어렵다. 그래서 미국의 펀드사는 아주 좋은 방법을 생각해냈으니, 바로 펀드의 명칭을 바꾸는 것이었다. 과거 20년간 미국의 수많은 펀드사들이 명칭 변경을 통해 스타일을 바꿨는데, 가장 흔히 볼 수 있는 것은 바로 소형펀드가 대형펀드로 이름을 바꾸는 것, 혹은 그 반대의 경우다. 스타일 측면에서 보면 가치형 펀드에서 성장형 펀드로 또는 그 반대의 경우로 이름을 바꾸는 경우가 많은데 이는 미국에서 흔히 있는 일이다.

스타일과 업계 실적에 따라 펀드명을 바꾸는 경우도 흔하다. 예를 들어 1997~1999년의 인터넷 버블 시기에는 '가치형' 이름을 가진 많은 펀드들이 잇달아 이름을 '성장형'으로 바꿨다. 이는 당시 투자자들이 고성장형 기업에 대해 큰 관심을 갖고 있었기 때문이다. 또한 당시엔 소형펀드로 이름을 바꾼 펀드들도 많았다. 인터넷 버블 과정에서 흡입력 있고 성장이 빠른 것은 소형주였기 때문이다. 경기가 좋지 않을 때는 투자자가 가치형 주식이나 대형주를 더욱 선호할 가능성을 고려, 많은 펀드가 집중적으로 원래의 '소형주'나 '성장주'에서 '대형주'나 '가치주'로 이름을 바꿨다.

이렇게 명칭을 바꾼 펀드에 대해 투자자가 보이는 관심과 선호도를 측정한 결과, 이 방법은 매우 효과적인 것으로 나타났다. 우리는 펀드사가 이름을 바꾼 뒤 투자스타일에는 결코 뚜렷한 변화가 없었음에도 자금의 유입이 두드러지는 것을 발견했다.

투자자는 자신이 선호하는 스타일의 펀드에 더 많은 자금을 넣고 관리하지만, 실제로 이들 펀드사가 이런 스타일에 맞게 투자를 진행하는 것은 결코 아닐 수 있다.

이것은 이해하기 쉽다. 펀드의 투자스타일을 결정하는 것은 펀드매니저다. 따라서 펀드매니저가 변하지 않는 한은 펀드의 명칭이 어떻게 바뀌든 그 스타일은 뚜렷이 변하지 않기 때문에 투자수익 역시 크게 달라지지 않는다. 펀드는 사실 명칭 변경을 시장마케팅 방식의 하나로 이용하여 더 많은 투자자들의 자금유입을 유도할 뿐이기 때문에 결코 반드시 높은 수익을 거두는 것도 아니다.

따라서 펀드매니저의 스타일은 펀드의 투자실적 및 개인투자자의 선호도에 영향을 미친다. 개인투자자에게 중요한 것은 펀드의 실제 스타일을 이해하고, 이를 기초로 투자실적을 고려 및 비교하는 것이다.

기법

만약 투자위험과 투자스타일이라는 두 변수를 통제한 후에도 어떤 펀드가 지속적으로 좋은 실적을 거두고 있다면, 이는 그 펀드매니저가 정말 뛰어난 투자능력과 기법을 갖고 있다는 것을 뜻한다. 이는 무슨 의미일까?

먼저 간단한 분석 하나를 해보자. 가령 어떤 펀드의 매년 수익률이 20%일 때, 우리는 이 펀드의 스타일에 먼저 관심을 가질 것이다. 만약 이 펀드가 소형성장펀드라면 우리는 시장 전체에서 소형주와 성장주로 구성된 포트폴리오를 만들어 이 포트폴리오의 수익률이 20%가 되는지를 관찰해볼 수 있다. 만약 포트폴리오의 수익률이 21%가 된다면 이는 주어진 위험과 스타일로 볼 때 이 펀드가 결코 자신의 상대적 기준을 넘지 못했음을 알 수 있다. 국내외 펀드와 관련된 많은 연구가 밝힌 것처럼, 이는 또한 펀드투자의 위험과 스타일을 충분히 고려할 경우 펀드업계 전체 및 평균 수준의 펀드매니저가 거두는 실적이 결코 시장수익률을 상회할 수 없는 이유기도 하다.

소형주와 성장주 전체의 실적이 비교적 좋지 않으면 이 펀드의 실적 역시 시장에 비해 현저히 낮을 것이다. 그제야 투자자는 이전에 거둔 높은 수익이 결코 펀드매니저의 기법 덕분이 아니라 그의 투자스타일이 시장추세와 맞아떨어진 결과였을 뿐이라는 사실을 알게 된다. 주도적으로 투자스타일을 정확히 조정할 줄 아는 일부 펀드를 제외하고, 자신의 투자스타일을 고수하는 기타 대다수 펀드 모두는 자신이 따르는 스타일의 실적의 영향으로부터 자유롭지 않다.

이제 많은 제3자 기관에서 제공하는 데이터를 통해 투자자는 투자대상의 위험과 스타일을 파악할 수 있는데, 이는 투자자에게 매우 중요한 작업이다. 수익률이 각각 20%, 12%인 두 펀드와 펀드매니저의 능력을 비교할 때, 투자자는 각 펀드매니저의 스타일 및 그가 감수하는 위험 정도를 충분히 고려해야 한다. 그저 펀드의 총수익만 놓고 비교해서는 안 된다는 뜻이다. 사실 펀드의 위험과 스타일을 통제하고 나서야 비로소 투자자는 서로 다른 펀드매니저의 투자능력을 정확히 비교할 수 있게 된다.

행운

이제 펀드수익의 네 번째 원천인 행운에 대해 이야기해보자. 어떤 펀드의 작년 실적이 좋았던 이유는 단지 운이 좋아서였기 때문일 수 있다. 하지만 이런 행운이 계속 지속되는 것은 아니다. 앞에서 중국 내 사례에 대해 논의한 것처럼, 어떤 펀드도 시장수익률보다 높은 수익을 지속적으로 낼 수는 없다. 또한 미국 레그메이슨의 사례에서도 볼 수 있듯이, 설령 어떤 펀드가 15년 연속 시장수익률보다 높은 수익을 냈다 해서 그것이 앞으로의 15년 동안에도 계속 그처럼 뛰어난 성적을 낼 수 있다는 뜻은 결코 아니다.

앞의 세 가지 요소와 달리 행운의 가장 큰 특징은 예측할 수도, 반복할 수도 없다는 것이다. 올해는 좋았던 운이 내년에는 사나울 수도 있고, 올해는 실적이 탁월하다가 내년에는 그런대로 괜찮을 수도 있다. 펀드 투자수익의 원천을 정확히 이해하지 못한 상태에서 과거 실적에만 관심을 기울이는 투자자는 탁월한 수익을 거두기가 매우 어렵다.

우리 연구팀은 중국 내 매년 10위 안에 드는 주식형, 혼합형 펀드를 골라 이들 펀드가 이듬해에도 탁월한 실적을 내는지 관찰했다. 과거 5년간의 결과에 따르면, 10위권 안에 들었던 50개의 펀드 중 세 개만이 2년 연속 10위권에 들 수 있었다. 확률로 볼 때 탁월한 실적이 지속될 가능성은 대략 10분의 1에도 미치지 못한다. 물론 0보다는 훨씬 높은 비율이지만, 이 사실을 알고 나면 대다수 투자자는 아마 과거 실적을 펀드 선택의 주요 기준으로 사용하지는 않게 될 것이다.

1970년대 미국 학자들과 금융업계 종사자들 역시 이와 비슷한 연구를 한 적이 있다. 미국의 연구에서는 1년, 3년, 5년, 10년간의 데이터를 사용하여 펀드들의 과거 실적을 평가했다. 즉, 어떤 펀드가 1960년대에 보인 실적을 사용하여 이후 10년의 실적을 예측하고, 1970년대에 기록한 실적 데이터에 기반하여 1980년대의 실적을 예측하는 방식으로 진행한 연구였다. 그 결과, 유감스럽게도 과거 일정 기간 동안 펀드가 보인 실적이 이후의 실적을 정확히 예측하는 데 도움이 된다는 증거는 거의 없었다.

개인투자자는 펀드에 어떻게 투자해야 할까

오늘날 개인투자자들은 종종 주도적 또는 적극적 운용펀드를 구매하면서 자신이 선택한 펀드상품의 수익률이 시장수익률을 상회할 뿐 아니라 커다란 수익까지 안겨주기를 기대한다. 하지만 앞서 살펴본 바에 따라, 펀드사는 사실 투자자에게 그저 일종의 편리한 다원화 투자 수단을 제공하는 것에 불과하다는 것을 여러분이 알게 되었기를 바란다. 게다가 펀드사는 서비스 제공자로서 관리비용도 수수한다.

중국 내 많은 펀드투자자들이 펀드를 선택할 때 소홀히 하는 두 가지 중요한 사실이 있다.

첫째, 여러 펀드사를 하나의 전체로 놓고 봤을 때, 펀드사의 실적은 주식시장을 뛰어넘을 수 없다. 이 사실은 중국 데이터에 대한 나의 연구를 포함하여 해외의 많은 연구가 증명한다. 관리비 및 기타 비용을 공제하기 전 펀드사의 평균 실적 또한 시장지수보다 결코 높지 않은데, 이는 보통 투자자들이 고른 펀드의 실적은 시장 전체의 실적과 거의 비슷할 가능성이 높음을 뜻한다. 하지만 많은 투자자들은 이 사실을 간과해버린다.

사실 그 원인은 매우 간단하다. 만약 주식시장에 개인투자자가 없고 모든 개인투자자들이 펀드회사에 돈을 맡겨 관리한다면, 펀드가 보유한 모든 주식은 바로 시장 포트폴리오가 되기 때문에 업계의 실적이 전체 시장의 실적과 같아지는 것이다.

여기에서 언급할 만한 두 가지가 있다. 먼저, 투자능력으로 볼 때 펀드사는 확실히 개인투자자보다 뛰어나다. 이는 곧 펀드의 수익이 시장수익과 일치할 때 일정 정도의 추가수익을 올릴 수 있음을 뜻하는데, 개인투자자는 거래 과정에서 이 돈을 잃게 된다. 바로 이 추가수익이 펀드관리회사의 투자수익을 높이는 것이다.

다음으로, 공모펀드회사는 투자 시 개인투자자보다 훨씬 많은 것에 제한받을 수 있다는 사실을 모두가 반드시 알고 있어야 한다. 가령 개인투자자는 시장상황에 따라 포지션을 비우거나 주가지수선물과 선물옵션을 사용하여 헤지 거래를 할 수 있다. 그러나 채권형, 주식형, 혼합형 펀드를 막론하고 모든 공모펀드는 엄격한 자산분배 요건을 충족시켜야 한다. 주식형 펀드에 보유한 주식은 전체 자산규모에서 차지하는 비율이 80% 이하가 되면 안 되고, 혼합형 펀드의 주식은 전체 투자 포트폴리오에서 차지하는 비율이 65%보다 낮으면 안 된다는 등이 그 예다. 이렇게 많은 제한이 있는 상황에서 주식시장 전체가 하락할 경우, 80%의 주식을 보유한 포지션의 주식형 펀드나 65%의 주식을 보유한 포지션의 혼합형 펀드라면 아무리 담당 펀드매니저의 능력과 테크닉이 뛰어나다 해도 해당 펀드상품의 실적은 주식시장을 따라 대폭 떨어질 것이다. 따라서 공모펀드들은 주식시장 추세에 상당히 큰 영향을 받는다.

투자자의 관점에서 보면 관리비용은 낮으면 낮을수록 좋지만, 펀드사의 입장에서는 그와 정반대로 관리비용이 높을수록 좋다. 이것이 바로 앞에서 살펴본 펀드수수료 요율에 관한 논의가 생기는 이유다. 많은 투자자들은 펀드사가 매년 자신들의 수중에서 수백억 위안에 달하는 관리비용을 가져가는 데 반해 자신은 결국 돈을 벌지 못할 뿐만 아니라 시장 하락에 따라 큰 손실을 입는다고 생각한다.

많은 사람들이 소홀히 여기는 두 번째 중요한 요소는 바로 '투자자는 펀드상품에 투자함으로써 최종적으로 어떤 목적을 달성하고 싶어 하는가'다. 내가 보기에 사실 펀드사와 펀드상품은 투자자에게 저렴하고 간편하면서 상대적으로 다원화된 투자경로를 제공한다. 펀드상품 덕에 투자자는 더 이상 투자에 많은 시간과 에너지를 쏟을 필요 없이 전문가에게 투자를 위탁할 수 있기 때문이다.

만약 투자자가 자신이 다원화된 투자를 하려면 반드시 일정 정도의 서비스 비용을 지불해야 한다는 사실을 인식하면 다음과 같은 두 가지도 분명히 깨달을 것이라고 나는 생각한다. 첫째, 펀드사를 통해 시장수익률을 상회하는 수익을 거두겠다는 것은 비현실적인 생각이다. 이 점에 대해서는 앞에서도 이미 반복해서 강조했다.

둘째, 더욱 높은 수익을 얻기 위해 투자자는 어떤 펀드사가 시장수익률을 상회하는 수익을 얻을 수 있는지 지켜봐야 할 뿐만 아니라 어떻게 하면 자신이 거래비용을 낮춤으로써 순수익률을 높일 수 있을지를 중시해야 한다.

그러나 투자자가 적합한 펀드를 고를 수 있는가의 여부는 해당 투자자가 적합한 펀드사와 펀드매니저 및 시장 진입과 철수에 적합한 시기를 고를 수 있는가에 달려 있다. 나의 연구를 포함한 국제 및 중국내 시장에 대해 이루어진 많은 연구들의 결과에 따르면, 투자자는 주식선택 시 저지르는 많은 실수를 펀드선택 시에도 저지른다는 점을 발견할 수 있다. 이 때문에 투자자들은 펀드에 투자할 때 자기가 기대하는 높은 수익을 얻을 수 없는 것이다.

투자자는 적극형 운용펀드 상품에 대한 투자를 줄이거나 포기하고 소극형 운용펀드 상품에 더 투자해야 한다는 점에 대해 나는 이미 앞에서 설명한 바 있다. 나는 펀드투자자들에게 상대적으로 소극적, 피동적 관리형태를 취하는 지수형 펀드 혹은 ETF형 펀드를 추천한다. 이렇게 하면 투자자는 시장의 서로 다른 분야에 다원화된 투자를 할 수 있고, 또한 ETF형 펀드와 지수형 펀드는 관리비용이 상대적으로 저렴하기 때문에 거래비용을 절약할 수 있을 뿐만 아니라 장기적으로 볼 때 비교적 높은 순수익이 보장되기 때문이다. 많은 펀드투자자들은 자신의 펀드선택 능력 및 투자수익을 맹목적으로 낙관하는데, 이런 과도한 자신감 때문에 쉽게 실수를 저지르기도 한다. 더 자세한 사항은 투자행위에 관해 이야기한 앞부분을 참고하기 바란다.

앞서 언급한 바와 같이, 투자자는 종종 과거 비교적 성공적이었던 사례와 일부 개별적 사례를 근거로 대체적인 추세를 증명하려 한다. 그러나 국내외 많은 연구들은 장기적으로 봤을 때 투자자에겐 좋은 펀드를 고를 능력이 없고, 심지어는 펀드매니저조차 장기적으로 시장에서 수익을 거둘 능력을 갖추지 못한 경우가 있다는 사실을 밝혀냈다. 지속적으로 시장에서 수익을 거둘 능력은 극소수의 펀드매니저들만이 지녔다는 사실을 우리는 역사상의 데이터를 통해 알 수 있다. 개인투자자들은 오로지 충분히 저렴하고 다원화된 투자를 통해 자신의 투자순수익을 최소한 시장 수준과 비슷한 수준으로 유지할 수 있을 뿐이다.

제6장

비이성적인 대뇌

다음 그림의 두 개의 벤치 중 어느 것이 더 길어 보이는가?

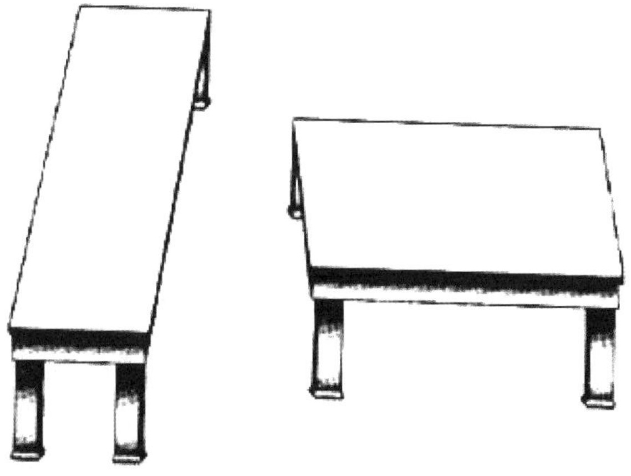

또 다음의 그림에서는 어느 하얀선이 더 길어 보이는가?

이 두 문제의 정답은 모두 길이가 같다는 것이다.

첫 번째 유형의 문제를 이전에 한 번도 본 적이 없는 사람들 중 대다수는 왼쪽의 벤치가 조금 더 길다고 느꼈을 것이고, 두 벤치의 길이가 같을 거라고 생각한 이는 거의 없을 것이다. 어쩌면 정말로 자를 가져와 두 벤치의 길이를 재본 후에야 할 수 없이 두 길이가 정확히 같다는 것을 인정할지도 모르겠다.

모두가 알고 있듯이, 금융학은 상대적으로 젊은 학문분야지만 심리학은 상대적으로 오래된 사회학의 한 연구분야로 이미 150년 정도의 역사를 가지고 있다. 심리학의 주요 연구방법 중 하나는 바로 실험실이나 현실에서의 대규모 실험을 통해 인류의 사유방식과 의사결정 과정을 이해하는 것이다.

첫 번째 그림은 1990년에 셰퍼드Shepherd라는 심리학자가 실험을 통해 발견한 것이다. 중국의 오래된 속담 중에는 "귀로 듣는 것보다 직접 눈으로 보는 것을 믿는다."라는 것이 있다. 그러나 이 간단한 실험을 하고 나면 많은 사람들은 눈으로 직접 본 것도 반드시 사실이 아닐 수 있음을 깨닫는다. 우리가 세계를 인지하는 과정에서 눈으로 보는 것과 실제 세계의 모습 사이에는 격차가 존재할 수 있는 것이다.

두 번째 그림을 봤을 때 사람들은 이미 첫 번째 그림에서 요령을 얻었을 것이다. 대다수의 독자가 눈으로 봤을 때 두 선의 길이가 서로 다르다고 느꼈겠지만 이는 평소에 학습한 '먼 것은 작게, 가까운 것은 크게' 보이는 원리에 영향을 받은 것이라고 의식했을 것이다. 이 두 개의 선이 서로 다르다고 느껴지는 것은 평면상에 나타난 이들의 투시관계, 다시 말해 시각을 통해 얻은 첫 번째 느낌과 이성을 통해 얻은 두 번째 느낌이 내린 결론이 서로 다르기 때문이다. 행동경제학 분야에 대한 뛰어난 공헌을 바탕으로 노벨 경제학상을 수상한 심리학자 대니얼 카너먼Daniel Kahneman의 말을 빌리자면, 인류의 사고는 '빠른' 사고와 '느린' 사고로 나뉜다고 한다. 빠른 사고가 감각기관을 통한 직접적 사고라면, 느린 사고는 이성과 논리를 반영한 사고다. 이 두 가지 사고방식은 많은 경우 사람들에게 서로 다른 영향을 미친다. 일반적으로 빠른 사고는 첫인상으로부터 얻는 것으로, 동물적 본능을 통해 우리가 무엇을 보고 있는지 알려주는 역할을 한다. 두 번째 사고, 즉 느린 사고는 시각신경을 통해 당신이 본 것을 대뇌에 전달하고, 대뇌는 빠르게 이 사고를 처리하여 '원근법'의 오류가 발생했다는 사실을 의식한다. 이때 대뇌는 당신이 본 것에 대한 결론을 조정한다.

또 다른 사례를 들어 보자. 이 그림은 17세기 네덜란드의 매우 유명한 판화가인 에셔Escher의 작품이다. 에셔는 위와 같은 시각적 효과의 판화작품들을 그렸다. 위 그림을 5~10초 정도 보고 있으면 문득 뭔가 맞지 않다는 생각이 들 것이다. 이론적으로 사람은 높은 곳으로 올라가고 물은 아래로 흐르지만, 이 그림에서 이상한 것은 물이 높은 곳과 낮은 곳 사이를 끊임없이 순환하며 흐른다는 것이다. 작가는 물의 높이 변화와 더불어 높이와 거리 사이에서 원근법이 사람의 시각에 미치는 영향을 이용하여 작품을 감상하는 사람들에게 장난을 친다. 이 그림의 구상은 영구기관, 즉 일단 시동을 걸면 영원히 멈추지 않는 만능기계와 비슷한 점이 있다. 많은 유럽인들이 평생 이 기계를 발명하기 위해 시간과 정력, 그리고 돈을 쏟았다. 만약 이 그림에 나온 물의 흐름에 수력발전소를 설치한다면 환경오염과 생태파괴를 전혀 걱정할 필요 없이 한 번 고생해서 평생 동안 에너지를 얻을 수 있을 것이다.

다음 그림에서는 에셔가 사용한 높이와 거리의 투시관계가 더욱 분명하게 그려진 탓에 보는 사람을 놀라게 할 수 있다. 이 그림에는 A라고 적힌 사각형과 B라고 적힌 사각형이 있다. 이번에는 어느 것의 길이가 더 긴지가 아니라, 두 사각형 A와 B 중 어느 것의 색깔이 더 짙은지를 살펴보자.

대부분의 독자들은 이 문제가 매우 황당하다고 느낄 수 있다. 누가 봐도 사각형 A는 거의 검은색에 가깝고, 사각형 B는 흰색에 가깝기 때문에 근본적으로 비교할 필요조차 없어 보이기 때문이다.

그러나 정답은 이 두 사각형의 색이 같다는 것이다. 자기 자신을 설득하기 위한 가장 믿을 만한 방법은 이 두 사각형을 책에서 오려낸 후 비교해보는 것이다. 하지만 그렇게 하지 않아도 두 사각형의 색을 비교할 수 있도록 한 아래 그림을 보자.

비록 형식은 서로 다르지만, 이상의 몇 가지 사례는 우리의 시각과 직감에 근거한 판단이 때로는 믿을 만한 것이 못 된다는 동일한 메시지를 전달한다. '귀로 들은 것은 참이 아니다.'라는 말처럼 청각 또한 시각보다 더 확실하지도 않다. 촉각 역시 중국 역사에 있는 고사故事 "장님이 코끼리를 만진다."를 통해 이미 그 단편성이 드러났다. 후각과 미각은 앞의 세 가지 감각보다 조금 더 정확하거나 확실할 수는 있지만, 아마 투자자와는 큰 관련이 없을 것이다.

만약 우리의 가장 기본적인 감각조차 믿을 만한 것이 아니라면 당연히 우리의 의사결정력, 더군다나 복잡한 투자환경에서의 의사결정 능력에 대해 의문을 가져야 하는 것은 아닐까? 만약 우리 눈앞에 놓인 두 벤치의 길이나 두 직선의 높이와 거리에 대한 판단에 대해서도 충분히 자신감을 가질 수 없다면, 자신이 방문하거나 직접 자료조사를 해본 적이 한 번도 없는 상장기업의 운영현황에 대해서는 더 큰 의

문을 가져야 하지 않을까? 다시 말해, 투자결정을 내릴 때는 더 신중해져야 하는 것이 아닐까?

이제는 다음 그림을 5~10초 정도 응시해보자. 무엇이 보이는가?

여러분 눈에는 완전하지 못한 세 개의 원과 완전하지 못한 삼각형 세 개가 보일 것이다. 그러나 이것 외에 대다수 독자들의 눈에는 거꾸로 서 있는 커다란 흰색 삼각형도 보일 것이다. 비록 이 그림 어디에도 거꾸로 된 삼각형의 경계선은 없지만, 많은 사람들에게 있어 이 그림 가운데 가장 인상 깊은 부분은 이 거꾸로 된 삼각형일 것이다. 왜 그럴까? 이는 우리의 대뇌는 연상을 하면서 애초에 보이지 않는 것을 많이 보거나 아예 존재하지 않는 것들도 보기 때문이다.

이런 일종의 착시 현상을 통해 자신의 투자과정을 한번 돌이켜보자. 우리는 매일 독서, 신문, 인터넷 및 친구들과의 대화를 통해 많은 양의 정보를 접하고 얻는다. 그러나 이런 정보가 진정으로 우리가 경제와 자본시장, 그리고 자신이 사야 할 주식을 정하거나 혹은 이미 산 주식을 더 잘 이해할 수 있게 도와줄까? 어떤 정보는 도움이 되고, 어떤 정보는 도움이 되지 않을 것이다.

예를 들어 어떤 기업의 임원이 가진 관리스타일에 대한 정보는 우리가 해당 기업의 투자가치를 판단하는 데 영향을 줄 수 있다. 그러나 만약 우리가 루머를 통해 그 기업임원이 키우는 반려동물의 이름을 알았다 해도 그것은 해당 기업의 투자가치를 판단하는 데 아무런 도움도 되지 않는다.

투자의 어려움은 어떤 정보가 투자에 정말 도움이 될지 투자자가 사전에 판단하기 어렵다는 데 있다. 조금 전까지 살펴봤던 예시들을 통해 우리의 시각은 착시 현상에 빠져 전혀 존재하지 않는 것들을 보거나 믿게 된다는 점을 인식하길 바란다. 투자하는 과정에서 역시 애초에 존재하지도 않은 것들과 정보를 믿어버리는 오류를 범할 수 있기 때문이다.

마지막으로 다음 그림을 5~10초 응시해보자. 무엇이 보이는가?

어떤 사람에게는 토끼가 보일 것이고 어떤 사람에게는 오리가 보일 텐데, 토끼가 보이다가 오리도 보이는 사람들이 더 많을 것이다. 이 그림은 심리학자와 예술가가 심혈을 기울여 만든 작품인데, 아마 여러분은 내가 이것을 보여주는 목적을 추측할 수 있을 것이다.

똑같은 사물을 눈앞에 보면서도 각도가 다르거나, 정서가 다르거나, 신체조건(눈 주변 근육 피로 등)이 다른 이유로 우리는 그것을 완전히 다른 물건으로 보거나 다른 방식으로 해석할 수 있다. 더욱 재밌는 것은 같은 사물을 놓고도 서로 다른 시간에 따라 완전히 다른 방식으로 볼 수도 있다는 것이다.

주식을 살 때도 마찬가지라서 오늘 보기엔 정말 별로인 주식이 내일은 매우 좋은 투자기회처럼 여겨질 수 있다. 각기 다른 시점에 적용하는 평가방식이 서로 다르기 때문에 같은 주식을 놓고서도 확연히 다르거나 혹은 완전히 상반된 결론에 도달하는 것이다.

앞서 언급한 그림들을 보고 난 뒤 여러분은 자신이 의사결정 과정에서 상상하지도 못했던 결정을 많이 내릴 수 있다는 사실을 이미 깨닫기 시작했으리라 믿는다. 이것이 바로 심리학의 흥미로운 부분이자 심리학이 과거 30년간 경제학자와 금융학자들의 사고방식을 혁명적으로 바꾸어놓은 이유기도 하다. 행동금융학은 심리학을 기초로 투자자들의 서로 다른 행위를 연구함으로써 자본시장과 기업금융의 운용방식을 더 잘 이해할 수 있게 해 준다.

금융학 영역에서도 비교적 새로운 연구분야인 행동금융학은 역사가 이제 겨우 30년밖에 되지 않았다. 그러나 바로 이 30년 동안 이루어진 정보기술의 발전과 세계 금융체계의 변화로 인해 신고전학파 경제학 및 효율적 시장가설 같은 전통적인 경제금융이론으로는 설명되지 않는 현실의 문제가 갈수록 많아지면서 행동금융학은 크게 발전하기 시작했다. 지난 30년간 행동금융학은 금융학 분야의 이단에서 점차 발전하여 현대금융이론의 주요 학파 중 하나로 자리잡았다. 미국 경제학자 버넌 스미스Vernon Smith 교수와 대니얼 카너먼 교수는 행동금융학에 대한 공헌으로 2002년 노벨경제학상을 공동 수상했다. 최근 한 저명한 행동금융학자는 행동금융학이 오늘날 이 정도로 발전한 것은 이미 매우 성공적인 일이라고 말했다. 현대금융학 분야에서는 이미 행동금융학과 비非행동금융학 사이에 명확한 구분이 없어진 상태다. 심리학의 영향과 행동금융학 이론의 발전은 이제 금융학이라는 학문 분야에만 국한되어 있지 않다. 오히려 금융의 각 모든 분야는 이미 은연중에 행동금융학의 이념을 받아들여 활용 중에 있다.

앞에서 소개한 그림들은 인류의 행위에 대한 흥미로운 토론을 지속할 수 있게 해준다. 그럼 이번에는 일상생활과 관련된 사례를 살펴보자.

* 첫 번째 문제: 자신이 다른 많은 사람들과 교실 안에 있다고 상상해보자. 이때 자신이 가진 모든 지식과 이해를 바탕으로, 다른 사람들에 비해 자신의 운전 실력이 상대적으로 어떤 수준인지 가늠해보기 바란다. 당연히 당신은 다른 이들의 운전 실력에 대해 완전히 이해하지 못할 수 있고, 심지어 당신 자신의 실력이 어떤지도 제대로 모를 수 있다. 이 실험의 목적은 바로 여러분이 처한 상황을 완전히 이해하지 못하는 중에도 그 상황에 대한 판단을 내리게 하는 것이다. 의사결정 과정을 단순화하기 위해 여러분에게 다음과 같은 다섯 가지 선택지를 제시하겠다.

1. 나의 운전 실력은 최상위 20%(80~100%)에 속한다.

2. 나의 운전 실력은 상위 20%(60~80%)에 속한다.

3. 나의 운전 실력은 중간 20%(40~60%)에 속한다.

4. 나의 운전 실력은 하위 20%(20~40%)에 속한다.

5. 나의 운전 실력은 최하위 20%(0~20%)에 속한다.

이 교실 실험에서 나는 총 51개의 설문 답안지를 회수했다. 그중 열여섯 명은 최상위 20%, 또 다른 열여섯 명은 상위 20%, 열한 명은 중간 20%, 다섯 명은 하위 20%, 세 명은 최하위 20%에 자신이 속한다고 답했고, 운전을 못한다고 진술한 사람은 두 명이었다. 51명의 응답자 중 32명은 자신의 운전 실력이 평균보다 높다고 생각했고, 자기가 평균 수준에 미치지 못한다고 여긴 사람은 총 여덟 명(운전을 못하는 두 명을 포함하여)이었다.

나는 미국 캘리포니아 대학에서 수년간 교수로 있으면서 이 실험을 여러 차례 반복했는데, 자신의 운전 실력이 다른 모든 학생들보다 못하다고 대답한 응답자는 겨우 한 명뿐이었다. 수업이 끝난 후 나는 이 학생에게 왜 자신의 운전 실력이 가장 형편없다고 생각했는지 물었는데, 학생의 답변은 정말 솔직했다. 그는 자신이 지난 6개월간 벌금통지서를 두 차례 받았고 교통사고를 두 번 냈기 때문이라고 대답했다. 다시 말해 사람들은 부정적인 정보가 이렇게 많아야만 비로소 자신의 운전 실력이 다른 사람들에 비해 못하다는 사실을 인정하게끔 스스로를 설득할 수 있다는 것이다. 물론 이 부분은 문화권이나 국가에 따라 조금씩 다르게 나타날 수 있다. 확실히 과도한 자신감을 드러내는 경향은 중국보다 미국에서 훨씬 강하게 나타났지만, 어느 정도의 과한 자신감을 나타내는 경향은 양국 모두에서 나타났다.

이 실험은 심리학자와 행동금융학자들이 과거 몇 십 년간 가장 많이 수행한 연구 중 하나다. 지능, 시험성적, 외모, 개인적 가치, 자전거 타는 실력 등 어떤 것에 대해서든 해당 분야에서 자신의 수준이 객관적으로 어떤지 평가해보라고 하면 거의 절반 이상의 사람들이 자신이 평균 수준 이상이라고 답하는데, 기본적으로 항상 이 같은 결론이 나온다. 미국 사회학자들의 조사에 따르면 미국인의 약 15%는 자신의 수입이 미국 전체에서 상위 1%에 들어간다고 생각한다. 이를 통해 과도한 자신감은 일상생활에서 보편적인 현상임을 알 수 있다.

많은 독자들은 실험참가자들이 심각할 정도로 정보가 부족한 상황에서 답변해야 한다는 점을 지적할 수 있다. 각 참가자가 반드시 자신의 운전 실력을 정확하게 알 필요는 없고, 다른 참가자에 대해 전혀 알지 못하는 상황에서 자신의 실력이 다른 사람들의 실력과 비교하여 높은지 아니면 낮은지를 비교해야만 하기 때문이다.

바로 이 점, 즉 자신 및 다른 사람들에 대한 정보가 부족한 상황에서 자신과 다른 사람들의 능력을 상대적으로 평가하게 하는 것이 이 실험의 어려운 부분이자 목적이기도 하다. 이것은 투자자가 주식시장에서 투자를 할 때 항상 고려해야 하는 문제와 유사하다. 투자자는 반드시 정보의 정확성과 투자능력에 있어 자기 자신과 다른 투자자들을 비교해야 한다. 여러분은 '때때로 과도한 자신감이 뭐가 나쁘냐'고 말할 수 있다. 예를 들어 창업을 하려는 사람은 반드시 강한 자신감을 가지고 자신이 생각했던 것들을 이룰 방법을 찾아야 하니 말이다.

하지만 잊지 말자. 지나친 것은 모자란 것만 못한 법이다. 스스로에 대한 자신감이 지나친 투자자는 심리학과 행동금융학의 연구대상이 되어야 한다. 이 이야기를 하는 이유는, 결국에는 과도한 자신감도 투자시장에서의 행위와 구조를 반영해야 하기 때문이다. 과도한 자신감이 어떻게 투자자와 기업임원의 투자결정에 영향을 미치는지에 대해서는 다음 장 '행위편차와 투자전략'에서 다시 논의할 것이다.

* 두 번째 문제: 당신 펀드매니저의 과거 3년 실적이 각각 -1.3%, -0.6%, -1.5%라면 올해 당신은 펀드투자를 늘릴 것인가, 아니면 줄일 것인가? 혹은 그대로 놔둘 것인가?

대부분의 참가자(대개는 50%에서 전체의 3분의 2 정도)들은 이 펀드에 대한 투자를 줄이겠다고 답했다. 나머지 참가자의 절대다수(나머지 참가자의 80~90%)는 투자를 그대로 놔두겠다 했고, 거의 10%도 되지 않는 수의 참가자만이 이 펀드에 대한 투자를 늘리겠다고 답했다.

또 다른 실험 환경에서 한 심리학자는 각기 다른 펀드의 수익분포를 바꾸려고 시도했다. 그러나 실적이 0%보다 낮을 경우, 다시 말해 과거 이 펀드의 3년 실적이 손실뿐일 경우 참가자들의 답변은 거의 비슷했다. 이와 반대로 이 펀드의 과거 3년 실적이 모두 이윤을 냈다고 가정하고 참가자에게 "당신 펀드매니저의 과거 3년 실적은 각각 1.3%, 0.6%, 1.5%입니다."라고 말했을 때 참가자들이 보이는 반응은 완전히 반대로 나타났다. 많은 사람들은 이 펀드에 대한 투자를 늘리겠다고 답했고, 아주 적은 수의 사람만이 이 펀드에 대한 투자를 줄이겠다고 답한 것이다. 이와 유사한 실험을 세계 각지의 서로 다른 자본시장과 시장환경(호황 또는 불황)에서 진행한 결과, 연구자들은 서로 다른 연령대의 투자자 그룹을 대상으로 수차례 진행해도 비슷한 결과가 나온다는 사실을 알게 되었다.

이렇게 보면 펀드의 과거 실적이 투자자의 투자결정에 중대한 영향을 미친다는 것을 알 수 있다. 어떤 펀드의 예전 실적을 고려할 때는 해당 펀드를 다른 펀드 또는 시정 전체의 시장수익률과 비교해봐야 한다는 사실을 투자자들은 아마 완전히 잊어버린 듯하다. 이는 펀드매니저가 충분한 경험과 투자이념을 갖고 있는지, 펀드가 과거 수익을 올렸을 때 너무 많은 위험을 감수한 것은 아닌지 등의 정보가 펀드의 수익가능성을 예측할 때 훨씬 큰 도움이 된다는 사실에 대해서도 마찬가지다.

이것이 바로 펀드에 투자할 때는 어떤 요소와 어떤 종류의 정보를 고려해야 하는지 우리가 앞에서 특별히 논의한 이유기도 하다. 어떤 요소가 펀드투자에 도움이 될까? 투자자는 기존 투자를 늘려야 할까, 줄여야 할까, 아니면 유지해야 할까? 펀드투자의 어려움에 대해 논의할 때 우리는 펀드의 과거 실적이 결코 투자자의 수익을 높이는 데 효과적으로 도움이 되지 않음에도 투자자의 펀드선택에 막대한 영향을 미친다는 점을 한층 깊게 분석했다.

* 세 번째 문제: 먼저 자신의 신분증 번호의 마지막 두 자리 숫자를 적은 후, 아프리카에 총 몇 개 국가와 지역이 있는지 맞춰보자. 우리는 실험참가자들을 신분증 번호 마지막 두 자리 숫자가 50 이상인 집단, 그리고 숫자가 50 이하인 집단으로 나누었다. 실험 결과, 50 이하 집단의 평균 예측은 42개 국가였던 반면 50 이상 집단의 평균 예측은 52개 국가였다. 내가 예측한 것과 마찬가지로 통계결과 역시 현저히 다르게 나타난 것이다. 이 실험의 목적은 무엇일까?

여러 해 전에도 이와 유사한 심리학 실험이 있었다. 실험자는 실험 전에 참가자들을 두 집단으로 나누어 한 집단에게는 메이저리그 야구경기를, 다른 집단에는 NBA 농구경기를 보여준 뒤 이들에게 아프리카에 몇 개 국가가 있는지 맞춰보라는 문제를 냈다. 그 결과, 야구경기를 본 사람들이 예측한 국가 개수는 농구경기를 본 사람들의 평균 예측치보다 크게 적었다.

심리학자들은 대체로 비슷한 사람들로 두 실험집단을 구성했으니 이 집단들의 예측과 답안은 비슷해야 한다. 그런데 왜 이 두 집단의 답변은 이렇듯 큰 차이를 보였을까? 관건은 바로 그들이 답변하기 전에 봤던 운동경기가 서로 다른 종류라는 데 있다. 운동을 좋아하는 독자들은 알겠지만 NBA 농구경기 득점수는 적으면 60점, 많으면 100점 정도다. 반면 야구경기는 대개 경기당 득점수가 한 자릿수에 그치고 10점이 넘어가는 경우가 드물다. 그런데 실험참가자는 자신이 본 경기 환경에 자기도 모르는 사이 영향을 받게 된다. 따라서 답변 전 득점 단위가 큰 경기를 본 참가자는 비교적 큰 숫자의 예측치를 내놓을 확률이 높은 반면, 득점 단위가 비교적 작은 환경을 접한 참가자의 예측치는 이보다 낮을 확률이 높은 것으로 나타났다. 이로써 우리는 문제에 답변하거나 결정을 내릴 때 의사결정자가 처한 환경과 사고방식은 그의 판단과 결정을 크게 달라지게 한다는 것을 알 수 있다.

이 실험의 재미있는 점은, 많은 실험참가자들이 실험결과를 이해하기 전까지는 자신의 판단이 이렇듯 쉽게 환경의 영향을 받을 수 있다는 점을 인정하려 하지 않는다는 데 있다. 심리학자들이 오랫동안 여러 국가와 서로 다른 환경에서 이 실험을 반복한 결과, 마침내 많은 사람들은 환경이 의사결정에 무의식적이지만 막강한 영향을 미친다는 사실을 인정하게 되었다.

또 다른 문제를 풀어보자. 이 실험에서는 서로 다른 세 집단 A, B, C의 실험참가자들에게 각각 한 문제씩 풀어보게 하는데, 각 집단에게 주어진 문제는 서로 완전히 다르다.

* A집단: 당신의 친구는 당신에게 장당 200위안인 공연티켓과 200위안짜리 화병을 주었고, 당신의 주머니에도 현금 200위안이 있다. 공연장에 도착한 뒤 당신은 오는 길에 티켓을 분실했다는 것을 알게 된다. 다행히 공연장 입구에는 암표상이 있었는데, 암표상이 파는 티켓과 당신이 원래 가지고 있던 티켓의 좌석 위치들은 매우 가깝다. 암표상은 200위안을 부르고, 당신 또한 이 값을 낼 수 있다. 당신은 과연 암표상에게서 장당 200위안인 표를 사서 공연을 볼 것인가?

* B집단: 당신의 친구는 당신에게 장당 200위안인 공연티켓과 200위안짜리 화병을 주었고, 당신의 주머니에는 현금으로 200위안이 있다. 공연장에 도착한 후, 당신은 오는 길에 현금 200위안을 잃어버렸다는 것을 알게 된다. 당신은 공연을 계속 볼 것인가?

* C집단: 당신의 친구는 당신에게 장당 200위안의 공연티켓과 200위안짜리 화병을 주었고, 당신은 주머니에 현금 200위안이 있다. 공연장에 도착했을 때 당신은 실수로 화병을 깨뜨렸다. 당신은 공연을 계속 볼 것인가?

이렇게 서로 다른 세 가지 가정에 근거하여, A집단 학생 스무 명 중

열세 명은 계속 공연을 보겠다고 답했고, 일곱 명은 암표도 사지 않고 공연도 보지 않겠다고 답했다. B집단의 열다섯 명 중에선 열네 명이 공연을 볼 것이라고 답했고, 한 명만 보지 않겠다고 답했다. C집단의 열네 명은 어떤 영향도 받지 않고 모두 공연을 보겠다고 답했다.

내가 이 문제를 통해 말하고자 하는 바는 무엇일까? 우리는 화폐의 가치, 그리고 화폐가 어떤 형태로 가치를 표출하는지를 각기 다른 방식으로 이해한다. 공연티켓의 가치가 200위안이고 암표상으로부터 다시 티켓을 살 수 있음에도, 티켓을 잃었을 때와 현금을 잃었을 때의 각 상황이 우리에게 미치는 영향은 매우 다르다. 이어지는 부분에서 우리는 투자자가 의사결정 과정에서 위험과 수익에 주목해야 할 뿐만 아니라 그 둘이 어떤 사고방식과 논리적 틀에서 나타나는지에 대해 알아야 한다는 점을 논의할 것이다.

내가 앞의 실험들을 예시로 든 이유는 여러분이 심리학의 연구 과정과 재미를 직관적으로 체험할 수 있게 하기 위해서였다. 이상의 실험을 통해 여러분은 아마도 자신의 의사결정이 얼마나 과학적인지에 대해, 그리고 의사결정 과정에서 직면하는 오류와 어려움에 대해 점차 분명히 이해하게 될 것이다.

심리학이나 행동금융학에서는 실험실 또는 실지조사實地調査의 방식으로 사람들의 의사결정 과정을 연구한다. 설문조사와 실험실 실험의 연구방식이 겉으로는 화학실험실이나 플라스마plasma 가속기 실험실의 실험보다 과학적이지 않아 보이기 때문에 심리학, 특히 사회심리학 연구의 결론은 오랜 기간 동안 엄밀히 과학적인 것으로 받아들여지지 않았다. 이것은 오히려 저녁식사 자리에서 가볍게 이야기할 수 있는 재미있는 화젯거리 정도로만 받아들여지고, 자연과학이나 다른 사회과학 분야에 미치는 영향도 제한적이었다.

하지만 과학기술의 발전에 힘입어 심리학자들도 점점 이런 연구방법론의 결점을 극복해나갔고, 비교적 선진적인 심리학 실험실에서는 매우 흥미로운 연구방법들이 등장하기 시작했다. 오늘날 점점 더 많은 심리학 실험은 단순히 문제를 풀게 하는 데 그치지 않고, 실험참가자가 문제를 풀 때 그 사람의 대뇌에서 정보를 처리하는 부위를 추적하고 관찰하는 방식을 취한다. 또한 현대 의학에서 점차 광범위하게 사용되는 자기공명영상기술$_{\text{MRI}}$ 역시 심리학 연구에서 갈수록 많이 사용되고 있다. 가령 실험참가자에게 아이스크림을 먹게 하는 동시에 그 사람의 대뇌를 스캔함으로써 대뇌의 어느 부위가 흥분하는지 연구하는 식이다. 그렇다면 투자로 수익을 얻었을 때와 잃었을 때는 각기 대뇌의 어느 부분이 흥분할까? 이런 객관적인 연구방법을 사용함으로써 심리학은 우리 대뇌의 생리활동을 과학적으로 분석할 수 있다.

과학기술의 발전은 확실히 심리학이 흥미로운 현상을 많이 발견하는 데 도움이 되었다. 스탠퍼드 대학교의 심리학자 두 명은 투자가 이루어지는 과정에서 투자자의 대뇌를 MRI 기술로 스캔하는 방식을 통해 매우 흥미로운 결론을 얻었다. 이들은 딜러가 거래를 할 때 대뇌에서 흥분하는 부위는 정신분열증 환자가 발병했을 때 흥분하는 부위와 매우 가깝다는 사실을 발견했다. 이 두 유형의 사람들 사이에서 나타나는 능력이나 훈련 정도의 차이는 제쳐두더라도, 전문 투자자들을 포함한 적지 않은 독자들은 이 발견에 큰 흥미를 느꼈고 심지어 이 연구결과를 수긍한 전문 딜러도 많았다.

하지만 이 현상을 어떻게 해석해야 할까? 심리학, 경제학, 금융학 등 많은 사회과학 분야의 학문들은 모두 해석과학, 다시 말해 과학자가 반드시 발견을 기초로 현상에 대한 합리적인 해석을 도출해야 하는 학문이다. 우리는 종종 어떤 현상을 발견하지만 그 현상의 원인을 100% 완벽하게 설명하기가 매우 어렵다. 같은 발견을 두고도 해석이 분분할 수 있기 때문에 심리학과 행동경제학은 초기에 어떤 중대한 발견을 두고도 일치된 결론에 도달할 수 없었다. 이것은 심리학과 행동금융학이 다른 영역에 더욱 큰 영향력을 발휘할 수 없었던 원인 중 하나이기도 하다.

앞서 말한 스탠퍼드 대학교의 두 심리학자는 자신들의 발견에 대해 굉장히 설득력 있는 해석을 내놨다. 그들은 '딜러가 거래를 할 때 대뇌에서 가장 흥분하는 부위는 곧 대뇌에서 위험 판단을 관장하는 부위'라고 설명했다. 즉, 투자는 위험을 판단하고 감수하는 것과 관련되는 일이라는 것이다. 좋은 딜러의 가장 중요한 덕목은 침착함이다. 100만 달러를 잃든 벌든 딜러는 그것이 자신과는 상관없는 것처럼 냉정해야 하고, 이처럼 위험을 대범하게 바라보는 태도를 가져야만 매번 다른 시장환경에서 위험과 수익을 정확히 이해하고 판단할 수 있다. 돈과 명예를 추구하는 마음을 극복해야만 좋은 딜러가 될 수 있고 더 많은 돈을 벌 수 있다는 것은 많은 성공한 딜러들도 인정하는 부분이다.

이상의 흥미로운 실험을 통해 우리는 인간의 행위에 어떤 경향과 오류가 있는지 살펴봤다. 다음으로 우리는 이런 경향과 편차가 투자결정과 결합되면 투자자가 투자과정 중 어떤 오류들을 쉽게 범할 수 있는지에 대해 알아보고자 한다. 투자하는 과정 중에 이런저런 오류를 범하는 것은 개인투자자만이 아니다. 전문 투자자, 기업임원이나 CEO, 정부 관계자들 역시 경제금융과 관련된 의사결정 과정 중에 이성적이지 못한 모습을 보인다. 다음 장에서 나는 인간의 행위와 관련된 더 많은 연구분석과 성과, 그리고 인간의 이런 기본 행위가 투자자, 특히 개인투자자의 생각과 행동에 어떤 영향을 미치는지에 대해 이야기해 보려 한다. 이런 연구를 통해 여러분이 인간의 행동에서 나타나는 오류나 시스템적인 오류뿐 아니라 더 나아가 이런 착오가 우리의 투자 결정, 투자실적, 그리고 금융시장 전체와 세계 금융체계의 효과성 및 안정성에 어떤 영향을 미치는지 이해할 수 있기를 바란다.

행동의 오류와 동물적 본능의 보편성 때문에 우리는 행동경제, 행동금융학과 관련된 화제에 주목해야 한다. 왜냐하면 우리가 직접 경험한 주식시장 변동, 투자수익, 높은 집값, 인플레이션, 민간대출 및 다음 단계의 중국 경제발전 모형 등의 전환에서 발생하는 많은 문제는 서로 다른 의사결정자가 수립한 경제금융 정책과 밀접한 관련이 있기 때문이다.

제7장

행위편차와 투자전략

과도한 자신감과 통제의 환상

이번 장에서는 독자 여러분과 몇 가지 중요한 주제를 다뤄보려 한다. 첫 번째 주제는 가장 많이 논의되고, 심리학과 행동금융학에서 가장 많이 연구된 분야인 '과도한 자신감과 통제의 환상'에 관한 것이다. 우리는 일련의 실험을 통해 사람들이 자신의 능력을 정확히 판단할 수 있는지, 만약 그럴 능력이 없다면 이것이 투자행위와 투자실적에 어떤 영향을 미치는지 살펴볼 것이다.

과도한 자신감에 대해 앞 장에서 다뤘던 논의를 떠올려보자. 우리는 80% 정도의 사람들이 자신의 수준은 보통 이상이라고 여긴다는 점을 발견했다. 이런 맹목적인 자신감은 자전거 실력이나 운전 실력, 또는 낚시 등과 같은 활동에 그리 큰 영향을 끼치지 않는다. 서로 다른 참가자가 같은 환경에서 경쟁하는 것이 결코 아니기 때문이다. 운전 실력이 뛰어난 사람은 그저 조금 더 빨리 운전할 수 있고, 운전 실력이 좋지 않으면 그저 조금 느리게 운전할 뿐이다. 낚시를 잘하는 사람은 하루 만에 큰 수확을 거둘 수 있고, 낚시가 서툰 사람은 그저 빈 손으로 돌아갈 뿐이고 말이다.

하지만 투자는 다르다. 투자는 어느 정도 경쟁적인 요소를 가진 '스포츠'라고 볼 수 있다. 각각의 투자자들은 자본시장에서 자신의 능력을 펼쳐 보이며 누가 투자를 통해 성공하는지 비교한다. 이 경기는 투자능력이 뛰어난 투자자는 돈을 벌고 투자능력이 떨어지는 투자자는 돈을 잃는, 매우 간단한 구조다.

파생상품시장, 예를 들어 중국이 2007년 출시한 주식워런트증권[Equity Linked Warrent, ELW, 일정한 시기에 일정 수의 주식을 일정 가격에 살 수 있는 '권리(워런트)'가 주어진 유가증권_옮긴이] 시장과 2009년 출시한 주가지수선물시장 등에는 모두 공통된 특성이 있으니, 바로 거래 과정이 '제로섬 게임'이라는 것이다. 제로섬 게임이란 뭘까? 거래비용(거래소 수수료와 중개회사 수수료)을 고려하지 않고 생각해보면, 파생상품시장에서 돈을 버는 사람이 있으면 반드시 돈을 잃는 사람이 존재하고, 돈을 번 사람이 얻은 금액만큼 다른 사람들은 돈을 잃는다는 것, 즉 수익과 손실이 평형 상태를 이룬다는 것이 제로섬 게임이다. 이런 의미에서 볼 때 파생상품시장은 직접 가치를 창출하지 않을 뿐 아니라 그저 위험분산 및 자산의 이전과 재분배를 담당할 뿐이다. 물론 자본시장은 도박장이 아니기 때문에 자산의 재분배는 자본시장에 모인 정보를 바탕으로 한 가격결정과 위험분산 등 중요 목적의 부산물에 불과하다. 그러나 이 부산물의 결과는 투자자, 특히 개인투자자가 자신의 투자행위를 결정하는 데 있어 매우 중요하다.

이유는 매우 간단하다. 도박꾼은 도박장에 갈 때 반드시 자신의 상대가 누구인지 생각하기 마련이다. 경험 있는 도박꾼은 슬롯머신은 피하고 실제 사람을 상대로 할 것이고, 도박 게임을 선택할 때에도 상대가 자신보다 실력이 비교적 약한 편인지를 고려할 것이다. 만일 같은 테이블에 있는 사람들의 실력이 자기보다 우월하다고 생각되면 도박꾼은 자신이 할 수 있는 가장 합리적인 선택, 즉 그 판에 참여하지 않겠다는 선택을 내릴 것이다.

파생상품시장의 헤지 요소를 고려하지 않는다는 전제하에서, 투자자는 파생상품시장에 진입할 때 이와 유사한 생각을 할 것이다. 다시 말해 자신의 투자능력이 다른 투자자들과 비교했을 때 어떤 수준인지를 고려할 것이라는 뜻이다. 만약 자신의 능력이 남들보다 낫다고 판단되면 그는 당연히 매우 자신 있게 시장에 들어가 자본시장을 마치 자신의 개인은행처럼 만들며 돈을 벌어들일 것이다. 그러나 자신의 투자능력이 시장에서 평균 수준이라고 판단되면 합리적인 선택, 즉 시장에 진입하지 않음으로써 노련한 투자자의 '봉'이 되지 않는 쪽을 선택할 것이다. 그렇지 않으면 자본시장을 자신의 개인은행처럼 만들 수 없을 뿐만 아니라 오히려 자기 자신이 바로 자본시장의 자동인출기로 전락해버릴 테니 말이다.

그 외에도 파생상품시장과 도박장에는 서로 유사한 점이 또 있으니, '대수의 법칙을 따른다'는 것이 그것이다. 도박과 거래는 횟수가 거듭됨에 따라 도박꾼의 운수와 투자자의 실력을 점차 드러나게 한다. 어떤 도박꾼은 운이 좋으면 연전연승을 거듭한다. 하지만 제때 멈추지 않으면 딴 돈을 전부 잃거나 심지어는 가산을 탕진할 수도 있다. 투자자 역시 마찬가지다. 어떤 투자자는 시장에 막 진입했을 때 운이 매우 좋았던 덕에 자신의 투자능력이 뛰어나다는 착각을 하게 된다. 그러나 머지않아 대부분의 개인투자자들은 점차 자신이 뛰어난 능력 때문에 실적을 올린 게 아님을 깨닫게 된다. 수많은 개인투자자들과 투자이념에 대해 이야기하면서 내가 가장 많이 들은 말은 바로 "내가 투자했는데도 꽤 괜찮더라고요!"였다. 사실 앞에서 살펴본 많은 사례들이 증명하듯 이런 생각을 가진 투자자는 여러 이유로 자신의 투자수익을 잘못 예측했거나 투자를 시작한 지 얼마 안 됐을 가능성이 높다. 그러나 설령 투자자가 자신의 투자실적을 잘못 예측하는 경향이 있다 해도, 투자자의 행위에 대한 연구와 데이터 분석은 매우 객관적이라는 점을 믿기 바란다.

물론 투자자에게 있어 자본시장은 도박장보다 못한 측면도 있다. 우선 자본시장에서 거래하는 과정에는 거래비용이 발생하고, 이로써 일차적인 자산이동이 이루어진다. 투자자는 거래소와 증권사 수수료를 지불해야 하기 때문에 자신의 자산 중 일부를 거래소와 증권사에 내놓는다. 투자자에게 있어 이것은 경제학에서 말하는 거래비용이 발생한 상황이다. 개인투자자가 돈을 버는지의 여부와 관계없이 이 돈은 반드시 지불해야 하는 비용이다. 투자자가 100위안을 자본시장에 투입했다고 가정하면 그중 일부는 거래소와 중개회사가 각각 수수료 명목으로 떼어가고, 투자자의 자산관리를 도와주는 공모 및 사모 펀드들 역시 일부를 관리비로 가져간다. 결국 100위안 중 자본시장에 투입되는 것은 나머지 95위안이다. 이 때문에 이것은 제로섬 게임이 아니라 제로섬 게임보다 훨씬 돈을 벌기 어려운 구조인 것이다.

둘째, 도박은 타짜가 등장하지 않는 한 매우 단순한 무작위적 과정을 거치기 때문에 운이 좋은 도박꾼도 있는가 하면 운이 나쁜 도박꾼도 있다. 또한 참가자 모두의 능력이 다를 수는 있지만 주어진 정보에 있어서는 차이가 없다. 하지만 자본시장은 이와 달라서 어떤 투자자

(대부분의 경우엔 기관투자자와 헤지펀드 등)는 더 정확한 정보를 더 많이, 더 빨리 얻기 때문에 다른 투자자들보다 훨씬 유리한 위치에서 거래를 할 수 있다. 이런 요소들을 고려했을 때, 나는 투자실력이 전혀 없는 투자자가 자본시장에서 돈을 벌 가능성은 그 사람이 도박장에서 돈을 딸 가능성보다 낮다고 생각한다.

셋째, 대부분의 국가에서는 카지노를 공개적으로 홍보할 수 없다. 싱가포르의 경우 외국 관광객은 무료로 카지노에 입장할 수 있지만 자국인은 비싼 입장권을 사야만 입장을 허용하는 정책을 시행한다. 이 정책의 목적은 자국민의 도박 참여를 억제하는 것이다. 그러나 자본시장은 이와 다르다. 주식시장 투자와 관련된 신문 및 TV 프로그램의 수를 생각해보면 이 사회의 얼마나 많은 사람들과 기업들이 투자자, 특히나 개인투자자의 거래를 권장하고 있는지 알 수 있다. 이유는 단순하다. 이 업계를 지탱해주는 물주가 바로 투자자고, 투자자의 거래가 이 업계 수입의 원천이기 때문이다. 그러므로 '자신의 투자능력을 제대로 파악하지 못하는 수많은 개인투자자들이 다른 속셈을 가진 사람들로부터 '주식의 신' '주식 천재'라는 찬사를 받으며 자본시장에서 그들의 '인간 현금인출기'가 되는 것도 이상한 일은 아니다.

이것은 투자자가 자신의 투자능력을 판단함에 있어 과도한 자신감을 드러내는 이유가 되고, 더 나아가 투자자의 수익에 직접적인 영향을 미치기도 한다. 만약 개인투자자가 자신 및 다른 투자자의 투자능력을 분명히 이해한다면 자본시장에 진입할지의 여부도 아마 정확히 선택할 수 있을 것이다. 그러나 우리가 앞에서 논의한 것처럼, 대부분의 투자자는 자신의 투자능력도 제대로 측정하지 못할 뿐 아니라 다른 이들의 능력에 대해서도 거의 알지 못하기 때문에 투자과정에서 종종 맹목적인 자신감을 보이는 것이다. 앞서 우리가 살펴본 것처럼 투자자의 80%는 자신의 투자능력이 시장의 평균 수준보다 높다고 생각한다(당연히 이것은 불가능하다. 평균치는 대체로 모든 사람들을 똑같이 둘로 나누므로, 실제로는 50%의 투자자만이 시장 평균 수준보다 뛰어난 능력을 가질 수 있기 때문이다).

그러나 개인투자자에게 있어 더욱 힘든 점은 바로 자신들끼리만 경쟁하는 것이 아니라는 것, 다시 말해 자신들보다 훨씬 경험이 많고, 더 잘 훈련되어 있으며, 더 많은 자원을 가진 데다 위험감수 능력도 뛰어날 뿐 아니라 오히려 위험을 감수하고 싶어 하는 전문 투자자 및 기관투자자들과 경쟁해야 한다는 데 있다.

투자 시 개인투자자가 반드시 의식해야 할 것이 있다. 다름 아닌 "나는 나와 비슷한 수준의 개인투자자들뿐 아니라 나보다 경험 많은 개인투자자, 거액투자자, 많은 증권사와 사모펀드들과 거래하는 것"이라는 점이다. 다른 유형의 투자자와 비교했을 때 개인투자자는 실력, 정보, 투입 가능한 시간과 에너지 등 모든 방면에서 결코 유리하지 않다. 이 점을 의식한다면 개인투자자는 자신의 수익이 다른 투자자들의 수준에 다다르거나 그것을 넘어설 수 있는지, 또 시장 평균 수준에 다다를 수 있는지를 반드시 고려해야 한다. 만일 여러 면에서 시장 평균 수준에 미치지 못하는 투자자라면 예상 투자수익 역시 시장 평균 수준보다 낮을 것이다. 다시 말해 장기적으로 보면 그 사람은 시장에서 돈을 잃고, 다른 투자자들은 그 사람이 잃은 돈만큼을 벌어가는 셈이다. 이 논리를 명확하게 파악한 개인투자자라면 아마 자본시장에 투자하지 않을 것이다. 이는 개인투자자 본인에게뿐 아니라 자본시장과 전체 사회에도 좋은 결과를 가져다준다. 그리고 선물시장과 파생상품시장은 과도한 자신감이 가지는 문제를 드러내는 데 매우 적합한 사례다.

주식시장의 문제는 이보다 조금 더 복잡하다. 만약 2007년에 한 투자자에게 투자실적이 어떤지 물어봤다면 그는 아마 아주 좋다고 답했을 것이다. 왜냐하면 2007년 한 해는 보기 드문 호황기였고 덕분에 모든 사람들이 돈을 벌었기 때문이다. 그러나 2008년에 같은 질문을 던졌다면 투자자는 자신의 실적이 아주 나쁘다고 답했을 것이다. 극심한 불황기였던 그해에는 모든 사람들이 돈을 잃었기 때문이다. 이렇듯 모든 사람이 동시에 돈을 벌거나 잃을 수 있으므로 주식시장은 제로섬 게임이 아니다. 주식거래를 하지 않는 내 친구 한 명은 호황기였던 2007년 당시 내게 "네가 번 돈은 도대체 어디에서 온 거야?"라고 물었다. 친구가 특히나 관심을 보이며 던진 질문은 "나한테 설명 좀 해줘. 네가 번 돈이 내 돈인 건 아니야?"였다.

주식시장과 파생상품시장 간의 가장 큰 차이점은 바로 후자는 가치를 창출할 수 없지만 전자는 그것이 가능하다는 데 있다. 가치에 대해 객관적으로 이야기할 때 대부분의 경우는 주식시장이 아닌, 상장된 기업의 이윤에서 창출된 가치를 뜻한다. 물론 단기적인 변동에 의해 가치가 '띄워진' 경우도 적지는 않다.

만약 주가지수가 1,000에서 6,000으로 오르면 가치가 많이 창출된 것이고, 주식시장의 사람들 모두가 이 과정에 참여했기 때문에 많든 적든 이로 인한 이익을 얻는다. 그러나 6,000이었던 주가지수가 2,000까지 떨어지면 가치도 많이 사라지고, 주식시장의 사람들은 모두가 이 과정에 참여했기 때문에 많든 적든 손실을 입게 된다.

이것이 바로 위험이다. 누군가는 은행예금에 투자하는가 하면 또 다른 누군가는 주식에 투자를 하는데, 이런 선택은 곧 그 투자자의 위험선호도를 반영한다. 수익만 놓고 보면 주식투자 쪽이 평균적으로 은행예금보다 높다. 부분적으로는 주식시장의 위험이 은행에 돈을 맡겼을 때의 위험보다 크기 때문이다. 투자자들을 끌어모으기 위해 주식시장은 투자자에게 반드시 높은 수익을 가져다줘야 한다. 투자가 수익을 거둘 수 있을지 판단할 때는 단순히 수익이 0보다 클 것인가만 생각해서는 안 되고, 이렇게 큰 주식시장의 위험을 감수한다는 전제로 자신이 거둘 수 있는 수익이 시장 평균 수익, 은행이율과 비교하여 높은지 아니면 낮은지를 고려해야 한다.

우리는 과거 미국 연방준비은행의 데이터를 이용한 실험을 통해, 미국 개인투자자 대부분은 자신의 실적이 전체 시장의 평균 수준보다 높다고 생각한다는 사실을 발견했다. 중국 학자들 역시 투자자들의 행위를 조사한 중국 증권업협회의 결과를 통해 이와 유사한 결과를 얻었다. 실제로 많은 개인투자자들은 자신의 실적에 대해, 특히 그것을 시장 전체의 실적과 비교했을 때 어떤 수준인지를 제대로 모른다. 많은 투자자들은 자신이 작년 주식시장에서 얼마를 벌었는지 혹은 잃었는지에 대해 정확히 답변하지 못했고, 작년 시장상황에 대해 아는 것도 거의 없었다. 일부 투자자들은 심지어 자신이 작년에 시장수익률을 상회했는지 하회했는지도 몰랐고, 자본시장에서 얼마나 많은 사람들이 시장수익률을 상회 또는 하회할 수 있는지에 대해서 또한 전혀 이해하지 못했다.

미국에서 수행한 연구 및 중국 A주 시장 투자자의 실적을 대상으로 한 연구에서 우리는, 각 국가의 자본시장에서 5~10년의 기간 동안 지속적으로 시장수익률을 상회하는 수익을 거둔 투자자는 겨우 5~10%

에 불과하다는 것을 발견했다. 이 연구에서 투자자 30~40%의 실적은 시장 평균 수준보다 현저히 낮았고, 나머지 절반 정도를 차지하는 투자자들은 시장과 대체로 비슷한 수준의 수익을 올렸다.

그러므로 절대다수의 투자자들에게 있어 시장에서 승리하기란 매우 어려운 일이다. 많은 투자자들은 자신의 투자능력과 시장 평균 투자능력을 분명히 알게 된 뒤 과감하게 주식시장 진입을 포기한다. 대다수 개인투자자에게 있어 가장 간단하고 저렴한 거래방식은 지수형 펀드에 투자하거나 혹은 그보다 훨씬 매력적인 ETF형 펀드에 투자하는 것이다. 투자에도 저렴한 것이 있냐고? 물론이다. 비슷한 수준의 수익을 얻는다는 전제라면 거래비용이 낮을수록 투자자가 남기는 순수익이 높아지기 때문에 저렴한 투자라 할 수 있다. 설령 비용을 공제하기 전이라도 공모펀드 업계 전체가 시장수익률을 상회할 수 없다는 것은 세계의 모든 학술연구가 증명한 바 있고, 이 점에서는 중국도 예외일 수 없다. 공모펀드조차 시장수익률을 넘을 수 없는데 투자자는 왜 펀드회사에 높은 관리비용을 지불해야 하는 걸까? 왜 관리비용은 더 낮고 수익은 비슷하게 가져다주는 지수형 펀드나 ETF형 펀드에 투자하지 않는 걸까?

후자의 관리비용은 펀드회사의 거래비용과 수수료보다 절반 이상 낮기 때문에 개인투자자에게 매년 0.5~1% 정도의 순이익을 더 남겨준다. 해외시장에서는 지수형 펀드 비교 시 해당 펀드의 실적이 아니라 그 펀드가 따라가야 할 종목 지수를 긴밀하게 잘 따라가는지의 여부를 기준으로 삼는다. 이런 측면에서 보면 지수형 펀드 간의 수익 차이는 매우 적기 때문에 서로 다른 지수형 펀드상품은 브랜드와 서비스 및 비용으로 경쟁한다.

만약 한 지수형 펀드의 어느 해 실적이 그 펀드가 따라가야 할 종목 시장보다 훨씬 뛰어날 경우, 미국이라면 그 상품의 펀드매니저는 발탁되지 않을 뿐 아니라 오히려 일자리를 잃을 수도 있다. 왜 그럴까? 그에게 주어진 투자목표는 시장수익률을 상회하는 것이 아니었기 때문이다. 많은 사람들이 '돈을 더 많이 벌 수 있는데 왜 굳이 더 벌지 않느냐'고 물을 수 있는데, 그 이유는 이렇다. 첫째, 이것은 지수형 펀드의 위험선호에 해당되지 않고(모두들 시장 평균 수준의 위험만 감수하며 시장 평균 수익을 얻고 싶어 한다) 둘째, 첫해에 이렇게 좋은 성적을 냈다고 해서 내년에도 같은 성적을 낸다는 보장은 없기 때문이다. 내년에 손실을 내면 어떻게 할 것인가?

중국의 많은 지수형 펀드는 모두 초과수익률(알파)을 기록하고 시장에서 승리를 거두고 싶어 하지만 외국에서는 그럴 수 없다. 비록 현재 중국 내 상황은 여전히 이성적이지 않지만 앞으로는 점차 외국과 비슷한 방향으로 발전할 것이다.

만약 중국의 개인투자자들이 다른 투자자들과 경쟁할 자신은 없어도 중국 경제와 중국 기업의 수익능력에 대한 믿음을 갖고 있다면, 이들은 펀드에 투자하는 방식으로 주식시장에 참여해야 할 것이다. 투자를 잘하지 못하는 투자자에게 있어 최선의 선택은 비용이 낮으며 시간이 적게 들고 간단한 지수형 펀드와 ETF형 펀드에 투자하는 것이다.

계획 과정에서 자주 나타나는 행위 오류 중 과도한 자신감과 관련된 것으로는 노벨 경제학상 수상자인 카너먼 교수가 '계획 오류'라고 부른 행위방식이 있다. 카너먼 교수와 그의 파트너는 아무리 경험 많은 사람이라 해도 과제에 소요되는 시간을 종종 과소평가하는 경향이 있다는 사실을 발견했다. 이후 그는 다른 종류의 과제 및 서로 다른 실험군으로 실험한 결과 이 현상이 매우 보편적이라는 사실을 알아냈다. 후속연구 뒤 카너먼 교수는 2003년 한 걸음 더 나아가, 인간은 앞으로 발생할 일이 가져다줄 혜택과 수익은 과대평가하는 동시에 그런 일이 가져올 비용과 어려움은 과소평가하는 보편적인 행동편향을 보인다고 발표했다.

심리학의 측면에서 볼 때 이는 확실히 인류가 보편적으로 체험하는 심리상태에 해당하고, 또 우리의 현실생활에서 나타나는 많은 현상을 설명해주기도 한다. 가령 어떤 사람들은 자신이 그렇게 바라던 목표가 실제로 실현되고 나면 그 목표를 달성하는 것이 그리 대단치 않다고 느끼게 된다. 이런 현상은 사람들이 종종 미래의 혜택을 과대평가하기 때문에 발생한다. 마찬가지로 수많은 기업임원들은 기업인수를 진행할 때 전체 과정에서 나타날 수 있는 종합적인 측면의 문제점에 대해서 보다는 두 기업의 합병으로 얻을 수 있는 시너지 효과에 신경을 많이 쓴다. 이것은 왜 인수합병이 투자자에게 결코 좋은 수익을 가져다주지 않는지를 설명해주는데, 이에 대해서는 뒤에서 논의할 것이다.

이런 행동편향의 원인으로는 다음과 같은 몇 가지가 있다. 첫째, 수많은 비현실적인 목표에 대해 사람들은 편향된 환상을 갖는다. 둘째, 투자자는 자신이 어떤 일을 통제하고 파악할 수 있는지를 정확히 판단하지 못한다. 앞서 언급한 통제의 환상과 마찬가지로, 사람들은 항상 자신이 어떤 일을 결코 진정으로 통제할 순 없다 해도 비교적 많은 통제권을 갖는 것이 유리하다고 느낀다. 셋째, 사람들은 자신이 원치 않지만 분명 발생 가능성이 있는 결과를 외면한다. 예를 들어 기업임원은 이 인수거래가 실패하거나 그 과정 전체가 매우 힘들 수 있다는 사실을 알고 있지만, 전체적인 의사결정을 할 때면 자신도 모르게 무의식적으로 좋지 않은 결과가 발생할 가능성을 무시한다. 이것은 매우 보편적인 현상이다. 이런 원인은 사람들이 왜 앞으로 발생할 일의 장점을 과대평가하고, 그 일이 가져올 비용과 문제점은 과소평가하는지를 설명해준다.

생리학에서는 이 과도한 자신감 현상을 어떻게 설명하는지 여기에서 잠시 보충하고자 한다. 사회심리학과 해부심리학에서는 사람이 비교적 긍정적이거나 긍정편향적인 판단을 유지하는 이유는 상당 부분 자신의 생리적·심리적 건강을 지키기 위해서라고 이야기한다. 학자들은 실험을 통해 비교적 자신감이 높은 사람들은 더 행복해하는 경향이 있고 전체적인 정신상태도 좋으며 건강하다는 사실을 발견했다. 반대로 상대적으로 비관적인 사람이나 스스로에 대해 낙관적이지 않은 이들은 쉽게 우울해하거나 낙담하는 경향을 보였다. 따라서 과도한 자신감은 사람의 뇌가 스스로를 더욱 기쁘고 건강하고, 유쾌한 기분을 유지할 수 있도록 만들어낸 일종의 환상이다. 이는 사실 잠재의식 또는 생리적인 원인에 의한 것으로, 인간이 자기 자신을 낙관적으로 볼 수 있게 하기 위한 것이다. 이처럼 과도한 자신감은 매우 뿌리 깊은 것이라서 이에 따른 영향을 받지 않는다는 것은 무척 어려운 일이다.

심리건강에 관한 연구 외에도, 높은 자신감 또는 스스로에 대한 긍정적인 태도는 생리적인 건강에 매우 큰 도움이 된다는 연구결과가 있다. 미국 연구자들은 과거 에이즈 바이러스에 감염된 환자들을 대상으로 한 실험에서 상대적으로 자신감이 높고 긍정적인 태도를 가진 환자들이 치료 후 건강상태가 확실히 좋아지고, 에이즈를 극복할 가능성도 비교적 높다는 사실을 발견했다. 이것이 바로 과도한 자신감의 좋은 점이다.

하지만 앞에서 우리가 논의한 것처럼, 금융투자 방면에 있어서 과도한 자신감은 확실히 좋지 않은 영향을 미친다.

첫째, 과도한 자신감으로 인해 투자자는 자신이 할 수 없는 수많은 일에 대해서도 자기가 해낼 수 있다고 생각하게 된다. 개인투자자는 자신이 투자를 통해 쉽게 수익을 거둘 수 있을 것이라 여기지만, 실제로 투자를 해보면 이 일이 자신이 생각했던 것보다 훨씬 어렵다는 사실을 알게 된다.

둘째, 투자자는 과도한 자신감으로 인해 지나치게 높은 목표를 설정한다. 가령 시장 전체의 수익률이 20% 미만이고 수많은 펀드매니저 또한 20%를 달성하지 못하는데도 자신은 매년 20%의 투자수익률을 거둘 수 있을 것이라고 생각하는 것이 그 예다. 그리고 이 목표를 달성하지 못하면 투자자는 자신의 투자가 실패했다고 생각하면서 투자를 포기한다. 이는 상당히 안타까운 현상이다. 이렇게 투자를 포기해버리는 투자자 중 일부는 실제로 괜찮은 투자자일 수 있음에도, 비현실적인 목표를 설정한 탓에 스스로를 실패한 투자자로 여기고 투자를 그만두기 때문이다.

셋째, 사회생활 중에 과도한 자신감을 드러내는 사람의 주변인들은 모두 그 사람과 교제하고 싶어 하지 않는다. 이런 측면에서 만약 당신이 과도한 자신감을 가진 사람이라면, 주변 사람들은 당신이 하는 말 한 마디, 당신이 하는 행동 때문에 당신을 별로 좋아하지 않게 될 수도 있다.

넷째, 과도한 자신감은 스스로에게 상처를 줄 가능성도 있다. 만약 당신이 스스로를 정말 대단한 사람이라고 여기다가 실제로 투자하는 과정에서 자신이 대단치 않다는 것을 깨닫고 나면 자기 회의에 빠질 수 있기 때문이다.

사유의 틀

과도한 자신감에 대해 논의했으니 이제 사유의 틀이 우리가 사유하는 과정 및 결과에 미치는 영향에 대해 살펴보자. 먼저 다음 문제들을 풀어보자.

문제 1: 어떤 쥐가 발이 두 개일까?
 - 정답: 미키마우스
문제 2: 어떤 오리가 발이 두 개일까?
- 정답: 모든 오리

그런데 두 번째 문제에 대해 '도널드 덕'이라고 답하는 사람들이 항상 있다. 이것이 바로 앞서 언급했던 '빠른 사고'와 '느린 사고'의 예다. 만약 문제 1에서 '어떤 오리가 발이 두 개일까?'라고 물었다면 거의 모든 사람들이 '모든 오리'라고 답했을 것이다. 그러나 내가 문제 1에서 함정을 파서 여러분의 뇌를 디즈니Disney의 세계로 끌어들였기 때문에 많은 사람들은 문제 2를 보고 비록 입 밖으로 내지는 않았다 해도 머릿속으로 도널드 덕을 떠올렸을 것이다. 이는 당신이 어떤 언어적 또는 의사결정의 환경에 있느냐에 따라 내리는 결정이 달라진다는 것을 보여준다. 이것은 고립된 의사결정 과정이 아니다.

이 때문에 당신은 어떤 기업의 주식을 사기 전에 그 기업이 오늘 모 애널리스트의 강력 추천을 받았는지, 그 기업이 오늘 어떤 정보를 발표했는지, 그 기업의 주가가 오늘 최고치 또는 최저치를 갱신했는지, 혹은 오늘 다른 사람이 당신에게 그 기업의 상품이 매우 잘 팔린다고 말해주었는지 등과 같은 정보의 영향을 받는다. 매수결정을 내리기 전에 접하는 대다수의 정보가 실제 투자에는 도움이 되지 않음에도 우리는 항상 이런 정보를 매우 세심하게 고려한다. 따라서 사유의 틀은 매우 중요하다. 사람들은 구체적인 문제를 고려할 때 이미 어떤 오류나 적합하지 않은 사유의 틀에 빠져 있는 경우가 많기 때문이다.

사유의 틀은 일단 형성되고 나면 바꾸기 힘들고, 우리 역시 종종 스스로 이 틀을 벗어나기 어렵다고 느낀다. 어떤 결정을 할 때 닻 내림 효과Anchoring Effect(심리학에서 사용하는 학술 용어로, 사람이 어떤 사물을 평가할 때 첫인상이나 최초로 접한 정보의 지배를 받기 쉬운 현상을 가리킨다. 바다 속에 던져 넣는 닻처럼 사유를 한 곳에 고정시키는 것이다_편집자 주)가 발생하는 이유도 이 때문이다. 다시 말해, 우리는 종종 스스로의 사유의 틀에 구속되어 한층 적극적이고 정확한 결정을 내리지 못한다. 앞부분에서 언급한 사례처럼 친구가 당신에게 200위안짜리 선물을 주었을 때, 현금의 형태로 존재하든 공연티켓의 형태로 존재하든 혹은 화병의 형태로 존재하든에 상관없이 그 선물이 200위안의 가치를 지닌다는 사실은 변함이 없다. 그러나 앞에서 살펴본 결과처럼, 200위안이 어떤 형식으로 존재하는지에 따라 그것이 우리의 행동에 미치는 영향도 달라진다. 200위안의 선물을 얻는 것과 200위안의 현금을 잃어버리는 것을 사람들은 심리적으로 매우 다르게 받아들인다. 일정 금액의 수익을 거둠으로써 느끼는 만족감이 같은 금액의 손실을 입는 것이 가져다주는 상실감보다 훨씬 작다는 것은 무수한 심리학 연구를 통해 증명되었다. 인간은 선천적으로 손실과 부정적인 결과를 회피하는 편향을 갖고 있는 것이다.

사람들은 때때로 수익과 손실을 구별해서 다루고, 때로는 이 둘을 합쳐서 다루기도 한다. 마케팅 전문가들은 비싼 레스토랑에서 식사하기로 결정한 고객이 가장 개의치 않는 것은 바로 500달러짜리 계산서에 칵테일 몇 잔이나 디저트 비용이 추가되는 것이라는 점을 발견했다. 이와 마찬가지로 5만 달러짜리 신형 자동차의 구입을 결정한 소비자는 선루프, 가죽시트, 자동항법장치 같은 옵션 추가를 위해 5,000달러를 추가로 지불하는 것을 망설이지 않는다. 사람들은 돈을 쓸 때 수많은 소액 소비를 합쳐서 하나의 큰 소비로 생각하는 경향이 있다. 바꿔 말하자면 수많은 소액 손실을 합쳐서 하나의 큰 손실로 생각하는 경향이 있다는 것이다.

투자실적 방면에서 투자자는 때로 수익과 손실을 매우 명확히 구분하기도 한다. 특히 투자로 적지 않은 손실을 입은 후에는 많은 사람들이 불행 속에서도 한 가닥 희망을 찾으려고 노력한다. 투자자는 비록 자신이 전체적으로는 적지 않은 손실을 입었어도 다른 주식에서 여전히 수익을 올릴 가능성이 있다고 생각하며 자신의 투자능력에 대한 자신감을 완전히 잃지는 않는다.

또 다른 연구에 따르면, 사람들은 수익과 손실에 대해서만 강하게 반응하는 것이 아니라 수익과 손실의 폭 및 비율에 대해서도 유사한 반응을 보인다. 세계 곳곳에서 수행된 다음의 심리학 실험을 예로 들어보자.

연구자들은 두 집단의 실험참가자들에게 다음과 같은 문제를 낸다. 첫 번째 집단에게는 상점에 가서 100달러짜리 가구를 사 오라고 시킨 뒤, 상점의 점원에게는 '내일 해당 가구를 25달러 싸게 파는 행사가 있으니 내일 다시 와서 사라'고 실험참가자에게 권유할 것을 지시한다. 두 번째 집단에게는 상점에 가서 1,000달러짜리 컴퓨터를 사게 한 뒤, 역시 점원에게 '내일 이 컴퓨터를 25달러 싸게 파는 행사가 있으니 내일 다시 와서 사라'고 권유하게 한다. 연구자가 실험참가자에게 이틀날 다시 상점에 가서 구매할 것인지 물었을 때, 첫 번째 집단에서는 대부분의 참가자가 이틀날 더 저렴한 가격에 해당 가구를 구매하겠다고 답한 반면 두 번째 집단의 대부분은 그 자리에서 컴퓨터를 사겠다고 답했다. 똑같은 25달러를 아낄 수 있는데도 참가자들의 반응은 확연히 달랐던 것이다. 이 역시 사유의 틀과 상대적 비율(25%를 아끼느냐, 2.5%를 아끼느냐)이 사람의 행동과 결정에 영향을 미친다는 점을 반영한 결과다.

사유의 틀, 그리고 손실과 수익이 우리의 결정 과정에 미치는 영향을 더 잘 설명하기 위해 다음과 같은 테스트를 해보자. 미국에서 갑자기 심상치 않은 질병이 발생했고, 이 병을 처리할 방안을 마련하는 상황이라고 가정해보자. 우리 예상에 따르면 이 병으로 사망할 사람의 수는 600명인데, 과학자들은 서로 다른 두 가지 치료법을 내놓는다. A안을 택하면 200명이 목숨을 건질 수 있고, B안을 택하면 600명 중 3분의 1 전부를 살릴 수 있지만 나머지 3분의 2 중에선 아무도 살릴 수 없다. 만약 당신이 미국 대통령이고 이 두 가지 방안 중 하나를 택해야 한다면 어느 쪽을 고르겠는가? 대부분의 독자들은 A를 선택할 것이다.

그런데 여기에 C안과 D안이라는 두 가지 새로운 치료법이 더 있다고 가정해보자. C안을 택하면 600명 중 400명이 사망하고, D안을 택하면 아무도 죽지 않을 가능성이 3분의 1이고 600명 전부 사망할 가능성이 3분의 2다. 당신은 이 두 방안 중 어느 것을 선택할 것인가? C를 선택하는 사람은 매우 적다.

사실 예상 사망자 수를 계산해보면 A와 C, B와 D의 결과가 같다는 것을 알 수 있다. 우리는 같은 정보에 근거한 경우에도 사고의 틀이 다르기 때문에 여러 선택지에 대한 처리 태도가 크게 다르다는 사실을 발견했다. 인간에겐 확정적인 손실을 특히 회피하는 경향이 있는데, 이는 매우 중요한 행동편향이다. C안(400명이 죽을 수 있는 선택지)은 부정적이면서 확정적인 결과가 결합된 것인데, 이는 우리가 의사결정 과정에서 가장 원치 않는 결과에 해당하는 것임과 동시에 그래서 아무도 C안을 선택하지 않는 이유기도 하다.

따라서 앞으로 관리나 협상에 임할 때는 자신이 확정적 환경에 있는지 아니면 가변적 환경에 있는지부터 먼저 검토해봐야 한다. 만약 당신이 협상 상대에게 확정적이면서도 부정적인 정보를 주면 이후의 협상 과정은 매우 어려워질 것임을 예상할 수 있을 것이다. 협상 상대에게는 확정적인 결과보다는 항상 여지를 줘야 하고, 또 희망적인 정보를 전달해야 한다.

자신의 기분과 협상 상대를 이해하면 우리는 쌍방 모두가 쉽게 의견을 합치시킬 수 있는 흥정 방식에 다다를 수 있다. 다음의 몇 가지 문제를 살펴보자.

첫 번째 문제는 여러분에게 두 가지 선택지를 제시한다. A를 선택하는 사람은 학교에 가서 수업을 들으면 240위안을 받을 수 있다. B를 선택하는 사람은 학교 정문에 가서 그곳에 놓인 네 장의 포커카드 중 하나를 골라야 하는데, 1을 뽑으면 1,000위안을 받지만 2, 3, 4를 뽑으면 아무것도 받지 못한다. 미국에서 이 실험을 한 결과 실험참가자의 3분의 2 정도는 A를 선택했고 B를 선택한 사람은 3분의 1에 불과했는데, 그 이유는 다음과 같았다.

A. 안정적으로 240위안을 벌 수 있으므로
B. 1,000위안을 벌 확률은 25%, 돈을 벌지도 잃지도 않을 확률은 75%이므로

이제 게임의 규칙을 바꾼 두 번째 문제를 풀어보자. 수업을 잘하는 어떤 교수는 자신의 수업을 듣는 학생들로부터 수업료를 받기로 했다. C는 모든 사람들이 750위안을 내야 하는 선택지고, D를 선택하면 네 장의 포커 카드 중 1을 뽑으면 공짜인 반면 2, 3, 4를 뽑으면 1,000위안을 내야 한다. 결과적으로 대부분의 사람들은 C를 선택하지 않았고, 그 이유는 다음과 같았다.

C. 반드시 750원을 잃게 되므로
D. 돈을 얻지도 잃지도 않을 가능성은 25%, 1,000위안을 잃을 가능성은 75%이므로

마지막 문제를 풀 차례다. E를 선택하면 네 장의 포커카드 중 1을 뽑았을 때 240위안을 받고 2, 3, 4를 뽑았을 때 760위안을 잃는다. F

의 경우엔 1을 뽑으면 250위안을 받고 2, 3, 4를 뽑으면 750위안을 잃는다.

E. 240위안을 벌 가능성은 25%, 760위안을 잃을 가능성은 75%
(주의: 이는 A와 D를 동시에 선택했을 때의 결과와 같다.)

F. 250위안을 벌 가능성은 25%, 750위안을 잃을 가능성은 75%
(주의: 이는 B와 C를 동시에 선택했을 때의 결과와 같다.)

E를 선택한 사람이 있는가? E와 F는 확정적으로 돈을 얻지도, 잃지도 않는 선택지다. 만약 돈을 잃는다면 F가 조금 덜 잃고, 돈을 번다면 F가 조금 더 많이 벌 수 있는 선택지다. 따라서 어떤 일이 생겨도 F의 결과는 항상 E보다 좋기 때문에 모든 사람들이 F를 선택하는 게 맞다. 그런데 F를 자세히 보니 방금 앞에서 아무도 고르지 않은 B와 C를 합친 것이고, E는 앞에서 모두가 선택한 A와 D를 결합한 것이다.

어떻게 이럴 수 있을까? 이유는 바로 사람들이 확정성과 불확정성에 대해 다르게 반응하기 때문이다. 원래 A와 B는 확정성과 불확정성을 비교한 것이고, C와 D 역시 확정성과 불확정성 간의 선택이었다. 우리는 사람들이 수익의 측면에서는 확정적인 것을 선호하고, 손실의 측면에서는 확정적인 것을 회피한다는 것을 발견했다. 사람들은 손실에 직면했을 때 종종 이성적으로 확률분포의 문제를 고려하지 않고, 오히려 (감정적으로) 아주 아주 큰 대가를 치러서라도 손실을 피하고 싶어 한다.

보험업계의 많은 서비스가 바로 이런 유형의 심리 현상에 의존한 것이다. 일례로 항공보험은 보험회사가 좋아하는 상품이다. 회당 보험료가 10여 위안 또는 20위안 정도밖에 안 되지만, 한두 시간 이후 승객이 안전하게 목적지에 도착하면 보험회사는 곧바로 이 돈을 벌 수 있기 때문이다. 항공운송이 갈수록 안전해짐에 따라 실제 보상률은 매우 낮아진 덕분에 보험회사 입장에서 항공보험은 보험료도 높고 매력적인 상품이 되었다.

그렇다면 항공보험은 가격도 싸지 않은데 왜 여전히 많은 사람들이 가입하는 걸까? 보험업계의 비즈니스 모델들은 아주 작은 확률의 위험이라도 피하고 싶어 하는 사람들의 심리를 이용하고 만족시키는 것으로, 이것들을 보면 보험업계가 왜 이토록 오랫동안 돈을 벌 수 있었는지 이해할 수 있다. 우리 개개인은 모두 확정성과 손실 회피를 매우 선호하지만, 보험회사는 피와 살로 이루어진 자연인이 아니기 때문에 각 개인의 위험을 자신의 위험으로 분산시킬 수 있다. 따라서 확정성과 불확정성에 대한 어떠한 선호도 없는 것이다. 보험회사의 관심은 오로지 위험을 감수함으로써 충분한 보험 보상금을 얻을 수 있는지에만 쏠려 있다. 이런 의미에서 볼 때 보험회사는 사람과 상업기관, 개인과 집단이 위험에 서로 다른 무게를 부여하는 원리를 이용해서 이익을 얻는다는 것을 알 수 있다.

여기에서 두 가지 중요한 점을 짚고 넘어가자. 첫째는 우리가 기대하는 일이 긍정적이든 부정적이든 간에 그것을 대하는 우리의 방식은 의사결정에 아주 큰 영향을 미친다는 점이다. 부정적인 일을 긍정적인 일로 생각하면 비교적 이성적으로 처리할 수 있지만, 긍정적인 일을 부정적인 일로 생각하면 기분의 영향을 받게 된다. 인간의 본성은 이런 부정적인 상황을 회피하는 경향이 있기 때문이다.

둘째는, 어떤 문제가 긍정적인지 부정적인지를 결정한 상황에서는 확정성과 불확정성을 고려해야 한다는 점이다. 때때로 우리는 아주 작은 위험을 피하기 위해 매우 큰 대가를 치르곤 한다. 금융학에서 '위험 유폐증危險幽閉症'이라 부르는 것이 있는데, 이는 투자자가 작은 위험을 회피하려다 도리어 장기적으로 더 큰 위험으로 키우는 것을 일컫는다. 사람은 확정성과 불확정성 사이, 긍정과 부정 사이에서 의사결정을 할 때 매우 큰 차이를 보인다. 따라서 어떤 문제를 다룰 때는 반드시 자신이 어떤 입장에서, 또 어떤 출발점에서 문제를 고려하는지를 생각해 봐야 한다.

대표성 편향

행동편향과 관련된 또 다른 문제는 바로 노벨상 수상자인 카너먼이 '대표성 편향Representativeness Bias'이라고 부른 것이다. 인간은 종종 뚜렷하고, 직관적이며, 이해하기 쉽고, 눈길을 끄는 데이터나 정보에 특히 주목하는 데 반해 구체적이고 실재적이며 과학적인 정보는 그다지 거들떠보지 않는다. 간단한 문제를 통해 '대표성 편향'이 무엇인지 더 분명하게 알아보자.

가상의 인물 톰 W.는 미국 프린스턴 대학의 학생이다. 그는 비록 창의성은 떨어지지만 지능지수는 굉장히 높다. 그는 질서정연한 생활환경을 좋아하고, 글씨를 대강 흘려 쓰는 버릇이 있다. 그는 지배욕이 아주 강하고, 겉보기에 동정심이 없는 듯하며, 다른 사람과의 교류를 그다지 좋아하지 않는다. 그는 자기중심적인 편이지만 그래도 비교적 높은 도덕적 기준을 갖고 있다. 톰에 대한 나의 이상과 같은 평가들을 근거로 이 질문에 답해보자. 톰의 전공 분야는 어느 쪽일까?

A. 예술계열
B. 경영계열
C. 법률계열
D. 의학계열

대부분의 실험참가자들과 독자들은 아마 톰의 전공이 법학(비교적 높은 도덕적 기준)이거나 의학(질서정연한 생활환경)일 것이라고 답했을 것이다. 경영계열이라고 답한 사람은 그보다 적고, 예술계열 전공일 것이라 답하는 사람은 거의 없다. 그러나 셜록 홈즈가 말한 것처럼, 선택할 수 있는 다른 모든 것을 제거하고 남은 선택은 아무리 겉으론 불가능해 보여도 반드시 정확한 답이 된다.

한번 생각해보자. 이런 사람이 어떻게 예술 전공자일 수 있을까? 창의성이 부족하고, 질서정연하고, 또 지배욕도 아주 강한 데다 다른 사람과 교류하기도 싫어하는 톰이 과연 예술을 할 수 있을까? 이것은 사람들이 종종 '예술가'를 기준으로 예술전공 학생인가의 여부를 판단하기 때문이다. 하지만 대학에 막 입학해서 전공 공부를 하는 많은 학생들은 전공에 대해 아는 것이 매우 적고, 아직 전공의 영향도 완전히 받지 않은 상태다.

더 중요하면서도 기본적인 문제는 대다수 실험참가자와 독자가 생각하지 못한 데 있다. 프린스턴 대학에 경영학과가 있는가? 법학과는?

의학과는? 예술학과는? 있다면 이 학과에는 각각 몇 명의 학생이 있을까? 만약 프린스턴 대학 캠퍼스에서 임의로 한 학생을 만났다면 그 학생의 전공이 그중 하나일 가능성은 얼마일까? 사실 프린스턴 대학은 줄곧 직업교육보다 기초교육을 중시해왔기 때문에 이 학교에는 경영학과도, 법학과도, 의학과도 없다. 따라서 톰은 예술학과 학생일 수밖에 없는 것이다.

이 사례는 사람들이 정보를 처리할 때 상당 부분 매우 직관적인 특성과 구체적인 현상에 영향을 받지만, 종종 매우 기본적이고 간단하며 조금도 눈길을 끌지 않는 확률 문제는 무시해버린다는 사실을 반영한다. 개인투자자는 주식 애널리스트, 친척이나 친구, 인터넷 매체의 영향을 받아 어떤 투자가 일확천금의 기회라고 생각한 나머지 자본시장에서 살아남는 데 필요한 가장 기본적인 상식을 무시해버린다.

선택적 편향

방금 우리는 대표성 편향으로 인해 의사결정자가 일부 정부를 지나치게 중시한 탓에 그보다 더욱 중요한 다른 정보를 무시하게 된다는 점을 살펴봤다. 그에 이어 지금부터는 선택적 편향에 대해 알아볼 것이다.

인간은 정보의 해독, 처리 및 기억에 있어 많은 경우 불완전대칭을 보인다. 어제 어떤 일이 일어났는지 오늘 완전히 기억하기란 매우 어렵고, 시간이 흐를수록 인간의 기억 역시 희미해진다. 5년 전 혹은 10년 전 오늘 무슨 일이 발생했는지 떠올려보자. 우리는 당시 여행을 갔다거나 상을 탔다는 것 등과 같이 비교적 유쾌한 일은 기억하지만 지갑을 잃어버렸다거나 배탈이 났었다는 등의 부정적 기억은 종종 떠올리지 못한다. 이것은 우리의 기억이 선택적으로 긍정적이고 유쾌한 경험은 기억하는 반면 상심했거나 실망한 기억은 잊어버리기 때문이다.

우리는 기억에서뿐 아니라 자신의 능력을 짐작할 때에도 선택적인 모습을 보인다. 이것이 바로 심리학에서 말하는 '자기 위주 편향'이다. 만약 오늘 산 주식이 내일 10% 오르면 사람들은 곧바로 자신의 결정이 매우 현명했다고 생각하겠지만, 그에 반해 불행히도 20% 하락하면 즉시 "왜 하필 '국5조(2013년 중국 국무원에서 부동산 투기 억제를 위해 내놓은 다섯 가지 조치_옮긴이)'는 지금 나온 거야?" "경제에 필요한 건 분명히 자극인데 왜 또 이렇게 신중한 화폐정책이 필요한 거지?"라는 식으로 말할 것이다. 앨런 그린스펀Alan Greenspan부터 저우샤오촨周小川(중국인민은행 총재_옮긴이) 그리고 일반인에 이르기까지 모두가 투자상의 크고 작은 문제를 갖고 있음에도, 당시 투자결정을 한 사람이 바로 자기 자신이라는 생각은 하지 못한다. 당신의 친구는 자신이 주식투자로 돈을 벌었다는 이야기를 더 많이 하는가, 아니면 잃었다는 이야기를 더 많이 하는가? 주변 친구들 말을 들어보면 다들 주식의 신인 것인지, 주식만 샀다 하면 돈을 버는 사람들 같다. 당신은 다음과 같은 말도 아마 자주 들었을 것이다. "내가 얼마 전에 산 차는 이러이러해서 운전하기 좋고 당시엔 어찌어찌해서 싸게 산 데다, 사용할 때는 이러이러해서 기름을 아낄 수 있어." 아무튼 자신이 한 의사결정이면 틀린 것이 하나도 없다는 내용이다.

하지만 만약 그 과정에서 어떤 문제가 생기면 그건 다른 사람의 잘못 때문에 생긴 것으로 돌려버린다. 미국에서는 특히 이 현상이 두드러진다. 사람들은 서로 만나기만 하면 "오늘 기분 어때요?"라고 묻고, 또 거의 모든 사람들은 "오늘 기분이 아주 좋아요!"라고 대답한다. 우리의 평소 사교 과정도 마찬가지다. 우리는 서로 의사소통을 할 때 항상 긍정적인 심리를 암시하려 한다. 만약 우리가 주관적으로 자신이 매우 잘했다고 느낀다면, 사실 우리는 정말로 갈수록 잘하는 것이 아닐까?

이 현상에 대해 심리학계에서는 많은 논쟁이 벌어졌다. 어떤 심리학자는 피실험자를 두 그룹으로 나누어 한 그룹은 젓가락을 이로 물고 있게 했는데, 이 경우 피실험자들은 입꼬리가 위쪽으로 말려 올라가기 때문에 미소 띤 표정을 짓게 된다. 다른 한 그룹에겐 얇은 판을 입술로 물고 있게 했는데, 이 피실험자들의 입술은 아래쪽으로 처지면서 불만 가득하게 입을 내민 표정을 띠게 된다. 그렇다면 이렇게 외부의 강제력으로 짓게 한 표정은 이들 두 그룹의 피실험자가 느낄 오늘의 기분에 영향을 미칠까? 실험결과에 따르면 강제로 미소를 짓고 있던 피실험자들은 자신의 기분에 대해 더욱 긍정적인 피드백을 남긴 반면 기계적으로 입을 내민 표정을 지은 피실험자들은 자신의 기분에 대해 비교적 부정적인 피드백을 남겼다. 그렇다면 어쨌거나 객관적인 물질세계에서 생활하고 있는 우리는 우리의 주관적 생각으로 문제를 처리하는 태도나 결과를 바꿀 수 있을까? 이는 확실히 심리학자들과 사회 구성원들이 논쟁해볼 만한 가치가 있는 주제다. 그러나 여하튼 간에 이 실험은 사람들이 세상을 바라보는 태도는 많은 경우 자아인지 태도와 능력으로부터 큰 영향을 받는다는 것을 알려준다.

사람마다 자신과 다른 사람을 비교하기 위해 비교군을 어떻게 설정하는지와 상관없이, 비교하는 방법이야말로 그 사람의 의사결정과 심리 및 행복감에 상당한 영향을 미친다. 앞서 살펴봤듯 개인투자자가 투자과정에서 자신에게 손실을 입힌 주식을 처분하고 싶지 않아 하는 처분효과, 낯설고 모호한 분야를 피하려다 발생하는 다원화 결여, 그리고 대표성 편향으로 인해 단편적인 펀드나 주식의 단기실적에 과도하게 주목하는 투자결정 등은 모두 정도의 차이는 있지만 사유의 틀과 비교군이 투자자의 결정에 큰 영향을 미친다는 사실을 반영하는 현상이다.

감정이 인간의 투자결정에 미치는 영향

사람은 각자 매일 서로 다른 기분과 감정을 느낀다. 그렇다면 감정은 투자와 주식시장, 그리고 자본시장에 어떤 영향을 미칠까? 우리는 앞에서 농구경기나 야구경기를 본 뒤에는 같은 문제에 대해서도 완전히 다른 답을 내놓을 수 있는 예를 살펴봤다. 투자자도 마찬가지다. 투자자가 처한 환경은 투자자의 사고방식과 결정에 매우 중요한 영향을 미치기 때문에 그 사람이 어떻게 자신의 마음과 자기 주변의 환경, 그리고 언어적 환경을 다스리는가는 투자자의 의사결정에 있어 매우 중요한 요소가 된다.

나를 포함한 세계의 수많은 학자들은 그의 감정이 위험에 대한 그 사람의 인식과 선호뿐 아니라 투자결정에 대해서도 그에 상응하는 영향을 미친다는 사실을 발견했다. 이에 대한 논리는 매우 간단하고, 또 이 사실을 뒷받침하는 증거 역시 충분하다. 한 연구는 어떤 나라의 국가대표팀이 유럽배나 미주배 또는 월드컵 결승전에 올라간 이튿날의 주식시장 거래를 분석해봤다. 그 결과 결승전에 진출한 국가의 주식시장은 두드러진 상승세를 보이는 반면, 준결승전에서 떨어진 국가의 주식시장에서는 하락세가 뚜렷이 나타났다. 또한 경기에서 진 이튿날 시장에 나타난 하락폭은 전년도의 같은 기간과 비교했을 때 약 0.5% 정도 낮았다. 많은 학자들은 각국의 서로 다른 데이터를 가지고 여러 해 동안 크리켓이나 미식축구 등 기타 스포츠 종목에 대해 연구했고, 그 결과가 항상 완전히 같았기 때문에 이 현상은 어떤 임의적인 것이라고 볼 수 없다. 그러나 금융전문가들은 기업 가치의 측면에서 이 문제를 전혀 설명하지 못하고 있다. 스포츠 경기에서 졌다고 해서 한 국가의 기업 수익 수준이 갑자기 0.5% 떨어진다는 것은 말이 안 되기 때문이다.

그렇다면 주식시장은 도대체 무엇 때문에 0.5% 하락한 것일까? 바로 투자자의 감정이다. 중요 경기에서 국가대표팀이 지면 투자자, 특히 남성 투자자들의 기분이 저하되어 아무도 주식을 보거나 사지 않는 것이다. 의기소침함이 투자자의 위험선호에 변화를 초래한다는 것은 어느 정도 스포츠 경기의 결과가 주식실적에 영향을 미치는 현상을 설명하는 데 도움이 된다.

나는 예전에 했던 연구를 통해 스포츠 경기뿐 아니라 날씨가 주식시장에 미치는 영향도 크다는 사실을 발견했다. 우리는 뉴욕증권거래소의 데이터를 사용하여 뉴욕의 날씨가 뉴욕의 주식거래지수에 미치는 영향을 연구했다.

과거 70년 동안의 데이터에 따르면, 쾌청한 날씨에 뉴욕 주식거래소의 주식지수는 궂은 날씨일 때보다 수익률이 0.2~0.3% 정도 높았다. 미국의 날씨 데이터는 굉장히 재미있다. 이 데이터는 매일 하늘에 구름이 얼마나 많은지에 따라 0에서 9까지로 분류하는데 정말 흐린 날씨에는 9, 구름이 하나도 없는 날은 0, 구름이 조금 있으면 1을 매기는 식이다. 그런데 다른 조건이 모두 같은 상황에서 하늘의 구름양이 0에서 9로 늘어나면 그날 투자자의 수익률은 0.2~0.3% 떨어질 수 있다는 결과가 나왔다. 이 결과는 조금 이상하다. 뉴욕시의 날씨는 거시경제나 기업의 수익에 영향을 미치는 것이 아닌 데다 대다수 투자자들이 뉴욕에 거주하는 것도 아닌데 왜 투자자의 투자수익에 영향을 미치는 것일까? 그런데 중저위도에 위치하는 세계 40개 거래소에 대한 후속연구에서 역시 비슷한 결과가 나왔다. 중국의 상하이 주식거래소를 포함한 세계 80%의 주요 거래소에서도 날씨가 좋으면 평균수익률이 비 오는 궂은 날의 평균수익률보다 아주 높은 것으로 나타났던 것이다. 이는 곧 감정이 투자자의 의사결정에 아주 큰 영향을 미친다는 것을 뜻한다.

모든 투자자가 뉴욕에 거주하는 것은 아니기 때문에 뉴욕에 살지 않는 투자자가 뉴욕 날씨의 영향을 받는 것은 불가능하다. 우리는 투자자 외 기타 시장참여자의 행동을 연구하기로 결정했다. 그 결과, 날씨가 궂으면 모든 거래소의 매매가격 차이가 비교적 컸다. 달리 설명하면 날씨가 좋지 않을 경우엔 뉴욕거래소의 유동성이 낮아지는 것이다. 왜 그럴까? 모두가 알고 있듯이 뉴욕거래소는 여전히 사람이 직접 거래를 주선하는 주문방식을 고수하고 있다. 이런 거래방식 때문에 뉴욕

거래소의 시장조성자들은 뉴욕에서 일하고, 이들은 불가피하게 그곳 날씨의 영향을 받을 수밖에 없다. 따라서 날씨의 영향을 받은 이 시장조성자들의 감정이 주식시장 전체에 다시 영향을 미치는 것이다.

스포츠와 날씨에 대해 논의했으니 다음으로 계절의 변화가 초래하는 정서 혼란에 대해 이야기해보자. 심리학자들과 임상의학자들은 모두 환절기만 되면 사람의 정서가 불안정해진다는 연구결과를 내놓았다. 우리 중국인들은 '천인합일天人合一(하늘과 사람이 합일체임을 밝히는 유교적 개념_옮긴이)'을 중시하는데, 날씨가 변하면 사람에게도 변화가 생긴다. 왜 그럴까? 심리학적인 설명에 따르면 우리가 방금 논의했듯 햇빛의 양을 포함하여 낮의 길이 등이 우리 정서에 영향을 미치기 때문이다.

알래스카는 미국에서 우울증 발병률이 가장 높은 주인데, 마이크로소프트가 위치한 시애틀은 알래스카를 제외한 미국 전 지역에서 우울증 발병률이 가장 높은 지역이다. 이유가 뭘까? 알래스카는 북극권에 위치하기 때문에 1년 중 절반 동안 햇빛을 보지 못하는 극야極夜 상태가 계속된다. 그리고 많은 비로 유명한 도시인 시애틀에서는 연중 대부분의 기간 동안 비가 많이 내리는 궂은 날씨가 이어진다. 햇빛을 보는 시간이 사람의 감정에 매우 큰 영향을 미친다는 심리학적 증거는 확실히 존재한다. 이것은 인간의 천성이다. 미국에 있다가 중국에 잠시 돌아왔던 2005년에 나는 미국에 있는 것들 중 세 가지가 중국에 없다고 느꼈다. 그 세 가지는 밝은 햇빛, 신선한 공기, 그리고 깨끗한 물이었다. 5년 후 이 세 가지는 더욱 희소해졌고, 그 결과 중국은 과거 일정 기간 동안 심리적 질병의 발병률이 현저히 높아졌다. 따라서 햇빛은 우리의 감정과 심리에 매우 큰 영향을 미친다고 볼 수 있다.

미국에서는 가벼운 우울증 치료를 위해 약물치료 외에 환자에게 햇볕을 쬐게 하는 생태적 치료법도 도입했다. 만약 당신이 캘리포니아나 하와이에 산다면 밖에서 쉽게 햇볕을 쬘 수 있을 것이고, 그렇지 않은 곳에 산다면 태양열 전등을 사용하여 그 목적을 달성할 수 있다. 요컨대, 햇볕을 쬐는 것은 사람의 정서에 매우 큰 도움을 준다.

날씨의 변화든 계절의 변화든 모두 인류의 감정에 영향을 미친다. 1986~1991년 사이 미국에서는 일정 기간 서머타임을 실시하여 매년 여름만 되면 한 시간을 앞당겼다. 서머타임 덕에 미국은 매년 에너지 소비량의 0.5~1%를 절약할 수 있었다. 그러나 이 제도는 주말에 실시가 시작되었던 탓에 사람들은 업무 및 휴식 제도에 있어 혼란을 겪었고, 다시 가을철이 되어 원래대로 한 시간을 늦출 때 역시 같은 현상이 빚어졌다.

연구자들은 서머타임처럼 자연법칙에 혼란을 초래하는 현상을 이용하여, 서머타임이 시작되는 주말과 끝나는 주말에 주식시장이 특이 현상을 보이는지의 여부를 관찰했다. 만약 투자자들이 서머타임으로 근무 또는 휴식 시간에 방해를 받아 기분이 좋지 않다면 이것은 주식시장의 수익에 영향을 미칠 수도 있었기 때문이다. 그리고 연구자들은 이 현상이 실제로 나타난다는 사실을 발견했다. 평소 주말(금요일 업무 종료 시부터 월요일 개장 시까지)의 평균 수익률은 −7포인트 또는 −7%였는데, 서머타임이 시작되는 주말의 경우에는 18포인트 하락했고 가을이 되어 서머타임이 끝나는 주말에는 62포인트가 하락했다고 나타난 것이다.

따라서 주식시장 실적 데이터로 볼 때, 서머타임이 시작되고 끝나는 주말에 이루어지는 시간 조정은 확실히 투자자의 정서에 어느 정도 영향을 미치고, 이것이 다시 주식시장에 영향을 주는 것으로 보인다. 투자자의 감정은 각 개인의 매수와 매도뿐 아니라 주식시장 전체 실적에도 뚜렷한 영향을 미쳤다.

지금까지 우리는 날씨나 계절 등이 주식시장에 미치는 영향에 대해 살펴봤지만, 사실 자연계가 주식시장에 미치는 영향은 이외에도 많다. 이미 18세기 오스트리아의 유명 경제학자인 윌리엄 제번스William Jevons는 태양 흑점의 활동이 유럽 주식시장에 영향을 미친다는 사실을 발견했고, 미국연방준비제도이사회의 연구자들은 대기 중의 전자파 교란이 주식수익에 영향을 미친다는 사실을 알아냈다. 또한 미국에서는 보름달이 뜨는 주의 주식수익률이 비교적 낮은 등 달도 주식시장에 영향을 끼친다는 것이 밝혀졌다.

그리고 우리가 흔히 말하는 점성술 등과 같은 천체의 위치 역시 주식에 영향을 미친다는 연구결과도 있다.

제8장

읽기 어려운 역사

미국에는 레이 달리오Ray Dalio라는 매우 유명한 펀드매니저가 있다. 그는 현재 세계 최대 헤지펀드인 브릿지워터Bridgewater의 설립자다. 브릿지워터가 현재 관리하는 헤지펀드의 규모는 400억 달러를 넘어서는데 이는 조지 소로스George Soros의 소로스Soros 펀드 혹은 줄리언 로버트슨Julian Robertson의 타이거Tiger 펀드보다 큰 규모다. 서던캘리포니아 대학에 다닐 당시 달리오는 투자계의 큰손 버핏의 오랜 동료인 찰리 멍거Charlie Munger에게 투자이념과 투자능력을 높이는 방법에 대한 가르침을 요청한 적이 있다. 멍거의 대답은 "역사를 많이 읽고, 역사를 많이 읽고, 역사를 많이 읽어라."였다. 중국의 옛말에는 '역사를 읽은 사람은 현명해진다.'라는 것이 있는데 이 역시 멍거의 대답과 일맥상통한다. 역사를 읽는 것은 인생뿐 아니라 투자에 있어서도 중요하다.

이번 장에서는 인류 역사에서 발생한 몇몇 유명 거품경제 사건에 대해 주로 논의할 것이다. 거품은 금융시장에만 큰 변동을 가져다주는 것이 아니라 경제운용에도 큰 혼란을 초래하고, 때로는 사회적 여론과 가치에 막대한 영향을 미치는 데다 정부와 정권을 흔들어버릴 수도 있다(최근 유로존 채무위기의 영향으로 유럽 각국의 정부내각 교체 및 유럽연합 회원국 간 경쟁은 유럽의 부동산 거품과 그 붕괴가 경제와 사회에 미친 영향을 반영한다).

또 하나 되돌아볼 만한 가치가 있는 것이 있다. 바로 많은 거품이 사건 발생 이후에 보면 정말 믿기 힘들 정도로 신기하다는 점이다. 가령 누군가 지금 우리에게 튤립 씨앗 하나로 연립빌라 20채를 살 수 있다고 하거나, 일본 도쿄東京 황궁이 자리한 토지가 미국에서 가장 부유한 캘리포니아주 전체의 토지보다 비싸다고 말한다면 우리 모두는 그를 의심하며 고개를 저을 것이다.

그러나 네덜란드의 튤립 파동과 일본의 부동산 거품이 최고조에 이르렀을 때 투자자들은 모두 이 사실을 믿어 의심치 않았을 뿐만 아니라, 갖가지 이유를 생각해내어 시장이 앞으로 더욱 상승할 것이라고 스스로를 설득하기도 했다. 이것은 물론 투자자의 탐욕스러운 심리와 관련된 것이지만, 많은 경우 당시의 사회적 여론과 매체의 선전 및 정부 정책이 유도하는 방향과 불가분의 관계에 있다. 거품경제가 붕괴할 때마다 매번 수많은 투자자들은 뼈아픈 손실과 기억을 떠안는다. 때문에 거품경제의 역사를 살펴보는 것은 투자자들에게 있어 맹목적인 여론, 투자의 위험과 시장의 붕락을 역사적인 맥락에서 더욱 잘 이해하는 방법이 될 것이다.

튤립 파동

네덜란드 역사상 발생한 가장 큰 거품경제 중 하나는 바로 '튤립 파동'이다. 모두들 알다시피 튤립은 네덜란드의 국화인데, 사실 17세기에 들어서야 비로소 네덜란드에 들어온 종으로 원래는 지중해 연안에서 자라는 꽃이다.

네덜란드는 절대 우습게 볼 수 없는 나라다. 이미 17세기에 세계를 호령한 맹주로 아시아의 인도네시아, 말레이시아, 심지어 미국의 뉴욕시도 과거엔 네덜란드의 식민지였다. 네덜란드의 면적은 4만 평방킬로미터로 베이징北京시의 2.5배밖에 되지 않는다. 인구도 1,600만 명에 불과하여 베이징시 인구에도 미치지 못하는 데다 국토 면적의 대부분이 해수면보다 낮은 곳에 위치하는 이 작은 국가는 어떻게 세계를 호령하는 맹주가 되었을까?

답은 바로 자본시장에 있었다. 세계 최초의 주식거래소는 바로 네덜란드에서 설립되었고, 기업과 관련된 첫 번째 법안이 통과한 곳 역시 네덜란드다. 네덜란드인은 자본시장 덕분에 융자를 통해 대형 원양 함선을 제작할 수 있었고, 이 함선들을 기반으로 1600년대에 세계에서 가장 강한 국가가 될 수 있었으며, 네덜란드의 수도 암스테르담 역시 그 덕분에 세계적인 금융 허브가 될 수 있었다.

1636~1637년 사이, 네덜란드에서는 인류 금융 역사상 매우 유명한 흥미로운 현상이 나타났다. 이 한두 해 동안 네덜란드 전국에서뿐 아니라 주변 국가 거주민들까지 튤립을 전매하는 열풍이 불었던 것이다. 어느 정도의 열풍이었을까? 당시 튤립 씨앗 하나는 500~1,000길더

(당시 네덜란드 화폐 단위_옮긴이)에 팔리는 것이 매우 보편적인 현상이었다. 다시 말해 튤립 씨앗 하나가 연립빌라 두 채 가격이었던 것이다.

역사 기록에 따르면 당시 네덜란드의 사회·경제적 배경으로 볼 때 가정의 연평균 수입은 200~400길더, 당시 암스테르담의 작은 연립빌라 주택 한 채 가격은 300길더였다(다시 말해 평균 집값은 가구당 연평균 수입의 1.5배에 불과했다). 반면 모두가 열렬하게 갖고 싶어 했던 바이스로이Viceroy 튤립의 씨앗은 6,000길더, 즉 연립빌라 20채를 살 수 있는 가격이자 가구당 연평균 수입의 15배에 달하는 금액이었다. 또 다른 역사기록에 따르면, 튤립 파동이 절정에 이르렀던 시기에는 튤립 씨앗 하나를 밀 두 수레, 호밀 네 수레, 소 네 마리, 돼지 여덟 마리, 버터 4톤, 침대 하나, 옷가지 여러 벌 및 은으로 된 술잔과 바꿀 수 있었다. 게다가 사람들이 전매한 것은 튤립의 꽃이 아닌 알뿌리였다. 모두가 아는 것처럼 튤립 같은 식물은 알뿌리를 얻은 직후가 아닌, 일단 알뿌리를 땅에 묻고 그 이듬해 화창하고 꽃이 피는 시기가 되어야만 비로소 꽃을 볼 수 있다. 그렇다면 왜 투자자들은 이렇게 광적으로 튤립 알뿌리를 전매한 것일까? 1630년대는 네덜란드 경제가 가장 빠르게 성장한 시대이자 통화공급량도 가장 급속히 증가한 시기였다. 시장에는 엄청난 양의 돈이 흘러들어갔지만 모두들 이 돈을 어디에 투자해야 할지 모르는 상황에서 튤립으로 돈을 벌 수 있다는 소문이 돌자 사람들이 목숨을 걸고 튤립에 투기한 것이다.

또 튤립의 알뿌리를 땅에 묻으면 공급의 불확정성을 초래한다. 판매자 측은 내게 지금 당장 튤립 알뿌리를 줄 필요 없이 그저 6개월 후 내게 그걸 주겠다고 승낙하면 됐는데, 이것이 바로 선물시장의 전신, 즉 선도거래시장이 되었다. 실제로 튤립 알뿌리를 직접 보지 못한 상황에서 계약을 체결한 거래는 당시 매우 많았고, 체결 후에도 금이나 은을 교부할 필요 없이 신용권을 사용했으며, 담보와 신용을 뒷받침해 줄 은행만 있으면 사람들은 알뿌리를 구입하고 투기를 했다. 아무튼 실제 금이나 은을 꺼낼 필요도 없으니 거래를 안 할 이유도 없지 않았겠는가?

역사학자들은 또 네덜란드 정부가 이 튤립 투자를 내버려두고, 심지어 부추기기까지 했다는 사실을 발견했다. 네덜란드 정부가 당시 내놓은 굉장히 재미있는 정책이 그 예다. 누구든 튤립 거래를 위한 전체 계약금액의 3.5%만 정부에 지불하면 정부는 그 사람이 다른 사람과 체결한 튤립 거래 계약의 무효화를 선포해줄 수 있었다. 이는 다시 말해 비용의 3.5%만 지불하는 것으로 일종의 보험을 살 수 있다는 뜻이었다. 만약 당신이 튤립 투자에서 손실을 입게 되는 상황에 처하면 곧장 정부에 가서 해당 거래를 없었던 일로 하고 싶다며 해당 분의 돈을 내는 것만으로 손실을 걱정할 필요가 없어지는 것이다.

네덜란드 정부의 이런 정책과 금융기구는 서브프라임 모기지론 사태 발생 당시 국제 투자은행들이 전매한 CDS의 원리와 매우 유사하다. 역사를 살펴보면 이와 놀랄 만큼 유사한 일들이 반복된다. 작동 원리 측면에서 봤을 때 CDS는 전혀 새로운 개념이 아니라 400년 전부터 이미 존재해왔던 것이다. 투자자 입장에서는 고위험 투자를 하면서도 그로 인한 위험을 혼자 부담하고 싶지 않기 때문에 위험담보를 해줄 사람을 찾을 수 있어 좋고, 위험담보를 하는 사람 입장에서는 이런 고위험 투자가 위약만 되지 않으면 적은 액수의 돈을 벌 수 있으니 앞다퉈 담보계약을 체결해준다.

이외에 네덜란드 정부는 또 무엇을 했을까? 당시 정부는 이미 튤립 거래에 거품이 끼었다는 사실을 발견했지만 투자자들의 자신감을 꺾지 않기 위해, 그리고 시장발전을 억누르지 않기 위해 튤립에 대한 공매도를 금지시켰다. 사실 선물시장이 있는 상황에서 공매수하는 사람이 있다면 공매도를 허용하는 것이 자연스럽다. 공매도를 금지시키는 것은 사실상 부정적인 정보나 이념을 가진 투자자가 시장에 진입하는 것을 금지하는 것이나 마찬가지다. 공매도자가 없는 상황에서 시장은 당연히 단기적으로 상승세를 보인다. 되돌아보면 네덜란드 정부는 위기가 발생한 와중에도 투기를 종용하고 조장했다는 점에서 네덜란드 튤립 파동의 형성과 거품 붕괴에 대한 피할 수 없는 책임이 있다.

펀더멘털이 받쳐주지 않는 상태에서 나타나는 뜻밖의 상승세는 머지않아 하락할 수밖에 없다. 튤립 가격은 겨우 반년 만에 100길더에서 1,800길더까지 올랐다가 다시 두 세달 만에 대규모로 하락했다. 사건의 진상은 봄이 오고 튤립이 꽃을 틔울 무렵에 결국 드러났다. 겨울에는 매매 대상인 튤립 알뿌리가 모두 땅 속에 묻혀 있어서 수요와 공급이 얼마나 되고 얼마 정도의 알뿌리를 거래할 수 있는지, 그리고 실제 가치는 얼마 정도인지 알 수 없었다. 하지만 봄이 되자 사람들은 비로소 튤립이 사실 조금도 희소한 것이 아닌 데다 쓸모 또한 그다지 없다는 사실도 깨닫게 되었다. 게다가 튤립의 알뿌리는 한 번밖에 쓰지 못하는, 지속가능하지 않은 상품이라는 특성까지 있었다. 결과적으로 1,800길더였던 튤립 가격은 자연스레 원래 가격인 100길더로 떨어졌고, 그 과정에서 희비가 교차했다. 이것이 바로 금융역사상 최초로 기록된 거품경제다.

이 튤립 파동이 이토록 광범위한 영향을 미칠 것이라는 사실을 정확하게 예측한 사람은 없었다. 그러나 역사기록에 따르면 당시 네덜란드의 주변국들도 튤립 거품이 붕괴한 여파로 정도의 차이는 있지만 경제발전에 타격을 입었고, 튤립 거품 시기에는 튤립뿐 아니라 히아신스 같은 새로운 종의 꽃의 가격도 폭등했다. 이 현상은 1990년대 말 인터넷 버블 시기에 아마존Amazon, 이베이eBay 등 수익을 내는 기업들의 주가가 올랐을 당시 수익 창출력이 없는 인터넷 기업들의 주가 역시 덩달아 올랐던 것과 비슷하다. 역사상 발생했던 그 어떤 거품경제든 그 배후에 있는 정신과 원리는 유사한 모습을 보인다. 오늘날에는 금융기술이 크게 발전했지만, 금융의 이념과 위험의 본질에 있어서는 그다지 큰 변화가 없다. 흔히 투자자의 적은 투자자 자신이라고들 하는데, 이 이유는 본질적으로 각 투자자의 마음속에 있는 탐욕과 두려움이 가장 큰 위험요소기 때문이다. 작디작은 튤립 알뿌리 하나에 그토록 많은 투자자들이 희망과 꿈을 걸었던 사례를 보고 나면, 중국 내에서 여러 해 전에 투기 열풍을 불러일으킨 군자란, 보이차, 황룡옥, 황화리黃花梨(중국 목재의 한 종류_옮긴이) 등을 떠올리지 않을 수 없다. 순식간에 가격이 몇 곱절 오르며 거품을 만든 상품들 자체는 각기 다르지만, 그 거품의 배후에 자리한 원인은 얼마나 유사한가!

기술의 발전이 초래한 거품

영국 철도 거품

19세기에 영국은 '해가 지지 않는 제국'이 되었다. 과학기술의 발전 또한 인류 역사상 또 한 번의 거품위기를 초래했으니, 영국의 철도 건설 광풍이 초래한 영국 철도 거품이 바로 그것이다.

1825년, 영국인은 세계 최초의 철도를 건설했다. 증기기관차라는 위대한 발명품 덕분에 많은 영국인들은 영국이 완전히 새로운 산업발전 방식을 찾아냈다고 생각했다. 1830년대 말부터 영국 경제의 발전은 주춤하기 시작했다. 영국의 투자와 경제발전을 촉진시키기 위해 거의 모든 투자자들은 철도산업으로 눈을 돌렸고, 모두들 철도산업에 투자하면 반드시 큰돈을 벌 수 있을 것이라 믿었다.

또한 영국에서는 신문업이 발전하기 시작하면서 현대의 주식시장과 같은 개념이 시장 무대에 이식됐다. 사람들은 신문 같은 현대식 매체를 통해 '철도 주식과 채권에 투자하는 것은 안전할 뿐 아니라 수익률도 높기 때문에 모든 사람들이 꼭 투자해야 한다'는 정보를 집중적으로 얻게 되었다. 이런 새로운 사유방식과 새로운 매체에 더해 당시 영국에 만연했던 유동성 및 낮은 예금금리 때문에 투자자들은 모두 큰돈을 벌고 싶다는 욕망을 억누르지 못했고, 그로써 위험을 고려하지 않고 철도건설에 투자하기 시작했다.

당시 영국은 공업혁명을 겪고 있었기에 철도와 물류의 발전은 탄광, 철광 등의 원자재 및 강철, 방직 등 공업상품의 운송과 판매를 크게 자극했다. 이 때문에 영국의 많은 사람들이 '철도는 영국이 세계에 준 선물'이고, 가장 안전하고 가장 높은 수익을 안겨주는 투자처로 여기게 된 것이다.

물론 튤립 파동과 마찬가지로 철도의 발전 역시 영국 정부의 도움과 떼놓고 생각할 수 없다. 새로운 기술의 발전에 따라, 영국 의회는 철도가 상업의 발전에 유리할 뿐만 아니라 공공의 이익에도 이바지한다는 사실을 깨달았다. 이로 인해 의회는 1845년 한 해 동안 약 2,700마일(1마일은 약 1.6킬로미터에 해당한다)의 철도건설 의안을 통과시켰는데, 이는 종전에 통과된 모든 철도건설 의안議案의 총합에 해당하는 것이었다. 1850년에 이르러 영국에서 완공된 철도와 공사 중인 철도의 총길이는 이미 각각 6,000마일과 1,000마일에 달했는데, 오늘날 영국 철도의 기본적인 모습은 바로 이때 형성된 것이다. 여기에서 언급할 만한 가치가 있는 것은 튤립 파동 당시의 네덜란드 정부 관계자들과 마찬가지로, 영국의 일부 의원들은 철도건설 프로젝트 및 철도회사에 투자를 한 당사자로서 철도 거품을 악화시키는 데 팔을 걷어붙이고 나섰다는 점이다. '철도 열풍'의 정점을 찍은 것으로 알려진 1845년에 영국 의회를 통과한 272건의 철도회사 관련 의안 모두가 어렵지 않게 통과될 수 있었던 것은 그 때문이었다.

1836년 이전에 철도건설을 맡은 재단들이 충분한 재력을 갖출 필요가 있었던 상황과 달리, 1840~1845년 사이 영국에서 이루어진 1,000여 개의 철도건설 프로젝트 모두는 영국 전역뿐 아니라 전 세계의 투자자들로부터 투자를 받았다. 이 기간 동안 영국의 거의 모든 가정은 저축해서 모은 돈으로 최대 10%의 수익률을 가진 철도회사의 채권을 사들였고, 이 과정을 통해 점차 기존의 재단을 대신하여 철도건설의 주요 투자자 자리를 차지했다. 철도 프로젝트는 초기에 연간 수익률 10%인 채권 발행에 의존하여 투자자를 끌어들였다. 그로써 더욱 더 많은 투자자들이 철도사업을 긍정적으로 보기 시작했고 10%의 연간 수익률에도 만족하지 못하게 되자, 갈수록 많은 철도회사가 주식을 발행하여 더욱 많은 투자자를 모으기에 이르렀다. 이렇게 수많은 철도회사가 같은 기간 내에 집중적으로 주식을 대량 발행함에 따라 시장의 투기 열풍도 점점 더 심해졌다. 새로운 철도건설 프로젝트는 실제 건설 가능 여부와 관계없이 철도건설을 신봉하는 무수히 많은 투자자들과 자금을 끌어모았고, 이 모든 것이 모여 투기 광풍을 일으켰다. 철도 주가가 상승하자 이 산업에는 더욱 많은 투기자본이 유입되었다. 1843년부터 1850년까지 영국이 철도건설에 쏟아부은 돈은 1억 900만 파운드에 달했는데, 이는 1847년 영국 국민총소득의 7%였을 뿐 아니라 국내 총투자액의 20%에 이르는 금액이었다. 그토록 많은 돈이 오로지 철도건설 프로젝트에 흘러들어갔던 것이다.

이 철도 광풍의 실체는 1845년 말에야 비로소 드러났다. 이 한 해 동안 영국 중앙은행이 금리 인상을 발표하면서 유동성도 순식간에 축소되었고, 소문을 전해 들은 투자자들은 잇달아 수중의 지분을 털어내기 바빴다. 애초에 철도산업에 투자한 많은 투자자들은 그 내용에 대해 잘 알지 못하는 상태에서 그저 '철도에 투자하면 반드시 돈을 벌 수 있을 것'이라는 생각으로 뛰어든 것이었다. 때문에 이들이 실제로 수익을 올릴 수 없게 되자 크고 작은 철도회사 주식들은 성장세가 주춤하거나 심지어 하락하기 시작했다. 일부 회사의 주식은 1846년 한 해 동안 400%가 올랐다가 이후 85% 하락했고[100×(1+400%)×(1-85%)=75, 다시 말해 25% 하락한 것이다], 하락 이후 많은 주식의 가격이 연초보다 훨씬 낮아졌다.

자금이 줄어들면서 애초에 수요가 부족했던 철도선의 재무상황이 드러나자 점점 더 많은 투자자들이 철도회사에 대한 투자를 회수하기 시작했다. 이어 자금난 때문에 적지 않은 철도회사가 문을 닫았고, 이들의 주식 역시 회사가 도산하면서 한낱 종이쪼가리로 변해버렸다.

수많은 영국의 일반 시민들은 평생 모은 저축을 철도에 투자하며 새로운 노선 개통 이후 큰돈을 벌 수 있으리라 기대했지만, 철도회사의 연이은 도산으로 인해 절망에 빠졌다. 《이상한 나라의 앨리스Alice In Wonderland》의 저자인 루이스 캐럴Lewis Carrol은 자신의 시 '스나크 사냥The Hunting of the Snark'에 다음과 같이 적었다. "철도채권 한 장으로 그들의 생명을 위협할 수 있지."

1840년대 영국은 1만 5,000킬로미터에 달하는 철도건설을 계획하고 실행에 옮겼는데, 그렇다면 영국의 국토 면적은 얼마나 될까? 중국의 광시廣西 또는 랴오닝遼寧의 면적과 비슷하다. 오늘날 영국 철도는 세계에서 가장 높은 밀도를 자랑하는데, 이는 곧 그들이 200년 전 지나치게 많은 철도를 건설했음을 뜻한다. 영국의 철도건설 광풍은 1855년이 되어서야 비로소 잠잠해졌다. 어찌 보면 그 덕분에 영국은 현대화된 철도의 기본 윤곽을 얻은 것이지만, 그와 동시에 수많은 사람들은 가산을 탕진했고 산업발전 열풍의 희생양이 되었다.

이런 거품이 붕괴하자 영국의 기업가와 엔지니어들은 해외로 눈을 돌려 러시아와 아르헨티나, 중국 및 미국 등지에서 철도건설을 독려했다. 그중 철도발전 속도가 가장 빨랐던 것은 미국이었지만 이 또한 매우 빠르게 미국의 철도거품과 위기로 변했다. 철도산업에 대한 투자자들의 비이성적인 투자 광풍은 1880년대의 철도건설 광풍 및 수송력의 과잉공급이 초래한 격렬한 가격 전쟁을 발생시켰다. 19세기 말에는 미국 철도의 약 25%가 운송비 하락 및 수요 고갈로 파산했고, 이로 인한 패배는 미국 철도채권에 투자한 투자자들의 몫이었다. 그중 대다수의 투자자, 특히 미국이라는 신대륙의 무한한 가능성을 믿었던 외국 투자자들은 이 거품으로 극심한 손실을 입었다. 그에 반해 이 과정에서 파산한 철도회사들을 재편성한 은행가들은 오히려 점차 전국 철도시스템의 약 3분의 2를 통제하게 되면서 이후 사업 및 금융계의 거물이 되었다. 그중에는 훗날 미국의 유명한 모건 그룹Morgan Group의 창업자인 J. P. 모건J. P. Morgan도 있었다.

인터넷 버블

수많은 상황에서 기술의 발전은 투자자에게 미래에 대한 무한한 동경을 심어준다. 하지만 이런 동경이 경제 및 금융의 원리와 잘 결합되지 못하면 투자자는 주식의 가치를 지나치게 낙관하게 된다.

철도 기술, 마이크로 전자 기술, 바이오과학 기술뿐 아니라 가장 최근에 등장한 인터넷 기술 등은 투자자로 하여금 '이제 새로운 시대가 도래했으며 이전까지의 투자 이념은 앞으로 적합하지 않을 것'이라는 믿음을 갖게 한다.

1990년대 말에 미국 나스닥 시장을 필두로 한 세계의 인터넷 주식 거품 사례는 기술이 얼마나 발전하든 상관없이 일부 기본적인 투자 이념은 여전히 유효하다는 교훈을 투자자들에게 인식시켰다. 투자자는 주가수익률, 즉 기업 주식의 가격과 그 주당수익률의 비율을 주식

평가의 기준으로 삼는 경우가 많다. 이 비율이 높다는 것은 기업의 주식이 그 수익 수준에 비춰볼 때 비싸다는 뜻이고, 이 비율이 낮다는 것은 수익 수준에 비해 주식이 싸다는 뜻이다. 미국 주식시장의 평균 주가수익률은 약 10~12배, 중국 거래소시장의 평균 주가수익률은 대략 18~20배 정도다. 인터넷 버블이 정점을 찍었던 1998~2000년 당시 수많은 기업의 주가수익률은 수백 배, 심지어 수천 배에 달했는데 이는 역사상의 평균보다 몇 십 배나 높은 수준이었다. 더욱이 많은 인터넷 기업이 상장 당시엔 아무 수익이 없었는데도 투자자들은 그 기업들이 상장 이후에 더욱 많은 수익을 거두고 결과적으로는 자신 역시 수익을 올릴 것이라 기대했다. 주가수익률로 주식의 가치를 평가하는 데 익숙한 많은 투자자들은 이런 상황에서 아마도 이상한 나라의 앨리스가 된 것처럼 어찌할 바를 몰랐을 것이다. 이런 까닭에 똑똑한 증권 애널리스트는 '주가-꿈 비율'이라는 새로운 개념을 만들어냈다. 이는 '기업이 수익을 내지 못해도 상관없으니 수익률이 아닌 매출량을 따지자'는 것이었는데, 돌이켜보면 터무니없이 순진하고 바보 같은 가설이었다. 애널리스트는 당신이 오늘 상품과 서비스를 판매하면 내일 반드시 돈을 벌 수 있을 것이라고 가정한다. 즉, 기업의 매출량이 매년 500%의 속도로 오른다는 것은 수익률 역시 500%의 속도로 오름을 뜻한다는 가설이 '주가-꿈 비율'인 것이다.

그러자 갑자기 수많은 투자자들이 주가-꿈 비율이야말로 인터넷이 세계 경제에 미치는 거대한 영향을 정확히 묘사할 수 있는 개념이라고 생각했다. 인터넷 기술의 출현으로 세계 경제는 역사상 유례없는 새로운 단계에 진입했기 때문에 사유 또한 반드시 새로운 방식으로 해야 한다는 것이었다. 인터넷 버블 시기 당시 버핏은 자신이 인터넷 기술 주식을 이해하지 못한다고 명확히 밝힌 바 있다. '이해하지 못하는 주식은 사지 않는다'는 자신의 원칙에 따라, 그는 인터넷 버블 시기에 유난히 과학 기술과 관련된 주식의 매입을 회피했다. '옛것에 빠져 현실에 적응하지 못하는' 버핏의 이런 태도는 1990년대에 많은 젊은 투자자들의 비웃음을 샀다. 그들은 버핏을 일컬어 기술의 발전을 따라가지 못하는, 정보화 시대의 '공룡' 투자자라고 말했다.

그러나 주가-꿈 비율 개념에 감화되면서 더욱 많은 비현실적인 아이디어들을 실행에 옮기는 동시에 기업경영의 가장 기본적인 비즈니스 법칙을 무시하며 이윤보다 성장, 수익률보다 접속률만 중시하는 기업은 갈수록 많아졌다. 이 때문에 1990년대 말에 수많은 버블 기업들이 창업하고 성장하고 상장하고 큰돈 쓰기를 반복하던 중, 어느 날 음악이 뚝 끊기자 모든 투자자들은 비로소 자신이 줄곧 거품 속에 있었다는 사실을 깨닫게 되었다. 주식시장은 급격히 하락하기 시작했다. 나스닥 지수는 버블이 정점을 찍었던 시기의 5,000선에서 1,600점 선까지 무너졌다(이는 중국의 A주 시장의 2007~2008년 폭락 상황과 비슷하다). 내 친구 중 하나는 인터넷 버블 절정기에 내게 전화를 걸어 자신의 회사가 상장됐다는 소식을 전했다. 친구는 "상장 당시 주가는 주당 60달러였는데 지금은 올라서 주당 200달러고, 내년에 주당 600달러까지 오르면 내 주식은 500만 달러에 달하니 은퇴할 것"이라고 말했다. 예기치 못한 것은 2년 후, 그 친구가 기대했던 500만 달러는 겨우 5만 달러도 되지 않았다는 점이다.

이토록 믿기 어려운 거품경제가 생기는 이유는 새로운 기술의 탄생 때문이다. 당시 모든 사람은 전통적인 이념으로는 이해할 수 없는 신기술이었음에도 그것이 가져다주는 전례 없는 투자기회에 기대를 걸었고, 그 새로운 기술을 모두가 이해할 수 있는 범위로 들여오고 싶어 했다. 이 때문에 모두가 금융과 투자를 해석하는 창의적 방법을 생각해낸 것이다. 하지만 안타깝게도 거품경제는 거의 언제나 예외 없이 유동성의 축소와 자산가격의 폭락, 그리고 투자자의 대규모 손실로 끝났다.

금융 혁신이 초래한 거품

영국 남해 거품 사건

여기에서 한 가지 언급할 만한 것이 있다. 바로 기술의 발전만 거품경제를 일으킨 것이 아니라 금융상품의 발달 또한 예상치 못한 거품을 초래했다는 점이다.

17세기 네덜란드의 튤립 파동 이후 얼마 지나지 않아 세계 경제의 중심은 점차 영국으로 옮겨갔다. 17세기가 네덜란드인의 시대였다면 18세기는 영국인의 시대였다. 18세기에 영국 경제는 오랜 번영을 누렸다. 오랫동안 지속된 경제적 번영 덕에 영국의 개인저축은 계속 증가한 반면 투자기회는 상대적으로 부족했던 탓에 많은 사람들이 이 대량의 유휴자금을 투자할 만한 곳을 절실히 찾고 있었다. 그와 동시에, 주식과 주식시장이라는 것은 18세기 영국에서 여전히 새로운 개념이었기 때문에 상장된 회사의 수가 적었고, 주식의 성질과 위험에 대한 투자자들의 이해 수준 역시 초보 단계에 불과했다.

이 과정에서 영국 남해회사The South Sea Company를 필두로 한 투자회사들이 생겨났다. 남해회사는 자신들이 남아메리카의 스페인 식민지 노예무역에 대한 독점권을 가졌으며 노예무역을 통해 수익을 올릴 수 있다고 공언했다. 그러나 사실 스페인은 이런 유형의 무역을 허가하지 않았기 때문에 남해회사가 공언한 '국왕이 준 특권'은 거의 아무 가치가 없었다.

남해회사의 주식이 인기를 끈 이유는 이 회사와 정부 간의 긴밀한 협력관계가 사람들을 안심시켰기 때문이다. 또 일명 '남해계획'으로 알려진 자사의 계획을 선전할 당시 이 회사는 자사가 남미 무역을 통해 막대한 수익을 올리면 자사 주식 보유자들에게 엄청난 주식배당금을 줄 수 있을 것이라는 거짓말을 했다. 이 말에 많은 투자자들이 속았고, 대중은 남해회사를 믿어 의심치 않았다.

그러나 남해회사의 진정한 수입 원천은 바로 영국 왕실의 채무조정을 돕는 것이었다. 일련의 공적 업무와 로비 활동을 벌인 후, 남해회사는 신주발행 및 이후의 증자발행 과정에서 발행액수를 제한하여 인위적으로 회사의 주가를 높이는 방식을 취함으로써 일확천금을 노리는 투자자를 끌어들였다. 남해회사는 본래 실적을 뒷받침하는 아무런 기본 업무도 없었기 때문에, 이후 '폰지 사기Ponzi Scheme(투자사기 수법의 하나로, 실제로는 아무런 이윤 창출 없이 투자자들의 투자금을 이용해 그들에게 수익을 지급하는 방식_옮긴이)'라고 명명된 수법을 사용하기에 이르렀다. 고액 이자 지불을 허락하는 방식을 통해 인위적으로 주가를 높인 후 주가가 오르면 지속적으로 신주를 발행했던 것이다.

남해회사가 심혈을 기울인 이 계획에 따라 회사의 주가는 점차 오르기 시작했다. 원래 주당 128파운드였던 남해회사의 주식은 1720년 3월에 이미 330파운드까지 올랐다. 5월에 남해회사는 또다시 주당 500파운드라는 가격으로 신주를 발행해 판매했다. 신주의 발행은 시장의 환영을 받았고, 6월이 되자 주가는 주당 890파운드까지 급등했다. 이어 7월에는 더욱 올라 주당 1,000파운드가 되었는데, 이는 6개월 전만 해도 아무도 감히 상상하지 못했던 수준이었다.

남해회사의 성공을 본 수많은 다른 모험가들도 거대한 투자기회를 눈치챘고, 그 결과 무수히 많은 주식회사가 우후죽순처럼 순식간에 사회 각 분야에 생겨났다. 이들 회사는 우리가 오늘날 '유령회사'라고 일컫는, 구체적인 업무조차 없는 회사들이었다. 일부 회사가 자사 주식을 선전했던 자료는 오히려 덮으려 할수록 더욱 드러나는 진상처럼 후세 사람들이 참고할 만한 사료가 되었다. 일례로 한 기업은 다음과 같이 선전했다. "우리 회사는 매우 훌륭한 사업에 종사하고 있지만 많은 사람들이 이 사업에 대해 거의 모르고 있고, 우리 역시 우리의 사업에 대해 소개할 수 없습니다!"

남해회사 주식의 수익효과에 힘입어 군인과 가정주부, 심지어 물리학자인 아이작 뉴턴Isaac Newton 등 사회 각계 인사들이 주식투기 열풍에 휩싸였다. 이성을 완전히 상실한 투자자들은 이들 회사의 주 영업활동, 경영상황 및 발전 가능성은 아예 고려하지 않고 그저 회사가 주식을 발행하기만 하면 자신들도 반드시 막대한 이윤을 창출할 것이라고 생각했다. 1720년 상반기에 많은 주식이 분발하고 평균 주가상승률이 500%를 넘어서자 투자자들은 '이 기회를 놓치면 평생 가장 큰 돈을 벌 기회를 잃어버리는 것'이라 여기기에 이르렀다.

1720년 6월, 영국 국회는 각종 '거품회사'의 팽창을 제지하기 위해 투기기업의 설립과 활동을 제한하는 '거품방지법'을 통과시켰다. 이 법령이 반포된 후 수많은 투기회사가 해산됐고 일부 투자자들은 점차 정신을 차리면서 수많은 신생 회사들을 의심하기 시작했는데, 이런 의심의 눈길은 점점 확산되어 남해회사에까지 미쳤다. 7월부터 외국 투자자들이 먼저 남해회사 주식을 처분하기 시작했고 이후에는 국내 투자자들도 이 행렬에 가담함에 따라 남해회사의 주가는 급격히 폭락했다. 최고 주당 1,000파운드에 이르렀던 주가는 2개월 만인 9월에 주당 175파운드로 떨어졌고, 12월에는 124파운드가 되었다. 1년 동안 열 배 이상의 주가 상승과 90%의 하락을 겪은 뒤, '남해 거품'은 완전히 파산했다.

1720년 연말, 영국 정부는 남해회사의 자산청산 절차를 진행하면서 실제 자본은 이미 얼마 남지 않았고, 높은 가격으로 남해회사의 주식을 산 투자자들은 막대한 손실을 입었다는 사실을 발견했다. 수많은 자본가와 부자들이 큰 손실을 봤고, 그중 일부는 알거지가 되기도 했다. 이후 비교적 긴 시간 동안 사람들은 신생 주식회사에 대한 이야기만 들어도 공포에 떨었다. 남해 거품 사건은 그 파장이 매우 컸는데, 인류 역사상 가장 위대한 물리학자인 뉴턴도 이를 피하지 못했다. 그는 초기엔 많은 돈을 벌었지만 시장이 하락하기 시작하자 더 많은 돈을 잃었다. 주식시장의 상승과 하락을 겪은 후 그는 다음과 같은 매우 유명한 말을 남겼다. "나는 천체의 운동과 거리를 계산할 수 있지만, 사람들의 마음속 광기는 계산할 수 없다."

이 남해 거품은 다음과 같은 원인 때문에 나타났다. 첫째, 당시 잉글랜드 은행과 영국 중앙은행은 이미 설립된 상태였다. 경제성장 촉진을 위해 잉글랜드 은행은 전례 없이 많은 화폐를 시장에 유통시켰다.

뒤의 결론 부분에서 다시 논의하겠지만, 과다한 화폐 발행과 유동성의 범람이 수반되지 않은 거품경제는 역사상 단 한 차례도 없었다. 사회에 자금이 과하게 유통되었다는 바로 이 이유 때문에 투자자들은 언급할 가치도 없을 만큼 낮은 수익률을 가진 안전한 투자기회보다는 높은 수익을 거둘 수 있는 투기성 투자기회, 그리고 지속가능하지 않은 투자기회를 선호했다.

둘째, 남해회사가 머리를 잘 굴렸다. 이 회사는 융자 과정에서 투자자들에게 고정 수익을 약속했다. 일례로 남해회사는 주주들에게 매년 30%의 초과 배당금 지불을 보장했다. 만약 어떤 기업이나 상품이 매년 안전하게 30%의 배당금 지불을 보장한다면 주주의 재산은 2.5년마다 곱절로 불어난다. 언뜻 들으면 이 조건은 뿌리치기 힘든 투자기회임이 분명하다. 남해회사는 30%의 배당금 지불만 약속한 것이 아니라 이후 12년 동안 매년 투자자에게 50%의 배당금을 지급하겠다는 것도 보장했다. 만약 이런 실적이 정말로 지속가능하다면 이것은 그야말로 세계 최고 헤지펀드의 실적보다 높고, 믿기 어려울 정도로 좋은 실적이다. 이런 측면에서 볼 때, 오늘날 많은 부동산 개발업자들이 언급하는 '임대소득 보장' 개념도 이와 마찬가지라 할 수 있다. 즉 A라는 사람이 B의 집을 사면 B는 A에게 첫 5년간 8~10%의 임대소득을 보장해주는 셈인데, 이렇게 되면 A는 첫 5년 내에 자신의 투자금을 완전히 회수할 수 있다. 이 마케팅 수단은 수많은 투자자들의 각광을 받았다. 그러나 투자자들이 반드시 알아야 할 것이 있다. 이런 투자 역시 다른 재테크 상품과 마찬가지라서 판매자 측에서 제시하는 수익률은 예상수익률일 뿐, 일단 개발업자가 자금난에 시달리거나 파산해버리면 그 어떤 법률도 투자자의 투자수익을 보호해줄 수 없다는 것이다.

남해 거품을 초래한 원인에는 또 어떤 것이 있을까? 바로 요행을 바라는 마음과 과도한 자신감이다. 대다수 사람들은 거품이 곧 붕괴할 것이라는 사실을 알게 되었지만 누구도 이에 대한 충분한 대비를 하지 않았다. 사실 이것은 거품의 근본적인 특징 중 하나다. 모두가 거품이라는 사실을 알고 있지만 그것이 언제 터질지는 아무도 모른다는 것 말이다. 모두들 자신은 거품이 무너지기 전에 실정을 잘 모르는 투자자에게 이 뜨거운 감자를 건네줄 수 있을 거라고 생각한다. 모두들 거품은 펀더멘털이 받쳐주지 않은 투자기회라는 사실을 알고 있으면서도, 자신만은 요행히 이 투자과정에서 손실을 입지 않을 거라는 생각이 마음속에 도사리고 있는 것이다. 비단 이뿐만이 아니다. 많은 사람들은 거품 중에 갖가지 기괴한 논리를 생각해내고, 그 논리에 힘입어 거품이 꺼지지 않고 계속 커지길 기대한다. 남해 거품 때에도 이미 정부와 회사, 연금수령자, 그리고 주주에 이르기까지 모두가 계속되는 주가상승 덕분에 적지 않은 돈을 벌었는데, 어떤 이들은 '주가상승은 당연히 좋은 일이니 주가가 앞으로도 계속 올라야 한다'고 주장했다. 또 어떤 투자자는 '소위 펀더멘털의 가치라는 것은 없고, 주가가 오를수록 펀더멘털의 가치도 오르기 때문에 애시당초 주가가 너무 많이 올랐다는 걱정은 할 필요가 없다'고 주장하기도 했다.

남해 거품이 붕괴된 후, 당대의 유명 시인이었던 알렉산더 포프Alexander Pope는 영국 사회 전체가 그것에 휩쓸린 것을 풍자하며 다음과 같은 시를 남겼다.

결국 부패는 홍수와도 같이

모든 것을 덮치고; 탐욕은 서서히 다가와
낮게 깔린 자욱한 안개처럼 햇빛을 가리네.
정치인과 민족투사가 연달아 주식시장에 빠지고,
귀족부인과 집사도 주식배당금을 똑같이 나누고,
법관은 증권 중개를 하고, 주교는 서민을 갉아먹고,
공작들은 반 크라운을 얻기 위해 카드를 섞네.
브리튼 제국이 돈의 황폐함에 빠져드는구나.

중국의 주식워런트증권 시장

중국 자본시장에서 2005~2007년 사이 증권거래에서 발생한 거품은 금융혁신이 자산거품을 초래한 또 다른 전형적인 사례에 해당한다. 2005년 중국 증권감독관리위원회는 지분분할개혁•을 보조함과 동시에 시장유동성 확대와 시장상승 촉진을 위해 선진국 및 중국 홍콩 시장에서는 매우 익숙한 상품인 주식워런트증권을 내놨다. 주식워런트증권은 일종의 옵션이자 투자에 대한 권리로서 상승하거나 하락할 수 있고, 투자자가 특정 가격에 주식을 매수 혹은 매도할 권리를 부여한다. 투자자 입장에선 일종의 권리를 사는 것이기 때문에 일단 이 권리

• 지분분할개혁은 현재 중국 주식시장의 주요한 제도적 개혁과제다. 중국 증권거래소에는 동일 상장사의 주식을 유통주와 비유통주로 나누는 특수한 제도가 있다. 중국의 주식 중 상장사 주주가 보유하고 사회적으로 공개발행하여 증권거래소에서 상장거래되고 있는 주식을 유통주라 하고, 공개발행 전 일시적으로 상장거래가 불가능한 주식을 비유통주라고 한다. 중국 상장사들의 주식에는 비유통주와 유통주 두 종류가 있는데, 두 주식은 주식보유 원가 면에서 큰 차이가 있고 유통권을 제외한 기타 권리들은 동일하다. 이렇게 주식보유 원가가 큰 차이를 보이므로 두 주식의 주주들 간에는 심각히 불공평한 상황이 초래되는데, 이 상황을 개선하기 위해 비유통주를 유통화하여 비유통주의 비중을 줄이는 개혁방안을 지분분할개혁이라 한다.(출처: 《건홍리서치 중국금융경제사전》)

를 획득한 이후 실제 행사 여부는 자신이 결정할 수 있다.

주식워런트증권이 처음 나왔을 당시, 시장은 매수자와 매도자의 가격확정에 도움을 주고 이후 생길 수 있는 위험을 피하기 위해 투자자로 하여금 자신의 투자수익 또는 비용을 확정할 수 있게 해주었다. 그러나 중국의 주식워런트증권 거래와 주식거래에는 또다른 큰 차이가 있다. 주식워런트증권은 'T+0' 거래방식이라서 당일 구입한 것도 당일 판매할 수 있는 데 반해 주식거래는 'T+1' 방식이기 때문에 오늘 주식을 샀다면 내일 개장 이후에나 그 주식을 팔 수 있다. 'T+0' 방식의 장점은 무엇일까? 이 방식은 시장유동성을 증가시키고, 거래가 활기를 띠게끔 하기 때문에 그에 따라 상품을 띄울 기회도 많아진다. 주식워런트증권 거래의 역사를 살펴보면 거래회전율이 100%가 넘는 거래일이 많았음을 알 수 있다. 다시 말해 개장 이후 특정 주식워런트증권을 산 투자자들 모두가 오후에는 이미 자신의 주식을 다른 투자자에게 팔아넘겼다는 뜻이다.

그렇다면 투자자는 왜 이토록 빈번한 거래를 하는 것일까? 당연히 돈을 벌기 위해서다. 그러나 연구 결과, 특히 해당 주식워런트증권이 만기일에 가까워진 경우(즉, 주식워런트증권 보유자가 자신이 구매한 권리를 누리지 못하게 됐을 때)에는 어떤 가치도 없다는 사실을 발견했다. 만기된 주식워런트증권은 아무 가치도 없으므로, 만기가 가까워졌을 때 역시 그 가치가 거의 없다. 구매자에게 어떠한 권리도 가져다줄 수 없기 때문이다. 그러나 투자자는 종종 이 간단한 사실을 잊어버린 채 주식워런트증권의 만기일이 가까워졌을 때에도 여전히 활발하게 거래를 한다.

우리는 또 주식워런트증권의 가치가 가장 낮은 시기에 투자자가 가장 빈번히 거래한다는 사실을 발견했다. 일부 주식워런트증권은 만기일 하루나 이틀 전까지도 여전히 매일 100%, 심지어 1,000%의 거래회전율을 보인다.

그렇다면 투자자는 왜 아무런 가치도 없는 것에 의지하여 돈을 벌려는 것일까? 이들이 의존하는 것은 일종의 신념, 즉 가장 멍청한 것이 두려운 게 아니라 '더' 멍청한 것이 두렵다는 신념이다. 많은 투자자들은 자신이 구매하는 주식워런트증권이 아무 가치가 없다는 것을 결코 모르지 않는다. 다만 그저 자신보다 훨씬 멍청한 사람이 있을 것이라고 생각할 뿐이다. 따라서 이들은 게임에서 이기기 위해 경쟁하는 것이 아니라 서로 누가 바보가 아닌지를 두고 경쟁하는 셈이다. 이들은 주식워런트증권이 가치를 가지는지 아닌지에 신경 쓰지 않는다. 자신보다 더 멍청한 사람만 있으면 자기 수중에 있는, 아무 가치도 없는 주식워런트증권을 더 높은 가격으로 그 사람에게 팔아버리고 자신은 즐겁게 돈을 벌 수 있을 거라고 생각하는 것이다. 소위 거품이란 것은 바로 이런 심리상태를 지칭한다. 즉, 내가 이 상품의 펀더멘털을 전혀 이해하지 못하거나 혹은 그 펀더멘털이 상품의 가치를 지탱하기에 충분치 않다는 사실을 알고 있다 해도 다른 사람이 더 높은 가격으로 이 상품을 사갈 수 있으리란 기대를 하는 것이다. 수많은 주식워런트증권은 만기일이 도래했을 때, 즉 해당 주식워런트증권의 가치가 0이 되었을 때에도 여전히 몇 푼, 심지어 1위안의 가격에 거래된다. 다시 말해 주식워런트증권의 거래가격은 실제 가치의 수백 배, 심지어 수천 배에 달한다.

물론 일부 투자자들은 자신이 거래하는 주식워런트증권이 도대체 무엇인지도 모른 채 주식워런트증권시장을 일종의 도박판으로 보고 거래에 뛰어들기도 한다. 왜 이렇게 표현할까? 연구결과에 따르면 주식워런트증권에 투자하는 많은 사람들은 그것이 무엇인지도 모르고 있고, 주식워런트증권 중 0.6%는 만기 후에도 투자자에 의해 착오의 권리행사가 이루어지기 때문이다. 착오의 권리행사란 무엇인가? 만약 어떤 주식의 주가가 현재 20위안이고 당신이 보유하고 있는 주식워런트증권이 당신에게 이 주식을 주당 50위안에 구입할 수 있는 권리를 준다면, 당연히 당신은 이 권리를 행사하면 안 된다. 주식시장에서 곧장 해당 주식을 50위안보다 더욱 싼 20위안이라는 가격에 살 수 있으니 그렇게 하면 되지, 굳이 더욱 비싼 가격을 지불해야 하는 구입권리를 행사할 필요가 없기 때문이다. 그러나 연구결과에 따르면 전체 거래의 1%는 바로 이런 유형에 해당하는 착오의 권리행사였다. 다시 말해 일부 투자자들은 권리행사에 따른 손실이 발생하는 상황에서도 그 권리를 행사함으로써 손실을 입는 것이다.

또한 0.5%의 투자자는 수익을 올릴 수 있는 주식워런트증권에 따른 권리를 행사하지 않는 것으로 나타났다. 가령 현재 어떤 주식은 주당 50위안이지만 당신이 보유한 주식워런트증권의 권리를 행사하면 그것을 20위안에 매입할 수 있다. 이성적인 투자자라면 당연히 이 권리를 행사할 것이다. 왜냐하면 명백히 30위안의 차익을 거둘 수 있기 때문이다. 그러나 중국 투자자들은 매우 흥미롭다. 수많은 개인투자자들이 응당 이 권리를 행사해야 할 때 오히려 이 권리를 행사하지 않고, 쉽게 벌 수 있는 돈을 그냥 책상 위에 내버려두기 때문이다. 이 연구가 '주식워런트증권 거품 투기에 참여하는 수많은 투자자들은 주식워런트증권 계약이 도대체 무엇을 의미하는지도, 거래를 어떻게 해야 하는지도 제대로 알지 못한 채 무작정 투자를 한다'는 결론을 내린 이유도 이 때문이다. 남해회사 위기 때와 마찬가지로, 투자자의 능력과 경험은 거품의 형성과 발전에 아주 큰 영향을 미친다.

"거지와 구두닦이, 이발사와 미용사가 당신에게 부자가 되는 방법을 알려준다면, 당신은 아무것도 하지 않고 무엇을 얻을 수 있다는 믿음이야말로 그 무엇보다 위험한 환상이라는 사실을 스스로에게 일깨워야 한다." 미국 금융가인 버나드 바루치Bernard Baruch는 1920년대에 주식시장이 붕괴한 이후 그 직전의 거품기를 떠올리며 이러한 의미심장한 말을 남겼다. 버핏도 "남들이 탐욕스러울 때에는 두려워하고, 남들이 두려워할 때에는 탐욕스러워져야 한다."라는 유명한 말을 한 적이 있다. 이처럼 사회 전체의 영향을 받지 않는 역발상은 투자자에게 도리어 매우 큰 도움이 되는데, 이는 버핏이 궁벽진 오마하Omaha에 살기로 선택한 이유이기도 하다. 오마하는 버핏이 성장한 지역인 데다 사람들도 친절한 곳이다. 하지만 버핏이 그곳에서의 삶을 선택했던 가장 중요한 이유는 금융중심지에 사는 사람들의 사고방식이 무서울 정도로 같기 때문이었다.

부동산 거품

1920년 미국 플로리다의 부동산 거품

부동산업계는 항상 거품경제가 비교적 잘 생기는 분야다. 일단 부동산업은 겉보기에 토지라는 자연자원의 제한이 있기 때문에 매우 희소한 성격을 가진 것처럼 보인다. 다른 한편으로는 부동산에 대한 부정적인 정보와 생각이 시장 및 가격에 반영되기 힘들다는 특징도 있다. 부동산 거래의 영향력과 그에 상응하는 공매도(대주) 기제가 부족한 탓이다. 바로 이 때문에 부동산시장은 특히 급등하거나 폭락하며 위기가 발생하기도 쉽다.

1920년대에 세계 경제의 중심은 점차 미국으로 옮겨갔다. 미국 경제는 매우 느슨한 화폐 및 재정정책 덕분에 매우 빠르게 발전했다. 미국 남부 플로리다의 독특한 열대기후, 세금혜택 등의 환경과 미개발 토지는 수많은 토지 및 부동산투자자들의 이목을 끌었다. 많은 사람들은 플로리다의 땅이 희소하기 때문에 오늘이 아니면 앞으로 다시는 살 수 없을 것이라 여겼고, 이에 따라 시장에는 구매열풍이 불었다. 팜비치Palm Beach의 땅값이 겨우 2~3년 만에 네 배로 뛴 것은 결코 희귀한 일이 아니었고, 마이애미 시민의 3분의 1은 순식간에 부동산업 또는 부동산 관련 산업의 종사자가 되었다.

그러나 좋은 날은 오래가지 않았다. 1926년 미국 경제성장이 주춤하자 투기열풍은 점점 식어갔고, 플로리다주의 부동산가격도 1년 만에 3분의 1이 떨어지는 등 대폭 하락했다. 대출융자금을 부동산 투기에 쏟아부은 수많은 투기업자들 때문에 플로리다주의 많은 사람들은 빚더미에 올라앉았다. 원래 형편이 넉넉했던 가정은 이후 대공황을 겪으며 본래 소유했던 부동산의 유지가 불가능해졌고, 그에 따라 파산보호 신청이 대거 발생했다. 어떤 의미에서 봤을 때 1990년대에 있었던 중국 하이난海南 섬의 부동산위기는 플로리다 부동산 거품의 많은 특징이 재현된 것이었다. 열대기후와 희소하다는 인식으로 인해 플로리다와 하이난을 포함한 수많은 열대기후 지역의 관광지(하와이, 오스트레일리아, 태국의 푸껫, 스페인, 그리스 등)는 모두 투기자본의 각광을 받으며 부동산 거품과 붕괴를 겪었다. 100여 년의 발전을 겪은 이후에도 플로리다는 2000년 초 미국에서 부동산 거품이 발생했을 때 또 한 번의 폭등과 폭락을 겪었다. 이 거품이 꺼진 이후 이곳의 부동산가격은 또다시 폭락해서 심지어는 몇 만 달러만으로도 별장을 구입할 수 있었다. 이는 과거 100년 동안 플로리다 부동산 투기업자들에게 확실한 교훈을 주었다.

토지자원의 희소성은 인류 역사상 항상 존재해왔다. 그러나 기술과 경제의 발전은 건축비용과 건축지역 모두에 변화를 일으켰다.

원래 인류의 거주를 제한했던 요소가 반드시 오늘날에도 적용되지는 않는다. 과거 인류가 생활했던 대도시는 반드시 큰 하천이나 민물 호수 부근에 있었지만, 지하수 사용이 가능해짐에 따라 이런 제한 역시 점차 그 중요성이 떨어졌다. 또한 교통시설과 인터넷 기술의 발전으로 선진국에서는 갈수록 많은 사람들이 1주일에 하루이틀 정도만 사무실로 출근하고 그 외의 시간에는 집에서 일하는 재택근무를 하기 시작했다. 따라서 지리적 환경과 거주장소에 대한 사람들의 의존성 또한 많이 낮아졌다.

이와 관련된 전형적인 사례가 바로 네덜란드 암스테르담 중심지의 부동산가격이다. 앞에서 살펴본 바와 같이 네덜란드는 17세기에 세계적인 패권 국가였고, 수도인 암스테르담시의 중심 운하 양쪽에 들어선 빌라는 항상 네덜란드 사람들이 가장 동경하는 거주지였다. 그러나 국제 연구결과에 따르면 과거 300년 인류 역사의 변화 과정에서 세계 최초 중심업무지인 헤렌흐라흐트Herengracht 시내의 집값은 겨우 2.3% 오르는 데 그쳤는데, 이는 과거 300년간 네덜란드의 통화팽창률인 1.85%를 겨우 넘는 수준이다. 바꿔 말하면, 부동산은 인플레이션에 대항하여 원래의 화폐가치를 유지하는 효과적인 수단이지만 그 외에는 결코 더 좋은 투자수익을 가져다주지 못한다. 미국 예일 대학의 유명 경제학자인 로버트 실러 교수는 공동연구자와 함께 수집한 미국 부동산지수를 연구한 뒤 미국에서도 같은 결과가 나타난다는 사실을 발견했다. 즉, 미국 부동산투자수익의 평균은 미국의 통화팽창률을 겨우 따라간다는 것이다. 어쩌면 이는 많은 사람들이 직접 느끼는 것과 매우 다르겠지만 경제학의 두 가지 중요한 원리와는 확실히 대체로 일치한다. 첫째, 사람들은 대개 인플레이션을 정확히 예측하지 못하고 그 속도를 (매우) 과소평가하는 경향이 있다. 이 때문에 거시경제학에서 말하는 '자산효과Wealth effect(자산가치가 상승하면 소비도 증가하는 현상으로 '부의 효과'라고도 부름_옮긴이)'가 발생한다. 둘째, 자원 분배는 사회적 변화 및 과학기술 발전으로 인해 시간의 흐름에 따라 변할 수 있다. 특정 요소(예를 들면 원유) 가격의 고공행진이 촉발한 기술발전으로 이 요소의 가격은 생산 또는 생활에 미치는 영향에 평형을 가져올 수 있는 것이다(예를 들면 셰일 가스의 개발).

일본의 부동산 거품

여러 연구의 결과, 부동산 거품이 형성되는 메커니즘 외에도 국지적인 부동산 거품이 인류 사회의 발전 과정에서 항상 빈번히 발생해왔다는 점은 분명하다. 그러나 1980~1990년대에 일본에서 일어난 것과 같은 대규모 부동산 거품은 여전히 역사상 보기 드문 사례에 해당한다. 일본의 부동산 거품은 모두가 익히 들어 잘 알고 있기 때문에, 많은 사람들은 이것이 중국 경제형세에 있어 교훈이 될 것이라고 생각한다.

1985년부터 전국적으로 시작된 부동산가격의 급등을 겪은 후 1990년 초 일본 부동산가격은 1985년에 비해 두 배로 올랐고, 심지어 일부 주요 도시의 집값은 세 배 이상 급등했다. 일본 엔화가 국제 환율시장에서 지속적인 강세를 보임에 따라 1991년 무렵 일본의 토지가격은 거의 20조 달러에 달했다. 이는 일본 국내 토지가격이 전 세계 자산 총가치의 20%에 달할 뿐 아니라 세계 주식시장 총가치의 두 배에 해당함을 의미했다.

더욱 직관적인 방식으로 설명하자면, 당시 일본은 국토 면적이 겨우 미국 캘리포니아주와 비슷했음에도 그 지가地價의 총액이 미국 전체 지가 총액의 네 배와 맞먹었다. 또한 1990년 도쿄의 지가는 미국 전체 총 지가에 해당하는 수준이었다. 일본 황궁 부지의 면적은 겨우 0.85평방마일(약 1.8제곱킬로미터_옮긴이)에 불과했지만 그 감정가는 캘리포니아주 전체 또는 캐나다 토지의 총가치를 합친 것과 같았다. 1989년 하반기 긴자銀座에 위치한 고급 상업용 건물의 가격은 듣는 사람으로 하여금 혀를 내두르게 할 정도인 1제곱미터당 100만 달러에 달했다.

1980년대에서 1990년대 초반까지는 일본의 어느 가정에 가든 사람들 모두가 자랑스럽게 일본이 왜 유일무이한 국가인지, 또 왜 일본 경제는 반드시 미국보다 앞설 것이며 일본의 집값이 미국보다 두세 배 높은 것은 지극히 당연한 것인지를 이야기했을 것이다. 그와 동시에 당시 일본은 엄청난 유동성 과잉을 겪고 있었다. 대량의 화폐, 극도로 낮은 부동산 세율 및 자국의 경제와 문화에 대한 일본인들의 맹목적이고 열광적인 자신감은 인류 역사를 뒤흔든 부동산 거품을 초래했다. 거품이 정점에 달했을 때 일본의 토지개발 강도는 미국의 20~30배에 달했다. 일반적 수준의 월급을 받는 계층은 평생 모은 저축금을 다 털어도 결코 대도시에서 집 한 채 사지 못했고, 집을 살 수 있는 사람은 억만장자와 극소수의 대기업 고위 관리자들뿐이었다.

그러나 1991년 이후 국제 자본이 수익을 얻고 철수한 뒤, 그 자본이 조장했던 일본의 부동산 거품은 급속도로 붕괴했고 그에 따라 부동산가격도 폭락했다. 1993년에 일본 부동산업계는 전면적으로 무너져 파산한 사람이 줄을 이었으며, 기업들도 잇따라 도산했다. 이런 거품 붕괴가 남긴 빚은 6,000억 달러에 달했다. 많은 지역의 부동산가격은 거품이 최고조에 달했을 때에 비해 90% 하락했다.

나는 여기에서 한 가지를 다시 짚고 넘어가고자 한다. 거품경제를 이야기할 때 일본의 이 사례를 빼놓을 수는 없기 때문이다. 일본 부동산의 거품이 꺼지면서 부동산가격이 정점이었을 때에 비해 90%나 하락한 것은 매우 극단적인 사례지만 한편으로는 상당히 보편적인 현상이기도 하다. 도쿄 내 일부 인기지역의 상업용 부동산가격은 1990년에 최고점이었지만 2004년에는 99% 하락했다. 다시 말해 최고가였을 때의 1%로 떨어진 것이다. 매번 거품이 형성될 때마다 투자자들은 흥분한 나머지 "이번에는 다를 거야."라고 말하지만, 매우 많은 거품과 위기를 겪은 경험 있는 투자자는 "거품의 형식은 매번 다를 수 있지만 그 본질은 사실 항상 같다."라고 현명하게 말할 것이다. 거품 형성의 중요 조건들은 이 장의 마지막 부분에서 정리하며 살펴보기로 하자.

결과적으로 볼 때, 1990년대에 꺼진 일본 부동산 거품은 역사상 가장 오래 영향력을 미친 사례로 남았다. 이 거품은 부동산업계에 큰 타격을 입혔을 뿐만 아니라 직접적이고 심각한 재정위기까지 초래했고 그 영향 탓에 일본은 역사상 가장 긴, 15년에 달하는 불황과 경기침체의 늪에 빠진 데다 오늘날까지도 그 그림자에서 완전히 벗어나지 못했다. 일본 노무라증권野村證券 경제학자인 리처드 쿠Richard Koo의 '대차대조표 불황(가계와 기업의 빚이 늘고 자산가격은 추락하면서 경제 구성원들이 부채축소에 몰입하는 바람에 발생하는 침체_옮긴이)'에서 볼 수 있는 바와 같이, 위기가 지나간 후엔 비즈니스 기업과 일반 가정들 모두가 채무삭감을 우선적으로 고려할 요소로 여기고, 투자할 엄두를 내지 못한 채 저축에만 몰두하게 된다. 그에 따라 자본형성도 주춤하면서 경제침체가 가져온 부정적 영향이 한층 가중되는 것이다. 사람들은 이 부동산 거품을 '제2차 세계대전 후 일본이 경험한 또 한 번의 패배'라 일컫고, 일반적으로 1990년대부터 21세기의 첫 10년을 일본의 '잃어버린 20년'이라고 부른다.

일본 경제가 점차 침체의 늪에 빠져드는 과정에서 일본 중앙은행은 일련의 경제부흥책을 내놓았다. 그중 가장 유명한 것은 현재 미국 연방준비제도이사회가 도입한 자산취득, 또는 사람들이 일반적으로 알고 있는 명칭인 '양적 완화' 정책이다. 이 정책 역시 결함이 없는 것은 아니지만, 많은 국제 관찰자들은 일본 중앙은행의 부흥책조차도 왜 자국의 경제쇠퇴를 막지 못했는지 놀라워했다. 이는 분명 많은 사람들이 미국 역사상 가장 심각했던 1930년대 경제대공황을 끝낸 것은 프랭클린 루스벨트Franklin Roosevelt 대통령이 존 메이너드 케인스John Maynard Keynes의 정부개입 이론을 기반으로 내놓은 '뉴딜New Deal 정책'이었다고 믿었기 때문일 것이다.

그러나 갈수록 많은 국가정책 제정자들이 케인스주의가 내세운 경제부흥 이론을 도입한 후, 놀랍게도 경제위기 발생의 빈도는 감소하기는커녕 오히려 높아졌다. 이는 케인스주의가 추구했던 것에 위배되는 것처럼 보이지만 사실 이면의 원리는 매우 간단하다. 케인스주의는 정부와 정책의 능력을 지나치게 믿은 나머지 경제의 자체적인 작동규칙과 근성을 제대로 고려하지 못한 것이기 때문에, 정부가 정책을 통해 개별 경제 주기의 문제를 해결하는 과정에서 더욱 큰 위기의 씨앗이 뿌려질 가능성이 높다(이 부분은 제15장 '정책과 감독'에서 보다 상세히 다룰 것이다). 만약 화폐발행으로 위기를 해결할 수 있다면 이 세상에서는 아마 경제위기도 생기지 않을 것이고 경제학과 금융학이 존재할 필요 또한 없을 것이다.

마지막으로 한 가지를 언급하자면, 현재 도쿄의 집값은 상하이의 집값과 거의 비슷하다. 인민폐의 가치가 상승하고 엔화 가치가 하락하는 최근 상황에서는 후자가 전자를 이미 앞질렀을 가능성이 매우 높다. 일부 독자들은 이것이 불가능한 일이라고, 도쿄의 긴자나 롯폰기六本木 등에 가서 아무 집이나 골라도 최소 200~300만 달러에 달한다고 항변할 수 있다. 그러나 일본 친구와 이야기를 나눠보면 대다수 일본인들은 도쿄시 외곽의 현県에 살면서 매일 한 시간 정도 걸려 통근한다는 사실을 알게 될 것이다. 일본의 1인당 평균 GDP가 중국 1인당 평균 GDP의 몇 배에 이르긴 하지만, 도쿄시 외곽의 집값은 도쿄 시내보다 훨씬 낮고 심지어 상하이 주변의 자딩嘉定, 민항閔行, 평셴奉賢의 집값보다도 싸다. 이런 역사적 경험과 국제적 비교는 사실 우리 투자자들에게 필요한 것으로, 특히 오늘날 중국의 경제와 금융 및 투자 문제를 생각하는 데 있어 매우 중요한 차원이자 기준이 된다.

마천루 현상

마천루에 대한 정의는 국가마다 서로 다르다. 중국에서는 높이 100미터 이상의 건축물을, 미국에서는 대개 500피트(152미터) 이상의 건축물을 마천루라고 부른다. 어느 정의를 기준으로 삼든, 중국은 세계적으로 마천루 영역에서 절대선두에 있다. 중국은 이미 2011년 전에 완공된 세계 10대 고층빌딩 중 여섯 개를 보유하고 있고, 베이징은 '중국존(베이징시에 건설된 초고층 빌딩_옮긴이)'의 완공 덕에 타이베이, 상하이, 홍콩, 난징南京과 광저우廣州의 뒤를 이어 세계 10대 고층빌딩을 보유한 도시가 되었다.

유관부서의 통계에 따르면, 앞으로 3년 동안 중국에서는 마천루가 평균 닷새에 하나씩 완공되어 5년 후 중국은 800개 이상의 마천루를 보유하게 될 예정이다. 중국의 마천루 숫자는 현재 미국에 있는 마천루 총수의 네 배에 달할 것이다(미국의 마천루 증가속도는 지난 20년 사이 주춤했다). 어느 통계추산에 따르면 2012년을 기준으로 세계 100대

고층 건축물들 중 북미 소재의 것들이 차지하는 비율은 1990년의 80%에서 18%로 하락했고, 45개 건축물은 아시아에 있으며, 그중 34개가 중국에 있다.

이런 열광적인 도시화와 건축 붐의 상황에서 사람들은 이런 고층 빌딩의 미래, 특히 중국 경제의 미래에 대한 우려를 금하지 못한다. 드레스덴Dresdner 투자은행의 분석가 앤드루 로렌스Andrew Lawrence가 1999년 발표한 '마천루 지수'는 세계에서 가장 높은 마천루의 완공과 1873년부터 발생한 여러 차례의 세계 경제위기 간의 상관관계에 관한 연구다. 로렌스는 "세계 마천루 높이가 갱신되는 것은 경제발전 정도를 상징한다고 볼 수 있지만 이는 해당 국가의 자만심을 나타내기도 한다. 마천루의 지리적 집약성은 종종 경제과열을 나타내며, 뒤따라 나타날 경제위기의 전조"라는 사실을 발견했다.

'중국은 이 마천루의 저주를 깰 수 있을 것인가?'라는 질문에 로렌스는 결코 낙관할 수 없다고 대답했다. 그는 "설령 중국이 세계 최고의 마천루 보유국을 지향하지 않는다 해도, 밀집한 마천루들은 여전히 투자자를 불안하게 할 것"이라며 "과도하게 낙관적인 개발업자들, '랜드마크 건축물'을 세우려 하는 정치적 바람, 그리고 매우 낙관적으로 돈을 빌려주는 은행" 등의 요소가 마천루의 저주를 부추길 것이라고 말했다. 그는 또한 여러 데이터를 들어 "중국은 이 징크스를 깨지 못할 것"이라고 덧붙였다.

로렌스는 처음엔 장난삼아 이 연구를 시작했다고 솔직하게 시인했지만, 연구 과정에서 자신조차 놀랄 정도로 딱 들어맞는 사례들을 발견했다. 뉴욕의 엠파이어스테이트Empire State 빌딩과 크라이슬러Chrysler 빌딩의 완공은 1930년대 대공황의 서막을 열었고, 역시 뉴욕의 세계

무역센터World Trade Center 쌍둥이 빌딩이 완공된 1973년은 석유파동의 전조 시기였다. 또 말레이시아 쿠알라룸푸르에 국영 석유기업이 세운 페트로나스트윈타워Petronas Twin Towers와 상하이의 진마오타워Jin Mao Tower가 완공된 이후엔 곧바로 1997년 아시아 금융위기가 발생했고, 가장 최근의 예로는 높이 828미터, 총 162층인 세계 최고 높이의 빌딩 부르즈할리파Burj Khalifa가 완공된 직후인 2009년 말에 두바이 채무위기가 발생한 것을 예로 들 수 있다. 만약 자금난 때문에 공사가 지연되지 않았더라면 이 건물은 원래 금융위기가 세계를 강타했던 2007년 완공될 예정이었다.

중국은 앞으로 몇 년간 세계적으로 손꼽힐 높이의 고층빌딩 착공을 앞두고 있다. 베이징의 중국존이든 상하이의 상하이센터든, 아니면 후난의 위안다센터,• 난징의 그린랜드금융센터Greenland Financial Center 및 광저우의 캔턴타워Canton Tower는 모두 해당 도시의 랜드마크로 어느 하나 사람들을 환호하게 하지 않는 것이 없다. 그러나 이와 같은 대규모 기초건설도 투자자가 미래에 대한 과도한 자신감을 갖고 위험을 전혀 경계하지 않는다는 점을 반영한 것이다. "마천루가 완공되는 날이 바로 시장침체가 시작되는 날이다."라는 '로렌스의 저주'도 중국 투자자들을 전혀 걱정시키거나 물러서게 하지는 못한 것 같다. 엠파이어스테이트 빌딩이 준공되자 1930년대 주식대공황이 시작되었고, 뉴욕 세계무역센터의 탄생은 1970년대 경제침체의 전조였다. 쿠알라룸푸르의 트윈타워는 1997년 금융위기를 겪었고, 두바이의 부르즈할리파는

• 2012년 후난湖南성 장사長沙의 위안다远大과학기술그룹은 가칭 '천공도시'라는 세계 최고층 빌딩(838미터)의 착공 계획을 발표했으나, 당시 이 프로젝트는 정부의 승인을 얻지 못했고 현재까지 아무런 진전이 없는 것으로 알려져 있다_편집자

서브프라임 모기지론의 후폭풍을 경험했다. 현재 고층빌딩 건축경쟁에 몰두해 있는 중국도 '로렌스의 저주'로 앞으로 경제적 어려움을 겪게 될까? 이에 대한 가장 믿을 만한 답은 역사가 가지고 있다.

역사의 교훈

우리는 왜 정보가 폭증하고 시장이 급변하는 시대에도 역사를 읽고 연구하는 데 이토록 많은 시간을 들여야 하는 것일까? 당연히 인류 역사 속에서 투자, 시장, 그리고 경제와 관련된 규칙을 모색하기 위해서다. 기술과 제도, 금융이 아무리 발전한다 해도 이 발전은 만물의 영장인 인간의 손에 달려 있다. 만약 역사를 통해 인류 행위의 규칙, 그리고 인류가 겪어온 도전과 좌절을 더욱 철저히 이해할 수 있다면 우리는 현재의 인류가 직면한 새로운 도전에 충분히 대비할 수 있을 것이다. 바로 이 때문에 중국뿐 아니라 외국에도 "역사를 읽으면 현명해진다."라는 격언이 있는 것이다.

역사를 알면 인류 행위의 규칙이 무엇이고, 이런 규칙에 영향을 받은 경제 작동원리를 이해할 수 있다. 예를 들어 인류 경제성장의 평균속도가 어땠고 원동력이 무엇인지 이해하고 나면, 경제정책 책임자들은 자신이 인류 경제발전 과정의 어디쯤에 자리 잡고 있는지를 알 수 있다. 만약 경제가 이미 장기적으로 역사적 규칙보다 훨씬 높은 수준으로 성장해왔다면, 정책결정자는 아무리 효과적인 정책을 도입한다 해도 결국 역사적 평균치가 우리가 그토록 유지하고 싶어 하는 고속성장을 대체할 가능성이 높다는 사실을 반드시 인식해야 한다. 즉, 단기적인 고속성장을 촉진하고 유지하려다 예기치 못한 심각한 결과를 초래할 수 있다는 뜻이다. 이와 마찬가지로, 만약 투자자가 일정 기간 동안 호황을 경험했다면 반드시 가슴에 손을 얹고 스스로에게 물어봐야 한다. 이렇게 좋은 경기가 계속될 수 있을까? 이후 주식시장의 평균실적이 과연 주식시장의 역사상 평균치보다 훨씬 높을 가능성이 있을까? 이 질문에 대한 답은 아마도 부정적일 것이다. 자본시장의 역사는 투자자의 수명보다 훨씬 길고, 역사의 기억력은 투자자의 기억력보다 훨씬 선명하다. 역사가 자기 바람대로 흘러가길 바라는 일방적인 소망은 많은 투자자들의 병폐다.

미국 경제는 과거 100여 년 사이 한 차례의 대공황과 두 차례의 세계대전, 세 차례의 악성 인플레이션, 그리고 수차례의 주식시장 붕괴 및 수십 차례의 경기침체와 회복을 경험했다. 미국은 또 세계 경제규모 2위에서 세계 최대 경제대국으로 성장했고, 국제 기축통화 발행국이자 국제 경제와 금융질서 제정자로 발돋움했다. 미국 시장이 겪은 변화가 적다고 할 수는 없지만 이 변화를 간단한 숫자로 요약한다면, 과거 100여 년간 미국 주식시장이 거둔 평균 수익률은 약 12% 정도다. 일정 기간 동안 시장수익률이 이보다 높게 나타난 경우에는(예를 들면 1990년대처럼), 이후 반드시 일정 기간 이 평균 수준보다 낮은 시장수익률이 나타났다(예를 들면 21세기의 첫 10년처럼). 이것이 소위 통계학에서 말하는 '평균으로의 회귀'고, 이는 누구도 바꿀 수 없는 자연법칙이다.

역사적으로 발생한 상황을 더욱 잘 이해할 때 비로소 우리는 우리

경제가 인류 전체 경제사의 어떤 단계에 위치해 있는지, 또 세계 경제 발전 과정에 비춰볼 때 어떤 우위와 한계를 가지는지 알 수 있다. 그리고 이럴 때라야 우리의 경제 및 자본시장에 대한 정확한 파악이 가능해지고 투자자는 자신이 직면한 기회와 위험을 이해할 수 있다. 미국 하버드 대학의 한 교수는 서브프라임 모기지론 위기를 반성하는 책을 출간했는데, 그 제목은 '이번엔 다르다This time is different'였다. 이 책의 제목은 거품과 위기의 본질을 잘 포착했다는 점에서 매우 잘 지은 것이라 할 수 있다. 왜냐하면 매번 위기가 발생할 때마다 사회 구성원들과 투자자들은 '이번은 지난번과 다르기에 전통적인 경제이론을 적용할 수 없고, 전통적인 투자이념은 이미 시대에 뒤떨어졌다'고 생각하기 때문이다. 급진적인 투자자일수록 거품경제로 인해 더 큰 손실을 입는다. 다만 경제와 역사의 복잡성 때문에 많은 의사결정의 장기적 영향과 투자자의 장기적 수익이 단기간 내에 반영되기 어려울 뿐이다. 바로 이것이 세계 서브프라임 모기지론 위기 이후에 버핏이 다음과 같이 의미심장한 말을 한 이유다. "파도가 지나간 다음에야 누가 벌거벗고 수영했는지 알 수 있을 것이다."

이 장에서 우리는 역사상 수많은 사례를 통해 시장 전체가 거품으로 인한 파동을 계속 겪었다는 점을 살펴봤다. 그렇다면 거품경제는 왜 이렇게 많이 발생하는 것일까? 이는 주로 다음과 같은 원인 때문이다.

기술과 금융의 이중 혁신

거품이 발생하기 위해서는 먼저 새로운 사물이 출현해야 한다. 튤립이든 철도든 진공관이든 아니면 인터넷이든 간에, 거품의 탄생은 흔히 새로운 사물이나 새로운 상품 또는 새로운 기술의 출현과 관계가 있다. 새로운 기술이 나타나면 사람들은 기존의 방법 또는 차원에서 그것을 평가하는 것이 어렵기 때문에 거품이 발생할 수 있는 것이다. 거품이 일정 기간 그 신비로움을 유지할 수 있는 이유는 바로 이것, 즉 사람들이 전통적인 개념으로 새로운 기술이나 사물을 해석하지 못하기 때문이다. 그리고 이 점은 틀림없이 더욱 심한 투기 열풍을 촉발시킨다. 투자자는 높은 수익을 원하면서도 그 이면에 도사리는 높은 위험에 대해서는 관심이 없고, 이런 순진한 열망은 흔히 거품 형성의 발판이 된다.

기술혁신 이외에 경제모델 및 금융의 혁신도 전통적인 경제이론 또는 시장규칙으로 해석하기 어려운 대상이다. 남해회사가 내세운 서인도 제도 노예무역이나 일본의 경제도약 과정에서 기업과 은행 간에 형성된 불투명한 금융지주사의 경영모델, 아니면 미국 부동산위기 시절 유행한 "금융혁신이 '내 집 마련'이라는 각 가정의 꿈을 도와준다."라는 구호 등과 같은 새로운 금융상품, 새로운 금융이념 및 새로운 경제발전 모델도 거품을 초래할 수 있다. 여기에서 언급할 만한 것은, 금융 및 제도 혁신의 효과는 흔히 단기간 내에 검증받기 어렵기 때문에 그로 인한 거품은 종종 신기술이 초래한 거품보다 지속시간이 길고 그에 따른 타격도 훨씬 크다는 점이다.

《장자莊子》에 이르기를, "허리띠 고리를 훔친 좀도둑은 사형을 당하지만 나라를 훔친 자는 제후가 된다."라고 했다. 사실 수많은 금융혁신 중 그렇지 않은 것이 있었는가?

천문학적인 규모의 유동성

그 어떤 예외 없이 경제위기는 항상 전례 없는 유동성을 수반했다. 유동성이 이렇게 커지면, 돈이 많아진 투자자들은 그 어떤 안정적인 자산에 대한 투자도 수익률이 너무 낮아 보이기 때문에 하려 들지 않는다(예를 들어 미국의 국채 금리와 중국의 은행 저축이율 등).

투자자는 자신이 만족할 정도의 고수익을 얻기 위해 반드시 다른 투자기회를 모색하고, 이렇게 수익을 좇는 과정에서 두려움을 압도하는 탐욕 때문에 시장의 변동에 계속 휘말려 들어간다. 네덜란드의 튤립 파동, 영국의 남해회사 및 철도 거품, 그리고 역사상 계속된 부동산위기의 배후에는 항상 대량의 화폐 흐름이 존재했다. 경제학자들의 실험결과에 따르면 주식 총가치가 확실할 때 실험에 참여하는 사람이 많아졌고, 전체 실험시장 내부의 자금유동성이 충분할수록 그 시장 내에 형성되는 거품의 규모도 커졌다.

정보의 전달

거품경제는 많은 경우 새로운 사물이 출현하면서 탄생했는데, 이 과정에서 매체의 정보 전달은 흔히 거품의 탄생을 조장하는 역할을 했다. 신문 발행은 1840년대 영국의 철도 거품을 부추겼고, 인터넷의 정보 전달은 1990년대 세계 인터넷 거품을 촉발했다. 이런 거품들은 모두 정보가 새로운 방식의 매체를 통해 사람들에게 신속히 전달됐기 때문에 발생한 것이었다. 우편선郵便船, 신문, 전화, 인터넷, 웨이보微

博와 위챗WeChat 등은 자본시장의 마력과 수익효과를 크게 확대시켰고, 순진하고 바보 같은 많은 투자자들을 계속 광적인 게임판으로 끌어들였다.

투자자의 탐욕과 경험이 없는 투자자

경제학자들은 실험실 내 실험을 통해 거품의 규모가 투자자의 투자경험과 관련된다는 사실을 밝혔다. 만약 과거의 거래경험이 전혀 없는 사람들에게 거래를 하게 하면 그들 자산의 가격은 진정한 자산가치와 크게 괴리될 가능성이 높다. 또 이전에 이와 비슷한 거래실험을 경험해본 사람들을 이 실험에 참여시키면 거품이 형성되는 시간은 짧지만 그 규모는 더 작게 나타났고, 실험에 여러 번 참가했던 경험자들을 다시 이 실험에 참여시킨 경우에는 실험시장에 거품이 발생할 가능성이 전혀 없었다. 거품을 식별하는 데 도움이 될 조짐을 이미 경험했기 때문에 이들은 그에 맞춰 자신의 의사결정을 조정하고, 그 덕에 거품의 축적을 피할 수 있었던 것이다.

그렇다면 왜 경험 있는 투자자가 거품경제의 출현 시간을 앞당기는 것일까? 이는 매우 흥미로운 현상인데, 그 요체는 바로 게임이론이다. 만약 내가 당신에게 '2015년에는 중국 부동산시장이 붕괴할 것'이라고 말한다면 당신은 어떻게 하겠는가? 아마 2015년까지 기다리지 않고 2014년에 부동산을 처분하기 시작할 것이다. 그럼 그 모습을 본 다른 사람은 자신도 부동산을 처분할 것이고, 이런 식으로 점차 거대해지는 매도행렬은 직접적으로 거품 붕괴를 초래한다. 때문에 거품의 형성과 붕괴는 일정표에 따라 이루어지는 것이라고 할 수 없다. 일단 일정이 제시되면, 거품이 꺼지는 속도는 반드시 일정표에 명시된 것보다 빠르고 맹렬할 것이다. 하지만 이 실험에 여러 번 참여했던 투자자들은 과거에 거품을 경험한 적이 있기 때문에 더욱 이성적이고 신중한 투자결정을 내리게 되고, 이 때문에 시장에 거품이 거의 발생하지 않는 것이다.

미국 학자들이 자국 투자자를 대상으로 한 연구에 따르면 과거 10년간 금융위기와 투자실패를 경험한 투자자들은 투자 시 더욱 신중한 경향을 띠는 것으로 나타났다. 이들은 이후 시장의 거품과 위기에 휩쓸리길 꺼리고, 이후에 고위험 자산과 고위험 주식을 회피하는 경향이 상대적으로 높다. 연구는 또 투자자가 과거에 경험한 거품의 규모가 클수록 이후 투자과정에서 더욱 신중해지고, 거품과 경제위기의 영향력은 시간의 흐름에 따라 점차 약해지는 것을 발견했다. 이 점은 바로 앞서 우리가 투자자의 행위에 대한 장에서 언급한 '인간 기억의 단기성 및 비대칭성'과 일맥상통한다. 이런 점들에서 볼 때 투자자의 구성과 경험은 시장의 안정성에 매우 중요한 영향을 미친다고 볼 수 있다.

그렇다면 거품경제는 왜 신흥 경제권에서 더 쉽게 발생하는 것일까? 대규모 거품은 항상 한 국가의 경제가 좋은 성장세를 보이고 세계 1~2위를 다투는 경제권으로 성장한 후에 형성되는데, 이들 시장에는 흔히 젊고 자본시장 경험이 전혀 없는 투자자들이 많다. 아시아 금융시장이 항상 큰 변동을 겪는 이유도 상당 부분은 짧은 역사 및 비교적 젊고 경험이 부족한 투자자들의 참여와 관련되어 있다.

정부의 독려

우리는 이 장에서 많은 사례를 통해 각 거품경제의 이면에는 항상 정부의 독려가 있었다는 점을 살펴보았다. 거품의 배후에 유동성의 범람 또는 정부의 직접적 개입이 있거나, 정부가 거품을 촉진하고 독려했거나, 정부가 시장의 투기행위에 담보를 제공하는 등 모든 사례에는 거품 형성에 대한 정부의 책임이 있었다. 튤립 파동 당시 정부는 투자자에게 튤립 거래 계약을 무효로 만들어주는 보험을 제공했고, 영국 남해회사 사건에서는 정부가 뇌물을 받고 회사와 한통속이 되어 주가를 높였으며, 정부와 의회는 영국 철도 거품을 조장했고, 일부 정부 관료들은 거품을 이용하여 거액의 자산을 긁어모았다. 일본 부동산 거품의 이면에는 정부와 대기업 간 거래가 있었고, 미국 연방준비제도이사회의 출범은 미국 부동산과 세계 금융의 위기를 직접 촉발시킨 정책을 초래했다. 유럽 국가들은 자국의 금융기구와 금융시장을 구제하는 과정에서 자기도 모르게 피구제자로 전락했다. 바로 이와 같은 정부의 적극적인 개입 정책이 때로는 경제를 정점으로 밀어올린 후 공교롭게도 다시 곤두박질치게 만드는 장본인이 되기도 한다. 노벨 경제학상 수상자인 프리드리히 하이에크Friedrich Hayek가 말한 것처럼 "아름다운 포부는 종종 노예의 길로 우리를 이끈다." 안타까운 것은, 이토록 많은 좌절을 경험했음에도 각국 정부는 여전히 과도한 자신감으로 아주 그럴듯하게 경제와 시장에 적극적으로 간섭하는 방향으로 나아가고 있다는 것이다.

금융업계의 책임

금융업계는 도대체 매번 발생하는 경제위기에 어떤 책임이 있을까? 이 업계가 매 금융위기 때마다 위기 발생을 조장하는 역할을 한다는 것에는 의심의 여지가 없다. 그러나 "손뼉도 마주쳐야 소리가 난다."라는 중국의 옛 속담처럼 많은 경제위기는 결국 투자자의 탐욕, 그리고 위험에 대한 무시 또는 경시 때문에 발생했다. 금융위기가 발생하면 사람들은 금융업계를 질책하지만, 그러면서도 많은 투자자들과 사회 대중은 '사실 금융업계는 중개 역할만 했을 뿐이고, 투자자 자신이 참여하지 않았더라면 경제와 시장에 지금과 같은 변동은 발생하지 않았을 것'이라는 사실을 잊어버리는 듯하다.

미국의 유명 배우 리처드 기어Richard Gere는 영화 〈시크릿Arbitrage〉에 투자가 역할로 출연한 뒤 다음과 같이 고백했다. "아마도 책임을 져야 할 사람은 투자자 자신일 겁니다. 왜냐하면 바로 투자자인 우리가 금융가에게 이렇게 많은 권한을 줬기 때문이죠. 이들은 각 개인 및 가정이 가진 자산의 안전과 직결된 미묘한 게임을 합니다. 금융가들은 교활하게 자신이 못할 게 없다고 허풍을 떨며 우리를 현혹시킵니다. 그러나 투자자인 우리 자신을 돌아보면, 우리 역시 우리가 신뢰할 수 있는 사람이 우리의 투자를 도와줄 것을 전혀 기대하지 않았다고 말하긴 힘들 겁니다. 따라서 결국 이것은 긴밀한 공생관계라고 할 수밖에 없습니다."

제9장

성장의 고민

투자는 왜 이렇게 복잡할까? 투자자는 왜 과거의 투자경험을 통해 자신의 오류를 교정하고 투자실적을 높일 수 없는 걸까? 이 문제에 답하기 위해 우리는 우선 투자자가 어떻게 학습해야 하고, 투자자에게 어떤 공부가 쉽고 어려운지를 고려할 필요가 있다.

간단한 생리학 사례인 파블로프Pavlov의 조건반사를 예로 들어보자. 조건반사란 무엇인가? 당신은 종을 치고 강아지가 오면 그 강아지에게 먹이를 준다. 이 행위를 오래 반복하다 보면 나중에는 종을 치기만 해도 강아지는 먹을 것이 있다고 생각해서 달려오게 되는 것을 일컬어 조건반사라 한다. 이 사례에서 조건반사를 형성하는 과정은 비교적 직접적이고 단순하다.

그러나 진정한 공부는 이 과정보다 훨씬 복잡하다. 심리학과 교수법에 대한 학자들의 연구결과에 근거해서 보면 어떤 공부가 비교적 하기 쉬울까? 만약 당신이 공부하는 과정에서 비교적 명확하고 신속한 피드백을 자주 받는다면 비교적 효과적으로 공부할 수 있을 것이다.

비교적 신속한 피드백이란 무엇일까? 강아지가 종소리를 듣고 달려왔을 때 바로 먹이를 발견한다면, 이 강아지는 행위와 결과 간의 연관관계를 쉽게 파악할 것이다. 다시 말해 이 강아지는 어떤 행위를 하면 곧바로 어떤 결과를 얻는다는 것을 학습 과정에서 인식하는데, 이런 학습이 비교적 효과적이다.

그렇다면 '비교적 빈번한 피드백'이란 무엇일까? 결국 이것은 우리가 어떤 행위를 반복하는 것이다. 오늘 한 번, 내일 한 번, 그리고 모레 또 한 번 하는 것이 바로 비교적 빈번한 피드백이다. 오늘 종소리를 듣고 달려온 강아지에게 먹이를 발견하게 했다면 이튿날에도 그렇게 했을 때 또다시 먹이를 발견하게 하는 것이다. 이렇듯 비교적 빈번한 피드백은 특정 신호에 대해 비교적 강한 인식과 자신감을 심어준다.

또 다른 조건 하나는 바로 '비교적 명확한 피드백'이다. '종소리를 듣고 달려온다'는 똑같은 행위를 했을 때 '먹이를 발견한다'는 같은 결과를 얻고 또 매번 매우 긍정적인 피드백을 받은 강아지는 나중엔 일단 종소리를 듣기만 해도 달려오기 전부터 입에 침이 고인다. 비교적 명확한 학습과정을 형성하게 된다.

학습과정을 이해했으니 다시 본론으로 돌아와 왜 증권투자가 상대적으로 복잡하고 어려운 학습과정인지 알아보자. 생각해보면 투자과정, 특히 증권투자과정은 신속하고 빈번한 피드백이 주어지는 과정이 아님은 물론 매우 분명한 피드백이 주어지는 과정 또한 아니다. 오히려 그리 빈번하지 않고, 느리며, 모호한 피드백을 주는 과정에 해당한다.

먼저, 왜 증권투자과정은 빈번하지 않다고 말하는 걸까? 앞에서는 개인투자자들의 거래가 매우 빈번하다고 말했었는데 말이다. 하지만 우리가 앞에서 언급한 개인투자자의 거래빈도는 상당 정도 그들의 거래실적에 달려 있어서, 거래실적이 좋으면 거래빈도가 높은 경우가 많았다. 만약 주식투자 결과가 좋지 않았거나 투자시기를 제대로 선택하지 못했다면 투자자는 손해 본 주식을 1~2년 정도 자신의 투자 포트폴리오에 방치할 가능성이 높다.

우리 모두 한번 생각해보자. 현재 중국석유그룹, 중국석유공사의 주식을 보유 중인 투자자가 많을 것이다. 이들 회사의 주가는 A주 시장에 상장할 당시 주당 40여 위안이었지만 주가가 떨어진 현재는 겨우 주당 10여 위안에 불과하다. 또한 시노벨Sinovel(중국 최대의 풍력 터빈 생산업체_옮긴이) 주식을 보유하고 있는 투자자들도 많을 텐데, 상장 당시 주당 100여 위안이었던 이 회사 주식의 주가가 현재는 주당 겨우 6위안에 불과하다고 가정해보자. 투자자는 돈을 벌지 못할 때 흔히 '타조심리'에 빠진다. 타조의 특성이 무엇인가? 바로 위험에 직면하거나 기분 나쁜 일이 생겼을 때 모래 속에 머리를 처박는 것이다. 많은 투자자들은 이와 마찬가지로 투자실적이 좋지 않으면 차라리 주식을 자신의 투자 포트폴리오에 깊이 파묻어버린 채 보는 것도, 또 생각하는 것도 싫어한다. 이 때문에 자신의 투자 포트폴리오를 들여다보면 종종 오랜 시간에 걸쳐 많은 손실을 입은 주식을 장기간 보유해왔다는 걸 발견할 수 있다. 투자자가 자신의 투자능력을 정확히 측정하길 꺼리는 이유는 상당 부분 자신이 손실을 낸 주식을 오래 보유하고 있다는 사실을 이미 잊어버렸거나, 투자에 실패한 경험을 잊으려고 노력하기 때문이다.

손실에 대한 투자자의 반응은 투자기간이 길어짐에 따라 갈수록 느려진다. 돈을 벌었을 때는 보유기간이 비교적 짧은데, 이는 투자자가 수익을 거두고 자신의 투자능력이 뛰어나다고 느끼기 때문이다. 반면 손실을 입었을 때는 흔히 선택적 망각을 통해 유쾌하지 않은 기분을 줄이려고 한다. 그 결과 첫째, 투자는 신속하지 않은 피드백 과정이 되고 둘째, 이 과정 전체에서 투자자는 자신의 투자능력을 평가함에 있어 공정하지 않은 모습을 보인다. 수익을 거두면 자신의 실적이 매우 좋고 투자능력도 뛰어나다고 생각하지만 반대의 경우에는 선택적 망각을 통해 자신의 능력이 별로라는 사실과 좋지 않은 실적을 잊어버리는 것이다. 따라서 이는 상대적으로 빈번하지도, 명확하지도 않은 피드백을 받는 학습과정에 해당한다.

다음으로 우리는 투자학습 과정은 비교적 느린 과정이라는 사실에 반드시 주목해야 한다. 투자자는 한두 번의 투자거래를 통해 자신의 투자능력과 수준을 정확히 평가하기가 어렵기 때문에 만일 한 번으로 부족하다면 반드시 두 번째 시도를 해야 하는데, 이런 학습과정은 비교적 길고 지루하다. 많은 사람들이 수영을 배우는 과정에서 이와 비슷한 경험을 한다. 즉, 수영을 막 배우기 시작했을 때는 큰 진전을 보여서, 처음에는 물속에서 몇 번 풍덩거리고 그다음엔 수영용품을 사용하여 일정 거리를 헤엄칠 수 있게 되며 그 후엔 혼자서 수영하는 것이 가능해진다. 하지만 이후에는 갈수록 진전이 더뎌진다는 생각이 들고, 시간이 흐름에 따라 자신이 도대체 수영을 효과적으로 배우고 있는 건지, 빨리 배우고 있는 건지, 아니면 잘하지 못하는 것인지 알 수 없는 길고 지루한 과정이 이어진다.

투자도 이와 마찬가지다. 막 시작했을 때는 자신의 능력을 어느 정도 헤아릴 수 있지만 시간이 흐름에 따라 사람들은 자신의 투자능력을 의심하게 되고, 이 때문에 다른 이들의 도움을 필요로 하게 된다. 따라서 이런 측면에서 볼 때 투자는 비교적 느린 학습과정이라고 할 수 있다.

마지막으로, 투자결과에 대한 피드백은 전혀 명확하지 않고 오히려 모호한 편이다. 이렇게 말할 수 있는 이유는 개인투자자의 투자실적을 평가하기란 매우 어려운 일이기 때문이다. 우리는 때때로 투자자들이 "내 투자실적은 정말 좋아!"라고 말하는 것을 듣곤 하지만 이때의 '실적'이 투자자가 거둔 총수익을 의미하는 것인지, 또는 투자 포트폴리오 중 한 주식의 실적이 특히 좋은 것인지, 거래비용을 제외한 후의 실적이 뛰어난 것인지, 아니면 투자자가 투자위험과 투자스타일을 정확히 조정한 이후에도 자신의 실적이 여전히 뛰어나다고 말하는 것인지를 알 수 없다. 대부분의 투자자들은 투자실적을 어떻게 측정해야 하는지 잘 모르고, 자신의 투자실적에 대한 정확한 평가는 말할 것도 없다. 결과적으로 이들은 과도한 자신감을 가진 상황에서 스스로에 대해 매우 긍정적인 평가를 내린다. 경우에 따라서는 듣는 사람도 "내 투자실적은 정말 좋아."라는 말을 어떻게 해석해야 할지 모를 뿐 아니라, 말하는 사람 본인도 자신의 투자실적이 어떤지 제대로 알지 못한다.

설문조사를 통해 우리는 매우 흥미로운 현상을 발견했다. 거의 모든 투자자들은 경기가 호황일 때 자신의 실적이 매우 뛰어나다고 여기고, 경기가 불황일 때는 자기 실적이 형편없다고 느낀다는 게 그것이다. 원인은 간단하다. 개인투자자들은 자신의 투자 총수익, 즉 수익을 거뒀는지의 여부와 수익액수만 놓고 자신의 투자실적을 평가하기 때문이다. 다시 말해 호황기에는 모두가 돈을 벌기 때문에 실적이 좋다고 느끼는 것이고, 불황에는 모두가 손실을 입기 때문에 다들 낙담하는 것이다.

그러나 투자자들은 흔히 투자과정에서 기회비용이라는 중요한 개념을 소홀히 한다. 기회비용이란 투자자가 자금을 현재 보유하고 있는 주식이 아닌 다른 분야나 금융상품에 투자했을 경우 얻을 수 있었을 수익을 말한다.

재미있는 것은 중국과 해외의 실증적 연구의 결과 많은 투자자들, 특히 개인투자자들이 호황기에 거둔 실적은 시장 전체의 수익률보다 확연히 뒤떨어진다는 사실이 밝혀졌다는 점이다. 이에 반해 불황기에는 모든 투자자가 손실을 입지만, 개인투자자의 손실이 반드시 기관투자자의 손실보다 더 크지는 않았다.

이런 측면에서 보면 많은 투자자들이 투자에서의 기회비용 개념을 제대로 이해하지 못한 채 오로지 자신의 투자수익에만 주목한다고 할 수 있다. 또 이들은 만약 자신이 선택한 주식에 직접 투자하지 않았더라면 더 높은 수익을 거둘 수 있었을지의 여부 역시 제대로 고려하지 않는다. 종합하면, 대부분의 투자자들은 자신의 투자능력 또는 투자실적을 정확히 예측하지 못하는 것이다. 명확한 피드백이 없다면 투자자가 학습을 통해 자신의 투자능력을 높일 수는 더더욱 없다.

앞에서 우리는 투자자가 종종 자신의 총수익을 자신의 투자능력에 대한 평가기준으로 삼는다는 것에 대해 논의했다. 그러나 많은 경우, 투자자의 실적이 아무리 좋다 해도 시장 전체의 수익률보다는 뒤처진다는 것도 우리는 알고 있다. 이런 측면에서 볼 때 지수형 펀드에 투자하는 것은 거래비용이 적게 든다는 점에서 보든 실적이 더 좋다는 점에서 보든 모두 훨씬 좋은 선택에 해당한다. 그러나 투자자는 자신의 포트폴리오 안에 있는 모든 주식을 종합적으로 고려하기보다는 각각의 주식을 모두 별개로 보는 경향이 높기 때문에 자기 투자 포트폴리오의 총수익과 시장 전체 실적 간의 관계를 무시하고, 이로 인해 자신의 투자능력을 객관적으로 정확히 파악할 기회도 잃게 된다.

펀드투자에 대해 앞서 논의한 내용에 비추어볼 때, 투자자는 자기 투자 포트폴리오의 수익과 투자 포트폴리오의 위험을 연결시켜서 생각하지 못한다. 예를 들어 차스닥에서 주식을 산 직후 2주 동안 20%의 수익을 거둔 뒤 그다음 2주 동안 20%의 손실을 입었다고 가정해보자. 이런 일은 얼마든지 있을 수 있지만 개인투자자는 수익을 거뒀을 때 매우 득의양양해하며 자신의 실적을 매우 자랑스러워하고, 손실을 입었을 때는 우리가 방금 언급한 바와 같이 타조심리에 빠져버린다. 자신이 손실을 입었다는 사실은 외면한 채 언젠가는 주가가 다시 원래의 위치를 회복할 거라고 맹목적으로 믿는 것이다. 이처럼 위험을 소홀히 여기고 수익과 손실에 대해 확연히 다른 정서와 태도를 보이는 것 역시 투자자가 자신의 투자능력을 정확히 평가하는 데 방해가 된다.

투자자는 자신의 투자수익을 고려할 때 시장 전체의 실적, 자신의 투자 포트폴리오 또는 자기가 선택한 주식이 가지는 위험의 크기, 그리고 자신이 수익을 거둔 이유(운이 좋아서인지 아니면 남달리 뛰어난 투자 기술 때문인지) 등을 제대로 고려하지 않는다. 그저 단지 아주 간단한 결과, 즉 자신이 돈을 벌었는지 잃었는지 혹은 수익률이 10%인지 20%인지에만 관심을 둘 뿐이다. 때문에 투자자는 실적을 올릴수록 자신의 투자능력을 정확히 판단하기가 어려워진다. 투자자가 실적을 거둘 때일수록 그 실적은 시장수익률을 하회하거나, 투자자는 매우 큰 기회비용을 잃어버린 것이거나, 그의 투자능력은 비교적 낮을 가능성이 높다. 그러나 총투자수익에만 주목하는 개인투자자라면 이 점을 제대로 인식하지 못한 채 오히려 자기가 돈을 벌었다는 이유로 자신의 투자능력에 대해 비현실적인 환상을 갖게 될 수 있다. 바로 이런 잘못된 판단 때문에 투자자는 자신의 투자능력이 가장 떨어지는 시기에 오히려 투자금액과 위험노출도를 높이고, 그로 인해 시장이 하향 조정될 때 오히려 더욱 심각한 타격을 입을 가능성이 높아지는 것이다.

또한 투자자는 손실을 입었을 때 그 이유를 남의 탓으로 돌리기 바쁜 나머지 자신의 손실이 시장 하락폭에 비해 작고, 따라서 자신의 투자능력이 상대적으로 괜찮다는 것을 생각하지 못한다. 즉, 자신의 손실이 시장의 변동 때문이라는 사실을 생각하지 못하고 자신감을 상실하는 탓에 가장 포기하지 말아야 할 순간에 자포자기해버리는 결과를 초래하는 것이다. '해뜨기 전이 가장 어둡다.'라는 말처럼 장기적 하락 이후 마침내 시장이 회복세를 보이려 할 때 많은 개인투자자들은 시장에서 철수해버린다. 가장 주된 원인은 바로 자신의 투자능력을 정확히 알고 있지 못하기 때문이다.

개인투자자의 학습과정은 매우 느리고 모호한 피드백이 쌓이는 과정이다. 이런 피드백이 많이 쌓이기 때문에 투자자는 자신의 투자능력이 어느 정도인지 판단하기 어렵다. 자기 투자능력의 수준조차 정확히 헤아리지 못하는 투자자라면 어떻게 자신의 투자능력이나 투자실적을 높이는 데 도움이 되는 태도를 취할 수 있겠는가?

투자자가 분명하고 신속하게 투자를 학습해서 투자능력을 높이지 못하는 이유는 바로 투자 자체가 복잡한 과정이기 때문이다. 투자자가 이 과정에서 쉽게 맹목적인 자신감을 갖게 되는 이유도 이것이다.

심리학 연구결과에 따르면 인간은 거의 모든 유형의 일과 문제해결 과정에서 과도한 자신감을 갖는 경향을 보이지만, 이런 경향은 특히 복잡하고 익숙하지 않은 환경일수록 더욱 두드러진다.

미국의 한 심리학 실험에서는 참가자들로 하여금 일련의 문제를 풀게 했다. 일부 문제는 비교적 쉬웠고(예를 들어 미국에서 가장 긴 강인 미시시피Mississippi강의 길이를 묻는 문제), 일부 문제는 비교적 어려웠다(예를 들어 세계에서 가장 긴 강인 나일Nile강의 길이를 묻는 문제). 참가자들은 자신의 답안에 대한 정확도 구간을 제시하되, 정답이 90%의 가능성으로 그 안에 들어갈 수 있게 해야 했다(통계학 용어로 말하자면 '90%의 신뢰구간'이다). 물론 참가자가 제시하는 구간의 범위가 넓을수록 정답이 그 구간에 속할 가능성도 높아진다. 따라서 만약 자신의 답안에 큰 자신이 없는 참가자라면 자기가 제시한 구간 안에 정답이 속할 수 있도록 정확도 구간의 범위를 넓게 잡을 것이었다.

그러나 참가자들이 제시한 정확도 구간은 그리 넓지 않았다. 연구자들은 평균적으로 볼 때 참가자들이 제시한 구간에 정답이 포함될 확률은 90%보다 훨씬 낮다는 것을 관찰했는데, 이는 사람들이 과도한 자신감을 보이는 경향을 다시 한 번 증명하는 셈이었다. 연구자들은 또 참가자들이 미국과 관련된 비교적 쉬운(예를 들어 미시시피강 길이에 관한) 문제에 대해 제시한 신뢰구간은 비교적 정확하지만 미국의 상황과 동떨어진 비교적 어려운 문제, 즉 자신들에게 낯선 분야(예를 들어 나일 강의 길이에 관한 문제)에 대한 답안은 정확하지 않았다. 이를 통해 사람들은 자신에게 익숙하지 않은 대상일수록 과도한 자신감을 보이는 경향이 더 강하다는 것을 알 수 있다.

투자는 바로 이런 매우 복잡한 일에 속하고, 대다수 투자자들은 투자를 결코 깊고 분명하게 이해하지 못한다. 많은 투자자들은 자신이 언론보도와 증권분석 방송도 많이 보고, 매일 출근해서 일하는 것에 비해 더 열심히 증권사 영업부의 시세전광판을 보는 등 투자를 매우 잘 이해하고 있기 때문에 돈을 벌지 못할 이유가 없다고 생각한다. 그러나 이렇듯 번잡한 정보는 투자안목을 높여주지 못할 뿐 아니라 오히려 과도한 자신감을 부채질하는 경우가 많다.

우리는 전통적으로 학습을 중시하기 때문에 '많이 공부하고 아는 것이 많을수록 더 좋은 결정을 내릴 수 있을 것'이라고 생각하는데, 이에 관한 흥미로운 실험이 있다. 경마를 즐기는 국가와 지역에서 심리학자들은 경마게임 참여자들에게 더욱 많은 정보를 제공할 경우, 추가적인 정보가 사람의 예측능력과 의사결정의 정확성에 어떤 영향을 미치는지 연구했다.

잘 알려진 바대로 경마게임은 운이 좋은 것 외에도 고도의 기술이 필요한 활동이기 때문에 경마에서 이기고 싶다면 반드시 각 경주마와 기수, 그리고 경쟁상대에 대해 잘 알고 있어야 한다. 예를 들면 자신이 돈을 건 경주마와 상대 경주마의 연령, 혈통, 과거 경기실적 등과 같은 중요 정보와 더불어 경주마의 조련사에 관한 정보, 경주마 기수의 최근 건강상태와 시합결과, 부상기록, 경주스타일 등과 관련된 내용도 파악하고 있어야 하는 것이다. 어떻게 보면 경마가 요구하는 전문성의 수준은 주식투자에 필요한 전문성 수준에 결코 뒤진다고 할 수 없다. 또한 경마에서 종종 나타나는 금지약물과 승부조작 수법은 주식시장에서의 이익조정과 뒷거래를 떠올리게 한다.

어쨌든, 경마게임에 참여하는 사람은 여러 전문적인 정보를 필요로 한다는 점에 착안한 심리학자들은 실험에 참가한 이들에게 서로 다른 종류와 양의 정보를 제공했다. 일부 참가자들은 다섯 가지 종류의 정보를, 또 다른 참가자들은 열 가지, 스무 가지, 심지어는 마흔 가지의 서로 다른 정보를 얻었다. 심리학자들이 관심을 가진 부분은 바로 각기 다른 양으로 제공된 정보가 과연 경마게임 결과에 대한 각 참가자의 예측정확도에 영향을 미치는가의 여부였다.

그 결과, 많은 정보(20종 또는 40종)를 제공받은 참가자는 확실히 적은 정보(5종 또는 10종)를 받은 참가자들에 비해 자신의 예측정확성을 확신하는 경향이 높았다. 하지만 이들의 실제 예측은 결코 적은 양의 정보를 제공받은 참가자들보다 정확하지 않았다. 주식투자도 이와 마찬가지다. 더 많은 정보가 투자자의 자신감을 북돋울지는 몰라도 투자자의 실적을 높이는 데는 결코 도움이 되지 않는다. 앞서 논의한 바와 같이 투자자는 과도한 자신감 때문에 거래를 서두르거나 지나치게 자주 하게 되는데, 이것은 투자수익에 영향을 미친다.

아주 전형적인 사례를 하나 들어보자. 만약 여러분이 상하이에 거주하고 있다면 자신의 투자 포트폴리오 중 얼마나 많은 주식이 상하이 지역에 있는 회사의 것인지를, 또는 당신이 저장浙江 출신이라면 투자 포트폴리오 중 얼마나 많은 주식이 저장 지역에 있는 회사의 것인지를 생각해보자. 혹시 방송, 기술이나 금융업에 종사하는 사람이라면 역시 자신이 갖고 있는 주식 중 얼마나 많은 것들이 자기가 종사하는 업종과 관련되어 있는지 생각해보면 된다. 의심할 여지 없이 우리 모두는 자신이 익숙하고 잘 아는 대상에 투자를 하는 경향이 있는데 이는 상당 부분 자신감과 관련되어 있다. 사람은 자기가 잘 아는 것에 투자할 때 훨씬 자신이 있기 때문이다.

하지만 자기 지역의 회사 혹은 자기 업계의 주식에 투자하는 것이 정말로 현명한 일일까? 이에 대해서는 다음과 같은 문제를 생각해볼 수 있다. 일부 정보는 우리가 정확히 예측하고 결정을 내리는 데 확실히 도움이 되지만, 동시에 그 정보를 통해 자신감이 과도해질 가능성이 높기 때문에 성급한 결정이 초래될 가능성도 높아진다. 자신이 알고 있어야 할 정보를 모르고 있거나 어떤 기업에 대해 잘 이해하지 못한다는 사실을 인식하는 것은 때에 따라 결코 나쁜 일이 아닐 수도 있다. 자신의 부족한 점을 의식함으로써 투자의 어려움과 시장의 위험을 깨달으면 과도한 자신감이 초래하는 성급한 투자결정을 피할 수 있기 때문이다.

전체적으로 봤을 때 증권투자는 비교적 복잡한 학습과정이고, 바로 이 복잡성 때문에 투자자는 자신의 투자에 대해 정확하고 효과적인 판단을 내리기 어렵다. 그러나 그렇다 해서 결코 투자자가 학습할 가능성이 없다는 뜻은 아니다. 나를 비롯한 여타 학자들의 연구에 따르면 투자자는 확실히 투자과정에서 어느 정도 학습능력을 배양하고, 수시로 변하는 환경에서 점차 진전을 보일 수 있다. 그러나 개인투자자가 학습하는 방식과 파블로프의 개가 조건반사 훈련을 위해 학습하는 방식은 매우 다르며, 이는 수많은 투자자가 생각한 학습법과 동떨어진 것일 수 있다.

학습은 크게 수동적 학습과 주동적 학습의 두 가지로 나뉜다. 수동적 학습은 이해하기 쉽다. 한 개인투자자가 1만 위안을 주식에 투자한 뒤 첫해에 30%의 손실을 입고 두 번째 해에 또다시 30%를, 세 번째 해에도 30%의 손실을 본다면 1만 위안을 모두 잃은 셈이 된다. 이때 이 투자자는 자신이 그렇게 뛰어난 투자자가 아니라고 생각하여 더 이상 투자하지 않겠다는 결정을 내릴 수 있는데, 이것이 바로 수동적 학습이다.

언론매체에서 흔히 말하는 것처럼, 투자자는 "BMW를 타고 들어갔다가 자전거를 타고 나오고, 양복을 입고 들어갔다가 비키니를 입고 나오고, 사장으로 들어갔다가 알바생이 되어 나오고, 황스런이 들어가서 양바이라오가 되어 나오고, 지구가 들어가서 탁구공이 되어 나온다."(황스런과 양바이라오는 중국 창작가극 〈백모녀白毛女〉에 나오는 등장인물로 황스런은 악덕 지주, 양바이라오는 가난한 소작농임_옮긴이) 사실 이 말은 수많은 개인투자자들이 자신의 자산과 자본을 사용하여 스스로 좋은 투자자가 아님을 증명하는 세태를 반영한 것이다. 투자자는 자산을 모두 잃은 후에야 자신이 주식시장에 투자하지 말아야 함을 인식한다. 이것은 참으로 안타까운 수동적 학습방식이다.

반면 주도적 학습은 비교적 적극적이고 주도적인 방식으로 이루어지는 학습을 일컫는다. 투자자는 자신의 실적을 바탕으로 자신의 거래행위를 주도적으로 조정하는 법을 배울 수 있다. 가령 자신의 투자수익이 괜찮다는 사실을 발견한 후엔 고위험 주식을 더 매입함으로써 투자포지션 혹은 투자위험을 늘리거나, 그와 반대로 자신의 투자실적이 기대에 미치지 못하면 투자를 줄이거나 투자과정에서 감수해야 할 위험의 정도를 낮출 수 있다.

하지만 안타깝게도 투자자는 이런 자발적 학습과정이 우리가 생각하는 것만큼 신속하거나 효과적이지 않다는 점을 반드시 인식해야 한다. 여기에는 몇 가지 한계가 있기 때문이다.

첫째, 앞서 논의한 바와 같이 투자자가 수익을 거둔 이후의 학습능력과 손실을 입은 후의 학습능력은 비대칭적이다. 수익을 거둔 경우엔 그 공로를 자신의 주식투자 및 주식분석 능력으로 돌린다. 하지만 손실을 입었을 때는 그 책임을 거시경제, 감독기관, 증권사의 탓으로 돌리며 자신의 투자능력과 그 손실은 아무런 관련이 없다고 생각한다. 설령 투자과정에서 점차 자신의 학습능력을 알게 된다 해도 투자자가 채택하는 학습방식은 그다지 객관적이거나 대칭적이지 않다. 이 점은 자신의 투자능력을 진정으로 이해할 수 있는 기회를 가지는 것, 그리고 자신의 학습능력을 증진시키는 것을 방해한다. 일반적으로 볼 때 투자자는 수익 여부와 관계없이 단기간 내에 자신의 투자능력을 제대로 평가하기 어렵다.

둘째, 설사 투자자가 주도적인 학습능력을 갖고 있다 해도 자신의 투자행위를 조정할 능력, 또는 각자의 학습 정도는 수익을 거뒀을 때와 손실을 입었을 때가 매우 다르다. 우리는 실증연구를 통해 투자자가 수익을 거둔 후에는 강한 학습능력과 피드백 효과를 보인다는 사실을 발견했다. 투자자는 돈을 벌면 곧바로 포지션을 많이 늘리지만 반대로 손실을 입으면 포지션을 줄이는 데 훨씬 느린 반응속도를 보였다. 즉, 손실을 입어도 투자자는 자신의 포지션을 조금만 줄이는 데 그친 것인데, 여기에서 바로 극명한 비대칭성이 나타난다. 많은 투자자들은 손실을 입은 경우에도 자신의 투자능력이 부족하다는 사실을 인식하기보다는 투자실패의 원인을 외부환경으로 돌린다. 이것이 바로 투자자가 손실을 입은 후 자신의 행위를 크게 조정하는 것을 원치 않는 이유다.

마지막으로, 우리는 인구구성의 변화와 사회적 자산이 늘어남에 따라 매년 주식시장에 진입하는 사람의 수가 그곳에서 철수하는 사람의 수보다 많다는 점에 반드시 주목해야 한다. 즉, 주식시장에 새로 진입하는 자산의 규모는 성숙하고 경험 있는 투자자들이 주식시장에서 가져가는 자산보다 훨씬 많다는 것이다.

이런 측면에서 볼 때, 주식시장은 중국 및 기타 아시아·태평양 지역의 경제시장에 있어 항상 회전문 역할을 했다. 언제나 새로운 투자자들이 시장에 진입하고, 비교적 경험 있는 투자자들은 자신의 투자경험 혹은 투자능력의 부족을 깨닫고 시장에서 철수해왔기 때문이다. 그러나 상대적으로 젊은 인구구성, 급속도로 진행하는 자산증가 및 국제화 덕에 전반적으로 아시아에서는 점점 더 많은 투자자들이 시장에 진입하는 추세가 나타난다. 바꿔 말하면 경험이 없는 투자자들이 갈수록 시장에 많이 유입되어 시장의 유동성과 규모가 커지고, 이렇게 급속한 시장변화로 인해 투자자들은 자신의 투자능력을 정확히 평가하기가 더욱 어려워진 것이다.

앞서 언급한 여러 측면을 통해, 우리는 왜 그토록 많은 투자자들이 이렇게 복잡한 혹은 장기적인 투자를 경험한 후에도 자신의 투자능력을 분명히 인식하지 못하는지 이해할 수 있다. 그리고 증권투자과정을 학습하는 것이 이토록 어렵기 때문에 나는 더욱 많은 투자자, 특히 개인투자자들이 '투자에서의 가장 큰 적은 우리 자신'이라는 사실을 깨닫는 데 도움을 주고자 이 책을 쓰기로 결심했다.

인간의 기억력 또한 투자를 학습하는 과정에 있어 문제가 된다. 인간의 기억력에는 놀라운 특성이 많은데, 그중 하나는 비대칭성이다. 많은 사람의 기억력은 비대칭적인 모습을 보인다. 예를 들자면 자신이 여러 해 전에 축구경기에서 골을 넣은 일이나 여러 사람 앞에서 바이올린 연주 혹은 연설을 성공적으로 해냈던 것은 뚜렷이 기억하는 데 반해 그 성공적인 결과를 위해 자신이 투입했던 시간과 노력, 그리고 여러 차례의 실패경험은 거의 기억하지 못하는 식이다.

또 한편, 사람들은 대부분 자신이 수많은 사람들 앞에서 창피를 느꼈던 경험, 가령 공연을 하던 중 대사를 잊어버렸거나, 무대에 오르거나 내려올 때 넘어졌거나, 축구경기에서 자살골을 넣었던 일 등을 오랫동안 잊지 못한다. 하지만 당시 그 자리에 있었던 관객들을 대상으로 설문조사를 해보면 대부분은 겨우 1주일 만에 당시 '큰 논란이 된' 뉴스를 깨끗이 잊어버린다는 사실을 확인할 수 있을 것이다.

체조, 다이빙, 트램펄린 등 주관적 평가에 의존하는 운동경기의 선수들은 자신이 경기 후반부에 출전하기를 원한다. 만약 마지막에 출전하기 어렵다면 차라리 맨 처음에 출전하는 것이 낫고, 또 중반부에 출전하는 것은 매우 불리하다는 것이 선수 대부분의 생각이다. 이는 먼저 출전하는 선수가 뒤에 나오는 선수에게 있어 일종의 평가기준이 되는 것, 다시 말해 평가대조군이 형성되는 것 때문이기도 하지만 기억력 때문이기도 하다. 심리학 연구결과에 따르면, 일련의 데이터 또는 사물을 놓고 볼 때 사람은 가장 먼저 나온 것과 가장 나중에 나온 것을 기억할 가능성이 가장 높다.

법률 분야의 과거 여러 연구에서도 '발생한 지 얼마 되지 않은 사건의 범죄현장을 목격자가 정확히 재구성하는 것은 매우 어렵다'는 사실이 입증된 바 있다. 목격자들은 흔히 매우 비정상적인 현상은 잘 기억하는 데 반해 매우 중요하지만 평범한 현상은 종종 떠올리지 못한다. 또한 목격자의 마음속에는 시시비비에 대한 주관적 판단이 들어 있기 때문에 그들의 증언 역시 그들의 주관적 판단과 편견을 반영하기도 한다. 목격자는 자신과 동족인 범죄혐의자의 특징과 외모는 비교적 정확히 묘사하는 데 반해 다른 종족의 사람일 경우에는 특징과 외모에 대한 묘사가 구체적이거나 정확하지 않다. 경험 많은 법관과 변호사는 서로 다른 증인에게 어떤 식으로 심문하고 질문해야 하는지 잘 안다.

이런 대뇌의 부정확한, 혹은 불공평한 기억은 연구자들이 실험실 실험과 실지 실험을 통해 반복적으로 발견한 현상을 해석하는 데 핵심이 된다. 여기에서 말하는 '반복적으로 발견한 현상'이란, 절대다수의 참가자들이 단순한 의사결정 과정에서조차 최소한의 과학적인 태도를 결여하고, 확률론 또는 통계학에서의 대수 정리처럼 상대적으로 간단한 과학적 원리를 고려하지 못하는 현상을 말한다.

생리학자들은 역사에 대한 인류의 존중 역시 기억력의 한계 때문에 의심할 만하다는 사실을 발견했다. 많은 실험참가자들의 경우 이미 1년 전에 발생한 일에 대한 기억력이 상당히 모호해진 것으로 나타났고 3년이나 5년 전, 심지어 100년 전 일은 말할 것도 없었다. 바꿔 말하면, 역사상 반복적으로 나타났던 교훈은 대부분의 투자자들에게 있어 그다지 큰 교육효과를 갖지 못했다는 것이다. 자본시장과 투자자를 계속 움직여왔던 것은 항상 인간이 본능적으로 갖고 있는 탐욕과 두려움이었다.

이에 대한 예는 멀리서 찾을 필요도 없다. 자본시장이 지금까지 반복적으로 겪어온 거품과 경제위기가 바로 이 점을 증명하기 때문이다. 과거 30년간 세계 자본시장은 큰 변동을 겪어왔다. 1950년대 초 미국의 전자기술 혁명, 1970~1990년 일본 경제의 황금기, 1990~2010년 일본 경제의 '잃어버린 20년', 1987년의 세계적 주가폭락, 1990년대 초반 미국 저축은행 위기, 1997~1998년 러시아·동남아·라틴아메리카의 금융위기, 1997~2000년의 인터넷 버블, 2003년 사스SARS(중증 급성 호흡기 증후군_옮긴이)가 촉발한 세계 경제불황, 2007~2008년 선진국 부동산위기에서 비롯한 세계 금융위기, 그리고 유로존Eurozone 금융위기에 이르기까지 각 거품경제의 세부 내용이나 방식은 서로 달랐지만 위기의 본질은 항상 같았다. 각각의 거품경제와 경제위기는 거의 예외 없이 참신한 개념과 느슨한 화폐정책, 단기간 내 높은 수익을 보장하지만 펀더멘털이 지탱하기 어려운 투자기회를 수반했다. 그러나 금융업에 종사하는 그 많은 총명한 사람들이 왜 매번 세계 경제가 함정에 빠질 때마다 속수무책이었는지는 이해하기 어렵다. 투자자가 학습과정에서 겪는 어려움은 이토록 두드러진다.

다음 부분에서 논의하려는 내용은 개인투자자가 주식시장에 참여하는 것을 고려할 때 반드시 인식해야 하는 점이다. 투자자는 자신이 투자하려는 주식과 투자시기를 혼자 정하다가 자칫 돈을 벌기는커녕 자기 자산에 손해를 끼치는 경우가 많다. 그런데 왜 많은 투자자들이 이 점을 인식하지 못하는 걸까? 이것이 바로 내가 강조하고 싶은 부분이다. 많은 사람들은 왜 행동금융학에 대한 내 강연을 들을 때는 강연 내용에 수긍하면서도, 집으로 돌아가면 계속 적극적으로 주식투자를 하는 걸까?

투자는 매우 복잡한 과정이기 때문에 이를 예측하기란 굉장히 어려운데, 특히나 정확한 피드백을 받지 못하는 경우에는 한층 더 어려워진다. 예전에 어떤 사람이 미국에서 기상분석가가 내놓는 일기예보의 정확성을 환자의 병세에 대해 의사가 예측하는 것의 정확도와 비교한 적이 있는데, 그 결과 기상분석가의 학습능력이 훨씬 뛰어난 것으로 나타났다. 처음에 기상분석가는 예측능력이 아주 떨어졌지만 3~5개월 후에는 매우 정확한 예측을 할 수 있게 되었다. 그에 반해 진찰정확도가 낮았던 의사는 3~5년 이후에도 여전히 낮은 경우가 많았다. 이런 차이가 나타난 가장 큰 원인은 무엇이었을까? 일기예보의 경우엔 이튿날 예측 결과를 알 수 있기 때문에 자신의 예측중 어느 부분이 맞고 틀렸는지를 돌아볼 수 있고, 그에 따라 곧바로 예측방식을 개선할 수 있다. 반면 의사의 경우엔 환자마다 상황이 다르기 때문에 어느 조건이 결국 환자의 사망을 초래했다고 결론짓기가 어렵다. 또한 모든 환자가 매번 같은 병원의 같은 의사에게 진찰받는 것이 아니기 때문에 의사는 자신이 전에 했던 예측이 정확한 것인지 알기 어렵다. 많은 투자자들의 투자는 사실 의사의 경우와 마찬가지로 복잡하고, 느리며, 분명하지 않은 피드백 과정을 거치게 된다. 시장과 투자실적이 끊임없이 변화하기 때문이다.

투자를 함에 있어 근본적으로 우리가 통제하지 못하는 정보는 아주 많이 존재한다. 세계 거시경제, 산업정책, 각 분야별 또는 지역별 진흥정책이나 보조금, 각 기업의 경쟁력 유무 여부, 기업의 지배구조, 그리고 기업임원이 인민대표대회(우리나라의 국회에 해당하는 중국의 입법기구_옮긴이)의 대표가 되거나 갑자기 중앙기율위원회(중국에서 부패 관리 색출 업무를 담당하는 공산당의 감찰기구_옮긴이)의 조사를 받게 되는 등이 그 예다. 따라서 투자는 매우 느리고 시끄러운 피드백 과정을 수반한다. 만약 오늘 어떤 회사의 주식을 주당 10위안에 샀는데 내일 12위안으로 오른다면 당신은 매우 기뻐하며 이 주식이 주당 50위안까지 오르기를 기대할 것이다. 그러나 매입 당시 당신은 이 주식이 좋은 주식이란 생각은 했지만 언제까지 좋을 수 있을지에 대해서는 알지 못했던 것이 사실이다. 따라서 많은 개인투자자들의 입장에서는 수익이든 손실이든 그 원인을 찾기가 매우 어렵다.

성공한 투자자들의 대부분은 투자관리의 간소화와 제도화를 강조하는데, 이는 투자관리 측면에서 매우 중요한 요소다. 간소화와 제도화를 해야 투자자의 주관적 판단으로 인한 오류를 피하고 그가 거둔 과거의 성공을 재현할 수 있기 때문이다. 만약 당신이 자신의 성공 또는 실패의 이유조차 모른다면 투자 의사결정 과정을 어떻게 간소화하고 제도화할 것이며, 이후의 투자가 성공할 가능성을 어떻게 높일 수 있을까? 이 때문에 최근 유행하는 양적 투자전략의 장점은 주관적 판단이 범할 수 있는 오류를 피할 수 있다는 데 지나지 않는다.

제10장

임원의 자기과신

이번 장에서는 주로 CEO와 기업임원에 대해 논의해보려 한다. 개인투자자와 달리 기업임원은 대부분 최하위 직위에서 한 단계씩 밟아 올라간 경우가 많다. 이들은 기업의 상황을 매우 잘 이해할 뿐만 아니라 임원이 되는 영예를 안기 전 이미 무수히 많은 경험을 거치며 실력을 쌓아온 덕에 의사결정 과정에도 매우 익숙하고, 자신이 도달하고자 하는 목표 또한 매우 명확하다. 그렇다면 이들의 의사결정에는 오류가 없을까? 만약 기업임원이 개인투자자처럼 자신감이 지나친 경향이 있다면 이것은 기업의 중대한 결정에 영향을 미칠까? 이것이 이번 장에서 우리가 살펴볼 중요한 문제다.

앞서 살펴본 개인투자자의 오류는 많은 경우 과도한 자신감과 관계되어 있었다. 개인투자자는 정보의 정확성, 자신의 투자능력 및 실제 투자수익에 대한 판단에 있어 모두 지나친 자신감을 보이는 경향이 있고, 이로 인해 지나치게 빈번한 거래를 함에도 실망스러운 수익을 거둔다. 그렇다면 CEO는 어떨까? "성현이 아닌 이상 그 누군들 잘못이 없겠는가."라는 옛말이 있는데 이는 CEO에 대해서도 예외가 아니다. 오히려 그 지위가 특수한 탓에, CEO들이 가지는 지나친 자신감의 정도 혹은 경향은 개인투자자보다 더했으면 더했지 덜하지는 않다.

상장기업의 이사회와 임원들에 대한 여러 헤드헌팅 회사의 연구결과에 따르면, 자신감은 각 대기업이 CEO를 고르는 과정에서 매우 중시하는 자질 중 하나다.

CEO를 하려면 확실히 자신감이 중요하다. CEO는 자신의 생각, 전략과 계획 그리고 실행력에 자신감이 있어야 한다. 또한 다른 사람이 감히 하지 못하는 생각을 해야 하고, 다른 사람이 해결하지 못하는 일을 해결할 수도 있어야 한다. 이것이 바로 몇몇 CEO가 절대다수의 사람들이 이룰 수 없는 성취를 거두는 이유다. 따라서 자신감은 임원에게 있어 매우 중요한 자질임이 분명하다. 그렇다면 지나친 자신감이란 무엇일까? 어떤 상황에서 '과도하다'는 표현을 쓸 수 있을까? 이에 대한 대답은 간단치 않다.

캘리포니아 대학에 있는 내 동료는 유명한 스타 CEO에 대해 수많은 연구를 해왔다. 소위 스타 CEO란 자신의 분야에서뿐 아니라 사회적으로도 폭넓은 영향력을 가진 기업임원을 가리킨다. 중국의 경우 왕스王石(중국 최대 부동산 기업 완커萬科 그룹의 창업자_옮긴이), 런즈치앙任志强(중국 부동산업계 최고의 지명도를 가진 인물. 부동산 개발업체 화위안華遠 그룹 설립_옮긴이), 판스이潘石屹(중국의 대표적 부동산 재벌_옮긴이), 류촨즈柳傳志(중국 최대의 민영 기업 레노버와 모기업 레전드홀딩스 등을 소유한 투자자_옮긴이), 궈광창郭廣昌('중국의 워런 버핏'으로 일컬어지는 중국 기업가로, 푸싱複興그룹 회장을 역임_옮긴이), 마윈馬雲(알리바바Alibaba

그룹의 회장_옮긴이) 등이 소위 스타 CEO에 해당한다. 그렇다면 미국에서는 어떤 기준으로 스타 CEO를 평가할까? 일반적으로 다음과 같은 세 가지 잠재적 기준이 있다.

첫 번째 유형은 전 세계 매체가 스타 CEO로 지명한 경우로, 예를 들면 CNBC(미국 경제매체_옮긴이) 채널에서 선정한 '올해의 CEO', 또는 일류 매체에 큰 영향을 미친 적이 있는 CEO를 말한다. 대표적인 예로 페이스북Facebook의 마크 저커버그Mark Zuckerberg는 하버드 대학 기숙사의 작은 사무실에서 시작한 페이스북을 10년도 되지 않아 세계 최대, 최고의 영향력을 가진 기업으로 성장시켰고 이 때문에 여러 매체에서 '올해의 가장 뛰어난 CEO'로 평가받았다.

두 번째 유형은 바로 CEO 자신이 방송인인 경우다. 미국 토크쇼의 여왕으로 알려진 오프라 윈프리Oprah Winfrey는 자신의 매력과 호소력을 활용하여 억만 달러짜리 미디어 왕국을 세웠다. 또 미국에서 '살림의 여왕'으로 알려진 방송 진행자 마사 스튜어트Martha Stewart 역시 살림과 관련된 방송을 진행하면서 시청자들에게 맛있는 샌드위치를 만드는 방법, 적합한 비료를 고르는 방법, 아이템 코디 노하우 등을 전수하며 가정주부들의 스타로 떠오른 뒤 이를 통해 라이프스타일을 주제로 하는 미디어 왕국을 건설했다.

세 번째 유형의 CEO는 자신의 분야에서 발휘하는 큰 영향력 때문에 사람들이 흔히 해당 분야를 떠올릴 때 그 CEO를 연결지어 생각하게 만드는 인물이다. 스티브 잡스Steve Jobs, 빌 게이츠Bill Gates, 잭 웰치John Welch 등은 모두 연구자들이 이 유형의 스타 CEO로 분류한 예다.

캘리포니아 대학 연구자들은 CEO가 일반적으로 전체 인구와 비교하여 자신감이 지나친가의 여부와 관계없이 '스타 CEO들은 해당 분야 및 사회와 매체에 대한 영향력이 강하고 지위가 있기 때문에 일반적인 CEO와 비교했을 때 더욱 자신감이 높은 경향이 있다'(이것은 바로 우리가 앞부분에서 살펴봤듯 성공적인 투자실적을 거둔 개인투자자가 이후 자신의 투자능력에 대해 더욱 높은 자신감을 보이고, 더 위험한 거래를 진행할 가능성이 높은 것과 마찬가지다)는 가설을 기초로 하여 과도한 자신감이 점진적으로 높은 위치에 올라선 스타 CEO로 하여금 어떤 결정을 내리게 하는지, 그리고 이들 스타 CEO들의 결정은 그들 회사의 주주들이 더욱 높은 수익을 거두는 데 도움이 되는지를 연구했다. 그 결과, 보통의 CEO와 비교했을 때 스타 CEO들은 다음과 같은 일을 하는 경향이 더욱 높은 것으로 나타났다.

우선 이들은 자신의 성공경험과 경영이념을 사회 전체와 공유하기 위한 저작 활동을 좋아한다. 미국에서 회고록을 쓰는 것은 과거 은퇴한 사람들의 몫이었지만 최근에는 점점 많은 현직 CEO들이 자서전 또는 회고록을 집필하기 시작했다. 물론 바쁜 스케줄을 소화해야 하는 상황에서 자서전 집필에 전념할 수 있는 시간을 마련하기란 쉽지 않다. 그러나 다행히도 전기傳記 작가라는 신흥 직업을 가진 사람들이 이들 스타 CEO들의 자서전 집필을 전문적으로 도와줄 수 있게 되었다.

둘째, 스타 CEO의 대부분은 다른 회사에서 이사 또는 독립이사를 역임한 경력을 가진다. 여기에는 몇 가지 원인이 있을 수 있다. 우선은 스타 CEO의 영향력이 높아지면서 그런 이들의 도움을 받기 원하는 기업이 점차 많아진 것을 첫 번째로 꼽을 수 있다. 그다음은 스타 CEO의 기업규모 및 사회적 영향력이 확대됨에 따라 그 자신 및 그가 관리하는 기업도 다른 기업 또는 사회조직과 업무관계를 형성하기 시작했다는 것이다. 또한 사업이 계속 발전함에 따라 스타 CEO들은 자신의 기업관리 능력과 경영이념에 대한 자신감이 커졌고, 그에 맞춰 자신의 특기를 해당 회사의 업무영역으로 제한하기보다는 사회 다른 영역과도 공유할 수 있어야 한다고 여기게 된 것을 마지막 원인으로 생각할 수 있다.

셋째, 스타 CEO들은 이익조정을 선호한다. 소위 이익조정이란 기업, 특히 상장기업이 합법적이고 회계원칙에 부합하는 수단을 통해 분기당 순이익 또는 연 순이익 수준을 예상치보다 더 높게 나타나도록 만드는 관리방식을 말한다.

오늘날 기업들이 사용하는 회계제도(미국에서 널리 사용하는 GAAP• 나 유럽과 중국에서 사용하는 IFRS•• 인지의 여부와 상관없이)는 모두 계제計除를 기반으로 한 회계기준이다. 다시 말해, 기업이 상품을 파는 데 성공하기만 하면 설령 물품대금이 들어오지 않은 상태라도 이 항목을 순이익에 산입할 수 있다는 것이다. 기업은 일정 조건하에서 판매한 물건에 대한 수익을 해당 분기 또는 다음 분기의 장부에 기재할 수 있는데 이 덕분에 기업이 회계장부를 통제할 여지는 더욱 커진다. 또 이번 분기에 발생한 비용을 이번 분기나 다음 분기, 심지어는 지난 분기의 비용으로 처리할 수도 있다. 더욱이 업무가 비교적 복잡하고 자금 회전주기가 긴 업종일수록 해당 분기의 회계수익 수준은 해당 분기의 재무이익 수준을 정확히 반영하기 어려울 수 있다.

이상 언급한 것은 상대적으로 간단한 상황인데, 만약 기업이 중요한

• 일반적으로 인정된 회계원칙Generally Accepted Accounting Principles으로, 1937년 미국 회계기준위원회가 발표한 기준이다. _편집자 주

•• 제회계기준International Financial Reporting Standards은 국제회계기준위원회가 국가 간 경제 왕래를 쉽게 할 수 있도록 내놓은 표준 회계기준이다._편집자 주

구조조정이나 업무변화 또는 인수합병 때문에 일시적인 수익 혹은 손실이 발생했을 때는 이익조정을 통해 이를 더욱 쉽게 관리할 수 있다. 결합재무제표 역시 기업이 이익조정을 위해 채택하는 방법 중 하나다. 회계기준은 자회사에 대한 모회사의 서로 다른 지분비율을 근거로 하기 때문에 결합재무제표를 처리하는 방식 또한 서로 다르다. 이 덕분에 기업은 결합재무제표로 처리하고 싶지 않을 때는 자회사에 대한 지분비율을 낮추고 반대의 경우에는 지분비율을 높인다. 또 인수합병 과정에서 영업권 평가 변동이 커서 10만 위안부터 100만 위안까지 모두 가능한 경우에도 결합재무제표는 임원이 이익조정을 하는 데 도움이 된다. 이를 통해 우리는 회계기준이 허용하는 범위 내에서 임원이 이익을 관리하는 방식 내지는 공간이 적지 않음을 알 수 있다.

월스트리트의 영향력이 확대되고 단기 수익수준에 대한 월스트리트의 관심이 높아짐에 따라, 점점 더 많은 기업의 임원들은 자기 기업의 분기별·연도별 수익 수준이 월스트리트의 기대에 부응하게끔 하기 위해 온갖 궁리를 한다. 월스트리트의 몇몇 애널리스트들은 제너럴 일렉트릭General Electric의 잭 웰치 같은 많은 스타 CEO들을 '우체부'라고 일컬었다. 이들은 지속적으로 월스트리트가 예측했던 수익 수준에 부합하거나 심지어 그것을 초과하는 실적을 냈다는 이유에서였다(미국에서 우체부는 전달해야 할 편지는 반드시 전하는 매우 책임감 있는 직업으로 많은 사람들의 존경을 받는다). 잭 웰치는 이익관리에 뛰어났다. 그는 기업의 몇 개 주요 지점의 분기별 재무지표를 항상 사전에 계획하고, 분기별로 지표를 나눈 뒤 각 지사에게는 모회사에게 얼마의 수익을 갖다줘야 하는지 명확하게 요구했다. 옛말에 "큰 나라를 다스리는 것은 작은 생선을 삶는 것과 같다."라는 것이 있는데, 사실 대기업 관리도 이와 비슷하다. 잭 웰치의 성공 역시 어떤 측면에서는 스타 CEO의 이익관리 능력을 검증한 것과 같다.

마지막으로, 미국 골프협회 통계에 대한 연구에 따르면 스타 CEO들은 '스타'라는 칭호를 얻은 뒤 특히 골프 실력이 크게 향상됐다. 여기에서 언급할 만한 것은 이런 경향이 기업지배가 상대적으로 약하고, 기업이사회 구성원들 중 내부인사의 비율이 높은 기업일수록 훨씬 두드러지게 나타난다는 것이다. 이는 또한 이사회의 견제를 받지 않는 CEO일수록 자신에게는 유리하지만 주주들을 걱정하게 할 만한 일을 반드시 할 수밖에 없다는 점을 반영한다.

앞서 언급한 임원의 일거수일투족이 기업과 지역사회 및 사회 전체에 어떤 영향을 미치는지와 관계없이 분명한 것이 하나 있다. 기업의 임원이 유명해진 후 업무에 들이는 시간과 정력은 갈수록 줄어든다는 점이 그것이다. 사실 업무가 발전할수록 그런 시간과 정력은 갈수록 많아져야 하는데, 그와 반대로 점점 바빠지고 쓸 시간은 줄어드는 스타 CEO는 이런 내부관리와 발전 과정에서의 난관을 어떻게 극복하는 것일까?

답은 바로 인수합병이다!

많은 CEO들은 인수합병을 잘하는 것으로 유명하다. 왜냐하면 기업의 유기적인 성장 외에 가장 신속하게, 또 통합조정 능력이 가장 뛰어난 기업 확장의 수단이 바로 인수합병이기 때문이다.

스타 CEO, 자사주를 대량 보유한 CEO 및 과거 어느 시점에 자사주 보유비율을 대폭 늘린 CEO 등 세 가지 유형의 CEO는 자기 회사와 자신의 경영능력에 강한 자신감을 가진 유형으로, 과도한 자신감을 보일 가능성이 가장 높다. 지난 20년간 미국 자본시장에 대한 연구에 따르면, 자신감이 높은 이 세 가지 유형의 CEO들은 그렇지 않은 CEO와 비교했을 때 다른 기업과 인수합병을 진행할 가능성이 65% 이상 높았다.

과거 20~30년간 미국 전역의 상장기업이 진행한 인수합병 활동에 대한 연구를 통해, 미국 캘리포니아 대학 학자들은 과도한 자신감을 가진 CEO가 기업인수를 진행한 빈도는 일반 CEO에 비해 현저히 높았다는 사실을 발견했다. 더불어 이들의 인수거래액도 일반 CEO에 비해 상당히 컸다.

또한 이 결과에 따르면 자신감이 높은 CEO일수록 내부융자 방식을 통해 기업의 이윤과 잉여현금흐름을 인수합병 자금으로 이용하는 경향이 높았다. 융자를 손쉽게 할 수 있다는 것 역시 어느 정도 자신감이 높은 CEO가 거리낌 없이 인수를 진행하는 데 영향을 미친 것으로 볼 수 있다. 만약 기업이 가진 잉여현금흐름이 많고 높은 이윤을 얻은 데다 투자자에게 이를 돌려줄 필요가 없다면 임원은 이 자금을 인수합병에 이용할 가능성이 높다(다음 장에서는 기업이 수익을 얻은 후 어떤 방식으로 그것을 주주들에게 돌려줘야 하는지에 대해 중점적으로 논의할 것이다).

자신감이 강한 CEO일수록 인수합병을 진행할 가능성이 높다면 이들의 인수실적은 어떨까? 일련의 연구결과에 따르면, 다른 CEO와 비교했을 때 자신감이 과한 CEO가 경영하는 기업의 주식실적은 인수거래가 완료된 후 3년 동안 다른 CEO가 경영하는 회사의 주식실적보다 15~26% 정도 낮은 것으로 나타났다(결과 수치는 두 종류의 기업이 가진 위험 및 스타일의 차이를 연구자들이 통제하는 방식에 따라 다르게 나타났다). 연구자들은 스타 CEO가 경영하는 기업은 인수거래가 완료된 후 주식실적 측면에서뿐 아니라 기업경영의 효율 측면에서도 보통의 CEO가 경영하는 기업보다 낮은 수준을 보인다는 사실을 발견했다. 스타 CEO의 기업들은 총자산수익률, 순자산수익률, 투입자본수익률과 이윤증가속도 등 모든 면에서 보통 CEO가 경영하는 기업보다 10~15% 정도 뒤떨어졌다.

또한 스타 CEO의 연봉은 보통 CEO보다 훨씬 높지만 이런 고액연봉은 통상 더 많은 임금의 형태가 아니라 주식, 선물 및 기업주가와 긴밀하게 연결된 상여금 등의 형식으로 주어진다. 다시 말해 이들은 기업의 몸값을 높일 수 있다는 자신감이 넘치기 때문에 주식 등의 보너스 방식으로 주어지는 연봉을 선뜻 받아들이는 것이다.

이토록 뛰어난 CEO와 우수한 기업이 왜 인수거래 이후에 오히려 실적이 떨어지는 것일까? 사실 이것은 전혀 동떨어진 현상이 아니다. 국제 인수사례에 대한 학자들의 많은 연구에 따르면, 인수합병 과정에서 인수자 측의 주가는 평균적으로 하락하는 경향을 보인다. 물론 한 기업의 실적을 정확히 계산하려면 반드시 해당 기업의 위험수준, 분야 및 해당 기업에 영향을 주는 거시경제학적 변화 등 많은 요소를 고려해야 한다. 이런 것들을 정확히 고려했을 때 인수기업의 주가실적이 전체적으로 시장수익률보다 뒤처진다는 결론에 대해서는 많은 학자들이 거의 일치된 의견을 보인다.

이것은 수많은 투자자들이 받은 인상과 상당히 다르다. 많은 사람들은 기업인수가 돈을 벌 수 있는 과정이라고 생각해왔는데, 여기에도 일리는 있다. 인수합병 과정에서 인수자는 피인수자 측의 주주와 이사회의 지지를 얻기 위해 일반적으로 현행 거래수준보다 높은 프리미엄을 붙여 상대 회사의 주식을 인수하는데, 이 때문에 피인수자 측의 주가는 인수자 측이 인수계획을 발표할 때 큰 상승세를 보이는 경우가 많다. 결과적으로 이 시점 이전에 피인수자 측의 주주로 참여한 사람은 이 인수거래를 통해 한몫 건지는 것이다.

그러나 장기간에 걸친 대규모의 체계적인 연구의 결과, 학계와 업계 모두 현재로서는 인수자 측의 주가가 인수활동을 통해 오른다는 사실을 뒷받침할 증거가 없고, 인수자 측의 실적이 인수활동을 거쳐 더 높아진다는 증거 또한 없음을 밝히고 있다. 어떤 의미에서 한 기업을 인수하는 것은 하나의 자산을 인수하는 것과 여러 면에서 유사하다. 피인수기업과 그 자산가치가 어떤 수준인가와 상관없이, 인수자 측이 시장가보다 낮은 가격으로 인수거래를 진행하면 주주들을 위해 가치를 창조할 수 있고 주가도 이에 따라 상승한다. 반대로 인수자 측이 시장가보다 높은 가격으로 인수를 진행하면 주주들의 가치는 물론 주가 역시 그에 상응하여 하락한다.

미국 자본시장의 경험으로 볼 때, 공개매수 발표 하루 전부터 공개매수 발표 하루 후(T-1일부터 T+1일)까지의 사흘 동안 인수자 측 주식은 주식시장 전체 평균 실적보다 0.3% 낮은 것으로 나타났다. 즉, 인수자 측의 주식과 인수자 측 기업의 주식은 인수 과정 중 '상대적으로 실적이 떨어진다는 점에서 장기적 추세가 서로 일치한다.'

더욱 흥미로운 것은, 어떤 CEO가 이런 인수거래를 진행하는지에 대해 자본시장이 매우 큰 관심을 보인다는 점이다. 연구자들은 만약 자신감이 높거나 또는 과한 CEO가 인수업무를 할 경우 해당 인수거래는 시장의 저촉을 받는다는 사실을 발견했다. 데이터에 따르면, 과도한 자신감을 가진 CEO의 기업이 다른 기업을 인수하겠다고 발표하면 그 후 사흘 동안엔 해당 기업 주가의 하락세가 두드러진다(시장 실적보다 0.9% 낮게 나타난다). 반대로, 자신감이 과하지 않은 CEO가 경영하는 기업의 주식은 타 기업에 대한 인수계획을 발표한 후에도 하락세를 보이지 않았다. 자신감이 과한 CEO는 인수합병 과정에서 자신의 과도한 자신감 때문에, 혹은 시간과 정력의 한계 때문에 인수에 따른 좋지 않은 결과를 초래할 수 있다는 점을 자본시장은 고려하는 것이다. 이런 면에서 봤을 때 자본시장은 사실 매우 똑똑하다.

자본시장은 기업이 어떤 수단을 사용하여 인수거래를 진행하는지, 다시 말해 현금을 사용한 것인지 아니면 자사 주식을 교환하는 방식으로 인수를 했는지의 여부에 큰 관심을 둔다. 이에 관한 연구의 결과는 매우 뚜렷하다. 만약 인수자가 현금을 사용했다면 시장 전체는 매우 긍정적인 반응을 보여서, 합병계획을 발표하는 사흘간 인수자 측의 주식실적은 시장수익률보다 0.5% 정도 높게 나타난다. 이와 반대로 한 기업이 자사주를 사용하여 다른 기업을 인수하는 경우 시장 전체는 매우 부정적인 반응을 보여서, 인수 소식을 발표하는 사흘 동안 인수자 측의 주식실적은 시장수익률보다 1% 정도 낮게 나타났다. 인수자 측 CEO의 유형과 인수방식 등의 두 가지 요소를 결합하면 시장의 반응은 한층 강렬해졌다. 스타 CEO의 기업이 주식교환 방식을 사용하여 인수거래를 진행하는 경우 주가는 인수 소식을 전한 사흘 동안 시장수익률보다 1.4%나 낮아지는 등 부정적인 신호가 매우 강하게 나타났던 것이다.

피인수기업에 비슷한 수준의 인수가격을 지불하는 것처럼 보이는데도 왜 시장은 인수자 측 CEO의 배경 외에 인수자 측의 인수방식까지 유독 중시하는 걸까? 또 왜 시장은 스타 CEO가 주식교환 방식으로 집행하는 인수거래를 특히나 싫어하는 걸까? 답은 바로 과도한 자신감 때문이다.

현금으로 인수를 진행하는 기업이 사용하는 현금지불 방식은 자본시장에 '나는 돈이 부족하지 않다'고 증명하는 것과 같다. 인수에 대량의 현금을 쓰는 것은 기업에 이윤이 있다는 것, 그리고 현금흐름이 충분해서 기업재무가 안정적임을 증명하기 때문에 투자자와 자본시장에 긍정적인 신호를 준다. 또 현금을 사용한 인수는 기업의 자본구성에 영향을 미치지 않는다. 때로 투자자는 기업의 자본구성에 매우 민감하게 반응한다. 투자자가 걱정하는 것은 바로 기업이 인수거래의 마무리를 위해 신주 또는 채권발행 증가를 고려할 것인가의 여부다. 신주발행의 증가는 현재의 주주권을 희석시킬 가능성이 있고, 채권발행 증가는 기업의 융자와 경영비용을 증가시킬 가능성이 있다. 재정적 안정과 효율성을 고려한다면 이성적인 투자자는 현금인수처럼 비용이 낮은 방식을 반길 것이다.

여기에서 더 중요하게 고려해야 할 것은 바로 기업임원의 융자방식이 어떤 정보를 전달하느냐다. NBA 댈러스매버릭스의 성격 급한 구단주 마크 큐번이 부자가 된 것도 인터넷 버블 시기에 브로드캐스트닷컴이라는 회사를 설립한 후, 버블이 정점에 이른 시점에 이 회사를 야후에 59억 달러의 가격으로 팔아넘긴 덕분이다. 사람들을 더욱 감탄하게 만든 것은, 인터넷 버블로 주가가 최고치를 갱신한 시기에 야후가 큐번에게 기업인수 대가로 지불한 야후 주식을 큐번이 주당 163달러로 거의 전부 매도했다는 점이다. 이후 야후의 주식은 다시는 당시 수준을 회복하지 못했고, 2012년까지 줄곧 주당 10달러 정도에 머물렀다. 이것은 인터넷 버블 시기에 발생한 황당한 일이지만, 당시는 그 어떤 이상한 일도 가능했던 시절이었다. 그러나 야후의 주식에 대한 처분 결정이 증명하듯이, 큐번은 절대 바보가 아니었다. 그는 시장이 정점을 찍었을 때 주식을 현금화하는 데 성공했을 뿐 아니라 동료와 직원들에게도 그들이 보유한 야후 주식을 처분하라고 권하기도 했다. 큐번은 언론과의 인터뷰에서 전혀 거리낌 없이 이렇게 말했다. "야후 주식은 절대 그 정도의 가치가 없어요!"

내가 이 사례를 이야기하는 이유는 뭘까? 우리 모두 한번 생각해 보자. 어떤 기업의 CEO가 자신의 주식을 사용하여 다른 기업의 주식 또는 자산을 인수하기로 결정했을 때, 그는 어떤 동기를 갖고 있을까? 모든 CEO는 아마도 기업인수로 인한 시너지 효과가 기업의 실적을 높일 수 있기 때문이라고 대답할 것이다. 그러나 이런 전략적 수준의 문제 외에 CEO는 분명 구체적인 재정 문제도 고려할 것이다. 여기에서 간단한 계산 문제를 풀어보자. A기업은 B기업을 인수하고 싶어 하고 또 현재 B기업의 주가보다 더 높은 프리미엄을 지불할 의사가 있다고 한다면 그 이유는 무엇일까? 재무적 측면에서 볼 때 답은 간단하다. 첫째, 피인수기업(B기업)의 주식이 평가절하됐기 때문이다. 둘째, 인수자(A기업)의 주식이 평가절상됐기 때문이다. 셋째, 앞의 두 조건이 동시에 존재하기 때문이다.

현금거래는 주식거래보다 훨씬 간단하다. 만약 현금으로 인수를 할 경우, 이 거래는 CEO가 자사의 주가를 어떻게 판단하는지와 아무 관련이 없다. 재정적인 측면에서 말하자면 이런 거래에서 인수자 측은 반드시 피인수자의 주가가 평가절하됐다고 느낀다. 그리고 이것은 바로 시장이 현금을 사용한 인수거래를 대체로 인정하는 이유이기도 하다. 하지만 자사 주식을 사용하여 상대 회사를 인수할 경우 문제는 조금 복잡해진다. 시장 입장에선 심층적으로 고려해야 할 것들이 한층 더 많아진다. 인수자 측이 다른 기업을 인수하는 것은 피인수자 측의 주식이 너무 싸기 때문일까, 아니면 인수자 측의 주가 자체가 높게 평가되었기 때문에 인수를 통해 주식을 현금화하려는 것일까? 만약 전자라면, 시장은 큐번이 당시 야후 주식을 매각하기로 한 결정과 같이 인수자 측의 주식을 모두 처분할 것이다(이후 10년간 야후의 주식은 당시 주당 100여 달러의 가격에서 현재의 주당 10여 달러 수준으로 떨어졌고, 시장은 당시 큐번이 얼마나 현명한 선택을 내렸는지 증명했다).

과대평가된 기업의 임원이 인수를 통해 현금화를 기대하는 사례는 놀라운 일들로 가득한 인터넷 버블 시기에만 여러 차례 발생한 것이 아니라 자본운행의 역사상 거의 매일 발생해온 일이다. 자신감 넘치는 CEO일수록 기업합병을 고려할 때 자신의 결정에 더욱 높은 자신감을 가지고, 이 때문에 피인수자 측에 더욱 높은 가격을 지불하기를 망설이지 않는다. 따라서 과한 자신감을 가진 CEO가 자사 주식으로 인수합병을 진행하는 것을 자본시장이 꺼리는 것도 전혀 이상한 일이 아니다.

기업은 왜 인수를 할까?

기업은 왜 발전 과정에서 인수합병을 진행하는 것일까? 다음과 같은 몇 가지 이유가 설득력이 있다.

발전 기회의 결여

어떤 면에서 기업은 내부적인 발전 과정에서 이미 아주 좋은 발전 기회를 모두 써버렸을 수 있다. 물론 기업은 자본시장에서 융자를 통해 대량의 자금을 확보할 수 있지만 기업의 투자수익률은 시장 전체의 기타 투자자의 수익률보다 낮다. 이때 기업임원이 현상을 타개하는 방식에는 두 가지가 있다. 하나는 기업의 수익을 이익배당의 형식 또는 주식회수구입 방식으로 주주들에게 반환함으로써 주주 자신이 다원화된 투자를 할지의 여부를 결정하게 하는 것이다. 다른 하나는 주주들의 자산을 기업 내부에 집중적으로 투자하고, 그를 통해 인수합병을 진행함으로써 기업의 계획에 따라 주주들의 다원화를 강제하는 방식이다. 두 번째 방식에서 기업은 주주들에게 선택할 기회를 주지 않고, 주주들을 대표하여 그들의 돈을 다른 곳에 투자할 것인지 선택한다.

이런 방식은 상당 부분 주주의 선택권을 박탈한다. 만약 기업이 이익배당의 형식으로 주주들에게 이익금을 상환한다면 주주들은 각자 다원화된 투자를 할 것인지, 아니면 투자상 위험을 줄일 것인지를 스스로 선택할 수 있다. 기업이 이익배당을 하지 않고 기업의 이윤을 사용하여 인수를 진행하는 것은 주주, 특히 개인투자자의 권리를 상당히 박탈하는 것일 뿐 아니라 기업이 이미 내부적으로 발전 방향을 잃었다는 것을 보여준다. 앞서 살펴봤던 미국 사모펀드와 인수합병의 역사상 유명한 사례, 사모펀드 KKR이 RJR 내비스코를 인수한 사례가 바로 이와 유사한 예다. 《문 앞의 야만인들》이라는 책에서 나온 대목처럼, "사실 수많은 인수합병 사례는 종종 이처럼 기업이 대량의 현금흐름을 만들 수 있지만 내부 성장공간이 없을 때 발생한다." 기업임원은 현금흐름 또는 이윤을 투자자에게 돌려주길 원하지 않고, 차라리 그 돈을 자신이 갖고 있으면서 자가용비행기를 구매하는 등 사적 소비를 늘리거나 복리를 증진시키는 데 사용하길 원한다. 일부 기업이 인수합병을 진행하는 이유는 일정 부분 기업임원과 기업주주 간 이익이 서로 맞지 않아 발생하는 것이다.

기업이 발전과정에서 인수합병을 진행하는 또 다른 이유는 기업임원 자신이 추구하는 바가 주주의 목표와 항상 일치하지 않기 때문일 수도 있다. 기업임원은 자기 기업이 규모가 커지고, 업계 1위가 되고, 전국에서 가장 유명한 기업이 되길 원한다. 이렇게 되면 임원 본인은 물질적으로나 정신적으로나 이중적인 만족감을 느끼게 된다. 가장 우수한 기업가가 되거나, 자기 고향의 친목단체 내에서 더욱 큰 영향력을 얻게 되거나, 또는 업계의 리더가 될 수 있기 때문이다. 그러나 이런 것들은 주주의 입장에서 볼 때 결코 재정적인 수익으로 이어지지 않는다. 이는 오히려 기업임원이 비즈니스 제국을 건설하려는 희망을 품거나 일종의 오만함을 뽐내는 방식들일 뿐이다.

기업임원이 종종 자신의 경영력을 과신하는 것도 인수합병의 이유가 될 수 있다. 기업의 규모가 점차 커지고 기업이 끊임없이 성장함에 따라 기업임원은 기업경영에 관한 자신의 능력을 다른 업계에도 적용할 수 있다고 생각하게 된다. 그는 자신이 상류 산업과 하류 산업은 물론 서로 다른 산업들을 통합할 능력이 있을 뿐 아니라 자기 기업은 다른 업계와의 합병을 통해 매우 큰 시너지 효과를 얻을 수 있다고 생각한다. 그러나 많은 경우 상황은 그리 간단치 않다.

승자의 저주

과도한 자신감의 이면에는 바로 '승자의 저주'가 있다. 승자의 저주는 경매이론에서 나오는 개념으로, 만약 경매에 참여하는 모든 사람이 경매물의 가격을 아는 상황이라면 최종 경매입찰자는 실제 가격보다 비싼 가격에 매물을 구입하게 되는 것을 가리킨다. 가령 100만 달러의 가치를 가진 예술품이 있고 모든 경매참여자들이 100만 달러를 낼 용의가 있는 상황이라면 이 경매에서 이기고 싶은 사람은 남들보다 높은 가격, 예를 들면 110만 달러를 불러야 한다. 이 개념은 사람들이 특정 자산이나 기업을 성공적으로 매입했을 때 흔히 원래 가치보다 더 높은 가격을 지불하는 이유를 설명한다.

그렇다면 장기적으로 볼 때, 회사의 자원을 사용하여 비교적 비싼 자산을 구매하면 회사의 수익은 앞으로 낮아질 것이다. 다시 말해 기업임원은 항상 자신이 인수한 자산을 싼 값에 손에 넣었다고 생각하지만 실제로는 전혀 그렇지 않다는 것이다. 인수 후 되돌아보면 흔히 자산을 비싼 가격에 인수한 경우가 많고, 또한 설령 비교적 비싼 가격의 기업을 높은 대가에 인수했다 해도 이 인수한 회사와 기업을 성공적으로 기존 업무에 통합시키지 못하는 기업들이 많다.

이것은 자본시장이 종종 인수자 측 기업의 주식을 선호하지 않는 이유가 되기도 한다. 기업인수를 학술적인 측면에서 보면 긍정적인 동기보다는 부정적인 동기가 많고, 주주보다는 기업임원에게 유리한 동기가 많다.

양떼효과

또 두 가지 긴밀하게 관련된 원인이 있는데, 첫 번째는 양떼효과다. 업계 1위 기업과 3위 기업이 합병하여 더욱 큰 규모의 새로운 기업이 되는 경쟁태세가 형성되면 업계 2위의 기업은 같은 업종 또는 분야 내에서 적극적으로 인수합병의 대상이 될 기업을 찾아나설 것이다.

두 번째는 전략적 경쟁압력이다. 경쟁의 측면에서 앞의 예시를 봤을 때, 업계 2위 기업은 애초부터 업계 1위 기업과 경쟁이 되지 않는다. 하지만 1위 기업과 3위 기업의 합병이 이루어지면 2위 기업의 입장에서는 경쟁압력이 크게 증가하기 때문에 경쟁의 균형을 맞추기 위해 업계 4위나 5위의 기업과 합병하는 식으로 규모적인 확장을 꾀하는데, 이것이 기업이 인수합병을 하는 또 하나의 원인이다. 물론 양떼효과와 전략적 경쟁압력이라는 이 두 가지 원인은 엄격하게 구분하기 어려운 경우가 많다.

껍데기 자원

중국 내에서도 비교적 특별한 원인을 찾을 수 있는데, 바로 기업상장과 자원확보를 위한 인수합병이다. 중국의 일부 기업들이 홍콩에서 인수합병을 진행하는 것도 같은 이유 때문이다. 모두 알다시피 중국에서의 기업상장은 매우 어렵다. 하지만 일단 상장에 성공한 기업은 상장 이전보다 융자능력, 융자의 용이성, 또는 평가수준의 측면에서 모두 크게 성장한다. 이 때문에 많은 기업들이 상장기업이 갖춰야 할 외형, 즉 껍데기 자원을 확보하기 위해 인수를 진행한다.

미국의 상황도 이와 비슷해서 상장기업은 비상장기업보다 평가에 있어 프리미엄을 받는다. 그러나 미국 상장기업이 받는 프리미엄은 중국 시장에서 상장기업에게 붙이는 프리미엄보다 훨씬 적다. 중국 국내 자본시장이 점차 성숙함에 따라 중국 기업의 상장도 예전보다 신비감이나 인기도 면에서 떨어졌고, 누군가 순식간에 부자가 됐다는 놀라운 소문도 예전만큼 자주 돌지는 않는다. 나는 장기적으로 볼 때 앞으로 기업상장의 과정이 전체적으로 쉬워질수록 껍데기 자원의 가치는 점차 낮아질 것이라고 생각한다.

또 비교적 성숙한 선진 자본시장에서는 설령 기업인수를 통해 껍데기 자원을 얻을 수 있다 해도 그것이 과연 그럴 만한 가치가 있는지 반드시 고려해야 한다. 미국에서는 성공을 거둔 많은 기업들이 민간기업 신분을 유지하기 위해 상장을 포기하는데, 굴지의 제과회사인 마즈Mars가 대표적인 예다. 이는 상당 부분 상장으로 인해 발생하는 관리감독 비용과 정보공시 비용이 높기 때문이다. 또 상장기업은 반드시 월스트리트와 투자자의 엄격한 통제를 받기 때문에 창업자의 이념과 장기적 목표에 따라 기업을 운영하는 것도 힘들어진다. 이런 이유로 해외의 많은 기업들은 IPOInitial Public Offering, 기업공개 또는 상장기업이 되는 것을 원치 않는다.

그러므로 인수를 통해 상장하려는 기업이라면 껍데기 자원을 얻기 위해 필요한 비용과 수익을 반드시 금융의 측면에서 고려해봐야 한다. 만약 거래금액의 1~2%를 중개자문 비용, 변호사 비용, 그리고 회계감사 비용으로 지불하고 나서도 상장기업에 요구되는 많은 관리감독 요구에 직면한다면 기업 입장에서는 상장과 껍데기 자원 인수가 반드시 기업의 우선적인 장기발전 방향이라고는 보기 어렵다.

전략적 자원

현재 중국의 많은 기업들이 국내외에서 적극적으로 인수합병을 추진하고 있다. 중국의 중국투자회사, 국부펀드, 수출입은행, 평안보험平安保險, 레노버, 산이중공산이중공三一重工, 중리엔중공中聯重工, 페트로차이나PetroChina(중국 최대의 국영석유 기업_옮긴이), 시노펙Sinopec(중국석유화공中国石油化工_옮긴이) 등은 모두 과거 해외에서 대규모 인수합병 활동을 벌였다. 이들 기업은 왜 인수합병을 선호하는 것일까? 인수합병을 하지 않는다면 기업은 어떤 방식으로 성장할 수 있을까? 기업은 왜 유기적인 내부성장 방식이 아닌 인수합병을 통한 성장을 선택하는 것일까? 지금부터는 이 질문들에 대한 답변을 하나씩 살펴보기로 하자.

기업이 인수를 하는 이유로는 어떤 것들이 있을까? 아무래도 가장 먼저 생각나는 것은 자원의 획득이다. 예를 들면 페트로차이나나 중국해양석유中國海洋石油는 연중 내내 수단과 말리, 이집트에서 광산을 사들인다. 그 이유는 바로 이런 광산자원을 다른 지역에서 얻을 방법이 없고, 이들 기업은 반드시 상류부문 자원을 보충해야 하기 때문이다. 그러나 자원획득의 측면에서 볼 때, 지속적인 금융수단의 혁신에 따라 여러 종류의 자원에도 그에 대응하는 선물이 존재하게 되었다. 따라서 중국해양석유나 페트로차이나 같은 기업들은 선물시장 또는 옵션시장에서의 거래를 통해 자원 가격을 확정하는 것이 가능해졌고,

그에 따라 반드시 광산을 사들여 상류부문 자원의 공급 또는 상류부문 자원의 가격 안정을 보증할 필요성이 사라졌다. 사실상 전통적 의미의 인수합병 동기는 이미 많이 약해진 것이다.

물론 산업통합도 인수합병의 중요한 원인이 된다. 산업사슬의 통합은 비용절감 면에서 유리하기 때문이다. 자동차 제조업체는 타이어 생산업체를 인수하고 싶어 하고 타이어 생산업체는 고무 생산업체를 인수하고 싶어 하는데, 각 부문마다 그에 상응하는 위험분담을 필요로 한다. 중국 경제와 중국의 수많은 민간기업들은 고속성장의 시기를 겪은 후 현재 복잡한 전환기에 진입했다. 경제성장세가 주춤하고 경쟁압력이 커진 데다 산업 구조조정이 벌어지고 있는 오늘날, 수많은 기업가와 투자자들은 인수합병을 일종의 만병통치약처럼 여긴다. 확실히 그간 수많은 기업들은 국내에서 산업사슬의 상류와 하류 부문을 합병하거나 지역 혹은 산업 간 합병을 통해 눈부신 성과를 거뒀다. 미국의 시스코Cisco, 제너럴일렉트릭, 뱅크오브아메리카Bank of America 같은 대기업들은 줄곧 인수합병을 통해 성장해왔기 때문에 자연스럽게 많은 투자자와 기업가들이 인수합병은 만능이라고 생각하게 되었다. 즉, 일단 기업인수만 하면 부를 창출하고 위대한 기업을 만들 수 있다고 여기게 되었고, 심지어 수많은 기업의 CEO와 임원들도 인수는 투자은행 두 군데를 찾아가서 서식 두 장만 작성하면 되는 것이라고 생각한다. 이런 사고방식은 유치해 보이지만 보편적이다. 하지만 자세히 생각해보자. 만약 이게 사실이라면 모든 기업인수 프로젝트는 돈을 벌어들이는 수단이 되어야 하는 것이 아닐까? 부디 이 책이 비현실적인 환상을 갖고 있는 CEO 및 투자자들이 인수합병 활동에 대해 더욱 정확한 인식을 심어줄 수 있기 바란다.

이상의 내용을 정리해보면 다음과 같다. 첫째, 일부 CEO들은 과도한 자신감을 갖는 경향이 있다. 둘째, 자신감이 있는 CEO일수록 인수합병을 진행하는 경향이 높다. 셋째, 이들 CEO가 진행하는 인수합병은 가장 큰 폭의 주가하락을 초래한다. 이 세 가지는 전 세계 학자들이 장기적으로 큰 표본집단을 연구한 결과에서 도출한 기업임원의 행위와 자본시장 반응의 법칙이며, 오늘에 이르기까지 지속적으로 되풀이되고 있다.

국유기업: '500대 기업'에서 '크고 강한 기업'이 되기까지

'돈을 벌었거나 더욱 높은 가치를 얻으면 기업은 이것을 어떻게 처리해야 할까?'는 보다 심층적인 문제임과 동시에 기업경영에 있어서의 핵심문제 중 하나기도 하다.

중국에는 이윤을 거둔 후 간단한 현금배당 방식을 통해 그것을 투자자에게 돌려줘야 하는 기업이 너무나 많다. 그런데 왜 이 기업들은 그러고 싶지 않아 할까? 기업임원은 자유현금흐름을 통제하고 싶어 한다. 만약 임원과 대주주가 동일한 이익주체가 아닐 경우, 기업임원은 기업이 번 돈 전체를 기업에 남겨놓으려 한다. 이를 통해 자신이 하고 싶었던 일을 할 수 있기 때문이다. 이 돈으로 자신의 기업에 속한 기업제국을 건설하면 외부로부터 받는 관리와 통제도 상대적으로 적어진다. 이렇듯 겉보기에 가치를 창조할 수 있을 것 같다는 것은 재무적으로 봤을 때 정말로 말이 되는 인수합병 이유에 해당한다.

2012년 7월, 미국 경제지 〈포춘Fortune〉은 2012년 세계 500대 기업을 발표했다. 여기에 중국은 79개 기업의 이름을 올려 132개 기업을 올린 미국에 뒤이어 근소한 차로 세계 2위를 기록했고, 이로써 2년 연속 일본을 앞지르며 안정적으로 세계 최대기업 순위의 2위 자리에 올랐다.

이렇게 중국 기업의 순위가 오른 것은 한편으론 중국의 기업규모가 점점 커지고 있기 때문이다. 중국 경제가 계속 비약적으로 성장함에 따라, 갈수록 많은 중국 기업들이 점차 부유해지는 중국 소비자들의 새로운 요구를 만족시키는 과정에서 지속적으로 기업의 실력을 높이고 규모를 확장 중에 있다.

다른 한편으로는 일각의 지적과 같이 서양 국가들의 기업규모가 과거 10여 년간 특별히 큰 규모의 성장을 보이지 않았기 때문이기도 하다. 오히려 원래 규모가 컸던 기업들은 인수, 합병, 분할 등을 거치면서 10년 전 규모에 비해 훨씬 작은 규모를 갖게 되었다.

이런 대조적인 상황을 마주한 경영학 전문가들은 기업규모에 대한 예전의 사고방식을 돌아보게 되었다. 1960~1970년대에 전후戰後 고속성장을 경험한 서양 경제는 경제구조 조정기에 진입했고, 이에 따라 많은 경영학 전문가들과 기업임원들 모두는 기업규모의 확장, 그리고 기업의 수직적 혹은 수평적 통합을 기업경쟁력 제고의 주요 수단으로 삼았다.

1970~1980년대에 나타난 수많은 통합 흡수합병 사례가 바로 이와 대응된다. 일련의 인수합병 활동을 거친 뒤엔 역사상 규모가 가장

큰 기업 혹은 기업그룹이 탄생했다. 오늘날 〈포춘〉500대 기업 중에서도 상위권에 드는 많은 기업들은 모두 연속적인 인수합병 활동을 통해 상대적으로 짧은 시간 안에 현재의 거대한 규모를 이루게 되었다. 하지만 현재 중국 기업이 규모 면에서 보이는 성장속도는 심지어 〈포춘〉 500대 기업 중에서도 상위권에 드는 글로벌 기업들의 당시 성장속도를 앞지르고 있는데, 그 원인으로는 다음과 같은 몇 가지를 들 수 있다.

첫째는 거시경제의 결정적 요인이다. 중국 경제가 지난 30년간 고속성장을 보이는 환경에서 첨단과학기술, 고부가가치 상품에 대한 중국 소비자의 수요는 중국 기업들의 생산능력 제고를 지속적으로 촉진시켰고, 규모 또한 소비자의 구매력 증가에 상응하여 신속하게 커졌다. 그러나 여기에서 지적할 만한 점은 중국이 중간소득 국가 대열에 진입함에 따라 경제와 기업의 성장원천도 이전과 같이 상대적으로 간단한 자산규모와 투자규모의 확대가 아닌, 기업의 질과 수익성 제고에 기대야 한다는 것이다.

다음으로 국가정책의 방향을 들 수 있다. 과거 일정 기간 동안 중국 국무원國務院 국유자산감독관리위원회는 중앙 직속 국유기업에 대해 개수는 줄이고 규모는 확대하는 방침을 시행해왔다. 국유기업의 강화와 규모확대라는 발전방침이 나온 후 국유기업의 수는 이에 따라 점차 감소했다. 이와 동시에 국유기업은 국유기업 간 합병과 개편을 통해 자산규모와 직원 수가 급격히 증가했고, 남은 국유기업의 사업라인 역시 갈수록 많아졌다.

마지막으로, 국유기업의 관리 및 평가 제도는 그 기업들의 임원들에게 있어 기업규모 확대에 대한 강한 원동력이 되었다. 국유기업은 상업적 이익을 좇는 동시에 중국 국무원 산하부처와 업종관리협회의 행정적 색채를 여전히 유지하면서 여러 사회적 책임을 부담하게 되었다. 이처럼 다원화된 목표와 평가제도하에서는 자산규모와 직원 수를 확대한다 해서 반드시 더 나은 재정적 수익을 얻는 것은 아니지만, 기업이 정치적·사회적 차원에서 사회의 기대에 부응하는 데 도움을 줄 가능성은 크다.

그렇다면 기업의 규모가 커지면 어떤 문제가 생길 수 있을까? 왜 해외의 많은 기업들은 오히려 기업규모 축소와 다이어트 경영의 길로 되돌아가고 있는 것일까?

일정 기간의 고속성장을 경험한 후, 서양의 수많은 학자들은 흥미로운 현상을 발견하기 시작했다. 세계 최대 규모의 기업들의 자산과 매출이 일정 수준에 다다르면 사업성장 속도가 두드러지게 느려지고 기업주가도 이에 따라 제자리걸음을 시작한다는 것이 그것이었다. 경영학 전문가들은 이에 따라 기업규모가 일정 수준으로 확장된 뒤에는 사업라인이 갈수록 복잡해지고 내부소통이 어려워지며 성과평가 역시 갈수록 복잡해지기 때문에 기업관리에 있어 매우 큰 어려움이 생긴다고 보게 되었다. 뿐만 아니라 금융학자들은 해외시장의 투자자들도 다원화된 기업을 그다지 인정하지 않는다는 사실을 발견했다. 사업라인이 다양한 기업은 자본시장의 인정을 받지 못하고 종종 낮은 평가도 받는다는 점은 많은 연구결과에서 나타난다. 다원화된 기업들은 대부분 각 분야별로 단독상장했을 때보다 두드러지게 낮은 평가를 받는다.

전문화된 기업을 환영하고 다원화된 기업을 무시하는 풍조는 국제시장에서뿐만 아니라 실효성이 없고 비이성적이라는 투자자들의 평가를 줄곧 받아온 중국 A주 시장에서도 나타난다. 나의 연구에 따르면, 상하이선전 300지수 편입주식 기업을 업무분야 개수로 분류했을 때 주 영업활동 분야가 단일한 기업은 주 영업활동 분야가 다섯 개 이상인 기업보다 총자산수익률, 순자산수익률, 또는 자본수익률과 자기자본수익률 등 모든 면에서 크게 우수한 것으로 나타났다. 투자자와 자본시장은 왜 규모도 크고 모든 것을 다 갖춘 다원화 기업을 싫어할까?

첫째, 투자자는 대부분의 상황에서 자본시장이 보통 기업보다 정보의 발견과 최적의 자본배분을 결정하는 데 뛰어날 것이라 믿기 때문이다. 대기업은 오히려 내부적으로 기업의 전략과 임원들의 단기적 목표 및 주관적 판단의 영향을 받을 가능성이 있다고 보는 것이다.

둘째, 기업경영을 고려할 때, 투자자들은 기업의 경영층이 회사가 창출한 자유현금흐름을 주주들의 권익과 가치를 최대화하는 데 아무 도움이 되지 않는 '제국건설'에 낭비할 것을 걱정한다. 기업규모가 커질수록 경영층이 낭비할 수 있는 자원도 많아지기 때문에 기업의 투자와 운영효율에 대한 걱정도 갈수록 커지는 것이다.

마지막으로, 통합된 그룹은 투자자가 반드시 그룹회사의 구조에 따라 여러 다른 분야에 다원화된 투자를 하게 함으로써 위험분산을 강제한다. 만약 각 분야별로 단독상장했더라면 투자자가 자신의 자산배분에 있어 훨씬 큰 유연성을 발휘할 수 있었을 것이다.

수많은 전문가들은 이에 대한 대응조치로 자산규모 감소 및 사업라인 축소를 기업들에게 권해왔다. 이런 권유에 따라 미국과 유럽 및 일본의 수많은 대형 기업그룹들은 기업자산과 업무개편을 통해 점차적으로 계열사 사업라인을 축소하고, 다원화된 기업에서 업무집중도가 높은 전문기업으로 전환했다. 기술진보와 산업구조의 변화를 떠나서, 많은 기업의 경영층과 주주들 모두는 관련 연구결과의 영향을 받아 점차 기업의 핵심가치를 돋보이게 하고 기업주가를 높이려면 전문화하는 편이 더욱 유리하다고 믿게 되었다.

2012년 뉴스코퍼레이션News Corporation이 영상매체와 출판사 등 두 분야로 분할된다는 소식이 발표되자마자 자본시장의 폭넓은 인정을 받았던 것이 그 예다. 겨우 1주일 만에 뉴스코퍼레이션의 주가는 기업 분할 소식에 힘입어 30% 넘게 올랐다.

뉴스코퍼레이션의 성공적인 분할은 한편으로는 이 회사를 곤혹스럽게 만들었던 불법도청 스캔들에 대한 단기대응책이기도 했다. 그러나 더욱 중요한 점은 루퍼트 머독Rupert Murdoch을 필두로 한 뉴스코퍼레이션의 경영층은 영상 및 방송 영역에 대한 일련의 인수합병 활동을 전개했고, 그 결과 전통적인 출판매체 영역에 있었던 회사가 여전히 맹렬히 성장하고 있는 영상 및 방송 영역에 성공적으로 진입했다는 사실을 마침내 깨달았다는 것이다. 역사적인 이유로 자본시장은 여전히 뉴스코퍼레이션 그룹을 출판매체로 보고 평가하기 때문에 이 기업이 가진 고품질 영상자산의 가치는 아직 충분히 반영되지 못하고 있지만, 기업분할을 통해 이 기업은 영상 및 방송 사업과 신문출판 사업 모두에서 자본시장으로부터 충분한 인정을 받았고 기업가치 또한 자연스럽게 상승했다.

재무적 성과 외에도, 사회적 자원에 대한 국유기업의 거대한 영향으로 인해 국유기업이 규모 면에서 보이는 지속적인 팽창은 사회적으로 많은 주목을 받았다.

〈포춘〉500대 기업에 이름을 올린 중국 기업 중 대다수는 에너지, 자원 업종 및 기타 진입장벽이 높은 독점성, 반독점성 업종을 차지하는 기업들이다. 다시 말해 대다수 기업이 현재와 같은 규모로 성장할 수 있었던 것은 상당 부분 제도적 우위와 자원독점을 누렸기 때문이지 해당 기업의 경영층이 뛰어난 능력과 담력, 식견을 가졌기 때문이 아니다. 어느 학자가 의문을 제기한 것처럼, 만약 〈포춘〉이 총 수입이 아닌 총 이윤을 기준으로 500대 기업을 선정한다면 이 순위에 드는 중국 기업의 수는 크게 줄어들 것이다. 또 한 연구결과에 따르면 중국의 수많은 에너지 업종 국유기업은 운영효율, 재무효율, 그리고 내부통제 측면에서 유사업종에 종사하는 국제 기업들과 비교했을 때 일정 정도 격차가 있는 것으로 나타났다.

따라서 민간자본이 점차 합작지분투자 등의 방식으로 앞서 언급한 독점성, 반독점성 업종에 개입할 수 있도록 개방되어야 하고 격려 및 지원도 이루어져야 한다. 이를 통해 자본시장은 국유기업의 경영과 성과를 더욱 잘 이해하고 인정할 수 있을 뿐 아니라 '메기효과(기업이 경쟁력을 키우려면 적절한 위협요인과 자극이 필요하다는 경영이론_옮긴이)'를 일으켜 경쟁기제를 도입함으로써 국유기업의 경쟁력을 한층 더 높일 수 있다. 이는 국유기업 개혁에 있어서도 긍정적인 추진력이 됨과 동시에, 중국 내 민간자본에 양호한 투자방향을 제시하고 그다음의 성장기회를 제공함으로써 중국 경제가 성장모델의 전환을 실현할 수 있게 도와줄 것이다.

흥미로운 것은, 세계은행이 중국 경제의 지속가능한 성장에 대한 보고서에서 '국유기업 개혁은 앞으로의 중국 경제와 사회개혁에 대단히 중요한 영향을 미칠 것'이라고 특별히 지적했다는 것이다. 세계은행과 중국 국무원 발전연구센터의 연구는 현재 중국 국유기업의 규모가 심하게 비대해지면서 효율저하와 자원낭비가 초래됐다는 점을 밝혔다. 따라서 국유기업의 경영모델 개혁과 수익성 향상, 그리고 규모감축은 앞으로 중국 경제의 발전추세에 직접적인 영향을 미칠 것이다.

자연자원의 독점 외에도 대형 국유기업은 현재 중국에 상대적으로 모자란 자본에 대해 매우 강한 장악력을 갖고 있다. 2008~2009년 대규모 경기부양책을 겪은 이후 중국은 상대적으로 폐쇄적인 경제체가 되어 전체적으로 볼 때 유동성이 범람하는 국면에 처해 있다. 그러나 금융체제의 발달 수준이 상대적으로 뒤떨어진 탓에 금융업종의 '매개' 작용이 충분히 발휘되지 못하면서 현재 중소기업들은 자금난에 시달리고 있는 상황이다.

이와 동시에 국유기업은 국가자금과 거대한 자산규모를 이용하여 낮은 이율의 은행 신용대출을 비교적 쉽게 얻을 수 있다. 기업규모 확대를 위해 자금을 투입하는 것 외에도 일부 기업들은 자신들의 주 영업분야가 아닌 부동산 프로젝트와 고금리대출 사업에 자금을 투입함으로써 중소기업의 융자를 한층 더 어렵게 만들고 자산거품을 심화시키며, 결과적으로 중국의 금융체제를 더욱 왜곡시킨다.

따라서 국유기업에 보편적으로 존재하는 '크지만 약한' 상태에 대한 개혁은 한시도 늦출 수 없는 상태에 있다. 국제적 경험에 따르면 기업의 개편, 분할 및 분리는 아마도 국유기업 개혁에 있어 넘어서기 힘든 부분일 수 있다.

이런 제안에 대해 중국 내 일각에서는 '사회자본을 받아들여 국유기업을 개편, 개혁하고 국유기업의 기타 자산을 분리하는 것은 국유기업의 통제권 상실과 국유자산의 유실을 초래할 것'이라는 견해를 내놓는다. 하지만 결코 그렇지 않다. 국유기업은 통제권을 완전히 유지하면서도 각 분야의 재무성과를 따로 평가할 수 있다. 분야별 경영과 재무정보를 투명하게 공개함으로써 기업은 각 분야의 사업이 자사의 전체수익에 얼마나 공헌하는지를 더욱 잘 평가할 수 있고, 투자자 역시 이를 통해 기업의 각 분야 사업의 우위와 가치를 충분히 이해하며 공정한 평가를 내릴 수 있게 된다.

자산분리, 분할과 개편의 과정을 통해 비로소 시장이 결정한 공정가액을 토대로 거래가 이루어진다면, 이런 유형의 거래는 국유자산의 유실과 수축을 초래하지 않을 뿐 아니라 오히려 기업개편 과정에서 국유기업의 핵심가치를 높이고 사회공중자본을 흡수하게 될 것이다. 이는 국유기업의 효율을 보장하면서도 규모를 확대하게 함으로써 진정으로 국유기업을 강대하고 우수하게 만드는 길이 된다.

중국 경제가 다음 단계에서 거둘 성공은 중국 국유기업의 성공에 달렸다. 또한 중국 국유기업의 성공은 국유기업의 각 사업라인이 거둘 성공에 달렸다. 그러므로 각 사업라인의 수익잠재력을 충분히 발휘하기 위해 국유기업의 조직구조를 어떻게 조정할 것인가에 관한 문제는 중국 경제의 성장에 특히 중요한 영향을 미칠 것이다.

해외 대형 제조업 그룹화 기업의 숫자는 1980~2000년 사이 크게 감소했고, 과거 10년 동안 중국 국무원 국유자산감독관리위원회가 국유자산에 대해 요구한 것은 국유기업의 규모확대와 기업강화였는데, 이는 전임 국유자산감독관리위원회 주임 리룽룽李荣融이 줄곧 강조한 중국 국유기업의 발전방향이기도 하다. 그러나 문제는 규모확대 후 기업강화가 가능한가의 여부다. 2012년 국무원 발전연구센터와 세계은행이 발표한 〈중국 2030년 연구보고서〉에 따르면 중국 경제개혁의 문제점과 관건은 바로 국유기업의 효율제고였다. 규모를 키우는 것이 반드시 기업을 강화하는 방법이라고 보기는 어려운 것이다.

집중화된 기업이 갈수록 많아지는 데 반해 다원화된 기업은 갈수록 줄어드는 것은 지난 30년간 해외 대형기업들 사이에서 등장한 추세로 특히 미국과 유럽에서 한층 강하게 나타난다. 왜 이런 추세가 형성되는 것일까? 일부 연구결과를 통해 중국 기업이 나아가야 할 다음 단계의 발전방향에 대해 생각해보자.

2004~2010년 사이, 중국 상하이선전 300지수 편입주식 기업의 평균 사업분야 수는 2.4개에서 2.9개로 약 25~30% 늘어났다. 이렇듯 중국 기업은 다원화 추세로 발전하고 있다. 물론 중국은 경제발전 수준이 선진국과 다른 데다 국가정세, 기업연령 역시 모두 다르기 때문에 이렇게 다원화 추세로 발전하는 데 큰 문제는 없다.

그렇다면 이들 기업의 경영효율은 어떨까? 전문화된 기업과 그룹화된 기업 중 경영효율이 높은 것은 어느 쪽일까? 연구 결과, 상하이선전선 300지수 편입주식 기업들의 경우 기업의 사업분야 숫자가 증가할수록 주가와 주식 순 자산 간의 비율, 자기자본수익률ROE, 총 자산수익률ROA 및 자산수익률 모두는 하락 추세를 보였다. 이런 점에서 자본시장은 다원화 추세를 그다지 인정하지 않는다는 점을 확인할 수 있다. 따라서 중국 자본시장이 아직 완전히 발달하지 않은 단계에서 자기자본수익률, 자본수익의 측면을 보면 기업규모의 확대가 반드시 기업강화로 이어지지 않는다는 것도 알 수 있다. 또한 연구결과에 따르면 해마다 사업분야의 수를 줄이는 기업들의 주가와 주식 순자산 간의 비율이 종종 가장 높게 나타났다.

사실 이 점은 결코 이해하기 어려운 것이 아니다. 국제적으로 볼 때 펀드든 기업자산이든 또는 전체 매출이든 간에, 기업규모가 확대되면 경영의 난이도와 어려움도 커지기 때문에 해당 기업의 실적과 수익

수준도 떨어진다. 이는 기업이 인수계획을 발표했을 때 자본시장이 대체적으로 부정적인 반응을 보이는 이유를 상당 부분 설명해준다. 그렇다면 기업임원은 왜 그토록 인수합병에 열중하는 것일까? 다음 절에서 기업임원의 행위를 논의하면서, 인수합병 활동이 왜 대체로 기업임원에게는 유리하지만 주주와 투자자에게는 불리한 것인지 알아보자.

중량그룹의 사례

많은 국유기업들은 전체 산업사슬에서 경쟁하고 전체 그룹의 경영규모를 확대하며 경쟁력을 높이겠다는 이념하에 규모확대와 기업강화 추세를 보이고 있다. 과거 5년간 진행된 대규모 확장과정에서 국유기업들은 자신들의 주 영업활동 산업사슬 내에서의 통합을 심화시켰을 뿐 아니라 각자의 전통적인 주 사업분야를 넘어서며 업종의 복합화, 경영의 다원화를 추구하고 있다. 그중 비교적 유명한 사례가 바로 중량中糧그룹의 사례다.

중량그룹은 원래 식량과 식용유 수출입 업무를 주 사업으로 삼는 대외무역 기업이었으나 사업범위를 농산품 상류부문에 해당하는 원료재배, 양식 및 가공으로 점차 확장했다. 밀, 옥수수, 유지 및 유류, 쌀, 보리, 설탕, 토마토, 육식류 등의 업종에서 이 그룹은 제품원료 입수에서부터 점점 식품가공, 유통, 판매경로로 사업범위를 넓혀나갔다.

지난 5년간 중량그룹의 확장 속도는 매우 빨랐다. 방금 언급한 각 농산품 분야에서 이들은 업종의 상류·중류 및 하류 부문의 판매에 이르기까지 매우 큰 투자를 하며 포석을 두었고, 그와 동시에 부동산업과 서비스업으로 사업범위를 확장함으로써 좁은 의미의 식량과 식용유 기업의 범주를 벗어나게 되었다.

과거 일정 기간 동안 중량그룹은 화량華糧그룹, 멍니우蒙牛유업, 포도주업계의 관련업체 등을 인수함으로써 본래의 단순했던 식량 및 식용유 수출입 사업을 전체 식품소비 및 음료 업종으로 확장했다. 또 기업의 업무량도 갈수록 늘어났고 업무내용 또한 더욱 복잡해졌다.

그러나 2012년 상장기업인 계열사 일곱 곳의 실적을 보면, 중량그룹의 7대 사업 분야와 상장된 계열사 몇 군데 중 중량부동산과 중량포장을 제외한 멍니우유업, 중량주식회사, 중국식품, 중량둔허中粮顿河(중국 최대 규모의 식품 전문 국영기업_옮긴이), 중량생화中糧生化의 수익은 각기 다른 정도의 하락세를 보였다. 그중 중량둔허는 7억 위안에 달하는 적자의 늪에 빠져 허덕이고 있었다. 이를 통해 국유기업의 규모는 확실히 갈수록 커지고 있지만, 전체 산업사슬의 통합을 통해 원래 투자자 또는 그룹 리더가 기대했던 산업효율의 제고는 실현되지 않았음을 알 수 있다.

우리가 해외에서 수행한 연구결과에 따르면 전체 산업사슬의 통합은 결코 전체 산업사슬의 효율제고를 보장하지 않는다. 원래는 반드시 진행되는 공개시장 운영을 통해 기업은 비용의 크기를 분명히 알 수 있게 되고, 그로써 더욱 효과적으로 상류 및 하류 부문 기업의 경영전략을 운용하고 조정할 수 있다. 일단 기업이 자신이 속한 업계에서 수직적 통합을 진행한 후에는 각 분야의 비용이 상대적으로 불투명해지기 마련이다. 때문에 전체적인 경영과정에서 원래 사용하던 방법이 비교적 이성적이거나 과학적이었다 해도 수직적 통합 이후에는 오히려 이런 방법을 포기하는 일이 발생한다. 이는 통합이 실현된 많은 업종에서 기업의 평균 이윤수준과 수익수준이 외려 떨어지는 이유를 어느 정도 설명해준다.

이렇게 상류부문 제품이나 원료를 획득하기 위해 진행하는 인수의 방식과 사고방식은 반드시 조정되어야 한다. 진정으로 국가경제와 국민생활, 그리고 국가안전에 영향을 미치는 제품을 제외하면, 많은 제품들은 실은 중고시장이나 옵션 또는 선도거래의 방식으로 비용을 결정하면 되지 굳이 산업사슬 전체를 연결할 필요가 없기 때문이다. 오히려 산업사슬을 연결한 후에는 원래 비교적 투명했던 의사결정 과정이 불투명해지면서 기업 전체의 경영효율이 떨어진다. 이는 중량그룹이 과거 일정 기간 동안 보여준 교훈 중 하나다.

또 중량그룹은 닝샤寧夏와 신장新疆 지역의 토마토 생산지, 톈진天津의 식량 및 식용유 종합기지 등 전국 각지에 수많은 생산거점을 개발했지만 각 분야 간의 시너지 효과는 내지 못했다. 이 때문에 각 분야별 경영효율 또는 투자수익률도 높이지 못한 것이다. 중량그룹의 리더들은 각 산업사슬이 효과를 나타내려면 그래도 일정 기간 동안 인내심을 가지고 기다려야 한다고 보기 때문에 모두가 기대를 걸고 기다리는 중이다. 시간은 어떤 의미에서 가장 좋은 검증방식이기 때문이다. 우리는 중량그룹이 성공적인 확장과 합병을 실현하기를 바람과 동시에 첫해에는 기세가 드높고, 이듬해에는 이름이 잊혀지고, 세 번째 해에는 와르르 무너져내린 수많은 일본 기업들의 전철을 밟지 않길 바란다.

노무라증권의 리먼브라더스 인수

인수합병이 중국 자본시장, 심지어 아시아 자본시장 전체에서 발생하는 빈도는 유럽과 미국 시장보다 훨씬 낮다. 그 원인은 자본시장 자체의 발전단계에서도 찾을 수 있지만 동아시아 문화의 영향도 있다. 문화, 혹은 기업문화는 많은 독자들에게 있어 매우 막연한 개념일 것이다. 그러나 기업문화의 충돌을 직접 겪어보면 기업문화의 중요성, 그리고 기업의 인수합병에 있어 기업문화가 얼마나 큰 어려움이 되는지를 이해할 수 있다.

나는 일본 노무라증권이 2008년 금융위기 때 파산한 미국 리먼브라더스Lehman Brothers(이후 리먼)의 아시아 사업을 인수하는 과정을 직접 경험했다. 이를 통해 나는 문화통합의 어려움과 인수합병 거래를 완성하는 과정에서 기업이 직면하는 어려움을 몸소 느꼈다. 어떤 의미에서 노무라증권의 리먼 인수는 매우 복잡한 거래였지만, 다른 수많은 인수합병 거래와 비교해보면 이는 사실 상당히 단순한 축에 들었다. 독자들이 어떻게 해석하는지와 상관없이 나는 내가 직접 경험했던 이야기를 통해 왜 인수가 매우 복잡하고 오랜 시간이 걸리며 모든 측면에서 어려운 활동인지를 여러분과 공유하고자 한다.

인수과정에서 내가 특히 강조하고 싶은 것은 과도한 자신감이 인수자 측 임원에게 영향을 미친다는 점이다. 왜냐하면 기업임원이 어떤 전략적 목표를 강하게 열망한 나머지 인수와 관련된 의사결정 과정에서 두드러지게 맞지 않는 많은 것들을 고의적으로 무시해버리곤 하기 때문이다. 이 사례에서도 월스트리트의 고위 관리자들이 개인의 부와 주주에 대한 책임, 단기적 수익과 기업의 장기적 발전 사이에서 어떤 선택을 하는지가 확실히 나타난다. 어떤 측면에서 기업임원의 이기성과 탐욕은 매번 발생하는 주주들의 중대한 손실 및 금융시장의 위기에 대해 미룰 수 없는 직접적 혹은 간접적 책임이 있다. 지금부터 이야기할 금융업계 인수합병의 고전적인 실패 사례는 위대한 비전과 이익을 좇는 은행가의 중개로 탄생했다.

2008년 금융위기를 겪은 이후, 미국 증권사 리먼브라더스는 갑자기 매우 유명해졌다. 미국에서 가장 오래된 증권사 중 하나인 이 회사는 역사상 줄곧 고정수익채권 매도청구와 거래를 주요 업무로 삼아왔고, 2008년 파산신청 전까지는 미국에서 다섯 손가락 안에 드는 일류 투자은행이었다. 하지만 2008년 9월 파산신청을 한 이후, 하룻밤 사이에 회사 전체의 주식은 아무 가치가 없는 종이쪼가리가 되어버렸다.

리먼의 문화는 경쟁문화였다. CEO인 딕 풀드Dick Fuld는 리먼에서 30년간 일한 강한 성격의 소유자로 회사 내에서는 '고릴라'라는 별명으로 불렸다. 레슬링에 심취한 풀드는 매우 과격한 레슬링 선수였다. 그는 결혼, 사회적 예의범절, 옷차림과 몸 관리를 매우 엄격히 따졌기 때문에 직원들은 그와 만날 때면 반드시 가장 보기 좋은 양복을 입고, 가장 비싼 넥타이를 매고, 단정한 행동거지를 보여야 한다는 사실을 알고 있었다.

풀드의 강한 성격과 자부심은 상당 부분 리먼의 기업문화와 스타일에 영향을 미쳤다. 2008년 금융위기가 전면적으로 발생하기 전, 미국 증권사 베어스턴스Bear Stearns의 몰락은 이미 당시 쇠퇴해가던 미국 증권시장에 경종을 울렸었다. 그러나 베어스턴스의 파산 이후, 리먼은 풀드의 지도로 위험관리를 강화하지 않았을 뿐 아니라 오히려 싸다는 이유로 베어스턴스가 매각한 자산을 적잖이 사들였다. 이 자산은 금융위기 발생 이후 소위 '유독자산'이라고 불리는 것이었다. 그 결과 세계 금융위기가 발생하고 세계 신용시장의 유동성이 고갈되면서 리먼이 보유한 자산은 대폭 줄어들었고, 대출통로도 막히면서 파산보호신청을 할 수밖에 없어진 것이다.

나는 리먼이 파산한 날이 월요일이었다는 것을 똑똑히 기억한다. 일요일에 우리 가족은 새로 이사한 아파트에서 성대한 집들이를 했는데, 당시 그 자리에 있던 수많은 리먼 직원들 중 어느 하나도 이튿날 회사가 파산할 거라는 생각은 못했다. 이를 통해 나는 기업 직원들은 기업의 실제 상황에 대한 이해가 모자라고, 자사에 대한 과도한 자신감과 맹목적 충성심이 있다는 것을 누구보다 깊이 실감했다.

다시 노무라증권 이야기로 돌아가자. 노무라증권은 일본에서 가장 오래된 역사와 가장 큰 영향력을 가진 증권사로 시장점유율, 시장에서 차지한 선도적 지위 등 모든 측면을 봤을 때 일본에서 가장 성공한 증권사다. 부동산 및 주식시장의 거품이 꺼지고 인구고령화가 극심해지면서 일본 경제는 과거 20년간 '잃어버린 20년'을 경험했는데, 노무라증권 역시 이 과정에서 자국 및 글로벌 주식시장에서 일본 기업들의 부진에 따른 영향을 받았다. 이 때문에 지난 20년간 노무라증권은 줄곧 변화를 꾀하며 시장화와 국제화를 통해 세계적으로 손꼽히는 금융기구로 발돋움하기 위해 노력했다.

사실 노무라증권의 이런 결심은 지난 20여 년간 항상 존재했었고, 여러 차례의 시도도 있어왔다. 노무라증권은 1980년대에 해외로 확장했고, 1990년대에도 해외 증권사 인수를 통해 미국에서 또 한 번 확장했으며, 2005년에도 재차 해외확장을 했다. 그러나 불행히도 과거

세 차례의 확장은 모두 실패로 끝났다. 미국의 노무라증권에서 근무한 경험이 있는 직원들 중 적지 않은 사람들은 일본 기업에서 일하는 것이 어렵다고 밝힌 바 있고, 중국에 있는 일본 기업에서 일한 직원들도 일본 기업의 문화에 섞이기 어렵다고 느낀다. 이를 통해 우리는 일본 문화와 미국 문화 간의 충돌이 최소한 일본 문화와 중국 문화 간의 충돌에 못지않다는 것을 알 수 있다.

리먼이 파산하자 이를 몇 십 년에 한 번 볼 수 있는 기회라 여긴 노무라증권은 리먼의 아시아 자산매각 입찰에서 영국의 바클레이스Barclays과 경쟁하기로 결정했다. 영국 최대 은행 중 하나인 바클레이스는 다원화된 글로벌 일류은행이었지만 금융위기 때 비교적 큰 타격을 입었다. 이 은행은 리먼브라더스 입찰에서 노무라증권과 붙었을 때 상대적으로 훨씬 유리한 위치에 있었다. 이들은 이미 리먼 파산 당시 리먼에 있어 가장 핵심적이고 가치 있는 부분인 미국 자산을 성공적으로 인수했기 때문이었다. 따라서 바클레이스 입장에서는 리먼의 글로벌 사업을 인수하는 것이야말로 매우 자연스럽고 효율적인 사업 확장이라 할 수 있었다. 또 바클레이스는 영국 기업이기 때문에 리먼과의 문화충돌 또한 노무라증권과 리먼 사이에서 발생할 그것만큼 극심하진 않을 터였다.

그렇다면 리먼의 임원들은 왜 자사를 겉보기에 훨씬 적합한 인수자인 바클레이스에 매각하지 않고 노무라증권에 매각한 것일까? 인수에 참여한 3자는 주말 동안 72시간에 걸친 팽팽한 분위기 속에서 협상을 진행했다. 바클레이스는 1억 달러, 노무라증권은 2억 달러를 제시하기로 결정함에 따라 리먼 아시아 법인의 임원들은 자사를 노무라증권에 매각하기로 결정했다. 비록 노무라증권이 바클레이스보다 1억 달러를 높게 부르긴 했지만, 투자은행 입장에서 1억 달러는 아무것도 아니다. 경기가 좋을 때 기업의 몇몇 임원들의 보수를 합친 금액에 불과하기 때문이다. 그렇다면 리먼의 임원들은 어떤 이유에서 결국 노무라증권을 선택한 것일까?

외부에서는 노무라증권이 리먼의 임원들을 이익으로 유혹한 것을 매우 중요한 원인 중 하나로 본다. 노무라증권은 리먼 임원들에게 2007년부터 투자은행 역사상 가장 높은 상여금 보수를 기준으로 2~3년간의 상여금 제공을 보장했다. 다시 말해 노무라증권은 인수결과가 확정되지 않은 상태에서 사전에 수억 달러의 비용을 지불한 반면, 바클레이스는 그런 약속을 하고 싶어 하지 않았다. 책상 위에 놓인 현금은 확실히 매력적이며 설득력이 있었다. 이토록 매력적인 조건이 주어진 상태에서 리먼 임원들이 기업의 존망 또는 기업의 장기적 가치를 고려하기는 더욱 어려워졌다. 자연스럽게 인수 이후 노무라증권의 인력비용은 대폭 상승해서, 인수완료 후 첫 번째 회계분기 때는 5억 달러에 달했다.

어떤 사람은 리먼의 임원들이 아마 인수 후의 문화전통에 대해 준비하지 못했을 것이라고 말하는데, 나는 그런 견해는 투자은행가를 너무 낮잡아 보는 것이라고 생각한다. 오늘날 세계적인 투자은행에는 국제경험이 풍부한 은행가들이 많이 근무하고 있는데 이들이 기업문화 간 차이를 고려하지 않는 것은 아니기 때문이다. 게다가 노무라증권 측에서 이 인수를 진행한 사람은 와타나베 켄이치渡邉健一였다. 그는 하버드 경영대학원을 졸업하고 노무라증권에서 평생 일했으며, 오페라를 열렬히 사랑하는 불교 신도로 국제문화에 대해 매우 개방적인 태도를 가진 사람이었다. 또 일본에서 근무하는 리먼 직원 중 상당수는 예전에 노무라증권에 있다가 리먼으로 이직한 사람들이었기 때문에 노무라증권에 대해 잘 알고 있었다.

일례로 리먼의 일본 지부에서 일하던 내 파트너는 예전에 노무라증권에서 근무했다가 리먼으로 이직한 사람이었는데, 그는 리먼의 아시아 법인이 노무라증권에 인수되기 1주일 전에 사표를 냈다. 노무라증권의 문화를 바탕으로 보면 자신처럼 회사를 버리고 이직한 직원은 앞으로 노무라증권에서 발전할 가망이 없다는 사실을 잘 알고 있었기 때문이다.

중국 투자자들은 흔히 기업임원들이 자신들의 이익만 생각하고 주주의 이익은 소홀히 한다고 불평한다. 확실히 상장기업에서 나타나는 일련의 복잡한 위탁대리관계(주주와 이사회, 이사회와 임원, 임원과 투자은행가) 사이에서 수탁자(이사회, 임원, 투자은행가)는 반드시 자신의 정보우위와 경영상 편의를 이용하여 자기 이익을 최대화한다. 이런 경향은 기업 지배구조가 느슨한 곳일수록 두드러지게 나타나는데, 중국 A주 시장이나 미국 주식시장 역시 예외는 아니다. 임원이 중대한 결정을 내릴 때 먼저 생각하는 것은 주주도, 직원도, 기업의 가치도 아닌 자기 자신의 이익이다. 이런 탐욕스러운 기업문화는 이미 20년 전 《문 앞의 야만인들》과 《라이어스 포커Liar's Poker》 등의 책들에서 또렷이 묘사된 바 있다. 감독자가 해야 할 일은 명확한 법률을 제정하는 한편, 가능한 한 임원들이 남에게 손해를 끼치고 자기 잇속만 챙기는 행위를 최대한 제한하는 것이다. 그리고 개인투자자들이 할 수 있는 가장 중요한 일은 바로 자기 지갑을 잘 간수하는 것이고 말이다.

합병의 실패

그다음의 문제는 '인수는 간단한데, 합병은 고통스럽다'는 것이다. 미국 휴렛팩커드는 최근 영국의 소프트웨어 회사인 오토노미를 인수한 후에야 이 회사 전체가 골칫덩어리라는 사실을 알게 되었다. 오토노미는 사실 아무런 수익이 없었고 수익을 위조했을 뿐만 아니라 기업부채가 많은데도 전혀 보고하지 않았던 것이 더 큰 문제였다. 이처럼 인수합병 거래의 성사는 겨우 대장정의 첫발을 내디딘 것에 불과하고, 그 이후에는 복잡한 문제가 훨씬 많이 도사리고 있다.

리먼을 인수한 직후 노무라증권의 단기간 실적은 꽤 괜찮았는데, 한편으로 이것은 확실히 집단의 규모가 커졌기 때문이었다. 원래 60~70명 규모의 집단이 합병 이후 160~170명이 되면 아무래도 더 많은 업무를 할 수밖에 없다.

그러나 다른 한편으로는 기업의 운영비용도 상승했다. 그리고 합병된 두 기업은 서로의 문화차이가 매우 뿌리 깊다는 사실을 알게 되었다. 리먼은 미국 전체의 투자은행업계에서도 비교적 급진적인 축에 속했기 때문에 기업문화 역시 다소 냉혹한 경쟁문화였다. 다시 말해 중국의 일부 기업과 같은 소위 '늑대의 무리 문화'였다고 할 수 있는데, 그에 반해 노무라증권의 기업문화는 집단주의적인 것으로 전통적인 연공서열과 종신고용제 문화를 특징으로 했다. 이 양자는 동양과 서양, 폐쇄와 개방, 종신고용제와 높은 이직률, 집단영웅주의와 개인영웅주의 등 매우 극명한 대조를 이뤘다. 합병 초기에 문화충돌이 있을 거라고는 모두가 예상했지만, 이런 문화충돌이 기업의 사기와 업무효율 및 단체협력에 어떤 복잡한 영향을 미칠 것인지는 충분히 고려하지 못했던 것이다.

두 기업 간의 문화차이는 여직원을 대하는 태도에서 가장 극단적으로 나타났다. 일본 기업에서는 남녀 간 분리가 매우 두드러진다. 노무라증권의 일본 본부에서 근무하는 여직원은 비서 아니면 보좌관이 전부였을 뿐 다른 직위에는 한 명도 없었다. 따라서 전체 직원의 3분의 1이 여성인 개방적 문화의 리먼이 이런 폐쇄적 문화와 서로 융합되기는 매우 어려웠다.

인수 마무리 후 노무라증권은 자신들이 이미 명확한 합병전략을 세운 상태라고 발표했지만 외부의 시선은 이와 완전히 상반됐다. 노무라증권이 어떤 구체적인 합병방안을 내놓았는지 아무도 몰랐기 때문에 처음에는 '메기효과'가 나타났다. 당시에는 전직 리먼 직원과 같은 업무를 하는 노무라증권 직원이 있었기 때문에 기본적으로 모든 직무가 중복되어 있었고, 이 때문에 모든 직원들은 불안해했다. 회사가 보장한 상여금이 지급된 이후에 회사에 계속 남는 것은 노무라증권 직원일까, 아니면 리먼 직원일까? 노무라증권 직원은 당연히 자신들이 남아야 한다고 생각했다. 왜냐하면 일본은 종신고용제를 시행하니 자신은 노무라증권에 입사할 때부터 철밥통을 받은 것이라 생각했기 때문이다. 그러나 리먼 직원도 자신들이 남아야 한다고 생각했다. 왜? 리먼 직원들은 수준이 높았고 고객들 사이에서도 유명한 편이었기 때문이다. 어쨌든 모든 직원들이 '앞으로 어떻게 될지는 아무도 모르니 지금 하는 일을 잘해야 한다'는 사실은 분명히 알고 있었기 때문에 합병의 단기적 효과는 아주 높았다.

그러나 집단의 규모가 커지고 시간이 지날수록 상호 간의 적응 문제는 갈수록 심각해졌다. 인수와 합병 이후 단기적으로는 항상 단일 직무만으로 해결되지 않는 상황이 발생했기 때문에 임시적으로 두 개 직무를 두었고, 그 탓에 많은 직무와 많은 연석회의와 많은 의장이 생겨났다. 그리고 결과는 결코 만족스럽지 못했다. 사람이 많아진다고 해서 반드시 역량도 커지는 것은 아니고, 사람이 많아지는 것이 꼭 좋은 일만은 아니기 때문이다. 회사의 직무가 중복되고 양측 직원들 간의 소통이 원활이 이루어지지 않자 같은 기업인데도 두 명의 애널리스트가 동시에 별도로 연구보고를 발표하는가 하면 두 보고서의 내용 사이에도 충돌되는 부분이 있었다. 직원들은 종종 일상적인 업무에 전념하기보다는 '어떻게 하면 인간관계를 개선할 수 있을까'를 고민하는 데 더 많은 시간을 썼다.

노무라증권은 회사에 남은 리먼 직원들에게 단기적으로 여러 우대조건도 제공했지만 리먼 직원들은 이를 고맙게 여기지 않았다. 그들은 여전히 일본 투자은행의 문화와 분위기에 적응하지 못한 채, 2년 후 시장경기가 좋아지면 다른 회사로 옮기겠다는 계획을 세웠다. 한편 노무라증권의 직원들 역시 불만이 많았다. 그들 입장에서는 자신들이 원래 이 회사의 주인이고 리먼은 패장敗將이나 다름없는 피인수기업인데도, 합류한 리먼 직원들이 자신들보다 높은 보수를 받고 회사 내에서도 좋은 위치를 차지하는 것이 못마땅했다. 결과적으로 합병 초기에 노무라증권은 리먼 직원들에게 주도권을 쥐어줌으로써 리먼의 장점을 자사에 가져오려고 노력했지만 이를 구체적으로 실행하기란 매우 어려웠다.

이처럼 관리하기 매우 어려운 '직원'이라는 자원을 제외한다면, 한 증권사가 다른 증권사를 인수하는 것은 모든 인수거래 중에서도 가장 간단한 것일 수 있다. 생각해보자. 만약 어떤 은행이 다른 은행을 인수한다면 영업부, 백오피스(지원부서), IT 시스템, 고객과의 관계 통합 등 고려해야 할 문제가 훨씬 많다. 항공사끼리의 인수거래라면 항로와 연료는 어떻게 선택할 것인지, 항공사의 모항母港은 어느 도시의 공항으로 선택할지, 서로 다른 항공사의 항공기 기종과 정비부서는 어떻게 통합할지, 그리고 회원 고객들의 마일리지 간 충돌은 어떻게 해결할 것인지 등 풀어야 할 어려운 문제가 한층 많아진다. 실제로 미국 유나이티드항공사United Air Lines와 미국 콘티넨털항공사Continental Airlines가 합병한 지 1년 후에도 유나이티드항공사 고객이 우수고객을 위한 적립 마일리지로 콘티넨털항공의 항공권을 구매하지 못하는 일이 발생했다.

그렇다면 만약 제조사가 다른 기업을 인수할 경우에는 어떤 문제가 있을 수 있을까? 예를 들어 컴팩컴퓨터Compaq Computer와 휴렛팩커드의 합병 후, 그리고 레노버가 IBM(세계 500대 기업 중 하나)의 PC 사업부를 인수한 후 모두 생산라인 문제가 발생했다. 원래 레노버와 IBM에겐 각자 생산하던 서로 다른 두 기종이 있었는데, 합병 이후에는 모두 레노버 컴퓨터로 불렸음에도 실제로는 완전히 달랐다. 생산라인이 맞지 않는다는 문제 외에 브랜드 관리에도 역시 이와 비슷한 어려움이 있었다. 컴팩과 휴렛팩커드의 시장점유율을 합치면 미국 전체의 60%를 차지했는데, 이렇듯 자랑스러운 브랜드 가치가 오히려 브랜드 관리에 있어서는 큰 걸림돌이 되고 말았다. 가령 예전 같으면 컴퓨터 상점에 들어선 고객이 컴팩 제품과 휴렛팩커드 제품을 두고 고민했을 텐데 두 기업의 합병 이후에는 휴렛팩커드 제품과 레노버 제품을 놓고 고민하게 되는 식으로 브랜드 내 잠식 문제가 발생할 수 있었던 것이다. 또 판매경로상의 문제도 있었다. 예전 소매상들은 휴렛팩커드와 컴팩이 서로 자기 제품을 진열장에 놓아달라고 경쟁했던 덕분에 견적을 낮출 수 있었다. 그런데 두 기업이 합병되자 소매상에 대한 가격경쟁력은 확실히 높아졌음에도, 일부 소매상은 위험분산을 위해 합병 이후의 컴팩과 휴렉패커드 제품보다는 경쟁사인 레노버나 에이서(Acer, 대만의 전자제품 제조사_옮긴이)를 진열장에 전시할 가능성이 생겼다. 결론적으로 합병 후에는 인수자 측이 예상치 못한 결과가 많이 발생한다.

하지만 투자은행끼리의 인수 시에는 이런 문제가 전혀 없다. 인수자 측의 입장에서는 그저 피인수자 측의 사람들이 남게 하는 것만으로도 기본적으로 인수목적을 달성하는 것이 된다. 노무라증권의 리먼 인수에 있어 이 문제는 매우 간단해 보였다. 두 기업의 홍콩 사무실은 같은 빌딩(홍콩국제금융센터)에서 겨우 세 개 층을 사이에 두고 있었고 두 기업의 직원들은 출퇴근 시 같은 엘리베이터를 사용했으니 말이다. 그럼에도 실제로 전혀 예기치 못한 문제들이 발생했다. 나 역시 3개월 동안 사무실을 네 번이나 옮겼다! 왜 그랬을까? 당시 계량화 전략을 담당하고 있었던 나는 원래 연구 데이터를 리먼의 미국 법인에서 제공받고 있었다. 그런데 노무라증권이 리먼의 유럽 법인과 아시아 법인을 인수하고 바클레이스가 리먼의 미국 법인을 인수함에 따라 내 입장에서는 미국 데이터를 전달받을 방법이 사라져버리고 오로지 유럽 법인의 데이터를 받는 것만이 가능한 상황이 되었다. 그러나 나는 이틀 뒤 유럽 법인이 가진 데이터의 질이 기대에 미치지 못한다는 것을 발견했다. 그때 노무라증권의 동료가 자기네 데이터가 있다고 이야기해줬고, 그래서 나는 노무라증권 도쿄 사무실의 데이터를 쓰기로 결정했다.

하지만 두 기업의 사무실은 겨우 세 개 층을 사이에 두고 있을 뿐이었음에도 통신시스템이 완전히 달랐던 탓에 나는 현실적으로 리먼 사무실에서 노무라증권의 데이터를 사용할 수 없었다. 결국 노무라증권의 동료는 아예 내 사무실을 노무라증권 사무실로 옮기는 방안을 제안했고, 그 덕에 나는 리먼을 대표하여 노무라증권 사무실에서 몇 개월간 일하며 기본적인 과도기 작업을 거의 완료한 뒤에야 원래 사무실로 돌아올 수 있었다. 이후 회사가 서로 다른 두 팀을 완전히 통합한 다음 이 두 팀에게 같은 사무공간을 쓰라고 요구했기 때문에 나는 또 한 번 사무실을 옮겨야 했다. 나는 이것이 인수과정 전체에 있어 간단하기 이를 데 없는 매우 작은 일이라고 믿지만, 이 작은 일만 봐도 인수과정에서의 통합이란 것이 얼마나 어려운 일인지 알 수 있다.

앞서 이야기했듯 리먼이 당초 노무라증권에 기업을 넘긴 이유는, 노무라증권이 제시한 2년 혹은 3년 동안 수백만, 수천만 달러에 달하는 상여금 보장 조건에 리먼 임원들이 반했기 때문이다. 그러나 이렇게 돈으로 쌓아올린 충성심은 일단 돈이 사라지고 나면 없어지기 마련이다. 이것은 내가 인수합병의 전체 과정을 통해 느꼈던 강한 투자은행 문화다. 2년 뒤 2011년 봄이 되어 노무라증권이 리먼 직원들에게 보장했던 연봉 지급기간이 사실상 끝나갈 때쯤엔 이미 많은 직원들이 이직할 곳을 찾은 상태였다. 그해 봄에 직원들이 상여금을 수령한 후 일부 부서의 이직률은 30%에 달했다. 나는 2011년 봄 홍콩으로 돌아갔을 때 이와 같은 '이직 붐'을 목격했다. 우수한 애널리스트로 노무라증권에 남기로 결정한 내 오랜 친구 중 하나에게 '왜 이직을 하지 않느냐'고 물었더니 그는 '노무라증권에는 익숙한 사람보다 낯선 사람이 더 많으니 이직한 것이나 다름없지 않느냐'고 반문했다. 투자은행에 있어 직원은 가장 핵심적인 가치다. 사람이 떠나면 다른 것도 사라지기 때문이다.

노무라증권은 글로벌 기업으로 발돋움하는 과정에서 세계적인 배경을 가진 직원을 적극 발탁하고 미국과 유럽에서 세계적인 투자은행 플랫폼을 구축할 목적을 염두에 두고 있었다. 그러나 글로벌화를 도모하는 과정에서 다른 문제들이 불거졌다. 처음에 노무라증권은 리먼의 관리자들을 통해 이 문제를 해결하려 했지만 통하지 않았고, 나중에는 리먼 임원들에게 노무라증권의 방식에 따라 이 일을 처리하게 했지만 이것은 오히려 상황을 더 어렵게 만드는 결과를 초래했다. 이는 마치 중년여성 배역을 맡을 연기자에게 말괄량이 역을 맡기는 것이나 마찬가지였다. 그래서 많은 서양 관찰자들의 눈에 이 사례는 일본 기업이 해외인수에서 완패한 대표적 사례, 즉 첫해에는 미래의 빛나는 성공을 축하하고, 이듬해에는 그저 그런 실적을 기록한 뒤 세 번째 해에는 와르르 무너지는 전형적인 사례로 비춰졌다.

3년 후, 각 부서가 더 이상 수익을 내지 못함에 따라 노무라증권은 방어적인 조치로 전략적 위치를 조정하고 조직을 정비했다. 동시에 원래 리먼에서 온 임원들은 자신들의 직원 비용이 실제로 너무 높았고, 노무라증권이 희망하는 목표의 테두리 안에서는 리먼 직원들에게 이전과 같은 수준의 연봉을 보장할 수 없다는 사실을 깨달았다. 이에 따라 이들은 리먼 출신 직원들의 연봉을 삭감하기 시작했고, 이로 인해 직원들은 또다시 불만을 갖게 되었다. 2012년 초가 되자 노무라증권이 리먼 인수를 통해 얻은 성과 중에 겨우 남아 있던 리먼 출신의 임원 두 명, 노무라인터내셔널 전체 CEO 한 명, 노무라인터내셔널 채권부의 최고경영자 한 명 모두가 잇달아 이직했다. 노무라증권은 리먼 인수에 필요한 모든 대가를 지불하고도 자신들이 얻은 인력을 모두 잃으며 최종적으로 완패하고 말았다.

그렇다면 행동금융학의 틀에서는 이 인수 사례를 어떻게 해석할 수 있을까? 이 인수는 과연 평생 한 번 얻을까말까 했던 좋은 기회였을까, 아니면 평생 한 번 당할 만한 재수 없는 일이었을까? 앞서 얘기했던 것처럼 인간은 미래의 수익과 행복을 과대평가하고 미래의 비용과 고통을 과소평가하는 경향이 있다. 이것은 인간 행위의 특징이다. 노무라증권의 임원들이 리먼 인수과정에서 바로 이와 같은 오류를 범한 것은 아닐까?

마지막으로, 전체적으로 볼 때 왜 시장은 인수자 측의 주식에 부정적인 반응을 보이는지, 그리고 왜 이 부정적인 반응이 자사주를 사용하여 다른 기업을 인수하는 경우 혹은 과도한 자신감을 가진 CEO의 기업이 인수를 할 때 특히 두드러지게 나타나는지 정리해보자. 많은 경우, 인수에 참여한 쌍방이 주식을 사용한 거래를 할 때 피인수자 측이 얻는 것은 현금이 아닌 인수자 측의 주식일 뿐이다. 이런 측면에서 보면 인수자 측과 피인수자 측의 이익은 한데 묶이게 된다. 또한 인수거래 성사 뒤에는 일반적으로 6개월에서 1년의 매각기간 제한이 있기 때문에 피인수자 측은 인수자 측의 주식을 바로 현금화할 수 없다. 따라서 양측은 인수과정 전체에 있어 통합의 어려움을 과소평가하는 경향이 있다.

국경과 문화를 넘어선 인수는 특히나 더 어렵다. 중국에는 현재 수많은 기업들이 잇따라 해외 기업들과의 합병을 진행하고 있다. 레노버가 IBM을 인수한 지 7~8년이 지난 현재 이 사례는 이미 상당히 성공적인 예로 알려져 있지만, 그 과정에서도 이미 은퇴해 있었던 류촨즈柳傳志가 구제에 나서기 위해 복귀할 수밖에 없을 정도로 긴박했던 위기의 순간도 있었다. 기타 중국 기업이 참여한 인수거래로는 중국투자공사의 블랙스톤Blackstone과 모건스탠리 인수, 핑안의 포티스Fortis 투자관리공사 인수, 중국알루미늄의 BHP빌리튼BHP Billiton 인수, 중국해양석유의 유노컬Unocal 인수 실패와 최근 넥센Nexen 인수 성공 사례 등이 있다. 나는 가끔 이들 회사를 축하해야 할지, 아니면 이들을 대신하여 마음을 졸여야 할지 모를 때가 있다. 합병이 끝날 때까지는 인수의 성공이 정말로 좋은 일인지 아니면 나쁜 일인지 말하기 어렵다. 인수과정 자체도 물론 어렵지만, 인수 후 합병이야말로 인수거래의 성패를 좌우하는 결정적 요소기 때문이다.

따라서 중국 경제발전과 산업통합 과정의 다음 단계에 있어 매우 중요한 현상 중 하나는 바로 인수합병 거래가 갈수록 많아지고 그 규모도 커진다는 것이다. 그 과정에서의 기회와 위기를 분명히 인식한다면 그다지 자신감이 넘치지 않는 CEO에게도 인수합병은 가치 있는 경험이 될 수 있다.

국경과 문화를 넘어선 인수의 경우에는 현지 법률, 노동자 보호 조항 및 지식재산권과 관련된 규정이 중국 기업의 인수합병 결과에 큰 영향을 미칠 수 있다. 중국 기업도 해외에서 인수합병을 진행할 때는 반드시 노무라증권의 리먼브라더스 인수처럼 간단해 보이는 인수거래에도 그토록 많은 어려움과 문제점이 있었다는 점을 거울삼아 국제 인수합병에 따르는 위험을 피해야 할 것이다.

제11장

자기 잇속만 챙기는 임원

임원의 보수

앞장에서 우리는 기업임원도 많은 투자자들과 마찬가지로 행위상의 오류나 과도한 자신감을 나타낸다는 점에 대해 논의했다. 그러나 그와 동시에 기업임원은 일반 투자자와 비교했을 때 여러 면, 특히 전문지식의 측면에서 유리하다. 가령 첨단과학기술 관련 기업을 경영하는 임원은 그 기업의 기술, 수익능력, 앞으로의 발전전망 등을 비교적 분명히 인식하고 분석한다. 기업임원들이 일반 투자자보다 훨씬 유리한 점은 바로 자신이 기업을 직접 통제하기 때문에 기업운영 등 여러 방면에 있어 통제력과 영향력이 훨씬 크다는 것이다.

지금부터는 기업에 대한 임원의 통제력 중에서도 중요하다 할 수 있는 임원의 보수 문제에 대해 좀 더 구체적으로 논의할 것이다. 기업임원의 보수는 최근 전 세계가, 그리고 전 사회가 주목하는 문제가 되었다. 2012년 미국에서 '월스트리트를 점령하라'라는 운동이 발생한 것도 어느 정도는 이 문제 때문이라 할 수 있다. 월스트리트 점령 운동

참가자들은 고액연봉을 받는 기업임원 외에도 미국 비즈니스 사회 전체의 탐욕에 항의했다. 1970년부터 지금까지 겨우 30~40년 동안, 인플레이션 요소를 제외해도 기업임원의 보수는 네 배 정도 오른 반면 같은 기간 내 미국 기업의 일반직원들은 블루칼라나 화이트칼라 모두 인플레이션 요소를 제외하면 기본적으로 어떤 실질적인 임금상승도 없었다. 400%에 달하는 기업임원의 수입증가 중 절반 정도는 스톡옵션, 나머지 절반 정도는 월급과 기타 복지 등이 늘어난 덕분이었다. 또한 미국뿐 아니라 중국을 포함한 다른 세계 각국에서도 기업임원들은 모두 갈수록 더 많은 지분과 높은 연봉을 받게 되었다.

임원의 높은 보수는 과거 20년간 전 세계적인 사회 문제가 되었다. 당초엔 그저 소수의 사람들이 비교적 높은 수입을 올리는 정도의 문제에 불과했지만, 임원들의 보수가 전체적으로 점점 높아지고 임원 대우를 받는 사람 또한 많아지자 임원의 보수는 점차 하나의 중요한 사회 문제로 자리 잡았다. 뒷부분에서 우리는 2012년 미국에서 시작된 '월스트리트를 점령하라' 운동이 상당 부분 이런 임원의 고액보수와 단기적 성과에 급급한 기업문화에서 기인했다는 점을 논의할 것이다.

그렇다면 임원의 보수는 도대체 얼마나 높은 것일까? 이 문제는 두 가지 차원에서 접근할 수 있다.

먼저 절대적 수준의 차원에서 살펴보자. 미국의 한 조사결과 2007~2008년 금융위기 당시에도 임원들의 평균 보수는 약 1,100만 달러 정도였다. 당시 미국 주식시장은 30% 하락하고 수많은 주주들이 큰 손실을 입었다. 그러나 주가가 폭락했음에도 임원들의 보수는 눈에 띄는 감소세를 보이지 않았다. 미국 〈포브스Forbes〉의 통계에 따르면 2012년 미국에서 가장 높은 보수를 받는 임원은 맥케슨McKesson

의 CEO였는데, 그가 그해 벌어들인 보수는 모두 합해 1억 3,000만 달러에 달했다. 그는 과거 5년 동안 매해 최고 2억 8,500만 달러를 벌었다. 일부 기업임원들은 2012년 맥케슨 임원들의 보수만큼은 아니었지만 자사주 및 스톡옵션을 대량 보유한 덕분에 실제로는 맥케슨의 CEO보다 많은 보수를 받았다.

역사적인 측면에서 봤을 때도 임원의 보수와 일반직원의 보수 간 비율은 놀라운 수준에 이르렀다. 미국 임원과 일반직원의 평균 보수 비율을 비교한 한 연구에 따르면 이 비율은 1966년에 25~30배에 달했다. 다시 말해 임원의 평균 보수가 일반직원보다 25~30배 많았던 것이다. 그런데 이 비율은 1980년에 이미 40배로 올랐고, 1990년에는 기본적으로 100배에 달했으며 그 뒤로는 완전히 폭주해서 2000년 인터넷 버블이 최고조에 달했을 때는 무려 525배에 이르렀다. 즉, 임원의 보수는 일반직원이 받는 평균 보수의 525배라는 것이었다! 이 비율은 인터넷 버블이 꺼지면서 어느 정도 줄어들었다. 이렇게 된 주요 원인 중 하나는 많은 임원들은 대개의 경우 기업으로부터 지분 또는 저가에 자사주를 매입할 수 있는 주주권을 받기 때문이다. 이런 주주권은 시장이 호황일 때 매우 가치가 있다. 2007~2008년 금융위기 당시 임원과 일반직원의 보수 간 비율은 인터넷 버블 때보다 덜하긴 했지만 그래도 여전히 역사적으로 보면 높은 수치에 해당하는 364배(2006년)와 344배(2007년)였다.

일반적으로 대다수의 사람들은 임원의 연봉에만 주목하는 탓에, 사실 오늘날 임원의 보수가 어떻게 구성되어 있는지에 대해서는 제대로 이해하지 못한다. 사실상 임원의 보수는 대부분 월급이 아니다. 월급은 기업임원의 수입 중 일부분, 경우에 따라서는 아주 작은 부분에 지나지 않는다. 이들의 수입은 통상 월급, 단기적인 스톡옵션 또는 상여금으로 구성된다. 만약 인수사업 완수나 기업의 글로벌 확장에 대한 기여, 기업 경영효율 제고 등 어떤 목표를 달성한 임원이라면 추가 상여금을 받을 수 있다.

임원의 수입 구성 중 가장 빠르게 증가하는 것이 바로 기업의 스톡옵션이다. 기업은 임원에게 자유롭게 거래할 수 있는 주식이나 단기적으로는 팔지 못하는 주식, 또는 저가에 자사 주식을 살 수 있는 주주권을 줄 수 있는데 이들 중 가장 빨리 증가하는 것은 아무래도 기업이 나눠준 지분이다. 임원은 어떤 임무를 완수하거나 기업이 설정한 어떤 목표를 달성하고 나면 그 기업의 지분을 대량으로 얻을 수 있다.

어떤 의미에서 많은 학자나 감독자들이 스톡옵션 이용을 제안한 이유는 바로 기업임원의 이익과 주주의 장기적 이익이 결합되기를 희망했기 때문이다. 주가가 오르면 주주들이 이익을 얻을 수 있고, 기업임원도 그에 상응하는 상여금을 얻거나 주가상승의 덕을 볼 수 있다.

그러나 실제 이를 실행하는 과정에는 두 가지 큰 문제가 존재한다. 하나는 기업임원이 어떤 조치를 취할 때 정보상 우위에 있다는 것이다. 미국에서 1990년대에 보편적으로 나타난 현상 중 하나는 바로 기업이 비교적 '좋은' 시기를 골라 임원에게 선물옵션을 제공하는 것이었다. 예를 들면 기업은 종종 기업주가가 폭락한 직후, 또는 호재 소식을 발표하기 전에 기업임원들에게 집중적으로 선물옵션을 구입할 기회를 제공했다. 또 기업이사회가 임원들에게 지분을 나눠주는 경우 역시 대부분은 기업임원의 귀띔이나 요구에 따른 것이었다. 어떤 경우에는 기업임원이 기업의 상황을 잘 알고 있기 때문에 이런 지식을 자신의 선물옵션 계약에 유리하게 이용하기도 한다.

기업임원의 보수에 유리한 옵션백데이팅Option Back-dating 문제는 과거 10여 년간 미국에서 매우 보편적으로 나타났고 학자, 감독기관과 의회 모두는 이 문제에 주목해왔다. 그중 비교적 유명한 사례로는 브로케이드Brocade가 1999~2004년 인터넷 버블 기간 중에 정확히 산정되지 않은 가격으로 기업임원들에게 대량의 스톡옵션을 제공했던 것을 꼽을 수 있다. 나중에 정확히 가격산정을 한 결과 이 기업은 임원들에게 우대 스톡옵션을 제공하여 수많은 주주들에게 총 7억 달러의 손실을 입힌 사실이 드러났다. 그 외 기타 비교적 유명한 예로는 애플의 CEO 스티브 잡스, 컴퓨터업계의 1인자인 델Dell의 CEO 마이클 델Michael Dell의 경우가 있다. 이들 두 CEO 모두는 기업이 임원들에게 선물옵션을 나눠줄 때 가격산정이 정확하지 않고 정보가 완전히 공표되지 않았던 이유로 미국 증권거래위원회의 조사를 받았다. 미국에서 이는 비교적 보편적인 현상이었는데, 완전하지 않은 통계에 따르면 미국에서는 총 3,000개 상장기업이 여러 방법으로 가격을 재평가한 선물옵션을 임원들에게 배분한 바 있다. 이렇게 다시 가격을 산정한 선물옵션을 나눠주는 것은 사실 주주들에게 어떤 의미도 없지만 기업임원들에게는 큰 수익을 안겨준다. 이런 저가 선물옵션은 기업이 임원에게 무상으로 제공하는 상여금이나 다름없기 때문에 대개의 경우 임원들은 자사 주식을 여유 있게 현금화할 수 있다. 사실 이것은 기업임원이 자신의 보수를 높이기 위해 기업의 지배구조상의 허점을 이용하는 것이지만, 이런 인센티브를 주는 데는 거의 아무런 제한이 없기 때문에 그들이 얻는 높은 수입은 주주의 권익에 손실을 입히는 대가에 해당한다.

기업이 임원에게 나눠주는 더욱 저렴한 재평가 선물옵션 계약은 주식을 통한 인센티브 제공에서 비롯된 문제 중 하나다. 선물옵션 인센티브에 따른 또 다른 문제는 기업임원과 주주가 장기적으로 추구하는 주식실적이 서로 달라진다는 것이다. 기업임원들이 손에 넣은 선물옵션 계약의 가치는 기업주가 변동의 영향을 받기 때문에 이들은 기업의 단기실적과 투자수익에 집중하는 반면 장기적 발전과 목표에는 그다지 관심을 두지 않게 된다. 옵션이론이 밝힌 바와 같이, 한 기업의 주가변동폭이 클수록 기업임원이 보유한 선물옵션의 가치도 커진다. 이는 파생상품 또는 선물옵션 영역의 기본이론 중 하나다. 이런 측면에서 볼 때, 많은 기업임원들은 더 큰 위험을 무릅쓸 동기가 충분하기 때문에 기업의 주가변동폭을 키워 자신의 선물옵션이 갖는 가치를 증대시키는 목적을 달성한다. 또한 일부는 이 목적을 달성하기 위해 고의적으로 고위험 프로젝트에 참여 또는 투자함으로써 기업 전체의 위험을 증가시킨다. 만약 이런 위험을 감수함으로써 긍정적인 결과를 얻는다면 기업임원은 상여금과 지분분배의 방식으로 이 수익을 얻게 되지만, 이 위험이 기업에 손실을 초래할 경우 그 비용은 안타깝게도 주주들이 분담하게 된다. 더불어 스톡옵션은 애초에 임원 이익과 주주 이익의 효과적인 결부를 목적으로 하는 것이었는데, 대체로 기업임원들로 하여금 확실히 기업가치를 높이게 하는 효과를 거뒀다.

이 책에서 기업임원의 보수에 대해 논의하는 이유는 다음과 같다. 첫째, 많은 투자자들이 기업임원의 보수가 왜 그토록 높은지 모를 뿐 아니라 기업임원들의 보수는 주주들의 수익을 대가로 한 것이기 때문이다. 둘째, 많은 투자자들이 기업임원의 보수가 어떻게 구성되어 있는지, 그중 지분과 월급과 사적 소비는 각각 어느 정도의 비율을 차지하는지 모른다. 셋째, 설령 기업임원의 보수에 대해 알고 있다 해도 많은 개인투자자들은 개인적으로 기업정책과 임원의 보수를 효과적으로 감독하기가 어렵다. 넷째, 많은 대형 기관투자자들은 기업임원들과 좋은 관계를 유지하고 소통을 원활히 하기 위해 그들의 보수수준을 특별히 엄격하게 제한하지 않는다. 그러므로 이런 배경에서 투자자는 기업임원의 수입이 줄곧 오르기만 하는 이유를 알아야 한다.

그렇다면 과연 기업임원에게 이렇게 두둑한 인센티브를 반드시 줄 필요가 있을까? 오늘날의 학술 및 정책 연구의 측면에서 보면 명확한 답은 없다. 찬성 측에서는 고액보수를 받는 임원들이 상대적으로 낮은 보수를 받는 임원에 비해 확실히 단기간에 훨씬 높은 성과를 낸다고 말한다. 그러나 또 다른 연구에 따르면 주식실적이 좋은 것도 그저 단기적인 현상일 뿐이다. 사실상 많은 보수를 받는 임원과 상대적으로 낮은 보수를 받는 임원의 기업들이 주식 면에서 보이는 장기적 성과는 거의 비슷하기 때문이다. 고액보수를 받는 임원의 기업주식이 단기적으로 좋은 성과를 내는 이유는 이들이 기업의 주가를 높여 자신의 수익을 더욱 늘리겠다는 동기가 매우 강하기 때문이다. 이런 측면에서 볼 때 고액보수는 그저 임원에게 인센티브를 제공한다는 목적만 달성할 뿐, 진정으로 임원의 목표와 투자자의 장기적 목표를 결합시키지는 못함을 알 수 있다.

더불어 기업임원이 고액의 보수를 받은 후 나타날 수 있는 두 가지 문제도 생각해봐야 한다. 하나는 임원이 스스로를 매우 대단한 사람이라고 여기게 되고, 이것이 그가 기업 안팎에서 보이는 행동과 태도에 영향을 미치는 것이다. 임원의 행동과 태도는 때로 기업 관리자들에 대한 사회적 불만을 초래할 수 있다. 두 번째 문제는 기업임원의 보수가 이렇게 높은 탓에 중산층과 일반직원들의 강한 불만을 초래하기 쉽다는 것이다. 이는 특히 직원들의 의욕을 꺾고 적극성에 타격을 입힌다. 이렇듯 임원의 보수 문제는 경영 측면에서 확실히 생각해볼 가치가 있다.

경영자의 사적 소비

현재 미국의 많은 기업임원들도 기업이사회와 미국 의회 모두가 갈수록 자신들에게 주목하고 있음을 의식하고 있다. 왜냐하면 현금 또는 주식의 형태로 자신들에게 제공되는 인센티브나 보상은 세수稅收 측면에서도 유리하지 않은 데다 사회적 이목을 끌기도 쉽기 때문이다. 이 때문에 임원들은 점차 사적 소비의 방식으로 자신의 필요를 채우는 방법을 터득하게 되었다.

미국 기업임원의 사적 소비에 대한 연구에 따르면 임원의 사적 소비 중 67%는 사교생활과 모임, 55%는 회사차량, 33%는 조기퇴직 특별우대 조치, 17%는 개인 재테크 자문, 10%는 배우자의 출장비를 포함한다. 미국은 인건비가 높기 때문에 사실 이런 서비스는 납세 대상인 세전수입과 비교하면 대체로 임원에게 훨씬 실속 있는 것이다. 기업이 임원에게 전용차량을 제공하는 것은 보편적이고 전세기나 헬리콥터까지 제공하는 기업도 많다. 이외에도 기업이 임원에게 매우 비싼 사택을 빌려주는 것은 국제 투자은행의 중간관리자 및 임원들 사이에서 흔히 볼 수 있는 일이다. 비용은, 결론적으로 말하면 주주들 지갑에서 나온다.

비영리기구의 조사에 따르면 2010년 게티트러스트Getty Trust사의 한 임원은 자신의 회사차량으로 쓰겠다며 회사에 포르셰 카이엔Porsche Cayenne을 사달라고 요구했다. 그리고 미국의 대형 체인점인 메이시스Macy's 백화점의 CEO는 자기 소유의 허머 지프Hummer Jeep 차량 전체를 방탄차로 개조한다며 주주들에게 8만 7,000달러를 요구했는데, 혹자는 그의 차가 탱크보다도 견고하다고 말했다. 또한 제너럴일렉트릭은 CEO인 잭 웰치가 퇴직한 후에도 죽을 때까지 월세를 내주기로 했는데, 그가 사는 뉴욕 아파트의 월세는 매월 8만 달러에 이른다. 그리고 미국의 비아컴Viacom사는 합병 이후 임원 두 명이 이사를 하겠다고 하자 이들이 이사하기 전에 원래 살던 뉴욕의 집에 거주하고 있을 당시에도 이들에게 '임시주거보조금' 명목으로 각각 10만 달러와 4만 달러를 제공했다. 어떤 사람은 농담으로 이것이 "가장 편한 이사"라고 말했다.

이것이 바로 사적 소비의 '매력'이다. 미국의 콘티넨털항공은 모든 이사에게 평생 자사 여객기를 무료로 탑승할 수 있는 편의를 제공함과 동시에, 이사가 사망한 후에도 10년간은 그의 가족들이 매년 1만 달러 상당의 자사 항공권을 쓸 수 있게 배려했다. 미국의 구글Google 역시 많은 참신한 명목의 사적 소비 복지로 유명하다. 구글은 임원들의 자가용비행기 이착륙을 위해 회사 부근 비행장의 활주로를 빌리는 대가로 매년 미국항공우주국NASA에 130만 달러를 지불하는데, 이 비용도 전부 주주들의 주머니에서 나오는 돈이다. 이것이 바로 '자기 잇속만 챙기는 임원'의 사적 소비인 것이다.

비교적 극단적인 사례를 하나 더 들어보자. 미국에는 타이코Tyco라는 전자회사가 있는데, 이 회사는 훗날 재무사기 혐의로 미국 증권거래위원회로부터 기소됐다. 여기에서 다루고자 하는 주인공 역시 이 증권사기와 재무조작 혐의로 기소되어 현재 감옥에서 복역 중이다. 그는 타이코 전자의 CEO로 있을 때 항상 기업이 지불하는 방식으로 자신의 소비를 해결했다. 어느 해엔가는 이탈리아의 사르데냐Sardegna 섬에서 자기 아내의 생일축하 파티를 열기 위해 특별주주총회의 명의로 친구 75명을 초대했고, 25만 달러를 들여 특별히 유명 스타 가수도 불러 파티 참석자들 앞에서 공연하게 했다. 이 파티에 든 200만 달러의 비용은 모두 주주들의 몫이었다. 또 언론보도에 따르면 그는 자기 집을 인테리어할 때에도 황금으로 칠한 6,000달러짜리 욕실 커텐봉을 구입하는 데 회사 돈을 썼다. 한번 생각해보자. 이런 물건의 구입비조차 회사가 지불하게끔 하는 것이 가능하다면, 기본적으로 회사를 통한 사적 소비로 살 수 없는 물건은 없을 것이다.

지금까지 얘기한 사적 소비가 너무 터무니없는 것들이라면, 다음의 사례는 그보다 훨씬 더하다. 미국에서 살림의 여왕으로 알려진 마사 스튜어트는 개인별장 구입을 위해 상장회사를 통해 260만 달러를 지불했고, 회사는 그녀가 주말에도 사용할 수 있는 운전사와 차량을 제공하기 위해 연간 5만 달러를 지출한다. A&FAbercrombie & Fitch는 CEO 마이클 제프리스Michael Jeffreis에게 400만 달러의 특별상여금을 줬는데, 이는 제프리스가 이전 회사에서 사용했던 비즈니스석 무제한 이용권을 A&F에선 포기하게끔 설득하기 위해서였다. 미국 옥시덴탈석유공사Occidental Petroleum Corporation는 CEO 레이 이라니Ray Irani에게 개인 재테크 자문 서비스료 명목으로 매년 39만 달러를 지급하고, 라스베이거스샌즈Las Vegas Sands라는 카지노 회사는 최고경영자 셸던

아델슨Sheldon Adelson에게 245만 달러짜리 보안서비스를 제공할 뿐 아니라 그가 사용할 수 있는 보잉747 여객기를 빌리는 데 600만 달러를 들인다.

사적 소비는 임원들만 살찌우고 주주들에게 손실을 입히는 것 외에 또 어떤 점에서 나쁠까? 기업이 임원에게 과도한 사적 소비를 제공하는 증거로 연구자들이 드는 것은 개인용 전세기 제공이다. 한 연구결과에 따르면 1993~2002년의 10년간 〈포춘〉 500대 기업 중 적지 않은 기업들이 임원에게 개인용 비즈니스 전세기를 제공하는 것으로 나타났다. 임원의 사적 소비에 대한 기업의 이렇듯 아낌없는 직원은 한편으론 그 기업이 많은 돈을 벌어들였고 자유현금흐름이 많으면서도 그 돈을 주주들에게 돌려주지 않는다는 것을 뜻한다. 또 다른 한편으로는 이 임원들이 기업경영에 대한 발언권이 매우 커서 기업으로 하여금 자신들에게 과도한 사적 복지를 제공할 것을 설득 또는 요구할 수 있음을 의미한다. 그러나 한 연구는 어떤 종류가 됐든 개인용 서비스 제공이 많아질수록 기업이 주주들에게 돌려주는 수익은 낮아진다는 사실을 밝혔다.

기업임원이 기업의 명의로 사회적인 모금행사를 진행하는 현상도 종종 볼 수 있다. 임원들은 이렇게 모금한 자금을 자신들이 지지하는 자선단체나 체육경기장의 이름을 짓는 데 사용한다. 예를 들어 예전에 야오밍姚明이 몸담았던 농구팀 휴스턴로키츠Houston Rockets의 홈경기장 토요타센터Toyota Center는 일본의 토요타 자동차가 명명한 것이다. 체육경기장에 이름을 붙이고자 하는 기업은 반드시 그 경기장의 명명권을 사야 하는데, 연구결과 이렇게 했던 기업에 속한 주주들의 실적은 동종업계 기업의 실적보다 경기장 명명 이후 확연히 하락했다.

앞서 언급한 개인용 전세기 사용과 마찬가지로, 이 연구 역시 이들 기업의 지배구조는 비교적 약하고, 그로 인해 주주들에게 수익을 안겨줄 수 없다는 점이 확실한 곳에도 많은 자금을 투입한다는 점을 설명한다. 또한 이들 기업의 현금흐름이 비교적 충분한 편임에도 효과적인 투자를 하지 못한다는 것도 보여준다. 이런 기업들은 투자자들에게 더 많은 부를 가져다주는 것이 아니라 오히려 투자자의 부와 자금을 낭비하고 있는 셈인데, 이와 같은 측면에서 보면 사적 소비로 기업임원에게 인센티브를 제공한다는 것은 매우 큰 한계를 가지고 있다.

많은 연구에 따르면 기업들은 지분을 통한 인센티브 외에 임원들에게 거액의 무담보 대출도 제공하는데 여기엔 몇 가지 특징이 있다. 첫째, 이런 대출금액은 매우 크다. 미국 월드컴Worldcom사는 파산하기 전 자사 임원들에게 총 4억 달러 가량을 대출해줬다. 둘째, 이런 대출금은 금액만 큰 것이 아니라 이율도 저렴하다. 당시 시장 전체의 대출이율은 5.5%였던 반면 월드컴이 자사 임원들에게 제공한 대출이율은 그보다 매우 낮은 2.15%였다. 이것은 사실 기업임원들에게 대량의 현금흐름을 제공하면서도 매우 저렴한 이율을 가진 융자를 해주는 셈이다.

이렇게 임원들이 대출을 받는 경우에도 사실 이율은 엄격하게 집행되지 않는다. 가령 기업이 임원을 해임하거나 기업주가가 폭락하여 임원이 기대한 지분수입을 받지 못한 경우, 일부 회사는 임원에게 다음과 같이 말한다. "당신이 받지 못한 기타 수입에 대한 보상 차원에서, 이전에 회사가 저리로 빌려준 대출금은 갚지 않아도 됩니다." 어떤 방식을 취하든 임원은 이 과정에서 항상 이익을 보는 데 반해 상장기업과 그 기업의 주주들은 손해를 본다는 점을 발견할 수 있다.

또 한 가지가 더 있다. 일부 임원들은 이미 높은 수입을 올리기 때문에 5만, 10만, 또는 100만 달러를 더 버는 것은 그들에게 있어 그다지 큰 차이가 없다는 것이다. 이 때문에 이들 임원 입장에서 추구하게 되는 것은 결코 돈을 더 많이 버는 것이 아닌, 사회적 지위 또는 산업 전체에 있어서의 영향력이다. 따라서 많은 기업의 임원들은 이런 직접적 혹은 현실적인 사적 소비를 통해 이익을 더 많이 얻지 못한다 해도 별로 개의치 않는다. 그들은 자신의 기업을 더 크고 강하게 만들어 산업 전체, 더 나아가 세계적으로도 더욱 큰 영향력을 갖는 것을 원하기 때문이다. 그러나 연구결과에 따르면 규모가 클수록, 구조가 복잡할수록, 그리고 사업라인이 많은 기업일수록 오히려 재무 및 경영 실적에서 두드러진 하락세가 나타난다.

이것은 역설적이다. 기업임원은 권력 및 기업에 대한 자신들의 통제력을 이용하여 기업을 더욱 크고 영향력 있게 만들고 이를 통해 물질적·정신적·사회적 지위 면에서 구체적인 이익과 우위를 얻게 되지만, 이것은 결코 기업 주주들에게 진정으로 더욱 많은 수익을 안겨주지 못한다.

미국 투자자들과 사회 각 방면의 구성원들은 인터넷을 통해 비교적 많은 정보를 얻을 수 있기 때문에 상장기업에 대한 감독이 상대적으로 엄격한 편이다. 또 미국의 일부 헤지펀드는 기업의 지배구조를 개선하고 주주의 수익을 낭비하는 임원을 내쫓는 데 전념하며, 알게 모르게 기업 지배구조를 통해 기업임원에게 더 많은 제약을 가하기도 한다. 시장환경이 이렇게 성숙한 상태가 아닌 중국의 경우, 사적 소비는 생소한 개념이 아닐 뿐 아니라 오히려 미국보다 더 심각한 문제가 될 가능성이 높다. 최고가 샹들리에, 최고가 술, 과하게 비싼 차량, 공무용 차량, 접대비, 출장비 등의 관공서 3대 경비 및 호화로운 식사 등의 관행은 중국 내에서 상당히 보편적인 현상일 뿐 아니라 미국에 비해 훨씬 심각할 수 있다. 중국 내 인센티브 체계에서는 스톡옵션을 통한 인센티브 제공을 허용하지 않기 때문에 많은 기업임원들은 사적 소비로 이를 대신하지만, 어떤 측면에서는 음성적인 사적 소비가 양성적인 스톡옵션보다 기업에 불리하다. 주주의 이익과 기업임원의 이익을 어느 정도 결합시킨 스톡옵션은 확실히 기업임원에게 있어 기업주가를 올리겠다는 동력으로 작용하지만, 사적 소비만 제공하는 것은 기업이 실제로 아무런 규제 없는 보상을 제공하는 것이 되기 때문이다. 설령 기업임원이 풍족한 사적 소비를 누린다 해도 이것은 결코 기업경영에 더욱 전념하고 기업주가를 올리려는 강한 동력이 되지 않는다. 이런 측면에서 볼 때 주주는 기업임원들의 소비를 계산해주는 것이나 마찬가지고, 이로 인해 임원은 자신의 정보상의 우위 및 기업에 대한 직접적인 통제력을 바탕으로 자기 이익을 추구하는 데 큰 도움을 얻을 수 있다.

중국을 대상으로 했던 내 연구에 따르면, 상업은행 지분을 많이 보유한 상장기업일수록 임원의 보수는 결코 높지 않았지만 사적 소비가 비교적 심한 편이었다. 또 중국 A주 시장 전체를 통틀어 봤을 때, '기업은 사적 소비를 제공함으로써 임원에게 더 나은 인센티브를 제공하고 이를 통해 더욱 큰 지분수익을 안겨준다'는 것에 대해선 어떠한 뚜렷한 증거도 찾을 수 없었다. 따라서 주주의 입장에서 보면 사적 소비는 온전히 주주의 이익을 대가로 기업임원들에게 복지혜택을 제공하는 것에 불과하다.

임원 참호효과와 관련이사

기업 지배구조에서 말하는 '참호효과'란 임원들이 참호를 만들고 이사와 이사회를 방어기제로 삼아 다른 기업이 자사를 인수하지 못하게 하는 것을 말한다. 자본운영에 있어 인수는 주주들 입장에서 봤을 때 아주 좋은 일이다. 왜냐하면 피인수자 측의 주식은 인수자 측의 청약이 제기된 후 대폭 상승함으로써 비교적 높은 수익을 안겨주기 때문이다. 기업은 왜, 그리고 어떤 때에 인수를 선택할까? 기업운영 면에선 좋은 상황이지만 임원들이 주주들의 가치를 높여야 할 의무를 제대로 다하지 못한 때거나, 임원이 많은 자산을 자신의 사적 소비에 혹은 기업성장에 불리한 쪽에 사용하는 식으로 기업자원을 낭비한 때다. 이런 상황에서 외부주주들 혹은 외부투자자들은 이 기업을 인수한 후 기업 지배구조를 개선하고 경영진을 교체함으로써 기업운영의 효율 및 주주들의 수익을 높이려 한다.

임원들은 종종 터널링tunneling(기업임원이 기업재산을 은밀히 빼돌린다는 뜻_옮긴이)이나 다른 기업과 좋은 관계를 맺음으로써 이사가 자신의 편에 서도록 설득한다. 1980~1990년대의 미국 기업들은 적대적 인수를 막기 위해 매우 중요한 방어조치를 내놨다. 즉, 이사 교차임기제를 통해 이사회 인원을 서로 다른 층위로 나누는 것이다. 서로 다른 층위에 속한 이사들은 동시에 교체될 수 없고 반드시 교차적으로 교체해야 하기 때문에 인수자 측에서는 이사회를 통제하기 훨씬 어려워질 뿐만 아니라 피인수자 측의 기업을 합병하는 것도 힘들어진다. 이렇게 되면 임원은 이사회에 대한 영향력 및 기업에 대한 통제력을 강화할 수 있다.

다른 한편으로 이사회의 지지나 승인을 얻기 위해 임원은 인기를 얻을 만한 비즈니스 활동을 도입, 자신에 대한 이사회의 호감을 높이는 동시에 자신의 업무를 이사회 구성원들이 지지하게끔 만들 수 있다. 이것이 바로 자기 잇속만 챙기는 임원의 참호효과다.

많은 기업임원들은 자기를 보호하고 자신의 영향력을 확대하려는 수단의 하나로 기업이사회의 구조를 활용한다. 잘 알려진 바와 같이 기업이사회는 기업의 주주들을 대표하여 임원, 특히 최고경영자를 선출하고 평가하며 규제해야 한다. 그러나 미국 자본시장에서 이사회와 최고경영자 간의 갈등이 심화됨에 따라 현재의 이사회는 갈수록 기업임원의 생각을 지지하는 쪽으로 기울고 있다. 이런 전제에서 기업임원은 전체 이사회 구성원들의 선택 과정에 갈수록 큰 영향력을 갖게 되었고 동시에 이사를 더 극진히 배려하기도 한다.

학자들은 연구를 통해 이런 관점을 뒷받침하는 증거를 발견했다. 미국 상장기업의 이사회는 다음과 같은 두 가지 유형의 사람으로 나뉠 가능성이 매우 높다. 하나는 기업임원과 같은 학교 혹은 경영대학원을 나왔거나 또는 같은 클럽의 회원이라는 등 학연 및 기타 연고가 있는 사람이다. 다른 하나는 과거 기업임원과 인수합병 거래나 대규모 거래를 했던 사람인데, 이런 유형도 기업이사회에 들어갈 가능성이 높다. 이들이 기업이사가 된 후에는 종종 두 가지 측면에서 영향을 미친다. 첫째는 이사회가 갈수록 기업임원의 생각을 지지하는 쪽으로 기우는 것인데 이것이 바로 기업이사회의 참호효과다. 둘째는 기업임원과 기업이사회가 적대적 인수에 대한 방비를 배가시키는 것으로, 이것은 또한 현직 임원을 보호하는 작용이기도 하다.

이사회 전체의 안정성을 높이면 이사회는 비교적 안정적으로 기업임원을 지지하는 것이 가능해진다. 또한 기업임원과 긴밀한 업무적 관계를 맺고 있는 외부이사는 다른 기업 출신이든 상업은행 혹은 투자은행 출신이든 상관없이, 일단 상장기업의 이사를 맡은 후엔 확실히 해당 기업의 사업발전에 영향을 미친다. 이런 외부이사가 가져오는 영향은 그 상장기업의 발전에 꼭 도움이 된다곤 할 수 없는 데 반해 이사 자신과 그 사람이 상근직을 맡고 있는 기업에는 도움이 될 가능성이 있다. 한 연구결과에 따르면, 다른 기업에서 초빙된 외부이사는 이사로서의 임기 동안 인수합병 혹은 공동 비즈니스 활동 등 그 기업과 자기의 기업이 서로 관련되는 거래를 추진할 가능성이 높다. 만약 어떤 기업이 상업은행 출신의 사람을 외부이사로 영입했다면 이 기업은 앞으로 그 상업은행으로부터 비즈니스 대출을 많이 받을 가능성이 높은 식이다. 또 만약 투자은행 출신의 외부이사를 둔 기업이라면 그 투자은행으로부터 증자, 채권발행 또는 인수합병 업무에 관한 자문서비스를 제공받을 가능성이 높다. 다시 말해 이사들은 임원의 업무를 지지하고, 임원은 이사들에게 그만큼 혜택을 돌려주는 관계에 있는 것이다. 기업 지배구조의 이론에서 보면 이사회는 임원을 엄격히 관리하고 임원은 이사회의 관리 및 감독을 받아야 할 관계지만, 실제로 이 관계는 이사회 구성원과 기업임원이 서로 돕고 서로 이용하는 과정으로 변질됐다. 원래는 임원에 대한 주주들의 감독을 도와야 하는 것이 이사회의 책임임에도 이것이 지금은 어느 정도 약화되어 임원과 이사회가 일종의 긴밀한 비즈니스 협력관계가 된 것이다.

이직준비: 조기퇴직 특별우대 조치

기업임원은 상장기업에 재직 시 많은 혜택을 누리지만 이직할 때 역시 '황실' 같은 우대혜택을 받을 수 있다. 이른바 '조기퇴직 특별우대 조치'가 바로 은퇴 시 기업이 임원에게 제공하는 매우 후한 대우다. 이 조치는 크게 두 가지 원인 때문에 나타난다. 하나는 기업이 새로운 혹은 더 나은 경영진을 찾은 경우 원활한 업무 인수인계를 위해 기존 경영진에게 후한 퇴직금을 제공하는 것이고, 또 다른 하나는 기업의 인수합병 과정에서 인수자 측이 피인수자 측의 임원들에게 자리에서 물러날 것을 권유하며 후한 대우를 제공하는 것이다. 그렇게 하면 피인수자 측은 기업을 인수자 측에 매각함과 동시에 그들의 새로운 경영진도 받아들일 것이기 때문이다. 이때의 후한 대우란 상여금 또는 주식 및 기타 이익 등 여러 형태일 수 있는데, 이런 대우는 1960년대부터 시작되어 줄곧 확대되어왔다.

프랑스는 유럽 국가 중에서 조기퇴직 특별우대 조치를 비교적 많이, 가장 큰 규모로 실시하는 나라다. 프랑스 기업의 임원은 퇴직 시 자기 연평균 보수의 두 배에 해당하는 상여금을 받는데, 이런 추세는 미국에서도 날로 심해지고 있다. 2008년 세계 금융위기 당시에 이루어진 미국 대통령 선거에서 후보들 모두는 이런 조기퇴직 특별우대 조치의 허용 여부 및 집행방안을 두고 매우 격렬한 논쟁을 벌였다. 조기퇴직 특별우대 조치는 이미 갈수록 큰 사회적 주목을 받고 있고, 적지 않은 임원의 퇴직금은 1억 달러를 넘기도 한다. 이는 '임원에겐 높은 보수가 주어지는 게 당연하다'고 이미 여겨왔던 국가조차도 매우 놀라게 할 만한 사실이다.

여기에서 우리는 몇몇 극단적인 사례를 통해 조기퇴직 특별우대 조치가 과연 어느 정도에까지 와 있는지 설명하고자 한다. 이와 관련하여 가장 유명한 인사는 바로 잭 웰치다. 제너럴일렉트릭을 미국에서 가장 큰 종합지주회사로 만드는 데 성공한 후 세계 기업계에서 인정받은 웰치는 2001년 은퇴할 당시 총 4억 1,700만 달러를 퇴직금으로 받았는데, 기업이 그를 위해 임대한 뉴욕 센트럴파크 부근의 월세 8만 달러짜리 아파트, 그리고 뉴욕에서 열리는 일류 스포츠 경기 및 공연에서 가장 좋은 좌석을 제공해주는 혜택은 퇴직금과 별도로 주어지는 것들이었다. 웰치를 포함한 미국의 20여 명의 임원들은 자신의 커리어가 끝났을 때 모두 1억 달러가 넘는 조기퇴직 특별우대 조치를 적용받았다. 자사 임원을 위한 퇴직금과 혜택을 산정할 시, 많은 기업들은 그 임원이 기업에 얼마만큼의 이윤을 안겨주었는지를 기준으로 삼지 않는다. 대신 그들이 퇴직 또는 이직하는 시점에서 회사가 거두는 총수입의 0.1~0.2%를 기준으로 하는데, 시가 1,000억 달러나 매출 100억 달러 이상인 기업의 경우 이는 매우 큰 금액에 해당한다. 그러므로 이런 측면에서 봤을 때 기업임원들은 재직 시엔 보수 및 사적 소비로 자신의 소비목적을 충족시킬 뿐 아니라 이직 또는 퇴임할 때까지도 무척 후한 대우를 받는다고 할 수 있다.

임원이 받는 이런 고급 대우는 여러 비평을 받는다. 이런 대우에 찬성하는 사람들은 조기퇴직 특별우대 조치 덕분에 기업이 훨씬 유능한 경영진을 쉽게 찾을 수 있음과 동시에 기존 경영진으로 하여금 조용히 자리에서 물러나게 할 수 있는 것이라고 주장한다. 이들은 또 이 조치는 기업 경영진이 기업매각의 여부나 기업인수 방어 등 주식가치와 그다지 관련 없는 일에 신경 쓰지 않고 기업경영에 전념할 수 있게끔 도와준다고 주장한다.

그러나 이를 반대하는 사람들은 '기업임원이 받는 높은 보수에는 해고위험에 대한 보상이 이미 포함되어 있다'고 생각한다. 세상의 어떤 직업도 항상 해고의 위험에 직면하고 있는데 이것은 직업발전에 따른 불가피한 위험이므로 추가보수를 지불해서는 안 된다는 것이다. 더불어 자사의 이익을 위해 일하고, 기업이익 극대화라는 일을 자신보다 더 잘할 수 있는 사람을 찾는 것이 기업임원의 원래 책임이므로 기타 이익을 더 취해서는 안 된다는 것이 이들의 주장이다.

반대자들은 또한 다른 해석도 내놨다. 그들은 기업이 조기퇴직 특별우대 조치를 제공함으로써 임원에 대한 인센티브 체계를 왜곡시킨다고 본다. 한 기업임원이 현재 자신의 회사를 인수하고 싶어 하는 두 회사를 앞에 두고 있다고 가정해보자. 하나는 자기 기업의 현재 주가에 20%의 프리미엄을 얹어주는 조건을 내걸었고 다른 하나는 15%의 프리미엄만 제공하는 대신 그 임원에게 아주 매력적인 조기퇴직 특별우대 조치를 제안했다면, 피인수자 측의 이 임원은 자신의 이익을 고려하여 후자의 제안으로 기울어질 수 있다.

이상 이야기한 것과 같은 논쟁적 상황 때문에 미국에서는 2008년 금융위기 이후 '금융개혁 및 소비자 보호법Dodd-Frank Act'을 통해 향후 기업이 조기퇴직 특별우대 조치를 시행하려면 반드시 관련정보를 제때 공표하고 주주총회의 승인을 받아야 한다고 명시하고 있다.

인센티브 체계가 임원의 행위에 미치는 영향

최근 몇 해 사이 기업임원의 보수는 대폭 올랐다(1970년 당시 수준보다 네 배 높다). 그중 50% 정도는 지분을 나눠주는 방식의 보수 인센티브다. 스톡옵션이 생긴 후 임원들은 기업주가를 단기간 내에 끌어올림으로써 지분을 통해 더 높은 수입을 올리고 싶다는 강렬한 열망을 갖게 되었다. 선물옵션 또는 주식을 나눠주는 방식으로 인센티브를 제공하는 기업들이 많아짐에 따라, 임원들은 때로 불순한 동기를 갖거나 기업 및 주주들의 장기적 이익에 불리한 결정을 내리기도 한다.

스톡옵션을 통해 임원에게 인센티브를 준다는 건 좋은 생각이다. 그러나 실제 적용과정에서 바로 이 방식을 선택함으로써 기업임원의 목표는 주주들의 장기적 목표와 더 일치하는 방향이 아닌, 오히려 더욱 어긋나는 쪽으로 설정된다는 사실을 알 수 있다. 임원에 대한 스톡옵션은 상당 부분 주식변동과 연관되고, 때문에 임원의 입장에서는 기업주가의 변동이 클수록 본인에게 유리해진다. 주가변동이 클수록 임원이 보유한 지분의 가치는 커지는데 이는 임원의 수익이 더욱 커진다는 것을 의미한다. 해외 연구결과에서도 회사지분을 많이 소유한 임원일수록 그가 소속된 회사의 주가변동폭도 커진다는 사실이 나타난다. 이는 '기업임원은 경우에 따라 주주의 장기적인 투자수익보다는 자신이 보유한 금융자산의 가치를 최대화시키고 그것을 더욱 증가시킬 궁리만 한다'는 것을 증명한다.

이외에도 미국의 일부 연구는(중국 내에서도 이와 유사한 상황이 나타난 적이 있다) 상반기 또는 전 3분기 실적이 뒤떨어지는 펀드매니저가 마지막 분기에 투자 포트폴리오의 위험을 크게 높인다는 사실을 발견했다. 펀드매니저는 매년 랭킹을 매기는데, 상위 순위에 드는 펀드매니저는 큰 상여금을 받고 경우에 따라서는 스타 펀드매니저라는 칭호를 얻는 데 반해 후순위의 펀드매니저는 보수삭감이나 퇴직에 직면한다(중국 펀드매니지먼트 업계에서는 꼴찌를 걸러내는 방법을 사용한다). 즉, 실적이 좋지 않은 펀드매니저는 도태될 가능성이 있는 것이다. 이 때문에 하반기 몇 개월을 관찰해보면, 상반기 투자실적이 좋지 않았던 펀드매니저들이 종종 자신들 투자 포트폴리오 전체의 위험노출도를 크게 증가시키는 것을 볼 수 있다. 위험노출도가 커질수록 펀드의 순가치에는 더욱 큰 변동이 생기고, 그로 인해 수익변동성 역시 커진다. 상반기 투자실적이 좋지 않았던 펀드매니저 입장에서는 운이 좋으면 높은 변동률을 통해 비교적 높은 수익을 올려 상반기에 뒤떨어졌던 실적을 만회하고 자기 밥그릇을 뺏기지 않을 수 있다. 하지만 운이 좋지 않아서 나머지 몇 개월 간의 실적이 좋지 않아도 그들은 결코 개의치 않는다. 상반기 실적이 이미 좋지 않았기 때문에 실적이 좀 더 나빠진다고 해도 어쨌든 자신은 연말에 일자리를 잃을 것이기 때문이다.

이외에 내가 대만에서 한 연구에 따르면, 대만 주식거래소에서 주가지수 선물을 거래하는 딜러는 오전에 돈을 번 날이면 오후엔 자신이 감수해야 할 위험을 낮추지만, 그와 반대로 오전에 돈을 잃으면 오후엔 자신이 감수해야 할 위험을 높이는 경향이 있다. 이런 양상을 보이는 이유는 바로 변동률을 높이고 위험을 증가시킴으로써 오전의 손실을 메우려 하기 때문이다.

이는 딜러의 심리적인 균형과 상당한 관련이 있다. 매일 시장이 마감될 때면 딜러의 마음은 항상 손실을 받아들이지 않으려는 상태가 된다. 다른 한편으로 이것은 선물회사의 평가기준과 관련되기도 한다. 일부 기업은 딜러가 한 달 중 며칠 동안 시장마감 시에 수익을 올렸는지, 혹은 매주 손실을 입었는지 아니면 수익을 올렸는지를 기준으로 딜러를 평가한다. 만약 기업이 이런 기준으로 딜러의 실적이 좋은지 나쁜지를 평가한다면, 딜러는 전략적으로 기업의 요구수준에 맞추기 위해 자신의 포지션과 위험노출도를 조정함으로써 투자 포트폴리오 전체의 수익과 위험을 조정하는 결과를 초래할 수 있다.

기업의 임원이든 이사든 공모펀드의 펀드매니저든 간에, 이상의 증거는 이런 이들이 경영이나 집행, 거래를 할 때 주주 혹은 기업의 이익을 자신보다 우선시하지 않고 오히려 자신의 이익을 훨씬 많이 고려한다는 것을 보여준다.

임원의 보수를 결정하는 요소

그렇다면 도대체 어떤 요소 때문에 기업임원의 보수는 그토록 높은지 살펴보기로 하자. 연구에 따르면, 기업임원의 보수는 어느 정도까지는 그의 능력 및 그가 기업 전체에 미치는 관리 및 통제력과 권력의 크기를 반영한다.

해외 연구도 이사회의 권력이 약할수록 기업임원의 보수 수준이 높다는 사실을 밝혔다. 자사주를 많이 보유한 외부이사나 대형 기관투자자가 존재하거나 또는 독립이사가 비교적 많은 기업일수록 임원의 보수는 상대적으로 낮은 것으로 나타났다. 더불어 어떤 기관투자자가 기업의 잠재적 투자자일 경우(즉, 외부인수의 위협이 클 경우) 또한 기업 임원의 보수수준은 낮은 것으로 나타났다.

이런 측면에서 볼 때, 기업임원의 보수는 그의 능력과 권력의 크기뿐 아니라 그가 이사회 및 기타 임원들에게 미치는 영향을 반영하기도 한다. 때로 임원은 보수 컨설턴트를 통해 자신이 높은 보수를 받아야 하는 이론적 근거를 마련하곤 한다. 설령 임원 본인이 직접 임원 보수에 대한 설정에 관여하지 않더라도, 이사회와 보수위원회가 선정한 컨설팅 회사는 종종 기업 내부에서 추천받는 곳이기 때문에 이들 컨설턴트가 임원의 업무를 지지하지 않으면 이후 그 기업으로부터 일감을 받지 못할 가능성이 아주 높다. 또 기업의 인사부서는 기업임원의 직속부서일 가능성이 높기 때문에 이들 역시 기업임원에게 아주 좋은 보수정책을 제정할 수 있다.

어떻게 해결할 것인가

앞에서 우리는 기업임원의 보수와 관련된 많은 문제를 살펴봤다. 그렇다면 이들 문제는 어떻게 해결할 수 있을까? 몇 가지 주요한 측면에서부터 알아보자.

첫째, 정보공표부터 시작해라. 기업은 자사의 임원에게 보수를 얼마나 지불하는지 수많은 투자자들과 대중들이 알 수 있도록 임원의 보수, 즉 월급뿐 아니라 주식과 지분 및 사적 소비 등 모든 면에 관한 정보를 더욱 투명하게 공개해야 한다.

둘째, 입법의 측면에서 임원의 권리와 의무를 서로 일치시킴으로써 그들로 하여금 자신들이 얻은 수익과 대등한 지출을 할 수 있게끔 해야 한다. 높은 보수를 받으면서 투자자에게 높은 투자수익을 안겨주지 못하는 것을 엄격히 금지해야 한다는 뜻이다.

미국에서 통과된 금융개혁 및 소비자 보호법은 기업이 스톡옵션 제공일시와 지분배분일시를 정확히 공표하게 하고, 양자 사이에 두드러진 차이가 있어서는 안 된다고 명시하고 있다. 이것은 앞서 이야기한 옵션 소급 문제, 즉 기업이 비교적 저렴한 가격에 임원에게 지분을 나눠줌으로써 이후 지분을 통해 훨씬 큰 수입을 얻게 하면서도, 이것이 실제로 그들에겐 회사에 더 좋은 수익을 올리게끔 하는 인센티브는 되지 않는 잘못된 관행을 근절시킨다. 또 임원이 겉으로 드러난 보수 외에 누리는 사적 소비 등 많은 혜택과 은퇴 후 복지는 음성적 복지에 속한다. 현재 미국과 다른 많은 국가에서는 기업이 기업임원의 보수체계를 재무제표에 산입시켜 발표하는 것을 아직 법률로 강제하고 있지 않다. 이런 법률상 허점을 이용한 많은 기업들은 임원의 모든 보수를 공표하지 않고 월급과 상여금 등 반드시 밝혀야만 하는 정보만 공개하고 기타 대규모 사적 소비나 은퇴 후 퇴직금 등의 혜택은 숨긴다. 사실 이 부분은 여러분이 생각하는 것보다 훨씬 크다. 만약 기업임원에 대한 보수제도를 개혁하고 싶다면, 임원보수를 더욱 완전한 형태의 정보로 공개할 것을 기업에 요구해야 한다.

셋째, 기업임원과 투자자의 장기적 이익을 반드시 일치시켜야 한다. 앞서 언급한 것처럼 지분으로 인센티브를 제공하는 기업임원은 단기적으로는 매우 강한 인센티브를 갖게 되지만, 동시에 이 때문에 주식 환매 또는 기타 방식을 통해 기업주가를 올리는 등 단기적으로만 좋은 실적을 내는 데 주력한다. 이런 측면에서 기업주주들은 결코 이를 통해 장기적 수익을 얻지 못하기 때문에 기업임원에겐 기업주식을 일정 기간 반드시 보유하게 함으로써 임원의 목표와 주주의 장기적 목표를 일치시켜야 할 필요가 있다. 중국 차스닥 상장과정에서도 이와 유사한 상황이 벌어진다. 일부 기업임원들은 기업상장 이후 사직하는 방식으로 임원 신분을 벗어던짐으로써 자신이 보유한 주식을 현금화시키는 목적을 달성한다. 이것은 상장과정에서 나타나는 가치배분의 불균형과 전체 보수체계 및 법률상 허점을 반영한다. 우리는 기업임원이 장기투자자들과 같은 이익을 추구하도록 요구해야 한다. 이렇게 해야만 비로소 임원이 진정으로 주주의 이익을 위해 열심히 일하게 할 수 있기 때문이다.

넷째, 기업임원과 이해관계자 간 관계를 고려해야 한다. 상장기업에 있어 물론 주주는 매우 중요하지만 사실상 기업에는 채권인, 대출을 해주는 은행, 그리고 자사 직원들 등 수많은 기타 이해관계자가가 존재한다. 이런 측면에서 볼 때 기업은 임원의 이익과 주주들의 이익을 한데 묶어야 할 뿐만 아니라 자사와 연관된 모든 이해관계자의 이익도 주주의 이익과 함께 묶어두어야 한다. 임원의 보수로는 현금, 주식 외에 채권 같은 형식의 인센티브도 있는데, 이는 임원보수에서 매우 중요한 부분이다. 채권은 기업의 실적이 좋을 때에야 비로소 양의 수익을 낼 수 있고 실적이 부진할 때는 음의 수익을 내기 때문에, 채권으로 보수를 지불한다면 임원은 자신의 보수 또는 주가를 높이려고 노력함과 동시에 기업 전체의 자본구조와 장기적 성장의 지속가능성을 반드시 고려할 수밖에 없다.

다섯째, 대칭적인 보수체계와 보수지급을 지연시키는 제도를 도입해야 한다. 주식의 신 워런 버핏이 관리하는 회사는 이런 종류의 제도를 많이 도입했다. 가령 기업임원이 어떤 해에 500만 달러를 벌어들였다면 그해에 실제로 그의 주머니에 들어오는 것은 100만 달러고, 나머지 400만 달러는 향후 4년 동안 나눠서 지급하는 것이다. 이런 과정에서 만약 그 임원이 부적절한 경영으로 주주들에게 손실을 입힌 사실이 발견되면 기업은 아직 지급하지 않은 나머지 보수의 지급을 보류할 권한을 갖고, 이미 지급한 보수와 아직 지급하지 않은 상여금 또는 보수를 몰수할 수 있다.

2008년 세계 금융위기가 발생한 후 많은 투자은행에서도 이와 유사한 정책을 이미 시행하고 있다. 만약 딜러가 단기적으로 수익을 내서 고액의 상여금을 받게 되었다면 그중 일부분만 그해에 지급하고 나머지는 반드시 회사가 보관한다. 이후 이 딜러가 확실히 기업의 장기적 수익에 도움이 되었다는 사실이 인정되고 또 문제가 없을 경우 그 딜러는 나머지 보수를 조금씩 자신의 계좌로 옮길 수 있다. 하지만 그와 반대로 이 딜러가 실은 기업에 손실을 끼치거나 문제를 일으켰다는 사실이 발견되면 회사는 그에게 아직 지급되지 않은 보수 일부를 압류하거나 심지어 이미 지급한 월급과 보수도 몰수함으로써 회사가 입은 손실의 일부를 상계할 수 있다. 임원에 대한 기존의 보수지급 체계는 비대칭적이라서 임원은 단점 없이 장점만 취하고, 돈은 많이 버는 중에 잃는 것은 전혀 없었다. 그러나 임원의 월급이 끊임없이 오르고 그에 대한 사회의 관심이 증가하면서 이런 보수체계도 현재 대칭적, 즉 높은 보수와 수익을 얻으면 반드시 그에 상응하는 위험도 감수해야 한다는 쪽으로 변하고 있다. 만약 임원이 기업에 손실을 끼쳤다면 그는 자신의 상여금으로 자기가 기업에 입힌 손실을 보상함으로써 그에 상응하는 책임을 져야 한다.

기업임원은 종종 기업에 가장 큰 수익을 안겨주지 않았을 때조차 보수를 받고, 기업가치 창출에 공헌한 대가로 이미 기업으로부터 인센티브를 받았으면서도 여전히 더 많은 보수를 챙긴다. 이런 방식으로는 임원이 기업 또는 주주들에게 더 높은 수익을 가져다주게 할 수 없다. 임원이 높은 수익을 얻는 이유는 기업주가의 실적이 아주 좋아서가 아니라 시장 자체가 상승세거나 해당 기업이 속한 분야가 강세기 때문일 때가 종종 있다. 앞서 언급한 바와 같이 기업이 좋은 실적을 내는 것은 기업경영이 잘되어서가 아니라 시장 전체의 실적이 높아서일 수도 있는 것이다. 또한 임원이 높은 보수를 얻거나 스톡옵션을 통해 많은 부를 얻는 것은 대부분의 경우 그들이 뛰어난 경영실적을 보여서가 아니라 때마침 그때 호황이 나타났기 때문이다. 따라서 스톡옵션을 통해 기업임원에게 인센티브를 제공하는 것은 일단 가격산정 측면에서 볼 때 과학적이지 않은 부분이 있다. 기업임원은 주가가 오르면 많은 돈을 벌 수 있고, 주가가 떨어져도 어떤 위험을 감수할 필요가 없기 때문이다. 주주들 입장에서 볼 때 보수를 지급하는 이런 방식은 임원에게 비대칭적, 또는 불공평한 대우를 해주는 것에 불과하다.

임원에게 스톡옵션을 인센티브로 제공하는 이유는 이들로 하여금 기업주식의 가치를 끌어올리게 하기 위해서다. 그러나 미국의 많은 연구결과에 따르면 스톡옵션을 받은 임원들 중 절대다수는 결코 장기적으로 기업가치를 높이려는 노력을 하지 않고, 자기가 받은 스톡옵션을 곧바로 시장에서 현금화하거나 거래한다. 이처럼 일정 기간 보유해야 한다는 제한조건 없이 지급하는 스톡옵션은 기업임원이 기업가치를 높이도록 노력하게 만드는 효과도 없을뿐더러 주주들의 수익을 높이는 데도 도움이 되지 않는다. 그럼에도 기업은 수많은 세부조항을 통해 임원이 대량의 지분을 얻은 후 여러 방식으로 그 주식을 다시 기업에 팔거나 공개적으로 시장에서 처분하는 것을 허용하고 있다. 이에 대해 어떤 사람은 기업주가 가치가 너무 올랐으니 임원 입장에선 투자를 다원화시킬 필요가 있다고 두둔하는가 하면, 일각에서는 임원이 개인적 재무상 필요에 의해 일부 주식을 현금화할 수 있어야 한다고 주장하기도 한다. 이유가 뭐가 됐든, 임원이 기업주식을 대량으로 받는 이유는 원래 그의 이익과 주주의 이익을 한데 묶어두기 위함이다. 그러나 이를 집행하는 과정에서 주주들은 실제로 묶인 것은 자신들의 이익이고, 임원은 여러 허점을 이용하여 주주들의 권익에 예속되지 않는다는 것을 깨닫게 된다.

이와 관련된 중국 내 연구결과 역시 아무리 임원이 보유한 주식에 매각제한 기간을 둔다 해도 그들은 여전히 사직이라는 방식으로 자신의 주식을 현금화한다는 사실을 보여준다. 때문에 임원을 대상으로 하는 보수체계 개혁을 위해서는 이런 정책상 및 관리감독상의 허점도 점진적으로 반드시 메워야 한다. 임원의 보수와 사적 소비의 측면에 대해 규제기관이 한층 엄격한 제한사항을 만들면 임원이 항상 빠져나갈 구멍을 찾아내는 상황은 계속될 것이다. 기업임원이 자기 잇속만 차리는 행위를 진정으로 바로잡으려면 사회 전체가 모든 방면에 있어 장기적으로 함께 노력해야만 한다.

제12장

비위를 맞추는 임원

융자결정: 기업공개

높은 보수와 사적 소비를 통해 스스로를 만족시키는 것 외에도 기업임원은 자본시장의 운행방식을 잘 알고 있다는 점에서 아주 큰 우위를 차지한다. 이에 반해 개인투자자는 자본시장과 자본의 작동원리를 잘 이해하지 못하고, 임원은 이런 정보상의 우위를 기업운영에 이용함으로써 기업가치를 높일 수 있다. 이런 기업운영은 단기적으로 투자자의 이목을 끌거나 심리적 기대를 충족시킬 수 있는 전략적 행위에 해당하기도 한다. 그러나 임원의 기업운영이 설정하는 최종목적은 자신이 기업주가를 올리거나 또는 기업이 투자자들 사이에서 각광받는 지위에 오르게끔 기업가치를 높이는 것이다.

이와 관련하여 중국에서는 많은 투자자와 규제기관이 줄곧 IPO 상장 문제에 주목해왔다. IPO와 기업상장 발행과정에서 기업의 경영진 또는 설립자는 실제로 자본시장의 수많은 투자자들과 동적인 게임을 하는 것이나 마찬가지다. 그중 가장 기본적이면서도 핵심적인 문제는

'기업이 언제 융자를 신청할 것인가'다.

이것은 마치 우리가 마트에 갔을 때 세일을 하고 있어 가격이 싸면 물건을 더 사고, 가격이 오르면 덜 사는 것과 같다. 이런 경향은 세제나 화장지처럼 오래 보관할 수 있는 물품에 관해서는 좀 더 두드러지게 나타나는 반면, 채소나 과일처럼 보존기간이 짧은 상품 또는 생필품의 경우엔 그리 뚜렷하게 나타나지 않는다. 이것은 아주 간단한 소비경제학 문제임과 동시에 가격탄력성에 관한 문제다. 이와 마찬가지로 공급자는 상품가격이 높을 때 공급을 늘리고, 가격이 낮을 때는 공급을 줄인다. 수요자와 공급자 쌍방이 가격책정에 따라 나타나는 소비-공급 곡선에 의존하는 것은 인류 시장생활의 대부분 영역을 관통하는 원리다.

IPO 및 상장의 과정도 예외가 아니다. 기업임원은 어느 시점과 상황에서 기업을 상장하는 편이 기업주식을 더 좋은 가격에 처분하는데 좋을지 고려한다. 쉽게 생각해보자. 만약 투자자가 돈을 많이 벌면(즉, 주식을 싼 가격에 샀다면) 상장기업은 돈을 조금 벌게 되는(주식발행가격이 낮다) 반면, 기업이 돈을 많이 벌면(주식발행가가 높으면) 투자자는 돈을 적게 번다(과대평가된 주식을 사서 주가가 더 이상 오를 여지는 없고, 떨어질 여지가 많다). 따라서 우리는 개인투자자와 기업임원이 투자를 할 때, 특히 융자결정을 하거나 시장공개를 할 때 실은 저울의 양끝에 서 있다는 사실을 반드시 인식해야 한다.

많은 개인투자자들은 기업상장이 간단한 기계적 과정이라고 생각한다. 특히 중국 A주 시장의 투자자들에게는 '신주불패新股不败(신주는 반드시 오른다는 뜻_옮긴이)'라는 심리적 기대감이 있어서 IPO는 상장기업과 그 기업의 설립자뿐 아니라 수많은 주주들에게 부를 가져다주는 것이라고 쉽게들 생각한다. 하지만 결코 그렇지 않다. 시장환경이 안 좋아서, 또는 투자자들이 해당 기업의 IPO에 충분한 관심을 보이지 않아서, 또는 투자설명회를 진행한 기업이 충분한 자금지원을 받지 못해서 등등의 이유로 어떤 기업이 기업공개를 취소했다는 소식들은 항상 들려온다. 예를 들면· 포뮬러원그룹Formula One Group(F1 경기에 대한 상업적 권리를 소유한 회사_옮긴이)이나 사치품 브랜드 프라다Prada도 시장환경이 좋지 못해 IPO를 미룬 적이 있다. 또, 중국의 수많은 부동산 개발기업들도 2008년 금융위기 당시 홍콩 시장에서의 상장을 어쩔 수 없이 미뤘다.

사실 이 같은 사실이 반영하는 것은 기업임원이 기업의 융자 여부를 선택할 수 있다는 점에서 큰 이점을 갖고 있다는 점이다. 자금이 빠듯한 일부 기업을 제외하더라도, 많은 기업들은 통상적으로 여러 서로 다른 융자방식과 융자시간 사이에서 비교적 많은 선택지를 가지고 있다.

기업은 주주권융자의 방식 혹은 채권융자의 방식을 택할 수 있다. 또한 비공개시장을 통해 소수의 투자자에게 비공개로 지정대상 주식발행을 하거나, 공개시장에서 기업공개 또는 유상증자SEO, Seasoned Equity Offerings의 방식으로 자금을 조달할 수 있다.

기업은 흔히 여러 다른 융자방식 사이에서 균형을 찾을 수 있는 선택을 한다. 예를 들자면 비용과 수익 사이의 균형, 단기적 이익과 장기적 이익 사이의 균형, 재무효율성과 재무안전도(채무불이행과 기업 파산 결과가 나타나지 않도록 자금조달을 넉넉히 하는 것) 사이에서 최적의 균형을 가진 선택지를 찾는 것이다.

기업 입장에서 봤을 때 이 선택에 있어 가장 중요한 요소는 바로 융자비용과 수익이다. 수많은 비상장기업들이 기업공개 계획을 세우는데, 이 계획은 흔히 3~5년 정도 걸린다. 이는 물론 중국 내 기업공개 심사제도가 엄격하기 때문이지만 그와 동시에 기업들이 상장과정에 매우 높은 기대를 걸고 있다는 것도 반영한다. 만약 경기가 좋지 않거나 주식발행가가 충분히 높지 않거나 투자자가 주식구매에 그다지 큰 관심을 보이지 않는 경우라면 많은 기업은 차라리 기업공개를 미루거나 포기한다.

기업공개 과정에서 투자자의 수익은 곧 상장기업의 융자비용이다. 이 비용은 투자자의 투자수익이 높을수록 함께 높아지고, 투자자의 투자수익이 낮을수록 함께 낮아진다. 이런 측면에서 볼 때, 기업은 시장반응이 열렬하고 투자자가 주주권 융자 및 해당 기업의 비즈니스 모델과 발전이념에 비교적 동의할 때, 그리고 해당 기업의 전망을 좋게 볼 때 IPO와 상장발행을 결정할 것이다. 다시 말해, 기업은 상장시점을 선택할 때 융자비용이 상대적으로 낮은 시점에 주식발행을 결정할 것이라는 뜻이다.

바로 이런 이유 때문에 중국 시장에서든 미국 시장에서든 IPO와 상장이 한 시점에 몰리는 현상이 나타난다. 어떤 해에는 기업공개가 특히 많지만 또 어떤 해에는 거의 찾아볼 수 없다. 시장의 반응과 자본시장의 해당 연도 및 전년도 실적을 비교해보면 기업공개가 자본시장 실적이 비교적 좋은 해에 몰린다는 사실을 어렵지 않게 발견할 수 있다. 반대로 주식시장의 실적이 이전 일정 기간 동안 부진했다면 주식금융보다는 채권융자를 선택하는 기업이 더 많을 것이다. 왜냐하면 이들은 주식시장이 부진할 때 투자자의 관심을 끌려면 선전이나 마케팅 활동을 더 많이 하거나 기업공개로 상장할 때 주가를 비교적 낮게 매겨야 한다는 것을 인식하고 있기 때문이다. 따라서 융자를 결정할 때 기업은 실제로는 서로 다른 융자경로 사이에서 끊임없이 동태적인 선택을 한다.

기업의 이런 전략적 선택행위는 투자자가 역선택을 하는 결과를 초래할 수 있다. 역선택과 관련된 가장 간단한 예로는 보험시장이 있다. 비싼 보험계약을 원하는 사람일수록 자신의 건강과 안전에 대한 걱정이 많다. 이와 마찬가지로 기업공개를 통해 상장을 원하는 기업일수록 '지금이야말로 더 좋은 가격에 기업을 처분할 수 있을 때'라는 생각을 더욱 적극적으로 표명한다. 이들은 투자자가 강렬한 투자의욕을 보일 때 상장에 나서는데, 이렇게 시장환경이 비교적 긍정적인 혹은 열정적인 때는 곧 기업이 주식을 발행하기 가장 좋은 시점에 해당한다. 그러나 투자자의 입장에서 보면, 이들은 종종 새로 발행된 주식을 사는 데 많은 돈을 지불함으로써 이후 장기적인 투자수익률이 낮아지는 경험을 한다. 다시 말해 기업의 가치는 고정적인 것이고, 만약 투자자가 상대적으로 비싼 가격에 해당 기업의 주식을 샀다면 나중에 그 주식을 팔아 수익을 얻는 것이 어려울 수 있다는 뜻이다. 따라서 이것은 투자자가 기업공개 과정에서 반드시 눈여겨봐야 할 매우 중요한 문제다. 분명히 해야 할 것은 투자자와 상장기업은 경쟁관계고 기업은 고정적인 부를 창출하는 것이기 때문에, 기업이 자사주를 높은 가격에 팔수록 투자자는 높은 비용을 지불하는 셈이 되어 결과적으로 이후 얻을 수 있는 수익이 더욱 낮아진다는 점이다. 때문에 이는 양자 간의 게임과도 같다.

그러나 투자자, 특히 주식시장에만 투자하는 투자자들에게는 상장기업에 주어진 만큼에 해당하는 선택의 폭이 주어지지 않는다. 개인투자자는 신규발행 주식에 '투자하거나' '투자하지 않는' 선택지 사이에서 상당히 수동적인 선택을 할 수 있을 뿐이다. 사실 기업공개를 한 기업의 주식에 투자하는 것은 서로 긴밀히 연결된 두 과정을 포함하고 있다. 하나는 소위 '신주청약' 과정이고, 다른 하나는 주식상장 발행 이후의 투자가치와 관련된 것이다.

신주청약은 전체적으로 보면 매우 현명한 투자전략이지만 모든 투자자가 신주청약에 당첨될 정도로 운이 좋은 것은 결코 아니다. 신주청약은 상장과정에서 추첨을 통해 결정되는데, 어떤 투자자가 만약 운 좋게 수많은 청약자들을 제치고 아직 상장되지 않은 기업의 지분을 얻게 되었다면(또 이 기업의 주가가 상장 후 크게 올랐다고 가정한다면) 신주청약과 인수과정은 이 투자자에게 있어 확실히 이익이 될 것이다. 투자자가 이 과정에서 얻을 수 있는 것은 비상장기업이 상장하는 과정에서 얻는 거액의 프리미엄이다. 안타깝게도 기업공개 이후 신규발행 주식의 청약과 인수과정은 별다른 투자기술을 필요로 하지 않고, 주로 투자자의 운과 자금력에 따라 달라진다.

물론 신주청약도 오로지 행운에만 달린 것은 아니고, 배워서 할 수 있는 부분도 적지 않다. 한번 생각해보자. 만약 개인투자자와 기관투자자가 상장을 준비하는 뛰어난 기업의 신주청약을 놓고 경쟁한다면 개인투자자 입장에서 청약성공을 보장할 수 있는 장점으로는 어떤 것들이 있을까? 발행제도? 연구능력? 인맥? 아니면 자금력? 이 모든 측면에 있어 기관투자자의 능력은 개인투자자와 비교할 수 없을 정도로 우월하다.

반면 국내외 연구결과에 따르면, 설령 개인투자자가 정말로 기업공개 발행과정에서 상장될 기업의 주식을 대량으로 인수하는 것에 성공했다 해도 이것은 반드시 축하할 만한 일이라고 하기 어렵다. 비교적 많은 개인투자자들이 기업상장 전 추첨방식을 통해 주식인수에 당첨됐다면 그 이유는 하나, 이 기업의 상장 이후 실적이 안 좋을 것이라 예상한 기관투자자가 이 '뜨거운 감자'를 상장과정에서 순순히 개인투자자들에게 넘겨줬기 때문이다. 개인투자자는 기업상장 전 신주청약 단계에서 단순히 임의로 추첨과정에 참여하는 것도 아니다. 개인투자자가 당첨될 확률은 사실 이미 시장반응과 기관투자자가 해당 기업의 상장 후 주식실적이 어떠할 것인지에 대한 판단을 반영한다. 따라서 겉보기에 공평해 보이는 추첨과정도 실은 상장기업, 기관투자자와 개인투자자 간의 정보 불균형과 실력 차이를 반영하는 것이다.

기업공개 과정과 공개시장에서의 거래를 순조롭게 거치고 나면 주식의 실적은 또 달라진다. 전 세계 자본시장을 대상으로 한 연구결과에 따르면 투자자가 방금 상장된 기업, 가령 상장 후 1주일 정도 되는 시점에 해당 기업의 주식에 투자할 경우엔 투자실적이 비교적 낮게 나타났다.

신주의 실적은 종종 시장 전체 지수보다 떨어지고, 이미 상장된 유사한 차신주次新股(상장 1년 미만인 미배당기업의 주식_옮긴이)나 숙성주熟成股, 즉 기업이 진행하는 사업은 유사하지만 이미 상장 후 일정 기간이 지나 실적이 상대적으로 숙성된 주식의 실적보다도 뒤떨어진다. 이것이 바로 중국 투자자들이 종종 언급하는 이른바 '차신주 실적이 훨씬 좋다'는 믿음을 뒷받침하는 것이다. 이는 많은 개인투자자들이 갖고 있는 '신주는 반드시 오른다' 또는 '신주불패'와 큰 차이가 있다.

이런 현상이 나타나는 중요한 원인은 바로 기업이 상장과정에서 상장시점을 선택할 수 있기 때문이다. 기업은 대개 시장환경이 좋고, 시장이 자사의 가치를 높게 평가하며, 시장반응이 뜨거울 때 상장을 결정한다. 그러나 기업주식의 가치가 높으면 이후 상승할 여지가 줄어들기 때문에 투자자가 해당 주식을 장기적으로 매입하고 보유함으로써 수익을 얻을 수 있는 여지도 줄어든다.

이것이 바로 많은 투자자들이 신주청약을 통해 돈을 벌 가능성이 있긴 해도 상장 이후 해당 기업의 주식을 매입했을 때는 이미 그 주식의 실적이 시장지수보다 낮을 수 있다는 사실을 점차 깨닫게 되는 이유기도 하다. 이렇듯 실망스러운 투자실적은 사실 기업임원이 정보와 선택권 측면에서 훨씬 우월한 위치에 있다는 사실을 반영한 것이다. 첫째, 임원은 투자자가 신주구매를 선호한다는 사실을 알고 있다. 둘째, 기업이 상장발행을 결정했을 때 임원은 투자자가 기업공개 관련주를 얼마나 사고 싶어 하는지에 대해 이미 알고 있다. 따라서 상장기업이 주식발행을 결정했을 때는 바로 투자자가 상장기업의 가치를 높게 평가하고, 해당 기업이 투자자들 사이에서 인기가 좋을 때에 해당한다. 기업은 기업공개 및 상장의 과정에서 발행가격이 자사에 이익이 될 것이라고 생각하는 경우에만 발행을 결정하고, 그렇지 않으면 주식발행을 미루거나 취소한다. 반면 투자자 역시 신주 구입 여부를 선택할 권리를 갖고 있다. 다만 개인투자자는 상장기업만큼 영리하지 못해서 시장반응이 열렬하고 주가가 급상승했을 때 자기도 모르게 과대평가된 기업공개 관련주를 매입하는 것이다.

또한 개인투자자들은 기업상장 이후 신주인수를 선택할 경우, 이와 같이 상장기업이 투자자의 비위를 맞추는 경향이 있다는 사실 외에 기업의 비즈니스와 재무 등 두 가지 측면의 위험도 고려해야 한다.

해외 자본시장의 경우에도 IPO는 부를 창출하는 중요한 과정 중 하나다. IPO는 기업의 설립자, 전략투자자, 사모펀드와 임원 등 모든 중요 이해당사자의 이익을 한데 묶고 이들이 보기에 수지맞는 가격으로 일반 투자자들에게 기업을 판매하는 것이다. 바로 이렇게 많은 이해당사자가 얽혀 있기 때문에 기업은 이익관리(회계기준의 허용범위 내에서 인위적으로 이익수준을 높게 조정하는 것)를 통해 투자자들로 하여금 기업의 미래수익 수준을 과도하게 낙관하게 하고, 부정적인 정보에 대해서는 억제하고 회유함으로써 기업상장을 보장하고 성사시킨다. 투자자의 과도한 낙관은 기업임원의 과한 자신감에서 비롯되는 경우도 있지만, 경우에 따라서는 중국 A주 시장에서 발생한 녹대지 사건•과 같은 고의적 회계부정으로 인한 것일 때도 있다.

기업은 상장진행을 위해 회계를 조작하고 수익을 부풀리기도 하는데, 이 때문에 완전히 정확하지 않은 정보를 제공하거나 부정적인 정보를 완전히 공표하지 않거나 혹은 과도하게 낙관적인 예측과 전망을 내놓는 방식을 취한 뒤 이를 통해 단기간에 주가를 인위적으로 끌어올릴 수 있다.

상장기업, 기업임원과 사모펀드 등은 기업의 내부사정을 비교적 잘 이해하기 때문에 신주발행가에 대해 한층 명확한 인식을 갖고 있을 수 있다. 일단 IPO 거래를 통해 직접적으로 이익을 보는 사람은 기업 주가가 충분히 올랐을 때 신주에 대한 매각제한 기간이 만료되면 상장기업의 주식을 대량 매각하여 현금화한다. 해외 자본시장에서도 IPO 완료 후 내부 인사들에 대한 거래금지 기간이 만료되면 그들이

• 2013년 2월 윈난雲南 녹대지생물과학기술주식회사绿大地生物科學株式會社에서 발생한 기업상장 위조사건을 말한다. 이 사건은 여론 및 언론을 한동안 떠들썩하게 만들었고, 현재 녹대지는 여전히 영업정지 상태에 있다._편집자 주

한꺼번에 주식을 시장에 내놓는 현상이 발견되는 등 이에 관한 증거는 많다. 이런 투매행위는 한편으로는 대량매각으로 인한 주가하락을 가져오고 다른 한편으로는 기업전망에 대한 내부인사들의 부정적 판단을 전달하는 역할을 하는데, 이것은 또 다른 투자자들의 믿음에도 타격을 줌으로써 주가하락을 초래한다.

현재 중국의 IPO 심사제도에는 여전히 개선할 여지가 있기 때문에, 앞서 서술한 상황은 중국 A주 시장에서 특히 두드러지게 나타난다. 그러나 상장허가를 받기가 매우 어렵고, 상장 이후 자본시장에서 조달할 수 있는 자원은 아주 많은 데다 IPO가 가지는 자산창출 효과가 크기 때문에 상장기업뿐만 아니라 사모펀드, 심지어 경우에 따라서는 지방정부마저도 IPO 준비작업에 참여한다. 또 이렇듯 상장 이후의 전망은 매력적이고, 중국 자본시장에서 증권사기와 재무조작은 약하게 처벌하기 때문에 기업 내부의 무수한 인사들은 기업상장이라는 목적달성을 위해 아무렇지도 않게 재무수치를 조작하고 핵심정보를 위조하는 상황이 초래된다.

설령 상장과정에서 어떤 위법행위도 저지르지 않을 기업이라 해도 일단 상장하기로 마음먹었다면 이익관리 등의 수단을 사용하여 자사가 더 좋은 가격에 팔릴 수 있게끔 하기 위해 실적을 돋보이게 한다는 사실을 투자자는 반드시 알고 있어야 한다. 만약 판매자가 자신의 물건을 좋은 가격에 팔 수 있을 것이라고 생각한다면 구매자 입장에서는 이 상품 또는 회사의 구입에 과도한 비용을 지출할 가능성이 높아지고, 이것은 다시 투자자의 후속 투자실적에 영향을 미친다.

또 경우에 따라 기업은 신주에 대한 시장의 높은 관심을 이용하여 기업공개절차 진행 중에 공모주의 수량을 일부러 줄인다. 공급을 줄여서 IPO 정가를 높이려는 목적을 달성하려는 것이다. 이와 관련된 해외 연구에 따르면, IPO 유통주의 상장발행량과 총유통주 수량 간의 비율은 IPO 상장 첫날의 수익률과 일정 정도의 음의 상관관계를 보인다. 다시 말해 상장유통주의 비율이 낮을수록 IPO 첫날 실적이 좋아지는 것이다. 따라서 '돈이 아쉽지 않은' 일부 기업은 고의적으로 상장유통주의 수량을 줄임으로써 인위적으로 주가를 높이는 목적을 달성한다. 그러나 이런 추세가 계속 지속되지는 못한다. 통계 연구결과에 따르면, 상장 첫날 실적이 좋았던 많은 IPO 기업들이 이후 중장기적으로는 실망스러운 실적을 거두는 것으로 나타났다.

중국 내 IPO 제도 개혁

이렇듯 일부 중국 기업들이 IPO 가격결정 과정에서 인위적으로 이익수준을 높이기 때문에 투자자들은 기업의 성장전망을 지나치게 낙관적으로 예측하게 된다. 그러나 이들 기업이 상장한 후에 오히려 주식실적은 나빠진다.

차스닥 상장기업 중 상장 전 3년 연속 100%의 성장률을 보였던 적지 않은 기업들이 상장 후엔 갑자기 수익이 대폭 하락하거나 곧바로 손실이 나타나는 현상을 보였다. 이는 이들 기업의 본질이 변했기 때문이 아니다. 기업 자체는 여전히 같다. 다만 상장 전에 여러 수단을 동원하여 실적을 과도하게 높인 후 성대하게 상장했지만 그 후엔 주가를 한층 더 높일 인센티브가 없어졌기 때문에 주가상승의 동력이 크게 떨어진 것이다. 또한 기업 내부의 자사주 보유자들은 상장 후 여러 방식으로 보유지분을 현금화하기 때문에 이전처럼 수익수준을 관리할 인센티브가 없어지고, 이 때문에 주가도 뚜렷한 하락세를 보인다.

관리감독상의 허점 역시 이런 현상이 나타나는 중요한 원인이다. 많은 임원은 기업상장 후 사직의 방식으로 기업을 떠나면서 자신이 보유한 자사주를 대량 현금화한다. 그런 현금화를 통해 자신의 이익을 확보해놓고선 모든 부담은 개인투자자에게 지우는 것이다. 또 재무조작 및 기타 자본시장에서의 사기행위에 대한 국가감독기관의 처벌은 매우 약한데, 한편으로 이는 사법 영역에서의 속지심판법칙 때문이다. 많은 상장기업이 현지 정부의 대대적 지지를 받아 성공적으로 상장되는데, 만약 기업의 위법행위가 적발되면 속지심판법칙에 따라 사건심리를 관할 법원으로 보내기 때문에 현지 정부가 비호하고 용인할 가능성이 높다. 다른 한편으로 중국의 IPO 과정에서 주식발행심사위원회가 인위적으로 IPO 상장조건을 인위적으로 높이고 상장수량을 통제하는 것은 투자자로 하여금 '신주불패' 신화를 믿어 의심치 않게 할 뿐 아니라 신주매수에 몰려가 높은 가격에 IPO 신주를 대량 매입하게 하는 결과를 초래한다.

중국의 첫 번째 상장발행 과정은 줄곧 사회의 지탄을 받아왔다. 감독기관 역시 장기적으로 이 문제를 주시하며 개혁방안 마련에 골몰했다. 모두가 알고 있듯이, 이렇게 된 큰 원인 중 하나는 중국에 기업상장을 원하는 기업들이 너무나 많음에도 중국 자본시장은 여전히 성숙하지 못한 탓에 기업상장을 실행하는 심사제도가 엄격한 데 있다. 즉, 엄격한 관리감독 수단 때문에 최종적으로 상장허가를 받는 기업은 극소수에 불과한데 이는 마치 천군만마가 외나무다리를 건너려는 것과 같다. 감독기관이 인위적으로 시장상의 공급부족 추세를 조성하면 결과적으로 주가는 오를 수밖에 없다. 이것은 경제학 원리 중에서도 가장 기본적인 것이다. IPO 발행과정에 있어 IPO의 가격은 IPO의 발행주가 수익률의 배수다. 이렇듯 인위적으로 조성한 IPO 시장의 공급부족 현상으로 인해 과도하게 높은 IPO 가격이 자연스럽게 형성된다.

중국의 주식평가 수준은 전체적으로 선진국에 비해 많이 높은 편인데, IPO 상장과정 중의 평가모순은 특히 두드러진다. IPO 발행 자체에도 프리미엄이 많이 붙기 때문에 2급 시장(유통시장)에서 높게 평가된 상태에서 제정된 IPO 발행가격 역시 이에 따라 높아지는데, 심지어 2급 시장의 평가가격보다 더 높은 경우도 생긴다. 이 때문에 1급 시장(발행시장)과 2급 시장은 평가에 있어 분화되는 대조를 보이고, 바로 이런 대조와 단절 때문에 기업들은 2급 시장보다 더 높은 가격에 자사주를 판매하고 싶어 한다.

그렇다면 이와 관련된 주요 문제 중 하나인 발행제도 개혁에 대해 살펴보자. 미국에서는 왜 많은 기업들이 상장을 포기하고(예를 들어 유명 제과업체 마즈) 심지어 이미 상장한 기업들도 상장폐지를 선택하는 것일까? 미국에서는 상장가격을 과도하게 높이는 것이 매우 어렵고 상장 자체도 그렇게 구미 당기는 선택지가 아니기 때문이다. 미국을 포함한 많은 선진국의 자본시장은 기업상장에 있어 신고제 방식을 채택했다. 기업의 재무수치가 좋든 나쁘든 증권거래위원회와 거래소의 기준과 조건에만 부합하면 상장발행을 할 수 있기 때문에 그 성공 여부는 시장투자자들에게 달렸고, 규제기관은 이에 대해 책임지지 않는다.

중국의 상황은 이와 달리 상당히 난감하다. 개인투자자들은 증권감독관리위원회가 이미 상장예정 기업에 대한 조사를 마쳤고, 조사 자체가 이들 기업에 문제가 없음을 입증한다고 생각한다. 이를 근거로 규제기관이 해당 기업의 자질과 평가수준을 이미 인정했다고 여기기 때문에 실제로는 과대평가된 신주를 안심하고 사는 것이다.

그러나 사실상 규제기관은 실질적으로 기업의 성질, 수익창출력을 충분히 이해할 책임이나 능력이 없기 때문에 기업가치를 정확히 평가하기 어렵다. 이 때문에 많은 기업들이 기업의 평가가치를 과도하게 부풀린 뒤 증권감독관리위원회의 심사를 통과하여 상장발행을 하는데도 개인투자자들은 이 과정에서 기업주식을 대량으로 매입하고, 그 이후에 기업실적이 하락하면 큰 손실을 입게 되는 것이다. 투자자는 이것을 증권감독관리위원회의 탓으로 돌린다. 위원회가 기업의 수익수준을 담보했기 때문에 자신들이 안심하고 주식을 샀다는 것이다. 그러나 증권감독관리위원회는 책임을 질 필요도 없을뿐더러 그렇게 할 수도 없다. 이것이 바로 오늘날 중국 상장심사 과정에서의 심각한 정보 불균형과 책임 불균형 상황이다.

따라서 중국의 상장제도는 반드시 다음과 같은 개혁이 필요하다. 첫째, 현행의 심사제를 신고제로 바꿔야 한다. 많은 투자자들이 증권감독관리위원회는 가장 기본적인 원칙과 과정에 대한 조사만 할 뿐 기업의 수준, 재무적 지속가능성 및 기업주가의 향후 전망에 대해서는 어떤 책임도 질 수 없다는 사실을 알게 해야 한다. 이 점을 알고 있어야 개인투자자들이 신주청약을 더 신중히 결정하게 되고, 이를 통해 신주청약에 대한 맹목적인 열의도 근본적으로 낮출 수 있을 것이다. 이것은 신주발행 매커니즘 개혁에 필수적이다.

둘째, 투자자의 기대를 바꿔야 한다. 상장 발행제도 개혁의 목적 중 하나는 투자자의 기대를 올바른 방향으로 이끄는 것이다. 중국 개인투자자들은 이미 '신주불패'의 신화를 믿어 의심치 않을 뿐 아니라 이미 상장발행 심사를 통과한 상장신주는 분명 좋은 투자처일 거라 기대하지만 이런 기대는 정확하지 않다. 또 시장에 떠도는 소문들에는 투자 과열을 부추기는 효과가 있다. 즉, 투자자가 주식시장에서 돈을 벌면 그 소식이 대대적으로 과장되어 퍼지는 데 반해 돈을 잃으면 시장은 침묵한다. 결과적으로 '신주불패' 소식은 일파만파로 번져 모두들 자연스럽게 '신주를 사면 돈을 벌 수 있다'고 여기게 되어 이로 인한 양떼 효과가 발생하는 것이다.

이런 양떼효과의 영향으로 투자결과가 좋지 않을 것임은 충분히 예상할 수 있다. 많은 개인투자자들이 IPO 주식을 높은 가격에 구입한 후 결국 손실의 괴로움을 맛본다. 다른 주식매입과 마찬가지로 개인투자자는 반드시 자신의 투자와 재무결정에 대한 책임을 져야 한다. 이미 상장한 것이든 곧 상장할 예정에 있는 것이든 자기가 잘 알지 못하는 기업이라면 반드시 신중히 결정을 내려야지, 당연하다는 듯이 주식을 사면 안 된다는 뜻이다. 그 기업의 주식을 파는 주체가 누구든 상관없이 결국 그걸 사는 자금은 투자자 자신의 자산이다. 그러니 자신이 이해하지 못하는 주식을 사서 자산을 손실하고 싶지 않다면 그런 주식은 사지 않는 것이 가장 좋은 결정이다. 이것은 또 자산가치의 보증 및 증가의 전제조건이기도 하다. 설령 증권감독관리위원회나 거래소가 불명확한 또는 무형의 담보를 제공한다 해도 투자자는 자기가 상황을 잘 아는 기업이 아니라면 그 회사의 주식을 쉽게 사면 안 된다는 것을 분명히 알고 있어야 한다.

사실 많은 투자자들에게 큰 손실을 입힌다는 점에서 IPO는 아주 현명한 투자선택이라고 할 수 없다. 지난 몇 년 동안 신주발행 이후 높은 가격에 IPO 주식을 대량으로 매입한 투자자들은 결국 거액의 손실을 입는 쓰라림을 겪었다. 화루이펑뎬華銳風電은 예전에 주당 100여 위안의 높은 가격에 상장발행됐지만 현재는 주당 10위안에도 못 미치는 수준으로 하락했다. 중국 차스닥 시장에 이런 사례는 일일이 셀 수 없을 정도로 많다. 이런 측면에서 볼 때, 개인투자자들은 설령 개별 기업에 대해서는 충분히 알지 못한다 해도 상장과정 전체에 대해서는 어느 정도 알아야 한다. 기업상장은 모든 사람을 하루아침에 부자로 만들어주는 과정이 결코 아니다.

요컨대 기업임원은 자신들이 알고 있는 투자자의 심리를 이용하여 적합한 상장시기를 선택할 수 있다. 그러나 투자자 입장에서 볼 때 이것은 주식매입에 아주 좋지 않은 시점이고, 이에 따라 IPO 신주매입 시 불공평한 선택과정에 직면한다. 또, IPO의 전 과정에 관련된 이익 주체가 많은 까닭에 수많은 기업들은 상장과정에서 기업실적을 부풀린다는 것을 개인투자자들은 청약 시 분명히 알고 있어야 한다. 물론 개인투자자가 모든 상장기업에 대해 비교적 깊게 이해하기란 어렵고, IPO 주식가격이 합리적으로 결정된 것인지 또 향후 이 주식을 통해 돈을 벌 수 있는지를 반드시 정확히 판단할 수도 없다. 하지만 모든 개인투자자에게는 신주청약이나 투자에 참여하지 않을 가장 기본적인 권리가 있다. 설령 일부 주식이 겉보기에 매력적이라 많은 생각을 하게 만든다 해도, 투자자들은 주식의 신 버핏이 했던 주옥같은 말 "자신이 이해하지 못하는 것은 사지 마라."를 기억해야 한다.

어느 누구도 자본시장에서 돈을 벌 수 있다고 보장할 수는 없을 뿐 아니라, 대다수 개인투자자들은 오히려 이 과정에서 자신이 고생해서 번 돈을 기관투자자들과 상장기업에 마치 자선가처럼 나눠주는 역할을 맡게 된다. 나는 투자자들이 IPO 과정을 더욱 분명히 이해함으로써 이런 오류와 손실을 피할 수 있길 바란다(IPO 발행제도 개혁에 관해서는 15장 '정책과 감독'에서 보다 자세히 살펴볼 것이다).

채권융자

이상 우리는 기업이 IPO 과정에서 취하는 여러 전략적 조치에 관한 문제를 살펴보았는데, 사실 이 문제는 결코 주주권 융자의 범위에 국한된 것이 아니다. 연구에 따르면 채권융자 과정에서도 이와 비슷한 기업의 '비위 맞추기' 행위가 나타나는 것으로 밝혀졌다. 즉, 기업은 채권발행 시 단기부채와 장기부채 중 어느 쪽으로 할지를 선택할 수 있다는 것이다. 여기에서 기업이 어떤 결정을 내리는지는 상당 부분 투자자와 시장이 장기부채와 단기부채에 대해 어떤 태도를 갖고 있느냐에 달려 있다. 기업 입장에서 단기부채채권의 발행비용이 상대적으로 높다고 여겨지면(이때는 투자자도 장기부채를 선호하고 금리수익률 곡선도 비교적 완만하다) 장기부채채권을 발행할 것이다(역사적으로 볼 때 장기융자 비용은 단기융자에 비해 상대적으로 낮다). 기업이 이런 결정을 하는 이유는 장기적으로 볼 때 장기채권 발행비용이 점차 높아질 것이라고 예상되므로, 지금 장기채권을 발행해놓으면 현재의 비교적 낮은 장기융자 비용을 고정시켜놓을 수 있다고 생각하기 때문이다.

만약 단기채권을 발행하는 융자비용이 상대적으로 낮으면(이때는 투자자도 단기채권을 선호하고, 금리수익률 곡선도 비교적 가파르다) 기업은 단기부채채권의 발행량을 늘린다(역사적 수준과 비교하여 장기융자 비용이 상대적으로 높다). 기업이 이렇게 결정하는 이유는 장기적으로 볼 때 장기채권 발행비용이 점차 낮아질 것으로 예상되기 때문이다. 즉, 지금 단기채권을 발행해놓으면 앞으로 더욱 낮은 비용으로 장기융자를 진행할 수 있는 가능성이 있는 것이다.

이것이 상장기업의 단기부채와 장기부채 발행 선호도가 주기적으로 나타나는 이유다. 이런 주기성이야말로 상장기업과 임원이 시장투자자들의 기분과 선호도를 파악하고, 그 내용을 바탕으로 투자자의 태도에 영합하는 현상을 반영한다.

결론적으로 볼 때 주주권융자와 채권융자 사이에서든 아니면 서로 다른 종류의 채권이나 채권기한 사이에서든, 융자방식을 선택할 때 기업은 항상 기업임원의 기회주의적인 경향을 반영한다. 이들은 대개의 경우 투자자와 시장의 선호도를 파악한 뒤 투자자의 추종을 받을만한 자산을 더 많이 발행함으로써 그들의 높은 관심을 충분히 이용하고 융자비용을 낮출 수 있다. 때문에 투자과정에서 투자자는 기업임원이 자신의 생각을 면밀히 주시하고 있다는 사실을 분명히 알아야 한다. 비현실적인 고수익에 대한 환상을 품고 우쭐거리다가 '기와 한 장 아끼려다 대들보 썩히는' 결과를 얻어서는 안 될 테니 말이다.

배당정책의 조정

이상 기업이 융자결정을 할 때 기업임원이 비위를 맞추는 기회주의적인 행동을 보인다는 점에 대해 논의하였다. 그에 이어 지금부터는 기업이 주주에 대한 이익배당의 측면에서 내리는 결정에 대해 살펴보도록 하자.

상장기업이 돈을 벌면 해야 할 중요한 업무 중 하나는 바로 수익을 투자자들에게 돌려주는 것이다. 그러나 모든 기업이 돈을 번 후 이익배당 방식을 선택하는 것은 결코 아니다. 금융이론에 따르면 거래비용과 세금이 없고 기업의 지배구조가 비교적 건전하다는 전제하에서, 기업의 이익배당 여부는 기업가치에 직접적인 영향을 미칠 수 없다(노벨경제학상을 수상한 금융경제학자 두 명의 학술적 업적이 바로 이것을 밝혔다는 것이다). 수익을 주주에게 돌려주는 방식이 현금이든 자본가치 증식이든 주식이든 간에, 모든 수익을 주주 소유로 돌려준다는 점에 있어서는 큰 차이가 없는 것처럼 보인다. 그러나 실제 투자과정에서 기업이 잉여이익을 처리하는 방식은 기업의 향후 실적 및 주식실적에 중요한 영향을 미친다.

기업재무의 측면에서 볼 때, 기업이 창출한 수익은 주주들에게 귀속되는 것이다. 기업이 어떤 형식을 취해서라도 수익을 주주에게 돌려준다면 주주들에게 안정적인 투자수익률과 현금흐름을 제공할 수 있을 뿐 아니라 그들이 투자수익을 이용하여 투자를 더욱 다원화하게끔 도와줄 수 있다.

물론 수익을 투자자들에게 돌려주지 않기로 결정하는 상장기업도 많다. 유명한 마이크로소프트나 애플 등 첨단과학기술 기업들은 장기간에 걸쳐 이익을 배당하지 않고 누적시킴으로써 주가를 점진적으로 끌어올렸다. 이런 방식은 한편으로는 투자자로 하여금 기업주식의 보유와 처분 중 어느 쪽을 선택하게 할지 강제함으로써 투자자의 거래비용을 증가시킨다. 동시에 다른 한편으로는 자본이득과 배당에 대한 세율이 시장마다 다르기 때문에, 투자자에게 불필요한 세금상의 손실을 입힐 가능성도 있다.

그러나 더 중요한 것은 이 책 앞부분에서 언급한 기업의 지배구조 문제다. 만약 한 상장기업이 큰 수익을 얻었는데 임원이 이 수익을 곧바로 주주들에게 돌려주지 않기로 결정했다면, 이 기업에는 경영층이 통제할 수 있는 대량의 자유현금흐름이 생긴다. 앞서 논의한 바와 같이 이런 거액의 현금흐름이 생기면 임원들은 주주의 이익보다는 경영자 자신의 사적 소비와 만족감을 우선적으로 고려하는 경우가 많고, 이에 따라 주주들에겐 물론 주가에도 불리한 행위를 할 가능성이 있다.

또 주식배당은 채권이자 지급과 마찬가지로 기업을 감독 및 구속하는 방식이기도 하다. 어떤 기업이 주식배당금을 안정적으로 지급하거나 자사주를 정기적으로 환매할 수 있다는 것은 그 기업의 업무와 현금흐름이 안정적이라는 점과 더불어 기업임원이 투자자에게 관심을 충분히 보인다는 점도 반영한다. 따라서 자본시장은 흔히 정기적으로 주주들에게 수익을 돌려주는 상장기업을 선호한다.

상장기업과 기업임원은 이익배당 여부, 배당방식 및 배당과 환매 사이에서 적극적으로 전략적 선택을 한다고 볼 수 있다. 기업의 배당 또는 환매 결정은 결코 단순한 수동적 선택이 아니라 투자자의 심리와 시장의 반응을 충분히 고려한 후 그에 영합한 결정이다.

수익의 일부분을 주주들에게 돌려주기로 결정하면 기업은 현금 또는 주식의 형태로 배당금을 나눠주거나, 자체적인 자금을 이용하여 기업주식을 환매하는 등의 방식을 취할 수 있다. 환매를 하면 상장기업은 자사의 주가를 어느 정도 기계적으로 올릴 수 있음과 동시에 주당수익의 수준도 높일 수 있다. 환매 후 기업주식의 수량이 줄어들기 때문이다.

환매여부 결정 시에도 상장기업과 임원은 신중하고 현명하게 여러 가지를 따져본다. 투자자가 이익배당을 강하게 선호하는지의 여부를 고려하고, 이익배당에 대한 투자자의 태도변화를 이용하여 투자자에게 수익을 나눠주는 방식을 선택한다. 관련 학술연구에 따르면 투자자는 배당주와 무배당주에 대한 태도 면에서 큰 차이를 보인다. 시장의 모든 주식을 배당주와 무배당주로 나눠보면 이것을 바로 알 수 있다. 미국 및 기타 국제 주식시장에서 과거 30년간 배당주의 실적은 무배당주의 실적보다 평균적으로 눈에 띄게 높았다.

물론 투자자들이 항상 배당주만 선호하는 것은 아니다. 무배당주의 실적이 오히려 배당주보다 높은 때도 있었다. 왜 투자자는 때로 무배당주를 선호하는 것일까? 이들 투자자들은 종종 주식의 장기성장세를 중시한다. 일례로 1996~2002년 사이 인터넷 버블 시기에 투자자들은 모두 무배당주, 심지어 아직 수익도 없는 인터넷 기술 관련 주식을 추종했다. 인터넷 버블 당시 젊은 고성장 과학기술 관련 주식은 모두 무배당이었음에도 확실히 실적이 좋았다. 반면 1990년대 초, 그리고 인터넷 버블 이후 21세기 초 몇 년간 시장이 다시 평온해졌던 시기에는 배당주의 실적이 비교적 좋았다. 투자자들이 다시 전통적이고 성숙한 배당주 기업을 선호했기 때문이다. 이 때문에 상장기업은 눈에 띄는 의사결정 과정에 직면한다. 어떤 해에는 이익을 배당하는 상장기업의 실적이 매우 좋게 나타나고, 어떤 해에는 이익을 배당하지 않는 상장기업의 실적이 뛰어나다는 것을 깨닫기 때문이다.

이런 투자자들의 선호에 따라 무배당기업의 실적이 높은 시기에는 전통적인 의미에서 안정적으로 이익을 배당하던 기업들도 점차 이익 배당을 하지 않거나 배당의 비율 혹은 금액을 눈에 띄게 줄이는 경향을 보인다. 마찬가지로, 배당기업의 주식실적이 상대적으로 좋은 시기에는 이와 상반된 추세가 나타난다. 배당기업의 실적이 좋으면 규모가 상대적으로 작은 과학기술형, 성장형 기업 등 전통적으로 이익을 배당하지 않던 기업들도 배당을 하기 시작한다. 또, 원래 배당비율이 낮았던 기업들 역시 시장이 배당주를 선호하는 시기에는 배당의 금액과 수량을 높인다.

간단히 말해서 상장기업은 자본시장에 대한 이해, 그리고 지속적으로 변화하는 배당주와 무배당주에 대한 투자자들의 선호도에 따라 배당전략을 바꿈으로써 투자자와 시장의 선호에 영합한다. 이익배당에 대한 투자자의 선호도가 각기 다른 만큼, 상장기업 역시 이런 '비위 맞추기' 행위를 보인다. 잉여수익을 기업 내부에 남겨놓는 것과 배당하는 것은 기업 입장에 결코 직접적인 영향을 미치지 않기 때문에 상장기업이 투자자의 '비위를 맞출' 여지도 더욱 커지게 된다.

주가조정

상장기업의 '비위 맞추기' 경향은 이익배당 정책에만 국한된 것이 아니다. 기업주가를 조정하는 것도 투자자의 선호도를 반영하는 전형적인 사례기 때문이다.

잘 알려진 것과 같이, 상장기업의 주가는 이론적으로는 기업의 가치와 투자가치를 반영한 것일 뿐이다. 기업의 총주식수량에 변화가 없다고 가정하면 주가변동은 기업가치의 변화를 반영한 것이 된다. 이와 동시에, 기업주식의 가격은 상장기업의 총주식수량과 상장유통 주식수량의 영향을 받는다. 상장기업이 기업주식의 수를 늘리기만 해도 주당주가는 낮아진다. 같은 가치를 지닌 기업자산이 더 많은 주식에 희석되기 때문이다. 이와 반대로, 기업은 주식수량을 줄이는 것만으로도 인위적으로 주가를 올릴 수 있다.

이렇게 보면 이것은 아주 간단한 산수 문제다. 덧셈과 뺄셈만 할 줄 아는 초등학생도 이것이 그저 조삼모사에 불과하다는 것을 알 수 있다. 투자자가 결정하는 것은 결국 같은 케이크를 두고 4등분한 것들 중 한 조각을 먹을 것이냐, 아니면 8등분한 것들 중 두 조각을 먹을 것이냐에 불과하다. 투자자는 주식분할을 한(중국의 경우엔 고배당주) 기업의 주식분할 전과 후를 대할 때 바로 이렇게, 즉 똑같은 케이크를 몇 조각으로 나누어 먹을 것이냐 하는 문제처럼 다뤄야 한다. 왜냐하면 둘 사이에는 결코 실질적인 차이가 없기 때문이다.

그러나 사실상 개인투자자는 기업의 주식분할로 인한 주가하락에 이상하게도 강한 반응을 보인다. 이에 대해서는 미국 학계에서 많은 연구를 진행했는데, 나의 연구를 포함한 일부 관련 연구 모두는 개인 투자자가 주식분할을 진행한 기업에 큰 관심을 보인다는 사실을 밝혔다. 기업이 주식분할을 발표한 후, 특히 기업주가가 주식분할로 크게 떨어진 후(가령 한 주를 사면 한 주를 덤으로 주는 주식배당 또는 주식분할을 기업이 진행한 후엔 그 기업의 배당주가가 자연히 50% '하락'하지만, 투자자 입장에선 주식분할 후엔 원래보다 두 배가 많은 주식수량을 보유하게 되는 것이므로 투자가치 자체는 변하지 않는다) 기업주가는 단기적으로 눈에 띄는 상승세를 보일 수 있다. 기업이 주식분할을 발표한 후엔 투자자, 특히 개인투자자가 이런 주식을 매입하는 경향이 원래보다 훨씬 강해진다. 기업은 이런 개인투자자의 경향을 의식하고선 일부러 기업 주식의 가격을 조정하여 더욱 많은 투자자를 유치하려는 목적을 달성하는 것이다.

그렇다면 투자자는 왜 이토록 기업의 주식분할에 관심을 갖는 것일까? 겉보기에 피상적인 행위에 불과한 주식분할은 왜 이토록 많은 투자자의 이목을 끄는 것일까? 다음은 이에 대한 몇 가지 해석이다.

첫 번째 해석은 기업이 실적이 비교적 좋을 때 주식분할을 한층 더 선호한다는 것이다. 주식분할이 기업의 주가를 떨어뜨려도, 양호한 기업실적 덕분에 주가는 금방 주식분할 전 원래의 수준으로 회복된다는 이유에서다. 이는 투자자가 기업의 펀더멘털을 정확하게 이해하고 있다는 것을 전제로 한 해석이지만 이 책의 앞부분에서 이미 소개한 것처럼 투자자는 결코 이런 능력을 가질 수 없다.

두 번째 해석은 기업이 투자자의 관심을 끌기 위해 주식분할을 한다는 것이다. 역시 앞부분에서 이미 언급한 바와 같이 개인투자자는 최근에 주가가 최고치 또는 최저치를 찍은 기업에 특히 관심을 가지며 이들 기업의 주식을 집중적으로 매입한다. 바로 이 때문에 기업은 주식분할을 통해 인위적으로 주가 최저치를 찍어 손쉽게 투자자의 이목을 끄는 것이라고 할 수 있다. 투자자가 수준 높은 기업과 수준이 낮은 기업을 구별할 능력이 있는지 여부는 기업의 관심사가 아니다.

미국의 개인투자자와 기관투자자의 투자행위 분석을 통해 연구자들은 개인투자자들이 주식분할 전보다 후에 해당 주식을 매입할 가능성이 200% 증가한다는 사실을 발견했다. 반면 같은 시기에 분할주식에 대한 기관투자자의 매입의사는 소폭 상승하는 데 그친다. 분할주식에 대한 개인투자자의 이런 추종은 이들이 주가변화에 대해서는 거의 종교와도 같은 맹목적인 믿음을 가지고 있으면서도 주가를 통해 기업가치의 진정한 변화를 읽어내지는 못한다는 사실을 직접적으로 반영한다.

내가 설문조사를 통해 투자자들이 왜 분할주식에 그토록 관심을 갖는지 알아본 결과, 개인투자자들의 가장 주된 대답은 "주가가 내려갔으니 나중에는 오를 수밖에 없어서"였다. "주가가 하락한 것은 주식분할로 인해 주식수량이 많아졌기 때문이고, 실제로 기업가치에는 아무런 변화가 없다는 사실을 아는가?"라는 질문에 대해선 절반 이상의 투자자들이 "모른다." 또는 "잘 모른다."라고 대답했다.

이처럼 투자자들이 '모른다' 또는 '잘 모른다'는 것은 기업임원들 입장에서 투자자의 심리를 이용할 수 있는 좋은 기회가 된다. 미국 자본시장에 대한 연구결과에 따르면 기업의 주식분할 여부는 상당 부분 고가주와 저가주에 대한 시장태도의 변화에 따라 달라진다. 연구자들이 과거 20~30년을 고가주의 실적이 좋았던 시기와 저가주의 실적이 좋았던 시기로 나누어 연구해보니, 전자의 시기에는 상장기업의 주식분할 가능성이 적었고 오히려 주식병합(기업주식의 수를 줄임으로써 인위적으로 주가를 높이는 것) 가능성이 더 커졌던 것으로 나타났다. 반대로 후자의 시기에는 상장기업의 주식병합 가능성은 줄어들었고 주식분할 가능성이 커졌다. 이를 통해, 상장기업의 임원은 확실히 고가주와 저가주에 대한 시장의 태도변화를 이용하여 투자자의 선호에 영합하고 자사의 주가와 인지도를 높이는 목적을 달성한다는 사실을 알 수 있다.

중국 A주 시장에서는 상장기업이 주식분할을 빙자하여 주식을 현금화하는 현상이 잇따라 발생하고 있다. 적지 않은 기업들이 주식분할과 고배당이라는 미끼를 내걸어 투자자들이 자사주를 구매하도록 끌어들인다. 개인투자자들이 분할주식을 매입하여 주가가 올라갈 때, 자사주를 보유한 기업의 내부인사 또는 기관투자자들은 이 기회를 이용하여 자신이 보유한 주식을 처분한다. 해외 개인투자자들과 마찬가지로 중국의 개인투자자들 역시 기업의 고배당이 정말 기업실적이 좋아서인지, 아니면 경영층이 보유주식을 현금화하기 위해서인지를 구분할 만한 투자능력을 갖고 있지 않다. 그 원인은 바로 이 책의 앞부분에서 언급한 것처럼 투자자들은 확실히 '값싼' 주식 구매를 선호하기 때문이다.

'값싼'의 기준은 뭘까? 투자자들은 일반적으로 기업의 주가를 기업의 내재적 가치 또는 경영능력, 수익능력의 예측기준으로 삼지만 많은 이들은 그 과정에서 인지오류를 범한다. 즉, 저가주를 값싼 주식이라고 여기는 것이다. 이에 따라 많은 투자자들의 투자행위는 야채가게에 가서 표시가격이 낮은 야채를 사고선 자신이 물건을 싼값에 샀다며 의기양양해하는 것과 비슷하다. 투자자들은 저가주를 매입할 때 왜 이들 기업의 주가가 이토록 낮은지에 대해선 생각해보지 않는다.

이유야 어찌됐든, 상장기업은 이렇듯 싼 것을 선호하는 투자자의 심리를 이용할 만큼 똑똑하다. 때문에 이익이 된다고 생각하면 기업주가를 인위적으로 떨어뜨리기 위해 주식분할 같은 방식으로 더욱 많은 투자자들이 주식을 매입하도록 유인함으로써 기업주가를 높인다. 기업이 주식을 분할할지를 결정할 때뿐 아니라 IPO 가격을 산정하는 측면에서도 이와 유사한 행위를 볼 수 있다.

역사상의 주가변화 연구를 통해 연구자들은 저가주의 실적이 좋은 시기에는 기업상장 후 발행가격(여기에서는 상장평가 수익률이 아닌 절대적 상장가격을 말한다)이 통상적으로 낮았다는 사실을 발견했다. 미국의 역사적 데이터에 따르면, 1980년대 초 저가주가 비교적 유행하던 시기 미국 상장기업의 평균 발행가격은 대략 주당 10달러 선이었다. 그러나 인터넷 버블 시기처럼 모두가 고가주를 선호했던 시기에는 역사적 평균 수준보다 훨씬 높은 주당 25달러였다. 이 사실에서 우리는 몇 가지를 알 수 있다. 첫째, 이 현상은 부분적으로는 상장기업이 자사 주가를 통해 자신의 실력을 드러내는 경향을 반영한다. 둘째, 인터넷 버블 시기에는 고가주와 높은 발행가격만이 투자자들의 이목과 관심을 끌 수 있었다. 물론 상장 당시의 주가가 높다 해서 상장 이후에도 좋은 실적을 보일 것이라는 보장은 결코 없다. 인터넷 버블 시기에 많은 인터넷 기업들이 고가주로 상장했고 그 후에도 발행가보다 더욱 높은 가격을 유지했지만 버블 붕괴 이후 이들 기업 중 대다수는 사라졌다. 그중 몇 안 되는 성공기업들의 현재 주가는 권리회복 조정 이후 버블이 정점을 찍었던 시기의 기업상장 발행가에 못 미친다. 이런 점에서 기업주가가 향후의 주식추세에 미치는 영향은 매우 불확정적인

데, 이 점을 투자자들은 깊이 생각해볼 필요가 있다.

우리는 또 인터넷 버블 시기에 기업이 발행가격을 조정하는 것 외에도 유통되는 주식의 규모를 이용하여 기업의 상장가격을 조정한다는 사실을 관찰할 수 있다. 인터넷 버블 시기에 투자자들이 첨단기술주에 큰 관심을 보인 탓에, 많은 기업들은 투자자들의 고조된 관심을 이용하기 위해 기업상장 시 특별히 발행유통주식의 수량을 낮춰서 인위적으로 발행가격을 높였다. 이것이 바로 (주식)수요가 일정할 때 공급을 줄이면 가격이 올라간다는 경제학의 가장 기초적인 원리다.

하지만 일부 독자는 왜 애플, 버크셔해서웨이Berkshire Harthaway처럼 우수한 기업들이 어떻게 이렇게 오랫동안 주식분할도 하지 않고 심지어 어떤 때는 이익배당도 하지 않았음에도 기업주가가 주당 수백 달러에 이르렀는지, 특히 버핏이 소유한 버크셔해서웨이의 주가가 이미 14만~15만 달러에 이르는지 물을 수 있다. 왜 어떤 상장기업은 자사주가를 떨어뜨리려 하고, 어떤 기업은 오히려 인위적으로 자사주가를 높이려 할까?

사실 이에 대해서도 앞서 언급한 '비위 맞추기' 해석을 적용할 수 있다. 버핏은 예전에 한 언론과의 인터뷰에서 아주 명확하게 다음과 같이 말했다. "나는 단기적 투자수익에 과도한 관심을 갖고 있는 투자자들이 나의 주주군에 들어와 내 투자결정에 영향을 미치길 원치 않는다." 여기에서 버핏이 말한 단기투자자란 바로 개인투자자를 가리킨다. 버핏은 높은 주가를 이용하여 개인투자자가 자신의 주주가 되는 것을 억제함으로써 자기 주주와 이사회가 자신의 장기투자와 가치투자이념을 지지하는 상태가 유지되길 원했다. 이를 통해 우리는 상장기업의 최종목적이 무엇인지와 관계없이, 상장기업과 기업임원은 의식적으로 배당정책과 분할정책(분할 또는 병합) 또는 상장가격결정 전략을 이용하여 적극적으로 자신의 잠재적 투자자를 선택한다는 사실을 알 수 있다. 또 기업은 잠재적 투자군의 요구에 부응함으로써 투자자의 관심을 끌고, 투자자의 호감을 높이며, 자사의 경영방침을 관철시킴으로써 최종적으로 자사 주가를 높이겠다는 목적을 달성한다.

기업명칭의 변경

기업융자와 상장 과정에서 투자자의 선호도를 고려하는 것 외에, 기타 많은 기업활동에서는 기업임원이 자신의 이익을 모색하는 수단으로 투자자의 선호를 이용하는 행위를 찾아볼 수 있다.

기업명칭 변경이 바로 그런 사례 중 하나에 해당한다. 중국에서는 기업에 중대한 업무조정 또는 지분변경이 이루어질 경우 기업의 명칭부터 바꾸는 경향이 있지만 미국에서는 상장기업에 대한 명칭변경 요구가 그리 크지 않다. 미국에서는 사실 상장기업의 명칭변경이 매우 보편적이라서, 기업은 이사회와 주주총회의 동의만 얻으면 곧바로 기업명칭을 바꿀 수 있다.

역사적으로 일부 특정 시기에는 기업명칭이 매우 중요했다. 투자원리로 보면 한 기업의 명칭은 투자자에게 결코 큰 영향을 미치지 못하지만, 인지의 측면에서 보면 오히려 많은 투자자들이 기업의 명칭에 큰 관심을 둔다. 많은 대형 상장기업들이 홍보를 위해 더 좋은 주식코드번호를 선택 또는 부여받음으로써 투자자의 관심과 호감을 높인다.

미국 인터넷 버블 시기에 많은 기업들은 업무내용을 반영한 원래의 명칭을 '닷컴.com'으로 변경했다. 이론적으로 기업명칭은 기업의 비즈니스, 수익능력 및 이익배당에 어떤 실질적인 영향도 미쳐서는 안 되지만 투자자들은 굳이 이렇게 이름을 바꾼 기업에 큰 관심을 보였다(이것에서 우리는 기업임원들이 투자자의 심리를 조종하는 수준이 매우 높다는 사실을 알 수 있다). 이런 사실 자체가 바로 많은 투자자들이 투자결정을 성급하게 내린다는 사실을 반영한다. 같은 수준의 기업이더라도 이름이 좀 더 섹시한 기업이 투자자의 주목을 많이 받는다는 것은 사실 황당한 일이다.

거품경제의 절정에서 대세를 따르고, 콘셉트를 추종하고, 무리하게 고가주를 찾는 투자자들은 투자자의 심리를 가장 잘 이용하지만 실적은 그다지 좋지 않은 기업의 주식을 사게 된다. 이들 기업의 임원은 자사의 실제 실력과 수익수준을 끌어올리기 어려운 데다 자신의 얼마 안 되는 재주마저 바닥이 났기 때문에 이렇게 투자자의 비위를 맞추기 위해 기업명칭 변경이라는 조치를 취하는 것이다. 이런 잔꾀에 속을 가능성이 가장 높은 것은 시장에 진입한 지 얼마 안 되는 개인투자자들이다. 2001년 인터넷 버블이 붕괴하면서 수많은 닷컴기업들의 주식은 버블이 정점이던 시기의 5%, 심지어는 1%로 하락했고 심한 경우에는 부도와 파산을 겪었다. 높은 가격에 유명무실한 닷컴기업의 주식을 매입한 투자자들은 뼈저리게 후회했다.

그중 유명한 것이 바로 미국 '로즈닷컴rose.com'이라는 기업의 사례다. 이 기업은 원래 전화로 특정 대상에게 꽃을 배송해주는 업체였는데, 기업명칭을 로즈닷컴으로 변경한 후 겨우 1주일 만에 주가가

70~80% 상승했다. 하지만 기업의 펀더멘털은 하나도 변한 것이 없었다. 이 기업은 원래부터 인터넷을 통해 꽃을 판매했기 때문에 명칭변경이 기업 전체의 비즈니스에 미친 실제적인 영향이 전혀 없었음에도 명칭변경 후 기업주가가 대폭 상승한 것이다. 이에 따라 과거에 이 기업의 주식을 매입한 주주들은 이익을 봤지만, 새로 진입한 투자자들은 이 기업의 명칭변경에 큰 대가를 지불한 셈이 되었다. 2001년 미국 인터넷 버블이 붕괴하면서 이 기업의 주가 역시 버블 정점기의 10% 이하 수준으로 하락했고, 이 기업의 명칭변경 후 주주가 된 많은 투자자들은 모두 이 과정에서 참패를 당했다.

인터넷 버블 시기의 이런 현상이 특수해 보일 수 있지만, 역사적으로 이런 사건은 항상 있어왔다. 멀리 갈 것 없이 1950년대 미국의 전자화 거품 시기에서도 이와 유사한 사례가 나타났다. 당시 많은 기업들은 투자자의 관심을 끌기 위해 잇따라 자사의 명칭에 '전자tronics'로 끝나는 단어나 접미사를 붙여 기술적인 느낌을 풍겼다. 그리고 인터넷 버블 시기에 나타난 현상과 마찬가지로, 투자자들은 이렇게 명칭을 변경한 기업에 큰 관심을 보였다.

나는 일전에 중국에서 학생들을 대상으로 이와 관련된 연구를 수행한 적이 있다. 그 결과, 투자자들은 변경된 명칭 자체뿐 아니라 그것을 쉽게 식별하고 기억할 수 있는지에 대해서도 큰 관심을 보였다. 만약 중국 A주 시장의 어떤 기업이 이름을 더욱 복잡하게 바꾸면 주식실적은 상대적으로 낮아지는 반면, 훨씬 간단하고 기억하기 쉬운 이름으로 바꾸면 주식실적이 상대적으로 높아지는 것으로 나타났다. 또 원래의 복잡한 이름을 간단하게 바꾼 후에는 주식실적이 올라가지만 간단했던 이름을 복잡하게 바꾸면 주식실적이 낮아졌다. 이를 통해 우리는 투자자가 기업의 펀더멘탈에만 관심을 갖는 것이 아니라 기업의 명칭이 무엇인지, 임원이 누구인지, 유명한 주주가 있는지 등 기업의 기본정보에도 매우 큰 관심을 보인다는 것을 알 수 있다. 투자자가 이런 정보에 주목한다는 것은 사실 투자자와의 관계를 잘 유지하고 투자자를 대상으로 홍보하는 일이 기업 입장에서 얼마나 중요한 것인지를 보여준다.

펀드명칭의 변경

사실상 기업명칭뿐 아니라 펀드회사 및 펀드회사가 관리하는 펀드명칭 또한 비교적 자주 바뀐다. 중국에서 주식형 펀드는 반드시 주식시장에 전체 금액의 80%를 투자해야 하지만 미국에서는 펀드명칭이 성장형, 가치형, 또는 국제형이라 불려도 감독기관이 특정 유형의 자산에 투자하도록 기업을 강제하지 않는다. 미국 펀드의 명칭은 감독기관의 허가를 받는 것이 아니라 모닝스타나 리퍼Lipper 같은 전문 펀드평가사의 분류에 따라 붙여지기 때문에 미국에서는 펀드명칭을 변경하는 것이 상대적으로 쉽다. 미국 학계의 연구결과에 따르면 지난 20년간 많은 펀드가 명칭을 바꿨는데, 그 이유는 주주구성의 변화 같은 실질적인 이유가 아니라 그저 한 스타일에서 다른 스타일로 명칭을 바꾸기 위해서였다.

그중 가장 흔히 나타난 명칭변경 유형은 원래의 소형주 펀드가 대형주 펀드로, 혹은 원래의 대형주 펀드가 소형주 펀드로 이름을 바꾼 것이었다. 스타일 측면에서 볼 때 원래의 가치형 펀드에서 성장형 펀드로, 또 성장형 펀드에서 가치형 펀드로 이름을 바꾼 펀드는 많다. 미국에서는 펀드명칭 변경이 상대적으로 쉽기 때문에 이런 현상 역시 보편적으로 나타난다.

그렇다면 펀드회사는 왜 자사가 관리하는 펀드의 이름을 바꾸는 것일까? 연구결과에 따르면 특정 스타일의 펀드가 비교적 실적이 좋고 시장에서 주목받는 시기에 펀드회사들은 펀드상품들의 이름도 그에 맞춰 바꾸는 것으로 나타났다. 1997~2000년에 발생한 인터넷 버블 시기에 투자자들이 성장형 기업에 큰 관심을 보이자 원래 가치형 펀드였던 많은 펀드가 성장형으로 이름을 바꾼 것이 그 예다. 또 인터넷 버블 시기에는 소형주의 성장이 빨랐고 인기도 많았기에 많은 펀드의 이름이 대형주 펀드에서 소형주 펀드로 달라졌다. 이처럼 펀드는 명칭을 변경하는 방식으로 투자자의 관심을 끈다. 이와 유사하게, 경기가 좋지 않을 때 투자자들은 대형주 및 가치형 주식에 관심을 갖게 된다. 관련 연구결과에 따르면, 적지 않은 펀드가 원래의 소형주에서 대형주로 명칭을 바꾸거나 원래의 성장형 주식에서 가치형 주식으로 이름을 바꾼다.

펀드사는 상품의 명칭변경 과정에서 마케팅 전략상의 여러 조치를 통해 명칭변경이 기업 자체의 실적에 어떤 직접적인 영향도 미치지 않게 한다. 따라서 투자자의 관심과 인정을 높이는 측면에서 볼 때 펀드 명칭의 변경은 꽤 효과적이다. 투자자는 자신이 인정하는 스타일의 펀드에 자신의 자금을 넣고 관리하고 싶어 하기 때문에, 펀드회사 역시 명칭변경을 통해 투자자의 전략에 영합함으로써 자금유입을 유도한다. 몇몇 펀드는 명칭변경 후 반년 만에 관리규모를 50%나 증가시키기도 했다.

그러나 이렇게 이름이 달라진 펀드의 투자스타일에는 눈에 띄는 변화가 나타나지 않는다. 원래 가치형 펀드에서 성장형 펀드로 이름을 바꾼 뒤에도 해당 펀드는 투자 포트폴리오에 여전히 가치형 주식을 대량 보유하고 있었고, 원래 대형주였다가 이름을 소형주 펀드로 바꾼 펀드는 포트폴리오에 여전히 대형주를 대량 보유하고 있었다. 사실 이런 현상이 나타나는 이유는 이해하기 쉽다. 만약 한 펀드의 펀드매니저 및 그의 투자스타일이 변하지 않는다면 펀드명칭의 변경과 상관없이 그 펀드 자체는 여전히 해당 펀드매니저의 일관된 투자스타일을 반영할 것이기 때문이다.

이런 의미에서 볼 때 펀드의 전체적인 투자스타일, 투자이념 및 수익에 눈에 띄는 변화가 생기지 않는다면 명칭변경은 해당 펀드의 전략과 실질에 아무런 변화를 미치지 않는다. 그러나 어떤 측면에서 이런 명칭변경은 확실히 투자자의 마음을 움직이고, 펀드가 더 많은 자금을 끌어모을 수 있도록 도와주기 때문에 효과적인 홍보방식이라고 할 수 있다. 안타까운 것은 투자자는 펀드의 명칭변경을 통해 어떤 이익도 볼 수 없다는 것이다. 왜냐하면 일부 투자자들은 펀드가 명칭을 변경해도 여전히 원래의 투자스타일에 머물러 있다는 사실을 결코 알지 못하기 때문이다.

펀드의 개방과 폐쇄

명칭변경 외에도 펀드는 또 개방형과 폐쇄형 펀드를 이용하여 투자자의 요구에 영합한다. 실적이 괜찮은 펀드 중 상당수는 순가치가 크게 성장한 후 폐쇄형 펀드로 전환한다. 이 이유는 한편으론 펀드규모가 확대된 후 관리하기가 더욱 어려워지기 때문이고, 다른 한편으로는 규모가 점차 확대됨에 따라 펀드의 실적도 상대적으로 하락할 수 있기 때문이다. 따라서 많은 펀드회사가 소수의 펀드를 폐쇄형으로 전환한 뒤 다시는 개인투자자들에게 개방하지 않고, 새로 시장에 진입한 개인투자자들은 이들 펀드의 유명세를 익히 잘 알고 있어도 투자할 수가 없다.

펀드회사는 펀드를 폐쇄형으로 전환할 때 여러 가지를 고려한다. 먼저, 전환한 후 펀드의 규모가 상대적으로 작아지면 관리하기가 쉬워지고 펀드매니저 역시 폐쇄형 펀드를 통해 비교적 좋은 실적을 낼 수 있다. 좋은 실적을 낸 후 펀드회사는 이들 펀드의 실적을 대대적으로 광고한다. 만약 자사 브랜드가 투자자들의 마음속에 확고한 위치를 잡게 된다면 자신들이 앞으로 관리하는 펀드상품도 훨씬 잘 팔릴 것이기 때문이다.

중국 펀드업계에서 비교적 전형적인 사례가 바로 화샤華夏펀드관리공사의 상품 '화샤 대형주 정선'이다. 잘 알려진 것과 같이 왕야웨이가 관리하는 이 펀드는 실적이 탁월하지만 이미 오랫동안 폐쇄형 펀드로 운영되어왔기 때문에 투자자, 특히 대부분의 개인투자자들 입장에서는 화샤 대형주 정선을 살 방법이 없다. 그러나 화샤펀드관리공사는 이 상품이 거둔 뛰어난 실적을 통해 자사의 브랜드 이미지 및 투자능력을 효과적으로 홍보했다. 향후 투자자들이 펀드를 선택할 때 이 회사의 상품을 가장 먼저 고려할 가능성이 높아진 것이다. 이처럼 국내외의 많은 펀드회사들 모두가 폐쇄형 펀드의 실적을 이용하여 홍보상의 목적을 달성한다.

탁월한 투자실적은 홍보에 큰 도움이 된다. 그러나 이들 펀드를 폐쇄형으로 전환한 탓에 펀드회사는 어쩔 수 없이 상당한 관리비용을 포기해야 한다. 따라서 펀드회사는 펀드를 폐쇄형으로 전환할지 여부를 고려할 때 이들 폐쇄형 펀드를 다시 개방하기에 가장 적합한 시기도 함께 고려하고, 이를 통해 더 많은 투자자의 자금을 끌어들이고 회사의 관리규모를 확장할 수 있다.

펀드회사는 매우 똑똑하다. 이들은 폐쇄형 펀드의 실적을 일정 기간 동안 탁월하게끔 유지한 뒤 다시 개방형으로 전환하는데, 사실 이것은 애플사의 헝거 마케팅hunger marketing(한정된 물량만 판매해 소비자의 구매 욕을 더욱 자극시키는 마케팅 기법_옮긴이)과 매우 유사하다. 폐쇄형 펀드에 대한 투자자들의 투자욕은 아주 강하기 때문에 일단 펀드를 개방하면 대량의 자금을 유입할 수 있고 이에 따라 펀드의 관리규모도 큰 폭으로 늘어나는데, 몇몇 펀드는 심지어 다시 개방형으로 전환한 지 한 달도 되지 않아 규모가 100% 이상 확대된다.

투자자 입장에선 이런 펀드의 관리비용에 대해 그리 민감한 반응을 보이지 않는다. 그 펀드는 과거 뛰어난 실적을 낸 덕에 투자자들 사이에서 인기가 높은 데다 또 오랫동안 헝거마케팅을 해온 탓이다. 따라서 장기간 폐쇄형으로 운영된 펀드는 개방 직후 흔히 투자자들로부터 일반적으로 시장의 평균보다 30~40% 높은 관리비용을 걷음으로써 과거 일정 기간 동안 폐쇄형으로 운영했던 데서 발생했던 관리비용의 손실분을 메꾼다. 때문에 펀드회사는 관리비용상 아무런 직접적인 손실도 입지 않는다. 비록 몇 년간 펀드의 규모가 늘어나지 않아 더 많은 관리비용을 받을 수는 없었지만, 펀드를 다시 개방한 후에는 관리규모도 커지고 더 높은 비용을 징수하여 이전의 손실을 보상하기 때문이다.

또한 연구결과에 따르면, 원래 뛰어난 실적을 거두던 폐쇄형 펀드가 다시 개방형으로 전환한 후에는 예전과 같이 뛰어난 실적을 유지할 수 없는 것으로 나타났다. 관리규모가 커지고 관리방침도 조정되는 탓이다. 이는 펀드회사가 똑똑하게 투자자의 열정과 갈증을 제대로 이용하여 그들로 하여금 앞다퉈 펀드구매에 나서게끔 유도하긴 하지만, 그 펀드를 폐쇄형으로 운영할 때와 같이 뛰어난 투자실적을 그들에게 돌려줄 수는 없다는 것을 다시 한 번 보여준다.

제13장

월스트리트

금융중개 서비스

월스트리트란 무엇인가? 중국인들은 줄곧 월스트리트를 신비한 곳으로 여겨왔다. 월스트리트는 뉴욕시에 있는 거리의 이름으로, 직역하면 '담장거리' 정도라 할 수 있다. 중국에서 사람들은 월스트리트를 특정 지리적 위치가 아니라 그것이 대표하는 경제적 의미, 즉 금융업계 전체를 지칭하는 말로 사용한다. 금융업에 대한 이해는 세계 각 지역마다 다르다. 나는 중국공영채널 중앙방송의 다큐멘터리 〈월스트리트 Wall Street〉 제작진의 고문으로 다큐멘터리 제작계획을 세우고 녹음하는 과정에서 월스트리트에 대한 중국인들의 강한 관심을 다시 한 번 절감했다.

월스트리트는 세계 금융체제와 국가 간 정치적·경제적 관계, 그리고 한 국가의 경제 안보뿐만 아니라 일반인의 수익과 재테크에도 영향을 미칠 수 있다. 월스트리트는 똑똑한 사람이 부유한 사람이 될 수 있는 산업을 대표하는 동시에 자본주의의 탐욕스럽고 냉혹한 문화를 대표하기도 한다. 따라서 월스트리트는 지리적 개념, 산업 개념, 그리고 개인의 직업과 생활방식 개념 등 수많은 개념을 포괄한다.

금융업의 측면에서 보면 월스트리트 또는 금융업계 자체는 사람들에게 비교적 특수한 업종으로 비춰진다. 우리는 금융업이 실물경제에 더 나은 서비스를 제공할 수 있느냐에 관한 논의를 항상 듣게 된다. 사람들은 이렇게 금융업을 세계 경제와 구분 또는 대립시킨다는 점에서 금융업이 어떤 특별한 부분을 가지고 있을 것이라고 생각한다. 이것이 바로 금융업이 이토록 큰 주목을 받는 이유, 또는 이토록 많은 사람들이 월스트리트를 전혀 이해하지 못하는 이유기도 하다.

이런 현상이 나타나는 원인으로는 여러 가지가 있다. 첫째, 금융업은 직접적 혹은 간접적으로 각 가정의 생활에 영향을 미치는 비교적 특수한 서비스를 제공할 뿐, 사실 서비스업의 일부분에 속한다. 어떤 사람은 문화예술상품(영화, 음악, 노래방 등)을 소비하고 어떤 사람은 전자제품(애플 휴대폰, 대형 TV, 고급 앰프 등)을 소비하지만, 금융서비스 상품을 소비하지 않는 가정이나 개인은 거의 없다. 금융업은 이미 모든 가정의 생활에 스며든 수준까지 발전했다. 화폐 혹은 신용카드를 사용하거나 온라인 결제를 할 때 우리는 이미 금융업계와 밀접하게 관련되어 있다. 이런 측면에서 금융업이 개인의 생활에 미치는 영향의 범위, 깊이, 그리고 사회 각 영역에 미치는 영향력은 사실 다른 업종과 비교할 수 없을 만큼 크다고 할 수 있다.

둘째, 금융은 세계 경제의 작동에 영향을 미친다. 한 국가의 환율과 대출금리, 수입과 수출, 경제발전 속도, 취업 및 소비 수준 중 어느 하나 금융의 영향을 받지 않는 것이 없다. 오늘날과 같이 엄청난 글로벌화의 배경과 그 영향력 때문에 금융업은 특히 더 독특해 보인다. 우리가 월스트리트를 언급할 때 세계 금융체제와 중요한 국제 금융기관을 가리키는 경우가 많은 것처럼 말이다.

마지막으로, 금융이 이토록 중요한 이유는 소비주체들에게 여러 서비스를 제공할 뿐 아니라 이런 주체들과 관계를 맺는 고용주와 기업에게도 융자 및 투자의 기회를 제공하기 때문이다. 따라서 금융서비스가 세계 경제에 제공하는 서비스는 쌍방향적이다. 공급의 측면에서는 기업에 서비스를 제공하고 수요의 측면에서는 소비자에게 서비스를 제공하는 이런 쌍방향적인 서비스를 통해 금융업은 실물경제의 발전을 촉진함과 더불어 소비자가 더 많은 수익을 얻고 생활수준을 향상시킬 수 있도록 도와준다. 이처럼 경제체제 전반에 있어 월스트리트가 갖는 중요성은 굳이 말할 필요가 없다.

바로 이런 금융체제와 금융업계의 복잡성 때문에 월스트리트는 사회 각계 인사의 주목을 받는다. 2011년 미국에서 발생한 월스트리트 점령 운동이든, 아니면 세계 금융위기 시 금융기관과 금융업계가 미국 경제와 세계 경제에 입힌 치명적인 타격이든, 이들 사건을 계기로 사람들은 월스트리트에 대해 갈수록 다양한 생각을 갖게 되었고 월스트리트 전체에 대한 사회적인 인식 역시 더욱 나빠졌다.

한편으로 월스트리트는 줄곧 보수가 높기로 유명했고, 다른 한편으로는 은폐행위와 탐욕스러운 기업문화 때문에 사회 각계의 질타를 받았다. 월스트리트는 도대체 무엇으로 돈을 버는 것인가? 왜 금융은 이토록 많은 자산을 벌어들이는 것인가? 왜 전 세계의 자산이 모두 월스트리트로 흘러들어가는 것인가?

만약 월스트리트의 비즈니스 모델을 분석해본다면, 투자자는 금융기관과 왕래할 때 비교적 완전한 정보와 올바른 태도를 유지할 수 있을 것이다. 월스트리트는 일부 전쟁론이나 음모론에서 묘사된 것처럼 악마도 아니고, 그곳에서 일하는 직원들이 묘사하는 것처럼 천사도 아니다. 월스트리트는 그저 금융업계의 축소판으로, 전문화된 금융서비스를 제공하는 기관과 이들 금융기관에서 일하는 사람들로 구성되어 있다. 따라서 월스트리트를 대하는 태도는 상당 부분 투자자 자신이 월스트리트의 언어와 행동방식을 이해하는지의 여부에 달려 있다. 투자자는 자신의 판단력을 높인 후에야 비로소 월스트리트의 잘못된 결정 또는 유혹의 영향을 받지 않으면서도 그들이 제공하는 서비스를 충분히 이용하여 자기 투자에 도움을 얻고, 또 국가 전체의 금융안보와 사회적 안정을 확보할 수 있다.

월스트리트의 높은 보수

월스트리트는 금융서비스 외에 그곳 종사자들이 받는 높은 보수 때문에도 사람들로부터 가장 많이 주목받는 곳이다. 높은 보수라 함은 어느 정도의 금액을 뜻하는 것일까? 최근 뉴욕 대학의 한 학자가 이를 연구한 적이 있다. 월스트리트 또는 금융업계의 보수는 대개 다른 업종보다 높았지만 항상 그랬던 것은 아니다.

1930년대 미국 대공황 발생 전에도 금융업계 종사자의 수입이 다른 업계 수입보다 훨씬 높은 현상이 나타난 적이 있는데, 당시 금융업계 보수는 비금융업계 보수의 약 1.5배였다. 그러나 대공황 이후 상황은 크게 변했다. 1930년대부터 1980년대 사이 금융업계의 보수는 다른 업계들과 큰 차이를 보이지 않았다. 그러다 1980년 이후부터 다시 격차가 벌어지면서 금융업계 수입이 다른 실물산업 수입을 크게 넘어서기 시작했다. 2005년에 이르러 금융업계 평균 수입은 다시 한 번 다른 업계 수입의 1.5배가 되었다. 그중에서도 투자은행의 보수 수준은 사회 평균을 크게 넘어서서 비금융업계 평균 수입의 몇 배에 달했다. 이런 역사적 변화는 기타 실물경제에 대한 금융업계의 영향력을 반영한다. 전체 금융업계의 수입이 총국민소득에서 차지하는 비율은 높게는 8~9%에서 낮을 때에는 2~3%까지 큰 변동을 겪었다. 따라서 금융업계 수입의 높고 낮음은 상당 부분 우리가 관찰하는 역사적 지점에 따라 달라진다.

그렇다면 이렇게 높은 수익을 어떻게 해석해야 할까? 연구자들은 우선 금융업계의 업무가 원래 수준보다 복잡해졌고, 이에 따라 종사자 개개인의 실력에 대한 사회적 요구와 기대가 갈수록 높아지고 있기 때문에 유능한 인재들을 끌어들이려면 높은 보수를 지불할 수밖에 없다고 주장한다. 둘째, 기업이 발전함에 따라 IPO 상장, 채권발행, 신용시장을 통한 위험통제 등 금융에 대한 시장 전체의 수요도 확연히 증가세에 있고, 이에 따라 이 업계 종사자들의 월급과 보수 역시 그에 상응하여 증가한다. 이런 측면에서 연구자들은 금융업계의 보수 수준이 높은 데는 어느 정도 이유가 있다고 생각한다. 그들은 다른 업계 종사자들과 비교했을 때 금융업계 종사자들이 교육배경이나 업무경력의 측면에서 상대적으로 더 뛰어나다는 점을 고려하고, 따라서 금융업계와 비금융업계의 수입을 비교할 때에는 반드시 객관적으로 봐야 한다고 주장한다. 월스트리트의 보수가 높은 이유도 일면 합리적인 부분이 있다.

그러나 이처럼 비교적 합리적인 이유를 고려한다 해도 월스트리트 종사자들은 여전히 터무니없이 높은 보수를 받는다. 세계 500대 기업 중 상당수 기업의 임원들은 매년 수백만, 심지어 수천만 달러 사이의 수입을 올리지만 이들은 항상 기업의 최고위층 경영진, 특히 CEO나 CFO Chief Finance Officer 급의 일부 직원에 불과하다. 반면 금융업계, 예를 들면 투자은행 또는 펀드회사에서는 많은 중간급 및 임원들이 수백만 달러에 달하는 보수를 받는다.

제조업이나 일반 서비스업에 종사하는 사람의 입장에서는 이것은 엄청난 규모의 수입이다. 그렇다면 금융업계 종사자들은 어떻게 이토록 많은 수입을 벌어들이는 걸까? 이에 대해서는 앞에서 열거한 합리적 이유 외에도 몇 가지 측면의 중요한 요인이 있다.

월스트리트의 고수입과 유동성

금융기관이 수익을 올리는 주요 방식은 유동성을 제공하는 것이다. 투자자나 투자은행의 고객이 어떤 유형의 자산을 사거나 팔 때는 반드시 거래상대가 있어야 한다. 주식을 살 때는 그것을 파는 상대가, 주식을 팔 때에는 그것을 매입하고자 하는 투자자가 있어야 한다. 구매자와 판매자 사이에는 흔히 가격차가 존재하는데, 이 가격차는 거래에 대해 양측이 가진 서로 다른 정보에 대한 파악정도 또는 서로 다른 판단을 반영한다. 만약 양측 사이에 계속 가격차이가 존재한다면, 가령주식 판매자는 1위안에 팔고 싶어 하지만 주식구매자는 0.98위안만 내고 싶어 할 경우 쌍방의 의견이 일치하지 않으면 이 거래는 성사될 수 없다.

중개서비스는 바로 이러한 거래들의 순조로운 성사를 보장하고 돕는 것을 목적으로 하는, 시대적 요구에 따라 생겨난 서비스다. 이 서비스는 구매자와 판매자에게 거래시스템을 제공함으로써 양측의 거래 성사를 돕고 이를 통해 수익을 올린다. 이것은 거래소의 초기 형태와 유사하며, 일종의 시장조성 시스템이라 할 수 있다. 생각해보자. 만약 시장조성자가 없다면 구매자와 판매자는 영영 거래를 성사시킬 수 없는데 이는 양측 모두에게 좋지 않은 결과다. 하지만 시장조성자가 나타나면 한편으로는 위험을 감수해주고, 다른 한편으로는 사회공헌의 측면에서 볼 때 중개자이자 시장조성자 같은 시스템이 존재함으로써 원래는 성사되기 어려웠던 거래의 성사를 도와줄 수 있다. 금융거래의 성사는 사회적으로, 그리고 양측 거래자 입장에서 가치를 창출하는 데도 도움이 된다. 따라서 금융기관은 중개서비스를 제공함으로써 창출되는 가치뿐 아니라 사회 전체의 자원배치를 통해 사회가 잉여자산을 창출할 수 있도록 돕는 데서 발생하는 가치도 누린다. 금융업은 바로 이렇게 잉여가치의 창출을 통해 점차 매우 중요하고, 매우 높은 수입을 올리는 업종이 되었다.

예를 들어보자. 자본시장에는 딜러가 많이 있는데, 이들의 주요 업무는 시장에 유동성을 제공하는 것이지만 한편으론 구매자와 판매자의 요구를 연결시켜주는 것이기 때문에 큰 위험을 감수할 필요가 없다. 이들 딜러들은 시장을 접촉한 시간이 비교적 길고 사회적으로도 인맥이 비교적 풍부하기 때문에 점차 시장에서 명성과 평판을 쌓은 뒤, 자신이 가진 자원을 통해 구매자와 판매자 양측이 스스로는 성사시킬 수 없는 거래가 성사되도록 도와주는 데서 창출되는 자산을 누린다.

이렇게 보면 금융은 특별히 신비로운 분야도 아니다. 결혼정보회사나 부동산중개와 마찬가지로 중요한 정보와 자원을 제공함으로써 구매자와 판매자를 연결시켜주는 중개서비스를 제공하는 것이기 때문이다. 게다가 거래금액으로 보면 딜러의 수익은 결코 부동산 중개업자보다 높다고 할 수 없다. 이를 통해 볼 때, 월스트리트의 고액보수 중 일부분은 상대적으로 합리적이지만 일부분은 별로 그렇지 않다.

정보의 불균형

위험과 불균형한 수익

월스트리트 금융서비스 종사자들 중 가장 높은 수입을 올리는 유형의 하나가 바로 기업임원이다. 이들은 이미 사업발전 과정에서 기업 업무에 대한 자신의 통제력을 증명했고, 다른 업종과 마찬가지로 임원이기 때문에 보수도 높다. 또 다른 유형으로는 전문 주식발행 인수인이 있다. 이들은 아주 뛰어난 사회적 자원을 보유한 덕분에 신주발행, 채권발행, 인수합병 등 상장기업과 투자자를 연결시켜주는 중요 업무를 돕는다. 그 외의 또 다른 유형이 바로 딜러다. 이들의 숫자는 끊임없이 늘어나고 있는데, 특히 2007~2008년 금융위기 발발 전까지 매우 급격히 증가했다.

이들은 어떻게 수익을 올릴까? 잘 알려진 것처럼, 금융시장에서의 거래에서는 돈을 벌 수도 있는 반면 잃을 수도 있다. 딜러가 수익을 올리는 관건은 바로 유동성을 제공하는 것이다. 이들은 사회에 서비스를 제공함으로써 거래를 저절로 얻게 된다. 시장 전체, 특히 채권이나 파생상품시장은 관련정보가 그리 흔치 않고 유동성 또한 그다지 좋지 않다. 금융기관은 고객 및 기타 금융기관에 유동성을 제공함으로써 큰 수익을 올릴 수 있다.

따라서 거래수익의 원천 중 하나는 유동성이고, 다른 하나는 위험감수다. 투자수익은 기본적으로 모두 위험을 감수하는 데서 오기 때문에, 감수하는 위험이 클수록 수익도 그만큼 높아질 수 있다. 월스트리트의 금융기관들이 높은 이윤을 거두고 직원들이 높은 수입을 올리는 이유 역시 상당 부분은 이들이 매우 큰 위험을 감수한다는 점에 기인한다. 월스트리트의 금융기관들이 이렇게 할 수 있는 이유는 한편으로 일상적인 업무에 있어 그들이 가지는 위험통제력이 비교적 뛰어나기 때문이다. 금융기관들은 서로 다른 투자, 서로 다른 시장, 서로 다른 고객들 사이에 위험을 분산시킴으로써 다원화를 추구함과 동시에 다른 한편으로는 때때로 여러 방식을 통해 위험의 일부를 자신의 고객에게 넘긴다. 선행매매Front Running뿐만 아니라 해서는 안 될 거래를 자기 고객들에게 떠넘기는 일은 월스트리트 역사상 비일비재하게 발생했다. 돈을 벌면 수익은 자신이 챙기고, 손실을 입을 것 같으면 위험을 고객에게 떠넘기는 이런 현상은 상당 부분 금융업의 복잡성, 그리고 금융업에 대한 사회 전체의 이해부족 때문에 생긴다.

금융기관들은 고객의 이익을 침범하는 것 외의 다른 불합리한 방식으로도 수익을 얻는다. 즉, 금융기관 직원들은 주주들이 제공한 자금으로 고위험 거래를 진행하는데 이 현상은 많은 월스트리트 금융기관들, 특히 투자은행들이 원래의 합명合名회사(파트너십 회사)에서 상장회사로 바뀜에 따라 더욱 두드러지게 나타났다. 갈수록 많은 상업은행과 자산관리회사들은 자신들의 투자자, 주주 및 발행주식으로부터 자금을 흡수할 방법을 강구한다. 기업운영 과정에서 대부분의 경우 투자자금은 결코 회사의 자본금이 아니라 주주의 자금, 또는 금융시장으로부터 단기간 융자받은 상업어음이다. 기업이 투자 또는 거래를 진행할 때 자체적인 자금을 사용하는 비율은 아주 적은 반면 주주 또는 고객의 자금을 사용하는 경우는 훨씬 많다.

우리는 국제적으로 은행을 감독하는 '바젤협약'의 요구에 따라 많은 대형 은행들이 8%의 자본준비금을 제공함으로써 은행에 대량인출사태 또는 거래위험이 발생했을 경우 다른 은행 및 전체 금융체계의 안보를 보장한다는 사실을 알고 있다. 그러나 많은 투자은행은 금융위기 또는 인터넷 버블이 정점을 찍은 시기에 매우 높은 레버리지 비율을 갖고 있었고, 이들이 자체보유한 자본금은 겨우 2~3%에 불과했다. 다시 말해, 거래가 건당 30위안 또는 50위안일 때 투자은행은 겨우 1위안 정도만 투입하는데 이는 바젤협약에서 규정한 상업은행의 준비금보다 훨씬 낮은 수준이다. 문제는 이러한 경우 위험이 아주 큰데, 이런 위험이 실현되지 않았을 때 이들 회사는 매우 높은 레버리지 비율을 이용하여 다른 사람들의 자금을 대량투입함으로써 높은 수익을 내는 것이다. 이는 월스트리트의 수입이 높은 이유기도 하다.

그러나 손실, 특히 금융위기가 발생했을 때 가장 먼저 손해를 보는 것은 주주들이다. 이것이 바로 금융기관들이 손실을 입거나 심지어 파산할 때조차 우리가 앞서 언급한 리먼브라더스의 사례에서처럼 많은 임원들이 여전히 매우 높은 수입을 거두는 이유기도 하다. 이는 아주 불공평한 일이다. 또한 기업의 임원들과 직원들은 주가가 오르면 높은 상여금을 받지만 주가하락 시에는 어느 누구도 그에 대한 책임을 지거나 벌을 받지 않고 원래 수령했던 액수의 월급을 그대로 받는다. 즉, 상여금이 평소보다 줄어들 수는 있지만 총수입은 여전히 매우 높은 것이고, 이 때문에 금융위기와 손실이 발생할 시 주주와 기업은 큰 손실을 입어도 그 손실이 직원들의 보수와 직접적으로 연계되지 않는 비대칭이 존재하는 것이다. 수익을 내면 월스트리트 딜러들도 돈을 벌지만, 손실이 발생했을 때 월스트리트는 결코 손실을 입지 않는다.

이 문제는 금융위기 때 특히 두드러졌다. 금융위기가 발생했을 때 금융시장 전체의 고갈 또는 쇼크는 기업에 큰 타격을 입혔기 때문이다. 실물경제의 대다수는 금융시장과 직접적으로 관계된 것이 아니었지만, 투자 프로젝트는 금융시장을 통해 진행하기 때문에 이들은 자본시장에서 융자를 받아야 하는 입장이었다. 따라서 일단 금융위기가 발생하면 실물경제 전체가 큰 영향을 받는다. 또 미국의 부동산시장은 미국 모든 가정의 재정상황에는 물론 심지어 미국 경제 전체의 하락과 세계 금융체계의 혼란에도 매우 큰 영향을 미친다. 때문에 이런 전제하에서 정부는 개입에 나설 수밖에 없다. 자금을 투입하여 금융기관을 국유화하거나 양적완화 정책을 실시하여 유동성이 부족한 신용대출시장 전체에 유동성을 투입하는 방식을 통해 금융기관을 구제하는 등의 방안은 정부가 금융위기 해결을 위해 월스트리트의 거래실패 결과에 대해 내놓는 어쩔 수 없는 보상조치에 해당한다.

이런 조치로 인해 많은 문제가 발생한다. 첫째, 이들 조치는 아주 큰 부정적 사회적 외생성, 다시 말해 사회 기타 구성원들에게 부정적인 영향을 미칠 수 있다. 미국의 양적완화 정책은 자국 경제를 호전시키지 않았을 뿐 아니라 세계 시장, 특히 신흥 시장에 큰 타격을 입혔다. 중국을 포함한 많은 신흥 시장국가의 경제가 심각한 인플레이션 압박에 직면한 것은 상당 부분 미국의 이 정책 때문이었다. 양적완화로 증가한 유동성은 세계 금융체계를 돌아다니며 투기기회를 엿보고 풍파를 일으키면서 세계 금융체계의 불안정 및 체계적 위험의 증가를 초래한다. 둘째, 정부가 시행하는 금융기관 구제조치에 투입되는 자금은 대개의 경우 금융업계 이외의 다른 업계에서 오는 것들이다. 정부는 사실 자체적으로 그만한 돈이 없기 때문에, 정부가 여기에 투입하는 자금은 국채발행 혹은 납세자로부터의 세수수입에 의한 재정수입에 지나지 않는다. 그렇다면 사회 다른 업종에 종사하는 사람들 입장에서 봤을 때, 월스트리트는 돈을 버는 경우엔 자신들보다 많이 벌지만 손실을 입은 경우엔 번 돈을 내놓을 필요도 없는 데다 오히려 그들보다 수입이 적은 다른 이들이 세금으로 낸 돈으로 구제받는 꼴이 된다. 원래의 수입도 높은데 말이다. 이런 행위 및 그 배후에 있는 논리는 사회가 월스트리트에 불만을 품게 된 이유, 특히 금융위기 이후에 그런 불만이 증폭된 주요 이유 중 하나다. 월스트리트 또는 금융기관의 이런 수익과 위험 간 불균형은 금융업계에 대한 사회 전체의 불만을 초래했다.

실물경제에 대한 금융체제의 영향, 그리고 이것이 자신의 국가 또는 다른 국가와 사회에 갖는 의미가 이토록 크기 때문에 금융기관들은 더욱더 자신들의 운영방식에 '대마불사론'이라는 일종의 내재적 보험이 있다고 느낀다. 어떤 문제가 발생하더라도 정부가 나서서 구제하고 손실도 보상해줄 거라 생각하는 것이다.

바로 이런 태도 때문에 금융기관은 갈수록 대담해지고, 이로 인해 세계 금융체계에 초래하는 위험 역시 갈수록 커진다. 이 점에 대해서는 뒤에서 더욱 심도 있게 논의할 것이다. 문제의 핵심은 금융기관이 감수하는 위험과 얻는 수익을 어떻게 장기적으로 일치시킬 수 있느냐다. 월스트리트도 마음 편하게 돈을 벌고, 이에 대해 다른 업계에서 불만을 갖지 않도록 하려면 월스트리트가 거둔 수입과 그들이 감수하는 위험 간의 균형을 맞추는 길밖에 없다.

과두독점

월스트리트가 거대한 수익을 거두는 데는 또 한 가지 중요한 원인이 있다. 금융업은 고도로 집중된 업종으로 운수업 또는 기타 서비스업처럼 지역적 특성이 강하고, 시장은 세분화되고 지역적으로 분할되어 있는 데 반해 자금은 유통속도가 매우 빠른 데다 다른 자산에 비해 상대적으로 무형자산에 가깝기 때문에 금융업 전체에 대한 글로벌화와 국내적 집중화 추세의 영향이 매우 크다. 은행과 펀드회사 모두 이런 경향을 보인다. 중국에서는 4대 국유 상업은행의 시장점유율이 50%를 넘는다. 한편 투자은행의 경우, 10위 안에 드는 은행들의 시장점유율은 80%에 이른다. 이런 측면에서 볼 때 금융업계는 경쟁이 충분히 이루어졌다고 볼 수 없는 시장이다.

물론 여기에도 합리적인 점은 있다. 선천적으로든 후천적으로든 인생은 항상 불평등하고 사회적으로도 '승자독식'이 보편적인 추세다. 성공한 기업일수록 더 유능한 직원들을 흡수하고, 이들 직원이 더욱 큰 이윤을 창출해줌으로써 기업은 더 많은 수익을 올리게 된다. 이와 동시에 금융업은 자원(광산자원, 철도건설, 무선기지국 투입 등) 측면의 진입장벽이 없고 인력과 자금이 모두 빠르게 움직이는, 고도로 글로벌화된 업계다.

이 때문에 금융업은 일체화 추세가 강하고 업계 내 밀집도도 상당히 높다. 잘 알려진 바와 같이, 업종 내 경쟁이 심할수록 협상력은 상대적으로 떨어지기 때문에 높은 보수를 받기가 어렵다. 업계 내 경쟁자가 가격경쟁력을 앞세워 시장점유율을 높일 수 있기 때문이다. 이와 반대로 집중성과 독점성이 강한 업계일수록 자산전용성이 강해져 한 사람이 한 위치에서 더욱 많은 일을 할 수 있고, 덕분에 더 많은 수입을 올릴 수 있다. 또 경쟁이 상대적으로 덜하기 때문에 가격경쟁력을 앞세워 경쟁에 뛰어드는 경쟁자가 나타날 가능성도 적다.

이외에도 금융업계에 독과점이 나타난 데는 다른 측면의 원인도 있다. 첫째, 정부감독과 관련된 원인이다. 일단 시장에 비교적 성숙한 기구가 나타나면 위험통제의 측면에서 정부는 더 성숙하고 성공적인 기업에 서비스를 맡긴다. 정부의 이런 지원방침은 점차 일종의 자연스러운 독과점 경향이 나타나도록 부추긴다. 규모가 커질수록 해당 기업은 위험관리 능력을 높이기 위해 더욱더 많은 자원을 배치할 수 있고, 이를 통해 자기 자산의 투자다원화와 분산배치를 하며 더욱 높은 수익을 올리면서도 동시에 위험은 줄일 수 있다. 이런 유형의 독과점은 자연스럽게 형성된다.

둘째, 한동안 퍼지던 중국 채권시장 추문 및 리보LIBOR 금리(영국의 은행들끼리 자금수요를 맞추기 위해 단기에 주고받는 금리_옮긴이) 단기 대부시장에서 대형 은행들이 시장을 조종한 사례 등을 살펴보면, 금융기관들은 가격결정에 대한 장악력을 높이고 더 많은 수입을 거두기 위해 심한 경쟁은 원하지 않고 오히려 계획적으로 금융업계 내에서의 집중도를 높이고 싶어 한다. 또한 금융이 상대적으로 추상적인 데다 높은 수준의 지식과 직업적 전문성을 요구하는 업종이기 때문에, 금융업 종사자들은 자신의 지식과 전문성을 바탕으로 타 업계 종사자들을 압도할 수 있는 기회를 얻는다. 거래과정에서 금융업계는 더 높은 수입과 더 많은 자산을 창출하는 반면 일부 기업 또는 투자자들은 이 과정에서 불가피하게 손실을 입는다.

미국의 인터넷 버블이 붕괴된 2000년에 월스트리트의 애널리스트들이 고객들에게 추천해준 주식의 상당수는 현실성이 없는 것들이었고, 그들이 근무하는 투자은행 역시 IPO 매도청구 서비스를 제공함으로써 거액의 수수료를 벌었다. 또 2007~2008년 금융위기 발발 당시 S&PStandard & Poor's, 무디스Moody's, 피치Fitch 등 수많은 글로벌 신용평가기관들은 업무를 따내기 위해 수많은 악성 및 고위험 자산에 얼토당토않게 높은 등급을 주기도 했다. 이런 잘못된 신용등급 평가 때문에 수많은 투자자들은 악성자산에 투자함으로써 큰 손실을 입거나 심한 경우 파산에 직면했다.

과거 20~30년 동안 금융업계가 발전한 역사를 살펴보면 이와 같은 막후조종 사례는 헤아릴 수 없이 많다. 또 월스트리트의 오퍼 과정에서 미국의 초기 나스닥 시장, 정크본드junk bond(신용등급이 낮은 기업이 발행하는 고위험·고수익 채권_옮긴이) 같은 고수익 채권 시장, 그리고 리보 금리 시장 등 시장참여자와 증권딜러가 공모와 담합을 통해 불투명한 거래규칙을 만들어 고객의 손실을 대가로 자신들의 이윤을 늘리는 상황은 항상 발생해왔다. 앞으로도 세계 금융시장에서는 금융업 종사자들이 자신의 정보적 우위를 이용하여 고객보다 앞서 거래를 진행하거나, 고객을 잘못된 방향으로 이끄는 사례가 끊이지 않을 것이다.

정보 불균형과 투자자의 수준

이 때문에 나는 금융업계의 정보 불균형이 금융업에 매우 큰 영향을 미친다고 생각한다. 이 불균형은 크게 두 가지 측면에서 나타난다. 첫째, 금융업은 매우 높은 전문성을 필요로 하는 분야라서, 실물업종에 종사하는 많은 사람들은 금융가격결정 혹은 거래의 메커니즘에 대해 잘 모른다. 대개 고객은 월스트리트 같은 금융전문가들에게 자신의 자산을 맡겨야 하기 때문에 그들을 충분히 신뢰할 수밖에 없다. 만약 월스트리트의 윤리적 기준이 비교적 높다면 고객의 이윤을 최우선으로 하겠지만, 일부 월스트리트 기업과 직원들은 거대한 상업적 이익 앞에서 유혹을 이기지 못하고 자신의 이익을 우선시하며 그것만 차리는 결정을 내린다. 금융시스템을 전체적으로 볼 때 전문성의 차이와 태생적인 정보 불균형으로 인해 월스트리트는 큰 정보적 우위를 점하게 되고, 이 정보적 우위를 발판으로 삼아 자신에게 유리한 거래와 투자를 진행한다.

다른 한편으로, 이런 결과에 대해서는 투자자도 책임을 피할 수 없다. 첫째, 많은 투자자들이 금융에 대해 충분히 알지 못하면서도 제대로 이해하려는 노력조차 하지 않았고 둘째, 금융시장에 대한 자신의 판단을 맹목적으로 믿고 또 월스트리트의 제안을 경솔하게 믿어버린 잘못이 있기 때문이다. 그리고 셋째, 위험과 손실이 발생할 시점에 투자자는 자신의 행동편향, 예를 들면 과도한 자신감과 단순한 예측의 영향으로 경솔한 결정과 순진한 판단을 내리는 경우가 많다. 투자자의 이런 행동이 월스트리트의 눈에는 고객의 수익을 벌어들일 기회가 아주 많은 것으로 비춰진다. 이것은 월스트리트가 그토록 높은 수입을 올리는 원인이기도 하다. 그들의 수입 중 상당히 큰 부분이 바로 금융에 대한 고객들의 무지에서 비롯되기 때문이다. 월스트리트의 고수입은 상당 부분 일반 투자자들이 힘들게 번 돈을 순순히 월스트리트의 임원들에게 넘기기 때문에 발생한다. 이는 또한 이 책에서 그 경위와 원인에 대한 설명에 한 장절의 지면을 할애하여 투자자로 하여금 월스트리트 자체와 더불어 자신과 월스트리트 간의 관계를 이해하도록 도움으로써 투자와 금융, 그리고 자신과 금융시장 간 관계를 더욱 잘 파악할 수 있게 한 이유이기도 하다.

판매기관

우리가 통상적으로 월스트리트라고 부르는 것은 전체적으로 봤을 때 서로 다른 두 종류의 금융기관으로 구성되어 있다. 하나는 구매기관으로, 앞서 논의했던 사모펀드나 사모지분펀드 등이 이에 해당한다. 이 구매기관들은 자신의 자본 또는 다른 사람이 관리를 위탁한 자금으로 투자를 진행하고, 자신의 투자결과에 책임을 지기 때문에 수익이든 손실이든 모두 투자실적표에 나타난다.

다른 하나는 판매기관이라 부르는 금융기관으로, 증권회사나 선물회사 등과 같이 중개서비스를 제공하는 기관이다. 직접투자는 이들의 주요 업무가 아니고(설령 이렇다 해도 이들 기관은 종종 규모가 비교적 작은 구매기관을 소유하기도 한다), 이들은 투자은행 업무를 포함한 중개업무를 통해 수익을 얻는다. 투자은행 업무는 기본적으로 기업의 상장 준비를 돕고, 잠재적 투자자와 소통하며 투자자의 요구를 이해하는 것이다. 판매기관의 또 다른 주요 업무는 마케팅과 거래 업무로, 주로 고객(특히 대형 금융기관과 순자산가치가 높은 개인)에게 투자제안을 하는 것이다. 판매기관은 결코 자체적인 자금으로 투자를 진행하는 것이 아니라 그저 투자제안 혹은 투자처 추천만을 한다.

마지막으로, 판매기관은 부분적인 자산관리 업무도 수행한다. 자산관리의 범위는 비교적 넓어서, 투자은행의 자산관리 업무에는 고객에게 투자상품을 소개하는 것 혹은 상품관리와 마케팅 업무 등 직접적으로 고객의 투자를 돕는 것이 아닌 업무도 포함된다. 이런 측면에서 볼 때 판매기관은 사실 이런 전문적인 지식, 기술 및 투자관리를 필요로 하는 기관과 개인에게 정보 및 서비스를 제공하는 금융서비스형 업무를 담당하는 경우가 훨씬 많다.

판매기관과 고객의 금융수준 및 금융시장에 대한 이해도의 차이, 그리고 특히 거대한 이익의 유혹과 월스트리트의 탐욕스러운 문화 탓에, 월스트리트의 발전 역사에서 사기행위는 거듭해서 발생했다. 이 부분은 앞의 인수합병을 다룬 장에서도 언급한 바 있다. 이런 사기행위가 실현될 수 있었던 것은 확실히 법률 및 관리감독상 허점이 존재하기 때문이기도 하지만, 월스트리트가 규제기관과의 술래잡기 게임에서 약간 우세하기 때문이라는 점도 부인할 수 없다.

인터넷 버블이 발생했을 때, 미국의 많은 판매기관(투자은행)들은 크게 두 가지 방법으로 정보를 처리했다. 바로 호재를 보고 부정적인 전망을 발표하거나, 악재를 보고 긍정적인 전망을 발표하는 것이 그것이었다. 이들 투자은행이 투자자들에게 제공한 연구보고서 또는 추천의견의 내용은 자기 회사의 거래부문에 제공하는 거래방향 및 전략과 정반대였다. 투자은행들은 자신들이 믿지 않고 분명히 잘못된 정보를 투자자와 고객들에게 제공했고, 고객이 상품을 매입할 때 투자은행 거래부서는 오히려 해당 상품을 좋은 가격에 덤핑으로 판매할 수 있었다. 법률적으로 볼 때 이는 재무 선관주의의무善管注意義務를 위반한 것, 즉 고객을 위한 서비스를 제공하는 중개기관으로서의 윤리적 의무를 저버린 것이었다. 인터넷 버블이 붕괴된 뒤 미국에서는 수많은 투자은행 애널리스트들이 기소를 당했다. 이들은 투자자 또는 기관투자자들에게 매력적인 과학기술 기업을 매우 긍정적으로 추천하는 보고서를 제공했으면서도 정작 자기 회사의 직원들을 위해 작성한 보고서에는 인터넷 기업들이 사실 어떠한 수익도 내지 못한다는 사실을 적시했기 때문이다. 이렇게 말과 행동이 다른 방식으로 투자자의 시선을 돌리면서, 자기 회사의 거래부서 및 자신과 긴밀한 이익관계에 있는 기관들이 이 기회를 틈타 돈을 벌 수 있게 한 것이다.

이외에도 투자은행 연구부서의 실적과 그들 예측의 정확성 및 객관성은 그다지 큰 관계가 없다. 중국의 갑부 명단에 오른 자산가나 국제

기관투자자 순위에 드는 기업들이 꼽은 가장 좋은 애널리스트들의 예측정확성이 항상 뛰어난 것은 아니다. 이들이 스타 애널리스트가 된 이유는 예측정확성보다는 고객들에게 더 좋은 서비스를 제공했기 때문인 경우가 훨씬 많다. 판매기관의 애널리스트에 대한 미국 내, 그리고 국제적인 연구에 따르면 우수 애널리스트의 예측정확도는 일반 애널리스트보다 결코 뛰어나지 않다.

추천이 결코 정확하지 않은데 이들은 어떻게 고객들로부터 좋은 평가를 받는 것일까? 이것은 애널리스트가 사회 기타 투자자와 비교할 때 큰 우위를 점하고 있기 때문이다. 애널리스트들은 기업 내부의 정보를 합법적인 방법으로 훨씬 정확하게 얻을 수 있고, 이를 토대로 어떤 정보를 시장에 공표하고 어떤 정보를 어떤 투자자에게 제공할 것인지 선택할 수 있다. 많은 애널리스트들은 유력하고 중요한 정보를 자신에게 도움이 되는 투자자에게 미리 누설한다.

이 때문에 많은 경우 애널리스트 자신은 어떠한 위법행위도 하지 않고 그저 정보전달 매커니즘의 일부 비대칭적 또는 느슨한 부분을 이용하여 일부 기관투자자와 주요 고객들에게 좋은 서비스를 제공하고, 그럼으로써 자신에 대한 고객만족도를 높이고 업계 내에서의 자기 순위를 상승시키는 목적을 달성할 수 있었다. 이런 핵심고객을 돕는 과정에서 애널리스트는 사실 중소투자자와 기타 일반 기관투자자의 이익을 침해했지만, 이것은 결코 애널리스트가 중점적으로 고려하는 범위에 들지 못했다. 많은 애널리스트들은 주요 고객만 챙겨줘도 큰 기관의 지지와 인정 및 주식을 얻고, 이를 통해 점차 스타 애널리스트가 되어 더 높은 보수를 얻을 수 있었기 때문이다. 미국에서 이 문제가 비로소 교정된 것은 1990년대에 이르러서였다. 미국은 '공정공시제도'를 통해 상장기업과 애널리스트가 모든 투자자에게 같은 정보를 동시에 제공해야 한다고 규정했다. 그럼에도 세계의 기타 주요 자본시장에서는 아직 이와 유사한 개혁이 추진되지 못하고 있다.

자본시장에서의 정보전달 기제가 초래한 비대칭 현상은 판매기관 측 애널리스트가 자신만 이익을 취하려 하고 고객을 차별적으로 대우하는 부당한 업무처리를 부추겼는데, 이 현상은 인터넷 버블이 붕괴할 때 특히 두드러지게 나타났다. 버블이 정점을 찍었을 때, 투자은행들은 고객들에게 만약 오늘 IPO주를 사면 내일 상장 시 문제없이 100~200%의 수익을 벌 수 있을 것이라고 보장했다. 이후 미국증권거래위원회와 뉴욕주 수석변호사 사무실은 많은 투자은행이 수탁판매한 기업의 상장 전에 가장 인기가 많은 상장예정 기업을 가장 중요한 고객들에게 우선적으로 나누어줬다는 사실을 발견했다. 그 고객들 중에는 투자은행의 임원과 업무 파트너뿐 아니라 해당 투자은행과 밀접하게 왕래하는 중요 고객(기업) 및 그 임원들도 포함되어 있었다. 이와 같이 IPO주는 비교적 공평한 추첨방식에서 일종의 차별대우 같은 분배방식으로 변화했다. 판매기관 애널리스트는 자신에게 도움이 되는 투자자의 이익을 가장 우선시했고, 사회의 이익과 기타 투자자의 이익은 부차적인 것으로 여겼다.

내막을 아는 사람들은 증권의 가격이 실제 가치보다 훨씬 높다는 사실을 분명히 알고 있는데, 이 현상은 시장에 거품이 심하게 발생할 때 특히 두드러지게 나타난다. IPO 수탁판매를 하는 증권회사의 애널리스트는 수탁판매 업무를 하지 않는 애널리스트보다 IPO 상장기업을 훨씬 높게 평가한다. 많은 판매기관 애널리스트들이 기업의 지배구조에 대해 조사한 후 고객들에게 최종적으로 짧게는 40~50장, 길게는 100장이 넘는 연구보고서와 가장 중요한 정보, 즉 주식에 대한 평가—매입, 보유, 처분—를 제공한다. 이후 이들 IPO주의 상장 후 발전추세를 살펴보면, 수탁판매기업 측 애널리스트는 기업연구보고서를 작성할 때 객관적으로 기업의 실제 수준을 반영하는 것이 아니라 자기 회사의 IPO 거래를 돕기 위해 IPO주의 가격을 실제보다 높게 평가함으로써 일부러 과도한 낙관적 예측을 내놓아 자기 회사의 투자은행 부서를 선전한다. 이런 측면에서 볼 때, 증권회사 또는 증권사의 주식 리서치는 연구부서라기보다는 마케팅을 돕는 보조적 성격의 부서에 가깝다.

대부분의 개인투자자들은 투자할 때 주변 사람들의 피드백과 추천을 받거나 판매기관 애널리스트의 추천종목들에 관심을 기울이고 주목하는 등 적극적으로 정보를 찾는다. 그러나 만약 애널리스트의 업무가 결코 대부분의 투자자들에게 무료로 정확한 서비스를 제공하는 것이 아니라 증권사 자신의 업무를 촉진시키기 위한 것이라는 점을 이해한다면, 투자자는 그들이 내놓는 추천과 연구보고서를 참고할 때 더욱 객관적이고 신중한 태도를 유지할 수 있다.

중국에서는 예전에 일부 증권 애널리스트들이 업무자격을 잃은 적이 있고, 최근에도 일부 보증인이 보증인 자격을 취소당했다. 왜 일부 애널리스트는 '검은 입', 일부 보증인은 '검은 보증'이라고 불리는 걸까? 이들 종사자들의 업무목표와 이익소재를 생각해본다면, 개인투자자들은 '전문가'들의 추천과 보증을 객관적으로 고려하고 투자 전에 반드시 심사숙고하게 될 것이다.

이런 상황은 사실 중국 자본시장에만 국한된 것이 아니다. 증권 애널리스트의 추천을 보면 마치 주식시장이 항상 상승세에 있는 것처럼 느껴진다. 그러나 일은 항상 마음대로 되지 않기 때문에 시장은 늘 변동한다. 애널리스트들은 모두 전문적인 훈련을 받은 사람들이므로 기업의 펀더멘털과 금융업계 전체를 잘 이해하고 있어야 하고, 충분한 조사와 연구를 한 이후에만 투자할 기업을 추천해야 한다. 그럼에도 이들의 예측은 왜 이토록 정확하지 못할까? 미국 자본시장에 대한 한 연구는 과거 20년간 물가에만 인플레이션이 발생한 것이 아니라 애널리스트들의 추천도 눈에 띄게 갈수록 낙관적으로 변해왔다는 사실을 발견했다. 1986년에 나온 모든 연구보고서에서 가장 자주 나타난 결론은 '보유'였고, 15% 정도가 '처분' 또는 '즉각 처분'이었다. 다시 말해 주식 매입과 처분에 대한 애널리스트의 추천이 그래도 대체로 평형을 이루고 있었던 것인데, 2000년이 되자 상황은 크게 변했다. 인터넷 버블 시기 모든 연구보고서에서 가장 자주 나온 결론은 '매입'이었고, 판매기관 애널리스트들의 추천 중 '처분' 또는 '즉각 처분'은 겨우 2%에도 미치지 못했다. 즉, 그들의 추천은 투자자에게 주식을 매입하라는 쪽으로 치우쳤던 것이다. 그러나 결과는 어땠을까? 나스닥 지수는 2000년의 5,000점 선에서 2,000선까지 급격히 무너지면서 수많은 투자자들에게 큰 손실을 안겼다.

따라서 투자자는 판매기관의 연구와 추천의 배후에 있는 강력한 동기가 무엇인지 분명히 파악하고 자신이 접하는 정보를 정확하게 다뤄야 한다. 이는 앞서 논의한 투자자의 자질과 태도와도 관련된다. 많은 투자자들이 친구가 투자해서 돈을 벌었다는 이야기를 들으면 자신도 같은 곳에 투자해보고 싶어 안달이 나는데, 사실 이럴 때는 우선 친구를 축하해준 뒤 다음과 같은 두 가지 요소를 반드시 고려해봐야 한다. 첫째, 그 친구는 자신이 어떻게 좋은 실적을 올렸는지 이야기할 때 말하지 않는 부분이 있을 수 있다. 어쩌면 그는 자신이 구매한 다섯 종목의 주식 중 한 종목에서만 수익을 거두고 나머지 네 개 종목에서는 손실을 입었지만 앞의 것에 대해서만 얘기한 것일 수도 있다. 투자 포트폴리오 전체를 놓고 보면 그는 사실 손실을 입었을 수 있는 것이다(이는 사실상 개인투자자의 실제 실적에 대해 각국 학자들이 일치된 결과를 얻는 부분이다). 우리의 행동을 잘 생각해보자. 그 누구도 하루종일 친구에게 자신이 손실을 입었다고 떠들어댈 순 없을 것이다.

둘째, 당신의 친구는 당신에게 이야기를 했던 그 시점에만 그 주식으로 수익을 거뒀고, 1주일 후에는 그 주식 때문에 오히려 손실을 입은 것은 아닌지 반드시 생각해봐야 한다. 당신이 들은 것은 '주식을 매입했다'는 단편적인 정보에 불과하지만, 이보다 더 큰 문제는 바로 '그 주식을 언제 처분했는가'다. 많은 개인투자자들이 주식매입 뒤 돈을 버는 것은 사실이지만, 주식처분 시점을 결정하는 것은 매입 시점을 결정하는 것보다 훨씬 어렵다는 것을 잘 모른다. 이것은 매우 큰 과제다. 2012년에 애플사의 주가는 주당 370위안에서 주당 700위안으로 뛰었다가 나중에 다시 주당 420위안으로 떨어졌다. 애플이 좋은 회사라고, 혹은 애플의 상품이 좋다고 여기는 사람의 숫자는 결코 회사의 주식에 영향을 미치지 않는다. 애플의 펀더멘털은 변하지 않았고, 장부에도 여전히 수십억 달러의 현금이 남아 있으며, 모두가 애플의 상품을 좋아하는데 왜 주가는 크게 올랐다가 급격히 하락한 것일까?

중요한 것은 당신이 정보를 접한 것이 언제인지, 그리고 이 정보가 과연 적정한 것인지의 여부다. 선택적 편견, 그리고 모든 공로를 자신에게 돌리는 편견으로 인해 투자자는 자신이 앞으로 더 잘할 수 있고, 이미 아주 잘했다고 생각하게 만든다. 이 때문에 많은 투자자들이 올해 수익을 거뒀다 해도 사실 그 실적은 시장수익률에 한참 못 미치는 것이다. 개인투자자의 실적을 주식투자계의 큰손이 거둔 실적과 비교해보면, 시장이 호황일 때 개인투자자의 실적은 훨씬 나빠진다. 시장수익률이 30% 정도라면 개인투자자의 수익률은 겨우 15%에 그치기 때문이다. 따라서 자신의 실적과 시장 전체의 실적에 대한 과학적 판단 없이는 투자자도 자신의 투자실적이 좋은지 나쁜지 제대로 파악하기 어렵다.

판매기관(투자은행, 증권사)에서 내놓는 많은 연구는 투자은행의 마케팅 업무를 지원하기 위한 것이지, 결코 투자자가 해당 기업의 실제 투자가치와 장기적 발전전망을 더욱 잘 이해할 수 있도록 객관적으로 돕기 위한 것이 아니라는 사실을 이해하자. 투자자는 반드시 투자기관이 내놓는 연구의 질, 연구의 공정성과 객관성, 그리고 해당 연구가 자신의 투자선택에 미치는 영향을 제대로 파악해야 한다.

할리우드 감독들은 최근 표출된 월스트리트의 탐욕스러운 상업문화에 경악을 금치 못했다. 지난 10년 동안 〈월스트리트Wall Street〉 〈월스트리트2: 머니 네버 슬립스Wall Street2: Money Never Sleeps〉 〈시크릿〉 〈마진 콜: 24시간, 조작된 진실Margin Call〉 등 여러 영화가 월스트리트의 이익을 좇는 자본주의 상업문화를 반영했다. 월스트리트에서는 매년 거대 스캔들이 터지거나 심각한 위법행위가 횡행한다. CDO의 수탁판매 행위, 인터넷 버블 시기의 시장연구 부서, 인터넷 기업상장 주식의 분배과정, 리보 금리 조작사건, 그리고 1980년대 미국의 대규모 내부거래 스캔들 모두는 월스트리트와 금융업계 전체에 사기가 얼마나 보편적으로 퍼져 있는지 보여주는 사례들이다.

금융업계에는 확실히 다음과 같은 폐단이 존재한다. 첫째, 자본시장에 존재하는 심각한 정보의 불균형 때문에 극소수의 전문가들만이 전체적인 시장작동 매커니즘을 이해한다. 둘째, 금융기관과 자금의 연결이 비교적 긴밀하기 때문에 자산이 관계되면 유혹도 그만큼 커진다. 셋째, 금융업계는 진입장벽이 높고 불투명하기 때문에 내부인사들이 조작할 수 있는 여지가 생긴다. 마지막으로 높은 레버리지, 위험과 수익 간의 비대칭성은 고위험 고수익을 추구하는 판매기관의 성향을 더욱 부추김으로써 문제를 주주들과 관리경영층에게 넘긴다. 중국 국채 시장, 미국의 정크본드 시장과 영국 리보 시장 모두에서 과거 소수 금융기관이 자신의 정보적 우위와 거대 거래 네트워크를 이용하여 시장을 조작함으로써 거액의 자금을 얻은 사례가 발생한 바 있다. 이들이 희생양으로 삼은 것은 사회 전체와 투자자들의 자산과 이익이었다.

판매기관의 행위방식에 대해 잘 알게 된 후 금융기관의 보고서를 읽거나 금융기관과 왕래해보면, 금융기관 전문가들은 정보를 전달하고 서비스를 제공하는 동시에 자신의 수입 극대화를 위해 다른 생각을 품고 있다는 사실을 충분히 알게 될 것이다. 이것은 앞서 언급한 기업임원 및 이사의 경우와 같다. 그들은 모두 위탁-대리 관계에서 대리인에 해당한다. 위탁인과 대리회사 사이에는 이익충돌이 있을 수 있다. 이런 상황에서 투자자는 투자은행이나 기관이 제공하는 정보를 처리할 때 반드시 해당 판매기관에 대해 전반적으로 깊게 이해하고, 전문 금융기관의 건의사항을 신중하고 객관적으로 판단해야 한다는 것이 내 생각이다.

매수기관

판매기관과 달리 매수금융기관(공모펀드, 사모펀드, 양로보험펀드, 보험회사, 자산관리회사 등)은 주로 자신 혹은 고객의 자금을 사용하여 직접 투자를 진행하고, 고객에게 자산관리 서비스를 제공함으로써 수입을 얻는다.

판매기관에 비해 매수기관은 상대적으로 실적이나 영업 측면에서 훨씬 투명하다. 어쨌거나 투자로 수익을 냈는지의 여부, 수익이 어떠한지를 보여주는 것은 비교적 간단한 일이니 말이다. 그러나 2008년 미국 역사상 희대의 자산관리업계 사기사건인 매도프 투자 스캔들Madoff investment scandal은 설령 상대적으로 간단하고 투명한 자산관리업계의 매수기관이라 할지라도 정보 불균형, 기법과 위험에 대한 투자자의 의식결여 때문에 큰 이익을 취할 수 있다는 사실을 세상 사람들에게 다시 한 번 일깨워주었다.

2008년 가을 세계 금융위기가 기세등등했을 때, 갑자기 미국에서 자산관리업계 역사상 최대 규모의 사기사건이 발생했다는 소식이 전해졌다. 당사자인 매도프는 품위 있고 고상한 70대 노신사로, 1960년대부터 줄곧 자산관리업에 종사해오면서 업계 내에서 큰 영향력을 갖고 있었다. 매도프는 과거 시장조성자로서 초기 나스닥에 상장한 마이크로소프트, 애플, 넷스케이프Netscape 등과 같은 과학기술주에 유동성을 제공하고 그들의 거래를 도와줌으로써 시장이 점차 그들의 가치를 발견하도록 이끌었다. 그는 비즈니스계에서뿐 아니라 사회활동과 공익사업에도 열중했다. 그는 나스닥 주식시장 회사의 전 이사회 대표이사를 역임했는데 이 자리는 중국으로 치면 곧 중국 증권감독관리위원회 부의장이 될 수 있는, 거래소 이사장급에 해당하는 꽤 높은 직급이다. 이외에도 그는 미국 증권거래위원회 고문 등 사회적으로 존경받는 직위를 여러 차례 역임했다. 그런 매도프는 1960년대부터 투자증권사를 차려 중개업무를 제공했고, 이후에는 자산관리사 자격을 얻어 고급고객을 대상으로 전문 자산관리 서비스를 제공했다.

미국은 1929~1933년의 대공황을 겪으며 자국의 금융관제와 금융시스템에 많은 문제가 있다는 사실을 발견한 후 몇 가지 중요한 법안을 통과시켰다. 그중 유명한 것이 미국 증권거래위원회 설립의 기초가 된 '증권거래법'인데, 이 법은 필수 공시정보, 주가조작 금지, 거짓 또는 사기행위가 있는 정보의 공시 금지 등 증권거래와 관련된 여러 행위들을 규정했다.

미국은 또 중국의 '펀드법'에 해당하는 '투자회사법Investment Company Act'을 통과시켰다. 이 법은 타인의 자산관리자가 갖춰야 할 자질, 공포해야 할 정보, 그리고 해도 좋은 일과 해서는 안 될 일을 규정하고 있다. 예를 들어 미국의 경우 펀드회사는 5위안 이하의 주식을 사서는 안 된다. 그런 주식은 소형주거나 넝마주일 수 있고, 펀드회사는 신용평가 BBB급 이하의 정크채권을 매입할 수 없기 때문이다.

매도프는 어떤 나쁜 일을 저질렀을까? 2008년 크리스마스 때 그는 두 아들에게 사실 자신의 생활은 거대한 거짓말에 지나지 않으며, 자신은 가진 게 하나도 없다고 고백했다. 지난 20년간 투자자들로부터 총 600억 달러의 자금을 받았음에도, 그가 과거 30년간 진행한 거래 건수는 20차례에도 이르지 않았다. 투자자의 돈으로 아무런 투자를 하지 않은 것이나 마찬가지인 그의 이런 행위에 많은 사람들이 놀랐다. 이는 얼마 전 중국에서 발생한 우잉吳英 사건(자수성가한 젊은 갑부로 이름을 날렸던 우잉이라는 여성은 2007년 대형 금융사기 혐의로 체포됐고, 1심에서 금융사기죄로 기소돼 사형을 선고받았지만 이후 사형집행 2년 유예 및 전 재산 몰수형을 받았다_옮긴이)과도 약간 다르다. 우잉은 투자자들의 자금을 받은 후 그것으로 최소한 투자는 진행했고, 심지어 꽤 괜찮은 투자를 해서 자산의 가치를 꽤나 높이기도 했기 때문이다. 그러나 매도프는 600억 달러, 중국 돈으로 약 3,000여 억 위안에 달하며 중국 최대의 공모펀드 총액보다 더 많은 금액의 자산을 30년간 그저 갖고 있었을 뿐 아무것도 한 것이 없었다. 어떻게 이런 일이 계속 드러나지 않을 수 있었던 것일까?

스캔들 폭로 후 미국 증권거래위원회와 사법부는 매도프를 기소했고 매도프는 150년의 징역형을, 대부분 그의 회사 직원이었던 그의 친척(형제, 조카 등)들은 저마다 다른 기간의 징역형을 선고받았다. 미국의 매사추세츠, 코네티컷, 뉴욕 등에서는 매도프를 상대로 총 수십억 달러의 상업적 배상을 요구하는 단체 민사소송이 제기됐다. 하지만 이미 원래 투자자들에게 돈을 돌려준 그는 무일푼 신세였다. 이 사건과 관련된 대다수 투자자들은 600억 달러의 펀드 중 겨우 10% 안팎만 돌려받을 수 있었다.

이외에도 이 일로 인해 수많은 유럽 대형은행, 미국의 저명한 대학 동문회 기부기금과 사회 저명인사들 모두 심각한 재무적 타격을 입었다. 일부는 자산에 손실을 입었을 뿐만 아니라 자신의 목숨까지 끊었다. 많은 자금을 매도프의 펀드에 투자했던 모 신탁관리자 두 명은 이 스캔들로 자금의 대부분을 잃어 투자자를 볼 면목이 없어지자 자살을 선택했다.

투자자, 펀드관리자, 관리감독자의 입장에서 어떻게 이토록 거대한 규모의 사기사건이 가장 선진적인 서방 자본주의 국가에서 20~30년간 계속될 수 있었을까?(뒤의 '위험관리' 장에서 이 스캔들이 어떻게 발생하게 되었는지 좀 더 분석할 것이다.) 미국 증권거래위원회 시스템과 미의회 모두 이런 상황이 발생한 것을 이해하지 못했고, 또 용인할 수 없다고 보았다.

수많은 불법자금 모집 사건 중에서 '폰지사기'라는 것을 한 번쯤은 들어본 경험이 있을 것이다. 가장 오래되고, 가장 보편적인 금융사기 수법인 이것은 거품경제와 상당히 긴밀하게 관련되어 있다. 거품은 가장 기본적인 투자이념 또는 원칙을 준수하지 않기 때문에 발생하는 것이다.

'폰지사기'는 찰스 폰지Charles Ponzi라는 이름을 가진 이탈리아 태생 사기꾼으로부터 유래됐다. 폰지는 변변치 않은 용모를 가졌으나, 이탈리아에서 4만 명 상당의 투자자들을 대상으로 1,500만 달러에 이르는 금액을 사기 친 것으로 유명하다. 이 사기수법의 핵심수단은 바로 묵은 빚을 새 빚으로 갚는 것이다.

같은 이치로, 왜 사람들은 매도프에게 돈을 투자했을까? 이유는 바로 그가 높은 수익률을 약속했기 때문이다. 자금만 끊이지 않고 들어온다면 매도프는 뒤에 들어온 투자자의 자금으로 이전에 투자한 투자자에게 수익금을 줄 수 있었고, 뒤에 들어온 투자자가 충분히 많으면 자신은 아무런 투자를 하지 않고 아무 투자수익이 없는 상황에서도 계속 새로운 자금을 제공받는 동시에 현재 있는 투자자들에게 충분한 투자수익을 줄 수 있었던 것이다. 영국 남해회사 역시 사실 이와 비슷한 수법을 사용했다. 첫 주식은 200위안에 팔고 두 번째 주식은

300위안에, 그다음엔 500위안, 그 이후에는 1,000위안에 팔면서 투자자들에게 30%의 수익을 약속했기 때문에 영국에서 가장 부유한 사람들과 뉴턴처럼 똑똑한 사람들도 투자행렬에 뛰어든 것이다. 역사는 이처럼 놀랍도록 비슷하다.

중국이든 해외든, 선진국이든 개발도상국이든, 왜 투자자들은 번번이 '폰지사기' 수법에 걸려드는 것일까? 주요 원인 중 하나는 바로 탐욕이다. 많은 사람들이 30%의 수익률이라는 유혹을 뿌리치지 못한다. 미국에서도 과거 여러 차례 폰지사기가 발생했었는데, 매도프는 대체 어떻게 20~30년간 이 수법을 성공적으로 써먹을 수 있었던 것일까? 그의 가장 중요한 혁신은 바로 과거의 폰지사기 사건들이 고수익을 마구 선전하던 것과 달리, 아주 똑똑하게 '나는 실적은 그저 그런 수준이지만 다년간의 풍부한 투자경험과 좋은 투자전략으로 안정적인 투자실적, 즉 매년 10~15%의 수익을 낼 수 있다'고 광고했다는 것이다.

지난 20~30년을 되돌아보면 사모펀드, 벤처캐피털, 헤지펀드, 신탁관리 등과 같은 대체투자의 발전속도는 전통적 의미의 자산관리나 공모펀드보다 훨씬 빨랐다. 그 이유는 무엇이었을까? 이런 대체투자의 위험통제력이 투자자로 하여금 훨씬 안정적인 투자수익을 얻을 수 있게 도움을 주었던 데서 그 이유를 찾을 수 있다. 위험을 회피하려는 인간 고유의 행동방식으로 인해 사람들은 부자가 되면 먼저 자신의 부를 지킬 방안부터 생각한 뒤 다시 자산창출 방법을 고민한다. 인간이 가지는 사유의 틀이란 한정적이기 때문에, 많은 고액 순자산 보유자•들은 투자할 때 먼저 자신을 보호할 방법, 즉 현재 자신이 보유한 자산과 안락한 생활을 상실하지 않을 방법부터 고려한다. 이 때문에 이들은 투자수익의 안정성과 손실회피를 가장 우선시하게 된다.

전통적인 투자방식에 속하는 중국 A주 시장의 연간수익률은 18%이지만 연간변동률은 매년 45%에 이른다. 다시 말해 투자자가 감수해야 할 손실가능성이 매우 크다는 얘기다. 이와 동시에 지금 나와 있는 수많은 자산관리, 신탁상품의 연간 수익률은 매년 8% 정도에 불과하지만 비교적 안전하기 때문에 일부 투자자들에게 있어 매력적이라는 데 의문의 여지가 없다. 위험에 대한 연령별 선호도 역시 조금씩 달라서 젊은 사람들은 위험을 좀 더 감수하고 돈을 조금 더 버는 편을 선호하지만, 사업적 성취를 이루고 일정한 자산을 얻은 사람 입장에서는 수익을 조금 더 혹은 덜 얻는 것은 현재 자신이 보유한 자산과 생활방식을 유지하는 것보다 별로 중요하지 않다고 여긴다.

이와 같은 투자자의 선호도를 꿰뚫어본 매도프는 지난 20~30년간 자신의 펀드를 선전하는 데 성공했다. 첫째, 그는 조급하게 투자자를 찾는 일부 다른 자산관리자들과 달리 자신은 돈이 부족하지 않다는 인상을 투자자들에게 심어주었다. 그는 절대 다른 사람들에게 자신의 투자전략을 소개하거나 자신의 업적을 뽐내려 하지 않았다. 다른 사람이 그에게 어떤 일을 하느냐고 물었을 때에야 비로소 그는 자신이 투자를 한다고 말한 뒤 자신의 실적에 대해 설명하기 시작했다.

둘째, 매도프는 자선사업을 매우 하고 싶어 했다. 그는 유태인들 사이에서 존중받는 자선가 이미지를 구축함으로써 많은 사람들이 그의 본업이 무엇인지 관심을 갖게 만들었다. 즉, 그는 자선가로서의 자기 이미지를 이용하여 자신이 투자를 한다는 사실을 선전한 것이다. 마지

- 고액 순자산이란 자산 순가치가 높다는 것, 고액 순자산 보유자란 개인 금융자산과 투자성 부동산 등 투자 가능한 자산이 600만 위안 이상인 개인을 의미한다. _편집자 주

막으로, 그는 애플의 '헝거 마케팅'을 제대로 파악했다. 매도프의 사기 행각이 만천하에 드러나기 10여 년 전, 그는 자신의 투자자들에게 거의 돈을 요구하지 않았다. 또 투자자가 그에게 투자하려 하면 그는 대개 자신의 실적이 너무 좋아서 해당 상품의 관리규모가 이미 아주 커졌고, 그 때문에 이미 폐쇄형으로 전환했다고 대답했다. 이런 '헝거 마케팅' 전략은 투자의 세계에서 매우 효과적이다. 많은 투자자들은 앞다퉈 몇 차례나 투자의향을 밝힌 뒤에야 '성공적으로' 매도프의 펀드 또는 모신탁에 자기 자금을 투자할 수 있었다. 이렇게 보면 많은 투자자들은 투자고려 시 기본적인 투자전략과 수익에는 그다지 관심을 두지 않고 오히려 펀드매니저의 이미지와 사회적 지위에 더 많은 관심을 기울인다는 사실을 알 수 있다. 이 외에 앨런 스탠퍼드Allen Stanford의 사기거래 역시 이와 유사하다.

그렇다면 왜 이런 유형의 사기가 같은 시기에 집중적으로 드러나는 것일까? 이런 행각들은 2008~2009년 세계 금융위기로 인해 자산가격이 폭락하고 유동성이 고갈된 뒤에야 드러났고, 이후 워런 버핏은 "파도가 지나간 다음에야 누가 벌거벗고 수영했는지 알 수 있을 것이다."라는 말을 남겼다. 오늘날처럼 공급통화량이 매년 30%씩 증가할 때에는 누구든 아주 수준 높은 투자자가 될 수 있고, 모두가 괜찮은 수익을 거둘 수 있다. 그러나 언젠가 중국의 공급통화량 증가속도가 10% 밑으로 떨어지면 어느 투자자가 위험과 경제에 더 깊고 정확한 이해와 판단을 갖췄는지 드러날 것이다.

월스트리트 매수기관의 전설

매도프의 사례와 같은 스캔들을 제외하면, 대부분의 매수기관들이 가진 실적과 비즈니스 모델은 그래도 상대적으로 투명한 편이다. 매수기관에 대해 말하자면 공모펀드의 경우엔 매년 1%의 관리비용 및 기타 관련비용을 받고, 사모펀드는 매년 2%대의 관리비용을 받는 데 더해 20%의 실적상승 수익을 받는다. 즉, 만일 당신이 100만 위안을 투자해서 올해 20만 위안을 벌었다면, 이 20만 위안 중 4만 위안은 펀드 관리자의 소유로 돌아가고 나머지 16만 위안만 당신의 몫이 되는 것이다. 많은 펀드관리자들은 이런 실적 인센티브와 수당을 통해 많은 돈을 벌어서 고액 순자산 보유자가 된다.

하지만 우리가 반드시 알아둬야 할 것은, 진정으로 전설적인 투자자는 극소수에 불과하다는 것이다. 2007~2008년 금융위기 당시 모든 투자자들이 2008년 한 해에 올린 총수익은 무려 280억 달러에 달했는데, 그중 헤지펀드 매니저였던 존 폴슨 혼자 벌어들인 돈이 70억 달러였다. 그 역시 이 덕분에 하루아침에 자산관리업계의 부자가 되었다. 그러나 그는 2011년 나스닥의 중국개념주식이 폭락했을 당시 보유하고 있던 시노포레스트Sino-Forest(중국 최대의 벌목업체_옮긴이)의 주식 때문에 1억 달러가 넘는 손실을 입었다. 뿐만 아니라 2013년 봄에 금값이 폭락하면서 폴슨이 다시 사들였던 금 관련 펀드는 1주일 만에 10억 달러의 손실을 입었다.

앞서 언급했던 밀러 역시 15년 내내 시장수익률을 상회하는 수익을 거뒀던 투자계의 전설적인 인물이었지만, 2005년부터 6년 중 5년간은 시장수익률을 하회하는 실적을 거뒀다. 전설적인 투자자들은 돈을 벌기만 하고 잃지 않는 기록을 세우기 때문에 적지 않은 투자자들이 우르르 모여들지만 그것은 단기실적에 불과하다.

따라서 펀드매니저는 반드시 수익을 정확하게 다루는 태도를 가져야 한다. 미국의 부동산 거품, 그리고 공매도와 부동산 관련 주식, 금융 주식 및 CDO를 언급할 때 폴슨은 다음과 같이 말했다. "내가 특별히 뭘 한 것이 아니다. 나는 그저 임금님이 벌거벗었다고 소리친 아이였을 뿐이다." 밀러 역시 자신이 해마다 시장수익률을 웃도는 실적을 거두는 것에 대해 일찍이 겸손히 이렇게 말했다. "사실 대부분은 그저 운이 좋았을 뿐입니다. 만약 한 해가 12월이 아니라 11월에 끝났다면, 몇 해 연속 시장수익률보다 좋은 실적을 거둔 제 기록도 일찌감치 끝났을 겁니다." 이를 통해 성실함과 더불어 투자수익의 원천을 이해하는 것도 매우 중요하다는 것을 알 수 있다. 이른바 '아는 것을 안다 하고, 모르는 것을 모른다 하는 것' 말이다.

이런 전제하에 투자자들은 첫째, 매수기관의 투자규모가 클수록 투자가치가 작아질 수 있다는 점에 주의해야 한다. 국제적으로 여러 연구를 통해 펀드규모를 불리는 과정에서 투자실적은 오히려 하락한다는 점이 입증된 바 있다. 둘째, 투자자는 매수기관을 선택할 때 설령 매수기관이 좋은 수익률을 내더라도 그중 관리비 및 기타 비용으로 공제되는 금액이 얼마인지, 자신이 과연 다원화된 투자를 통해 더 많은 수익을 올릴 수 있는지, 아니면 돈을 모두 유명 펀드에 한꺼번에 투자하는 것이 더 좋을지 고민해봐야 한다.

이 문제에 꼭 맞는 정답이 존재하는 것은 결코 아니지만, 수익 고려 시 투자자는 반드시 관리비용을 제외한 순수익의 측면을 생각해야 한다. 펀드매니저가 아무리 전설적인 능력을 갖고 있다 해도 관리비용을 제외한 후 자신에게 돌아오는 수익이 과연 수동적이고 다원화된 투자보다 얼마나 더 좋은 수익을 줄 수 있을지 따져봐야 한다는 뜻이다.

이런 매수기관의 전설로부터 우리는 어떤 경험을 도출해낼 수 있을까? 첫째, 투자지표를 어느 정도 이해하고, 위험을 다루는 명확한 태도를 갖춰야 한다. 가령 과거 미국의 경우나 최근 중국 내에서 많은 인기를 얻고 있는 양화정책처럼 무슨 금융혁신이니 새로운 투자전략이니 하며 사람들의 열기가 하늘을 찌를 듯한 분위기일수록 침착하고 냉정한 사고를 유지해야 한다. 미국의 골드만삭스의 글로벌알파펀드가 거액의 손실을 기록한 2007년, 회사의 한 선임 파트너는 “큰 나무라고 하늘만큼 높게 자라지 않고, 헤지펀드의 수익 역시 하늘을 뚫을 듯 오르기만 할 수 없다. 우리는 투자에 대해 비현실적인 환상을 갖고 있다.”라고 말했다.

둘째, 만약 우리의 투자능력이 그다지 뛰어나지 않다면 위험을 분산하고 투자를 다원화시켜야 한다. 그리고 셋째, 믿기 어려울 정도로 좋은 투자전략, 투자실적, 투자상품, 펀드매니저의 전설적인 이야기를 들었다면, 일반적으로 이런 전략과 상품이 그 정도로 성공적이지 않았을 가능성이 높다는 것을 떠올리자. 세계 매수기관 중 가장 성공적인 전설 역시 이미 자신의 경력을 통해 시장을 앞지르는 것이 얼마나 어려운 일인지 증명한 바 있다. 투자자에게 있어 최선의 선택은 바로 자신의 자산으로 이렇게 위험하고 아무 의미 없는 실험을 하지 않는 것이다.

제14장

위험관리

위험의 기원과 위험관리의 원천

미국에는 캔터피츠제럴드Cantor Fitzgerald, CF라는 유구한 역사의 유명 투자은행이 있다. 1945년 설립된 이 은행은 주로 채권시장 업무에 집중했고, 21세기 초에는 전체 미국 국채시장 거래량의 20~25%를 처리하는 등 매우 중요하고 사람들의 존경을 받는 금융기관이 되었다. CF의 본점 사무실은 세계무역센터 101~105층에 있었는데, 2001년 9.11 테러가 발생한 날 이 회사는 전체 직원의 3분의 2를 잃었다. 물론 영국 런던에 위치한 분점 등 이 회사의 유럽 지역 다른 사무실에는 데이터와 자료가 저장 및 백업되어 있었기 때문에 미국 금융시스템 전체가 커다란 타격을 입진 않았다. 그 후 몇 년 내 업무를 점차 정상궤도에 올렸고 10년 뒤 원래의 수준을 회복한 이 회사는 현재에도 여전히 업계 내에서 큰 영향력을 가진 금융기관이다.

국제 비즈니스 스쿨의 위험관리과정에서는 당시 CF가 9.11 테러로 인한 혼란을 극복한 경험이 기업 위기관리의 고전적인 사례로 소개되어 널리 인용된다. 여러 측면에서 CF의 방식은 위험관리의 영역에 들어간다.

하나의 학과로서 위험관리는 결코 금융업계가 단독으로 만들어낸 것이 아닌 경영학 영역의 중요한 분과이며, 프로젝트 주관자가 위험에 대한 관리를 통해 기업이 자신의 목표를 더욱 잘 달성할 수 있도록 도와주는 것을 골자로 한다. 더욱 순조로운 기업경영이든 더욱 안정적인 기업이윤 확보든, 아니면 기업 구성원들의 안전을 보장하는 것이든, 이 모두는 광의廣義의 위험관리 영역에 속한다.

기업은 회사의 장기적 경영목표에 가장 적합하면서도 상대적으로 비용이 가장 낮고, 가장 효과적일 방식으로 위험을 관리함으로써 회사의 장기목표를 관철시키고 실행한다. 많은 다국적기업들은 기업의 글로벌화와 과학기술의 발전 및 전체 사회정세의 동요에 따라 각기 다른 측면의 위험관리와 도전에 직면했다. 예를 들어 1984년 미국 유니온카바이드Union Carbide사의 경우, 인도의 한 농약 공장에서 사고가 발생해서 수많은 현지 주민들이 사망하는 사건을 겪었다. 1986년엔 소련 우크라이나의 체르노빌Chernobyl 원자력발전소 사고로 인해 수많은 사람들이 목숨을 잃고 환경도 심각하게 훼손됐다. 2010년 일본에서는 쓰나미 발생으로 대규모 방사능 유출사고가 일어나 시민들의 생활과 기업운영에 있어 심각한 문제가 되었다.

기업은 어떻게 해야 재정, 안전한 생산, 설비관리와 공정기술 등의 측면에서 위험을 더욱 잘 통제할 수 있을까? 이것은 시스템공학 영역의 문제다. 1970년대에 이르러서야 비로소 금융학은 시스템공학 중 위험통제와 관련된 이념과 선진기술을 투자 및 금융의 영역으로 점차 끌어들이기 시작했다. 직원안전관리, 데이터 안전 백업 이외에 금융 분야에서 가장 관심을 기울이는 것은 바로 위험, 그중에서도 주로 투자 위험이다.

간단히 말해서, 투자수익 위험은 바로 투자수익의 변동이다. 변동이 있으면 자연스럽게 위험도 있는 것이다. 만약 투자자가 돈을 은행에 보관하고 매년 3%의 이율을 보장받는다면 기본적으로 수익에 아무런 위험이 없다(사실은 인플레이션율 제외한 실제 수익률도 확정된 것이 아니기 때문에 실제 수익에는 위험이 존재한다고 봐야 하지만, 최소한 명목수익률에는 위험이 없다). 반면 만약 투자금을 주식시장에 투자한다면 수익률이 10%가 될 수도 있지만, 어떤 때에는 5~8%의 손실이 발생할 수 있기 때문에 과연 매년 어떤 상황이 발생할지를 투자자는 사전에 알지 못한다.

이런 수익률 변동이 투자자에게는 곧 위험이다. 위험에 대한 투자자들의 선호도는 각기 다른데, 어떤 투자자들은 높은 위험을 감수함으로써 더 높은 수익을 올리는 것을 선호하는 데 반해 어떤 투자자들은 고위험을 싫어하고 상대적으로 낮은 수익을 거두고 싶어 한다. 금융학 원리에 따르면 더 높은 수익을 올리고 싶다면 반드시 높은 위험을 감수해야 하고, 또한 고수익에 따른 높은 변동률과도 반드시 직면해야 한다. 만약 두 가지 투자선택이 똑같다면 모든 투자자가 투자수익은 더 높고 투자위험 또는 변동률은 더 낮은 쪽을 선택할 것이다. 따라서 투자자로 하여금 투자위험이 비교적 높은 자산에 투자하게 하려면 반드시 더 높은 수익을 제공해야 한다.

이런 측면에서 볼 때, 수익과 위험은 영원히 동전의 양면처럼 함께 다니는 관계임을 알 수 있다. 하나를 얻고 싶으면 다른 하나도 함께 따라오는 것을 각오해야 한다. 그럼에도 투자자들은 종종 예상 투자수익에만 관심을 기울일 뿐, 예상되는 위험은 그다지 정확히 예측하지 못한다. 만약 투자자 하나를 붙잡고 그가 보유한 모 주식이 작년에 얼마의 수익을 냈는지 또는 앞으로 예상되는 수익이 얼마인지 물어보면, 그 사람은 대체적인 자초지종을 설명할 수 있을 것이다. 하지만 과거 일정 시기 동안 변동율의 위험이 얼마나 컸는지 물으면 그것에 대해서는 대개의 투자자들이 정확한 판단을 제시하지 못한다.

많은 투자자들이 위험보다 수익에 훨씬 많은 관심을 기울이는 까닭은 크게 두 가지 측면에서 비롯된 것일 수 있다. 첫째, 투자자는 어떤 문제를 생각할 때 긍정적인 결과에 주의를 기울이는 경우가 많고, 일부 부정적인 결과를 무의식적으로 회피 또는 무시하기 때문이다. 위험과 수익의 두 가지 차원 중 수익은 상대적으로 긍정적인 목표지만, 위험은 비교적 부정적인 목표에 해당한다. 투자자의 사고방식과 행위법칙으로 볼 때 투자자는 무의식적으로 부정적인 상황, 즉 투자위험을 회피하는 경우가 많다.

둘째, 수치적으로도 위험은 수익의 2차항이기 때문에 변동률에 대한 설명이 1차항인 수익률에 대한 설명보다 훨씬 어렵고 추상적이다. 때문에 투자자의 입장에서 수익률은 비교적 이해하기 쉽지만 변동률을 해석하는 것은 꽤 어렵다. 만약 전체 수익률 예정이 어떻게 분포되어 있는지 설명한다면 많은 투자자들이 너무 복잡하다고 느껴서 곧장 포기해버리고 말 것이다. 투자자 전체, 특히 개인투자자의 배경으로 볼 때 투자자는 위험과 변동률을 처리하는 능력이 상대적으로 약하다.

위험의 대가: 수익률과 샤프 비율

여기서 샤프 비율Sharpe ratio이라는 중요한 개념을 짚고 넘어가자. 샤프 비율은 투자자가 투자위험을 고려할 때 있어 중요한 기준 중 하나다. 수익 또는 약간 다른 투자 포트폴리오를 고려할 때, 투자자는 이 수익을 얻기 위해 감수해야 할 위험을 소홀히 여기는 경우가 많다.

30여 년 전, 저명한 금융학자이자 노벨경제학상 수상자인 윌리엄 샤프William Sharpe는 투자자가 자산의 초과수익률을 변동률로 나눈 값을 통해 단위변동률에 따른 각 자산의 서로 다른 수준의 수익을 이해할 수 있게 하는 개념을 내놨다. 이 비율은 후세 사람들에 의해 '샤프 비율'로 명명되었다. 만약 변동률이 위험으로 정의된다면, 샤프 비율은 위험을 통제한 상황에서 어느 자산 또는 어떤 종류의 투자전략이 더욱 높은 수익을 가져오는지 표현하려는 개념이다. 어쩌면 이것이야말로 투자전략 또는 자산이 정말로 매력적인 것인지를 반영해주는 것일지도 모른다.

이런 측면에서 볼 때 샤프 비율은 서로 다른 유형의 자산, 서로 다른 투자전략의 수익을 비교할 수 있는 틀 또는 사유방식을 제공했다고 할 수 있다. 이렇게 자세히 분석하라는 건 투자자의 입장에서 봤을 때 지나치게 높은 요구일 수 있지만, 자신의 수익이 반드시 위험을 감수한 대가라는 사실만큼은 기억해야 한다. 똑같이 큰 위험을 감수해야 한다면 비교적 안전한 채권을 보유할 것인지, 아니면 고위험 고수익의 채권을 선택할 것인지 투자자는 꼭 고민해야 한다. 여기에는 취사선택과 균형이 필요하다. 따라서 위험을 통제한다는 전제하에서만 투자자는 여러 자산에 대한 의미 있는 분석과 비교를 할 수 있다.

해외에서 샤프 비율은 사모펀드(헤지펀드와 일부 사모펀드)의 실적을 평가하는 데 보편적으로 사용된다. 여러 사모펀드가 사용하는 전략이 각기 다르고 이들 펀드는 서로 다른 분야와 유형의 자산에 투자를 하기 때문에, 반드시 샤프 비율을 사용해야만 서로 다른 사모펀드의 수익과 위험을 결합하여 의미 있는 비교를 할 수 있다. 일부 헤지펀드는 비교적 장기간 내에 200% 정도의 샤프 비율을 얻는데, 이를 다시 말하면 투자자가 1%의 변동률을 감수할 때마다 2%의 수익률을 낼 수 있다는 것이다. 수익과 위험 간의 이런 균형은 매우 매력적이다.

물론 투자자는 사모펀드가 떼어가는 높은 관리비용 때문에 최종 순수익에 대한 샤프 비율은 이 수준보다 훨씬 낮다는 것을 결코 잊어서는 안 된다.

자산을 국제적으로 다원화한 투자자에게 있어 많은 국제 자본시장의 소극적 지수형 펀드가 보이는 샤프 비율은 약 0.3~0.5(12%의 연간 수익률에서 4%의 무위험자산(미국 국채)의 수익률을 뺀 후, 18%의 연간변동률로 나눈 값)이다. 중국 A주 시장의 과거 20년간 평균 수익률은 18% 정도였고 평균 연간변동률은 40% 정도였는데, 이에 따라 이 시장의 샤프 비율을 계산해보면 대략 0.35(18%에서 4%의 국채수익률을 뺀 후 40%의 연간변동률로 나눈 값)이 나온다. 이는 다른 수많은 국가들의 주요 자본시장 및 세계 자본시장의 지수와 비교할 때 여전히 어느 정도 차이가 나는 값이지만, 수익률 수준은 많은 세계 자본시장이 같은 기간에 보인 것보다 높다. 그러나 높은 변동률 또는 높은 수준의 위험 때문에 중국 A주 시장의 자산은 세계 자본시장의 테두리 내에서 그리 매력적으로 여겨지지 않는다. 이런 측면에서 볼 때 샤프 비율은 투자자로 하여금 위험을 분명히 의식할 수 있게끔 도와줄 뿐만 아니라 서로 다른 자본시장, 서로 다른 유형의 자산과 펀드매니저의 강점을 드러나게 해준다.

샤프 비율은 투자자가 위험의 가치와 위험관리의 중요성을 분명하게 인식할 수 있도록 돕는다. 장기적으로 볼 때 위험을 효과적으로 통제하는 것은 투자자의 장기 투자수익을 높이는 하나의 중요한 수단이며, 심지어 수익을 높이는 것보다 더 중요할 수 있다. 만약 투자자가 매년 12%의 연간수익률을 올린다면, 어떠한 수익변동률도 없는 상황이라는 전제하에서 투자자의 자본은 6년 안에 갑절에 이를 것이다. 그러나 마찬가지로 12%의 연간수익률을 올리는 경우 연간 수익변동률이 45%라면, 10년 후에도 자산이 갑절로 늘어나지는 못할 가능성이 높다.

여기서 극단적인 사례 하나를 상상해봐도 무방할 것 같다. 만약 투자자가 1년 안에 자신의 원금의 50%를 잃었다면(이는 2008년 이후 몇 년간 많은 투자자들이 거둔 실적과 비슷하다) 그들에게 있어 자본금을 갑절로 늘리는 것은 아주 어려운 일이라 할 수 있다. 따라서 변동은 곧 위험이다. 만약 개인투자자가 효과적으로 투자수익을 높이진 못해도 위험 또는 변동성을 효과적으로 낮출 수 있다면 그것 역시 매우 가치 있는 일이 될 것이다.

위험과 불확정성

정확히 말해 위험과 불확정성은 결코 같은 개념이라고 할 수 없다. 어떤 독자는 위험이 곧 불확정성과 변동이 아니냐고 물을 수 있다. 맞다. 하지만 불확정성이 내포하는 의미는 사실 위험보다 훨씬 넓다.

불확정성의 개념은 이미 세상을 떠난 시카고의 저명한 경제학자 프랭크 나이트Frank Knight가 제안한 것이다. 나이트 교수는 시카고학파의 발전에 지대한 공헌을 했을 뿐 아니라 여러 노벨경제학상 수상자도 키워냈다. 그가 제안한 불확정성의 개념이 내포한 내용은 위험이 가리키는 개념보다 훨씬 넓다. 불확정성과 위험의 차이는, 불확정성은 의사결정자가 예정 수익분포를 정확히 설명하지 못한다는 점을 인정하고 가정한다는 것이다. 다시 말해 의사결정자는 그저 과거의 상황만 정확히 이해할 수 있을 뿐 미래를 정확히 예측할 순 없다. 이론적으로 불확정성의 개념은 위험의 개념보다 더욱 합리적이다. 그렇지 않다면 경제금융시스템이 왜 번번이 '백 년에 한 번 나올 만한' 금융쓰나미와 경제위기를 겪겠는가? 규제기관, 실무진, 학계 모두가 새로운 위험이 언제, 어디에서, 어떤 방식으로 우리의 투자 앞에 나타날지 예측하지 못한다는 것은 분명하다.

이런 전제하에서, 투자계가 공학 분야에서 위험관리 모델 혹은 어떤 기타 위험관리 수단을 빌려온다 해도 그것이 금융 영역에 완전히 효과적이고 적합할 수는 없다. 왜냐하면 금융 영역에서는 일명 '긴 꼬리long tail 효과', 예를 들면 '백 년에 한 번 보기 힘든' 돌발사태와 금융위기가 많이 발생할 수 있기 때문이다(사실 공학 분야에서도 이와 유사한 문제가 나타날 수 있다. 허리케인 카트리나가 미국의 뉴올리언스를 쑥대밭으로 만든 일이나 일본의 쓰나미 때문에 발생한 방사능 유출, 그리고 수많은 중대 프로젝트의 배후 원인이 된 현지 지질과 기후변화 등은 모두 공학 영역에서도 인류가 위험과 불확정성의 차이를 완전히 이해하지 못한다는 것을 반영한다). 어떤 형태가 됐든 모든 위험관리 모델은 현재의 사고방식을 토대로 구축된다. 이런 모델로 우리가 한 번도 고려해본 적이 없는 문제와 한 번도 경험해보지 못한 상황을 정확히 파악한다는 것은 매우 어려운 일이다. 만약 위험관리 모델이 그저 역사상 데이터를 분석하는 것이라면 미래의 상황을 정확하게 예측하지 못할 것임은 확실하고, 그렇다면 모델을 통해 금융과 투자영역의 위험을 통제하려는 시도 역시 더더욱 불필요해진다. 이것이 바로 불확정성과 위험의 차이이자 위험을 관리하는 과정에서 나타나는 가장 큰 위험이라 할 수 있다.

미국의 위험관리 전문가 나심 탈레브Nassim Taleb는 《블랙스완Black Swan》이라는 책에서 검은 백조 이야기를 통해 금융투자 영역에서 위험과 불확정성에 대한 사람들의 이해가 얼마나 제한적인지 설명한다.

처음으로 오스트레일리아에 도착했을 때 유럽 이민자들은 백조처럼 생기고, 백조처럼 날고, 백조처럼 헤엄치지만 검은색인 새를 보게 되었다. 유럽의 백조들은 모두 흰색이기 때문에 이민자들은 백조가 당연히 흰색이어야 한다고 줄곧 생각해왔었지만, 이들은 검은 백조를 실제로 본 후에야 진짜 세계는 자신들이 알고 있다고 생각했던 것과 결코 같지 않다는 사실을 알게 되었다. 자신들의 고정관념을 통해 본 세계는 완전한 세계가 아니었던 것이다.

검은 백조 사건의 발생도 그렇지만, 매번 다시 서술하는 위험관리 역시 단순히 몇 개의 모형으로 몇 차례 회귀분석을 하거나 복잡하고 완벽한 수학공식으로 해결할 수 있는 문제가 아니다. 위험관리는 일종의 이념, 일종의 겸허한 정신에 더 가깝다. 우리는 위험관리 모델의 많고 적음이나 자신이 얼마나 해당 분야를 잘 아느냐와 상관없이, 미래는 항상 예측할 수 없는 불확정성이 있다는 사실을 반드시 인식해야 한다. 그렇기에 투자자 및 금융기관은 투자와 비즈니스를 진행할 때 반드시 불확정성을 고려해야 하고, 눈앞의 이익에 급급한 나머지 위험을 지나치게 키우거나 레버리지를 너무 높여서도 안 된다. 내일 어떤 상황이 발생할지, 어떤 투자 포트폴리오, 투자안전, 기업안전 및 신체안전에 어떤 부정적인 타격이나 영향을 받을지 우리는 영원히 알 수 없기 때문이다.

탈레브는 현대 위험관리의 어느 정도는 여러 수단으로 위험을 통제하는 방식이 가능하다고 보았다. 그러나 가장 큰 위험은 이렇게 측량이나 관찰, 통제할 수 있는 위험이 아니라 우리가 전혀 알 수 없음에도 존재 가능성이 있는 위험이다. 또 탈레브는 금융도구와 관리수단이 나날이 발전함에 따라 사람들이 자신의 위험관리 능력에 더욱 자신감을 갖게 된다는 중요한 사실을 지적했다. 자신감이 커질수록 사람들은 더욱 큰 위험을 선뜻 감수하려 한다.

이런 측면에서 볼 때, 개인의 능력과 조직의 문화를 정확하게 헤아리지 못한다면 아무리 좋은 도구를 많이 갖고 있다 해도 그것이 기업 입장에서 언제나 반드시 좋은 일이라고 할 수는 없다. 왜냐하면 이것이 개인이나 기업이 불필요한 위험을 감수하도록 만들 수도 있기 때문이다. 행위와 성공이 조장한 위험에 대해 뒤이어 더욱 깊게 논의해보자.

개인이 야기하는 위험:
행동편향이 위험관리에 일으키는 문제

위험관리에는 몇 가지 원칙이 있는데, 이 원칙들은 인간의 일반적인 행위와 매우 다르다. 공학 분야에서 빌려온 위험관리 수단과 방법이 금융 영역에 완전히 적용될 수 없는 이유는 행동편향 때문이다. 공학 분야에서 다루는 것은 공장, 배관, 그리고 자연환경 등 상대적으로 안정적이고 믿을 만한 것들인 데 반해 금융 분야에서 최종적인 결정을 하는 것은 인간과 인간의 심리, 정서와 사고방식이다. 이것은 모든 위험관리 모델의 통제범위를 넘어설 수 있고, 위험관리의 성공 여부를 결정짓는 결정적인 요소다.

위험관리를 위해서는 여러 상황의 발생 가능성과 그로 인해 나타날 결과를 정확히 이해해야 하고, 의사결정자는 역사와 미래에 대해 객관적이고 정확한 판단을 해야 한다. 그러나 인간은 행동을 결정하는 과정에서 과도한 자신감과 공로를 자신에게 돌리는 경향을 보인다. 일이 잘되면 자신 덕분이고, 일이 잘 안되면 모두 외적인 상황이 뒷받침해주지 않은 탓이라고 여기는 것이다. 위험관리 분야의 연구자는 많은 노력을 기울여 되도록 위험과 행운을 엄격하게 구분할 수 있어야 한다.

그러나 오늘날까지도 올해 투자해서 번 돈 중 얼마가 운이 좋아서 번 것이고, 얼마가 투자자가 정확히 판단했기 때문에 번 것인지를 위험관리 이론으로 구분하기란 매우 어렵다. 인간의 행위 모델은 항상 낙관적인 방향으로 치우치는 경향이 있어서, 성공은 항상 운이 좋았기 때문이 아니라 자신의 능력이 뛰어나서라고 생각한다. 이런 전제하에 의사결정자는 종종 위험과 운, 그리고 능력을 구별하지 못함으로써 사태를 비현실적으로 판단하게 되고, 응당 갖고 있어야 할 위험의식도 결여한다. 자기 능력에 대한 비현실적인 긍정 또는 이해 때문에 외부 환경의 변화와 위험을 충분히 인지하지 못하게 되는 것이다. 결론적으로, 위험관리는 위험에 대한 관리에 그치는 것이 아니라 오히려 인성에 대한 관리에 더욱 가깝다. 왜냐하면 투자의 가장 큰 적은 바로 탐욕과 공포기 때문이다.

실적이 좋을 때 우리는 눈앞의 이익을 얻는 데 급급해서 더욱 큰 위험을 무릅쓴다. 반대로 일단 위험이 증가하거나 손실을 입으면, 두려움과 강한 회피욕구 때문에 일부 간단하지만 합리적인 문제해결 방법을 무시하는 경우도 있다. 이런 측면에서 보면 위험관리가 직면하는 가장 큰 문제는 인성의 문제에서 비롯된다. 인성이 복잡하기 때문에 금융 영역에서 위험관리가 필요한 것이다. 아무리 기술이 비약적으로 발전한다 해도 여전히 '전무후무한' 금융위기 앞에서는 다음과 같은 이유로 속수무책일 것이기 때문이다.

첫째, 투자자의 대표적인 행동편향은 단기적 추세를 이용하여 미래를 예측하는 것이다. 인간은 가까운 시일에 발생한 사건에만 관심을 기울일 뿐 장기적으로 발생할 가능성이 있는 동향, 그리고 이에 대한 대응방안은 소홀히 여기는 경향이 있다.

둘째, 인간은 모호하거나 익숙하지 않은 상황을 회피하고, 간단명료한 답을 선호한다. 현실 생활에서 발생한 문제에 모호한 상황이 출현하면 사람들은 자신에게 익숙한 사유의 틀과 비교군, 그리고 직관적으로 얼마나 익숙한지에 따라 판단한다. 이 때문에 자신도 놀랄 정도로 앞뒤가 맞지 않는 선택과 결정을 내리게 되는 것이다. 이는 우리가 앞서 논의한 사유의 틀과 모호함을 회피하는 행동편향이다.

마지막으로, 사고과정에서의 각종 제한과 속박 때문에 사람들은 위험에 대한 정확한 인식과 이해 없이 무의식적으로 이를 회피하게 된다. 바로 인지과정의 이런 제한성 때문에 위험과 불확정성에 대한 우리의 이해도 제한되고, 더 나아가 현실 생활 중에 발생할 수 있는 상황을 무시하게 된다. 수준 높은 투자자임에도 위험관리에 있어서는 체면을 구기는 것 또한 바로 이 때문이다.

성공이 가져오는 위험

투자과정에서 변동은 곧 위험을 의미한다. 투자자는 긍정적인 변동은 흔쾌히 받아들이지만 부정적인 변동, 즉 손실은 피하지 못할까봐 조바심을 낸다. 그래서 많은 투자자들에게 있어 위험관리란 곧 손실이라는 결과가 발생하지 않도록 방지하는 것을 의미한다.

하지만 위험이 형성되는 과정에서 임의적인 부분을 제외하면 여전히 많은 원인은 인위적으로 만들어진 것이다. 투자자, 기업, 심지어 한 국가에 이르기까지 이들이 감수한 위험 및 그것을 감당하는 능력은 모두 역사와 과거 경력의 영향을 받는다. 때에 따라서는 위험이 성공 경험 그 자체에서 비롯되는 경우도 있고, 만약 과거의 성공이 없었다면 그 이후 그토록 큰 위험과 손실이 발생했을 가능성도 없었을 수 있다.

예를 들어 한 노름꾼이 카지노에 100달러만 갖고 갔는데, 점심 무렵 그의 수중에는 1,000달러가 있었다고 가정해보자. 그러나 만약 그에게 당초 1,000달러를 들고 가게 했다면 그는 절대 카지노에 가지 않았을 것이다. 왜냐하면 그는 이제 자신이 도박경험이나 능력이 전혀 없음을 잘 알고 있기 때문이다. 그러나 그는 자신이 900달러를 공짜로 땄다고 생각했기 때문에 좀 더 큰돈을 걸고 싶어 한다. 즉, 더 큰 위험을 무릅쓰는 것이다. 더 무서운 것은, 1,000달러를 다 잃었을 때에도 그는 자신이 오전에 많은 돈을 땄던 것에 대한 기억을 놓지 못한 채 집에 가서 더 많은 돈을 가져와 계속 도박할 생각만 한다는 것이다. 오전만 해도 100달러도 걸고 싶지 않아 했던 사람이 오전에 돈을 따자 1,000달러도 걸고 싶어 하는 것, 이것이 바로 성공이 가져다주는 위험이다. 성공이 눈앞에 있다고 느끼면 사람은 머릿속으로 단순한 직선적 사고를 하게 되면서 자연스럽게 투입을 늘리고 위험을 증가시킨다.

행동에서 드러나는 예증 외에도, 금융 영역에서 성공이 위험을 가져오는 사례는 더 많다. 투자자는 수익을 얻은 후에도 하지 말아야 할 일을 하는 경우가 있다. 그러한 예로 금융위기 당시 나타난 CDO와 CDS 상품을 들 수 있다. 원래 이런 혁신적인 상품을 내놓은 이유는 위험을 피하고, 현재 위험이 있는 채권을 보유한 회사 또는 펀드가 디폴트로 인해 발생할 수 있는 위험을 피하도록 도와주기 위함이었다. 그러나 바로 이런 혁신적인 금융상품 때문에 이미 보험을 샀다고 느낀 수많은 기업들은 투자과정에서 더욱 큰 위험을 감수해도 된다고 여기게 되었다. 이것이 바로 보험업계에서 자주 볼 수 있는 역선택 과정이다. 일단 보험을 사면 사람들은 고위험 활동에 참가할 가능성이 높아진다. 어떤 일이 발생하더라도 보험이 담보해준다고 생각하기 때문이다. 이런 심리 때문에 사람들은 애초에 전혀 원하지 않았던 위험을 무릅쓰게 된다.

또 연구결과에 따르면, 미국이 금융혁신 상품을 내놓은 탓에 원래 자산안정성, 자산가치를 더욱 정확히 추산해야 할 금융기관들이 다시는 예전처럼 성실히 일하지 않게 되었다. 금융혁신 상품이 없었을 때에는 모든 위험을 특정 금융기관이 온전히 감당해야 했지만, 금융혁신이 나타남에 따라 금융기관들은 이전보다 자유롭게 위험을 사회의 기타 투자자들에게 분산시키는 것이 가능해졌기 때문이다. 자신이 감당해야 할 위험이 작아지니 압박감이나 업무동력도 자연히 약해질 수밖에 없었다.

2008년 금융위기 전후로 미국 상업은행은 연구를 통해 일부 은행들이 대출자산 가치를 포장하고 자산을 증권화하여 다른 투자자들에게 경매한 후, 전체 자산과 직원들이 이전에 비해 질적인 면에서 큰 하락을 보였다는 사실을 발견했다. 이 은행들은 본래 이런 자산 또는 채권을 자산부채로 분류할 때 질을 중시했기 때문에 대출을 할 때에도 매우 신중했다. 그러나 금융혁신 상품이 등장함에 따라 많은 은행들은 자산을 투자자들에게 경매로 팔고 자산 풀의 질에는 그다지 관심을 기울이지 않게 되었으며 어떤 투자자가 이런 자산을 보유하는지에 대해서도 신경을 쓰지 않았다. 금융혁신의 장점은 더 많은 사람들이 위험을 분담한다는 데 있지만, 단점은 바로 그 때문에 도덕적 해이가 발생한다는 것이다. 자신이 위험을 감수하지 않기 때문에 그렇게 많은 일을 할 필요가 없어지고, 최종적으로는 더욱 많은 위험을 사회의 다른 투자자들에게 떠넘기게 된다. 이런 측면에서 성공과 혁신은 일부 금융기관의 게으름을 초래하고, 충분히 조사해야 할 때에도 일부 조사를 생략함으로써 사회 전체와 세계 경제의 위험을 증가시킨다고 볼 수 있다.

JP모건의 거액 거래손실 사건

2012년 여름, JP모건 소속 런던 트레이더인 브루노 익실Bruno Iksil은 회사 최고투자책임자의 직접적인 관리감독이 있었음에도 금리스와프 거래로 회사에 20억 달러의 손실을 끼쳤다는 사실이 밝혀졌다. 이 소식은 월스트리트 전체를 떠들썩하게 만들었다. 사건이 전개됨에 따라 JP모건은 해당 거래가 최종적으로 자사에 총 62억 달러의 손실을 끼쳤다고 밝혔다.

이 사건이 이토록 큰 파문을 일으킨 부분적인 원인 중 하나는 바로 JP모건에서 발생했기 때문이다. 2007~2008년 세계 금융위기의 쓰나미 속에서 JP모건은 아무런 타격을 입지 않았던 데다 일약 미국에서 자산규모가 가장 큰 상업은행의 자리에 올랐었다.

과거 몇 년간 이 은행의 CEO였던 제이미 다이먼Jamie Dimon은 각종 매체로부터 미국에서 가장 성공적인 CEO로 평가받았을 뿐만 아니라, 세계 금융 관리감독체계의 개혁과정에서 볼커룰Volcker Rule(미국 금융기관의 위험투자를 제한하고 대형화를 억제하기 위해 만든 금융기관 규제방안 중 하나_옮긴이) 도입을 강력하게 반대한 소수 중 하나로 미국 전역과 세계 금융업계 임원들의 마음속 영웅이 되었다.

과거 여러 해 동안 다이먼은 줄곧 세계의 규제기관과 투자자들에게 'JP모건처럼 경영에 성공한 은행은 이미 선진적인 위험관리 기술을 운용할 수 있게 되어 주주들의 권익에 피해를 입히지 않으면서도 복잡한 자기거래를 진행할 수 있다'고 설파해왔다. 금융위기가 발생하기 전 사람들은 "이번에는 다르다It is different this time."라는 말을 자주 입에 올렸다. 나는 JP모건의 초대형 손실은 금융위기의 탐욕과 도덕적 해이 외에 위험관리 체계에서도 심각한 문제를 노출시켰다고 생각한다. 이것은 바로 성공에서 비롯되는 관리자의 맹목적 자신감이다. 1998년 미국 롱텀캐피털매니지먼트의 사례, 2007년 미국 골드만삭스의 글로벌알파펀드 사례, 2007년 서브프라임 모기지론 위기와 세계적인 부동산 거품 및 최근 금융위기의 사례 중에서 어느 하나 '천재'들이 창안한 '천재적 발상'에서 초래되지 않은 것이 있었는가? 온 몸과 마음을 위험관리에 쏟고 있는 전문가들이야말로 때에 따라서는 위험관리의 가장 큰 적이 될 수 있다. "위험은 이미 내 손 안에 있다."라며 장담하던 다이먼의 말이 끝나기 무섭게, 대서양 반대편에서 60억 달러 손실이라는 불길한 소식이 전해졌다. 날로 발전하는 위험관리 기술은 때때로 똑똑한 사람들조차도 감히 상상하지 않았던 거대한 위험을 무릅쓰도록 유혹하거나, 심지어 위험의 누적과 위기의 발발을 직접적으로 초래한다.

이로써 2,000년 전의 《논어論語》 〈위정爲政〉편의 가르침을 생각해볼 수 있다. "아는 것을 안다고 말하고 모르는 것을 모른다고 말하는 것이 진정으로 아는 것이다." 여기에서 말하는 것은 오늘날의 금융 위험관리에 있어서도 가장 큰 어려움이다. 기업이 성공할수록 경영층은 자신감을 얻고, 자신감이 큰 임원일수록 더욱 큰 위험을 무릅써서 더 많은 수익을 내고 싶어 한다. 동전을 던지는 횟수가 많아지면 당연히 계속 운이 좋기는 힘들어진다. 기업이 내리는 중요한 결정 역시 이와 비슷해서 한때의 성공은 그저 운이 좋아서일 수도 있다. 이제 투자에 있어 투자실력과 운을 정확히 구분하는 것은 거의 불가능한 일이 되었다. 투자가 이런데, 인생도 언제 그러지 않은 적이 있었는가? 만약 기업임원 또는 최고리스크담당자 모두 위험에 대한 자신의 인식에 어떤 사각지대나 잘못이 있는지 분명히 알지 못한다면 이들이 "위험은 내 손 안에 있다."라고 호언장담하는 것에 과연 무슨 의미가 있을까?

그러나 중국의 많은 기업들은 위험관리의 또 다른 어려움에 직면해 있다. 기업운영 과정에서 이들은 점차 자신들이 어떤 위험의 영향을 크게 받는다는 것을 깨닫게 되면서 위험을 통제한다는 목적을 달성하기 위해 각기 다른 방식으로 헤징hedging을 하기 시작하는데, 불행히도 이런 기업들 중 적지 않은 수가 금융지식과 경험의 부족 때문에 헤징에 실패해서 큰 손실을 입는다. 규제기관은 오히려 이런 사례를 예시로 삼아 기업의 각종 헤징행위를 중지시키지만, 위험관리를 중지시킨다고 위험이 멈추는 것은 아니다. 위험관리의 측면에서 속수무책인 중국 기업들은 국제 시장에서 아무런 구속도 받지 않는 해외 동종업계 기업들과 경쟁해야 한다. 헤징 때문에 손실을 입은 기업이 적지 않은 것은 사실이나, 헤징이나 위험관리를 해본 적이 없는 기업이 더욱 많다. 혹시 이들이 이 때문에 타산지석이 되지는 않을까?

JP모건의 손실 사례는 아무리 성공적인 위험관리 수단도 거래 중 갑자기 발생하는 손실을 막아내지는 못한다는 것을 다시 한 번 세상 사람들에게 보여줬다. 가장 기초적이고 신중한 위험관리로도 위험을 완전히 회피할 수는 없다. 이는 몇 번의 성공이나 실패 경험으로 바뀌는 것이 아니라 위험의 본질 자체 때문이다. 따라서 위험관리 전문가들은 각자 이 오래된 질문을 스스로에게 던져봐야 할 것이다. 위험을 알지만 통제하지 못하는 것과 아예 위험이 어디에 있는지 알지 못하는 것 중 어느 쪽이 더 위험할까?

제도가 가져오는 위험: 중국항유와 시틱퍼시픽

성공이 가져다주는 또다른 위험은 기업임원, 달러, 또는 기업문화의 문제와 관련되어 있다. 성공 때문에 기업은 자기도 모르는 사이에 위험이 더욱 큰 거래를 시도하고, 결국에는 이로 인해 자신의 생존마저 위태로워진다. 중국 기업들도 이런 측면에서 뼈아픈 교훈을 얻은 적이 있다.

2003년 하반기에 중국항유 싱가포르 법인은 석유 선물을 거래하기 시작했다. 처음에 200만 배럴에서 시작한 거래로 중국항유는 이익을 봤지만, 2004년 1분기에 유가가 급등하면서 580만 달러의 잠재적 손실을 입었다. 이때 회사는 손실을 제한하지 않았을 뿐만 아니라 오히려 평균 구입비용을 낮추는 방식으로 기업의 거래포지션과 위험노출도를 높였다. 이후 몇 개월 동안 유가가 지속적으로 오르자 중국항유의 손실도 계속 커졌다. 2004년 10월에 유가는 다시 한 번 최고가를 경신했고, 이때 회사의 거래량은 5,200만 배럴에 달하면서 장부상 손실액이 또 늘어났다. 2004년 10월 10일, 심각한 자금회전 문제에 봉착한 회사는 처음으로 모회사에 거래사실과 장부상 손실을 보고했다. 기일이 되자 납기 후에 추가 보증금을 내기 위해 회사는 2,600만 달러에 달하는 운영자본, 1억 2,000만 달러의 대출금과 6,800만 달러의 매출채권을 소모했고 장부상 손실은 이미 1억 8,000만 달러에 달했다. 2004년 11월 말, 회사의 총손실액은 5억 5,000만 달러를 넘어섰다. 중국항유는 어쩔 수 없이 법원에 파산보호를 신청했다.

중국항유가 당초 항공유선물을 거래한 이유는 상당 부분 위험통제를 위해서였다. 천주린陳久霖이 이끄는 이 그룹은 일정 기간 거래를 해본 뒤 항공유 가격의 동향에 대한 자신들의 예측력이 상당히 뛰어나다고 여겨 단순헤지보다는 아예 투기성 거래를 시작해야 한다고 생각했다. 막 거래하기 시작했을 때에는 확실히 이들의 예측이 맞아떨어져 큰 수익을 낼 수 있었고 천주린을 비롯한 경영층 또한 높은 보수를 받았다. 이로 인해 회사는 갈수록 큰 위험을 감수하며 규모가 더욱 큰 선물거래에 손을 댔고, 결국에는 전체 거래의 실패를 초래하며 파산하기에 이르렀다. 때로 성공의 경험은 위험에 대한 투자자의 태도뿐 아니라 동시에 그의 의도까지도 바꿔버린다.

2008년 세계 금융위기 당시 홍콩에서 발생한 시틱퍼시픽의 사례는 중국항유의 상황과 비슷했지만 규모와 영향 면에서 훨씬 컸다. 중신그룹의 자회사인 시틱퍼시픽은 홍콩에서 상장 역사가 유구한 레드칩red chip(홍콩 증시에 상장된 우량 중국 기업들의 주식을 지칭_옮긴이) 회사로, 주로 중국 대륙에서 철강업과 관련된 다양한 영업활동을 벌였다. 2008년 10월 금융위기가 점점 더 심해질 무렵 시틱퍼시픽은 여러 은행과 호주달러 가치조정 계약을 맺었는데, 호주달러의 가치가 평가절하되면서 회사는 모든 투자자들의 계약가치가 폭락했다는 중대 경고를 발표했다. 겨우 한 달 사이에 시틱퍼시픽의 투자계약 중 손실액은 155억 홍콩달러에 달했는데, 이는 과거 회계연도 전체의 이익 수준을 넘어서는 액수였다. 이 소식이 전해지자 회사 주가는 폭락했고, 주당 30홍콩달러에 팔리던 주식은 두 달 만에 5홍콩달러까지 떨어졌다.

그렇다면 시틱퍼시픽은 당시 왜 이렇게 큰 규모의 호주달러 거래를 했던 것일까? 처음에 이 회사는 중국 내에서 철강사업을 크게 하고 있었기 때문에 호주 서부의 철광 프로젝트를 인수하게 되었다. 호주에서 철광을 개발하고 운영할 비용을 통제하기 위해 시틱퍼시픽은 여러 금융기관이 호주달러를 선도거래하는 방식으로 호주달러의 장기적 추세와 호주에서의 운영비용을 통제하는 목적을 달성하고자 했다. 그리고 헤지 과정에서 호주달러의 가치상승에 대한 자신들의 예측이 정확하다는 점, 그리고 은행을 통해 호주달러를 저가에 얻는 것이 자신들이 직접 대량의 호주달러에 대해 여러 포지션을 매입함으로써 호주달러의 가치상승을 통해 이익을 보는 것만 못하다는 점을 발견했다. 이에 이들은 자신들의 예측력을 지나치게 과신했고, 거래과정에서 가능한 한 위험을 높이고 비용을 낮추려다 보니 누적옵션처럼 고레버리지, 고위험의 금융혁신상품에 투기하는 쪽을 선택한 것이다.

이런 종류의 가치조정 계약이 겉으로는 융통성 있고 더 저렴해 보이긴 한다. 하지만 금융시장에는 "공짜 점심은 없다."라는 말이 있다. 많은 투자은행들이 누적옵션계약을 설계할 때는 당연히 그런 계약에 존재하는 위험을 고려하여 자신들이 감수해야 할 위험을 확실히 고정시켜놓는다. 일단 호주달러가 자신들이 예측한 방식대로 오르지 않고 급격히 하락하자, 시틱퍼시픽은 이런 변동 때문에 어쩔 수 없이 거대한 미실현손실을 떠안아야 했다. 그러나 복잡한 누적옵션 계약이 강제하는 조건 때문에 시틱퍼시픽은 2008년 7월 이후 호주달러가 폭락하는 상황에서도 여전히 계속 포지션을 확대해야 했고, 그에 따라 손실도 끊임없이 늘어났으며, 결국 수백억 홍콩달러 상당의 거래손실을 입게 되자 모회사인 중신그룹이 도움의 손길을 내밀지 않을 수 없었다.

전략적으로 볼 때, 시틱퍼시픽은 파생상품 거래에서의 헤지와 투기의 목적을 완전히 헛갈렸다. 회사는 원래 위험관리의 측면에서 거래를 진행함과 동시에 위험회피를 위해 일정 비용을 지불해야 한다. 그러나 회사는 단기적인 거래에서 수익을 거두고 나면 자신이 시장동향을 잘 파악한다고 생각하는 나머지 위험통제에 대한 초심은 도외시하고, 위험을 더욱 많이 감수하는 투기성 거래로 방향을 바꾸게 된다. 이렇게 거래의 목표가 달라지니 회사 전체의 위험노출도도 그에 따라 달라질 수밖에 없다. 철강사업 위주의 다원화된 회사였던 시틱퍼시픽은 부지불식간에 호주달러에 큰돈을 거는 거래회사이자 헤지펀드로 바뀌었다. 여기에 백 년에 한 번 볼 만한 금융위기가 덮치자 회사는 파산할 지경에 이르렀고, 어쩔 수 없이 모회사가 구제에 나섰다. 시틱퍼시픽이 남긴 교훈은 어떻게 보면 거래목적 또는 금융투자목적 전체에 대한 중국 내 기업들의 맹점을 반영하는 것이기도 하다. 위험통제를 위해 진행하는 거래가 결국 위험의 발원지가 되는 것은 기업문화와 위험관리 기제의 측면에서 모두 큰 허점이 명백히 존재한다는 점을 보여준다.

더욱 중요한 것은 위험관리에 대해 회사는 그것이 투기를 하기 위한 것인지, 아니면 장기투자를 위한 것인지, 또는 헤지를 통해 위험을 통제하기 위함인지에 대한 명확한 목표를 당연히 갖고 있어야 한다는 것이다. 이것이야말로 핵심적인 내용이다. 또한 투자실적에 따라 투자전략과 회사의 전체적인 위험노출도를 조정해서 회사의 위험노출도가 위험의 범위를 벗어나지 않도록 해야만 자신들이 추구하는 장기적 목표에 도달할 수 있다. 위험관리의 수단과 도구 이외에 기업 거버넌스 과정에서도 정보공개와 권력균형을 강화해야 한다. 위험에 대한 의사결정 과정에서 기업 내부의견이 일치할 때에만 해당 투자방식은 상대적으로 안전하다고 보장할 수 있다. 만약 독단적으로 결정하면 비교적 큰 위험이 발생할 수 있기 때문이다.

시틱퍼시픽의 교훈은 또 금융혁신 상품과 파생상품에 대해 일부 중국 기업들이 수박 겉핥기 식으로 알고 있고 자신의 권리와 의무 및 위험노출도는 정확히 이해하지 못한다는 사실을 반영한다. 회사 전체의 위험과 거래를 통해 자신의 위험을 어떻게 증가시키거나 감소시키는지에 대해서는 다들 익숙하지 않다. 때문에 나는 위험관리의 개념이 여전히 중요하고, 방법과 도구 또한 매우 중요하다고 본다. 호주달러의 가치가 장기적으로 상승할 것이라는 시틱퍼시픽의 판단은 정확했다. 2008년 금융위기가 평정된 지 1년 후, 호주달러는 다시 금융위기 전 수준으로 가치가 상승했다. 따라서 만약 고레버리지의 수익과 위험이 불균형한 누적옵션을 선택하지 않고 전통적인 단순선물 계약을 했더라면, 시틱퍼시픽은 아마도 백 년에 한 번 발생할 만한 금융위기도 순탄히 넘겼을 뿐 아니라 이후 호주달러의 가치상승을 통해 수익을 얻었을 것이다.

마지막으로, 이 사례에는 많은 실업회사들이 상품위험, 회사와 시장 전체와의 관계, 시장 전체의 동향 및 자사의 펀더멘털을 정확히 이해하지 못하고 있다는 사실도 반영되어 있다. 이 사실은 중국항유의 거래나 시틱퍼시픽의 거래, 그리고 2008년 금융위기 당시 원유거래로 거대한 손실을 입은 중국 동방항공공사와 상하이항공공사의 사례 모두에서도 나타난다. 전통적인 금융거래에서 투자자는 진입점(매입가격)과 출구점(매출가격)만 정확하게 파악하면 됐었다. 즉, 한 개인투자자가 주식을 살 때는 충분한 자금을 가지고 매입가격과 매출가격을 정확히 예측하기만 하면 돈을 벌 수 있었고, 대출이나 임대 등의 방식으로 증권을 모으는 등 레버리지를 운용할 필요는 없었다. 그러나 현대 금융거래, 특히 금융이 나날이 혁신을 거듭하는 오늘날에 있어서는 예측 정확도에 대한 요구가 갈수록 높아지고 있다. 많은 파생상품에 투자할 때, 투자자는 레버리지 거래가 가져오는 자금상의 제한에 직면할 뿐만 아니라 금융혁신으로 인해 갈수록 복잡해지는 수익과 손실 조건을 맞닥뜨리게 된다. 중국 투자자와 기업들은 점차 복잡해지는 국제 금융시장에서 장기적 추세를 예측하는 것만으로는 이미 시대의 흐름을 따라잡지 못한다는 사실을 반드시 인식해야 한다. 만약 기업이 여전히 전통적인 금융도구를 토대로 판단하고 거래한다면 이는 기업의 위험관리에도 전혀 도움이 되지 않을 뿐 아니라 오히려 더욱 큰 위험을 안겨줄 수 있다. 보편적인 과도한 자신감으로 인한 행동편향 때문에 기업의 의사결정 과정에서 당연히 있어야 할 질문과 제한을 받지 않는다면 기업은 이로 인해 재앙에 가까운 타격을 입게 되기 때문이다.

매도프의 교훈

지금부터는 미국처럼 상대적으로 성숙한 자본시장에서 매도프 스캔들이 발생하고 또 30년이나 지속될 수 있었던 원인을 몇 가지 측면에서 분석해보고자 한다. 매도프는 아무런 거래를 진행하지 않았음에도 갈수록 많은 고객과 자금을 흡수했다. 이런 현상은 어떻게 나타날 수 있었던 것일까?

관리감독상의 실패

나는 규제기관, 투자자, 기업 내부의 지배구조 같은 원인 외에 변호사와 회계사무소 등을 포함한 전문가들에게도 일정 부분 책임이 있다고 본다. 먼저 관리감독상의 문제점부터 이야기해보자. 미국에서 증권투자 사기는 결코 새로운 일이 아니다. 1929년 대공황 시절에도 이미 증권사기가 여러 형식으로 나타났다. 이런 대규모 증권사기 행위를 근절시키기 위해 미국은 1933년 '증권법' '투자회사법' 등 세계적으로 획기적 의미를 갖는 몇 가지 법안을 통과시켰고, 투자자 권익의 보호라는 목적을 달성하기 위해 미국증권거래위원회도 설립했다.

사회변화를 전제로, 규제기관은 공모펀드처럼 대중의 생활에 영향을 줄 만한 투자상품에 더욱 주의를 기울인다. 대중을 상대로 판매하는 상품은 반드시 관리감독의 대상이 된다. 금융지식이 그다지 많지 않은 투자자 대부분의 권익을 보호하기 위해 투자과정에서 공모펀드는 반드시 여러 제한(투자주식의 가격, 투자채권의 신용등급, 융자와 파생상품의 대량거래 진행금지 등)을 받게 된다. 동시에 공모펀드는 투자전략과 투자위험 전체에 대해 반드시 제때에 규제기관에 정확히 보고해야 한다.

그러나 이런 관리감독 체계에서도 다른 유형의 투자(헤지펀드, 사모펀드, 고액 순자산 보유자의 개인투자사무실)를 관리하는 회사에게 남겨둔 고의적이고 눈에 띄는 빈틈이 있다. 미국에서는 소수의 고액순자산 보유자와 기관투자자를 상대하는 사모펀드 상품 및 회사에 대해서는 분명한 정보공개 또는 위험관리 요구가 없다. 사모펀드는 종종 은밀한 거래전략을 선택하기 때문에 이들의 경영상황은 규제기관의 레이더를 벗어나기 일쑤다. 이것은 또 1998년 롱텀캐피털매니지먼트의 사례처럼 사모펀드가 금융시장을 자주 동요시키는 이유기도 하다. 매도프 스캔들이 드러난 후, 미국 의회와 증권거래위원회는 신생 사모펀드는 반드시 증권감독관리위원회에 등록하고 중요한 정보를 공개하도록 요구했지만 기존에 있었던, 그리고 사회로부터 새로운 자금을 흡수하지 않는 사모펀드사들은 여전히 이 새로운 입법의 제한과 요구에 구속되지 않았다. 이처럼 관리감독의 필요범위가 넓고 개인정보를 보호해야 하는 필요성 때문에 투자자에 대한 사기 스캔들이 헤지펀드 영역에서 자주 발생하는 것이다. 규제기관은 핵심정보에 대한 공개요구를 강제하지 않은 탓에 매도프에게 사기행각을 벌일 수 있는 기회를 준 셈이었다.

현재 중국에서는 펀드법 개정과정에서 사모펀드를 이 법의 감독범위에 포함시켜야 하는가의 여부를 두고 논의 중인데, 매도프 사건은 이런 면에서 경제적, 법률적으로 매우 중요한 귀감이 된다. 헤지펀드와 사모펀드를 엄격한 의미에서의 관리감독 체계 내에 포함시키는 것은 큰 이점이 있다. 예를 들어 법률적으로 3개월마다 헤지펀드의 전략, 포지션, 보유자금과 위험 등 보유 포지션 정보를 관리감독 당국에 공개하도록 하면 투자자의 수익과 금융시장의 안정성을 보장함과 더불어 투자자의 수익이 침해되지 않도록 보호할 수 있을 것이다.

그러나 이런 공개요구는 사회에 비용과 위험을 가져올 수도 있다. 만약 헤지펀드의 거래전략과 운영정보를 공개하게 하면 펀드의 핵심 경쟁력 유실이 초래될 수 있고, 갈수록 많은 펀드가 이 공개된 전략을 모방할 경우 해당 펀드회사는 점차 더 이상 우수한 실적을 낼 수 없을 것이기 때문이다. 또 시장에 있는 모든 펀드회사가 이 전략을 알게 되면 해당 펀드의 우위는 기본적으로 사라지고 말 뿐 아니라 헤지펀드 업계 또한 점차 쇠퇴할 수 있다.

내가 보기에 관리감독과 금융혁신은 동전의 양면과 같다. 만약 규제기관층이 사모펀드에 대해 공모펀드와 동일한 관리감독 기준을 들이댄다면 직접적으로는 바로 사모펀드의 실적과 위험이 갈수록 공모펀드와 비슷해지는 결과가 초래될 것이고, 이로 인해 사회 전체와 투자자들은 위험분산과 더 높은 수익을 얻을 소중한 기회를 잃을 수 있다. 따라서 관리감독을 강화하는 것은 결코 만병통치약이 아니며, 오히려 혁신과 위험관리 사이의 균형을 섬세하게 맞춰야 하는 어려운 작업이다.

사람들이 점차 헤지펀드와 사모펀드로 대표되는 대안투자를 주식이나 채권과는 동향이 다른 유형의 자산으로 구분하게 됨으로써 일부 투자자가 시스템적인 위험을 효과적으로 분산시키는 데 도움을 준다는 점에서 보면, 필요한 정보를 공개해야 한다는 점에는 의심의 여지가 없다. 그러나 구체적으로 어떤 정보를 필수적으로 공개해야 하는지, 또 어느 정도까지 공개해야 하는지 등 정보공개의 빈도와 비밀보장의 정도 모두 반드시 신중히 결정해야 한다. 그렇지 않으면 투자자의 위험회피를 전혀 돕지 못할 뿐 아니라, 오히려 투자자로 하여금 더욱 많은 시스템상의 위험을 떠안도록 강요하는 상황이 벌어질 수도 있다.

고양이와 쥐

규제기관과 시장참여자들은 줄곧 고양이와 쥐의 술래잡기 놀이를 하고 있다. 규제기관은 고양이, 시장참여자들은 쥐다. 쥐는 크기는 작아도 많은 부분에서 유리하다. 구체적으로 비즈니스 기관과 비교했을 때, 규제기관은 적어도 세 가지 측면에서 열세 또는 한계가 있다.

첫째, 정부기관은 최대 이익의 실현을 목적으로 하지 않기 때문에, 정부기관의 운영은 효율이나 동기의 측면에서 모두 비즈니스 기관보다 뒤처진다. 비즈니스 기관은 가장 뛰어난 사람을 초빙하고 가장 높은 월급을 주며 가장 빠른 속도로 문제를 해결할 수 있을 뿐 아니라 해외에서 채권을 발행하는 애플의 경우와 마찬가지로 숨길 필요가 있는 일부 불량자산은 어려운 회계제도를 이용해서 비교적 잘 처리한다. 그러나 정부기관의 자원은 상대적으로 제한되어 있는 데다 운영방식에도 제한사항이 비교적 많기 때문에 비즈니스 기관과의 숨바꼭질 과정에서 정부기관은 항상 상대적 열세에 놓인다.

둘째, 정부기관은 자원의 측면에서도 사기업, 특히 해외 시장과는 비교가 되지 않는다. 사기업은 업무환경이나 보수, 인력의 교육 및 투입에 있어 모두 정부공공기관보다 앞서기 때문에 정부기관은 이들과의 경쟁 시 종종 열세에 처한다. 또 많은 우수한 인재들은 정부기관에서 먼저 일하며 인맥을 만들고 자원과 경험을 쌓은 뒤 사기업으로 이직해서 자신의 수입을 높인다. 이들은 정부의 운영방식을 아주 잘 알고 있을 뿐 아니라 그것을 사기업의 운영과정에서 활용할 수도 있다.

셋째, 정보 측면에서도 마찬가지로 정부기관은 사기업보다 불리한 처지에 놓여 있다. 많은 정부공무원들이 정부를 떠나 사기업으로 이직하여 기업이 정부 각 부서의 운영방식을 더욱 잘 이해할 수 있게 도와준다. 그러나 그와 반대로 사기업 직원들이 비교적 높은 월급을 포기하고 정부기관으로 이직하는 경우는 매우 드물다. 이 때문에 정부는 비즈니스 기관에서 어떤 일이 발생하는지 제대로 알기 어렵다.

이상 세 가지 측면에서의 열세는 왜 정부가 비즈니스 기관을 감독함에 있어 의욕은 있어도 여력이 없는지를 설명해준다.

회사 지배구조

물론 관리감독 체계가 설령 이렇다 해도 매도프가 30여 년이나 사기행각을 벌이기는 쉽지 않았을 것이다. 역사적으로 미국 뉴욕주 주립변호사와 매도프의 일부 투자자들은 매도프에게 미심쩍은 부분이 있다고 생각하여 규제기관에 여러 의심을 제보했을 뿐 아니라 규제기관이 매도프를 조사하기를 원했다. 그렇다면 매도프는 어떻게 이 조사를 어물쩍 넘어간 것이고, 그의 사기행각은 어떻게 발각되지 않았던 것일까? 뉴욕주 정부나 미국 증권거래위원회 모두 매도프를 여러 차례 조사했는데, 미국 증권거래위원회의 주된 해명은 인력부족이었다. 변호사를 위주로 구성된, 즉 인력의 80% 이상이 변호사인 이 기관은 현재 보유한 인력으로는 상장기업의 10%도 조사하지 못할 것이라는 해명을 내놨다. 이런 인력부족 때문에 매도프의 회사에 실제로 가본 감독기관 관계자가 한 사람도 없었다는 가장 심각한 문제가 발생한 것이다. 만약 실지조사를 한 번이라도 했다면 곧바로 매도프의 금고 안에 어떤 거래기록도 없다는 사실, 그의 사무실이 상당히 깨끗하다는 것(소문에 따르면 그의 사무실에는 컴퓨터 한 대와 캐비닛 하나, 그리고 그 캐비닛 안의 종이 몇 장 말고는 아무것도 없었다고 한다)을 확인할 수 있었을 테지만, 그랬던 적이 없었으므로 아무도 매도프에게 '당신의 돈은 대체 어디에 있나요?'라는 가장 간단한 질문을 할 생각을 하지 못했다.

기업의 지배구조에 있어서도 이와 비슷했다. 매도프의 두 아들과 형제 및 그의 조카는 이 기업에서 일하고 있었다. 그의 형제가 수석법률고문을 맡았고 기업 전체가 사실상 가족기업인 데다 주요 사업이라고 할 만한 것도 없었으므로 그를 감독하거나 그의 잘못을 적발할 사람 역시 없었다. 관건은 바로 이 회사에 '휘슬블로어whistle blower', 즉 내부고발자가 없었다는 것이다.

십수 년 전 미국은 '내부고발자 보호법'을 통과시켰다. 기업 내부의 직원이 해당 기업의 위법행위를 고발할 경우, 그 직원은 기업으로부터 각종 탄압이나 해고 등 여러 보복을 받을 수 있다. 따라서 법원은 만약 내부직원의 고발로 기업의 위법행위가 사회의 주목을 받는 경우 정부로 하여금 해당 내부고발자가 그 고발로 인한 어떤 신체적 혹은 재정적 위험과 위해도 받지 않게끔 보호하게 할 수 있다. 만약 투자자의 고발행위가 단체소송으로 이어지고 기업이 이에 대한 배상을 하게 되면, 내부고발자의 용감한 행동을 장려하기 위해 그가 배상액의 일정 비율을 받아갈 수 있게끔 규정해놓기도 했다. 그러나 매도프의 회사처럼 소규모 가족기업인 경우에는 이런 상황이 발생할 수 없다. 완전한 일가의 기업인 만큼 지배구조상의 균형과 보호 역시 전혀 없기 때문이다. 외부 직업경영인도 없었고 내부고발자도 없었으니 사기 스캔들이 그렇게 오래 유지될 수 있었던 것도 놀랍지 않다.

회계감독의 실패

매년 회계감독 부서는 최소한 투자자에게 회계감사를 거친 보고서를 한 부는 제공해야 한다. 과거 나스닥 상장사의 전 이사회 대표이사를 역임한 매도프는 이 법률에 대해 잘 알고 있었다. 그는 전체 근무인원이 세 명밖에 되지 않고 그중 한 명은 78세로 이미 은퇴하여 연중 대부분의 기간을 플로리다에서 보내는 사람, 다른 한 명은 그의 비서, 그리고 나머지 한 명은 회계사인 아주 작은 규모의 회계사무소를 찾아냈다. 이 회사의 기록에 나타난 수치에 따르면, 이 회사는 15년간 회계감사 업무를 한 적이 없었는데도 매도프 회사의 회계감사를 맡기를 원했다.

흔히 회계사를 투자자의 '감시견'이라 하고, 특히 상장기업에 있어서 회계감사는 매우 중요한 역할을 한다. 그러나 해외나 중국의 회계보고서 중에는 회계사가 기업에 제출하는 긍정적인 보고서나 월스트리트 애널리스트가 해당 기업을 추천하는 등의 보고서가 갈수록 많아지고 있는 데 반해 기업 경영층의 의견이 서로 다른 상황은 갈수록 줄어드는 중이다. 이는 대체로 이익에 마음이 동하기 때문이다.

점점 더 많은 회계사무소들이 자신들이 작성한 회계보고서의 적정성과 비즈니스 수요를 재며 항상 어려운 선택에 직면한다. 상장기업 또는 피회계기관은 회계사무소에 오로지 '우리가 원하는 대로 하지 않으면 다른 회계사무소로 바꾸겠다'는 하나의 선택지만 제시한다. 따라서 회계사무소는 공정한 제3자 정보와 동시에 일종의 비즈니스 서비스를 제공한다.

회계기준에 대해서든 정보공개 기준에 대해서든 세계 어디에나 경쟁은 존재하기에, 이 업무를 맡는 회사들은 고객기업이 원하는 대로 해야만 더욱 많은 일감을 얻을 수 있다. 그러나 이는 결국 투자자의 이익과 기업의 장기적 명성, 그리고 비즈니스 가치를 대가를 희생시키는 결과를 얻게 된다. 2007~2008년 세계 금융위기가 발생하기 전, 세계 3대 신용등급 평가기관들은 많은 유독자산 및 그런 자산을 보유한 금융기관에 AAA급의 최고수준 신용등급을 주었다. 이런 신용평가는 결국 많은 금융기관과 주주들의 자산에 피해를 입혔을 뿐 아니라 신용등급 평가기관들이 과거 100년간 쌓아올린 명성과 세계 금융체제를 망가뜨렸다. 이를 통해 우리는 이 문제가 비단 중국 시장에서만 발생하는 것이 아니라 세계에 보편적으로 존재한다는 것을 알 수 있다.

세계 금융시장과 금융체계를 이해하는 것은 확실히 중요하다. 왜냐하면 이를 통해 우리는 어떤 상황과 동향이 중국에만 있는 것이고, 어떤 상황과 동향은 세계에 공통적으로 존재하는 것인지 알 수 있기 때문이다. 세계 금융시장과 금융체계의 배후에 있는 원인과 동력은 아마 세계 경제와 기술의 발전에서 비롯된 추세로 공통된 것일 가능성이 높다. 이와 동시에 우리는 어떤 것이 중국 특유의 정책이나 법규, 그리고 정세와 관련된 것인지도 이해할 수 있다. 세계와 중국이 직면한 도전과 문제를 정확하게 다루는 것은 중국 발전과정의 특수한 단계를 더욱 정확히 이해하고, 중국이 현재 당면한 문제를 해결하는 데 도움이 된다.

모신탁의 조장

펀드회사는 통상 주도적으로 전문화된 마케팅 서비스를 제공하기보다는 민간은행, 자산관리 또는 일부 중개기관을 통해 서비스를 제공한다. 이런 서비스 중 하나는 투자자에게 여러 펀드를 선택할 수 있게 도와주는 것이고, 다른 하나는 투자자가 평소에 사지 못하는 펀드를 살 수 있게 도와주는 것이다. 나는 중국 업계도 이 수준까지 빠르게 발전할 것이라고 생각한다. 미국의 저명한 소로스의 펀드, SAC펀드(최근에 내부자 거래 때문에 조사받음), 르네상스펀드 등은 오랫동안 일반 투자자에게 개방하지 않고 오로지 이들 기금과 오랜 기간 동안 협력해온 모신탁만 계속 투자할 수 있다. 따라서 일반인들은 일부 모신탁을 통해 이런 펀드에 투자할 수 있는데, 물론 이 서비스는 유료다.

당시 매도프의 펀드에 특별히 자금을 제공한 모신탁에 대한 보도가 굉장히 많았는데, 심지어 어떤 모신탁에 대한 보도는 매도프에 대한 것보다 훨씬 많았다. 이 모신탁인 페어필드그린위치그룹Fairfield Greenwich Group은 미국 코네티컷주 남부에 위치해 있었는데, 소재지역의 평균 수입은 미국 최고 수준이었다. 그린위치 그룹은 고액순자산 보유자의 자산을 전문적으로 관리해주는 회사로, 회사 책임자인 월터 노엘Walter Noel은 시티은행City Bank과 화공은행Chemical Bank에서 은행 업무를 했었고, 그의 아내는 스위스의 명문가 출신이었다. 이들의 유일한 동업자는 과거 미국 증권관리감독위원회 조사부에서 일한 적이 있는 사람이었으므로 이 회사는 기본적으로 월터와 그의 아내가 설립한 것이었다. 월터 부부의 아리따운 다섯 딸들은 모두 서로 다른 대륙의 명망가 출신의 성공한 사람들에게 시집을 갔는데, 이들은 투자자들에게 도움을 주는 여러 모신탁을 만들었다. 이런 모신탁의 중요한 가치는 첫째, 투자자가 혼자선 사지 못하는 펀드를 투자자 대신 살 수 있다는 데 있다. 둘째, 투자자가 펀드를 조사하고 선택할 수 있게 도와준다. 그렇다면 이 모신탁은 '조사'를 한 뒤 어느 펀드에 투자하기로 결정했을까? 바로 매도프가 관리하는 펀드였다. 이 모신탁은 비교적 일찍 매도프의 펀드에 투자했기 때문에 아주 좋은 관계를 유지하고 있었다. 매도프에 대한 평판이 업계 내에서 갈수록 높아지자 투자자들은 그의 펀드에 투자하고 싶어 했고, 다른 곳이 아닌 오로지 모신탁을 통해서만 매도프의 펀드를 살 수 있었다.

모신탁 자체는 결코 어떤 펀드관리나 투자업무를 하지 않는다. 모신탁의 주요 서비스에는 크게 두 가지가 있다. 하나는 투자자의 돈을 그가 원하는 회사에 투자하는 자금제공 서비스고, 다른 하나는 이들 펀드에 대한 관리감독, 조사, 분석을 통해 고객이 구매해야 할 펀드를 추천해주는 것이다. 이 두 가지 서비스에 대해 일반적으로 1%의 실적관리비와 10%의 공제액을 징수하는데, 만약 고액순자산을 보유한 투자자가 모신탁을 통해 한 펀드관리회사 또는 사모펀드에 투자할 경우 총

3~30%의 비용을 징수한다. 따라서 사모펀드는 아무리 매력적이라 해도 거래관리비용과 거래비용을 공제하고 난 후의 순수익과 원래의 총수익 사이에 종종 큰 차이가 있다. 순수익이야말로 실제로 거둔 수익이고, 그 외에는 월스트리트에 건네준 것에 불과하다. 과거 미국의 한 학술연구는 아주 복잡한 수학적 모델을 통해 '만약 충분히 긴 시간이 있다면 세계의 모든 자산이 월스트리트로 흘러갈 것'임을 증명하기도 했다. 왜냐하면 모든 사람들이 월스트리트에 돈 관리를 맡기는데, 탐욕스러운 월스트리트는 결코 그 기회를 그냥 보낼 리 없기 때문에 결과적으로 모든 돈이 금융업계로 흘러들어간다는 것이다.

월터 가족이 매도프에게 건넨 돈은 얼마였을까? 매도프가 가졌던 600억 달러의 자금 중 150억 달러가 바로 월터 가족의 관리회사가 제공한 것이었다. 매도프 본인은 대단히 겸손하고 온화했지만, 미국 코네티컷의 저명인사였던 월터 가족은 항상 호화스러운 파티를 열며 현지 사교생활에 활발히 나섰다. 대개 금융사기범죄는 종종 아주 요란스럽거나 아니면 아주 조용히 이루어지는데, 매도프의 사례에서는 이 두 가지가 함께 나타났다.

투자자의 위험의식

첫 10년 동안 매도프의 펀드에 투자한 사람의 입장에서는 매년 10~15%의 수익률, 즉 6년마다 두 배가 되고 12년마다 네 배가 되는 투자에 즐겁지 않을 수 없었다. 그러나 투자자로서는 반드시 자신이 가장 마지막에 투자한 사람이 아니라는 점을 확인해야 한다. 왜냐하면 최종 투자자는 어떤 수익도 올리지 못할 뿐 아니라 원금조차 회수하지 못할 가능성이 있기 때문이다. 법원은 매도프의 자산을 청산한 후, 매도프의 펀드에 마지막 2년 안에 투자한 투자자들은 원금의 10% 정도밖에 회수하지 못했다는 사실을 발견했다.

이것은 앞부분에서 논의한 투자위험과 거품형성 문제로 다시 돌아간다. 만약 수익이 어디에서 비롯되는지, 그리고 거품이 언제 꺼질지 이해하지 못한다면, 특정 자산에 투자할지의 여부 및 시장에서 철수할 시점에 대한 결정은 위험에 대한 선호도에 따라 상당히 달라진다. 만약 거품이 조만간 붕괴될 것이라는 사실은 알지만 그것이 오늘일지 내일일지 아무도 모른다면 사람들은 역으로 생각해야 한다. 즉, 만약 거품이 1년 후 꺼질 것이라고 생각한다면 자신은 반년 내에 투자금을 빼내야 하고, 만약 반년 후에 거품이 꺼질 것 같다면 지금 바로 투자금을 회수해야 한다. 왜냐하면 거품이 꺼지는 속도와 시기는 종종 많은 사람들의 예측을 빗나가기 때문이다. 이것은 또 위험예방 의식이 투자자에게 특히 중요한 이유이기도 하다.

그렇다면 위험의 측면에서 매도프 사태는 투자자들에게 어떤 교훈을 남겼나? 내가 지난번에 워런 버핏을 방문했을 때 그는 줄곧 다음과 같은 말을 했다. "나는 투자자에게 두 가지 충고를 하고 싶다. 첫째, 손해를 보지 마라. 둘째, 첫 번째 충고를 영원히 기억하라." 물론 버핏의 명언 중에는 "당신이 이해하지 못하는 것에 투자하지 마라."라는 말도 있다.

그러나 나 역시 내가 이해하지 못하는 것에 투자하는 경우가 있는데, 이는 철저히 막기가 매우 어려운 일이다. 과도한 자신감을 갖는 경향은 우리 모두에게 있기 때문이다. 설마 나 같은 금융학 교수가 투자처럼 작은 일조차 제대로 처리하지 못할까? 하지만 많은 경우 현실 상황 자체가 제멋대로다.

따라서 투자자는 반드시 최대한 다른 사람들의 생활방식, 거래기록과 일부 가장 기본적인 문서를 이해할 수 있어야 하고, 자신이 충분히 신뢰하지 못하는 사람에게 투자해서는 안 된다. 매도프는 결코 우수한 투자자가 아니었지만 공공관계를 맺는 데는 매우 뛰어난 사람이었다. 그는 노인이자 우수한 골프선수, 적극적인 민주당 후원자였고 예시바Yeshiva 대학의 이사이자 대학 전체 동문회 펀드의 관리자였다. 그는 아픈 아이가 생기면 미국 전체 골수연구기관에 많은 자금을 기부했다. 그는 좋은 일을 많이 한 덕분에 사회 내에서 아주 좋은 평판을 쌓았고, 유일하게 못하는 것이 투자였다. 따라서 우리는 어떤 프로젝트나 펀드에 투자하고 싶을 때에는 해당 프로젝트나 기금을 관리하는 그룹이 어떤 곳인지, 과거 경력은 어떤지, 어떤 전략을 사용하는지, 회계사와 관리감독인 및 기타 투자자들은 누구인지 반드시 물어야 하고, 절대 체면 때문에 감히 물어보지 못하는 경우는 없어야 한다. 벌거벗은 임금님 이야기에서 사실 임금님은 아무 옷도 입지 않았었다.

물론 일부 경우의 문제는 투자자가 체면보다는 욕심이 부족한 탓에 발생하기도 한다. 가령 어떤 민간 대부업자가 매년 34%의 수익률을 약속하거나 또는 매도프처럼 매년 20%의 수익을 약속했다면, 투자자는 반드시 어떤 자산으로 이런 수익을 뒷받침할 수 있는지 한 걸음 더 나아가 생각해야 한다. 역사를 전반적으로 봤을 때 세계 주식 평균 수익률은 대략 10~15% 정도지만 투자자는 비교적 큰 변동률에 직면한다. 채권류의 투자는 상대적으로 안정적이지만 연 수익률은 약 5~6%선에 그친다. 기타 수익은 일부 우연히 발생하는 시장기회로부터 오기 때문에 지속된다고 보기 어렵다. 특정 종류의 위험을 감수함으로써 수익을 얻기도 하지만 이런 위험은 당시 모든 사람들이 알지 못하기 때문에 양적 모델로 예측하기 어렵고, 이미 복잡한 금융혁신을 통해 분할되어 원래의 수익보다 훨씬 적어졌을 수 있다. 그러나 결국 위험은 위험이다. 금융혁신은 금융기관과 투자자들이 위험을 더욱 잘 분산하는 데 도움이 될 수 있지만 결코 그것을 완전히 제거하지는 못한다.

분명 금융과학은 연금술이 아니다. 따라서 투자자는 소위 "돈은 위험에서 나온다."라는 중국 속담을 반드시 기억해야 한다. 이 속담은 투자 영역에 특히나 딱 맞는 말이다. 절대 단기적인 유혹 때문에 자신의 장기투자 원칙을 저버려서는 안 된다.

투자자는 또 어떤 것에 신경을 써야 할까? 사모펀드 또는 헤지펀드의 경우, 본래의 정신은 최대한 조용하고 비공개로 진행하여 사회 대중과 최소한의 관계를 발생시키는 것이다. 그런데 사람은 자신에게 낯선 것을 회피하는 경향이 있기 때문에 펀드매니저에게 가서 도대체 어떤 전략을 사용하고 어떤 파생상품을 거래하는지, 또 위험을 어떻게 통제하는지 묻기보다는 자신은 돈을 냈으니 매년 10~15%의 수익을 받고 싶다는 생각만 한다.

우리는 경험을 통해 알 수 있다. 인터넷 버블 시기의 인터넷 주식이나 미국 부동산 거품 시기의 CDO와 CDS 계약, 또는 중국 내 민간융자 등 겉보기에 매우 매력적인 투자기회 중 상당수를 보면, 이들이 약속하는 고수익 자산은 대개 우리가 전혀 들어보지 못했거나 그다지 익숙하지 않은 것들이다. 반면 전통적인 투자 영역은 그것을 이해하는 사람이 많고 위험도 비교적 명확하기 때문에 수익률도 그다지 사람의 마음을 동하게 하지 않았다. 그러나 사람은 낯선 사물, 모호함을 회피하려는 경향이 있기 때문에 우리는 우리에게 익숙하지 않은 것을 이해하기 위해 공부하려 들지 않는다. 내 주변에는 나에게 금융과 관련된 질문을 자주 하는 친구들이 아주 많은데, 이들의 질문을 들으면 나는 "이렇게 기본적인 지식도 이해하지 못하면서 어떻게 투자를 할 생각을 해?" 하며 겁이 날 정도다. 이는 투자자 자신이 반드시 짊어져야 할 책임이다.

요컨대, 위험은 다른 사람의 것일 수 있지만 자산은 자신의 것이다. 전망이 아무리 좋다 해도 투자자는 반드시 분명한 위험의식을 갖고 있어야 하며, 고위험 상품에 투자할 때는 조금씩 투자를 다원화해야 한다.

금융혁신

혹자는 '20세기는 기술혁신의 세기고, 21세기는 금융혁신의 세기'라고 말하기도 한다. 많은 사람들이 금융혁신 또는 수리공학적 지식이 뒷받침하는 새로운 위험관리 도구의 등장 덕에 이 세상과 시대는 갈수록 안전해질 것이고, 투자 역시 점점 쉬워질 것이라 여긴다. 그러나 과거 10~20년에 발생했던 여러 사건들을 돌이켜 생각해보면, 실제 발생한 사건들은 우리의 이런 기대와 완전히 정반대의 것이었음을 알 수 있다.

먼저, 소위 '검은 백조' 사건의 발생빈도가 갈수록 높아졌다. 미국의 서브프라임 모기지론 사태, 동남아 금융위기, 인터넷 버블위기, 미국 부동산위기와 유로존 재정위기, 일본 재정위기 등 과거 20여 년 사이 발생한 사건들은 갈수록 우리의 생활에 심각한 영향을 미치고 있다.

세계적인 '채권왕' 빌 그로스Bill Gross는 2007~2008년 금융위기 이후 "이것이 투자자가 앞으로 대비해야 할 뉴노멀new normal 시대"라고 말했다. 즉, 앞으로의 투자위험은 점차 증가하는 데 반해 수익은 오히려 갈수록 낮아진다는 것이다. 금융혁신의 주요 목적은 더 많은 방식, 더 정교한 수단을 통해 더욱 많은 시장과 투자자, 그리고 더욱 장기적인 시간적 틀 속에서 위험을 분산시키는 것이다. 각 투자자의 입장에서 볼 때 그들 각자가 감수해야 할 위험은 금융혁신이 없었을 때보다 더욱 낮아질 수 있다. 따라서 위험을 감수한 보상으로 주어지는 게 수익이라면 그것은 더욱 낮아질 가능성이 높다. 하지만 물리학에서 나오는 질량보존의 법칙과 마찬가지로, 금융에서도 이와 유사한 위험보존의 법칙이 있을 수 있다. 금융혁신과 금융기술이 아무리 발전한다 해도 결국 그것은 위험을 다시 배치하는 것일 뿐, 결코 위험을 제거하는 것은 아니기 때문이다. 그러므로 위험관리 기술과 금융혁신이 발전하더라도, 오히려 예측할 수 없는 '검은 백조' 사건과 그에 상응하는 다른 위험이 나타날 확률은 높아질 가능성이 있다.

사람들은 금융혁신에 대해 좀 더 깊게 이해할 필요가 있다. 아무리 금융혁신 도구가 정교해지고 수학적 원리가 더 완벽해진다 해도 그것들은 결국 도구에 지나지 않는다. 공업기술과 마찬가지로 원자력기술 역시 원자력발전소를 통해 사람들에게 도움이 될 수도 있는 반면 원자폭탄에 활용되어 세계대전의 무기가 될 수도 있다. 금융혁신도 마찬가지다. 한편으로 금융혁신과 금융도구는 가정과 기업이 직면한 경제 문제를 더욱 잘 이해할 수 있는 틀과 도구가 된다. 그러나 다른 한편으로 그것은 도구에 지나지 않기 때문에 가장 중요한 것은 사람이 어떻게 결정하고 실행하느냐다. 따라서 위험관리가 효과적인지의 여부는 결국 여전히 행동편향이 있는 의사결정자의 손에 달린 것이다.

예를 들어 신용카드의 등장 덕분에 소비자는 융자를 더 많이 받을 수 있게 되었고, 가정의 소비능력은 제고되었으며, 간접적으로는 경제성장도 촉진되었다. 하지만 다른 한편으로 신용카드의 이율약관을 이해하지 못한 일부 가정은 흥청망청 소비하고 거액의 대출을 받은 뒤 자신의 채무를 감당하지 못해 가정경제의 파탄을 초래하여 어쩔 수 없이 파산보호를 신청하기에 이르렀다. 일부 은행과 비즈니스 기관들은 이런 가정의 소비방식에 대한 지식을 바탕으로 하여 대출상환 능력이 상대적으로 떨어지는 주민들을 겨냥한 주택담보 대출상품을 만들었고, 이들이 대출금을 상환하지 못하면 고액의 융자비용과 위약금을 물게 했다. 이런 은행의 악의적인 '약탈적 주택담보대출' 때문에 일부 가정에서는 신용카드 같은 중요한 금융혁신 상품조차 멀리하고 감히 그것을 사용하여 소비하지 못했다.

그 외에도 인터넷은 온라인 주식거래를 촉진시켰으나, 투자자가 더욱 간편하고 신속하게 온라인 거래를 할 수 있는 환경에서는 오히려 경솔하고 현명하지 못한 거래행위가 나타날 가능성이 높아졌다. 이는 금융혁신이 중요한 것은 사실이지만 그것이 사회에 미치는 영향은 여전히 사람들이 그것을 어떻게 운용하느냐에 달렸다는 점을 보여준다.

금융혁신과 금융도구는 종종 기업관리에 방해가 되는 어떤 위험을 통제 또는 분산하는 데 있어 기업과 금융기관에 도움을 주기 위해 등장한다. 금융기관이나 선진국의 부동산시장, 그리고 부동산자산을 대량 보유한 보험회사에 있어 CDS 같은 복잡한 파생상품의 출현은 한편으로는 이들 금융기관이 자산의 위험을 분산시키는 데, 즉 자산을 증권화하는 방식으로 위험을 기타 투자자에게 분산시키는 데 도움이 된다. 다른 한편으로 이런 도구 덕에 많은 금융기관은 자신들의 위험관리 능력이 더욱 강화됐다는 생각에 빠진다. 이는 개인투자자가 갖는 통제환상과 사실 유사하다. 비현실적인 통제환상의 영향으로 더욱 자신감이 생긴 투자자나 금융기관은 애초에 감수해서는 안 될 더 큰 위험을 감수할 가능성이 있고, 이런 더 큰 위험 때문에 투자 전체, 심지어 기업의 운명도 바뀔 수 있다. 나는 금융혁신이 우후죽순처럼 나타날수록 그것을 더욱 정확하게 다룰 수 있어야 한다고 생각한다. 1998년 미국에서 발생한 롱텀캐피털매니지먼트의 사례를 떠올려보자. 이 회사는 두 명의 노벨경제학상 수상자를 비롯한 여러 정상급 채권 트레이더와 공학, 금융학, 수학 방면에서 큰 성취를 이룬 교수와 박사들이 설립한 헤지펀드였다. 이 펀드는 첫 5년간 실적이 매우 뛰어났던 덕분에 투자자들에게 큰 수익을 안겨줄 수 있었다.

이들의 위험관리 모델을 근거로 펀드매니저는 그들이 관리하는 모든 펀드에 있어 대규모 손실이 발생할 가능성은 약 2,000분의 1 정도로 낮다고 보았다. 출중한 수학지식과 실전경험, 그리고 견고해 보이는 위험관리 모델에 자신감을 얻은 이 회사는 점점 더 큰 위험을 무릅쓰기 시작했다. 이들은 매우 높은 레버리지 거래를 이용하여 그다지 익숙하지 않거나 전혀 유리하지 않은 시장에 갈수록 많이 진입했고, 동시에 투자 포트폴리오 전체의 위험노출도를 증가시켰다.

1998년 가을, 러시아와 동남아에서 금융위기가 발발하면서 시장 전체의 유동성이 감소했고, 대량의 자금은 장기적 가치가 있는 상품에서 미국 국채에 대한 대량구매처럼 단기적이지만 안전한 상품으로 이동했다. 갑작스러운 시장환경의 변화는 롱텀캐피털매니지먼트의 운영을 완전히 엉망으로 만들었고, 회사의 위험관리 모델의 가장 기본적인 일부 가설을 뒤집으며 회사에 대규모 손실을 초래했다. 겨우 한 달여 만에 롱텀캐피털매니지먼트 펀드는 관리하는 전체 자산의 95% 이상의 손실을 입었는데, 이 펀드의 거래에 관여한 상대가 많았던 탓에 이들의 손실은 세계 금융체계에 타격을 입힌 것이나 마찬가지였다. 롱텀캐피털매니지먼트의 문제가 드러난 후, 미국 연방준비제도이사회(미국 중앙은행)는 뛰어난 천재들이 설립한 이 펀드로 인해 세계 경제 금융체계가 큰 타격을 입지 않도록 방지하기 위해 모든 대형 투자은행을 이끌며 이 펀드를 구제하는 데 나서야 했다.

2007~2008년 금융위기도 이와 유사한 점이 있다. 위기가 발발하기 전, 많은 금융기관들이 모두 부동산 채권 디폴트 가능성을 정확히 통제하고 예측하기 위해 위험관리 모델을 개발했다. 그러나 이 모델이 매우 복잡했던 데다 이를 통해 얻은 결과가 사람들을 안심시킨 탓에 거의 모든 금융기관은 부동산 채권 디폴트가 발생할 가능성을 무시 또는 고의적으로 '망각'할 가능성이 생겼다. 집값이 하락하면 일부 부동산 채권에 디폴트 발생 가능성이 매우 높게 나타나고, 기타 부동산 채권 역시 이에 따라 디폴트가 나타날 수 있다. 겉보기에 아주 단순한 이 원리를 수학적으로 해결할 아주 좋은 방법이 없었기 때문에 금융기관 및 위험관리 부서는 이를 쉽게 무시해버렸다. 어떤 의미에서 이것은 그해 발생한 롱텀캐피털매니지먼트의 문제와 아주 비슷했다. 그들은 '여러 자산 간 디폴트 발생 가능성은 각각 독립적일 것'이라는 아주 간단한 가설을 세웠지만 모든 상업은행, 투자은행, 보험공사의 위험관리 모델 중 미국의 집값 하락이 금융시장에 미칠 수 있는 잠재적

충격과 위해를 예측한 것은 하나도 없었다.

이 가설 때문에 당시 어떤 금융기관의 위험관리 모델도 금융쓰나미의 심각성을 정확히 예측하지 못했다. 부동산위기의 발생과정에서 미국의 대형 투자은행인 리먼브라더스와 베어스턴스가 붕괴됐다. 이 위기는 또 미국 최대 보험회사인 AIG와 미국 양대 모기지업체인 프레디맥Freddie Mac과 패니메이Fannie Mae에도 큰 타격을 입혔다. 이런 측면에서 볼 때 금융도구의 기술이 발전할수록 투자자들은 헛된 자신감을 갖게 되고, 이로 인해 더욱 큰 위험을 감수할 가능성도 높아진다. 이는 자신과 자신이 소속된 기관의 운명을 바꿀 수 있을 뿐 아니라 매우 무서운 결과까지도 초래할 수 있다.

제15장

정책과 감독

정부와 감독자의 행동편향

정부의 자기과신

앞서 논의한 것처럼 투자자, 금융기관 및 기업임원들은 자신의 능력, 정보의 정확성 및 상황판단력 면에서 자기를 과신하는 경향이 있다. 정부기관은 속이 빈 조직구조가 아니라 다수의 개인과 정당으로 구성된 것이다. 개인의 행동편향과 더불어 사회적·조직적 구조가 개인의 행동에 미치는 영향으로 인해 사람들은 종종 개인에게서 발생하는 비이성적 행위를 정부도 피할 수 없다는 사실을 발견한다.

정부와 지도층이 과도한 자신감을 갖는 경향을 보여주는 전형적인 사례 중 하나는 군사 분야에서 잘 알려진 방어선과 군사기지 건설이다. 중국의 만리장성은 유명한 방어선이지만, 진나라 장성은 상당히 견고했음에도 해마다 계속되는 흉노족의 북방침입을 막지 못했다. 명나라 장성이 아무리 장대했어도 청나라 군대의 진입을 막지 못했듯 말이다.

제2차 세계대전 시기에 프랑스는 독일의 침입을 막기 위해 마지노선을 건설했다. 프랑스 국방부 장관 앙드레 마지노André Maginot의 계획에 따라 1929년부터 구축하기 시작한 마지노선은 10여 년이 지난 1940년에야 기초가 완성되었고, 50억 프랑(1930~1940년의 화폐단위)이 들었다. 수백 킬로미터에 달한 방어선의 주요 부분은 프랑스 동부의 티옹빌Thionville에 위치했다. 마지노선은 철근과 콘크리트로 지어져 매우 견고했고 내부에는 각종 대포와 참호, 요새, 주방, 발전소, 병원, 공장 등이 지어졌으며 사방으로 길이 통했다. 비교적 큰 규모로 지어진 방어선의 경우엔 부대와 물자 이동의 편의를 위해 노면전차의 레일까지 설치되기도 했다. 방어선은 독일을 가상의 적으로 간주하여 프랑스-독일 국경지대의 '핵심'지대만 방어했지만, 적군이 영국과 프랑스 양국과 긴밀한 관계였던 네덜란드를 통해 공격할 가능성은 예상치 못했다. 동시에 프랑스와 벨기에 변경의 아르덴Ardennes 고원지대는 험준한 지형이라 기동전을 벌이기 쉽지 않다고 판단한 프랑스는 방어선을 구축하거나 방비를 강화하지 않았다. 그러나 프랑스군은, 제2차 세계대전이 발발했을 때 독일군이 영불연합군으로 하여금 네덜란드를 지원하게 함으로써 다시 아르덴 고원지대를 기습하고 이를 통해 마지노선을 우회 및 진군하여 프랑스 영토 대부분과 수도인 파리를 신속히 점령할 것이라고는 꿈에도 생각하지 못했다. 명성이 자자했던 마지노선은 순식간에 쓸모없는 철근 콘크리트 숲이 되었다.

또 1970년 아랍 국가와 이스라엘 간 중동전쟁이 발발했을 때에도, 이스라엘은 익히 알려진 바레브 라인Bar-Lev Line을 건설했다. 참모총장 하임 바레브Haim Bar-Lev의 설계에 따라 장기적 전략요지인 수에즈Suez

운하를 지키기 위해 이스라엘은 1969년부터 대규모의 인력과 물자 및 수억 달러의 재정을 투입하여 운하 동부에 폭 175km, 길이 10km에 달하는 방어체제를 마련하기 시작했다. 그중 이스라엘군이 가장 자랑스러워했던 것은 운하 주변에 구축한 모래방벽이다. 이 '모래'방벽의 방어체계는 이스라엘인들의 큰 발명작이었다. 방벽은 가파른 수에즈 운하와 일체로 연결되었으며 평균 높이는 25m, 주요 방위구간의 높이는 60m에 달했다. 부대와 장비 외에 이스라엘은 '화공' 방어선 설계에도 매우 신경을 썼는데, 이들은 모든 보루의 아래에 석유통을 매립하고 파이프로 연결한 뒤 전기버튼을 누르면 연료분사기가 석유를 운하 수면으로 분사되게 만들었다. 수면에 큰 불이 나면 운하 전체가 하나의 화공 방어선이 되어 아랍 측의 공격을 막아낼 수 있게 한 것이다. 아쉬운 것은 1973년 10월 6일 팔레스탄-이스라엘 전쟁 발발 후 이집트 부대가 '물로 모래를 이기는' 방법을 고안, 고압펌프를 이용하여 이스라엘군의 모래방벽을 돌파했다는 것이다. 이집트부대는 불과 몇 시간 만에 208명 사상의 피해만을 입고 이스라엘군의 자랑이던 철옹성 같은 바레브 라인을 단번에 돌파했다. 이스라엘군이 자랑스럽게 도입한 '화공 방어선'은 아예 사용할 기회조차 없었다.

물론 역사상 이와 비슷한 사례는 매우 많다. 사실 각국 지도자들은 견고한 방어선만 구축하면 적들의 공격을 전혀 걱정할 필요 없이 국가의 안전이 보장될 것이라는 비슷한 생각을 한다. 그러나 전쟁의 역사를 되돌아보면 적군은 거의 매번 구축된 방어선을 우회하거나 돌파하는 방법을 고안해냈다. 이런 시각에서 볼 때, 각 나라의 방어선과 이를 설계하는 군사 지도자들은 자신들의 방어선 능력을 과신하는 경향이 있다.

정부과 규제기관의 과도한 자신감을 보여주는 사례는 경제생활과 금융정책에도 광범위하게 존재한다. 1989년 미국 주식폭락과 그로 인해 발발한 모기지론 위기 이후 미국 연방준비제도이사회 의장인 앨런 그린스펀은 대대적인 금리인하를 통해 경제체제에서 대규모의 유동성 촉진을 꾀하고자 했다. 이런 재정정책의 완화는 단기적으로 미국 내 인플레이션이나 자산거품을 촉발하지는 않았고, 그린스펀은 매우 자신 있게 인터넷의 출현과 세계 경제통합의 진행이 가속화되면서 미국의 노동생산력이 대폭 상승할 것이라고 여겼다. 그리하여 그가 추진한 통화정책의 완화 역시 과거의 재정부양책과 달리 미국 물가와 부동산 가격의 상승, 대규모의 금융위기를 일으킬 것이라고는 여겨지지 않았다. 서브프라임 모기지 사태 발생 1년 전인 2006년에 그린스펀이 연임할 때까지 전 세계의 정책결정자들은 이런 방법에 동의했고, 각국 지도자들은 그린스펀의 탁월한 화폐정책이 항상 미국과 세계경제가 위기를 피하여 새로운 경제성장을 이루어내게 할 것이라 믿었다. 그리하여 세계 경제학자와 금융가들은 그린스펀에게 '마에스트로maestro' '위대한 금융가'라는 찬사를 보냈다. 그러나 겨우 1~2년 후 세계 금융위기가 발발하면서 전 세계 정부와 국민, 투자자들은 그린스펀이 추진한 과도한 통화정책의 완화가 미국과 전 세계 가정이 거주하는 주택에 대한 투기수요를 자극, 심지어 왜곡하여 전 세계 자산가격의 대규모 인플레이션을 촉발했고 금융위기 직전에 세계 경제의 고속발전이라는 '허상'을 보았음을 알게 되었다.

그리고 바로 이 몇 년 간의 과도기의 자극과 발전이 2007~2008년 미국의 부동산위기와 세계 금융위기의 발발을 초래했다. 어떤 의미에서 21세기의 첫 몇 년간 이룬 전무후무한 경제성장은 그린스펀이 스스스로를 과신하고 인류의 경제운용에 대한 자신의 이해를 과대평가하며 전체 경제정세에 대한 연방준비제도의 통제력을 과대평가하는 계기가 되었다. 그린스펀은 맹목적으로 기술의 진보, 글로벌화, 인터넷, 금융혁신이 이미 경기순환이라는 호랑이를 완전히 우리 안에 가뒀다고 믿었다. 역사적인 측면에서 볼 때 그린스펀 또한 맹목적으로 "이번은 정말 다르다."고 믿었던 것이다.

사실 단기간에 인플레이션 혹은 자산가격의 대규모 상승이 나타나지 않는다 해서 장기간 존재했던 공급통화량과 인플레이션 간의 인과관계가 적용되지 않는다고는 할 수 없다. 그럼에도 그린스펀은 과거 신뢰했던 화폐공급과 물가수준 간의 상관관계가 새로운 경제환경에는 이미 적용되지 않는다고 독단적으로 판단하고 말았다. 이런 자기과신은 연방준비제도가 경제정세에 대한 잘못된 판단을 하게끔 오도했고, 그와 동시에 시행된 잘못된 정책은 결국 세계 금융위기와 금융 쓰나미를 초래했다. 이렇게 규제기관은 그린스펀처럼 말 한마디 한마디의 영향력이 크고 명망 있는 사람들에 의해 운용되기 때문에 인간의 기본심리인 자기과신을 벗어나기 어렵고, 경제운용이라는 것 또한 고유의 규율과 본질을 바꾸기 어렵다.

2007~2008년 금융위기 당시 미국은 규제기관의 자기과신으로 잘못된 관리감독 정책을 시행했고, 이는 금융위험이 결집된 전형적인 사례로 남았다. 미국 증권거래위원회는 미국이 금융기관을 대상으로 정보공표와 관리감독을 실시하는 기관인데, 2005년 무렵 이 기관은 이미 시장에서 금융기관이 새로운 방식의 파생상품을 거래하기 시작했음을 인지했다. 그것은 추후 세계 서브프라임 모기지 사태를 촉발시킨 CDO와 금융기관이 서브프라임 모기지의 위험에 대응하고자 만

든 CDS였다. 감독기관으로서 미국 증권거래위원회가 담당하는 주요 업무는 위법행위 단속과 처벌이었고, 업무 구성원의 대다수는 변호사들이었던 탓에 새로운 금융상품을 깊이 이해하지 못했다. 이와 동시에 금융기관이 분기마다 증권거래위원회에 제출하는 자산건전성 보고서에는 금융파생상품이 포함되지 않아 그 상품들이 금융기관의 위험노출에 미칠 중요한 영향을 정확히 예측하기가 어려웠다.

첫째, 2007년 금융위기 전, 미국 증권거래위원회는 전체 금융시장에 이미 나타난 변화인 OTC 장외거래의 규모와 위험이 갈수록 증가하는 것을 인지하지 못했다. 둘째, 전 세계의 금융기관은 더 높은 이윤추구를 위해 특별한 방법을 채택하여 투자를 진행하거나 시장의 실제가격에 근거하지 않고 주가를 계산하는 회계시스템을 택함으로써 미국 증권거래위원회의 관리감독을 피했다. 이런 새로운 회계시스템 덕에 금융기관은 예전보다 훨씬 많은 고위험 투자를 진행할 수 있었다. 이런 큰 변화를 목전에 두었지만 미국 증권감독위원회의 반응은 오히려 느렸고, 충분한 관심과 경각심을 갖지 않았던 탓에 미국 금융기관들은 더 큰 위험을 부담하게 되었다. 이런 위험이 점점 커지면서 금융기관이 위험을 지탱할 수 있는 자금 또한 부족해졌고, 이는 2007~2008년의 세계 금융위기를 초래했다. 미국 대형 금융기관의 상당수는 도산하거나 국유화되는 결과에 직면했다.

정부의 대표적인 실수들

중앙은행과 증권거래위원회를 제외한, 미국에서의 증권거래 대부분에 대한 규정은 증권거래소에서 제정한 것이다. 금융위기가 발생하기 전, 오랜 역사를 자랑하는 뉴욕 증권거래소는 공매도 시스템과 관련하여 잘못된 개혁을 단행함으로써 2008~2009년간 전 세계를 덮친 금융위기 악화에 상당한 원인을 제공했다. 1933년 대공황 이후 1929년 주가폭락 사태의 재발을 방지하기 위해 미국 최대의 거래소인 뉴욕 증권거래소는 대주, 공매도 행위에 대해 거래가격 상승조치를 실행했다. 이 조치는 뉴욕거래소가 투자자들의 대주, 공매도 행위를 허가하더라도 시장에서 악의적인 공매도 행위가 재발하는 것을 방지하기 위한 것으로, 어떠한 투자자라도 공매도 거래를 하려면 반드시 한 가지 조건을 충족해야 함을 골자로 했다. 즉, 뉴욕 거래소는 해당 주식의 주가가 지난 거래에서 상승했을 경우에만 다음 거래 시 공매도가 가능토록 했다. 만약 공매도 직전의 거래에서 주가가 하락했다면 해당 주식이 상승한 후에야 공매도 거래를 허용한 것이다. 이는 주가하락 시 공매도자의 악의적 주가억제 행위를 방지하기 위해 거래소 측에서 공매도 거래를 하지 못하도록 규정한 것이었다.

2008년 세계금융위기 발발 초기에 금융기관들은 헤지와 복잡한 거래를 갈수록 많이 진행함에 따라 주식 공매도 거래도 보다 자유롭게 할 수 있길 원했다. 이들은 지속적으로 공매도 거래관리를 완화해 달라고 뉴욕증권거래소를 설득했다. 그리하여 2007년 말에서 2008년 초 사이 시장이 비교적 안정적이었을 때 뉴욕 증권거래소는 주식 공매도 조건에 대한 규제를 완화했다. 시장이 비교적 안정적인 상태에서 거래소가 일부 주식만을 대상으로 규제완화를 시범실시한 덕분에 시장 전체에 큰 영향이 발생하지는 않았다. 뉴욕 증권거래소는 바로 이 실험결과에만 근거하여 지난 반세기 동안 적용했던 공매도 거래의 주가상승 제한이 더 이상 필요하지 않다고 무작정 판단했고, 이런 제한적 증거를 이용하여 전체 시장의 공매도 거래조건을 완화했다.

그래서 2008년 금융위기 때는 대형주 및 금융개념주의 공매도 거래가 대량으로 발생했는데, 그중 일부는 무차입 공매도로서 대주거래 없이 바로 공매가 진행됐다. 공매도 거래의 주가상승 제한조건이 완화됨에 따라 이런 무차입 공매도 거래는 단기간에 미국 주식시장에 큰 타격을 입혔다. 그리고 주가폭락은 금융위기의 위험성을 가중시켰고, 미국 금융기관과 기타 산업 전체에 지대한 영향을 주었다. 1960년의 공매도 시스템과 비교했을 때 거래소는 비교적 짧은 기간을 경험했을 뿐임에도 전체 금융운용의 규율을 매우 순조롭게 통제하고 있다고 과신함으로써 잘못된 개혁정책을 추진했고, 이로 인해 미국 금융시스템 전체는 거대한 위험에 직면하게 되었다.

비슷한 맥락의 예로 미국연방준비제도의 모 관계자가 고백한 다음의 말을 들 수 있다. "우리는 미국이 추진하는 일련의 양적완화 정책에 대해 득의양양해할 것이 아니라, 1929~1933년 사이에 있었던 대공황을 교훈으로 삼아 미국 정부 중심의 선진경제 연맹이 자산구매와 양적완화를 주요 내용으로 하는 경기부양책을 대대적으로 추진해야만 몇 년 뒤에 객관적으로 정확한 장기적 효과를 평가할 수 있을 것이다."

사회조직이 인류의 행위와 정책결정에 미치는 영향

정책결정을 위한 기업의 간단한 과정과 비교했을 때 집단적 정책결정 과정에 속하는 정부의 정책결정 과정은 비교적 복잡하다. 그리고 영역과 업종을 초월하는 정책협상에서는 각기 다른 부서와 서로 다른 측면의 협의가 필요하다는 것을 보여준다.

사회학과 사회심리학 연구에 따르면, 집단적 정책결정 과정에서 정책결정자는 개인적 정책결정 과정에서는 나타나지 않는 어려움에 직면하게 된다. 전자의 경우 모든 개인은 특별한 도전이나 장애를 마주하게 된다. 스탠퍼드 대학은 과거 유명한 심리학 실험을 실시한 바 있다. 개인 테스트에서 많은 학생들은 '나는 타인에게 잔인한 행동을 하지 않는다.'고 대답했지만, 비교적 선량한 사람을 특정 그룹에 포함시키자 적지 않은 수가 일부 극단적이거나 잔인한 행동을 취하는 것을 점차 인정하거나 지지하는 경향을 보였다. 스탠퍼드 대학의 심리학자들은 이런 실험과 증거를 통해 집단적 의사결정 과정에서는 더욱 극단적인 행동이 나타날 수 있다는 것을 증명했고, 이는 독일 나치가 제2차 세계대전 시기에 저지른 여러 범죄의 원인을 설명할 수 있는 증거가 되기도 했다.

많은 행위는 대부분 특정 개인이 결정한 것이 아니라 특정 환경에서 전체 사회환경과 사회의 가치가 공동으로 추진되어 형성된 것이다. 심리학 연구에 따르면 집단적 의사결정 과정에서는 매우 극단적인 정책을 결정하는 것 외에 다른 문제가 나타날 가능성도 있다. 집단토의의 구성원이 이미 논의한 바 있는 문제에 더욱 관심을 가지거나 이미 모든 사람이 알고 있는 일부 정보에 집중하는 것이 그것이다. 그리하여 사람들은 이미 익숙한 분야를 논의하는 데 더 많은 시간을 허비하고 다른 중요한 정보가 많다는 것을 망각하기도 한다.

이외에도 심리학 연구에서는 토의에 참여한 개인이 집단토의 과정에서 극단적인 대립을 회피하거나 강력한 이견이 나타날 것을 우려하여 이미 의견이 일치한 일부 생각에 대해 더 많은 토론을 하고 다른 이견에 대한 토론을 회피하는 이유를 설명한다. 그래서 시간의 분배나 내용의 집중도 측면에서 봤을 때 집단토의의 결과에는 다양성이 없다. 동시에 집단토의는 구성원으로 하여금 토의과정 중 책임감을 느슨하게 하여 최후의 결정은 자신이 도출한 것이 아니라고 느끼게끔 한다. 이미 많은 전문가들의 의견을 청취했으니 실수를 하더라도 자기는 주요한 책임을 질 필요가 없다고 생각하게 되는 것이다.

사람들은 타인 앞에서 난감한 장면을 피하기 위해 집단토의와 다른 결론을 제시하지 않으려 한다. 대부분의 경우, 회의주도자 혹은 먼저 발언한 사람의 생각은 큰 범위에서 전체 회의의 방향을 결정한다. 모든 사람은 단체 내에서 동질감을 느끼고 다른 사람과 의견이 상대적으로 일치하길 바란다. 이런 시각에서 봤을 때, 집단적 의사결정 과정은 효율적이지 않고 개인적인 정책결정보다 못한 결과로 이어질 수 있다. 다른 의견을 가진 소수가 자신의 이미지를 고려하여 반대의견 혹은 다른 의견을 제시하지 않는 것이 전체 토의과정에서 한쪽으로 치우치는 결과를 가져오는 것이다.

따라서 다수가 지지하는 의견이 옳더라도, 진정으로 중요한 의사결정 과정에서의 집단토의는 개인적 의사결정보다 꼭 효율적이거나 다양화된 것이 아니다. 이사회 결정 혹은 중요정책의 제정과정에서 사람들은 심리학적 원인 또는 자기한계성으로 인해 완벽하게 이성적이거나 효율적이지 못할 수 있다.

통제에 대한 정부의 환상: 진입제한

정책결정 과정에서 정부는 자기과신 외에도 '통제의 환상'이라는 특유의 행동편향을 보인다. 즉, 상대적으로 정보가 제한된 상태에서 오히려 자기 능력에 대한 과신으로 자신이 통제할 수 없는 국면임에도 통제가 가능하다고 믿는 것이다.

예를 들어 전 세계의 많은 정부는 자국의 경제성장과 사회발전을 촉진하기 위해 장기적인 경제발전 계획을 실행한다. 이런 계획의 전제는 각국 정부가 경제에 대한 관리, 통제와 경제정책 제정이 경제발전의 속도와 질적 수준을 제고하는 데 도움이 된다고 여기는 것이다. 그러나 현실적으로 경제계획을 실시 중인 국가 가운데는 싱가포르 같은 성공 사례도 있지만 소련이나 동유럽 국가와 같은 실패 사례도 있고, 전대미문의 성공을 이룬 일본의 경우에도 이후에는 전무후무한 불황에 빠졌다. 역사적 법칙과 경제운용 법칙을 봤을 때, 경제계획이 경제발전의 속도 및 질적 요소에 주는 영향은 명확하지 않다. 경제발전은 고유의 운용패턴이 있고, 정부가 정책을 통해 경기순환의 파동을 줄이고 경제발전 기간을 연장하면 단기간 내에 목표에 도달할 수도 있다. 그러나 장기적으로 보면 경제정책은 단기간에 특정 요소의 배분을 왜곡하여 경기순환주기를 조정하거나 연장하려 할수록 장기적 경제발전의 지속성에 영향을 끼칠 가능성이 크다. 경제 본연의 흐름은 단기적 경제정책이 왜곡한 가격요소와 자원배분을 보다 파괴적이고 극단적인 방식을 통해 원래대로 돌려놓을 가능성이 높다.

1989년 S&L 사태 이후, 미국 연방준비제도는 대폭 완화된 화폐정책을 채택하여 자국의 경제회복을 도와 경제성장을 도모했고 이는 1996~2000년에 미국 및 전 세계의 인터넷 버블을 양산했다. 2001년 미국의 인터넷 버블 붕괴 이후 연방준비제도는 다시 한 번 완화된 화폐정책을 채택하여 국민들의 부동산 구입을 통해 미국 경제성장을 촉진하려 했지만, 이 부양책은 부동산 버블과 부동산위기를 불러와 결국 전 세계적으로 서브프라임 모기지와 2007~2008년의 세계 금융위기 및 금융쓰나미를 야기했다.

2008년 금융위기 이후에도 미국 중심의 서방 국가들은 과거 20년간의 경제운용에서 교훈을 얻지 못했다. 붕괴에 직면한 미국과 유럽의 금융체계를 구제하기 위해 미국과 유로존은 대규모의 양적완화 정책을 시행하여 납세자가 납부한 재정자금이 끊임없이 금융기관으로 유입되게 했다. 이와 동시에 미국 연방준비제도와 유럽중앙은행은 장기자산을 매입, 천문학적인 수량의 유동성 방출 방식으로 대량 자금이 전 세계 금융시스템으로 유입되게 함으로써 전 세계 자산가격의 폭등을 조장하고 세계 금융시스템의 불안정을 초래했다.

점점 더 많은 핫머니Hot money(국제 금융시장으로 이동하는 단기자금_옮긴이)가 한정된 투자기회를 쫓아 세계 금융시스템으로 유입된 결과 각 시장에서는 폭락과 폭등이 지속되는 파동이 나타났다. 원유, 황금 등의 분야에 일어난 대규모 파동은 정부가 정책을 통해 대규모로 경기순환주기에 관여한 것과 관련이 있다.

정책과 관리감독의 한계성:
통제와 진입제한이 초래한 잘못된 결과

규제기관과 정책제정자에게는 공통적으로 행동편향과 한계가 존재하고, 그와 동시에 많은 정책 자체가 한계성에 직면한다. 기업과 가정의 행위가 피동적으로 관리감독 정책에 반영됨에 따라 하나의 정책 또는 관리감독 규정의 시행이 관리감독자와 기업행위의 전면적 변화를 초래할 수도 있다. 그리하여 정책제정자는 반드시 시장의 반응을 정책결정 과정에 포함해야 한다.

2012년 시행된 '신국 5조' 정책은 부동산세에 관한 규정으로 원래 취지는 부동산가격 과속 상승세의 억제였지만, 시행 이후 정책제정자가 예상치 못한 두 가지 결과가 초래됐다. 첫째, 애초의 기대와는 철저히 반대로 거주자는 부동산세 효력 발생 전에 부동산 소유권의 명의를 변경하려 했고 이는 단기적으로 부동산시장의 비정상적인 열풍 및 부동산가격의 폭등을 초래했다. 둘째, 매우 많은 가구가 다주택 보유 때문에 향후 거래 시 부담하게 될 세금을 피하기 위해 이혼에 나섰다. 가구당 소유한 부동산 수량을 낮추고자 함이었다.

그리하여 부동산 명의변경 센터는 인산인해를 이루었고 결혼등록소의 상황도 다르지 않았다. 사태의 주요 원인을 분석한 결과, 문제는 정책의 실행 및 제정 과정에서 시장이 비이성적 반응을 보일 것이라는 가능성을 간과한 데 있었다.

상장회사는 왜 본업에 열중하지 않을까?

2011~2012년 사이 적지 않은 상장회사들의 재무제표 공표에 따라 많은 매체들이 재미있는 현상을 앞다퉈 보도했다. 즉, 갈수록 많은 상장사들이 회사 고유의 주요 사업을 멀리하고 그 외의 분야에 발을 들여놓거나 심지어는 매우 과감하게 부동산과 고리대금이라는 두 개의 영역에 진출하여 은행에서 획득한 소프트론soft loan(대출조건이 그리 까다롭지 않은 차관_옮긴이)을 훨씬 높은 이자율로 자금이 필요한 회사에게 위탁대출해주고 있었던 것이다.

다수의 시장관찰자들은 이런 현장에 관심과 우려를 표명했다. 성공적인 기업에겐 통상적으로 고유의 주요 제품과 업무로 형성한 자신만의 핵심경쟁력이 있다. 이런 생각을 전제로 하여 기업은 중국 자본시장에서 전문 영역을 통해 자본을 융통하고 지속가능한 발전을 기대한다. 현재 중국 경제의 고속성장과 급속히 변하는 경제정세를 잠시 뒤로 미뤄두더라도, 미국처럼 고도로 성숙한 시장환경에서 우리는 많은 기업들이 상장 후 여전히 중대한 전략변화와 다원화된 발전을 도모하는 것을 쉽게 볼 수 있다. 애플은 그해 컴퓨터 회사에서 대중매체 및 소비재 기업으로 전환함으로써 지난 10년의 눈부신 발전을 이룩해냈다. 아마존 또한 인터넷 서점에서 원클릭 구매 포털로의 전환을 통해 인터넷 버블의 재난에서도 살아남았고 말이다.

주주들의 이익보장을 극대화하는 것은 상장사들의 당연한 의무다. 주주이익의 극대화는 더 큰 이익을 낼 수 있는 것에 주식자금을 투자하는 것이다. 이런 시각에서 볼 때 기업관리자의 중요 임무는 발전

가능성이 있는 고수익, 저위험의 투자기회를 찾는 것이다. 상장사가 위의 임무를 달성하고 주주를 위해 리스크가 없는 수익기회를 확보했다면 왜 관심과 비평과 질책을 받는 걸까?

여기엔 크게 두 가지 주요 원인이 있다. 첫째, 모든 회사가 이런 투자와 수익의 기회를 갖고 있는 것은 아니다. 상장회사의 고리대출을 이용했던 비상장회사의 경우, 보수적인 은행시스템에서 저리신용대출을 받을 수 있는 기회의 부족으로 다른 융자방법을 모색하지 않았던가?

이는 한편으로는 자금조달에 대한 민간기업의 갈증을 보여주고, 다른 한편으로는 보수적인 금융시스템이 기업에게 필요한 신용을 제대로 제공하지 못한다는 것을 보여준다. 만약 같은 이자율을 지불한다면 은행은 왜 자금이 필요한 기업에게 자유로이 자금을 제공하고 스스로 이자수익을 손에 넣지 않는 걸까?

금융 분야에서 이자율 같은 중요한 가격신호의 왜곡은 기업의 자금조달과 투자결정의 왜곡을 직접적으로 초래한다. 이와 같은 시각에서 본다면 상장기업은 이런 종류의 결정을 나쁜 선례로 만든 것이 아니라, 이성적으로 시장가격에 대해 반응한 경제주체일 뿐인 것이다.

둘째, 기업이 상장한다는 것은 주식시장에서 상당 금액의 자본을 저가로 획득할 수 있을 뿐 아니라 상장기업의 지위로 은행에서 저리의 대량 자본을 확보할 수 있음을 의미하기 때문에 상장이라는 목표를 뿌리치기란 확실히 힘들다. 상장만 되면 오골계도 봉황이 된다. 상장만 되면 기업은 저금리로 자금을 조달하고 책임을 지지 않아도 되는 투자게임을 장기간 즐길 수 있다. 상장만 되면 회사는 은행시스템의 장애와 대출과정 사이의 비대칭을 뚫고 주주에게 그럴듯한 수익을 쉽게 가져다줄 수 있다. 상장기업으로서는 이런 방법이 전혀 이상한 것이 아니지만 비상장기업 입장에서는 매우 불공평하다.

상장은 절대다수의 회사들, 특히 첨단기술회사의 입장에서는 새로운 창업의 시작이고, 현재의 환경에서 혁신의 종착점이 되면서 중국 시장의 규제자에게 새로운 과제와 도전을 안겼다. 상장의 제한은 투자자를 보호하려는 규제기관의 노력에서 기인한 것으로, 상장과정에서의 선별과 평가를 통해 중대한 실수와 사기행위를 예방하고자 한다.

지난 100년간 미국 자본시장은 한 번의 불황과 두 번의 세계대전, 세 번의 인플레이션 및 수많은 국제적 사건, 경기순환주기, 사기 스캔들 등을 겪었다. 이런 일들을 경험하였음에도 투자자들이 인터넷 버블과 서브프라임 모기지 위기에서 경솔한 예측으로 중대한 손실을 입은 것을 봤을 때, 투자자의 이런 행동편향은 단순히 상장제한 또는 수익보장이 있다고 해서 발생하지 않는 것이 아니다. 성숙한 시장에는 성숙한 투자자가 필요하고, 성숙한 투자자는 반드시 위험과 수익 사이에서 균형과 판단을 유지할 수 있는 능력이 있어야 한다. 맹목적인 상장조건의 제한은 오히려 제한적인 투자능력에 대한 투자자의 과신을 키우고, 이는 장기적으로 시장위험으로 축적되어 결국 투자자에게 더 큰 손실을 가져온다.

상장기업이 '본업에 열중하지 않는 것'은 당연히 고민하고 우려해야 할 현상이다. 그러나 책임을 상장기업에 떠넘겨서는 안 된다. 만약 어느 시점에서 모든 기업이 '본업에 열중하지 않을' 기회가 있다면 '본업에 열중하지 않는' 기회는 자연스럽게 사라질 것이다.

중국 기업은 왜 자사주를 매입하지 않을까?

기업의 업무선택 외에도, 투자자와 증권감독관리위원회는 중국의 상장기업이 투자자에게 보답하는 방식에 지속적으로 관심을 가져왔다. 2012년에 증권감독관리위원회는 상장기업, 특히 주가 순자산 비율이 낮은 회사를 대상으로 자사주 매입을 강력하게 요구했다.

국제 자본시장의 경험상 이것은 좋은 처방이라고 볼 수 있다. 우선 자사주 매입은 기업에게 기업주가를 촉진하는 효과가 있다. 미국 자본시장의 과거 약 40년을 연구한 바에 따르면, 기업의 자사주 매입은 추후 1년간 매입하지 않는 비슷한 레벨의 기업을 7~8%정도 앞서간다. 또한 상장기업은 자사주가 저평가되었다고 믿으면 그것을 매입하는데 이는 자사에 대한 자신감을 시장에 보여주는 신호가 되어 주가상승으로 이어지고, 그와 동시에 기업은 비교적 낮은 자본으로 자사주 장악력을 높여 기업관리자층의 장기적 전략과 사고에 힘을 실어줄 수 있다.

그러나 증권감독관리위원회의 요구 이후 자사주를 매입한 상장회사는 극히 일부에 불과했다. 여기엔 다음과 같은 다양한 원인이 있다. 먼저, 회사 순자산은 하나의 상대적 정적 개념이다. 수많은 기업의 순자산은 상장 전에 큰 폭의 조정을 거친 적이 없다. 상장 후 기업은 주영업활동의 조정 및 주식구조 변경, 거래와 자본운용 관련을 통해 실제 순자산가액이 대폭 변경된다. 그리하여 시장이 인정한 순자산은 기업의 정확한 순자산이 아닐 수도 있다. 순자산 이하로 떨어질 것이라 예상되는 기업은 내부인사의 시각에서 봤을 때 주가가 낮은 편이 아니라고 생각할 수 있는 것이다.

다음으로, 특정기업 주가의 내적가치를 반영할 수 없더라도 시장은 장기적으로 별 필요도 없는 부정확한 예측을 지속할 수 있다. 전형적인 예에 해당하는 것이 폐쇄형 펀드의 주가평가다. 폐쇄형 펀드는 하나의 투자 포트폴리오로 투자대상 주식의 가치를 정확히 반영해야 한다. 그러나 세계 자본시장의 연구결과에 따르면 대부분의 자본시장에서 폐쇄형 펀드의 가치는 종종 투자 포트폴리오의 시장가격보다 낮게 평가된다. 투자이론에 따르면 투자자가 시장에서 폐쇄형 펀드를 매입함과 동시에 주식시장에서 해당 펀드가 보유하고 있는 투자 포트폴리오의 대주 공매도 거래를 한다면 해당 폐쇄형 펀드는 저평가된 가치의 이윤을 획득할 수 있다.

이는 겉보기에는 쉽게 이윤을 얻을 수 있는 기회 같지만 투자자가 생각하는 것만큼 그리 간단하지 않다. 먼저, 시장에서 폐쇄형 펀드의 할인매매가 단기간 내에 사라질 것이라는 어떠한 보장도 없다. 중국 및 해외 주식시장에서는 폐쇄형 펀드의 할인매매가 시간 변화에 따라 감소되지 않고 외려 더 확대된 경우가 있다. 때문에 투자자가 앞서 언급된 투자전략대로 운용한다면 수익이 아닌 큰 손실을 얻을 것이다.

또 투자자는 때때로 단기 투자실적에만 관심을 가지고 시장이 기업의 정확한 가치를 발견할 때까지 기다리지 못하는 경우가 많다. 현재 중국 시장에서는 개인투자자가 중요한 위치에 있다 보니 기관투자자가 내리는 다수의 결정은 기업의 장기적 발전에 대한 연구와 판단을 한 것임에도 개인투자자 등 다른 참여자의 감정과 선호도를 고려하지 않을 수 없다. 만약 시장의 투자자가 주식시장의 이튿날 분위기에 대해서만 생각한다면 주식시장의 장기적 발전정책은 우선 시장에서 소홀해질 수밖에 없는 것이다.

마지막으로 기타 여러 선진 자본시장에서의 대주와 공매도 거래는 제한적이고 비용도 투입되므로 투자자는 반드시 전환비용과 수익을 비교해봐야 한다. 투자의 예상수익이 전환비용보다 많다는 전제가 있어야 투자자는 공매도 거래를 고려할 것이다.

물론 다른 가능성도 있다. 투자자가 기업의 자산총액이 순자산가치보다 하회하는 것을 알게 되었을 때 겉으로는 이익을 취할 수 있을 것처럼 보인다 해도, 향후 기업의 잉여현금흐름이 발생하지 않는다면(기업의 이익이 운영비용을 충당하기 부족한 경우) 기업의 자산총액은 증가하지 못하고 하락할 것이다. 기업은 가치를 만들기도 하지만 동시에 가치를 훼손하기도 한다.

만약 정말 이런 상황이라면, 당장 저평가만 보고 투자했던 것이 몇 년 후엔 잘못 매입한 '흰 코끼리'가 될 수 있다. 주식시장은 당장 눈앞이 아닌 미래를 위해 많은 생각을 해야 하는 곳이다. 종합적으로 볼 때, 해외에서의 성공경험이나 증권관리감독위원회의 요구와 상관없이 상장기업과 시장투자자 모두 각자 이성적인 판단에 따라 환매를 하지 않거나 회사 주식을 매입하지 않기로 계획한다. 이와 동시에, 시장이 단기적인 이성적 판단 면에서 부족한 것은 자본시장의 병폐이며 특별한 경우가 아니다. 그러므로 특정 정책으로 시장흐름의 영향에 대해 단기적으로 대응하거나 정책의 논리와 영향을 판단하지는 말아야 한다.

10년 전의 그린스펀은 여전히 세계 주식시장의 구세주였지만, 세계 금융위기가 발생한 후에야 많은 사람들이 그린스펀이야말로 미국 부동산 거품과 심지어 세계 금융위기를 일으킨 장본인이라고 생각하게 되었다. 존 메이너드 케인스가 "장기(목표)는 현재의 사안을 잘못 안내한다. 장기적으로 우리는 모두 죽는다."라고 했듯이, 시장의 장기적인 발전에 크게 도움되는 정책이 단기적으로는 다양한 원인 때문에 시장으로부터 인정받지 못할 수도 있다. 그렇다면 이건 우리가 더 이상 장기적 성공을 위해 도전할 필요가 없다는 의미일까?

새로운 주식에는 새로운 규칙을: 근본적인 대책의 어려움

중국 A주 시장의 신주 상장과정에서 나타나는 '3고高 문제'가 있다. 바로 높은 발행가, 높은 주가수익률, 높은 모집금액이 그것인데, 이에 대한 억제책으로 증권감독관리위원회는 2012년 신주 가격투기 제한을 위한 시범규정을 만들었다. 신주 상장 당일 상승제한폭이 일정 수준을 넘지 못하게끔 제한한 것이다. 과거 몇 년간 부동산 제어가 신축 부동산 공급과 가격결정의 규정에 효과를 발휘한 것처럼, 이 역시 어느 정도는 주가를 감독함으로써 투자자의 기대 및 행위에 대한 조정이 사라지기를 기대한 정책이었다. 실제로 정책 시행 초기, 신주 두 종목이 상장 당일 상승제한폭까지 오른 뒤 거래가 중지되는 등 새로운 정책의 단기적 효과는 상당히 뚜렷했다. 그러나 이는 오래가지 못했고, 몇 차례의 거래일을 거치면서 신주 두 종목은 단독으로 상승세를 이어갔으며 첫날 상한가 제한규제가 거의 효과 없이 반복적으로 이어졌다.

이 사례가 명백하게 보여주듯이, 증권감독관리위원회는 새로운 정책으로 상장 첫날의 주가투기를 차단하고 더 나아가 당일 매매하는 핫머니를 단속하여 1, 2급 시장 간의 주가격차를 줄이는 데 목표를 두었다. 그러나 이 방법은 전체 주식시장을 전략적으로 고려하지 못했다. 우선 핫머니는 신주발행제도의 허점을 알아보고 광적으로 신주투기를 행했다. 이와 같이 신주발행제도의 허점이 해결되지 않는 한 투기자금은 여전히 남아 있을 것이다. 둘째, 발행 첫날 주가급등 제한은 반드시 향후 며칠간의 가격상승을 수반하고, 새로운 정책은 현재 문제를 완화할 수 있는 수준이지만 완전히 제거하긴 어렵다. 마지막으로, 일반투자자의 시각에서 상장 첫날의 폭등과 뒤따르는 며칠간의 주가상승을 비교했을 때 전자가 꼭 나쁜 것만은 아니다. 첫날 폭등은 일부 투자자로 하여금 주가가 너무 높다고 인지하고 위험에 대한 우려를 하게 하지만 따뜻한 물로 개구리를 데우는 식의 느슨한 상승은 투자자가 경계심을 잃게 만들 수도 있기 때문이다.

신주 상장 첫날에 시장 평균 이상의 수익을 얻는 것은 상장발행 과정 중 심도 있는 정보의 비대칭성 문제를 보여주는 것으로 중국 A주 시장만이 아닌 전 세계에서 찾아볼 수 있다. 개인투자자가 막대한 손실을 입거나 시장지수보다 수익이 낮은 것 역시 중국 A주 시장만의 사례가 아니다. 내가 중국과 대만 주식시장을 연구한 바에 따르면, 주식발행심사제를 시행하고 있지 않은 해외 시장의 경우에도 대부분의 개인투자자는 손실을 보고, 또 시장지수를 하회하는 수익률을 보이는 것이 보편적인 현상이다. 이런 현상은 주식발행심사제의 직접적인 결과가 아니라 큰 범위에서 개인투자자들이 투자과정 중 극복하기 어려운 많은 행위 오류에 기인한다. 상승장에서의 매입이나 하향세 시장에서의 매도 및 풍문을 맹신하는 경우 등이 그 예다.

투자자는 반드시 시장에서 성장하고 또 손실을 입는데, 이것은 성장과정에서 필히 겪게 되는 일이다. 진정한 위험은 투자자가 맹목적으로 '나는 보호받고 있다'고 믿는 것인데, 이들을 보호해줘야 할 관리감독자는 약속을 지킬 만한 능력이 없다. 발행심사 과정에서의 중요한 문제는 실제로 존재하지 않는 안전매트를 제공한다는 것이다. 많은 중국 기업이 머나먼 미국 나스닥 시장에 상장하는 중요한 이유 중 하나는 나스닥은 수익기록과 비즈니스 모델에 관한 규정이 명문화되어 있지 않기 때문이다. 그런 규정은 시장, 혹은 미국의 규제기관이나 증권거래소도 인가할 수 있다. 상장은 수단일 뿐이고, 평가는 시장을 통해야 한다.

차스닥이 창업과 혁신을 독려한다면 왜 과거 수익과 수익성장속도에 경직된 요구를 하는 것인가? 만약 차스닥의 발행심사제도가 투자자 보호를 목표로 한다면 왜 투자자는 차스닥에서의 손실이 A주 시장에서보다 큰 것이고 1, 2급 시장 사이의 차이(신주 상장 후 평균 실적과 주가하락을 반영한 것)가 전무후무한 수준에 달하는 걸까?

중국 투자자는 주식 및 부동산시장에서 비슷한 역설을 접하게 된다. 한편으로는 현명한 투자능력을 가지지 못했고, 다른 한편으로는 정부의 매입을 통한 장세 지지와 보호에 대해 밑도 끝도 없는 믿음과 기대를 한다는 것이다. 이런 부분은 인터넷 버블 시기의 '그린스펀 풋 the Greenspan Put'과 유사하다. 투자자는 중앙은행이 영원히 주식시장의 편에서 통화정책 조정을 통해 주식시장을 촉진할 것이라고 믿었다. 이런 믿음은 1990년대 미국 주식시장의 호황을 만들어냈고, 그와 동시에 21세기 첫 10년의 금융위기와 주식대공황의 원인이 되었다. 시장을 보호하려는 동기가 아무리 좋은 의도에서 비롯되었고 또 아무리 많은 노력을 기울인다 해도, 이러한 정부의 활동은 금융시장에 있어 수많은 정보 중 하나에 불과한 데다 지나치게 많이 사용하면 통하지도 않는다.

어떤 것이 좋은 회사고 어떤 것이 나쁜 회사인지는 시장이 가장 공정하고 가장 정확하게 판단한다. 어떠한 행정심사와 계획수단도 이런 판단을 내릴 수 없고, 시장만큼 효율적일 수도 없다. 이 규칙은 아주 오래전 오스카 랑게Oskar Lange를 중심으로 국민경제계획의 이론과 관련, 쟁점이 되었을 때 이미 확실하게 논의된 바 있다. 각 나라의 경제 참여에서 계획경제의 한계성은 이미 명확히 나타났다. 국민경제도 여전히 마찬가지지만, 국민경제에서 시장성이 가장 강하고 행정색채가 가장 옅은 곳은 바로 자본시장이다. 이런 자본시장에서야말로 더욱 행정색채를 없애야 하는 것 아닐까?

정부 지원이 초래한 왜곡: 대마불사

사금융과 그림자 금융의 난제

중소기업의 자금융통이 어려웠던 2011~2011년, 혼란스러운 민간

융자와 성행하는 그림자 금융의 뚜렷한 대비는 중국 금융시스템의 중요한 시험대가 되었다. 2011년 부동산 조정이 엄격히 실시되면서 원저우溫州를 필두로 하는 민영기업의 자금줄이 끊겼고, 채무를 피하기 위해 민영기업의 책임자가 타지로 도망가거나 해외로 도피하는 사례도 발생했다.

원저우 금융위기에 대한 구제실시 여부, 구제방법의 선택은 순식간에 사회적인 논의를 촉발시켰다. 다행스러운 점은 원저우 중심의 중소기업 융자위기가 비교적 적절한 시기에 발생하여 위험확산 차단과 위기영향 축소, 혹은 위기에 직면한 기업 및 직원의 구제 면에서 적절한 조치가 취해졌다는 것이다.

원저우 금융위기는 많은 사람들로 하여금 2008년 세계 금융위기로 유럽과 미국의 정책제정자들이 직면했던 어려움을 떠올리게 했다. 미국 정부와 의회 역시 2008년 가을, 세계 금융위기가 닥쳤을 때 미국 부동산 거품을 조장하고 큰 수익을 얻은 뒤 파산위기에 직면한 은행과 기타 금융기관 대상 구제책 실시 여부에 대해 광범위하고 심도 있는 논의를 했다.

한편으로 이런 은행들이 만들어낸 부동산 거품은 많은 미국인과 소비자들에게 거대한 타격을 입혔고, 미국과 전 세계 시장의 가격신호를 심각하게 왜곡하여 세계 금융시스템을 어지럽혔다. 이 시기에 많은 금융기관 임원들은 엄청난 부를 축적했다. 정부는 그러한 '금융범죄자'들을 구제할 필요가 없었고 구제하지도 말았어야 했다.

다른 측면으로 정책제정자들이 진정으로 우려한 것은 은행 간의 의존관계, 그리고 은행 신용대출에 대한 사회 여타 기업들의 의존이었다. 만약 특정 은행의 도산을 방치한다면 해당 은행과 업무거래가 발생한 다른 은행 또한 심각한 충격을 받으며 파산위기에 직면하게 될 터였고, 혹 은행이 파산하면 예금을 인출하려는 고객들이 쇄도하여 비교적 튼실한 다른 은행까지 붕괴되는 사태가 예상되었다. 은행이 대출을 중단하면 수많은 기업이 타격과 그로 인한 영향을 피할 수 없었다.

격론 끝에 미국 정부는 고강도의 은행구제책을 결정했다. 직접적인 장점은 단기간 내에 주식시장과 채권시장의 급락 및 세계 금융시스템의 급속한 붕괴를 막은 것이다. 그러나 1~2년 후 규제기관들은 당시 구제대상 은행이 자체 고위임원과 직원들에게 고액의 상여금을 지급했고, 다른 업무처리 방식은 금융위기 전과 달라진 점이 전혀 없다는 사실을 발견했다. 그들은 오히려 구제를 받은 후 정부를 믿고 전혀 걱정 없이 더 많은 '악마의 거래'를 실시했다. 세계 금융시장은 또다시 롤러코스터를 탔고, 금융시스템은 다시 위기발발 직전까지 갔다.

이 모든 일이 3년 후 원저우에서 충격적인 방법으로 재연되었다. 달라진 것은 주인공이 월스트리트의 임원에서 원저우의 민영기업 사장으로 바뀌었다는 것뿐이었다. 월스트리트에서 고레버리지 금융파생상품 거래를 실시했던 것과 달리 원저우의 상인들은 더욱 직관적인 투자를 했으니, 그것은 바로 제조업이었다. 그러나 해외 수요의 감소에 따라 수출이 점점 더 어려워지자 영리하고 단결력 있는 수많은 원저우 상인들은 부동산, 사모펀드 투자, 소액대출회사 등 모든 영역의 금융시장에 진출했다. 원저우 상인들로서도 다른 방법이 없었다. "실업에 투자하는 것은 수익이 낮고 은행 예금이자도 이렇게 낮으니 우리도 어쩔 수 없이 고수익의 투자기회를 선택한 것입니다." 이는 월스트리트의 임원들이 미국 의회의 조사를 받을 당시 "우리도 더 큰 투자수익을 내서 주주가치를 높이기 위해 일했을 뿐"이라고 변명한 것과 매우 비슷했다.

이뿐만이 아니라 원저우 상인들은 더 적극적으로 금융혁신을 추진했고, 각 기업 간에는 '연대보증' 시스템이 형성되었다. 기업 간 신용연대가 형성되면 한 기업이 대출을 필요로 할 시(그중엔 고리대금도 포함된다) 다른 기업이 신용보증 제공에 동의하는 것이다. 만약 특정 기업이 다양한 이유로 제때 상환을 하지 못한다면 '연대보증' 시스템의 다른 기업이 구제책을 제공, 심지어 일부 채무의 상환을 부담해야 했다.

이런 상황에 이르자 원저우 상인들은 민영기업을 시작으로, 또 그것을 기반과 근거로 하여 각 금융시장에 투자하는 거대한 금융왕국을 건설했다. 이 왕국의 주요 업무는 실제 기업을 담보 혹은 자산으로 삼아 적극적으로 취득한 은행대출과 기타 형식의 융자를 이용(고리대금 포함), 고위험 고수익의 투자 프로젝트를 진행하는 것이었다. 일설에 따르면 중국에 불었던 부동산 붐, 주식 붐, 사모투자 붐, 예술품투자 붐, 광산투자 붐, 산림소유권 붐의 모든 배후에서는 산업자본이 전환된 금융자본의 힘이 작용했다. 이런 순환은 미국 부동산위기의 자산유동화증권ABS을 떠올리게 한다. 즉, 신용등급을 올려서 저금리로 융자를 받아 더 급진적이고 고레버리지화된 투자를 실시하는 순환이다.

세상 사람들은 이익을 찾아 몰리기 마련이다. 이익을 좇는 것이 비난할 일은 아니다. 그러나 기업이 어려움에 빠지면 직원, 채권자, 은행, 지방정부 등 모두가 자신이 가장 위험한 처지에 있음을 갑자기 깨닫게 된다. 기업이 전환되어 만들어진 이러한 금융제국은 발전과정에서 가치가 있는 자산을 구축했는데, 그것은 바로 인터넷 신용이다.

각국의 은행시스템이 금융대공황으로 공멸위기에 직면했을 때, 규제기관과 당당하게 협상을 하며 믿었던 것은 은행시스템의 인터넷 신용 가치였다. '금융기관인 우리를 감히 망하게 한다면 우리는 전체 금융시스템을 망가뜨리겠다'는 대마불사의 기개였지만, 사실 가장 큰 값어치를 한 것은 그들의 인터넷 신용이었다.

이와 동시에 위기발생 직후 사태의 전말이 알려졌을 때, 원저우 상인의 연대보증 시스템은 거대한 역량을 보여주었다. 특정 기업의 부도가 더 이상 한 기업의 부도에 그치지 않고 몇몇 기업뿐 아니라 전체 산업, 농민공, 은행과 정부에 영향을 미치는 일이 된 것이다. 이것은 할리우드 영화 〈월스트리트: 머니 네버 슬립스〉의 전개를 따라가는 것이 아닌가?

금융위기가 안정되고 2~3년이 지난 후, 많은 관찰자들은 여전히 금융위기 당시 미국 정부의 세 가지 결정을 인정하지 않았다. 먼저 정부는 납세자들이 제공한 자금을 이용하여 구제가 필요하지 않은 은행가들을 구제했다. 결국 미국은 금융기관들의 기업신용을 위해 국가신용을 이용하여 돈을 지불했고 이는 미국 국채평가 등급의 역사적 하락을 초래했다. 그다음은 구제과정이 불공평하고 원칙이 실종되었다는 것이다. 우선은 베어스턴스를 구제한 뒤 규모가 더 크고 영향력 또한 더 큰 리먼브라더스의 구제는 포기했으나, 1개월이 지나지 않아 다시 방향을 바꿔 규모가 더 큰 AIG와 대형 상업은행을 구제하는 과정에서 정부 행위의 임의성이 가감 없이 나타났다. 마지막으로 미국 정부는 자신의 이익을 위해 대량의 양적완화를 추진하여 국제 금융시장에 타격을 입혔을 뿐 아니라 미국 경제시스템과 가격신호를 심각하게 왜곡, 세계 경제를 회복하기 어려운 상태에 빠뜨렸다. 서구의 정책제정자들이 금융위기 과정의 결정에 대해 반성할 때 우리는 여기서 세 가지의 교훈을 체득할 수 있다.

첫째, 경제운행에는 주기와 자연의 법칙이 있다. 최근 발생한 세계금융위기는 전 세계 경제금융체계상 장기적 불평등의 모순이 초래한 것이지만, 더 직접적인 원인은 1990년대 발생한 일련의 소규모 위기 과정에서 미국 연방준비제도를 수장으로 하는 선진국들의 중앙은행이 과잉유동성을 투입하여 전 세계 경제시스템을 유례없는 고도의 투기단계로 밀어넣었기 때문이다. 위기는 거품이 일정 수준까지 쌓이다가 실현 불가능한 폰지형 이자사기 방식이 집중되면서 폭발한 것에 불과하다. 대다수의 사람들은 경제위기에서 미국 정부가 단기적 문제 해결을 위해 실시한 응급정책이 위기 후에 미국 경제를 지난 수십 년간 끊임없는 악화로 밀어넣은 원인이라 여겼고 결국 '월스트리트 점령 운동'이 시작되었다.

단기적 정책으로 장기적 경제문제를 해결할 수 있다는 모든 생각은 자기과신에서 시작된 것으로, 현실에서는 부메랑이 되어 돌아온다. 미국연방준비제도와 중국 재정부는 이런 과정을 겪었다. 원저우 문제는 사실 다른 여러 지역의 문제를 대표적으로 보여준 것으로, 수출 위주의 중국 경제발전 모델이 급속한 경제발전 후 직면하는 문제와 수출지향형 신흥경제의 사회 및 경제 문제를 상징한다. 그렇기 때문에 경제 전체에 심각하게 위기가 온 수준이 아닌 때에 경제성장 모델을 전환하는 방식으로 손을 대야 하는 것이지, 머리가 아프면 머리를 치료하고 다리가 아프면 다리를 치료하는 식의 임시방편이 되어서는 안 된다.

둘째, 미시적 구제는 거시적 문제의 지속과 가중을 야기한다. 금융위기 이후 첫 번째 경기부양책이 효력을 잃자 유럽의 많은 금융기관들은 새로운 딜레마에 빠졌다. 유럽 정부는 다시 한 번 금융기관의 구제 여부와 방법 및 주체에 대한 난제에 직면했다. 다른 것은 이번 유럽 정부가 운용가능한 탄약이 금융위기 시기보다는 훨씬 제한적이고, 정치적·경제적 압력 또한 이전보다 심했다는 것이다. 금융기관 및 그리스, 스페인, 이탈리아 등의 국가 정부는 더 이상 구제자의 신분으로 협상 테이블에 나온 것이 아니라 은행의 간접피해자collateral damage로서 구제받아야 할 대상이었다. 위기구제 과정에서 금융기관의 책임과 고레버리지화는 신속히 유로존에 전가되었는데 이는 유로존 채무위기의 근원이 되었다.

게다가 최근 중국에서 발생한 사건들(도시투자채권 사례, 기업채 신용 하락 사례 및 최근 원저우 사례 등)의 배후에는 민간자본, 지방정부, 중앙정부 간의 신용경질 문제가 연관되어 있다. 고도로 금융화된 오늘날 신용은 자금이자 후원이다. 놀라운 속도로 경제성장 중인 중국에서 중앙정부의 배서endorsement는 가장 효과적인 신용보강credit enhancement의 수단이고 가장 힘 있는 자본 중 하나다. 이런 이유로 정부는 어렵게 얻은 신용을 중요하게 생각하고, 단기간 내에 대량의 자본과 신용이 유입되는 것은 피하여 명성에 금이 가지 않도록 신중히 활용해야 한다.

마지막으로, 과정에 대한 관리감독과 보호는 결과에 대한 관리감독이나 보호보다 중시되어야 한다. 미국의 연방준비제도와 증권거래위원회는 2008년 금융위기 당시 과거 한 세기 동안 쌓아왔던 공신력을 잃었다. 중요한 원인 중 하나는 그들이 금융위기를 겪는 과정에서 정보공표, 금융기관 위험관리 등 자본시장의 중요 영역에 대해 반드시 이행해야 할 관리감독을 하지 않았을 뿐 아니라 오히려 구제대상과 그 방법을 정하는 과정에서 임의성과 불일치성을 보여주면서 위기폭발의 결과를 가중시켜 전 세계 경제회복을 둔화시킨 것이다.

원저우 위기를 해결하는 과정도 비슷한 난제에 직면했다. '구제지역, 구제업종, 구제기업으로는 무엇을 택할 것이고 또 기업소유주와 일반직원 중엔 어느 쪽을 구제할 것인가?' 악마는 디테일에 있다. 정부가 구체적인 특정 지역과 기업에 대해 직접적인 구제를 실시하면 다른 지역과 기업이 밀려나면서 경제 전반에 더 심각한 왜곡과 충격이 생길 수 있다.

스위스 정부는 위기과정에서 큰 타격을 입은 스위스은행UBS을 대상으로 대규모 구제를 시행하면서 심층적인 검토와 개혁을 실시했다. 그런데 일련의 개혁정책이 전면적으로 시행되기도 전에 악덕 트레이더가 원래의 저위험 업무를 규정을 어기고 조작했고, 이 과정에서 거래실수로 10억 달러 상당의 손실이 발생했다. 여기서 알 수 있는 것은 보호라는 것은 결국 일시적인 것이며, 어떤 상황에서는 일시적인 보호조차 할 수 없다는 것이다.

2008년 금융위기 대응을 위한 미국 및 유럽 정부의 개입에 따라 금융기관은 구제를 받았다. 금융계 임원들은 다시 높은 연봉을 받았고 금융위기는 완화되었지만 얼마 지나지 않아 위기는 재차 나타났다. 시민들은 분노를 막을 수 없었고 이로써 '월스트리트 점령 운동'이 시작되었다.

원저우 위기에서 배워야 할 것은 구제실시의 여부, 또 무엇으로 어떻게 구제할 것인지 등 역시 진지하게 논의해야 할 중요하고 긴요한 문제라는 점이다. 그러나 더 중요한 것은 정책제정을 통해 국가의 다른 한편에서 폭발할지도 모르는 유사한 위기를 예방하는 것이다.

파산은 좋은 것?

2011~2012년 원저우 민간 대출난과 민간대출파동 시기에 각 지역의 정부는 '대출파동을 겪는 기업을 어떻게 대우할 것인가'라는 동일한 문제와 도전에 직면했다. 담보로 인한 압박 또는 자금줄이 끊김으로 생산상태의 유지가 불가능해진 다수의 기업들은 파산의 위험에 직면했고, 중앙정부와 지방정부 모두 이런 기업에게 높은 관심을 가지면서 신속하게 지원정책 등을 추진했다. 궁극적으로는 채무기업의 파산을 막겠다는 목적이었다. 향토기업에 대한 이런 보호는 현지 경제의 초창기 보호 시기에는 당연한 것이다. 그러나 전체 경제와 자원분배의 시각에서 봤을 때, 경영이나 위험관리가 부실한 기업들을 보호하고 구제하여 파산의 위험에서 벗어나도록 하는 것은 2008년 금융위기 시기에 각국 정부가 구제했던 '대마불사'의 금융기관과 어떤 측면에선 동일했고, 중국의 중앙 및 지방 정부들은 그때와 똑같이 자원비용의 왜곡 및 위험자산의 확대라는 실수를 저질렀다.

파산은 중국에서는 금기시되는 주제였다. 1986년에 중국에서 반포한 '파산법'은 20년의 역사를 가지고 있지만 이 법으로 처리한 사건은 유럽 특정국가의 파산법이 1년간 처리한 양에도 미치지 못할 것이다. 중국 내 대부분의 공무원, 학자, 경제인들은 '파산은 실패고, 명예롭지 못한 일이자 최대한 피해야 하는 일'이란 시각을 가지고 있다. 물론 파산은 해당 기업과 기업가의 입장에서 매우 고통스런 경험이지만, 사실 파산이라는 개념과 운용은 시장경제의 중요 혁신 중 하나로 서구경제의 과거 200년이 넘는 발전과정에서 중요한 역할을 했다.

결국 파산은 기업과 창업에 대한 일종의 보호다. 일찍이 파산이 없던 시기에 채무자는 감옥에 들어가 채무를 완전히 청산한 다음에야 출옥하거나 요즘의 '모 도망자들'처럼 채무를 피해 타지로 도주해야 했다. 만약 어떤 기업이 대출을 상환하지 못해 관리자가 감옥에 가야 한다면 그 기업은 어떻게 안정적으로 발전할 수 있을 것이며, 또 누가 창업을 하겠는가? 즉, '파산법'이 생겼기 때문에 채무자에게 점점 더 우호적인 파산문화가 생겨난 것이고, 더 많은 인재들이 창업을 결심하게 된 것이다.

파산은 자원의 재배치다. 비록 다양한 이유로 기업이 경영할 수 없게 된다 해도 기업 자체는 사회적으로 가치 있는 자원들이 집결해 있는 곳이다. 공장설비는 동종업종의 다른 기업에게 매도할 수 있고, 기술을 보유한 직원은 이직을 할 수 있으며, 회사의 브랜드와 신용 및 명예는 여전히 충성도 높은 고객을 끌어들일 수 있다. 채무를 완전히 상환한 후 주주와 채권자의 자금은 더 잠재력 있는 다른 프로젝트로 유입되고, 창업자 혹은 전문경영인은 부담을 내려놓고 새 출발을 할 수 있다. 물론 기업파산이 명예로운 것은 아니지만, 그렇다고 해서 간신히 경영을 해가며 결과적으론 손해 보는 상태가 지속되는 쪽이 과연 파산보다 더 나은 것일까? 파산기업 직원이 일자리를 잃고 흩어지는 것은 매우 고통스러운 일이지만, 죽은 것이나 다름없는 기업에 평생을 묶여 있다면 자신들의 가치를 보여줄 기회도 없을 것이다. 그렇기 때문에 부실기업의 유지는 사회자원의 낭비지만 파산은 자산과 책임을 주주, 채권자, 채무자 및 기타 이익관계인에게 새롭게 배분하는 일인 것이다.

물론 재무이익 관계인의 관계를 정리할 때는 몇 가지 원칙을 중시해야 한다. 먼저 폐업이나 구조조정을 막론하고 법률의 절차와 원칙을 엄격히 따라야 한다. 합법적인 권익이 충분한 보호를 받는다는 전제가 있어야 이해당사자들이 '파산법' 규정의 범위 안에서 합리적으로 협상 및 거래를 할 수 있고, 기업의 최고가치자산을 가장 고가로 매입하겠다는 구매자를 유치하여 채권자와 주주를 위해 최대이익을 낼 수 있는 것이다. 동시에 파산과정에서 이해당사자들이 법률과 동일한 효력의 보호를 받을 수 있도록 보장해야 한다. 회사의 임원 혹은 대주주가 회사를 실질적으로 통제, 정보 불균형을 이용하여 위장파산으로 채무를 회피하는 것을 방지하고 기타 이해당사자들로 하여금 자신들의 과욕과 경영손실에 대한 대가를 치르도록 해야 한다.

다음으로, 파산과정에서 소외계층의 이익을 보호하고 국가이익을 보장해야 한다. 서구의 파산법에는 채무자가 다른 채무상환의 의무를 이행하기 전에 반드시 직원들에게 합리적 금액의 퇴직금 및 정착비를 지불해야 함과 동시에 업무거래가 있는 기업, 특히 소규모 회사의 미수금 지불을 보증해야 한다고 규정되어 있다. 또한 기업은 채무청산과 구조조정 성공 전에 반드시 각종 미지급세금을 납부해야 한다. 그래야만 기업이 채무 및 사회적 책임 회피를 위해 파산을 신청하는 것을 방지할 수 있기 때문이다.

마지막으로 행정기관은 법률의 엄격한 적용을 보장하기 위해 최선을 다해야 하지만, 파산협상 과정과 결과에 직접적으로 관여하지는 말아야 한다. 파산과정의 관건은 시장으로 하여금 기업의 생존 그리고 자산의 이용가치 여부를 결정하게 하는 것이다. 자기이익 보호 혹은 해당 지역에서의 취업보장 등 단기적 이익을 고려하여 정부기관이 강제적으로 파산결과를 주도한다면 자원배분을 한층 더 악화시킬 수 있다. 자칫하면 파산을 겪은 기업으로 하여금 다시 한 번 단기간에 어려움을 겪게 할 수 있는가 하면, 또 한 번 파산을 겪은 후에야 비로소 구조조정을 실행하거나 경영난을 해결하게 하는 상황을 초래할 수도 있는 것이다. 미국과 유럽 각국 금융기관에 대한 종전의 구제는 경영난을 겪고 있는 기업을 위한 정부의 구제에 한계가 있다는 것을 보여준다.

파산은 중요한 가격신호다. 파산이 가능해야만 자본시장은 고위험과 저위험 기업을 구분할 수 있고, 고위험과 저위험의 기업에게 각기 다른 신용평가와 대출기준, 이자등급을 매길 수 있다. 그래야만 기업이 자사의 경영정책 결정과정에서의 위험에 주시할 것이다. 회사 주주들과 채권자들은 비로소 기업을 대상으로 효율적인 관리감독과 정비를 진행할 수 있다. 파산만이 경제발전에 더 이상 적응하지 못하는 기업과 비지니스 모델을 도태시킬 수 있으며 새로운 경제성장과 비즈니스 모델의 발전에 필수적인 자원을 제공할 수 있는 것이다.

그래서 중국에서는 오랜 기간 동안 '불공평한' 대우를 받아왔던 파산이라는 개념이 최근 정계, 재계, 학계에서 많은 관심과 논의의 대상이 되었다. 기업에게 파산은 인간의 사망과 비슷하지만, 파산기업은 때때로 포기하지 않으면 다시 재기할 수 있다는 점에서 다르다. 일례로 애플은 10여 년의 짧은 시간 동안 파산위기의 기업에서 세계 최고로 가치 있는 기업이 되었다. 여기서 알 수 있는 것처럼 파산은 엄청난 재앙이 아니라 때로는 역사를 바꾸는 촉매제가 될 수도 있다. 잡스의 말대로 "죽음은 삶이 만든 최고의 발명품"인 것이다.

제16장

GDP의 숫자놀음

정부의 정책결정을 논할 때 사람들이 신경 쓰지 않는 중요한 차이점 하나가 있다. 바로 정부와 공무원의 목표함수 차이다. 만약 우리가 정부를 하나의 투자자, 하나의 기업으로 가정한다면 정부에겐 자체적인 투자목표가 있을 것이다. 기업의 목표가 주주이익의 극대화인 것처럼, 정부의 목표는 국가와 지역발전을 도와 사회발전을 촉진하고 고품질의 저렴한 공산품을 제공하는 것이다. 동시에 우리는 정부를 운영하는 공무원에겐 실질적으로 전체 회사의 구체적인 책임을 지고 운영하는 임원처럼 그들 고유의 목표함수가 있다는 것을 명확히 인식해야 한다. 주주가 기업의 임원에게 기업관리를 위탁하는 것과 같이 유권자와 국민 또한 공무원에게 관리를 위탁하는 방식으로 자신의 목표를 실현한다. 이 과정에는 경제학에서 말하는 위탁과 대리의 관계가 존재한다. 위탁인은 기업의 주주 또는 국민이고, 대리인은 기업의 임원 또는 정부공무원이다. 위탁인은 기업 또는 정부의 운영을 도와줄 기업

고위관리자 혹은 정부공무원에게 관리를 위탁한다. 이 과정에서 최종투자자(가령 주주)와 최종관리자(기업임원) 사이의 목표가 완벽히 일치하지는 않는다. 앞서 '자기 잇속만 챙기는 임원'의 사례를 살펴보며 우리는 임원의 많은 행위가 자신의 이익을 고려하여 이루어지는 것임을 깨달았다. 임원은 종종 자신의 이익을 자신이 대리하는 주주의 이익보다 우선순위에 둔다.

정부의 운영과 회사의 경영에는 비슷한 점도 있다. 정부의 목표는 사실상 경제 전반의 장기발전 촉진, 그리고 국민들의 전반적인 생활수준 제고다. 공무원의 목표와 정부의 목표는 큰 범위에서 일치하지만 차이점도 있다. 어떤 측면에서 보면 정부는 하나의 기관으로 더 많은 노력과 노동을 투입할 것인가를 말하기 어렵지만 공무원은 감정이 있는 사람이므로 투입과 산출 사이에서 균형을 유지하려 할 것이다. 예를 들어 하루 업무시간을 8시간, 16시간 중 어느 것으로 결정할지는 공무원 본인에게도 하나의 선택사항이다. 공무원은 업무에 많은 힘과 노력을 투자하는 방법과 비교적 편하게 일하는 방법 중 한 가지를 선택하는 것이 가능하다. 기업의 임원이든 공무원이든, 일을 하기 위해 얼마나 많은 노력을 들일 것인지를 결정하는 방식에서 바로 정부와 정부공무원의 목표함수 간 불일치가 나타난다.

주목할 만한 것은 정부나 국가 모두 보편적으로 오랜 세월 동안 존재해왔고, 그와 동시에 모든 공무원의 구체적인 보직과 한 지역에서의 임기는 제한적이라는 것이다. 이런 목표함수의 기간상 불일치는 앞서 언급한 기업임원과 공무원의 정책결정 과정 중 목표의 변화 혹은 왜곡을 초래할 수 있다. 만약 내가 임기 내의 일만 고려한다면 나의 목표함수가 GDP 성장이든 세수확대든 간에 몇 년 내에는 확실한 효과가 나타나야 한다. 공무원은 비교적 단기적 목표를 세우는데 이는 기업임원이 단기간 내에 주가상승을 목표로 하는 것과 유사하다.

일정한 시간이 지나고 단기 업무성과가 탁월해서 진급하면 공무원은 더 많은 자원을 장악할 수 있고, 관료사회에서 한 단계 더 올라간다. 공무원의 목표함수는 이런 과정에 상응하여 적절하게 변화한다. 공무원의 단기적 목표함수와 정부 또는 기업의 장기적 목표함수는 서로 일치하지 않는데, 이런 경우 지방정부에서는 단기 GDP 성장을 위해 과도하게 빚을 내거나, 환경보호를 소홀히 하거나, 민생에 무관심한 현상이 나타날 수 있다. 상당수는 정부의 장기목표를 위한 '근시적인' 공무원의 지원과 시행의지가 부족했기 때문이다. 이 외에도 어떤 정부는 운영과정에서 자원 보유량을 반드시 고려해야 한다. 이는 회사의 임원이 투자결정을 진행할 때 융자 및 자금확보 방법이 필수 고려대상이 되는 것과 마찬가지다.

이런 전제하에 정부공무원은 자원의 수입과 지출에 있어서 반드시 균형을 유지해야 하고 단기간 내에 더 많은 자금과 자원을 확보할 방안을 생각해내야 한다. 이런 시각에서 볼 때, 많은 공무원들은 필연적으로 단기적 효과가 높은 일을 더 많이 한다. 공무원의 입장에서 보면 이런 일들은 매우 이성적이고 합리적이다. 공무원은 단기간 내에 자신의 치적과 GDP 상승을 달성하기 위해 더 많은 자원을 확보해야 하는데, 이를 위해 가격을 왜곡하거나 비교적 저렴한 자본 및 자원의 확보를 강행한다. 이 시각에서 정부와 공무원의 목표함수는 완전히 일치하지 않고, 우리는 공무원이 내린 일부 결정이 경제의 안정적이고 장기적인 발전에 도움이 되는 것이 아니라 단기 GDP 성장에 유리한 것임을 알 수 있다.

이런 현상을 조장하는 주요 원인은 바로 우리가 정부의 업무와 공무원의 실적에 대해 실시하는 평가제도다. 정보폭발의 시대에 사람들은 GDP 성장률과 정부의 총세입증가율처럼 수치화하기 쉬운 기준에 더 관심을 가진다. 일부 경제학자들이 "우리 경제학자들이 연구하는 것은 그런 중요한 문제들이 아니라 수치화할 수 있고 계산할 수 있는 문제들"이라고 언급한 것과 유사하다. 이것은 경제학과 금융학의 발전 과정에서의 큰 한계로, 전체 정책재정과 사회운영의 견제요소로 자리 잡았다.

중국에서 공무원을 평가하는 가장 중요한 지표는 GDP 성장, 바로 국민총생산의 성장이며 조세수입도 당연히 이에 포함된다. 이 두 지표는 밀접하게 관련되어 있어서 경제발전에 따라 조세수입 또한 증가하는데, 이런 중요한 수치 몇 개가 절대다수 공무원의 실적평가와 승진 여부를 결정한다. 이런 전제하에 우리는 반드시 데이터의 이해와 데이터의 진실성, 신뢰성에 대해 많은 관심과 신중한 태도를 가져야 한다.

GDP 성장 추구와 통계수치의 영향

중국은 현재 경제구조 전환기에 있으며, 때때로 중국의 공식 통계수치로는 경제운용의 실제 상황을 정확하게 포착하기 힘들다.

한편으로 보면 일부 통계수치의 추산치는 현저히 낮다. 일례로 최근 10년간 도시와 읍의 실업률은 안정적인 4% 내외를 유지했고 경기순환주기의 영향을 전혀 받지 않는 것처럼 보인다. 그러나 현재 호적통계나 상주인구에 근거하는 통계법으로 측정한 중국 도시화율은 표본집단과 통계방법의 원인으로 인해 '중국 도시화율은 더디게 이루어진다'는 결론으로 이어졌다. 그 외 많은 연구는 국민의 부수입, 특히 고소득층의 부수입을 계속 소득통계에 포함하지 않아 국민소득이 직접적으로 저평가되는 결과를 초래했다. 마찬가지로 저평가된 항목에는 소득분배에 따른 지니계수와 국내 부동산가격에 따른 중국 신규주택과 중고주택 가격지수가 있다(이에 대해서는 뒤에서 상세히 설명할 것이다). 이런 저평가된 데이터는 중국 현재 발전단계, 경제운영 추세, 소비와 투자의 관계 그리고 부동산 거품 정도 등의 문제를 다시 한 번 살펴보고 이에 대한 분석, 연구가 더 필요하다는 것을 의미한다.

실제 상황을 정확하게 포착하기 힘든 또 다른 이유 중 하나는 더 심각한 통계수치 오류의 문제가 현재 높게 측정된 데이터에서 나타나기 때문이다. 지난 20년의 중국 경제발전 과정에서 지방 GDP, GDP 성장수치와 중앙 GDP, GDP 성장 데이터 간의 '충돌' 현상이 자주 나타났다. 매번 중앙과 지방의 데이터가 일치하지 않았고 지방정부의 데이터가 중앙정부의 데이터를 크게 넘어서는 경우가 있었다. 이러한 상황이 발생하는 주요 원인은 바로 지방정부가 GDP와 GDP 성장수치를 과도하게 상향조정하려는 강한 동기를 갖고 있다는 데 있다.

이와 동시에 지방 데이터 자체에서도 뚜렷한 불일치가 나타나는 경우가 있는데, GDP 성장과 전기발전량 데이터의 '충돌'이 전형적인 예다. 현재 중국의 경제성장 구조는 매우 많은 에너지와 전력을 소모하므로 경제성장(GDP 성장)과 전기발전량 증가는 예전부터 정비례하며 밀접하게 연관되어왔다. 그러나 지방 GDP 성장과 지방 전기발전량 증가, 이 두 가지 지표가 완벽하게 동떨어진 현상은 과거에 수차례 나타난 바 있다. 그리고 이런 현상은 경기하락 시기 및 정부가 성장유지를 모색하는 시기에 나타난다. 그래서 사람들은 특정 시기마다 나오는 동일한 결과로 인해 GDP 성장 데이터가 허위일 수도 있다고 우려할 수밖에 없다.

2013년 초반 몇 개월의 중국 무역지수는 중국 내 여러 분야 관계자들의 의심을 샀다. 대對홍콩 중국 수출과 대중국 홍콩 수입의 두 가지 데이터는 늘 밀접하게 관련되어 있지만, 당기 대홍콩 중국 수출은 이전 해 동기간 대비 증가속도가 35.5%였고 대중국 홍콩수입은 −18%였다. 더 재미있는 것은, 대홍콩 중국수출의 증가율은 대폭 상승했지만 동기간 주요 아시아 경제협력체(한국, 대만)에 대한 중국 수출량은 대폭 감소했다는 점이다. 대홍콩 중국의 수출이 대폭 증가한 것이 아니라면, 중국의 대외무역 수출데이터는 당기에 뚜렷한 증가 후 하락 추세가 나타나야 한다. 이런 '우연'은 또다시 중국의 공식 통계수치의 객관성과 정확성에 대한 우려의 원인이 되었다.

비록 '통계법'은 통계수치에 독립성을 부여하고 있지만, 지방 공무원의 치적에 대한 요구는 통계수치, 특히 기본 통계수치의 객관성 및 정확성에 간섭하는 요소였다. 이외에 시계열時系列, time series 데이터의 비교성, 주요 매크로 데이터의 계절 조정, 주요 공휴일과 극값의 제거 및 조정 등 일부 기술적 요소는 데이터의 객관성과 정확성에 영향을 주었다. 투자자는 반드시 한층 체계적이고 과학적인 방법으로 통계수치를 취급해야 한다. 공식 데이터에 대한 의혹이 생기는 원인을 분석해보면 주로 그 데이터의 공급지, 수집방법, 전파범위, 과정 등 중요한 세부요소들이 대중에게 공개되지 않았기 때문이다. 만약 정부가 이상 언급한 부분에 있어 선제적으로 투명성을 제고하고 더 많은 통계 디테일을 공개하여 데이터의 투명성 촉진을 통해 민간조직과 개인이 통계 연구에 참여하도록 독려한다면 공식 데이터의 공신력은 대폭 상승할 것이다.

잘못된 통계수치를 이용하여 경제정책을 실시할 경우 작은 오류 때문에 추후 큰 잘못이 초래될 가능성이 있고, 이익추구로 인해 뚜렷한 오차와 편향이 나타난 잘못된 데이터에 기반하여 정책결정자가 잘못된 결정을 할 수도 있다. 2008년부터 세계 경제를 둘러싸고 형성된 유로존 채무위기 폭발의 가장 근본적인 원인은 그리스의 재무부가 국제투자의 지원하에 그리스 주권채무와 재정적자 데이터를 변경했기 때문이다. 경험이 부족했던 유럽연합통계청은 이런 점을 놓침으로써 그리스 위기의 대규모 폭발을 발견하지 못한 책임이 있다. 2005~2007년 미국 부동산위기 발발은 어느 정도 미국 부동산협회가 부동산시장 흐름을 더 잘 반영할 수 있는 부동산지수의 사용을 거부한 것이 원인이었다. 이로 인해 전국 부동산시장이 대폭 상승하는 추세를 발견하지 못했던 것이다. 이렇게 이미 국제 시장에서 나타난 경험과 교훈은 지속적으로 우리에게 데이터의 품질이 학계, 실무 영역, 정책결정자, 그리고 정책제정 과정에서 중요한 기본요소가 된다는 것을 알려준다. 그러므로 통계수치의 정확성 보장, 특히 통계수치에 대한 공무원의 체계적 영향을 배제하는 것은 중국 경제의 안정적이고 지속적인 발전과 경제정책의 제정에 중요한 영향을 미치는 요소라 할 수 있다.

GDP 추구로 데이터를 소홀히 한 사례

지니계수

2013년 1월 18일 중국의 국가통계국은 2003년부터 최근 10년간의 공식 지니계수를 발표했다. 데이터에 따르면, 10년 동안 매년 지니계수는 항상 0.4 이상으로 2008년 최고점일 때는 0.491였고 이후 차츰 낮아지면서 2012년에는 0.474까지 떨어졌다. 사회는 이런 데이터 공표에 대해 뚜렷이 다른 반응을 보였다. 지지하는 측은 국가통계국이 드디어 중요한 경제데이터의 공식통계를 다시 발표하기 시작했다고 생각했지만, 의구심을 가지는 측에서는 이 통계와 서남재경西南財經 대학의 중국 가정금융조사연구센터가 2012년 연말에 공표했던 지니계수가 뚜렷한 대비를 보인다고 지적했다. 해당 센터가 발표한 데이터에 따르면 2010년 중국 가계의 지니계수는 0.61이었다.

20세기 초 이탈리아 경제학자 C. 지니C. Gini가 로렌츠 곡선Lorenz curve에 근거하여 제시한 지니계수는 소득분포의 차이 정도를 측정하는 지표로서 0과 1사이의 값으로 나타난다. 0에 근접할수록 소득분포가 평균에 가깝고 1에 근접할수록 불평등에 가깝다는 뜻이다. 국제적으로 0.4는 경계수치로 간주되는데 이를 초과하면 국민소득의 격차가 크다는 의미고, 0.6을 초과하면 소득분배의 '극단화'를 의미한다. 주요 선진국 중 미국만 지니계수가 0.4 이상이고 복지국가의 지니계수는 보통 0.3 이하다. 학술논문에 따르면 1978년 중국의 지니계수는 0.317이었으며 1984년에는 0.24까지 떨어졌는데 이는 개형개방 이후 보인 최저수치였다.

경로가 다른 두 가지 통계는 사회에서 많은 논란을 야기한다. 국가통계국 관계자는 고소득층의 실제 소득정보를 확보하기 어렵기 때문에 사실상 국가통계국의 지니계수가 낮게 나타나는 것이라고 밝혔다. 그러나 2012년에는 낮게 나타난 지니계수(0.474)였음에도 이미 국제기준의 경계선을 넘었기 때문에 정책제정 부서는 중국의 소득분배 문제를 심도 있게 논의해야 한다. 이와 동시에 통계국이 공표한 데이터에 따르면 지니계수는 2008년 이후 소폭 하락했는데, 하락한 수치는 많은 매체들이 인터뷰한 국민들이 체감하는 것과 매우 동떨어져 있었다. 대부분의 가정에서는 2007~2008년 세계 금융위기 후 정부가 추진한 대규모 경기부양책으로 중국 사회의 소득격차가 더 심화되었다고 체감했다. 이런 현상은 사람들이 국가통계국이 공표하는, 과하게 보수적인 지니계수에 대한 의심을 가중시켰다.

이와 관련하여 국가통계국 국장 마젠탕馬建堂은 국가통계국이 고소득층의 소득상황을 수집할 때 대부분의 고소득자가 소득을 축소해서 신고하고 부수입을 숨기기 때문에 어려움이 생긴다고 밝혔다. 이와 동시에 이런 조사과정의 표본편차를 조정하기 위해 서남재경대학은 조사과정에서 보완조치를 채택, 표본설계 과정에서 부유층 지역과 가정의 표본을 다량추출하는 방식으로 고소득자의 소득 축소신고 현상을 교정했다. 두 데이터는 이렇듯 방법론과 표본의 편차 때문에 차이를 보였던 것이다. 특정 데이터의 정확성 여부와 상관없이 국가통계국이 지니계수의 측정과정과 최초 조사 데이터를 공개해야 한다는 사회적 목소리가 높다. 이와 동시에 우리는 통계 및 조사 방법의 선택과 상관없이 기본적인 사실을 바꿀 수는 없다는 것을 알게 된다. 즉, 중국의 현재 소득분배 불균형 현상은 매우 심각한 수준이고, 일부 고소득 집단은 상당한 부수입 경로를 감추고 있다는 것이다. 이는 현재 데이터 편차와 계측이 정확하지 않은 주요 원인이기도 하다.

동시에 이는 하버드 대학의 저명한 경제학자가 중국을 방문했을 때 다음과 같이 언급했던 것과도 같다. "중국은 이미 국제적인 강대국이 되었는데, 왜 아직도 이렇게 정확하지 않은 중요 경제수치를 용인하는 것인가?"

PM 2.5와 높은 부동산가격

많은 사람들은 지니계수 이외에도 중국의 사회 및 경제 생활과 관련된 여러 수치에 대해 의구심을 가지고 있다. 2012년 연말부터 2013년 연초에 베이징에서 공연했던 '십면매복十面霾伏'[스모그가 심하여 미세먼지에 포위된 상황, 즉 '주변이 온통 스모그'라는 뜻으로 '十面埋伏(겹겹이 매복 포위하다)'와 음이 같아 해학적으로 이르는 말_옮긴이]은 또다시 환경 문제의 심각성을 화제의 중심에 올려놓았다. 또 외국 매체들은 갑자기 중국의 환경 문제를 다룬 연속 보도를 내놓았고 중국 경제의 성장모델과 지속가능성에 대해 많은 논의가 이루어졌다. 중국 국내에서는 국무원에서 지방정부, 언론에서 국민들까지 모두 환경 문제에 대해 '참을 수 없다'는 목소리를 높였다.

과거 몇 년간 수많은 국민들이 자발적으로 공기의 질을 측정하기 시작했고, 이로 인해 공기청정기 열풍 및 완판 사태가 나타났다. 마음 놓고 공기를 호흡하기 위해, 마음 놓고 물을 마시기 위해, 안전한 음식을 먹기 위해 많은 대도시 거주자들은 교외지역으로의 이주를 선택했다. 하지만 환경보호부의 통계수치를 관찰해보면 지난 10년간 중국 대도시 및 중소도시의 공기의 질은 지속적으로 개선되었고, 더 많은 도시의 환경품질지수는 점점 목표를 달성하거나 심지어 우수한 수준에 도달했다.

국민들의 체감도와 공식통계수치는 왜 이렇게 큰 차이를 보이는 것일까? 주요 원인 중 하나는 바로 통계에 접근하는 방식이다. 2013년 이전에 발표된 중국의 공기품질지표는 PM10(미세먼지)을 기준으로 하는 반면, 대부분의 선진국에서 사용하는 기준은 PM2.5(초미세먼지)다. 현재 비교적 큰 입자의 PM10 미세먼지는 감소세에 있으니 기뻐할 상황이지만 작은 입자의 먼지가 인체에 주는 위험도 간과할 수 없다. 과거 중국의 비과학적인 통계접근 방식은 환경악화에 대한 국민의 체감도를 반영하지 못했다.

통계수치와 국민체감도의 현격한 대치를 보면 '전국의 부동산가격'이라는 다른 유사 논제가 떠오른다. 중국에서 광범위하게 사용하는 부동산지수는 중국 지수연구원에서 작성한 중국의 100대 도시 가격지수다. 지수연구원 사이트에 따르면, 중국 100대 부동산지수의 부동산가격 표본범위에는 각 도시에서 거래되는 부동산 항목(신축 부동산)이 포함된다.

이는 선진국에서 널리 채택하는 방법인데, 한때 외국 학계에서는 이 방법에 대해 많은 의문을 제기하기도 했다. 빠르게 변화하는 중국의 경제환경 및 도시화의 고속추진 과정에서 나타나는 중국 부동산지수 작성과정의 표본선택 편차는 눈여겨볼 만하다.

베이징시의 부동산가격을 예로 들어보자. 베이징의 도시계획은 시

중심에서 교외지역으로 '순환'하는 방식의 것으로, 1980년대의 2환에서 현재 근교 현 지역의 6환까지 건설했다. 도시범위가 지속적으로 확장되면서 부동산 프로젝트의 신축공사 현장은 점점 더 멀어졌다. 21세기 초까지만 해도 먼 지역으로 여겨졌던 야원춘亞運村, 왕징望京, 이좡亦莊 등은 이미 뜨거운 핵심지역이 되었다. 10여 년 전 신축공사 현장이 많았던 3환 안쪽의 경우 현재는 그런 현장이 매우 드물다. 만약 단순히 신규공사 프로젝트의 평균가로 부동산지수를 작성할 경우엔 중요한 사실 하나를 간과하게 된다. 현재 신축공사 프로젝트의 지리적 성질이 10년 전 준공 프로젝트의 성질과는 매우 다르다는 것이다. 신축 준공 프로젝트의 거리가 점점 멀어짐에 따라 핵심지역의 부동산 가격은 차액지대로 인해 주변 지역보다 항상 높은 현상을 초래했다. 앞서 기술한 표준상의 편차는 현재 부동산가격지수의 저평가와 심지어 부동산가격의 과거 10년간 상승폭의 저평가를 초래하기도 한다.

가상데이터로 간단한 예를 들어보자. 2000년 베이징 3환 안쪽의 신축주택 평균가격은 5,000위안/m^2, 3~5환 사이의 평균가격은 3,000위안/m^2, 5환 밖의 평균가격은 1,000위안/m^2이었다. 2012년에는 3환 안쪽의 신축주택은 2만~5만위안/m^2, 3~5환 사이는 3만위안/m^2, 5환 밖은 평균 1만위안/m^2이다.

신규주택 분포 지역이 변동하지 않았다고 가정했을 때 3환 안쪽은 50%, 3~5환 사이는 40%, 5환 밖이 10%를 차지한다. 이에 따라 베이징의 평균주택가격은 2000년엔 3,800위안/m^2[(5000×0.5)+(3,000×0.4)+(1,000×0.1)], 2012년엔 38,000위안/m^2[(50,000×0.5)+(30,000×0.4)+(10,000×0.1)]이 된다. 12년 사이에 900% 상승한 결과가 나오는 것이다.

그러나 2012년이 되었을 때 현실에서는 신축주택의 지역분포에서 중대한 변화가 일어났다. 신축주택 중 5환 밖의 것들은 50%, 3~5환 사이의 것들은 40%를 차지했고 3환 안쪽은 10%에 불과했던 것이다. 이러한 지역분포에 따라 중국 부동산지수의 방법대로 계산하면 2012년 베이징의 평균 부동산가격은 22,000위안/m^2[(50,000×0.1)+(30,000×0.4)+(10,000×0.5)]이며 이 방법에 근거하여 12년간 주택가격은 340% 상승하는 데 그쳤는데, 이는 전자의 계산방법에 따른 결과의 약 절반에 해당하는 수치다. 여기에서 알 수 있는 것은 중국 부동산지수는 시계열상 표본이 크게 변화하는 것을 간과했고, 도출된 중국 100대 도시의 가격지수는 부동산시장 가격의 상승폭을 심각하게 저평가했다는 것이다.

또 하나 짚고 넘어가야 할 것은 중국의 중고주택지수가 비슷한 문제에 직면했다는 것이다. 마찬가지로 중국 지수연구원 사이트에 따르면 중고주택지수 표본은 '현재 주요 지역의 거래가 활발한 대표적 부동산 매물'을 참고하여 추출되었다. 신축공사 프로젝트와 도시인구 거주지가 점점 더 외곽으로 이동하는 현상에 따라 중고주택지수 표본 추출편차는 더 커졌고, 데이터의 정확성 또한 점점 떨어지면서 잘못된 정책을 이끌어낼 가능성도 커졌다.

이런 측정방식상의 편차를 방법론으로 말하는 것은 과학성이 결핍된 것이고 정책적 의미에서 크게 오도할 가능성이 있다. 이는 도시와 읍 거주자의 고가부동산 기업에 대한 원성으로 해석될 수도 있고, 공식통계로 설명할 수 있는 범위를 크게 벗어난 것이다. 왜 중국의 부동산 통계지수는 선진국, 심지어 주요 개발도상국과 크게 동떨어지는 데다 조정 국면과 동력도 보이지 않는 걸까?

과거 2년의 부동산 조정 과정에서 많은 지방정부는 일부 고가부동산 매매 분위기를 제한하여 부동산가격지수의 상승을 억제하는 방법을 선택했다. 비록 그 이면에 정치, 경제적 고려가 숨어 있다 해도 이렇게 신축부동산의 매매가와 규모로 부동산지수를 결정하는 것은 중국의 현재 특정한 경제발전 단계와 부동산 조정 정책의 한계를 보여준다.

종합적으로 국제 부동산 경제연구에서 차츰 더 많은 학자들이 인정하고 있는 동일주택의 반복판매 방법은 중고주택가의 변화를 기록하고 통계화하는 방식을 통해 부동산시장의 변동을 더 정확히 반영할 수 있다. 예일 대학 시절 당시 내 지도교수였던 로버트 실러 교수가 부동산시장의 반복판매 방법을 추적해서 만든 '케이트-실러 주택가격지수'는 2007~2008년 미국 부동산위기 이후 선진 경제체제에서 가장 광범위하게 인용하는 부동산지수가 되었다.

PM2.5와 부동산가격지수는 서로 아무 관계 없는 것처럼 보이지만 사실은 동일한 통계방법의 문제와 연관되어 있다. 어떤 의미에서 정책의 제정 및 실시는 하나의 계측학과도 같다. 통계의 목적과 방법에 대한 확신은 통계결과 및 경제정책의 선택에 직접적으로 영향을 미치고, 잘못된 통계의 선택은 데이터 해석의 오류와 잘못된 정책판단을 초래한다. 통계방법상의 편차가 만약 과학방법상의 문제라고 한다면 이는 오히려 쉽게 교정할 수 있다. 우려되는 것은 통계방법이 선택과 데이터를 획득하는 과정 중 존재하는 체계적인 이윤추구다.

2007~2008년 세계 금융위기 전에 신용평가기관이 제공한 것은 이런 의도적 편차를 포함한 데이터였다. 부동산과 관련된 대량의 채권에게 과도하게 긍정적인 신용등급을 매김으로써 신용평가기관은 단기간 내에 다수의 투자자를 속이고 고수익을 취득했지만, 결국엔 과거 수십

년간 쌓아온 명성을 무너뜨렸고 세계 경제와 금융시스템을 파괴했다.

신용평가기관의 평가를 신뢰하지 않고 부동산 관련 CDO와 CDS를 대량 공매도하여 헤지펀드 역사상 천문학적 수익을 낸 것으로 유명한 존 폴슨은 사태 이후 겸손한 자세로 다음과 같이 되짚어 말했다. "나는 '임금님은 벌거벗었어요.'라고 용기 있게 외친 어린아이였을 뿐이다."

많은 경우, 정직함은 지혜보다 훨씬 가치가 있다.

잘못된 정보가 초래한 금융위기

S&P, 무디스와 피치 등 세계 3대 신용평가기관은 항상 세계 채권시장에서 중요한 심판관이었다. 미국의 유명 작가 토머스 프리드먼Thomas Friedman은 신용평가기관을 초강대국에 비유했다. "미국은 폭탄을 터뜨리는 방법으로, 신용평가기관은 국가의 신용등급을 낮게 평가하는 방법으로 국가를 파괴할 수 있는데, 나는 이 초강대국들 중 어느 쪽이 사람들에게 더 공포감을 주는지 모르겠다". 프리드먼은 "특정 회사나 국가의 신용이 하향평가되면 수많은 투자자는 해당 회사와 국가의 채무상환력에 의심을 품고 우려하게 된다."고 언급했다. 이런 의심과 우려는 다시 회사나 국가로 하여금 향후 융자의 어려움을 가중시키고 융자비용을 대폭 상승시켜 회사운영에서의 효율성 저하와 국가경제 발전의 저속화를 야기한다.

2011년의 세계 금융시장은 미국신용등급기관 피치가 미국 국채의 신용등급을 최초로 하향평가하는 사건을 접했고, 이는 전 세계 주식시장의 폭락과 세계 금융시스템의 큰 파동을 초래했다. 겨우 몇 주가 지난 후 또 다른 주요 신용평가기관인 무디스는 일본 국채의 신용등급을 하향조절했고 세계 투자자들은 미국과 일본, 전 세계 범위의 국가채무 때문에 단단히 가슴을 졸여야 했다.

마치 빈틈없는 추론논리 같았던 이런 상황은 최근의 국가채권시장에서는 실제로 적용되지 못했다. 일본 주식시장은 국가신용등급이 하락한 후 1% 정도 떨어졌을 뿐이고, 일본 국채의 수익률은 신기하게도 거의 타격을 받지 않았다. 이런 상황은 이론의 실수일까, 아니면 시장의 실수일까? 이런 신용등급의 심판원 혹은 '초강대국'은 왜 갑자기 왕년의 영향력을 잃었을까?

각국 정부는 2008년에 세계 금융위기 이후 앞다퉈 화폐를 대량 발행하여 경기를 부양하려 했고, 이에 따른 직접적인 결과는 세계 유동성 범람과 자본과잉이었다. 투기와 조작이 용이한 자산의 경우, 세계 주식시장부터 중남미의 커피, 전국을 들썩이게 한 부동산가격부터 투기열풍이 불었던 윈난 황룡옥까지 투기자본은 거품을 최대한 부풀렸고, 오히려 상대적으로 안전한 채권시장이 저평가됨에 따라 평가등급과 상관없이 국제 자본은 강대국의 채권시장으로 모이는 쪽을 선택했다.

비록 국가재정과 부채상환력이 우려되었지만 미국과 일본은 정치, 경제와 외환의 기본구조가 안정적이다. 이 양국과 어깨를 나란히 했던 유로존을 되돌아보면 내부 경제성장 동력의 저하와 더불어 유로존의 강대국과 약소국, 부국와 빈국, 재정건전국과 재정향상국 간의 갈등과 균형 또한 다뤄야 했다. 이는 유로존 채무의 매력 감소를 초래하여 어느 정도 미국, 일본의 국채 문제 및 위험을 상쇄했다.

여기서 언급할 만한 것은 신용평가기관의 공신력이 2007~2008년의 세계 서브프라임 모기지 위기 이후 크게 하락했다는 것이다. 신용평가기관은 금융위기 과정에서 부실자산을 가장 안전한 신용등급으로 평가했고, 그 결과 투자자가 대량으로 이를 구매했다가 결국 원금 손실은 물론 파산에까지도 이르게 했다. 그래서 신용평가기관이 이번 미국 신용평가등급을 조정하며 엄격한 평가결과를 내놨음에도 투자자들은 별 신경을 쓰지 않았다. "늑대다!"라고 자주 외치면 정말 늑대가 나타났을 때 사람들은 이미 무감각한 상태인 것이다.

그러나 더욱 언급할 만한 가치가 있는 것은 바로 S&P가 미국 신용등급을 하향평가하는 방법으로 다시 그들의 객관적이고 공정한 이미지를 만들고자 했을 때, 점점 더 많은 투자자와 주권국가 및 상장사는 신용평가기관의 공정하고 공평한 독립적 위치와 위험추산 전문성을 의심하기 시작했다는 것이다. 먼저 미국의 재무부는 S&P가 미국 재정상황을 추산할 때 저지른 간단한 산술오류로 인해 미국 정부가 직면한 '재정절벽'의 부정적 충격을 확대시켰다고 지적했다. 미국의 증권거래위원회는 잇달아 S&P의 신용등급 하향평가 관련 정보유출의 여부를 조사했고 결국 S&P 회장은 사임했다. 일련의 사안들을 통해 우리는 S&P가 신용강등을 위기관리에 이용하여 세계 금융위기 과정에서 대량의 부실자산에게 우수한 신용평가 등급을 부여했고, 이로 인해 명성에 타격을 입었음을 짐작할 수 있다.

금융시장은 정보의 시장이자 자신감의 시장이다. 투자은행가, 증권분석가, 펀드매니저가 그렇듯 신용평가기관 역시 시장을 위해 상당히 가치 있는 두 가지 서비스를 제공하기 때문에 넉넉한 대가를 받는 것이다. 그러나 넉넉한 대가를 눈앞에 두고 금융기관이 잇따라 쓰러졌다. 1980년대 정크본드의 황제라 불리는 마이클 밀켄Michael Milken부터 1990년대의 엔론, 인터넷 버블의 증권분석가부터 차스닥의 보증인까지 금융기관의 공신력은 지속적으로 시장의 의심을 받아왔다. 지속되는 금융혁신과 세계통합이 한층 더 심화함에 따라 금융기관은 전대미문의 기회와 도전을 눈앞에 두고 있었다. 장기적으로 쌓아온 신뢰는 많은 기술적 측면에서 제공할 수 없는 자신감과 정보를 제공했다.

미국의 투자은행가, 상업은행, 펀드회사는 지난 20년간 각종 악행을 저질렀다. 실제와 다른 연구결과를 발표함으로써 투자자를 오도했고, 약탈적 대출을 실시했으며, 신용카드를 발급받을 자격에 못 미치거나 주택담보대출이 불가능한 가정들에게 악의적인 신용대출을 제공함으로써 고액의 비용을 강제로 지불하게 했다. 펀드가격 결정과정에서의 불투명성은 개인투자자들의 이익을 희생시켜 펀드와 더 중요한 기관투자자들에게 이익을 제공했고, 이런 행위들로 인해 투자자는 차츰 그들을 신뢰하지 않게 되었다. 신용평가기관 중 일부 저명한 회사들은 그 명성에 대한 의심을 받았는데, 원래 수준으로 회복되려면 아마 100년의 시간은 필요할 것이다. S&P는 이를 거울로 삼아야 한다. 또한 S&P의 사례는 우후죽순처럼 설립된 신용평가기관들에게 적절한 교재가 되었다. 결국 신용평가기관이 가진 가장 가치 있는 것은 바로 신용이다.

정부의 공신력: 정부의 암묵적 보증

2011년의 중국 신용평가기관 또한 설립된 지 얼마 되지 않아 공신력에 매우 심각한 의혹이 제기됐다. 일부 중국 신용평가기관은 전국 철도시스템의 부채율이 60%에 달함에도 그것에 가장 높은 신용평가등급을 매겼다. 여론은 분분했다. 자산부채율이 높음에도 지속적으로 기초건설투자를 확대하는 밑 빠진 독인 데다 고속철도는 예상을 밑도는 좌석점유율과 수입상태를 보여 투자자들 입장에선 당연히 고민과 걱정이 드는 상황이었는데, 왜 중국 신용평가기관은 철도시스템에 이와 반대되는 평가등급을 매겼을까?

많은 투자자들은 중국의 신용평가기관 자신이 직면한 이익충돌에 대해 의문을 제기했고, 일부 국제정치 평론가들은 중국 자체 신용평가기관의 활동을 정치화하여 생각했다. 그리고 중국의 신용평가기관이 중국 정부와 국유기업을 위한 선전 및 인증 도구로 이용된다고 여겼다.

사실 중국의 철도시스템, 중국 지방정부 융자 플랫폼 및 국유기업을 막론하고 그 배후의 신용은 사실상 중국 정부의 신용이다. 이런 의미에서 신용평가기관이 내린 평가등급은 합리적이지만, 중국 정부와 기업 신용주체의 불분명성과 신용관계 불명확성의 한계도 분명 나타난다.

중국 부동산의 가격을 예로 들면, 과거 10년 중국의 부동산시장은 지속적인 증가세를 보였고 조정할수록 상승되는 추세였다. 2011년 중국 부동산시장에서 구매제한 등 일련의 조정책이 시행되자 다수 도시의 부동산가격은 일정 선에서 정체되거나 심지어는 상승했다가 하향 조정되는 현상도 일부 나타났다. 일부 국민과 투자자가 부동산 시장의 전환에 대해 드디어 한시름 놓았을 때, 초기에 상한가로 시장에 진입한 구매자는 일정 정도의 손실을 피할 수 없었다. 그리하여 소유주의 '권익보호' 및 '차액보존'에 대한 요구와 시행사 간의 시소게임이 벌어졌다. 초기에 상한가로 부동산을 매입한 소비자 혹은 투자자들이 시행사의 분양처나 사무실에서 항의시위를 일으키면서 이는 언론에서 주목하는 화제가 되었다.

만약 부동산시장과 주식시장을 굳이 비교한다면, 그 배후에는 2007년 중국 A주 시장과의 유사점이 있다. 당시 상하이 종합주가지수는 1,000포인트 가량에서 출발하여 승승장구했고 6,000~7,000포인트까지 상승했다. 일부 식견 있는 사람들이 종종 시장에 거품과 위험이 존재한다고 지적했지만, 투자자는 '규제기관이 개입하여 시장을 억제하고 위험을 해결해달라'는 집단적 요구를 하지 않았다. 그리고 겨우 1년 뒤 주가지수가 1,600포인트까지 하락하자 '시장보호' '시장구제' '부양책' 등을 주장하는 여론이 끊이지 않았다. 그중 가장 목소리를 높인 이들은 아마도 상한가에서 주식을 매입한 많은 투자자들일 것이다. 시장구제의 여부는 시장안정의 유지라는 단순한 차원이 아니라 투자자 보호라는 요소를 포함한 것이었다.

당연히 지적해야 할 것은 이런 방법이 중국 A주 시장만의 문제는 아니라는 것이다. 2009년 세계 부양책과 미국 내 일련의 양적완화 정책이 출시된 후 세계 주식시장에는 상승세가 나타났다. 그리고 최근 미국 국채평가등급 하락, 유로존 채무위기, 일본 지진의 영향으로 투자자는 심각한 심리적 좌절을 겪었으며 많은 국가의 주식시장이 대폭 하락하는 추세가 나타났다. 갑자기 세계 금융위기와 유럽, 아시아의 몇몇 주식시장을 다시 언급하며 2008년처럼 공매도를 금지하여 주식시장의 추가하락을 방지해야 한다는 사람도 있었다.

공매도 금지는 원칙적으로 시장에 대해 부정적인 시각을 가진 사람이 진입하는 것을 차단하는 것으로, 상한가에서 주식을 매도하고 하한가에서 주식을 매입하여 이익을 보는 행동을 허가하지 않는 것이다(공매도 거래의 합리성 문제에 관해서는 뒤에서 깊이 살펴볼 것이다). 내가 연구를 통해 발견한 바에 따르면 각 나라 정부와 규제기관은 1987년 미국의 주가폭락, 1992년 대출은행 위기, 1997~1998년 동남아 금융위기와 2000년 인터넷 버블 이후 각각 공매도 금지 정책을 보유하고 있다. 그러나 이런 정책들은 보통 단기적으로 주식시장의 폭락을 막았을 뿐 중장기적으로 안정성을 유지하진 못했고, 오히려 공매도 금지가 해제된 후 주식시장의 폭락을 야기했다.

그런데 공매도 금지와 부동산시장의 차액보존 사이에는 어떤 관계가 있는 걸까? 주식시장, 부동산시장, 금융시장 어느 것이든 본질적으로는 위험성이 내포된 시장이다. 투자자는 모종의 수익(예금이자, 주식이익 배당, 부동산가격 상승 및 임대수익 등)을 누리기 위해 필연적으로 위험(은행 부도, 주식시장 폭락, 부동산시장 조정 등)을 부담한다. 위험에 대한 투자자의 예상에 변화가 생기면 자산가격도 그에 따라 변화한다.

과거 10년간의 대호황 이후 다수의 중국 가정과 투자자는 부동산을 가장 안전한 투자상품으로 여긴다. 국가의 정책적 지지, 지방정부의 이익촉진, 화폐공급의 대폭적인 증가, 인플레이션의 고공행진, 시행사의 투기행위 등은 모두 부동산시장이 상승만 하고 하락하지 않게 하는 확실한 증거가 되었다. 만약 투자에서 작은 실수가 발생하여 높은 분양가에 부동산을 구매하면 시장의 반등을 기다릴 필요 없이 시행사와의 협의를 통해 단기간에 가격하락으로 가져올 손실을 피할 수 있다. 이렇게만 본다면 부동산시장은 은행예금과 동일한 안전한 투자 수단이다.

그러나 은행예금은 연간 수익이 3~4%에 불과한 데 반해 부동산 시장의 상승폭은 매년 30~40%에 달한다. 동일한 위험을 가지고 왜 이렇게 수익이 다른 것일까? 결정적인 요소는 기대치다. 만약 시장에서 투자자가 차액보존 때문에 부동산이 더욱 안전한 투자라고 믿는다면 부동산은 더 많은 투자를 끌어들이고, 새로운 투자세력은 반드시 부동산가격을 한층 더 상승시킨다. 그리고 투자자가 부동산시장에 대해 정부가 암묵적 보증을 한다고 느낄수록 한층 더 많은 자금과 자원이 부동산시장에 유입되며, 개발사는 부동산시장에 대한 투자자의 믿음을 바탕으로 한 구매욕을 목격한 뒤 공격적으로 부동산투자를 확대하여 지속적으로 '최고가의 토지'를 만들어낸다. '부동산은 절대 손해를 보지 않고, 끝없이 상승할 뿐 하락하지 않는다'는 신화는 순식간에 더 공고해졌다.

1980년대의 일본, 1990년대의 홍콩, 밀레니엄의 미국, 영국, 그리스, 스페인 모두 비슷한 부동산시장의 호황을 겪었고 참담한 결과를 맞이했다. 이후 규제기관과 투자자 양쪽 모두는 부동산시장에선 공매도 시스템의 부재에 대한 부정적 시각이 표출되지 않았고, 거품이 장기화되면서 장기간에 걸친 하락과 조정을 초래했다고 반성했다. 만약 공매도 시스템의 부재 탓에 부동산시장이 가장 쉽게 거품이 생성되는 영역이 된다면 정부가 제공하는 암묵적 신용보증은 더 크고 더 지속되는 거품을 촉진할 것이다. 강호의 옛말을 빌리자면 "뿌린 대로 언젠가는 거두는 것"이다. 투자위험에 대한 개인의 잘못된 판단에는 반드시 거시경제의 위험이 누적된다.

공매도 대군은 누구를 다치게 하는가?

2011~2012년 세계 투자자들의 관심을 집중시키고 중국의 해외상장회사도 매우 긴장시켰던 또 다른 사건은 미국에서 상장한 중국 회사(중국 개념주)들이 단체로 1주일 만에 20~30% 폭락한 일이었다. 더 심각한 것은 그중 연구개발 기관과 '공군(공매도 대군)'이 우선순위로 관심을 가졌던 회사의 주식이 반 토막이 난 것이다. 순식간에 참혹한 수준으로 하락한 해외 상장기업의 주식이 속출했다.

중국 기업들의 주식에 대한 집단 타격의 공격자는 국제적 인지도의 투자은행도 아니고 헤지펀드의 큰손도 아닌, 극히 생소한 독립 연구기관이었다. 이들은 중국 기업에 대한 부정적 연구결과를 널리 알리면서 중국 개념주에 대한 공매도 거래를 하여 실리와 명예를 모두 챙겼다.

이번 '중국 개념주' 공격 전후에는 국제 투자은행이 대규모로 중국 시장에 대해 부정적인 전망을 발표하는 사례가 여러 차례 있었다. 중국 경제체제의 전환이 세계 자본시스템으로 유입되는 과정에서 '중국 공매도'는 '보보경심步步惊心(2011년 중국에서 방영된 드라마로 2016년 한국에서 〈달의 연인 보보경심:려〉로 리메이크되기도 했음_옮긴이)' 같은 인기 드라마가 된 듯했다. 중국 상장회사 집단, 투자자, 심지어 규제기관까지 이에 대해 높은 관심을 가졌고 이러한 투자행위의 배후에 있을 정치적 목적에 대해 의구심을 품었다. 외국 기관들은 중국 기업에 불리한 소식을 전파하면서 이익을 취했고, 중국의 일부 투자자들은 '음모'라는 두 글자를 끊임없이 입에 올렸다. 그러나 이번이 조금 달랐던 점은 타격을 입은 것은 중국 개념주 기업이지만, 스타 펀드매니저 존 폴슨이 입은 타격보다는 덜했다는 것이다. 금융위기에도 전혀 타격을 받지 않았던 절대적 부의 큰손인 폴슨은 시노포레스트 주식에서 3억 달러가 넘는 손실을 입었다.

'중국 개념주 공매도'의 엄청난 위력 탓에 사람들은 2008년 가을 전 세계를 뒤흔든 주가폭락을 자연스레 떠올렸다. 그때의 폭락은 상당 부분 거래자의 마구잡이 공매도가 초래했던 시장의 투매와 공황에서 비롯됐다. 미국 증권거래위원회와 뉴욕 주식거래소가 개입하여 상당수 주식의 공매도 거래를 정지시킨 다음에야 시장은 안정을 되찾았다.

공매도 거래는 일찍이 주식시장의 출현과 함께 네덜란드에서 나타났는데, 시장에서의 공매도자는 항상 칭찬받는 이미지가 아니다. 서구 자본시장에서는 공매도 거래의 허가 여부에 대해 늘 이견이 존재한다. 어떤 이들은 일부 투자자들이 자신의 이익을 위해 공매도 거래를 하여 주가하락과 시장기복을 초래하니 범죄와 다를 바 없다고 여긴다. 프랑스의 나폴레옹 통치기에는 공매도자를 징역형에 처하는 극단적인 법률이 생긴 적도 있다. 그러나 다른 한편으로 공매도 거래를 지지하는 쪽에서는 공매도와 매입을 증권거래에서 자연스러운 대립이라고 생각한다. 상승장을 예측하는 투자자는 매입을 통해 긍정적 생각을 드러내고 매입을 통해 주가를 올린다. 반대로 하락장을 예측하는 투자자는 매도를 통해 부정적인 생각을 드러내고 매도를 통해 주가상승을 억제한다. 일반적인 매도거래에 있어선 반드시 선제적인 매입이 선결조건이므로 어떠한 투자자라도 부정적인 생각을 표현하도록 허락되지 않는다. 그렇기 때문에 공매도가 매입거래의 대립점이며 엄청난 재앙인 것으로 간주되어서는 안 된다는 것이다.

시장발전의 상황이 저마다 다르기 때문에 각 국가의 규제기관은 흔히 절충된 방법을 채택한다. 보통 선진국의 시장은 공매도를 허가하는 편이고 역사가 짧은 시장은 공매도 시스템을 보류하고 있는데, 그러한 주요 원인은 대규모 공매도가 시장에서 돌발적인 대규모 하락을 초래하여 체계적 위험이 발생할 수 있기 때문이다. 1989년과 2008년의 주가폭락이 이런 관점을 증명한 바 있다.

만약 공매도자가 전체 시장이 아닌 특정 주식 하나 또는 증권만 대상으로 공매도를 한다면 각기 다른 투자자들에게 어떤 영향을 미칠까? 다음과 같은 두 가지 상황을 생각해보자. 만약 공매도한 주식이 실제로 과대평가되어(예를 들어 인터넷 버블 중의 인터넷 주식) 재무사기(엔론사)와 관련되어 있다면 투자자(고가에 매입한 투자자를 제외한)는 공매도자가 이런 기업의 문제를 발견하여 사기극과 거품이 계속되는 걸 방지한 것에 대해 감사하게 생각해야 한다. 만약 기업의 능력이 부족하다면 공매도자의 거래는 최소한 내부사정을 잘 모르는 투자자의 손실을 막을 수 있다. 가령 중국 개념주에 투자한 투자자가 투자범위 안에서 "우리는 공매도를 선행한 후 주가에 영향을 미치는 부정적 연구를 공표했다. 그러나 이는 주가를 조작하는 것이 아니다. 왜냐하면 우리에겐 이런 회사들이 문제가 있다고 판단할 만한 확신이 있기 때문이다."라고 발표하는 것과 같다.

그렇다면 감독자와 일부 투자자들이 걱정하는 공매도자의 판단 실수가 능력이 뛰어나고 주가가 합리적으로 평가된 회사에게 손해를 입혔다고 가정한다면? 이때는 문제가 조금 더 복잡해질 수 있다.

이미 해당 주식을 보유하고 있는 장기투자자들에게 이것은 별 문제가 되지 않는다. 단기적인 변동폭은 그들의 투자결정에 영향을 주지 않고, 이들은 오히려 그런 경우를 기회로 삼아 지분을 확대할 수 있다. 1, 2위안에 소후搜狐(중국의 검색 포털_옮긴이) 주식을 매입한(현재 주가는 70~80위안) 투자자와 3~5위안으로 텐센트Tencent 주식을 매입한(현재 주가 약 200위안) 투자자는 아마 그해에 이 주식들을 공매도한 '공군'들에게 마음속으로 감사할 것이다. 서구 투자업계에는 "폭락은 부를 만든다."라는 말이 있다. 폴슨은 금융주의 공매도로 금융위기에서 가장 돈을 많이 번 스타가 되었고, 데이비드 테퍼David Tepper는 추후 1년간 동일종목의 보유분을 늘려 헤지펀드의 새로운 승자가 되었다. 결국 변동폭이 있어야만 전체 투자자에게 기회가 주어지는 것이다.

그렇다면 불행히도 고점에 매입하고 또다시 불행히도 공포심을 이기지 못해 저점에 전량 매도한 단기 투자자는 어떤가? 이에 관해서는 아마 버핏의 명언을 언급해야 할 것 같다. 누가 당신더러 소유한 주식을 제대로 이해하지 말라고 했는가? 한 명의 투자자가 전량 매도할 때 다른 투자자는 시장에 들어오는 법이다.

당연히 공매도는 여전히 위험한 거래다. 왜냐하면 첫째, 2008년 세계 금융위기 중 공매도자는 금융주 주식의 그런 움직임을 대폭 억제했고, 세계 신용시장의 동결과 투자자 심리 와해를 초래하여 세계 시장에 시스템적 위험이 급증하게 만들었다. 둘째, 공매도 영역에는 이론적으로 무한대의 잠재손실이 존재하기 때문에 투자자는 비교적 극단적인 거래전략을 선택할 가능성이 크다. 마지막으로 주식가격의 극단적인 변동폭이 초래한 공포는 세계적으로 전파될 가능성이 있다. 시장의 관리감독과 거래소는 반드시 이런 위험에 대한 충분한 준비와 정확한 선택을 해야 한다. 뉴욕 거래소는 2008년에 공매도 거래금지 규정을 폐지했는데, 많은 전문가들은 그 직접적인 책임이 그해 공매도로 초래된 주가폭락에 있다고 여긴다.

미국의 몇몇 연구에서는, 공매도 거래를 적극 반대하는 회사들은 종종 최종적으로 재무 문제를 가진 것으로 증명된다고 밝혀진 바 있다. 굳이 증명하지 않아도 문제가 없는 회사는 문제가 없다고 밝혀지기 때문에, 만약 숨기는 것이 없다면 대부분 장기적으로 시장에서 정확한 판단과 공정한 가격으로 나타날 것이다. 공매도자에게 비난, 우롱, 심지어 위협을 가하는 것은 오히려 자신감이 결핍되었음을 시장에 전달하는 신호가 될 가능성이 크다. 많은 사람들은 '공군'이 도대체 누구를 다치게 했는지 이해하지 못하지만 공매도자는 역사적으로 매우 많은 책임을 감당해왔다. 사람들은 왜 시장폭락을 모두 두려워하면서도 그것이 초래하는 거품은 무서워하지 않는 걸까?

우리는 미국이 양적완화 정책을 추진하기로 결정했을 때 또 다시 인위적으로 전 세계의 경제금융 시스템에 대규모 영향을 미친 것을 발견했다. 이런 정책수단을 통한 경제운용 규율 및 추세에 대한 간섭은 큰 범위에서 보자면 통제에 대한 정부의 환상에서 시작되었다 할 수 있다. 정부는 종종 자신이 경제운용 규율을 변화시킬 수 있다고 여기지만 현실적으로 이를 달성하기란 매우 어렵다. 각국 정부는 각기 다른 수준에서 이런 행위를 통해 시장을 지탱하거나 떠받들기 위해 노력한다. 미국에서 주택담보 대출을 위해 2차 시장의 융자를 제공한 패니메이와 프레디맥, 두 회사의 목적은 어느 정도 부동산 대출의 융자비용을 낮추고 미국 국민들의 '내 집 마련'이라는 아메리칸 드림의 실현을 돕는 데 있었다.

중국의 부동산 개발 및 분양 과정에서도 일부 부동산정책은 투자자와 국민이 순조롭게 주택을 구매할 수 있도록 돕기도 한다. 투자자의 구매를 촉진하기 위해 많은 지방정부는 공개적이거나 드러나지 않는 방법으로 부동산가격의 상승을 보증한다.

2011년 부동산 조정 시기가 되었을 때, 초기에 부동산을 매입한 일부가 부동산가격 하락에 항의했다. 시행사나 정부 어느 쪽이든 이런 압력에 직면하면 초기 투자자에게 차액을 보전하여 손실을 입지 않게 보증하는 방식을 택한다. 사실상 투자자에게 암묵적으로 가격을 보증해주는 것인데, 정부와 시행사는 이렇게 함으로써 투자자가 부동산투자 과정에서의 위험을 피할 수 있도록 도움을 제공하고 부동산 시장에 한층 더 적극적으로 투자하게끔 간접적으로 독려하게 된다.

이런 현상은 17세기 네덜란드의 튤립 거품과 놀라울 만큼 비슷하다. 앞서 이야기했다시피 당시 네덜란드 정부는 A라는 사람이 B라는 사람과 튤립 매매계약을 체결했어도, A가 정부에 3.5%의 수수료만 지불하면 그를 도와 해당 계약을 무효로 선언해주는 법령을 통과시켰다. 서브프라임 모기지 사태에서 세계 금융시스템에 파괴적인 충격을 준 신용부도스와프 역시 상황은 다르지만 동일한 사례라 할 수 있다. 이렇게 복잡한 금융도구의 출현은 사정을 모르는 수많은 금융기관들로 하여금 많은 부실자산을 매입하게 했고, 결국엔 2008년 세계 금융위기의 폭발을 초래했다.

이와 비슷한 것은 부동산을 매도한 쪽이든 매입한 쪽이든 일단 정부가 제공한 보험을 취득하기만 하면 쌍방은 투기성 거래에 더 적극적으로 나서게 된다는 것이다(거래의 최대손실을 이미 정부가 부담했기 때문이다). 그래서 정부가 제공한 암묵적 보증은 시장의 상승을 촉진함과 동시에 시장 내의 투기 분위기를 더욱 가중시켜 거품이 발생할 가능성과 위험성을 키운다.

나는 세계 40여 국가의 융자대주 거래 및 규제에 관한 연구를 실시한 적이 있다. 많은 국가의 규제기관은 융자대주 행위가 시장의 하락을 초래할 가능성이 있다며 이 업무를 금지시켰다. 그러나 이런 규제기관이 생각하지 못한 부분이 있다. 만약 일정한 장기간 동안 시장의 공매도를 금지하면 시장의 부정적인 정보가 시장가격에 제대로 반영되지 않는다는 것이 그것이다. 만약 시장에 부정적인 정보가 반영되는 것을 금지한다면 이것은 점점 더 누적되어 어느 날 폭발할 것이고, 그때는 구제불가능한 결과가 초래될 것이다.

2007년 중국의 A주 시장이 대폭 상승했을 때 시장은 융자대주 시스템을 도입하지 않았고, 이로 인해 주식시장은 1,000포인트에서 6,000포인트까지 상승했다. 물론 경험이 풍부한 투자자는 이런 상승세가 펀더멘털을 수반한 것이 아니므로 투자자에게 꼭 좋은 상황이 아니라는 것을 알고 있었다. 그러나 다수의 개인투자자들은 이렇게 멀리 내다보지 못하고 시장으로 대거 몰려왔다. 부정적인 시각의 투자자가 부정적인 소식을 표출하지 않았기 때문에 경험 없는 투자자들은 8,000포인트, 10,000포인트까지 상승할 것이라고 믿었다. 많은 개인투자자들은 주가가 상당히 고점에 올랐을 때 시장에 진입했고, 이후 2007년 폭락으로 심각한 손해를 입었다. 그때 입은 손실을 아직까지 만회하지 못하고 있는 투자자들은 상당히 많다.

이런 관점에서 보면 주가가 빠른 속도로 대폭 상승하는 것은 반드시 좋은 것이 아니다. 오히려 부정적인 소식이 적절한 시기에, 정확하게 공정하게 시장에 반영되도록 하는 편이 전체 시장의 변동폭이 심해지는 것을 막을 수 있는 방법이다. 앞서 언급한 투자 평균 수입도 우리에게는 여전히 중요하지만 투자의 변동폭 역시 매우 중요하다. 변동폭이 작을수록 투자자는 더 효과적으로 장기투자를 할 수 있다. 예상 수익률이 동일한 상황에서 변동폭이 작을수록 투자자의 자산증가 속도는 빨라진다. 정부가 시장상승의 추진과 보장에 지나치게 간섭하지 않는다는 전제하에 시장이 도입하는 공매도 시스템은 대부분의 경우 나쁜 것이 아니다.

공평과 효율

경기부양 이외에도 정부는 사회발전과 사회 각 계층 이익의 균형을 맞출 책임이 있다. 정부가 단기간의 경제성장에 과도한 관심을 가지거나 사회 특정계층에 지나치게 편향된 자세를 취한다면 결국은 사회불안을 초래하고 경제가 성장하더라도 사회 각 계층과 순조롭게 공유할 수 없을 것이다.

2012년 다수의 서구 선진국에서 일어난 '월스트리트 점령 운동'은 슬로건으로 시작되어 전 세계로 전파되었고, 그 속도와 범위 면에서 많은 평론가의 예상을 뛰어넘었다. 뉴욕시 맨해튼의 작은 구역에서 시작된 '월스트리트 점령 운동'은 겨우 한 달 만에 전 세계 수십 개 국가와 지역으로 순식간에 퍼져나갔다.

이 운동 초반에 주최자는 '이 운동은 누구를 타깃으로 하고 어떤 목표를 달성하고자 하는 것인가'에 관한 질문에 제대로 대답하지 못했다.

비록 운동의 시작점은 월스트리트였지만, 나는 '월스트리트 점령 운동'의 주최자가 월스트리트에서 근무하는 직원을 공격하거나 질책하는 것은 아니라고 생각한다. 미국 한 상원의원이 말한 것처럼 미국은 자유국가고, 능력이 있는 사람은 자신의 능력을 통해 떳떳한 생활을 영위할 수 있다. 금융업계의 보수가 다른 업계보다 높다 보니 능력 있는 사람들이 금융업계로 유입되고 그들은 더 노력해서 금융업계에서 자리를 잡으려고 한다. 금융업계와 비슷한 의사, 변호사 등 업종의 수입 역시 높은 편임에도 대중들이 이들에게 그 정도의 관심을 갖지 않는 데는 몇 가지 원인이 있다.

먼저, 시위자들은 미국 정부가 금융기관을 구제한 것에 대해 불만을 가졌다. 정부는 납세자의 소득으로 금융기관을 구제했고 '살찐 고양이'들은 구제 덕에 전혀 타격을 받지 않았을 뿐 아니라 여전히 많은 것을 누렸으며, 적극적으로 새로운 투기거래와 금융위기의 원인에 가담했다. 그뿐만이 아니었다. 대부분의 미국 금융기관은 자신의 안전을 주요 출발점으로 하여 미국 연방준비제도가 금융위기 때 투입한 대량의 유동성을 현금 형식으로 보유하고 있었고, 신뢰를 얻는 데는 소극적인 태도를 취해 자국의 경제회복에 도움이 되지 않았다. 이런 이유로 일부 시위자들은 미국 정부가 금융기관을 구제하는 것에 반대를 표시했다.

다음으로 시위대가 반대한 것은 정부가 정확하게 효율적으로 재정자금을 사용하지 못한다는 점이었다. 연방준비제도와 재무부가 일련의 경기부양 및 양적완화를 실시한 이후 신용상태는 악화되었다. 미국 국채의 최종 보유자인 국민은 정부의 대규모 부채로 인한 파산으로 자신의 피 같은 원금을 날리고 싶어 하지 않는다. 그리고 납세자로서 자신이 성실히 일해서 납부한 세금이 정부 덕에 이미 살이 피둥피둥 찔 만큼 부유해진 금융업계 임원들에게 사용되는 것도 원하지 않았다. 이것이 시위자들이 표시한 두 번째 불만이었다.

세 번째는 미국에서 과거 수십 년간 유지된 자금과 정치이익 간의 긴밀한 관계에 대한 불만이었다. 정치헌금이 지속적으로 증가하면서 부자들은 돈으로 직접 선거에 관여했고, 자금은 미국 정계에서 점점 더 중요한 역할을 담당했다. 이와 동시에 금융업계를 대표로 하는 산업자본은 점점 더 많은 이익집단과 정치 유세자들을 이용하여 현 정부와 정책에 압박을 가하는 등 영향력을 확대했고, 정치에 대한 자금의 영향력도 공고히 했다. 일반 국민들은 정부, 정책, 경제발전의 실익이 자신과 갈수록 멀어진다는 것을 느낀 끝에 '월스트리트 점령 운동'을 통해 미국과 역사의 방향을 변화시키고자 했다.

넷째는 규제기관에 대한 불만이다. 세계 각국의 규제기관들은 지난번의 금융위기에 모두 일정 책임이 있다. 규제기관은 정보공표 조건을 엄격히 제한하지 않았고, 고위험 금융파생상품에 대한 관리감독을 충분히 하지 않았으며, 금융기관의 구제범위를 장악하는 데 있어 일관성이 부족했던 탓에 다수의 투자자들을 충분히 보호하지 못했다. 부동산 거품이 꺼지고 금융위기가 폭발한 이후 생활수준이 하락했을 때 일반 국민들에겐 기본적인 보호와 지원이 이루어지지 않았다. 이 모든 것이 '월스트리트 점령 운동'이 시작된 숨겨진 원인이다.

마지막으로, 비록 시위참가자들이 점령해야 한다고 외친 것은 월스트리트였지만 그들의 진정한 타깃은 미국 및 전 세계적으로 심화되는 탐욕스러운 비즈니스 문화였다. 월스트리트의 투자은행, 상업은행, 보험회사, 펀드회사 등의 금융기관뿐 아니라 기타 각종 미국 대형기업의 임원이 받는 연봉은 30년간 네 배가 넘게 상승했지만 동기간 미국의 실제 평균소득은 소폭 늘어났을 뿐이다. 이런 '승자독식'의 소득분배 불균형의 상당 부분은 과거 20년의 경제확장 과정에서 숨겨져 있었다. 그런데 금융쓰나미가 폭발하면서 미국 경제의 회복력과 국민들의 불만 정서가 이 운동 과정에서 돌파구를 찾은 것이다.

요컨대 시위참가자들 사이에는 앞에서 언급한 생각과 동기를 가진 사람들이 있었을 것이다. 그렇기 때문에 '월스트리트 점령 운동'이 공동의 목표를 제시하는 것은 매우 어렵다. 운동의 명칭에는 '월스트리트'가 들어 있지만, 정말로 점령해야 하는 것은 여론과 민심과 미국 의회다. 모든 사람들은 좋은 정치체제와 좋은 정부를 기대하고 있고, 정부가 국민들의 바람을 경청하여 정책을 수정하기를 바라고 있다.

'월스트리트 점령 운동'은 도대체 누구를 반대하는 것일까? 전 세계의 정부와 정치가들은 이를 되돌아봐야 할 것이다.

제17장

어떻게 선택할 것인가

투자자 교육:
투자를 본래의 난이도로 돌려놓고
탐욕과 공포를 극복하자

이 책의 마무리 단계에 이르렀다. 여기에서는 앞서 논의했던 내용을 정리하며 행동금융학이 개인투자자, 기업, 정부 그리고 관리감독자에게 주는 의의와 함께 그것이 금융정책의 결정과 제정에 미치는 영향에 대해 논의하고자 한다. 만약 기업과 정부를 이윤추구 혹은 공공복리가 최대화된 기관이라 가정한다면, 사실상 기업과 정부 또한 각기 다른 자원으로 각종 프로젝트에 투자하는 투자자인 셈이다.

첫째, 개인투자자의 투자실적은 시장을 이기지 못한다. 주식투자에서든 펀드를 통한 간접투자에서든 전반적으로 개인투자자의 이익은 전체 시장의 이익을 하회한다. 주요 원인은 투자자의 행동편향인데, 특히 자기과신도 이에 포함된다. 투자자들은 자신의 투자능력과 시장추세에 대한 장악력을 과대평가하는 경향이 있다. 충분한 능력이 없음에도 충분한 자신감으로 투자를 하는 결과, 전체 개인투자자들의 이익은 시장지수를 하회하게 된다. 예를 들어 거래종목을 바꾸면 개인투자자가 새로 매입한 주식은 종전에 매입한 주식보다 주가가 떨어진다. 동시에 개인투자자의 거래원가가 투자수입보다 높은 자본잠식 상태인 경우도 있다.

둘째, 투자를 할 때 개인투자자에게는 공통적인 성향이 나타난다. 단순히 과거에 근거하여 미래를 예측하는 것인데(대표성 편향), 이는 시장에 대한 개인투자자의 그다지 정확하지 않은 판단을 초래한다. 이들은 단순히 과거의 실적에 의존하여 결정을 내리기 때문에 가격이 높을 때 시장에 진입하거나, 가격이 낮을 때 투자가치가 확실히 있음에도 대거 시장에서 빠져나간다. 개인투자자의 이런 잘못된 선택은 본인의 투자수익에도 타격을 주지만 영업실적이 예상치를 달성하게 못하게 되는 부분적인 원인이 되기도 한다.

자기과신과 행동편향 외에도 개인투자자의 투자수익이 기대치보다 낮은 매우 중요한 이유는 금융, 위험, 투자이념에 대한 이해가 부족하기 때문이다. 일례로 개인투자자들은 종종 위험과 변동폭이 장기적인 투자수익률에 타격을 준다는 사실을 인식하지 못한다. 이들은 장기투자에 대한 자신감과 복리수익의 극대화에 대한 이해가 부족하여 종종 투자과정에서의 위험, 특히 손실위험을 낮게 평가하는 경향이 있다.

이상의 이유로 투자자는 당연히 투자과정에서의 위험에 대해 많은 관심을 가짐과 동시에 특히 주가하락 또는 투자 포트폴리오 하락의 위험을 피해야 한다. 자본의 장기적인 복리수익을 보장하는 투자는 오직 제대로 된 위험관리만을 통해 가능하다.

장기적 투자 : 복리의 가치

투자하는 과정에서 사람들이 주로 생각하는 것은 '어떻게 해야 매년 10%, 20%, 30% 심지어 30%의 수익을 얻느냐'는 것이다. 사람들은 수익률이 매우 높은 상품을 찾고 있지만 가장 이익을 내는 투자무기가 무엇인지는 잊고 있다. 그것은 바로 복리투자다. 예를 들어 8%의 수익률이라고 하면 보기에는 그다지 매력적이지 않지만 계속 복리로 굴리면 올해 100위안의 원금이 내년에는 108위안이 되고, 그렇게 30년간 지속적으로 투자하면 원금은 1,006위안이 된다.

만약 복리투자를 선택한다면 투자자는 72규칙을 따르게 된다. 72를 예상 투자수익률로 나눈 값은 원금이 두 배가 되는 데 필요한 시간이다. 만약 매년 10% 정도가 연 투자수익이라면 원금은 7년 만에 두 배가 되고, 연 투자수익이 12% 정도라면 6년, 15% 정도라면 5년이면 된다. 장기적인 투자관점에서 봤을 때 우리에게 필요한 것은 단발성의 고수익이 아니라 지속가능하고 장기적이며 안정적인 수익이다. 따라서 이런 큰 범위에서 투자자가 분산투자를 잘한다면 장기적으로 증가하는 복리의 장점을 누릴 수 있고, 이는 의심할 필요도 없이 성공적인 장기투자가 될 것임을 뜻한다.

그리고 투자자는 이 계산법이 매우 중요한 가설에 의해 결정된다는 사실에 주목해야 한다. 만약 당신의 연간 예상수익률이 8%라면 매년 실제 수익률이 8%에 근접할수록 원금이 두 배가 되는 기간은 9년에 가까워진다. 비록 평균을 따지면 매년 수익률이 8%지만 다음과 같은 두 가지 상황에서는 장기수익률이 현저히 달라질 수 있다. 첫 번째는 매년 투자수익률이 항상 8%인 경우고, 두 번째는 투자수익률의 변동폭의 변화가 커져서 첫해 수익률은 10%였고 이듬해는 6%, 세 번째 해는 2%, 네 번째 해는 14%인 경우다. 첫 번째 상황은 비교적 안정적으로 수익이 증가하는 경우, 두 번째 상황은 수익률의 변동폭이 큰 경우에 해당하는데 이 둘 중 어느 쪽을 선택하면 자산을 더 빨리 배로 늘릴 수 있을까? 수익률의 변동폭이 클수록 원금이 배에 이르는 데는 더 오랜 시간이 걸리고 복리수익의 속도 또한 상대적으로 느리다. 이 정보는 많은 투자자들이 생각하지 못하는 부분이다. 수익률이 대폭 오르진 못하더라도 투자자는 투자위험을 낮추는 방법으로 자신의 장기투자 수익률을 높일 수 있다.

거래원가와 투자순이익

투자자의 장기적인 투자이익에 영향을 주는 그다음 요소는 투자과정에서 발생하는 거래원가다. 투자자는 거래원가와 각종 중간비용을 제외한 후의 이익, 즉 자신의 투자순이익에 대해 특별히 신경 써야 한다. 투자순이익이야말로 손안에 들어온 이익이기 때문이다. 거래주식, 선물, 워런트, 펀드 중 뭐가 됐든 투자자는 수익을 계산하면서 거래비용과 거래원가 또한 계산해야 한다. 중요한 것은 거래비용과 거래원가를 제외한 후 돌아오는 투자수익의 액수다.

투자수익이 주어진다는 전제하에, 거래원가가 높은 투자기회일수록 투자자는 신중해야 한다. 왜냐하면 앞에서 이야기한 투자방식들은 비교적 괜찮은 수익을 낼 수 있지만 그중 상당수가 투자관리자에게 비용과 실적상승이라는 명목으로 지불될 수 있기 때문이다. 투자자가 가져가는 순이익은 아마 그리 높은 수준이 아닐 것이다. 투자자가 각기 다른 기간으로 투자를 할 때는 거래원가 고려에 있어 큰 변화가 생길 수 있다. 중국 교육계에서 자주 쓰이는 말을 빌리자면 "투자는 절대 출발선부터 지면 안 된다." 투자를 시작하기도 전에 고액의 거래원가를 지불하는 일이 없도록 하자.

다원화된 투자

투자자는 시장의 다양한 투자상품과 투자철학에 대해 반드시 관심을 가져야 한다. 일상생활에서 투자자는 다른 일과 책임을 많이 지고 있기 때문에 투자를 연구하는 데 할애할 시간이 없는 편이다. 그러므로 다양한 투자기회와 투자철학을 파악하여 위험을 분산시키고 자신의 수익이 시장평균에 근접할 수 있도록 노력해야 한다. 만약 투자자가 12% 정도의 수익을 낼 수 있다면 잘못된 결과는 나타나지 않을 것이다. 데이터를 반영하여 가정하면 투자자가 매년 12%의 안정적인 수익을 얻을 경우 원금은 약 6년 안에 두 배에 이르는데, 이는 아주 매력적인 수치에 해당한다.

부동산투자와 주식투자는 모두 전 세계의 가계에서 큰 부분을 차지한다. 중국 국민의 가정 투자자산 분배를 살펴보면, 소수의 부동산과 소수의 주식이 자산(금융)의 대부분을 차지하고 있다. 이런 투자수단은 유명한 워런 버핏을 떠올리게 한다. 그의 투자철학은 모든 계란을 한 바구니에 담은 후 수익이 오를 것을 기다리며 1년 내내 바구니만 쳐다보는 것이다.

그러나 이런 투자방법은 전 세계에서 버핏만 가능한 것이고, 그의 전략은 대다수 개인투자자에게 적용할 수 없다. 하루 종일 부동산 조정정책과 주식변동폭 때문에 고민하는 가정을 보면 중국 대부분의 투자자는 투자과정에서 투자학의 가장 기본인 '계란을 한 바구니에 담지 말라'는 분산투자의 원칙을 심각하게 위배하고 있음을 알 수 있다.

투자자가 단기수익에 대해 많은 관심을 갖는 이유는 그들이 시장에 들어가고 나올 때 정확한 시기를 잘 선택하거나 주식종목을 바꿔야 할 시기를 조정하여 더 큰 투자수익을 얻고 싶어 하기 때문이다. 소위 '타이밍 능력'이란 가장 좋은 시기에 투자위험노출 조정시기를 선택하는 능력인데, 아쉽게도 사람들이 생각하는 것보다 훨씬 어렵다. 미국 모닝스타의 보고에 따르면, 과거 20년간 장기투자를 해온 미국 투자자들의 매년 수익은 7.81%다. 그러나 주식시장의 수익률이 가장 높았던 열흘을 놓친 투자자의 장기수익은 연평균 4.14%까지 떨어진다. 만약 주식시장의 수익률이 가장 높았던 20일을 놓친 투자자라면 그의 장기수익은 연평균 1.7%까지 하락한다. 여기서 알 수 있는 것은 타이밍을 선택하는 것이 사실상 매우 중요하다는 것이다.

그러나 가장 좋은 시기를 파악하지 못한다면 투자자는 어떻게 이런 잠재적 손실을 피해갈 수 있을까? 정답은 투자의 분산화다. 주식·채권·부동산, 다른 국제 주식시장·화폐의 종류·대륙 등 각기 다른 위험과 주기 및 현금흐름의 채권 등으로 투자를 분산해서 구성하는 것이다. 중국의 자본관리제도가 나날이 개방되면서 중국 투자자는 점점 더 많은 해외 시장과 외환에 대한 투자기회를 가지게 되었다. 더 많은 펀드상품, 재테크상품, 신탁계획이 출시되면서 시장에는 각기 다른 투자자들의 위험선호에 맞춰 다원화된 선택지들이 등장했다. 지수형 펀드와 ETF의 출시로 편리하고 저가인 수동적 분산투자 또한 투자자의 시야에 들어왔다.

분산에는 각기 다른 대륙, 다른 주식 간의 분산만이 아니라 투자시기의 분산도 포함된다. 미래를 보는 수정구슬이 없는 투자자들은 경기순환주기의 고점과 저점에서 자산을 투자과정에 배치해야 한다. 투자자가 때에 따라 좋은 주식과 나쁜 주식을 구분할 수 없는 것처럼, 투자자가 '가장 좋은' 시기를 골라내기란 매우 어렵다. 그것이 바로 투자자 규칙에 맞고 투자시기에 따른 분산투자를 해야 하는 이유다. 펀드 정기투자는 매월 고정적인 금액을 다른 시기에 투자하는 것으로 시기에 따른 분산투자 면에서 효율적인 방법이다.

'전쟁설'과 '음모론'을 피하자

현재 다수의 투자자들은 모두 음모론과 전쟁설의 영향을 받아 자신도 모르게 금융을 추악하게 생각하거나 투자를 신격화한다. 많은 사람들은 매우 부유하거나 전문지식이 있는 인재만이 투자를 할 수 있다고 여기며 투자를 무서워하고 피하려는 심리를 갖고 있다. 이런 회피심리 때문에 투자자들은 장기투자의 기회를 많이 놓치고 만다.

동시에 개인투자자들은 음모론과 전쟁설로 인해 국가와 국가, 개인투자자와 기관투자자, 개인투자자와 개인투자자 중 어느 쪽이든 투자를 할 때 금융의 음모가 존재한다고 여긴다. 이런 생각은 투자자로 하여금 '계략이 있고 작전이 뛰어난 불법적인 수단을 사용하는 인재만이 금융투자에 종사한다'고 여기고 그러니 자신은 금융을 멀리해야 한다고 생각하게 만드는데, 사실 이런 생각은 옳지 않다.

소위 음모론과 전쟁설에는 견고한 이론과 데이터가 수반되지 않는다. 만약 투자자가 금융을 이해하지 못하여 위험에 대응할 수 없거나 장기투자를 중요하게 생각하지 않는다면 어느 나라, 기관 혹은 개인이든 언젠가는 반드시 손실을 입을 것이다. 이 내용은 절대 중국에만 해당되거나 특정 시대에만 적용되는 것이 아니다. 앞서 언급했던 해외 국가와 금융기관의 투자손실은 이런 점을 증명한다.

마지막으로, 음모론의 영향으로 인해 일부 투자자들은 순진하게도 음모론이 자기 투자손실의 근본 원인이라고 여기며 투자행위와 결정에 책임을 지지 않으려 한다. 투자손실을 개인의 소양이나 능력의 문제로 생각하는 게 아니라 적대적인 국가, 적대적인 투자자가 음모를 자행하고 계략을 부려서 발생했다고 여기는 것이다. 이런 단순한 생각을 가지면 투자자는 자신에 대한 통제가 느슨해지고 투자에 대한 책임감도 낮아져서 투자능력을 높이거나 금융과 투자의 기술, 기교, 지식에 대해 공부하려 들지 않고 결과적으로 수익도 더 적어진다.

기업

지속가능한 발전

기업 및 기업임원의 행위를 논의하는 과정에서 우리는 전체 투자과정 중 기업 혹은 상장사와 그들의 투자자가 대부분의 경우 두 가지 측면의 역할을 한다는 것을 어렵지 않게 발견할 수 있다. 우선, 개인투자자 혹은 기관투자자는 기업을 선별하고 각기 다른 정보를 판단함과 동시에 상장사의 주식을 올리거나 억제해야 한다. 다른 한편으로 상장사는 평가와 선택의 과정에서 수동적인 입장은 아니고, 회사의 결정 혹은 임원의 일부 행위를 통해 투자자들의 관심을 환기시키거나 더 많은 인정을 받기도 한다.

그래서 자본시장의 발전과정에 있어 투자자와 상장회사는 상호작용을 하는 두 개의 집단이다. 기업은 투자자에게 혹은 자본시장의 발전에 어떠한 영향을 미치는 걸까? 우리가 반드시 알아야 할 사실은 다음과 같다. 기업은 이익추구가 최대화된 경제조직이고, 기업임원은 이익추구가 최대화된 매우 대단한 능력을 가진 개인으로 각종 방법을 통해 자신의 이익을 최대화하려는 사람이라는 것이다. 이런 목표는 비난의 대상이 아니고, 그러한 요구와 전체 자본시장과 투자자의 장기목표는 비교적 일치하는 편이다.

그러나 만약 장기적으로 투자자의 신임과 인정을 얻고자 한다면 상장회사는 반드시 여러 방면의 관계를 조정해야 한다. 첫째는 단기와 장기의 관계다. 전 세계 자본시장의 발전과정에는 두 가지의 다른 패턴이 있다. 첫 번째 모델은 미국의 월스트리트를 대표로 하는 단기자본시장 패턴으로 상장회사의 단기실적 및 주가의 대폭 상승을 추구한다. 또 다른 패턴은 독일과 일본을 대표로 하는 자본시장이다. 이들은 주가의 단기변동폭에 대해서는 비교적 관심을 덜 가지는 편이고, 기업의 핵심경쟁력과 투자자의 장기적인 소통 및 신임에 더 많은 노력을 기울인다.

월스트리트가 추구하는 단기목표의 장점은 단기간 내에 자연스럽게 회사의 주가를 대폭 상승시킨다는 것이고, 단점은 불필요한 도덕적 해이가 발생하여 임원으로 하여금 강력한 단기행위를 하게끔 조장한다는 것이다. 일부 임원은 재무위조 등의 방법으로 많은 주주와 기관투자자들의 이익을 희생시키고 그 대가로 더 높은 사적 수익을 챙긴다. 이런 전체 분위기에서 상장회사가 가져야 할 사회적 책임의 시각 혹은 투자자가 직면한 위험의 시각에서 보면, 기업은 상장회사와 자본시장의 장기적인 안정적 발전 관계를 잘 처리해야 할 필요가 있다. 기업에서 재무를 위조하는 일이 한 번이라도 발생한다면 투자자는 그 회사에 대한 자신감을 완전히 상실하고, 회사는 추후 발전에 있어서 심각한 의구심과 저항에 직면하게 된다.

기업실적의 지속적 발전을 위해 기업의 업무 또한 지속가능한 발전의 길을 걸어야 한다. 오늘날 다수의 기업이 고리대금이나 부동산 등 단기투자 프로젝트에만 중점을 두고 주요 업무는 등한시하고 있다. 이렇게 하면 단기적으로는 현재 중국의 경제발전 추세에 순응하여 큰 노력을 들이지 않고 비교적 높은 수익을 얻을 수 있다. 그러나 장기적으로 자본시장에서 투자자에게, 또 제품시장에서 소비자에게 인정받고자 한다면 기업에는 반드시 핵심제품과 핵심서비스, 핵심적인 창의력, 핵심가치가 존재해야 한다.

만약 모두 고리대금과 부동산개발을 통해 수익을 얻는다면 단기간 내의 기업이익 수준은 빠른 속도로 상승하겠지만 이런 이윤의 성장은 주가에 큰 변동을 초래할 수 있다. 거시경제 상황의 변화에 따라, 만약 기업들이 영업실적을 지속적으로 부동산에 의존해서 올린다면 중국 경제발전 모델의 성공적 전환 후에는 상당수의 기업들이 이윤을 제고할 기회를 잃을 것이다. 이는 일본에서 부동산 거품이 일어났던 시기에 일본 상장사들 상당수가 겪은 상황과 유사하다. 그들은 부동산시장과 대출 영역을 통해 쉽게 이익을 얻을 수 있었고 자신들 고유의 핵심가치와 핵심경쟁력을 포기했는데, 전 세계 경제의 재정비와 일본 경제의 하락에 따라 결국은 거대한 충격을 받았다. 중국 기업은 이를 거울로 삼아야 할 것이다.

또 다른 면에서, 상장회사 혹은 기업은 반드시 자신과 사회 기타 이해관계자들 간의 관계를 잘 처리해야 한다. 사람들은 일반적으로 기업과 상장회사는 자기 주주를 위한 책임을 져야 한다고 말한다. 그러나 최근에는 기업의 임원과 이사회가 주주에 대한 책임을 져야 할 뿐만 아니라 기업의 채권자, 직원, 기업 소재지와 도시 등 기업 내외부 및 기타 이해당사자까지 고려해야 하는 상황을 더욱 자주 볼 수 있다. 자신과 각 이해당사자와의 관계, 주주와 채권자, 직원, 지역, 지방정부와의 관계까지 잘 처리해야만 기업은 비교적 건강하고 우호적인 환경에서 지속가능한 발전을 할 수 있다. 이런 측면을 고려하면 자신의 이익만 챙기는 임원, 남의 비위를 맞추는 임원, 자본시장의 그러한 수법 등은 무엇이 되었든 간에 단기적인 효과만 볼 수 있다. 기업의 장기적 발전을 보장하는 데 더 중요한 것은 기업 본연의 핵심경쟁력과 모든 이

해당사자의 기업에 대한 장기적인 믿음, 관심 그리고 지지다.

사회적 책임감을 가진 발전

영리기업으로서의 상업적 속성 이외에도 기업은 사회적인 책임을 진다. 중국의 기업은 다음과 같은 세 가지에 특별히 신경 써야 한다. 첫 번째는 기업과 자연환경과의 관계다. "하늘과 사람은 하나다."라는 속담처럼 자연환경과 조화로운 관계를 이뤄야만 기업의 성공적 발전을 보장받을 수 있다. 원자재, 제품품질, 식품안전, 직원의 심신건강을 막론하고 기업은 상업적 이윤뿐만 아니라 기업과 환경의 관계, 사람과 자연 간의 조화와 더불어 전체 사회와 인류에 미칠 중대한 영향도 반드시 고려해야 한다.

둘째, 자연과의 조화 외에 기업은 기업과 전체 지역사회와의 관계도 생각해야 한다. 지역사회의 직원 고용이나 현지 금융기관 혹은 교육기관과의 협력을 통해 기업은 지역사회의 공공사업 및 활동을 지원할 수 있다. 이런 과정에서 우호적인 분위기가 형성되는 것은 기업이 영리조직으로서 보여줘야 할 하나의 사회적 책임임과 동시에 기업이 지속적으로 발전할 수 있는 방식이기도 하다.

셋째, 상업적 이익을 추구하면서도 기업은 사회에 긍정적인 에너지와 올바르고 적극적이며 건강하고 진실한 사회적 가치를 전파해야 한다. 자선 기부, 대학과 연구기관 간의 협력, 내외부의 간행물 발표와 홍보 등을 통해 기업은 주주에게 상업적 이익을 돌려줌과 동시에 이런 긍정적인 정보를 전파하여 자사의 핵심경쟁력을 사회 전면에 내세우며 지속적으로 기업운영과 가치추구 활동의 수준을 높여가야 한다. 사회의 진보와 발전을 위해 공헌하면서 기업은 한층 더 새로운 소비수요, 비즈니스 아이디어와 혁신적인 철학을 만들어낼 것이고, 이에 기반하여 기업의 진일보한 발전은 촉진될 것이다.

정부

더 많은 투자방법을 제공: 채권시장의 발전

최근 몇 년간 일어났던 주요 경제사태를 되돌아보면 원저우로 대표되는 중소기업의 융자난 지방정부의 융자플랫폼과 이런 플랫폼을 위해 서비스하는 신탁계획으로 대표되는 그림자 금융 문제, 부동산 시장과 주식시장을 비롯한 자산거품 성향과 자산가격의 과도한 변동성 excessive volatility 문제, 은행업계를 대표로 하는 금융업계 이윤소득 수준이 기타 실물경제 분야보다 과도하게 높아진 문제 등이 있었다. 그런데 매번 중요한 경제사태 이후에는 항상 금융개혁 추진의 목소리가 높아졌다. 여기서 존재하는 가장 큰 갈등은 거시적 차원의 천문학적 유동성 범람과 미시적 차원의 중소기업 자금난, 중국 가계에 대한 투자경로제한 간의 갈등이다.

이런 갈등을 해결하려는 측면에서 봤을 때, 채권시장의 발전은 돌 하나로 여러 마리의 새를 잡을 수 있는 금융개혁의 중요 방향이 될 가능성이 있다. 모든 기타 채권시장의 가치평가와 신용기준credit worthiness benchmark으로서 국채시장의 발전이 전체 채권시장의 발전에 중요하다는 것은 말할 필요도 없다. 현재 선진국과 비교했을 때 중국 국내채권의 발행량과 거래규모는 아직 미미한 수준이고 시장유동성도 상대적으로 낮은 편이다. 중국 은행간시간교역상협회NAFMII는 어느 정도에서만 국채 2급 시장의 일부 문제를 보완했다.

최근 화제인 국채선물은 국채시장의 유동성이 낮은 문제를 해결하여 국채시장 가격의 안전을 보장하고 국채 투자범위를 확대할 수 있다. 해외의 수많은 고정수익시장은 이미 유사한 발전과정을 경험한 바 있다. 금리선물과 금리선물 선택권의 출시에 따라 더 많은 시장참여자들은 기준이자율의 결정 및 영향 과정에 참여하려 할 것이고, 이렇게 발생한 기준이자율은 자율화된 금리수준에 근접할 것이다.

다음은 현재 신용자질이 아주 좋은 소수의 기업만이 중국 국채시장에 참여할 수 있다는 것인데, 언급할 만한 점은 신용자질의 가격결정이 채권시장의 중요한 기능 중 하나라는 것이다. 각기 다른 신용자질의 기업만이 참여하게 해야 시장과 투자자가 신용자질에 대한 자신의 의견과 평가를 표시할 수 있고, 계속해서 운영관리와 현금관리 및 회사관리 등의 방면에서 기업을 대상으로 더 많은 요구를 할 수 있다. 2013년에 중국의 증권감독관리위원회가 내놓은 고수익채권은 바로 이런 측면에서 가장 가치 있는 시도였다.

이외에도, 단기간 내 지방정부의 융자난 해결에 관해서는 국제적으로 통용되는 지방정부채와 지방채시장의 발전이 직접적인 경험과 본보기를 보여주었다. 지방채시장을 통해 채무를 발행하면서 지방정부는 반드시 사회와 투자자들에게 지방재정의 상황에 관한 정보를 더 많이 공개해야 한다. 그리고 지방재정의 수입, 지출, 자산부채표 등 정보의 공개는 대다수 투자자에게 투자결정의 기초를 제공할 뿐만 아니라 지방정부의 융자, 투자, 재정세수정책 제정과 관련하여 무형의 감독과 규제 기능을 한다.

어떤 의미로는 지방정부채와 지방채시장의 발전이 지방정부의 토지재정 문제와 이로 인해 발생한 부동산가격의 고속상승이라는 사회 문제 또한 해결할 수 있을 것이다.

과거 2년간 일부 동쪽 연안경제발달지역은 이미 지방정부채권과 시채市債의 발행을 시도하여 일정한 경험을 축적하고 소득을 얻었다. 그러나 회사채시장과 마찬가지로 각기 다른 신용자질의 지방정부가 지방정부채권시장에 진입하게끔 해야 시장이 정부신용에 대해 공정하고 투명한 가격결정을 실시할 수 있다. 인센티브를 정해둔다면 지방정부도 향후 더 저렴한 융자를 받기 위해 지방정부의 재정균형을 맞출 것이다.

여기에서 알 수 있는 것은 채권시장의 적극적인 발전이 중국이 현재 직면한 다양한 경제적 시험을 해결하는 데 도움이 될지도 모른다는 것이다. 뿐만 아니라 금리자율화의 문제가 해결되면 인민폐 국제화와 자본수지 태환화台換貨가 직면한 많은 문제들도 잇따라 해결될 것이다. 중국의 금리자율화라는 전제하에 중앙은행은 현재 환율과 인민폐 유동의 문제에서 직면한 시험 및 제약도 더 쉽게 해결할 것이다. 동시에 중국 시장의 금융안정 역시 중국의 국제적 금융혁신의 속도를 높이고 또 더 안정적으로 나아가게 할 것이다

현재의 전체적인 분위기를 돌아보면 유럽 국가들의 채무위기는 아직 완전히 해결되지 않았고 일본의 자산구매 정책과 이에 따라 야기

된 엔화 하락, 미국 경제회복의 가속화, 전 세계 거시경제의 불확실성 고조 등이 나타나고 있다. 중국 금리자율화와 채권시장의 발전은 중국의 다음 금융혁신 및 금융시스템이 안정적으로 전 세계 금융시스템에 유입되는 과정에 있어 매우 중요한 역할을 할 것이다.

채권시장의 발전은 금리자율화의 문제 해결에 도움이 될 뿐만 아니라 중국 주식시장에도 긍정적인 영향을 준다. 먼저 회사채시장의 발전에 따라 많은 기업이 채권시장을 통해 융자를 받을 수 있고, IPO라는 어려운 길로 몰려갈 필요가 없다. 융자수단 간에도 경쟁이 존재하므로 IPO는 더 이상 많은 수요와 인위적 감소의 공급으로 인해 왜곡되지 않을 것이다. 오랫동안 중국 주식시장을 둘러싸고 있던 1, 2급 시장가격의 분리 문제는 채권시장의 발전과정에서 자연스럽게 해결될 수 있다.

다음으로, 회사채권 발행과 정보공개에 따라 상장회사는 기업경영에 대한 더 높은 요구에 직면해야 한다. 만약 주식시장이 적절하게 기업경영을 개선하고 투자자, 특히 중소투자자의 이익을 보호한다면 투자자는 티부가설Tiebout Hypothesis('발로 하는 투표'라는 뜻으로, 주민들이 각 지방들을 자유로이 이동할 수 있기 때문에 지방공공재에 대한 선호를 표시할 수 있고 지방정부도 주민 스스로 선택할 수 있으므로 지방공공재 공급의 적정 규모가 결정된다는 이론_옮긴이) 방식으로 주식시장을 떠나 채권시장을 통한 투자를 진행할 수도 있다. 중국의 A주 시장에서는 기업임원과 대주주가 회사에 대한 실질적인 통제와 주식구조를 이용하여 터널링과 관련거래를 금지하고 있지만 실제로는 계속 이루어지고 있는데 이 또한 자연스럽게 해결될 것이다.

마지막으로, 성숙하고 안정적인 채권시장과 다양한 채권상품은 많은 중국 투자자들에게 더 다양한 투자방법과 더 안전한 투자상품을 제공할 것이다. 중국 인구구조의 변화에 따라 고정수익상품에 대한 국민의 수요도 하루가 다르게 증가하고 있다. 안전하고 건실한, 적절한 수익률의 채권상품에 대한 투자자의 이해가 높아질수록 국민은 자연스럽게 자산의 일부를 A주 시장과 부동산 시장에서 채권시장으로 배치할 것이다. A주 시장은 고위험의 변동폭이 큰 시장이고, 부동산 시장은 유동성이 부족하고 거래원가도 높은 데다 '비이성적 과열' 양상을 보이고 있기 때문이다. 그러므로 채권시장이 점점 활발해지기 시작하면 주식시장과 부동산시장도 이성을 되찾을 것이다.

융자를 중시하고 투자도 중시한다: 목적은 융자에서 투자로

새로운 시장과 신제품의 출시 외에 중국 A주 시장의 관리감독 방향에도 반드시 본질적인 전환이 발생해야 한다. 큰 범위에서 중국의 A주 시장은 개장 초기에 어려움 해결을 위해 국유기업의 융자를 도왔다. 이는 전체 A주 시장이 상장사를 비교적 보호하면서도 중소 개인투자자를 충분히 보호하지 않는 이유기도 했다. A주 시장의 규모가 점차 커지면서 전체 투자자의 수준과 권리보호에 대한 인식이 강해졌다. 따라서 A주 시장은 상장회사를 보호하고 투자자들은 보호하지 않는, 즉 융자는 중시하고 투자는 소홀히 여기는, 시대에 뒤떨어진 철학을 바꿔야 한다.

2008년 이후 A주 시장 투자에 대해 중국 투자자들이 가지는 자신감은 예전만 못하다. 이러한 자신감 상실은 유동성과 통화공급량이 더 이상 대규모로 경기를 부양하거나 GDP를 창출할 수 없게 했고, 지난 2~3년간 중국 A주 시장의 지속적인 약세를 초래했다. 나는 중국의 주식시장은 대대적이고 심도 있는 혁신이 있기 전까지 향후 당분간은 특별한 전환이 없을 것이라 예상한다.

투자자는 시장의 철학이 바뀌어야 자신감을 가지고 중국 A주 시장에 투자할 것이다. 그렇지 않다면 전체 자본시장의 개방에 따라 중국의 투자자는 더 많은 해외 투자기회를 선택할 수 있고, 중국의 상장사는 글로벌한 경쟁에 직면하게 된다. 이런 상황에서 기존의 자본관리제도와 외환거래한도 등의 제도로는 더 이상 중국의 상장사를 보호할 수 없다. 중국의 상장사는 더 우수한 성적표를 제출하고, 더 높은 이윤을 창출하고, 더 안심할 수 있는 회사 경영구조를 내놓아야 투자자들을 끌어들여 자본이 A주 시장에서 유출되는 것을 막을 수 있다. 그렇지 않으면 자본은 주가가 더 낮고 회사경영이 투명하며 투자자가 잘 보호되는 해외 자본시장으로 유입될 것이다.

이와 동시에 해외 투자자는 매우 영리하게도 중국 상장사의 주가가 다른 시장보다 높다는 것을 인지하고 있다. 그리고 외부의 투자가 중국 상장사의 많은 재무정보를 이해하지 못하는 것과 중국 상장사의 대주주회가 일부 수단을 통해 다른 주주와 투자자의 이익을 훔쳐갈 것을 우려한다. 만약 이런 큰 범위의 제도적인 구성이 바뀌지 않는다면 A주 시장이 개방된다 해도 많은 국제 투자자는 중국 시장에 투자할 엄두를 내지 못할 것이다. 이런 시각에서 볼 때, 중국은 반드시 관리감독의 방향과 방식을 바꿔야 한다.

해외 시장에 투자하여 해외 투자자를 끌어들여라

오랫동안 중국 자본시장은 항상 폐쇄되어 있었고, 넓은 범위에서 투자자에게 개방된 시장이 아니었다. 중국 투자자는 해외 투자시장에 투자할 수 없었고, 해외 투자자는 중국의 시장에 투자할 수 없었다. 해외 투자자가 중국 시장에 투자하려면 반드시 QFII Qualified Foreign Institutional Investors, 즉 외국인 투자자 적격심사를 통과하여 중국 외환관리국의 허가를 취득해야만 했다. 동시에 중국 국내 투자자도 자금을 쉽게 해외시장에 투자할 수 없다. 이는 중국 자본시장의 안정을 보장하기 위한 것이지만 자본시장의 제한은 투자자의 투자결정과 투자이익에 영향을 미친다.

이 점은 중국과 해외 자본시장의 수입 및 위험의 균형상에서도 나타난다. 나는 연구를 통해 과거 20년간 중국 주식시장의 수익이 전 세계 주식시장보다는 약간 높았지만, 변동폭 측면에서 A주 시장은 전 세계 주식시장 지수변동폭의 세 배에 달한다는 사실을 발견했다. 앞서 언급했던 샤프 비율에 근거하면, 이는 중국 투자자가 동일한 위험을 부담한다는 전제하에서 국제투자자의 약 3분의 1에 해당하는 수익을 거둔다는 뜻이다. 중국 투자자의 수익을 높이는 방법과 위험을 낮추는 방법은 자본시장의 다음 발전을 위한 중요한 포인트다. 증권시장의 발전 외에 글로벌한 생각의 방향 또한 매우 중요하므로 중국 투자자들이 해외 투자에 나서서 전 세계 투자시장에 많이 진입하게끔 독려해야 한다. 전 세계 자본시장은 중국보다 더 다원화되어 위험의 분산과 관리가 한층 잘 이루어지고 있는 시장이다. 글로벌한 투자만이 위험을 최대한 분산할 수 있다.

이런 시장에서, 지수와 해외투자는 중국 투자자에게 많은 도움을 제공한다. 첫째, 투자자의 위험을 분산한다. 둘째, 단위위험을 제어하는 전제하에서 수익이 상승한다. 추정치에 따르면 만약 중국 투자자가 자산의 3분의 1을 해외 시장에 투자하게끔 독려할 경우 이들의 샤프 비율은 20~30% 상승한다. 이런 결과는 수익-위험이 대폭 상승한 비율이다. 자본투자 관리제도를 개방하고 중국 투자자가 해외 시장에 투자하도록 독려한다면 이들은 세계 경제발전의 이점을 함께 누리며 더 높은 투자수익을 얻을 것이다.

투자자의 진입 메커니즘: 기관 심사부터 투자자 심사까지

규제에 대해 말하자면, 향후 중요한 것은 생각의 방향과 업무방법의 전환이다. 반드시 결과에 대한 기존의 관리감독부터 차츰 과정에 대한 관리감독으로 전환해야 한다. 시장행위에 대한 관리감독은 자질에 대한 관리감독으로, 시장진입에 대한 기존의 관리감독은 시장진입의 최소한의 자격에 대한 관리감독으로 전환해야 한다는 뜻이다.

기존의 관리감독 부서들은 주식의 발행, 심사, 회사 IPO 상장 등을 비롯한 무엇이든 하나하나가 조건에 부합하는지 분석하고 평가해야 했지만, 이런 방법에는 두 가지 문제가 있다.

먼저 규제기관에서는 이에 상응하는 자원과 능력이 부족하여 충분한 정보를 장악하기 어렵다. 상장 이후에 다수의 상장사들에서 영업실적이 바뀌거나 적자인 결과가 나타나는데, 이는 자원과 에너지 관리감독상에서 관리감독 부서와 시장이 비대칭적임을 의미한다. 아무리 열심히 일해도 규제기관이 결과를 정확하게 보장하기는 어렵다.

다음으로 현재의 관리감독 과정은 '결과'에 대한 관리감독이라는 문제가 있는데 많은 투자자는 특정 회사 혹은 상품이 관리감독을 통과한다면 그 회사나 제품엔 위험이 없다고 생각한다. 위험에 대해 규제기관이 제시한 이런 암묵적 보증은 많은 투자자가 자신이 맹목적으로 잘 이해하지 못하는 시장에 유입되게끔 했다. 이는 투자과정에서의 위험을 저평가하는 원인이 되고, 투자자는 제대로 위험을 제어하지 못한 채 다급하게 투자함으로써 결국 손실을 입는다. 투자자에게 이런 손실은 상당한 상처가 될 뿐 아니라 불만족까지 불러일으키고, 때에 따라서는 규제기관의 엄격한 관리감독을 초래하여 악순환이 형성된다.

사실상 해결방법은 '과정에 대한 관리감독', 즉 프로세스형 관리감독을 채택하는 것이다. 상장회사가 상장과정에서 어떠한 요건을 충족하게끔 요구하거나, 펀드회사가 어떤 자격을 갖추고 있어야 하며 어떤 정보를 공개해야 하는지 기준을 정하는 것 등이 그 예다. 이런 전제가 충족된 후 최대한 많은 시장참여자가 시장으로 진입하여 주식, 채권 혹은 펀드상품을 발행하도록 허가한다. 증권감독관리위원회가 더 이상 기업의 경영결과 혹은 투자의 안정성을 인증하지 않기 때문에 투자자는 반드시 자신의 투자에 모든 책임을 져야 하고 당연히 심사숙고하여 행동해야 한다. 그리고 만약 손실이 발생하면 투자자는 그 원인이 증권감독관리위원회의 특정 정책 때문이 아니라 자신이 정확한 결정을 하지 않았기 때문임을 인지하게 될 것이다. 자연이 선택한, 강자는 이기고 약자는 도태되는 이런 과정은 투자자의 성숙과 시장의 성장에 있어 매우 큰 가치를 가진다.

규제완화와 이에 따른 손실은 투자자가 자신의 투자능력뿐 아니라 전체 시장의 위험까지도 인지하게끔 도와준다. 그중 손실과 위험은 자연스럽게 많은 투자자의 시장진입을 막아 큰 손실을 방지한다. 만약 시장의 진화와 발전의 시각에서 이 문제를 본다면, 과정에 대한 관리감독은 결과에 대한 규제보다 더욱 효과적일 것이다.

동시에 우리는 주식발행에 대한 관점과 신제품 출시 대한 관점 중 어떤 것이 됐든 간에 기관을 대상으로 가장 기본적인 요구를 제시해야 한다는 사실을 알 수 있다. 그 안에는 기관의 자질, 과거 실적, 명성 등 정보의 공표에 대한 요구도 포함되어 있다. 투자자는 기관과 제품에게 요구사항을 제시하고 규제기관 역시 투자자를 대상으로 자산규모와 경험, 위험부담 능력 등에 상응하는 요구를 해야 한다. 투자자의 재력, 투자기술과 위험부담 능력에 대한 표준을 정한 이후에야 비로소 규제기관은 투자자가 투자한 상품과 위험선호 정도, 위험부담 능력이 서로 상응하는 수준임을 보장할 수 있다. 이는 투자자에 대한 무시가 아니라 투자자의 보호를 위한 것이며, 전체 시장의 안정과 장기적 발전을 위한 일종의 관리와 계획이다.

이 책이 투자자가 직면한 가장 큰 적을 인지하는 데 도움이 되었길 바란다. 투자자의 적은 외국인 음모기획자도 아니고, 중국의 정부와 규제기관도 아니며, 상장회사 또는 펀드회사도 아니다. 투자자가 직면한 가장 큰 적은 사실 자기 자신과 위험에 대한 이해의 한계다. 만약 위험통제 능력에 대한 이해가 철저하지 못하다면 투자자와 상장회사 그리고 전체 금융시장과 금융시스템에 예상치 못한 위험이 발생할 것이다. 나를 잘 알고, 금융을 잘 알고, 투자를 잘 아는 것은 투자자가 자신을 보호하는 데 있어 더 좋은 실적을 얻고 위험을 피하는 것과 똑같이 매우 중요하다. 마지막으로 나는 이 책으로 더 많은 투자자, 특히 중국의 수많은 개인투자자들이 투자의 가장 큰 적을 이해하고 승리하며 투자과정에 있어서 이상적인 수익을 얻길 바란다.

감사의 글

이 책은 지난 30년간의 행동경제학과 행동금융학 연구의 여러 중대한 발견과, 필자가 지난 20년간 이와 관련된 여러 문제를 연구하고 사색한 결과물을 집대성한 것이다. 과거 30년간 경제학과 금융학 영역에서 큰 진전을 이룬 가장 중요한 영역 중 하나인 행동경제학과 행동금융학은 현재 경제학 영역을 비롯한 정책결정자, 기업관리자 및 각 가정과 개인의 생각과 의사결정에 큰 영향을 미치고 있다.

필자는 예일대학교의 윌리엄 고에츠만 교수, 로버트 실러 교수, 그리고 천즈우 교수를 귀감으로 삼았다. 이들은 줄곧 예일대학교의 학술연구 및 교육 역량과 사회적 책임을 긴밀하게 결합하기 위해 전문 서적을 출판을 통해 자신의 학술성과와 사상을 전 사회와 공유해 왔다. 이 책을 집필하게 된 것도 노벨경제학상 수상자인 로버트 실러 교수가 2012년 중국에 방문했을 때 필자를 크게 격려해 준 데서 비롯됐다. 이 기회를 통해 필자의 연구 파트너들에게 감사의 말씀을 전하고 싶다.

캘리포니아대학교의 브래드 바버, 폴 그리핀, 테렌스 오딘, 이보 웰치, 미셸 화이트, 차이즈링, 예일대학교의 라비 다르, 윌리엄 고에츠만, 로버트 실러, 하버드대학교의 로렌 코엔, 크리스 말로이, 스위스 국제경영개발원IMD의 아투로 브리스, 코넬대학교의 안드레이 우코브, 서던일리노이대학교의 지나 니콜로시, 덴버대학교의 펑량, 텍사스대학교의 마크 시숄즈, 미국 연방준비제도이사회의 리원리, 상하이자오퉁대학교 상하이고급금융학원의 장엔칭, 장춘신 팡천귄, 베이징대학교의 류

위전, 리이종, 장이, 뤄웨이, 왕한셩 칭화대학교의 랴오리, 장웨이챵, 상하이재경대학교의 황준, 중남재경정법대학의 리즈셩, 타이완대학교의 차이자편, 홍마오웨이, 우총판, 장즈홍, 타이완 가오슝과기대학교의 왕밍쥔, 홍콩 중문대학교의 판보홍, 호주 금융관리국의 카트리나 엘리스 중국 국제금융공사의 황하이저우, 중신증권의 린샤오츠, 리서치 어필리에이츠의 셰인 셰퍼드, 뉴욕시 경제개발공사의 스티븐 스트라우스에게 감사의 말씀을 드리고 싶다.

예일대학교, 캘리포니아대학교, 베이징대학교, 상하이자오퉁대학교 시절 필자의 동료들과 조교들, 필자가 지도했던 상하이자오퉁대학교 고급금융학원, 베이징대학교, 칭화대학교, 타이완대학교, 타이완정치대학교, 미국 예일대학교, 미국 캘리포니아대학교의 박사, 석사과정생들, 필자가 리먼브라더스와 노무라증권에서 일할 당시 함께한 동료들, 팀원들과 고객들 또한 필자의 연구와 교육 과정 중에서 필자의 연구와 이 책의 집필에 중요한 공헌을 해 주셨다. 그 중에서 팡천쥔 리룬, 마샤오인, 왕하오페이, 쉬전이 이 책의 초고 검수를 도와주었다.

국제통화기금IMF, 미국 연방준비제도이사회, 필라델피아 연방준비제도이사회, 중국인민은행, 중국 증권감독위원회, 상하이 증권거래소, 타이완대학교, 타이완정치대학교, 홍콩 중문대학교, 일본 와세다대학교는 필자의 단기 방문과 연구를 지원해 주었다. 중신출판사 편집자 타오펑, 쉬뤄치엔은 이 책의 출판에 아낌없는 노력과 도움을 주었다.

항상 학문연구에 몰두한 필자에게 필자의 가족은 무한한 애정과 지원을 쏟아주었다. 필자 또한 이 기회를 빌려 그들에게 진심으로 고맙다는 말을 전하고 싶다.

베이징에서 주닝

투자자의 적

: 행동경제학자가 말하는 금융투자와 의사결정

초판 인쇄　2018년 6월　4일
초판 발행　2018년 6월 12일

지은이　주닝
옮긴이　임보영
펴낸이　김승욱
편집　김승욱 장윤정
디자인　최정윤
마케팅　최향모 강혜연
홍보　김희숙 김상만 이천희 이가을
제작　강신은 김동욱 임현식

펴낸곳　이콘출판(주)
출판등록　2003년 3월 12일 제406-2003-059호
주소　10881 경기도 파주시 회동길 455-3
전자우편　book@econbook.com
전화　031-8071-8678
팩스　031-8071-8672

ISBN　978-89-97453-98-6 03320

• 이 도서의 국립중앙도서관 출판시도서목록(CIP)은 e-CIP 홈페이지(http://www.nl.go.kr/ecip)와 국가자료공동목록시스템(http://www.nl.go.kr/kolisnet)에서 이용하실 수 있습니다. (CIP제어번호: CIP2018016553)